由虔信者足跡交織而成的神性大地

朝聖者的印度

DIANA L. ECK
黛安娜・艾克——著　林玉菁——譯

India

A SACRED GEOGRAPHY

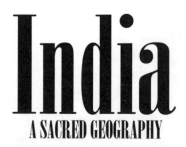

獻給桃樂絲・艾克與桃樂絲・奧斯汀
兩位桃樂絲都是來自神的贈禮

目次

關於音譯與發音

由於梵文（Sanskrit）被視為「完美創造」、屬神的精妙語言，我等以英文書寫的「凡人」，為了閱讀方便，必須簡化音譯。本書盡可能減少使用區別音符，我只用長音符號，因為這個符號在長、短母音的正確發音上有重要意義。

a（發音類似allow；如Shiva）　ā（發音類似father；如Kāshī）

i（發音類似it；如linga）　ī（發音類似magazine；如devī）

u（發音類似put；如Upanishad）　ū（發音類似rude；如Chitrakūt）

至於子音，我將捲舌的「s」音（如Viṣnu是下方有一點的s），以及上顎的「s」音（如Śiva是有個重音符號的s），都譯寫為「sh」。實際上兩者都是發這種聲音。諸如此類精確規範語言的其他種種，此地都一併跳過。

送氣子音（即子音之後跟著一個「h」標誌）的發音原則如下：「bh」的發音如clubhouse，

例如 Bhagavad Gītā（薄伽梵歌）；「dh」的發音如 roundhouse，例如 dharma（法）；「th」的發音如 hothouse，例如 tīrtha（渡口）。兩音節的字，重音通常放在第一音節：**Sh**iva、**Vi**shnu、**dh**arma。兩音節以上的字，重音通常放在含有長母音的倒數第二音節（如 Vishva**nā**tha, Pu**rā**na），或者有複合音的倒數第二音節（如 Kuru**ksh**etra）。除上述規則以外，重音則通常擺在倒數第三個音節上，例如 Ra**mā**yana、Maha**bhā**rata、Amara**kan**taka、**Rā**vana 及 **Laksh**mana。

另外一個問題，是梵文與印地文（Hindi）的音譯轉寫差異。梵文與印地文最常見的差異在於，梵文語尾有個短「a」音，印地文則沒有。例如 darshana（「瞻仰」神聖形象）則成了印地文中的 darshan；Ganesha 成了 Ganesh；Prayāga 變成 Prayāg。我並未嚴格採用其中之一，而是試圖讓內文一致。例如當提及某種梵文文獻時，我可能會使用 Somanātha，但就整體而言，我可能會使用今日常見的形式，也就是 Somnāth。（同理，書中將採用 Badrīnāth 而非 Badarīnātha；Hardvār 而非 Haridvāra；Chitrakūt 而非 Chitrakūta）。即便內文在不同名詞拼法之間反覆來回，讀者也能很快適應，理解到此舉只是為了簡化一個既古老又現代的複雜文化。

最後，我們應該留意許多英屬印度時期的大城市，此刻重新啟用印度名稱：例如 Bombay（孟買）改為 Mumbai；Chennai（清奈）而非 Madras（馬德拉斯）；Kolkata（加爾各答）而非 Calcutta；Thiruvananthapuram（提魯瓦南塔普拉姆）而非 Trivandrum（特里凡杜蘭）。書中兩種稱呼我都採用，因為實際上兩者仍舊並行。除了河流之外，城市、邦省、共同山脈或其他地理特徵的名稱上，我都會省略區別音符。

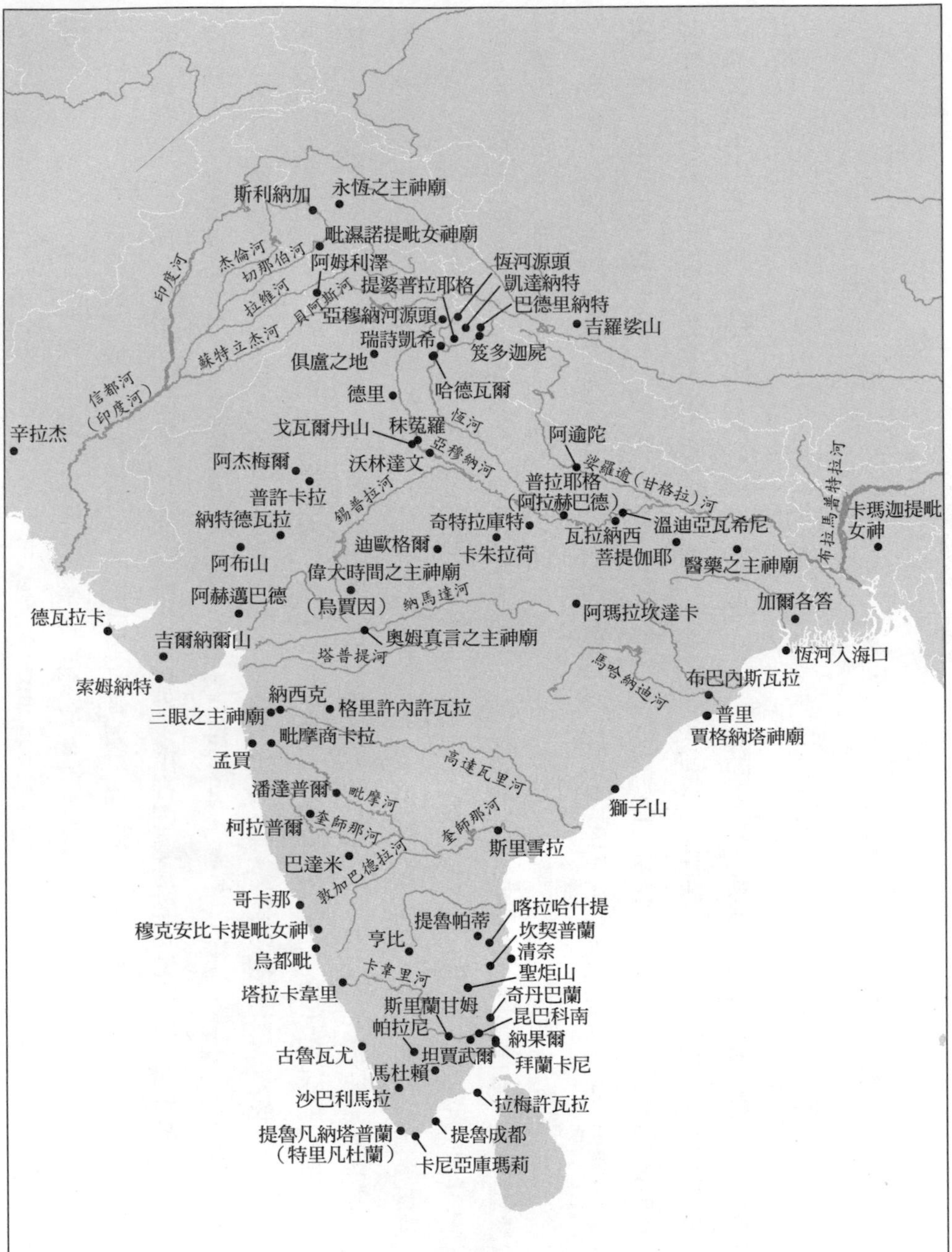
斯利納加
永恆之主神廟
毗濕諾提毗女神廟
杰倫河
切那伯河
阿姆利澤
印度河
拉維河
貝阿斯河
提婆普拉耶格
恆河源頭
凱達納特
巴德里納特
亞穆納河源頭
吉羅娑山
蘇特立杰河
瑞詩凱希
笈多迦屍
俱盧之地
哈德瓦爾
信都河
（印度河）
德里
恆河
辛拉杰
戈瓦爾丹山
秣菟羅
阿逾陀
亞穆納河
阿杰梅爾
沃林達文
娑羅逾（甘格拉）河
普許卡拉
普拉耶格
（阿拉赫巴德）
布拉馬普特拉河
卡瑪迦提毗女神
錫普拉河
納特德瓦拉
奇特拉庫特
瓦拉納西
溫迪亞瓦希尼
迪歐格爾
卡朱拉荷
菩提伽耶
醫藥之主神廟
阿布山
偉大時間之主神廟
（烏賈因）
納馬達河
阿赫邁巴德
加爾各答
阿瑪拉坎達卡
德瓦拉卡
奧姆真言之主神廟
恆河入海口
吉爾納爾山
塔普提河
馬哈納迪河
索姆納特
布巴內斯瓦拉
納西克
格里許內許瓦拉
三眼之主神廟
普里
賈格納塔神廟
毗摩商卡拉
孟買
高達瓦里河
潘達普爾
毗摩河
獅子山
柯拉普爾
奎師那河
奎師那河
斯里雪拉
巴達米
敦加巴德拉河
哥卡那
喀拉哈什提
提魯帕蒂
穆克安比卡提毗女神
坎契普蘭
亨比
清奈
烏都毗
聖炬山
卡韋里河
塔拉卡韋里
奇丹巴蘭
斯里蘭甘姆
昆巴科南
帕拉尼
納果爾
古魯瓦尤
坦賈武爾
拜蘭卡尼
馬杜賴
沙巴利馬拉
拉梅許瓦拉
提魯凡納塔普蘭
（特里凡杜蘭）
提魯成都
卡尼亞庫瑪莉

印度的神聖地點與河流

第一章 神聖地理學，想像的地景

二十多年前，我在北印度恆河畔的瓦拉納西（Banāras或Vārānasī）開始思考這本書。當時我正在寫一本關於那個城市的書——我認為此地是印度最神聖之處。許多世紀以來，造訪瓦拉納西的各種旅人，將此地的神聖與顯榮，與麥加、耶路撒冷及羅馬相提並論，這是印度教朝聖者眼中最神聖的中心。例如，一八六〇年代一位英國公務員諾曼．麥克雷歐（Norman Mcleod）就曾熱情寫下「瓦拉納西對印度教徒而言，就像穆罕默德信徒心中的麥加，或者古猶太人的耶路撒冷。此地是興都斯坦（Hindostan）的『聖』城。我從未看過其他宗教的有形展現達到如此地位；地球上也沒有其他類似瓦拉納西的存在了」[1]。單挑出一個中心，作為整個宗教社群在集體記憶或祈禱的嚮往之地，對於麥克雷歐來說似乎理所當然。對於受到西方一神論形塑而慣性思考的許多人來說，這也是理所當然之事。即便在印度，許多人也會同意瓦拉納西的中心地位與至高重要性；印度教徒稱呼此地為「迦屍」（Kāshī）①，意為

① 譯註：瓦拉納西為古代迦屍國首都，迦屍國為佛教阿含經中提到的古印度十六大國之一，有恆河貫穿，在印度史詩《摩訶婆羅多》及中國《大唐西域記》中也多次提及。

光耀之處、光明之城。[2]這是個強大古老的城市，後巷迷宮擁擠黑暗，河岸卻是光明閃耀。清晨面對初升旭日的沐浴儀式，沿河岸上白煙裊裊的火葬地，都是整座城市的心跳，持續在訪客或朝聖者的心中，烙下永恆印記。

多年來，我在瓦拉納西來來去去。然而著手調查這座城市的傳說與廟宇時，我開始逐漸了解到，造訪此地的多數印度教徒早就了然於心之事：瓦拉納西並非印度教朝聖者的唯一偉大中心，而是整個巨大朝聖網絡的一部分。這個網絡跨越印度的東西南北。城內神廟、河階（ghāt）與浸浴池的名稱，都來自這片更廣大的地景；就像迦屍城內最雄偉的濕婆派宇宙之主神廟（Vishvanātha）的大名，也不斷重複出現在全印各處的朝聖地中。我開始理解到，整片印度大地就是一個廣大的朝聖地網絡——彼此之間相互參照，既古老又現

迦屍城壯闊河岸上的浸浴河階。

代，既複雜又持續變化。整體而言，這個網絡構成了所謂的「神聖地理」，其廣闊與複雜程度，涵蓋了整片印度次大陸。在這個廣大的朝聖網絡中，即便是神聖的瓦拉納西城，也不是單一的存在。事事物物都是活生生、充滿故事且密切相連之地景的一環。

一開始，我拒絕這種複雜的邊緣視角，仍對發掘此地的特殊獨到之處深感興趣。然而我漸漸察覺，只有在更廣大的意義體系中，我才能真正了解瓦拉納西；而這個體系的重要性不在於獨特，而是多重性。即便偉大的迦屍城也不例外。這個神聖城市的每樣細節，似乎都在其他地方複製出現，置身於某種象徵意義的模式之中。這種模式讓瓦拉納西不再獨特，反而成為廣大地景裡不可分割的一塊，地景上的種種特色不斷複製且相互連結。我開始了解到迦屍城不是唯一中心，而是這片多中心迷人地景上的諸多節點之一，它們彼此之間透過朝聖足跡連結。

這座神聖城市最重要的宗教主張，就是認定光之城迦屍是心靈解脫之地（moksha或mukti）。人們總說：「死在迦屍是種解脫（Kashyām maranam muktih）。」朝聖者從印度各地前往迦屍，度過老年餘生，並在此安詳離世。在這一點上，迦屍是特別的——以死亡聞名——有些人甚至會說迦屍因此而出類拔萃。然而，迦屍也是傳說中賜與解脫的七城之一，其他城市包括阿逾陀（Ayodhyā）、秣菟羅（Mathurā）、哈德瓦爾（Hardvār）、坎契（Kānchī）、烏賈因（Ujjain）與德瓦拉卡（Dvārakā）。這七城被稱為賦予心靈自由之地（mokshadāyaka）。迦屍城也被視為濕婆神的閃亮神聖象徵——「光之柱」的地上化身，因為濕婆神的無限光柱在此劈穿大地。即便如此，全印度至少還有另外十一個知名地點也是如此，這整群地點被稱為十二光柱。多年前研究瓦拉納西時，這些地點對我來說只是地名，雖然在迦屍城的神聖結構裡面，每座知名的濕婆光柱城市都有一座代表廟宇。我開始了解到，迦屍城的知名女神同時也跟網絡裡的數百位女神有所連結，這個網絡被稱為女神寶座（shākta pīthas）。

流過城市的恆河以浸浴河階聞名，是印度的「七恆河」（seven Gangās）之一，此外還包括納馬達河（Narmadā）、高達瓦里河（Godāvarī）與卡韋里河（Kāverī）。每條河都宣稱擁有源自天上、流經北印瓦拉納西恆河的神聖力量。迦屍城的神聖區域據說半徑約有五個俱盧舍（krosha）②，約十英里長；這個區域環繞著一條知名的五日朝聖路線，名為「五俱盧舍之道」（panchakroshī），沿途停頓五個點。漸漸地，我發現五俱盧舍之道也不是迦屍獨有的朝聖之道，而是某種以五點構成的朝聖行程模式，在阿逾陀、納馬達河畔的奧姆真言之主（Omkāreshvara）、馬哈拉施特拉邦（Maharashtra）的婆羅門吉利山（Brahmāgiri），及其他幾十個地方都可以發現類似路線。最精采的，莫過於迦屍城本身也有各種複製版本，全印各地都有以迦屍為名的城市寺廟，稱為「南方迦屍」、「北方迦屍」或喜馬拉雅山中的「隱藏版迦屍」。

早年進入喜馬拉雅山的旅程中，我在某天下午前往其中一處迦屍城：笈多迦屍（Gupta Kāshī）。這處「隱藏版迦屍」位於高山的曼達基尼河谷（Mandākinī）上游，是恆河的上游支流之一。在這個小村落裡，我發現了一間低矮的迦屍宇宙之主神廟。神廟前有一處建築精美的浸浴池（kund），名為馬爾尼卡尼卡（Marnikanikā），與迦屍城重要的馬爾尼卡尼卡火葬場浸浴池同名。浸浴池水來自冷泉，泉水據說來自喜馬拉雅山上的恆河源頭（Gangotrī）與亞穆納河源頭（Yamunotrī）。我們將看到，高高盤踞在恆河源頭之上的牛口（Gomukh），是第一滴恆河水從冰河邊際湧現之處。記得平原上的偉大迦屍城內——根據傳說——馬爾尼卡尼卡浸浴池水也是來自牛口的地底湧泉。這座小村落的神廟、浸浴池，跟迦屍城及廣大印度神聖地理之間的明確連結，讓多年來在文獻中讀到的概念明確了起來。我還發現笈多迦屍也和史詩《摩訶婆羅多》中的重要故事有關；實際上，許多喜馬拉雅山區地點都是如此。據說般度族（Pāndava）五位王子與黑公主德勞帕蒂（Draupadī）的最後旅程，也是沿著這條路爬上山。般度五子在此丟下不再需要的戰斧，那些戰斧今日仍留在此地——濕婆神化身之一的陪臚神（Bhairava）③廟宇中。[3]

接下來許多年，我踏上這片廣大神聖地理，走過數千英里的朝聖路徑，試著從草根出發，了解許多世紀以來，印度的神聖地景是如何被建構出來的。我小心記錄重複命名的聖地、聖河網絡、系統化的濕婆光柱及女神寶座的擴張。造訪了七聖河其中四條的河流源頭，包括恆河、納馬達河、高達瓦里河與卡韋里河。沿著山海之間一條名為「持斧羅摩之地」（Parashurāma kshetra）的狹窄通道，走下西高止山（Western Ghats）。這塊據說是由毗濕奴轉世化身之一的持斧羅摩從大海取得的土地。我一而再、再而三地發現，印度的每吋土地確實充滿精妙複雜的故事。我找出跟奎師那神（Krishna）生平傳說有關的地點，從他在秣菟羅的出生地，到他在傳說中於古賈拉特半島離世升天之處。遇到無數地方，都號稱是《摩訶婆羅多》史詩英雄流放古代叢林時曾造訪之處，或是另一部史詩《羅摩衍那》裡，羅摩、悉達與羅什曼（Lakshmana）流亡的森林。對我來說，愈來愈明確的是，無論前往印度何處，都會發現跟神祇英雄故事密切連結的山岳、河流、森林與村落等活生生的地景。大地上烙印著神明的行止與英雄的足跡，每個地方都有故事。相對地，在神話傳說遍布的龐大儲藏地上，每則故事都有其發生地。

這片地景不只將地方與神祇、英雄、聖人的神話傳說連結起來，更透過在地、區域性及跨區域性

---

② 譯註：古印度長度單位，此字為喊叫之意，意指喊叫或聲響可達的距離。

③ Bhairava原為可畏或恐怖之意，為濕婆神的化身之一，在印度教中以外型凶猛聞名。相傳梵天與毗濕奴爭論誰才是宇宙最偉大神明時，憤怒的濕婆神變身成陪臚，砍下梵天的第五顆頭。

的朝聖活動，在另一個層次上，讓地方與地方之間發生連結。更甚者，這些連結路線從此世，向無限地平線的另一端延伸，通往另一個世界。朝聖者的印度是一片在想像中栩栩如生的地景，不只著重單一地點的重要性，更透過連結、複製與倍增的方式，構築出一整個世界。其中最重要的原則是，深刻重要的事物必須廣泛複製。因此他們複製地點，創造出聖地群組，透過四、五、七、十二個點的意義闡述，將一切構築成一片活力盎然的象徵地景。它的特色不在獨特單一，而是多中心、多元且不斷複製。最重要的是，這片「想像地景」不是由神職人員及書寫傳統所構成的（當然仍存在著大量文獻），而是由千百萬朝聖者創造出來。透過他們前往內心嚮往之地的旅程，產生了一股強大的土地、地方的歸屬感。

一九九〇年代初期，在阿逾陀發生的羅摩出生地（Rāmjanmabhūmi）抗爭運動，為這片神聖地理的政治面向掀起一場風雨。阿逾陀據傳遭到十六世紀蒙兀兒皇帝巴布爾（Baubr）的手下將領摧毀，並在此蓋了一間清真寺，永遠封印。尖銳的新形態印度教國族主義者誓言要重建羅摩神廟，大批運動人士高喊著「我們要在清真寺上原地重建（Hum mandir vahīn banāyenge）」。羅摩出生地的確實地點所產生的長期爭議，在印度教神聖地理象徵的獨特性上，掀起尖銳爭議，即便阿逾陀當地也有許多不同地點，都將羅摩出生地神話納入自己的地方傳說之中。想到豐富多樣的印度複雜地景，不斷倍增、複製神聖性的漫長歷史，這些所謂「真正地點」的宣稱，聽起來著實刺耳。當然，印度教傳統下全印各地數百個聖地的傳統宗教廣告及頌歌中，無不強調自己才是「真正地點」。它們甚至運用誇大詩意的手法來強化「真正地點」的偉大榮光。[4]然而這類頌歌總是立基於廣大的「邊際效應」視角。受到讚譽的地方不是獨一無二的，實際上它們的存在往往無窮無盡：並非神力不足以現身在每處地點，實在是人力有限，無法發現、理解體現在每個地方的神聖性。這道刺耳的不和諧聲，自然是來自獨一無二的論述，且更像是西方一神論的傳統，結果現在也開始出現在印度教的脈絡裡。雖然這個脈絡中，傳統的宗教意義是建立在多樣而繁大的神聖性神話假設之上。

這是一本關於印度——朝聖者的印度——的書。一度，我曾對撰寫此書感到心灰意冷。我害怕由神明所驅動、透過朝聖者流動而相互連結的神聖地理意象，可能會給新的、排外的印度教國族主義火上加油。然而我在此書中描述、詮釋的真實，明顯無關乎宗教的排外與獨一性，而更著重複雜、流動與多元性。這本書描寫的是，朝聖網絡如何在地方、區域及跨區域的層面上，構築出關於地方與歸屬的感受。我並沒說「全國」，因為本書中所談及的構連（articulating）土地與地景的方式，遠比現代民族國家更為古老。朝聖者的印度可回溯至千百年前，帶給我們一幅驚人的圖像：這塊土地並非由帝王政府的權力所鞏固，而是朝聖者足跡走出來的。

這種解釋土地的敘事方式，在了解情緒及儀式活動的社群上，有其關聯性；這些社群則賦予了今日印度教國族主義的力量與厚度。雖然部分關於印度國族主義、甚至晚近的印度教國族主義的學術分析中，都會看到這種活生生地景的重要性，然而多數仍然不太在意朝聖活動，即便長期以來，朝聖活動產生了我們跟這片被稱為印度的土地之間的關係。印度知識史學者拉賈・堪塔・雷（Rajat Kanta Ray）在著作《感受的社群》（*The Felt Community*）中，提出一項強而有力的主張，他引用韋伯（Max Weber）的「情感社群」（communities of sentiment）概念，提出「情緒社群（communities of emotion）」。他小心檢視、讚賞深植在印度教與印度—穆斯林過往的文化歸屬感形式。他寫下「每項民族運動的史前史，都根植於情緒、認同與主張。這些構成了人類群體的心智與文化，這些人卻被變身成主權民族國家的概念所掌握或持續掌握。那個概念也許是新的，但心智與情緒卻是深植於過往之中」[5]。同時，正如薛爾登・波洛克（Sheldon Pollock）所精采展示的，這也是個語文的世界，在王室銘文與讚頌詩歌上使用梵文，創造出一個「梵文文化圈」（Sanskrit cosmopolis）的地理文化圈，橫跨了我們稱之為「印度」的區域。[6]

毫無疑問地，「朝聖者的印度」是了解印度的重要面向，不只是過往，更是今日。對那些希望掌握今日世界現實政治的人來說，女神軀體連結起來的神廟群，以及從天而降的聖河，可能就跟光之柱一樣神祕奧妙。這些神聖化的模式卻持續讓成千上萬的人在這個國家的想像地景上，安身立命。

TĪRTHAS：神聖渡口

朝聖者尋找的地點，就稱為「tīrtha」，原意為「淺灘」或「渡口」，來自「跨越」的動詞詞根。這是我們在探索印度神聖地理學時，必須知道的第一個詞。在古代，「tīrtha」基本上指的是可以涉河而過之處，而印度許多宗教上的渡口，確實都在河岸上，或大河匯流處。然而更廣泛來說，tīrtha指的是精神上的渡口，接近神明之處，因此能獲得豐盛的福報。在精神渡口之地，人的祈禱聲會被放大，施行的儀式更為有效，立下的誓言也會迅即實現。擁有諸多衍生關係的tīrtha，既是過渡之詞，也是超越之詞。[7]

早期吠陀經典與《奧義書》（*Upanishads*）中，tīrtha一詞及過渡意涵出現在許多宗教用法裡。[8]吠陀經典中各種形式的火祭祭壇，正是被設置來做為過渡跨越之地，溝通此世與彼世，非形象化的聖火本身則作為過渡的媒介。神明會下降，進入獻祭儀式區域內的專屬位置，代表爐主的祭司祈禱聲，則會上傳天聽；事實上，也會確保儀式爐主前往天堂。在《奧義書》的智慧傳統中，「過渡」經常指的是靈魂從此世前往梵界的心靈過渡轉換；梵界由知識之光點亮。此處的過渡，並非繁複的吠陀儀式，而是靈性知識；這種過渡必須透過引導者協助，包含智慧導師（guru）與他授予的知識。例如，《六問奧義書》（*Prashna Upanishad*）就以學生對導師的讚美作結，「您真正是吾人之父——您帶領吾人跨越無知之岸。」《自在奧義書》（*Isha Upanishad*）中，一個人透過知識跨越死亡，獲得永生。《剃髮奧義書》（*Mundaka Upanishad*）則跨越憂傷與罪惡，獲致永生。知曉梵者，據說就能成為梵。「他跨越（tarati）憂傷。他跨越罪惡。由心結中解放，他成為永恆。」[9]

到了史詩《摩訶婆羅多》與大眾文學的《往世書》（*Purāṇa*）時代，tīrtha一詞經常被用來指精神渡口，也就是朝聖的目的地。西元第一個千年中，朝聖之旅（tīrthayātrā）在宗教生活與文學中愈來愈重要。Tīrtha這個詞持續帶有《奧義書》中所發展出來，包括河流、淺灘、渡口與對岸等所有細緻豐厚的象徵意涵。然而，到了我們這個時代——爭鬥時代（Kali Age），正是偉大的吠陀祭儀與智慧啟發都難以為繼的時代。無論如何，前往渡口聖地朝聖仍舊是一條可行的精神之道，朝聖之旅也就成了困難昂貴祭儀之外的重要取代性實踐。這是這個時代的實踐之道。不意外地，前往此地或他地朝聖所能獲得的福報，經常跟舉行強大祭儀的福報相提並論。例如，在瓦拉納西知名的十馬渡口（Daśāshvamedha tīrtha）進行儀式浸浴，將可獲得等同於舉辦「十馬祭」的福報。神聖傳說中還有數千種類似的朝聖福報。

《摩訶婆羅多》關於朝聖之旅的章節一開始，我們就可以看到這個段落清楚地將朝聖比為獻祭：

> 吠陀經典中須由賢者以既定程序完整精確施行的祭祀果實，是窮人無法獲得的，喔！國王陛下。由於祭祀的諸多執行步驟與各種先決條件，是屬於王子的領域，有時極富之人亦可行之，但不屬於缺乏足夠謀生與執行能力、也欠缺他人協助的單一個人。但請聽，國王啊，有種實踐即便

窮人也可以實行，且與祭祀的神聖果實相等。這是賢者的最高機密啊，國王陛下：朝聖之旅的神聖實踐甚至超越獻祭！[10]

〈讚歌〉（Māhātmyas）是一種讚美文類，唱誦並傳揚渡口如何神聖的故事、列舉朝聖的福報，形成梵文文學的一大類。許多世紀以來，它們被翻譯成印度各地的方言文學，並濃縮成宣傳小冊，成為地方傳說的一部分。如果單純從這類文學作品的數量來看，過去兩千年中，朝聖已經成為印度最廣泛的宗教實踐形式之一。

人們進行朝聖，可能是為了祈禱應驗而進行感謝還願（vrata），或者立誓進行朝聖以祈求如願。特定地方，如安德拉邦（Andrea Pradesh）的提魯帕蒂（Tirupati），似乎與尋求治療、家庭安康或財務成就的祈願有關。或帶著摯愛死者的骨灰前往附近河流，前往以死亡儀式聞名的重要聖地——包含伽耶（Gayā）、迦屍或普拉耶格（Prayāga）。人們可以尋求心靈淨化，聖地讚歌也經常細膩描述進入聖地時，罪愆憂傷會如一團棉花般燃燒殆盡。光是瞻仰地方本身，例如瞻仰（darshan）聖地、山岳、河流或聖像，都能帶來精神上的益處。接近苦修士或賢者也可，畢竟他們通常住在聖地附近，可以擴大地方的力量。

在許多方面，朝聖也成了某種禁慾苦行，將家庭拋諸腦後，體驗路程的艱辛困苦。此時朝聖者本身成為了聖地，這是一種很明確的概念。史詩《摩訶婆羅多》中的英雄人物堅戰（Yudhisthira）④就曾對從漫長朝聖之旅歸來的智者維度羅（Vidura）說：「像您這樣的信徒，本身就已經成為聖地，正是展現神祇存在，讓聖地成為聖地之人。」[11]經過多年，透過不斷增加的人數及奉獻累積的力量，印度的朝聖者持續讓聖地成為聖地。

〈聖地讚歌〉（tīrtha māhātmyas）也清楚聲明，前往聖地的不只是腳而已，更懸乎一心。「心之聖地（mānasatīrtha）」跟地理上的聖地同樣重要。這類聖地最早出現在《摩訶婆羅多》中，後來也在許多《往世書》裡羅列，包含真實、慈善、忍耐、自我控制、禁慾與智慧。人們必須浸浴在這些聖地之中，才能真正潔淨。[12]他們說如果光是水就足以淨化，那恆河裡的魚早就全上天堂了。只有浸浴在這些心之聖地中，人才可能真正過渡。「那些總是浸浴在塵世與心靈聖地之人，才能迎向最高目標！」[13]

今日的印度，聖地一字主要跟一些過渡之地有關，這些地方將男女神明、英雄與賢者的傳統栩栩如生地體現在印度地理之上。最知名聖地吸引來的朝聖客，超越了語言、宗派與區域的疆界。此外還有無數地方性與區域性聖地，吸引近在咫尺的朝聖者。對地方訪客而言，沒有任何地方是小到不能算聖地的。也就是說，每座廟宇都是受到祝聖，作為天地過渡之處的聖地。

至少在過去兩千年中，前往渡口朝聖是「印度教」多種宗教活動潮流中，分布範圍最廣的一種。即便進入現代，也沒看到朝聖傳統衰減，反而是更便利的交通引發了蓬勃成長的朝聖人流。喜馬拉雅高山上的神廟不再僅限於少數人才能抵達，朝聖團巴士驅車直上，進入巴德里納特（Badrīnāth）與凱達納特（Kedārnāth）神廟，前往恆河源頭及亞穆納河源頭。前往喜馬拉雅山四方神居（dhām）的旅行團在網路上廣告攬客。那些想要進行環印度巡迴朝聖之旅的人，也可以找到導覽影片，教他們如何進行印度四方朝聖之旅，前往北方的巴德里納特神廟、東方的普里（Purī）、深南的拉梅許瓦拉（Rāmeshvara）及遠西的德瓦拉卡。印度是擁有上萬聖地之土；每一天，都有數百萬朝聖者走在路上。

這些聖地都與大量古代及現代故事緊密相連。〈聖地讚歌〉與《神廟往世書》（*sthala purāṇas*）

④譯註：般度五子的大哥。

描述著每個地點成聖的故事，以及信徒造訪此地可以得到福報。這兩種朝聖文學與神聖地點，是如何建構出地方的神聖性呢？朝聖語言挾帶著我所說的「聖化文法」，又是如何從大量地點與故事當中，建構出這片地景呢？我注意到，當偉大事件連結到地景之上，神話油然「而生」。本書之中，我們將研究部分細節，了解偉大河川、山脈與印度丘陵是如何與神祇英雄的神話發生連結的。

溫蒂．東尼格（Wendy Doniger）在著作《其他人的神話》（*Other People's Myths*）中觀察到，「神話無法獨自運作；它必須跟其他神話共享主題、人物群，甚至部分事件。這些支持群體為特定神話添上顏色，提供看不見的補充意義框架，並提供部分重複的多種形式，好在群體記憶中強化這個神話的存在感。」[14]她對印度教神話的觀察，也適用在印度教聖地上——這些地方被稱為「渡口」、「寶座」（pītha），或「神居」。它們並非孤獨存在。即便位於最偏遠之地——喜馬拉雅最深遠的山區、河流源頭或半年雪封之處——它們都不是單獨的存在，而是交互參照、指涉之複雜網絡的一部分。這片積累而成的地景充滿著對自己「看不見的補充意義」。借用東尼格的話來說，整群支持性聖地為每處獨特聖地添色，提供更廣大的意義框架，連結其他地點。從地方到跨區域，擴散這處聖地的重要性。

神聖地景與區域

在最簡單的解釋裡，地理學就是對於大地及其特徵的描述、研究與分類。雖然地理學許多分支採取科學視野與方法，然而對於印度教印度（Hindu India）的研究明確顯示，這塊土地上的地理特徵——包含河流、山岳、丘陵與海岸——無論經過如何精準描繪、測繪或計量，仍舊充滿了神祇英雄的故事。這是一部共振的神聖地理學。這片地景上所有特徵相互牽連，連結到更大的整體。當我使用「想像地景」一詞時，實際上遠非想像。這是一片活生生的地景，雖然以某座特定神廟、丘陵或神龕為主題，卻鑲嵌在更大的架構之中。地景是相對的，會喚起情感與依戀。西蒙・夏瑪（Simon Schama）⑤對西方地景神話底土的精采研究中寫道，「雖然我們習慣將自然與人類知覺分隔成兩個領域，實際上兩者是不可分割的。地景成為感官永眠之處前，是心智的作品。風景既是由岩層，也是由記憶層構造而成。」[15]當然此處，夏瑪所指的是風景畫，但若將此概念轉譯運用在印度的脈絡上，我們可以看到神聖地景的風景，雖不是繪畫，也是由一層層的神話、記憶與關聯性構築起來，這些形塑了人類對自然的感受。

朝聖者的足跡是創造這片活生生地景的出發點。朝聖者離開家後，行程足跡會創造出意義與連結的迴路。在印度，個人朝聖不容易留下紀錄，因為缺乏個人朝聖回憶錄的傳統，就像十五世紀瑞士的菲力克斯修士（Friar Felix）那樣，留下自己前往聖地的精采紀錄——《菲立克斯・法布利修士漫遊之書》（*Book of the Wandering of Friar Felix Fabri*）。在印度，這類紀錄非常少。當然有數量龐大的〈聖地讚歌〉記錄下來的廣告，鼓吹朝聖者拜訪這個、那個地點，甚至每個地點。但我們還有這些地點本身，在許多世紀、無數旅程中，以自己的形式留下證據。在特定地點的磁吸效力下，朝聖者足跡產生了交會。印度的朝聖地景擁有諸多「集水區域」；其他則屬於地方性聖地，一樣也創造出某種區域認同。

這類區域性磁吸的絕佳案例之一，就是馬哈拉施特拉邦的潘達哈普爾（Pandharpūr）聖地，此處

⑤英國大眾歷史學家，紐約客雜誌文藝評論員，ＢＢＣ歷史藝術類紀錄片解說，在美國紐約哥倫比亞大學教授歷史、藝術史。著有《富者的困窘：黃金時代荷蘭的文化詮釋》、《公民：法國大革命編年史》、《風景與記憶》、《藝術的力量》。

是奎師那神化身之一的毘托巴神（Vithobā）現身之處。每一年，使用馬拉地語（Marathi）的歌者聖人——從十三世紀的吉南內許瓦爾（Jnāaneshvar）到十七世紀的吐卡拉姆（Tukārām）——都會前往潘達哈普爾朝聖，親炙毘托巴神像。伴隨這些聖人的，則是今日的朝聖者，沿路上高唱聖人的知名歌曲。行進時，他們扛著聖人銀色足跡的神轎。這類神轎出巡隊伍共有二十八隊，從馬哈拉施特拉邦各城市鄉鎮出發，有些遠在一百多英里之外。這些神轎稱為「palkhi」，日復一日，扛著神轎的朝聖者隊伍在潘達哈普爾鎮會合。最後，他們會在城外形成一支壯大的隊伍，前往毘托巴神廟。四次潘達哈普爾朝聖當中最大型的一次，約有五十萬人齊聚一堂。

馬拉地人類學家伊拉瓦提．卡爾威（Iravati Karve）在一九四〇年代末期曾前往朝聖，寫下這趟旅程的知名紀錄，「我發現了馬哈拉施特拉此地的新定義：這是潘達哈普爾朝聖者之地。」[16]安．費爾德浩斯（Anne Feldhaus）則以層次豐厚的馬哈拉施特拉研究，進一步詳述這個景象，「宗教想像與朝聖傳統讓馬哈拉施特拉人感受到區域，並進而產生概念。」這並非單一地理意象，而是更「交互重疊、參差不齊且未完成的區域拼布」。[17]潘達哈普爾是最接近全馬哈拉施特拉的情況，對前往潘達哈普爾的朝聖者本人來說，很可能並不認為自己在「感受馬哈拉施特拉」。正如費爾德浩斯以長期在地經驗精簡總結，「多數人專注在達成潘達哈普爾朝聖這個目標，也因為達成目標而歡欣鼓舞。他們擔心要在哪過夜，如何閃避扒手，回家的巴士隊伍得排多久。他們所感受到的團結，是來自共同旅行多天、『直接接觸』的朝聖者團體，而非某種想像中的馬哈拉施特拉人整體。」[18]即便如此，通往潘達哈普爾的諸多道路上，旅程仍舊讓他們從經驗中獲得關於馬哈拉施特拉的文化知識。

前往潘達哈普爾朝聖的旅程固然不易，但另一個偉大的朝聖之旅也是如此：前往喀拉拉邦（Kerala）沙巴利馬拉山（Sabarimala）間的阿耶帕父神（Lord Ayyapa）神廟。這也是區域性的朝聖行程，然而現在不只吸引了馬來亞拉姆語（Malayalam）族群的喀拉拉人，還有來自泰米爾納都邦（Tamil Nadu）及整個南印度的朝聖者。這趟朝聖之旅要求的紀律十分嚴格。每位朝聖者必須立誓四十一天茹素、禁絕任何性關係、保持謙卑。起誓之後，朝聖者會以阿耶帕父神為名，稱呼彼此為斯瓦米（swami）。任何人都可以參加阿耶帕朝聖之旅，無分種姓、階級或宗教，但只限男性及前青春期／育齡後的女性⑥。畢竟，阿耶帕是禁慾山神，祂會在目的地現身，同時也陪伴朝聖者。

朝聖者赤腳行走，只有頭上頂著包袱，其中半數是他們要獻給阿耶帕父神的祭禮，另一半則是路程上生活所需。他們結伴同行，跋涉穿越喀拉拉的森林山野。最長的路程將近六十英里，雖然最熱門的路段僅有四英里的短程。對那些走上長程的人來說，赤腳朝聖特別艱辛。十一月到一月的朝聖旺季中，這些苦行朝聖者穿著黑衣，帶著顯眼的包袱，唱誦著「阿耶帕父神請庇護我！（Swamiye Sharanam Ayyappa!）」。肉體痛苦、飢渴、旅程留下的水泡是家常便飯。人類學者瓦倫坦・丹尼爾（E. Valentine Daniel）跟著一群泰米爾朝聖者從泰米爾納都邦的村落出發，描述他自己的經驗，也記錄下這七人小團體的經驗。他寫下「一名朝聖者回想攀爬階段，他說：『我什麼也不知道、聽不到、感覺不到。因為太累了，反而感覺不到累。我只聽到自己的聲音喊著：阿耶帕，阿耶帕，阿耶帕。除了我的呼喊聲與我自己之外，一切都不存在。那一刻我開始真正感受到神。』」[19]。當最後爬上廟前知名的十八階時，是朝聖的高潮。事實上，只有遵守四十一天茹素誓言的人，可以踩上階梯。爬上階梯讓他們得以跟阿耶帕父神面對面。

整體而言，這些朝聖路徑創造出喀拉拉地景，並在阿耶帕父神的故事中活化，他明顯是一位當地

⑥譯註：二〇一八年印度最高法院判決，要求該廟不得禁止十到五十歲女性入內，引起當地一片嘩然。

的英雄神祇。故事中他是一名棄兒，被無子的國王發現領養，將他養育成繼承人。但心生嫉妒的妃子則希望讓自己的兒子成為國王，要求男孩去取虎奶，好治療她罹患的危險疾病。男孩勇敢接下挑戰，成功地將虎奶帶回家——甚至騎在馴服的老虎身上！這位南方當地的達羅毗荼（Dravidian）⑦獵神，後來也被認定為濕婆與毗濕奴雙神合一形象的轉世，因此在印度教中享有更高的殊榮。即便如此，這仍舊是區域性的朝聖行程，即便每年吸引愈來愈多朝聖者。二〇〇七年，估計約有超過一千萬名朝聖者造訪神廟，高峰時期每小時高達五千人參拜阿耶帕父神。[20]

朝聖與國家測繪

許多印度的偉大朝聖地擁有跨區域的吸引力，前往這些聖地的朝聖人群，為全印度各地創造出更廣闊的經驗。今日享有泛印度

凱達納特神廟山徑上的朝聖者。

磁吸力的部分聖地，過去也曾是區域性的朝聖地點，例如位於今日安德拉邦南部的提魯帕蒂山頂神廟，以及位於奧利薩邦（Orissa）海岸的神廟——普里賈格納塔神廟（Jagannātha Purī）。在遠北的凱達納特神廟山徑上，或深南的拉梅許瓦拉沙灘上，朝聖者會發現自己置身在多語群眾之間，這些朝聖客來自印度許多不同地區。很多印度學者注意到朝聖地網絡在建構印度「國家性格」的概念上，扮演著重要角色。這種「國家性格」不同於當代的民族國家用法，而是一片共有的生活地景，擁有各種文化、區域的複雜性格。例如，蘭格斯瓦米．艾楊格（K.V. Rangaswami Aiyangar）在介紹十二世紀的拉克西米達拉（Lakshmīdhara）以梵文所寫的《朝聖地點文摘》（*Tīrthavivecana Kānda*）時，他寫下「在睿智政治人物試圖完成或完成印度一統大業的許久之前，唯一的興都斯坦（Akhand Hindusthān）已經從朝聖者的漫遊中興起」[21]。艾楊格這段文字寫在一九四〇年代初期，那是印度獨立運動的最後幾年，更讓學者清楚感受到，這類表述方式的政治回響，比新形態印度教國族主義早了幾十年。其筆下所寫的是十二世紀的脈絡，但身為學者，他也參與了二十世紀的脈絡。此時前往聖地朝聖的重要性不但未曾稍減，甚至隨著大眾運輸工具的擴張而大幅茁壯。

印度聖地網絡投射出一片想像地景，進而大幅度貢獻了印度本土「國家」概念的成形，在今日深受當代印度教國族主義爭議影響的政治脈絡中，得到了闡述。因此，要去詳查這件事情的歷史意義，以及在今日印度教朝聖脈絡中的意涵，確實相當困難，卻更形重要。無庸置疑的，印度想像地景是在印度教神話儀式脈絡中建構出來的，最重要的一環就是朝聖活動。大批印度教神話與史詩文學，不只

---

⑦ 譯註：達羅毗荼是印度數百個人種中的一種，主要分布在印度南部，包含今日的喀拉拉邦、泰米爾納都邦、卡納塔卡邦與安德拉邦的一部分，人口超過兩億，約占印度總人口的百分之二十五。

是印度教徒的崇拜文獻，也不只是建構論者、比較學者或心理分析演繹者的學術興趣。這些印度教神話深刻連結了印度地理中的山河、森林、海岸、村莊與城市。也就是說，它發生在千萬神廟及文化創造出來的「婆羅多」（Bhārata）心靈地圖上。

然而測繪印度土地不僅限於朝聖領域。十八世紀隨著東印度公司而來的，是英國的測量員與製圖員，他們帶著非常不一樣的眼光與目的。科學測繪是帝國計畫的一部分。在《測繪帝國》（*Mapping the Empire*）一書的導言中，馬修・艾德尼（Matthew Edney）寫下「帝國主義與地圖測繪在最基本的層面上交會。兩者基本上都跟領土及知識有關……要統治領土，就得先了解領土」[22]。但這種知識是獨特的。在地圖測繪事業中，艾德尼寫道：「在統一的尺度中，印度的所有區塊變得可以直接比較，並正常化。關於印度的知識被一致化；特殊變異與偶然在『確定之家』中被馴服。每個城鎮區域都在固定不動的經緯度網格中，被定位授予了自己的獨特位置」。地圖測繪變成艾德尼形容的「視野與控制的技術，與南亞的英國當局密不可分」[23]。因此，孟買、瓦拉納西與拉梅許瓦拉在繪製地圖上成了一樣的點。雖然對商業與控制目的來說挺有用處的，但這種空間的一致化，卻剝除了文化意義與記憶。

這種展示性地圖並不屬於我們在此書中描述的文化。然而印度教文學與儀式文化中卻有著深刻的地理意識傳統。印度教傳統裡，想像的「地圖測繪」屬於宇宙學者與神話創造者的領域。他們創造的想像地景，比起今日地理上最準確的數位地圖，是否更具文化影響力，仍有待爭論。想像地景乘載著意義的印記，包含神祇的自我示現、英雄足跡、河流的神聖源頭、女神軀體等。在心靈地圖中，地理之上疊加著一層又一層的故事，並在充滿故事的地景中相互連結。部分故事是在地的；有些地方卻透過故事跟其他區域的神廟相連；還有一些則是透過故事連線到全印度的神廟網絡之中。

聖化的文法

那麼，構成這片地景的系統性要素有哪些？哪些要素被重複、複製、分類進入到網絡裡，因此構成這片寬廣的地景？系統又有些什麼「套路」呢？哪些是古老套路，哪些則是晚近時分才加入地景創造之列，透過重複與同源的手段，將一切編織在一起？我在本書特意從不同資料來源擷取案例——來自文獻與儀式、古老與現代，從《梨俱吠陀》（*Rig Veda*）到廣受大眾歡迎的《往世書》，再到今日的朝聖小手冊，從所謂的文學傳統、民俗藝術到壁畫，還有拜訪幾十個印度聖地的無數路程。在這本書裡，我們會開始發現建構與入住神聖地景的某些方法。

要建立印度地景的神聖特徵，感受、命名並傳遞神祇現身的故事，有許多策略。朝聖者可能會問：「這個地方為什麼會變成聖地？」很多情況下，說出來的故事，往往揭露此地隱含的部分文化知識。也許是由天降地之處，如河流；或者神祇從海洋取回之地，如海岸；又或許是神祇破土而出之處，例如許多濕婆光柱（jyotirlinga）。還有那些曾經被立於此地的聖像，抓緊了土壤，人力無法移動。也可能是女神軀體的一部分，灑落在大地上。也許這座山丘曾是喜馬拉雅山的一角，被移到古賈拉特邦；這條河流是從奧利薩邦地下衝上來的恆河；這座神廟是在南方重建的迦屍城宇宙之主神廟。這些討論神聖示現的方式，開始連結成一片地景，其上點綴著各個聖地。

印度地景的系統化架構，當然是建立在宇宙觀上，整個宇宙構成一個體系，擁有多重環狀島嶼及環狀海洋，每座島嶼都有自己的河流、山脈。我們將在第三章看到，這些文本通常是從創造故事展開，接著進一步解釋整個宇宙的架構。宇宙觀對我們來說特別有啟發性，因為它所建立起來的「系統地理」中，地理特徵不是因為其獨特性引人注目，而是因為它們在這個有序的系統整體內不斷出現。

Avataranam：下凡

從天落地，因此聖潔。地球上應該找不到比這更神聖的系譜了。神祇由天落地，當然是這個世界與天界產生連結的一種方式。Avatarana、avatāra跟tīrtha這三個字都來自同樣的梵文字根，意為「過渡」。過渡的語言創造出下凡跟上升的世界，連接天上與地面、此世與彼世。最知名的神仙下凡，莫過於毗濕奴神的轉世化身，但「下凡」概念對許多神祇與重要聖地來說，也不少見。例如奎師那神的首都德瓦拉瓦提（Dvāravatī）據說即是天城阿瑪拉瓦提（Amarāvatī）下降於世。化身往「下」降世，聖地則是往另一個方向的過渡之地——由此岸渡往河流的彼岸，或前往天堂的彼岸。這種過渡語言擁有廣闊的象徵參照，從地上凡間與天上世界之間的生命上下流動，到最終渡過生死之「河」前往解脫的「彼岸」。聖地之所以是渡口，正因為它們是讓過渡發生的地方。

當然，河流本身也是重要的下降者。連同最重要的恆河在內，據傳許多印度河流都由天上下降凡間。恆河下凡的故事在許多版本的《往世書》中都有記載，也出現在《羅摩衍那》的開頭。[24]恆河原是一條流過天際的聖河。我們在第四章將看會到，在賢王跋吉羅陀（Bhagīratha）的苦修祈禱之下，她同意由天上下凡，讓阿逾陀太陽王死去的先祖得以復活。為了減輕她下降的力道，恆河女神一開始先落在喜馬拉雅山的濕婆神頭上，接著流過北印度平原。其他聖河，例如高達瓦里河與納馬達河也重複這類神聖下凡的模式。納馬達河是從中央邦（Madhya Pradesh）東方的阿瑪拉坎達卡（Amarakantaka）山區的濕婆神軀體上流淌下來。高達瓦里河則是被賢者喬達摩（Gautama）的祈禱召喚下凡，從今日馬哈拉施特拉邦西高止山脈的婆羅門吉利山頂流洩。高達瓦里河流域的祭司宣稱，「溫迪亞山脈（Vindhya）以南，恆河被稱為喬達米河（Gautamī，即以賢者喬達摩命名）；溫迪亞山以北則稱為跋吉羅帝河（Bhagīrathī，即以跋吉羅陀命名）。」在象徵意義上，兩河實為一河——都是由天降下，在兩個地理環境中重複、再製。

調查地理意義體系是如何建構時，印度的河流扮演了重要角色，因為它們並非個別河流，而是一組河流體系的一部分，它們在群組之中相互連結。此處所說的就是七恆河。它們通常從「同樣的」地方流出，也就是「牛口」；這個動作呼喚出因陀羅神（Indra），打破弗栗多（Vritra）的禁錮，釋放天上之水的意象。水流淌到大地上，有如母牛擺脫牛圈滋養小牛；也召喚出知名的同源概念：河流與牛，水與牛奶。[25]兩河交匯處（sangam）特別神聖；但三河交匯處更好。三河交織成辮子——許多「三辮之地」（trivenī）正是兩河匯流處又加入了第三條河。這第三條河通常被理解為地下河薩拉斯瓦蒂河（Sarasvatī）的象徵性深沉水流，很久以前就從可見的地面河床上消失。最知名的三辮之地是普拉耶格，也就是今日的阿拉赫巴德（Allahabad）。但全印各地仍有其他表達三河交匯的三辮之地。整體來說，印度河流匯聚了天上起源、地上源頭、交匯處與河口的相互參照象徵性語言。事實上，聖地神廟中，水從壺裡滴到濕婆神的林伽（linga）象徵之上時，就已經再現了恆河女神下降的故事。

Svayambhū：自生神性

人們說，神聖存有在此，破地而出，自我顯現！無數地方被稱為聖地，是因為神聖存在此地、破出並自我展現。這種聖化形式最強而有力的案例，是南印度泰米爾納都邦平地上，拔地而起的聖炬山（Arunāchala），又名黎明山脈（Dawn Mountain）。山腳下有一座非常古老的提魯凡納馬萊神廟（Tiruvannamalai），銘文顯示出一千三百多年前的歷史紀錄。廟身包含好幾座大型的四方內庭，四面各立有一座高聳寺塔（gopura）。廟內是一尊濕婆神林伽，稱為聖炬山之主（Arunāchaleshvara），立於無盡油燈行列包圍的聖壇中。然而在此，最強而有力的濕婆展現，卻是這座山本身。據說在創世破曉之際，濕婆神的火柱如山拔地而起，燃燒閃耀。梵天與毗濕奴無法度量火柱大小，嘗試過後仍舊找不著火柱的頂或底。為了衡量這光彩奪目的火柱，祂們窮盡己力。於是濕婆神現身在祂們面前，賜給祂們一份恩惠。祂們選擇什麼恩惠呢？——從此以往，濕婆神的爆發光輝變成了一座山，持續佇立在地面上。濕婆說：「既然這柱林伽崛起，看似一座火山，就稱它作聖炬山。」在神話裡，這是座火焰之山；在今日的暗黑世紀中，這是一座光裸火山岩塊組成的山頭，雨季時會鋪上一層綠絨地毯。此山約莫兩千六百英尺（七百九十公尺）高，超越八英里（十三公里）的步道蜿蜒而上。上山的人只能裸足行走。

一年當中最重大的節日之一，是陰曆十一至十二月間的昴宿之光（Krittikā Dīpa）祭典，以呼應燦爛的濕婆神爆發之光。千萬人齊聚在提魯凡納馬萊城裡，拜謁神廟，見證特殊油燈（dīpa）點燃。最重要的是，隨著黑夜降臨，山頂的巨型火柱也會點燃。幾個星期內，信徒帶著酥油及燭心前往山頂，在祭典的這一天，他們光腳魚貫上山，在大型酥油燈點燃之前進行觸禮。隨後返回山腳的神廟，在山頂大火點燃時，起身歡呼。他們繞行山岳及許多路旁神廟，就像他們繞行神廟聖壇一般。山頂大火將持續燃燒多日，有如對濕婆神聖劍的見證，「我以聖炬山之身在此佇立。」

神性在自然環境中自我顯現的語言，是整個聖化象徵文法中很重要的一部分。然而即便如此神聖，聖炬山也不過是數百個類似的地點之一。「自生」（svayambhū）一詞，用來描述這些據說有神明奧妙現身的地方與顯現的形象，有些人會加上「自然」現身——也就是沒有人為干預或祈求的現身。就像印地語說的，「祂自己在此出現。」（Apne āp prakat hui）此處的動能完全來自於神。這也是聖顯的基本定義，神聖性的「外顯」。無論是濕婆神、毗濕奴神、提毗女神（Devī）或當地神祇，自然顯現不是來自於人工干預或王室庇護，而是神聖的自主爆發。我們將會看到，最知名的聖顯神話之一，就是濕婆神的光柱由下而上穿越大地、空界與上方天界。[26]據說全印度有十二座光柱——從最北方的凱德納特神廟，到最南方的拉梅許瓦拉神廟；許多地方性神廟也認定自家的濕婆神像就是「自生」。

自然形態作為神性「自我展現」的概念流傳甚廣，不論是濕婆教派或毗濕奴教派都能接納。特別形態的石頭也被視為神的「自身」（svarūpa），這不是人創造出來的神聖形象，而是神自身的形象。請注意，經過祝聖的廟中神像（mūrti）是由工藝師巧手製作，神性已經存在，生命氣息（prāna）透過「生命氣息建立儀式」（prāna pratishthā）進入到造像之中。然而「自生」形象或「自身」則不需要通過儀式。在象徵層面上，神聖氣息早在不復記憶的時代就已經存在。在尼泊爾甘達基河（Gandakī）中發現的沙拉葛拉瑪石（shālagrāma），被視為毗濕奴神「自身」的自然顯示，不需要召喚真言，就已經具有神性了。同樣情況還有德瓦拉卡海灘上發現的石頭，這些所謂的「德瓦拉卡之輪」（Dvārakā chakra）是印上細膩車輪痕跡的純白石塊，車輪則是毗濕奴神的象徵。同樣地，納馬達河床上發現的光滑蛋形林伽石（bāna linga），則是濕婆神的自然體現。

除了這些自然顯示之外，還有無數地方的石頭、岩塊、岩架及神像被信徒宣稱為神祇「自身」。例如，在沃林達文（Vrindāvan）城內的一間神廟，一尊小型黝黑的奎師那神像以拉妲愛人（Rādhāraman）的形象出現⑧。這尊神像原是一塊沙拉葛拉瑪石，現在則是擬人外型。阿薩姆邦卡瑪迦提毗女神（Kāmākhyā Devī）或喀什米爾的毗濕諾提毗女神（Vaishno Devī）的光滑石頭造型，或者泰米爾納都

⑧ 譯註：拉妲（Rādha）為牧牛女，相傳為奎師那神的仰慕者與愛人，經常被用來比喻信徒與奎師那神之間的關係。

邦的黑公主德勞帕蒂教派中心京吉（Gingee）的當地民俗造型，都被視為「自生」形象。[27]自我顯示的形象對朝聖者特別有吸引力，不論是來自本地、區域或全國性朝聖者都一樣。這裡的重點，並非要列數各種神祇顯現的形式，而是希望大家注意到聖化的文法，地景也是透過這種文法創造出來的：神聖在此顯現，自然產生，未經召喚，自我示現。

Pratishthā：透過固著而聖化

今日的比哈爾邦（Bihar）鄉下有一尊稱為醫藥之主（Vaidyanāth）的林伽石，這是濕婆神的自生光柱之一。這尊林伽位於壯麗建築群內一間厚實的石砌神廟中，整片建築設在廣闊的廟地上。雖然廣闊，但在濕婆神誕辰（Shivarātrī）這類的重大節日，或者夏季的室羅伐拏月（Shrāvana，西曆七到八月）時，湧入這座神廟的朝聖者會多到溢出來。室羅伐拏月中，朝聖者用扁擔扛著裝有恆河水的水罈，聚集到廟裡。這些朝聖者被稱為「扛擔者」（kanwaria），他們立下誓言，也許是為了配偶、小孩的健康福祉，從六十五英里（一百零五公里）外恆河邊的蘇丹甘吉（Sultānganj）徒步跋涉而來。整個月整條路上，裹著番紅花色長袍的身影絡繹不絕，不分男女，都堅守朝聖者的紀律。多數人試圖在二十四小時內完成行程，因為以醫藥之主形象現身的濕婆神是一名偉大的醫師。

根據醫藥之主的傳說，濕婆神曾經將這重要的林伽石交給統治楞伽島（Lanka）的阿修羅魔王羅波那（Rāvana）。羅波那在喜馬拉雅山的濕婆神腳下長期冥思修行，練就了「禁慾苦行」（tapas）的強大能量。即便羅波那這樣的阿修羅惡魔也能透過精神訓練，積累如此力量。[28]然而將林伽石交給羅波那時，濕婆神要求羅波那從喜馬拉雅返回楞伽島的路上，萬不可將林伽石放下。天上眾神對於羅波那可能將強大的林伽石立在楞伽島上，自然感到憂慮，這會讓惡魔王國更加強大。因此，祂們合謀要讓他在途中放下林伽石。水神伐樓羅（Varuna）進入羅波那的身體，隨即讓他升起一股「解放」需求。他將林伽石放下回應自然需求，然而當他轉身要拾起林伽石時，石頭卻一動也不動了。時至今日，這座林伽石仍立於當地。

當我造訪醫藥之主神廟時，首度聽到這個知名神話時，心裡覺得奇怪：一尊無法移動的聖像，在這麼奇怪的狀況下，固著於地面上？當然，神話的重點正是「無法移動」的特質，牽絆的成立如此強烈，根本無法打破。這裡聖地的成立不是從天而降，或由地竄出，而是自主固著。當一座聖像立於廟中，祝聖儀式不只是建立生命氣息儀式而已，還包括在內聖殿（garbha griha）中，將神像固著在神壇上，以最強力的黏著劑將整顆石頭黏結。這個儀式也稱為「固著」（pratishthā）。但我們得知有些強大的聖像，自動會固著在地面上。這是構築神聖地景的另一種象徵方式。

幾個月後，我造訪了卡納塔卡邦海岸知名的哥卡那神廟（Gokarna）。這座神廟是少數的地標性聖地，即便在《摩訶婆羅多》的時代也廣為周知。離棕櫚搖曳沙灘不遠的神廟裡，祭祀的是知名的哥卡那林伽石，一塊堅實的紅色岩石，像塊扭曲的老樹頭。羅波那在這裡也重複了放下聖石的錯誤。他們說，他在路上過夜時，必須施行祭祀義務，因為他是個虔誠的阿修羅。他將林伽石交給一名男孩保管——實際上卻是象頭神犍尼薩（Ganesha）的偽裝，羅波那則到海裡沐浴並進行夜晚祭祀。然而聖像太重——至少這是犍尼薩給的藉口，因此被放在地上。當羅波那回來後，發現自己沒法抱起神像。他嘗試移動黏在地上的林伽石，結果力量之大，反而將石頭給扭曲了。即便如此，林伽石仍舊紋風不動。[29]

印度各地，我都可以發現聖像或林伽石在傳說中快速地固著當地，例如有人將聖像放下，再也無法移動；或因為自然發生的融合而固著的情況。我們將看到，這類故事出現在拉梅許瓦拉海岸上，由悉達製作的臨時沙質林伽石變成了無法移動的石頭。這也是奎師那聖像的故事，祂的車駕卡在泥地裡，完全無法從拉賈斯坦阿拉瓦里山脈（Aravalli Hills）的某個地方移出。明顯地，以斯里納特吉（Shrināthji）形象現身的奎師那神[9]表示自己想留在當地，今日變成了納特德瓦拉（Nāthdvāra）神廟城鎮的所在地。南方數百英里之外則是泰米爾納都邦提魯奇拉帕里（Tiruchirapalli）的斯里蘭甘姆（Shrīrangam）神廟，這座毗濕奴神的島嶼神廟有一尊神像插入土中。羅摩曾將這尊古老神像「蘭甘納塔」（Ranganātha）[10]送給羅波那的兄弟維毗沙那（Vibhīshana），因為他是羅摩的重要盟友。然而同時——你沒看錯——羅摩也告訴他到達楞伽島之前，千萬別將神像放下。即便如此，當維毗沙那抵達美麗的卡韋里河畔時，也難以抵擋想要浸浴的欲望。他將神像交給一名婆羅門男孩——再次是象頭神犍尼薩喬裝。男孩同意替他保管神像，條件是若他三次出聲呼喚，維毗沙那必須立刻應召前來。當維毗沙那進入水中，潛下卡韋里河時，男孩就開始呼喚。維毗沙那當然沒聽到。因此男孩將蘭甘納塔神像放在地上，此後就成為斯里蘭甘姆島上持續敬拜的神像。

這類故事之多，暗示著某種選擇性，神的選擇強力創造出本地的「地方」性。當許多「自生」神祇形象的顯示，是為了回應虔信者（bhakta）的慷慨奉獻。這裡所談的選擇是來自神的主動親近，這是對心愛之神（ishtadevatā）原則的神聖悖反。心愛之神原則主張，各種各樣的人都有自己「選定的神祇」，這種形式的神聖性特別訴諸人心。即便在家裡，家庭成員可能各有不同的心愛之神——也許是悉達、羅摩、犍尼薩或提毗女神。然而在這裡，固著的故事看起來似乎是由神做了選擇，選了此地或他地作為家園。這類故事中，理論上神與土地的融合，可能發生在任何地點。若日落晚了幾分鐘，羅波那也許就不會停在哥卡那，進行他的晚間儀式，而是喀拉拉海岸線上更深南之處。不論如何，一旦跟土地接觸了，神祇就會待著不走。

身體語言：神的軀體

在整體系統性的暗示上，沒有哪種形象比起軀體的召喚性更強——不但相互關聯，又擁有獨特差異，然而仍是有機的整體。空間與人類經驗的理論學者段義孚認為，人類軀體提供了理解且建構空間秩序的主要架構之一。這是我們的主要環境，我們的小宇宙，更提供了觀視廣闊宇宙的親密原生模式。[30]因此當軀體—宇宙架構被廣泛用在建立印度神聖地理的模式上，就一點也不令人驚訝。《摩訶婆羅多》的歌隊唱到聖地主題時，引用的正是身體的多元差異與階層，「如同身體特質被視為神聖，大地上也有一些獨特地點，與獨特水體，被視為神聖。」[31]這個世界就像身體，有其眼耳，心臟與頭顱。然而每一處都是相互依存的，就像四肢與身體運作一樣相互關聯。

我們將在第三章中看到，吠陀經典、《奧義書》與《往世書》的想像視野所創造出來的世界，是一個從單卵（garbha）中現身的整體，某些狀況下被想像成一具宇宙軀體。我們可以稱之為「有機本體論」，運用軀體象徵創造一個整體世界觀。[32]吠陀時代的形象是一位原人（Purusha）、在創世之時被獻祭的宇宙人，化成時間、空間與世界秩序。太陽由原人的眼睛誕生；月亮來自心靈；方位則生於耳朵。因此，此世我們所知的一切都與神聖的軀體宇宙有關。這種意象在印度教宗教文學中獲得大量

⑨ 譯註：斯里納特吉（Shrināthji）是奎師那神的兒童形象。

⑩ 譯註：蘭甘納塔是毗濕奴神的休息狀態之一，臥在大蛇舍沙（Shesha）之上。

運用，出現在數百個神話轉化中。其中最栩栩如生的，莫過於偉大的毗濕奴神躺在名為「無限」的大蛇身上漂浮著，有如無形海上唯一的形象。所有未來的一切，都沉睡在毗濕奴體內，等待著無數創造現象浮起、顯現。

印度的宗教地景中，身軀意象經常被用來暗示大地的整體性與相互關聯性。在其他地方，以「母親」或「父親」稱呼大地並非不尋常，然而在印度，大地的擬人象徵卻在細緻的身體—宇宙關係中放大了。我們只需回想吠陀經典裡，太陽—眼睛，心靈—月亮，血管—河流、頭髮—樹木等同源比擬，就不難想像地上的渡口會自然跟身體上的地點產生關係。聖地與身體—宇宙關係的最驚人案例，就是女神寶座（pītha）體系。這些寶座被視為女神軀體的不同部分，分散在印度各地。我們將在第六章仔細檢視這些莎克緹寶座（shākta pītha）⑪的創造，但此刻先讓我們整體審視一下這個身體—宇宙。

恆河進入北印度平原附近的堪克爾（Kankhal），有間神廟的牆上掛著一幅濕婆神像。他腳跨田野、溪流，手臂上抱著虛弱美麗的薩提（Satī）女神身軀。這座神廟名為達剎之主（Daksheshvara），據說是達剎（Daksha）舉行最後獻祭儀禮之處。達剎是梵天的兒子，參與了創世過程，同時也是薩提女神的父親。宇宙間每個人都受邀參加這場獻祭，除了薩提心愛的丈夫——山神濕婆之外。憤怒的薩提女神衝下山，前往勘克爾，在祭儀場地上自殺，表達對濕婆所受侮辱的憤怒。她知道濕婆神是宇宙之主。這個故事的諸多版本中，哀傷的濕婆抱著薩提的屍體，走遍全印度，以平復他的失落。[33]最後她身體的各個部分，一一掉落。掉落處，成為提毗女神顯現的聖地。因此，整個印度都是女神支離破碎的身體：比哈爾的赫利達亞（Hridaya）聖地是她的心臟；納西克（Nāsik）的巴德拉卡莉（Bhadrakālī）是她的下巴；俱盧之地（Kurukshetra）是她的腳踝；瓦拉納西是她的左耳環；遙遠東北方的卡瑪迦，則是她的性器瑜尼（*yoni*）；深南的卡尼亞庫瑪莉（Kanyākumārī）則是她的背。

關於女神寶座群的數量，某些說法有五十一個，其他則有一百零八個。知名學者瑟卡爾（D. C. Sircar）從某些八、九世紀最早期的譚崔派（Tantric）⑫文獻中，找到一些女神寶座群，最複雜的形式則出現在十七世紀的《寶座論》（*Pīthanirnaya*）裡。[34]然而實際層面上，這個體系明顯開放給各種「有意加盟者」，透過莎克緹寶座的身體—宇宙觀，他們將當地的地方女神，結合上大女神（Mahādevī）概念，創造出許多印度教徒都宣稱擁有女神軀體的現象，一如中古世紀歐洲人到處宣稱擁有真正十字架的碎片。哪個寶座「確實」是群體一部分並不重要，重要的是有了這個群體，最終讓每位女神都可以宣稱是其中的一分子。

從這個角度來看，整個印度都組成了女神的軀體；從另一個角度看，支解與分布是為了普世化。散布在這片地景上的薩提，並非死亡，而是活著；並非破碎，而是整體。一位印度教作家在一九二〇年代寫下「印度並非只是各種地理碎片的集合，而是單一、巨大的有機體，強大生命體的脈動浪潮，從一端盈滿另一端」[35]。部分歷史學者、政治學家與現代印度的演繹者將「印度母親」（Bhārat Mātā）概念的普及，追溯到十九世紀末印度國族主義的興起，以及班金．強德拉．查特吉（Bankim Chandra Chatterjee）的頌歌《向您致敬，母親》（*Vande Mātaram*）。這首歌詠母親大地的歌曲，一開始是為了

⑪譯註：Shakta意為力量、潛勢、也代表陰性的生殖力量（性力），為宇宙的創造力量，推動宇宙的動能。此字也音譯為鑠乞底、莎克緹。意譯為「槊」，即槍戟之意，象徵威力、性力之義。

⑫譯註：Tantra來自梵文字根「tan」，有延伸、編織之意，廣義來說，可以指所有系統性「經典、理論、體系、方法與實踐」。譚崔派為印度教濕婆派、性力派結合了佛教與民間信仰而成的一套體系，以高度組織化的咒語儀禮為特徵，包含口誦真言咒語，手結印契與心做觀想為實踐。這套密傳教義與修行，大約在西元七、八世紀左右，開始在印度的佛教中取得主導地位，並流行於西南印度與德干高原一帶，隨後往南印與東北印度流傳。

反對一九〇五年英國切分孟加拉省的作為。[36]然而這種觀點，其實缺乏長期的歷史觀。提毗女神與土地之間的認同，早就有更古老的根源，來自提毗神廟體系裡銘刻的身體—宇宙象徵。長期以來，朝聖者前往印度諸多山巔、洞穴與懸崖邊的提毗聖地，早就超越二十世紀印度教國族主義「母親大地」的修辭了。

除了地圖測繪產出帝國掌控的地圖外，我們熟悉的三角形狀，也成為印度領土的強大象徵，特別是結合了印度母親的女神形象之後。這種地圖—女神象徵符號成了代表性的印度概念圖像，在國族主義者之中及後來的印度教國族主義者脈絡裡，更是廣受歡迎。

哈德瓦爾的二十世紀印度母親神廟，以具體的形式，表現出身體—宇宙論中隱藏的想像視角：美麗的印度母親站在印度地圖上，手持一把穀物與一罈水。在新德里的世

西方神居，位於古賈拉特邦海岸的德瓦拉卡奎師那神廟。

界印度教徒組織（Vishva Hindu Parishad）總部，庭院一角展示著這個形象的不同版本：杜爾迦女神（Durgā）⑬站在印度地圖浮雕之上。這樣的形象清楚表現出土地與提毗女神之間的關係，然而今日印度教象徵主義政治化的脈絡，卻令人感到不安。雖然身體—宇宙觀看似是十九、二十世紀的新產品，但我們必須了解到這並非新形象。相反地，這種形象既古老又無處不在，正因為如此，這種形象的力量才能有效發揮作用。

四方神居—四重殿堂

「這是居所（dhām），不是渡口（tīrtha）」，年輕人如此堅持，不請自來地導覽起秣菟羅附近的奎師那聖地群。「dhām指的是神居。」我們一起坐在戈庫爾村（Gokul）焙燒黏土蓋起來的小屋中，他反覆如此強調，似乎這一點對他來說非常重要。據說奎師那還是小嬰兒時，曾住在戈庫爾村。我想弄清楚他的意思。當然tīrtha這個字帶著「度過」的意思，因為tīrtha就是渡口，也是讓我們由「此」渡「彼」的精神渡口。但dhām這個字（梵文為dhāman），則帶有「居所」的意思。居所並不一定會讓我們前往另一個世界，而是讓我們清楚明白誰住在此地。居所並非讓我們「過渡」前往神界，而是此刻居住在我們之間的的神祇。強・鞏達（Jan Gonda）曾詳細研究這個詞在古代吠陀文獻中如何使用，他寫下dhāman可以用來描述神祇的地點與折射，那是祂展現力量及讓眾人經驗存在的神聖地點。[37]神聖居所的概念，讓我們知道神聖性擁有形式與地點，是可以觸及的。例如，在吠陀儀式脈絡中，火神

⑬譯註：以憤怒、除惡形象現身的女神。

阿耆尼（Agni）的居所就是火祭壇，這是阿耆尼閃耀力量（tejas）的展現之地。[38]

這個字進入神聖地理的系統中，讓印度擁有四個知名的神居（dhām），分別位於這片土地的四個方位上。四方神居繞行（chār dhām）朝聖之旅的儀式，是神聖地理最大規模的建構方式之一。標準的四神居獲得舉世公認。北方是位於喜馬拉雅山、坐落在恆河支流阿拉坎納達河（Alakanandā）畔，此刻祭祀著毗濕奴神的巴德里納特神廟，此廟距離西藏邊境只有幾英里。東方則是奎師那賈格納塔神的居所——普里，這處孟加拉灣上的神廟群是全印度最壯觀的廟群之一。南方則是拉梅許瓦拉，此地的濕婆神林伽石據說是由羅摩供奉在南方海岸上的。[39]西方則是德瓦拉卡—奎師那神在世晚年的首都，當時名為德瓦拉卡迪沙（Dvārakādhīsha）。

四方神居繞行是印度最受歡迎的朝聖行程之一，帶著朝聖者繞行整個國家一圈。[40]雖然有些印度教朝聖者——苦修士、寡婦及出家人等——仍舊徒步走上四方神居繞行朝聖，不過，今日多數都是乘坐巴士包車進行，甚至透過「影片教學」完成。然而兩千多年前，史詩《摩訶婆羅多》中，賢者補羅斯底耶（Pulastya）與煙氏仙人（Dhaumya）就已經向般度兄弟描述過繞行印度的朝聖路徑。雖然他們對於南方聖地的描述相當粗糙，可他們所描述的朝聖形態卻包含了一整片土地。在《往世書》中，至少千年來都可以看到四個方位的神居，也可以看到來自南北東西的虔誠信徒絡繹不絕。即便如此，四方神居繞行這個特定的詞，在《往世書》中卻不常見，雖然今日的朝聖傳單小冊都宣稱「四方神居繞行始於史前時代」。[41]特別是對印地語區域的人來說，這是非常受歡迎的朝聖行程；這一點從極南端的泰米爾納都邦拉梅許瓦拉都可以看到印地語出版品，可見一斑。

無數印地語小冊介紹四方神居繞行朝聖，其中一本從婆羅多大地的宗教本質展開論述。偉大賢者讓世界充滿和平，而從未間斷的聖地崇敬傳統，即便在遭到征服的世代也未曾改變。它將四方神居朝聖視為印度宗教性的表現。這本指南告訴我們，「有些人在造訪過其他三處神居後，前往巴德里納特神廟。其他人則是在前往巴德里納特朝聖時，下定決心要帶著神聖的恆河源頭之水，到拉梅許瓦拉的神廟供奉。」[42]就像印度一般的朝聖，究竟繞行該怎麼進行，並沒有正統可循，而是依個人心性（bhāvana）而動。巴德里納特是四方神居中最難前往的一處，其他都可以輕易搭乘火車抵達，巴德里納特卻需要一趟入山旅程。直到最近，那都是一條漫長艱辛的徒步行程，不過現在整條路都鋪成車道了。即便如此，這仍舊不是一趟輕鬆的旅程。這本朝聖小冊的作者一度揭露了某種思考四方神居繞行的模式：巴德里納特是圓滿時代（Satya Yuga）的神居，這是一開始的完美時代；拉梅許瓦拉則是三分時代（Treta Yuga）的神居，此時羅摩統治凡間。德瓦拉卡則是二分時代（Dvāpara）的神居，此時由奎師那主導。隨著《摩訶婆羅多》發生、奎師那之死，則進入爭鬥時代，對於人類宗教性來說是個困難的時代。普里則是爭鬥時代的神居。

正如我們已經開始了解，四方神居繞行是一趟完整的朝聖之旅，四個方向指出的四重模式更在地方及區域性朝聖中大量複製。哈德瓦爾出版的印地語小冊中，除了頌揚印度四方神居，也同樣讚美逐漸打開知名度的喜馬拉雅山四方神居：包含巴德里納特、凱達納特、恆河源頭與亞穆納河源頭。在奇特拉庫特（Chitrakūt）鄉下，傳說中羅摩、悉達與羅什曼的森林修行地，也有值得造訪的四方神居。烏賈因也有一間現代神廟，稱為四方神居神廟（Chār Dhām Temple），誇耀自己在同一片屋簷下，就擁有四方神居的的複製品。安・葛德（Ann Gold）在拉賈斯坦格提亞利村（Ghatiyali）的研究中，報導當地村落擁有自己的四方神居巡行，因此當地很少人想要造訪全印度的四方神居。不過到底是格提亞利村的哪四間神居並無定論。葛德寫下「比起哪間，更重要的是，這個概念受歡迎的程度」[43]。

三、四、五、六、七與八的集團

聖地的數字集團創造出一片地景，把地方跟地方連結起來，在點跟點之間的土地上開展。有些集團，例如四方神居，賜予解脫的七城、十二光柱與五十一個女神寶座，將想像網絡投射到幾乎全印度。其他集團則是區域內相互關聯的一組地方，或城鎮裡的一組地點。在層次井然的地景中，沒有任何一點是獨立存在的。如我們所見，河流通常是三條一組，相遇之時就會創造出三辮之地。不論是在祭祀聖壇上還是獨立神廟中，女神也傾向三位一組。喀什米爾的斯利納加（Srinagar）附近，有一塊覆滿橘紅色硃砂粉（sindūr）[14]的大理石塊，稱為沙利卡提毗女神（Shārikā Devī）。岩塊雖然巨大，卻不是獨自存在，而是跟兩間比較小的神廟靠在一起。除了附近洞穴中覆滿硃砂粉與銀紙的卡莉女神（Kalī）外，同樣覆滿硃砂粉的拉克什米女神（Lakshmī），全都一起立在山頂上。三位一體的女神不只畫出更廣大的區域界線，也指出女神的多種面貌與複雜性。

像四方神居這樣的四位一組，通常用來標誌領域，即便不一定在四個主要的方向上，仍舊隱含方位性，也隱含著完整性。「五」則是在當中加入中心。五位的組合中，是許多擁有五俱盧舍之道的朝聖地，這些地方將神廟小宇宙整合到一個含納一切的設計之中。我們可以看到，最知名的莫過於瓦拉納西的五俱盧舍之道，這條五天的繞行朝聖之道帶我們離開古老城市的擁擠街道，穿越鄰近鄉野，創造出一個巨大環形。據說半徑為五個俱盧舍長，一路上會經過許多神社廟宇，朝聖者每晚都休憩在路上的庇護所。一個俱盧舍或柯斯（kos）大約有兩英里（三公里）長，所以這個圓內包含的整片土地，被視為濕婆神林伽石的具現。這個圓並不完美，但五俱盧舍之道的象徵圓環，將整個聖地世界聚攏進來。其他擁有五俱盧舍之道的城市，還包含烏賈因與阿逾陀。這兩地的範疇雖跟瓦拉納西的環形不同，五俱盧舍之道仍舊蜿蜒繞經整個神聖區域，將一切涵蓋在內。五也是主要元素的傳統數字，南印度地景就包含了一組五大元素林伽石，認為濕婆神分別以地、風、火、水、空示現。

最知名的六位一組是坐落在泰米爾納都邦不同地景的穆盧甘（Murugan）神廟群組，從帕拉尼（Pālani）的山頂神廟到提魯成都（Tiruchendur）的海岸神廟。這六地再次形成了泰米爾地區特有的區域性朝聖地。穆盧甘一般廣為周知是濕婆神之子，他是在苦修的濕婆神斬殺惡魔多羅迦（Tāraka）時出生的，因此是個複雜的神祇。至少有六個不同神祇爭相成為他的父母，難怪他擁有六張臉。

⑭ Sindūr 是一種純化的硃砂粉末（cinnabar），通常印度教已婚婦女會抹在額頭中間的髮際處，寡婦則不抹。

提魯成都神廟，泰米爾納都邦六個穆盧甘神居之一。

他也擁有多個名字：鳩摩羅／王子（Kumāra）、卯宿之子（Kārttikeya）、六面童子（Shammuga）、古哈（Guha）、室健陀（Skanda）、蘇布拉曼尼亞（Subrahmanya）及穆盧甘。他的神廟是泰米爾南方最受歡迎也最強大的聖地。研究穆盧甘神與這些聖地的弗瑞德．克羅希（Fred Clothey）寫下「這六個點，就像神祇的六面，意謂著神性的整體。它們暗示著泰米爾納都的供奉具備完整的神性，此地已經成為神的領域」[44]。他同時還認為數字六象徵立體宇宙的完整性——四方位與上下。離昆巴科南（Kumbhakonam）不遠處，是穆盧甘的六點之一——斯瓦米馬賴神廟（Swamimalai）。廟中有張地圖，將泰米爾納都描繪成六神廟連結起來的區域。這張地圖明顯畫在入口處附近的一面牆上。有些朝聖者會造訪六間神廟，但重點不在造訪所有神廟，而是住在由這些神廟連結保護的泰米爾之地中。

接著還有七位一組，特別是我們將進一步探索的「七聖河」及「解脫七城」——阿逾陀、秣菟羅、哈德瓦爾、坎契、烏賈因與德瓦拉卡。像馬哈拉施特拉邦這樣的區域擁有自己的七位一組，例如七姐妹女神廟。更往南的卡納塔卡邦，位於西高止山上的穆克安比卡女神廟（Mookāmbika Devī Temple），略微遠離海岸；她是南方的大女神之一，看似獨自存在於此。但絕非如此。她與馬哈拉施特拉邦南方柯拉普爾（Kolhāpūr）的拉克什米女神有關，她的領域是七解脫聖地（mukti-sthala）之一，也是持斧羅摩從大海取回的土地。[45]

象頭神犍尼薩八循環的數量龐大，因為這位神祇又稱為毘那夜迦（Vināyaka）⑮，以守護家園、移除障礙聞名。在瓦拉納西，有一圈八象頭神繞行圍繞著舊城中心。除了中心之外，還有七圈想像中的繞行同心圓，每圈都創造出象頭神護衛聖城的軌跡。這五十六尊象頭神據說坐落在各個主要與中介的方向上。令人驚訝的是，文獻中所提及的象頭神廟，多數都可在現實中找到，雖然它們的位置並不完全是環形或同心圓。八象頭神的繞行圈包容、保護著整體。費德浩斯在關於馬哈拉施特拉邦的著作中，也談到守護普那市（Pune）大區域的八象頭神（Ashtavināyakas）繞行。她說朝聖者搭車、巴士或參加旅行團前往這八座神廟，選擇週末或任何可以擠出一兩天的時間去朝聖。八象頭神並沒有特別形成環狀，大家也不照次序前往，因為沒有任何特定的系統性次序。同一個區域內其實還有其他數百座象頭神廟。因此，她問道，到底是什麼原因讓這八間廟形成一個群體呢？其實，這只是單純的數字八及它們構成的區域罷了。她說：「普那就是八象頭神神廟圈出的區域所在。」[46]它們的重要性甚至並非來自朝聖人群，她寫下：

> 知道八象頭神的普那人遠多於真正造訪過的人。甚至多數曾前往一座或數座八象頭神神廟的人，也沒有完成或還沒前往所有的神廟。然而，八象頭神作為一組數字存在，讓他們圍繞的地方可以成為一個區域。即便未曾前往所有神廟，光是呼喊八象頭神之名，或看看八象頭神整體的聖像畫，住在這區域中的人就足以視八神廟為整體。這些聖像畫經過多次複製，掛在客廳牆上、冰箱門上及整個區域的家庭神壇上。[47]

無論朝聖者實際造訪過沒有，多個地點組成的數字集團，都在心靈之眼中被視為整體。

⑮ 毘那夜迦（Vināyaka）作為犍尼薩的別名，常出現在《往世書》或佛教經典中，起因在於久遠前犍尼薩曾皈依密教祖師與觀音菩薩，發誓護持密教行者，後更與十一面觀音化身結為夫妻。

攀登吉爾納爾

今日稱為吉爾納爾（Girnār）的一系列戲劇性山峰，從古賈拉特邦的索拉什特拉（Saurashtra）半島起伏的農田中拔地而起。吉爾納爾山是古賈拉特的區域性朝聖中心，我也曾在此冥想印度廣大朝聖地景之間的相互連結性。我有很多時間可以冥想，因為朝聖旅程從清晨四點開始，花了好幾個小時爬上傳說的萬階，抵達吉爾納爾山針尖般的頂峰。吉爾納爾山有時在梵文的《往世書》中也稱為拉維亞塔卡山（Raviataka），是同時包含耆那教與印度教廟宇的山岳神廟——多數古賈拉特朝聖者都認為「非此即彼」不是他們熟悉的說法。供奉耆那教傳統的第二十二世渡津者（tirthankara）⑯或靈魂先行者的內密那陀廟（Nemināth），興建於十二世紀，是山上最大也最優雅的建築群。據傳當婚禮即將舉行之際，內密那陀看到關在畜圈中即將為了婚宴宰殺的動物，決定放棄世俗，選擇苦修的生活。因無法贊同這番痛苦，他揚棄社會生活，結果他的未婚妻也選擇同樣的路。他們說多年過後，就在這裡，他終於脫離塵世肉體，在大理石上留下足跡。

印度教廟宇則各自擁據一座山頭，因此規模都不大。最大的一間供奉女神安巴（Ambā），其他廟宇則分別供奉戈拉克納特（Gorakhnāth）⑰、三相神（Dattātreya）⑱、摩訶卡莉女神（Mahākālī）。[48]吉爾納爾山是印度各地無數丘頂或山頂神廟之一，許多廟宇供奉提毗女神的各種形象，例如古賈拉特邦與拉賈斯坦邦各地都有安巴女神廟。上山朝聖的山徑鋪修完整，很久以前就已經切割岩石、修整成陡峭蜿蜒的巨大階梯。靠近山腳處，是孔雀帝國阿育王十四道詔書的岩面銘文，標示禁止大型節慶及因此產生的動物獻祭、尊敬長上、致力於佛法的道德原則。吉爾納爾銘文是全印五處刻有十四道詔令的地方，向我們彰顯出西元前三世紀阿育王的年代中，此地的重要性。[49]

從吉爾納爾山相關的書面及儀式語言中，我們看到許多被廣泛運用在印度教神聖地理描述上的主題，包含先前才剛討論過的詞。然而一開始，就像本地的〈讚歌〉中所說：

吉爾納爾，或稱吉里納拉亞納（Girinārāyana），是濕婆神之妻、雪山神女帕爾瓦蒂（Pārvatī）的兄弟。兩人都是化為人形的喜馬拉雅山神之子。兩人的名字都源自於山——giri跟parvat都是「頂峰」之意。就像其他印度教神話中的山脈，吉爾納爾原本擁有翅膀，可以像雲一樣在空中移動，因此造成下界許多不安。後來是梵天請求因陀羅神斬下山岳的翅膀，以穩定地面。也因此山岳又稱為achala，也就是「不能移動者」。當地的故事還繼續說，當因陀羅神追著吉爾納爾，要砍下他的翅膀時，吉爾納爾獲得父親許可躲在海裡，他也照做了。但他的姊妹帕爾瓦蒂卻思念起兄弟，要求眾神幫忙找他。毗濕奴神、濕婆神與其他眾神猜到吉爾納爾的藏身之地，因此唱誦讚美大海。這些讚美獲得了一個恩惠，因此祂們要求海洋後退一段距離。因此，根據這首〈讚歌〉，喜馬拉雅山的一塊，也就是吉爾納爾山，現在突然從索拉什特拉的農田中拔地而起，距離海岸有段距離。為了保護兄弟，帕爾瓦蒂本人從喜馬拉雅山前來，在吉爾納爾山住下來，因此成為安巴女神——土地之母。

---

⑯渡津者指經過開悟，達到心靈自由的宗教聖人。根據耆那教經典，越過生死海洋（tirth）的人，就稱為渡津者；也因其達到真正自由，因此也稱為耆那（jina），即勝利者之意。在耆那教傳統中，共有二十四位渡津者。

⑰十一世紀初的印度教瑜伽士聖人，是納特派修行傳統的創始人。

⑱梵文原意為三種型式，在印度教中意指將宇宙的創造、維持及毀滅的功能分別人性化為梵天、毗濕奴神與濕婆神。

當我攀登吉爾納爾山時，一邊想著這個故事，並經常停下來觀察路邊神廟的生活種種，又一邊喘口氣，欣賞下方平原一覽無遺的景致。讓我覺得有趣的是，當人們談起這地方時，言談中使用許多聖化主題，來表達此地的重要性。

他們說，這裡是喜馬拉雅山的一部分。喜馬拉雅山不只是「雪藏之處」，更是「神的居處」（devālaya），充滿了神的傳說故事，擁有許多神廟聖地。將喜馬拉雅山群峰由北再移到印度其他地方，是一個相當普遍的神話主題。因此各種被創造的地景上，星羅棋布著從雪白北方移來的山岳。吉爾納爾山並非印度各地唯一的喜馬拉雅山殘骸，因此也不是這個象徵移動的唯一參與者。奎師那神故鄉的聖山——戈瓦爾丹山（Govardhan），據說也是喜馬拉雅山的一部分，被猴神哈努曼（Hanuman）移到此地。在泰米爾納都邦，帕拉尼的兩處山丘也是由阿修羅伊都般（Idumban）放在長扁擔的兩端，從喜馬拉雅山移到此處。兩山之中較高的峰頂上，建有穆盧干神（又稱室健陀神）六間知名神廟之一。提魯馬拉（Tirumala）的除惡之主山區（Shrī Venkateshvara）⑲，也自稱是轉置的喜馬拉雅山峰。同樣位於泰米爾納都邦提魯奇拉帕里的象頭神石，則被稱為南方的吉羅娑山（Dakshina Kailāsa）⑳。安德拉邦南部喀拉哈什提（Kālahasti）的三座山之一，也稱為吉羅娑山。位於極北方的巴德里納特區，喜馬拉雅山脈之一的香醉山（Gandhamādana），也跨越一整片印度大地，在深南方的拉梅許瓦拉擁有一座複製山。明顯地，喜馬拉雅山的名號在印度的東西南北都很吃得開。

當海水退去，此地駐留在乾燥的土地上；這樣由海底升起的土地，是另一個印度教神聖地理中廣泛迴響的主題。沿著全印度的海岸線，都有據傳曾經隱沒在海水之下的土地。範圍最廣的是漫長的西印度海岸線，從今日的果亞（Goa）到特里凡杜蘭的這片海岸，據說是由毗濕奴神轉世之一的持斧羅摩從海中取得的。當恆河水由天上來時，自然是讓海洋滿溢，淹沒掉部分海岸地區，特別是擁有翠綠低地與諸多聖地的西海岸。他們說，在古代，賢者向持斧羅摩請求協助從海中取回土地。[50]這個故事有很多不同版本。多數版本中，持斧羅摩站在西高止山上，拉起弓，在偉大箭矢的威脅下，海神伐樓那驚懼畏縮，同意從海岸地上撤退。其他版本中，持斧羅摩確實射出了那支箭，或揮舞他的戰斧，或投擲祭祀湯勺，藉由此舉從海中奪回他雄壯臂膀丈量得來之地。

無論故事的版本為何，西海岸的人們總稱呼這片土地為「持斧羅摩之地」。有些人說「持斧羅摩之地」就是喀拉拉；其他人則認為是卡納塔卡北部，或向上延伸至貢根海岸（Konkan Coast）㉑。無論如何，無數神廟連結到這個故事：今日門加洛爾（Mangalore）的山區是持斧羅摩的苦修之地；靠近烏都毗（Udupi）的高止山頂是他射出箭矢之地；哥卡那神廟的林伽石則是在他迫使海面撤退後，才重見光明的。

許多神廟的聖像據傳來自海中。我們接下來將看到，這是德瓦拉卡（或德瓦拉瓦提）神話的主幹。此地是今日印度最西方的聖地，座落在古賈拉特邦索拉什特拉半島的海岸上。當時德瓦拉瓦提是建來作為奎師那的首都，眾神的建築師要求海洋撤退一段距離，好推行他劃定的計畫。因此海便撤退了。但古代的德瓦拉瓦提在奎師那死後，立刻再度被海淹沒。不意外地，我們將看到，印度許多重要神廟都跟德瓦拉卡消失的奎師那神古代聖像有關，並宣稱他們發現了沉於水下的聖像。今日的德瓦拉

⑲ 譯註：Ventakeshvara是毗濕奴神的另一個形式，在梵文中，ventaka是去除罪惡之義，ishvara則是至尊之義，因此此字有消滅罪惡的至尊主之義。另外，Tirumala也是組合字，在泰米爾文中，tiru指神聖，mala為山，此字即為聖山之義。

⑳ 譯註：梵文中的吉羅娑山，即為藏文的岡仁波齊峰，為岡底斯山的第二高峰，位於西藏境內。印度教認為此地為濕婆神居所，是世界的中心；藏傳佛教則視此為蓮花生大士戰勝苯教徒之地。因此長年有許多信徒到此朝聖、轉山。

㉑ 馬哈拉施特拉的阿拉伯海沿海地區與孟買。

卡是由龐大的奎師那神廟所主導的忙碌朝聖城。此外，卡納塔卡邦海岸上的烏都毗及喀拉拉邦海岸上的古魯瓦尤（Guruvāyūr）等其他神廟，也都宣稱有來自海底的德拉瓦卡聖像，將自己的聖性連結到這個地點。

他們說，恆河在此由天下凡。「恆河下凡」也被納入吉爾納爾山的故事中。前往吉爾納爾山第一峰的陡峭樓梯中途，有一處稱為恆河牛口（Gomukhī Gangā）的修行所與湧泉。當然，整體而言印度各地都有複製恆河之地，但吉爾納爾山卻複製了恆河流域的特殊面向：牛口——意指位於喜馬拉雅山高處、河流第一滴涓流由冰河邊緣湧出之地。如同我們已經看到，牛口也有數不清的複製地。例如，在馬哈拉施特拉邦的婆羅門吉利山崖上，高達瓦里河也有自己的牛口，河流源頭由此湧出。許多神廟池塘中，泉水注水口會塑造成牛頭形狀，就像阿布山（Mount Abu）陡坡上的牛口浸浴池，或喜馬拉雅山城笈多迦屍的馬爾尼卡尼卡浸浴池。

人們將在此造訪四方神居。我跟著其他朝聖者爬上吉爾納爾山的陡峭階梯，一起氣喘吁吁，在恆河牛口前停下來講話，並看看下方的廣闊平地。開始注意到本地朝聖者也談起吉爾納爾山的四方神居。第一神居是我們接下來要造訪的恆河牛口。山徑上再往前則是女神安巴，接著是偉大瑜伽士戈拉克納特；戈拉克納特據說曾住在此地。接著是三相神的神廟，祂是梵天、濕婆神與毗濕奴神三者的後代，擁有強大的力量。經過吉爾納爾山頂峰的每一站，朝聖者都會在手上或手臂上獲得橘紅色硃砂粉印記，代表已經抵達這處神居。正如我們看到的，dhām 一詞表示「神居」，而「四方神居」這個詞則被廣泛用來表示完全整體的朝聖之行，此處所指的四重朝聖已經大幅度納入了印度的印度教地景中。

吉爾納爾山仍舊是個區域性的朝聖地。即便如此，我們也能由此窺探，廣泛共享的強力象徵與故事如何形成了印度朝聖地理的龐大體系。沒有任何事物是獨自存在的，每個地方、每處聖地都參與到更廣大意義體系的參照與回響之中。觀察這組古賈拉特邦山峰如何運用聖化的複雜文法，我們開始看到地景的模式建置。有複製與轉置——包含恆河、喜馬拉雅山、四方神居等。有消失與發現——包含吉爾納爾山本身、古賈拉特邦海岸地及西印度的整條海岸線。從吉爾納爾山開始，我們也經歷了印度神聖地理的另一個重要面向：許多相互交疊的世界。例如山上的印度教與耆那教合一的神廟，經過同樣吃力的山岳朝聖之行，造訪某些相同地點，卻以不同名稱稱呼，並帶來截然不同的意義。當然，此地阿育王的重要岩石銘文，正點出了全世界朝聖地點都可以發現到多層古老傳統交疊的特性。

大地神話

在這本書中，我們將探索各種形式的神聖化，在地方、區域及跨區域間，看見被創造出的想像地景與其強烈意識的諸多細節。無論是以神聖下降、神聖爆發或神聖固著的形式出現在地面上，這些聖化形式都參與了多重中心與複製地景的創造過程，無論內心對於特定地方或特定神祇顯現的崇敬到底有多深刻。

正如我們所見，神話與地形提供給人跟文化多種世界「地圖」。再一次，我們要提到「想像地景」，這裡所說的不是某種很厲害的產物，因為想像地景並不是我們居住的地景中最強而有力者。沒有人真的住在精確數位化的印度地圖上，或任何其他平面的世界圖像上。這類地圖能夠指出故鄉的位置，或標出從瑞詩凱希（Rishkesh）前往恆河源頭的道路，又或是從拉梅許瓦拉到秣菟羅的火車路線；這類地圖的實用性毋庸置疑。然而我們所有人，無論是個人還是文化傳統，都活在想像地景的測繪中，這裡有活力充沛的中心與黯淡的角落，有山巔與不知名的區域，有強大的情感與維度，有邊界疆域及忠誠感召，有私人及群體共享的聖地。

在想像地景的樣貌形塑上，神話與地理相互交疊或分岐的程度，對於今日宗教、文化與政治研究的學生來說，至關重要。正如我們將看到，在印度，以漫長神話銘刻土地的程度，既廣泛又繁複，因此創造出從根本上屬於地方的世界觀。由於神聖的無限性，無法被名稱或形式限制，因此只能透過多重複製與多元性來表達，因此產生出在不同的調性上，以大量神祇的顯現作為自然對位。在自稱為印度教徒的人群中，大地與神祇同源創造出多重的想像地景及實際生活的地圖。無論是個人、地方、區域或全國層次，它們的共同性在於同源構築而成的想像地景。即便人群離散的挑戰，也未能鬆綁這種地域特質。隨著印度教徒移往世界各地，也帶著他們的地方同行。在離散的印度人中，不論是早期前往泰國、柬埔寨及印尼的離散人群，或者最近前往西方的離散社群，都複製了許多印度最重要的聖地。今日印度教徒在北美地區的建設，是建立在印度看到的複製與聖化模式上。他們在密西根州弗林特（Flint）蓋出了迦屍宇宙之主神廟；匹茲堡則出現了提魯帕蒂的除惡之主神廟；休士頓有了馬杜賴（Madurai）的魚眼女神神廟（Shrī Meenākshī）。在馬里蘭州蘭罕姆（Lanham），他們的濕婆——毗濕奴神廟群重建了整片南印度的神聖地理。不論在德里或底特律，印度教徒以水祝聖印度教聖像或廟宇時，都會召喚恆河或亞穆納河之水。

這一切是如何連結到「民族」的現代概念呢？想像地景也許可能會跟政治理論家班乃迪克・安德森（Benedict Anderson）論及「民族」的「想像共同體」重合，也許不會。現代印度許多被描述為「族群」的緊張關係，都來自想要在一個多重但疊合的想像地景上，創造出一個多宗教的世俗民族國家，因而產生了挑戰。印度國歌《人民的意志》（*Jana Gana Mana*），點出一個想像地景，唱誦勾引出記憶中的印度區域名稱，從旁遮普（Punjab）到南方，再回到孟加拉。接著吟誦山河之名——溫迪亞山脈與喜馬拉雅山，亞穆納河與恆河。當心靈之眼環繞印度時，不同族群的人擁有不一樣卻交疊的地景想像。「溫迪亞、喜馬拉雅、亞穆納與恆河……」對那些來自南北、印度教徒、穆斯林與世俗主義者來說，都會喚起不同的想像。本書將試圖揭露，透過在大地上銘刻神話的精細模式，這些歌詞以某些獨特的方式，召喚出印度教徒的想像地景。

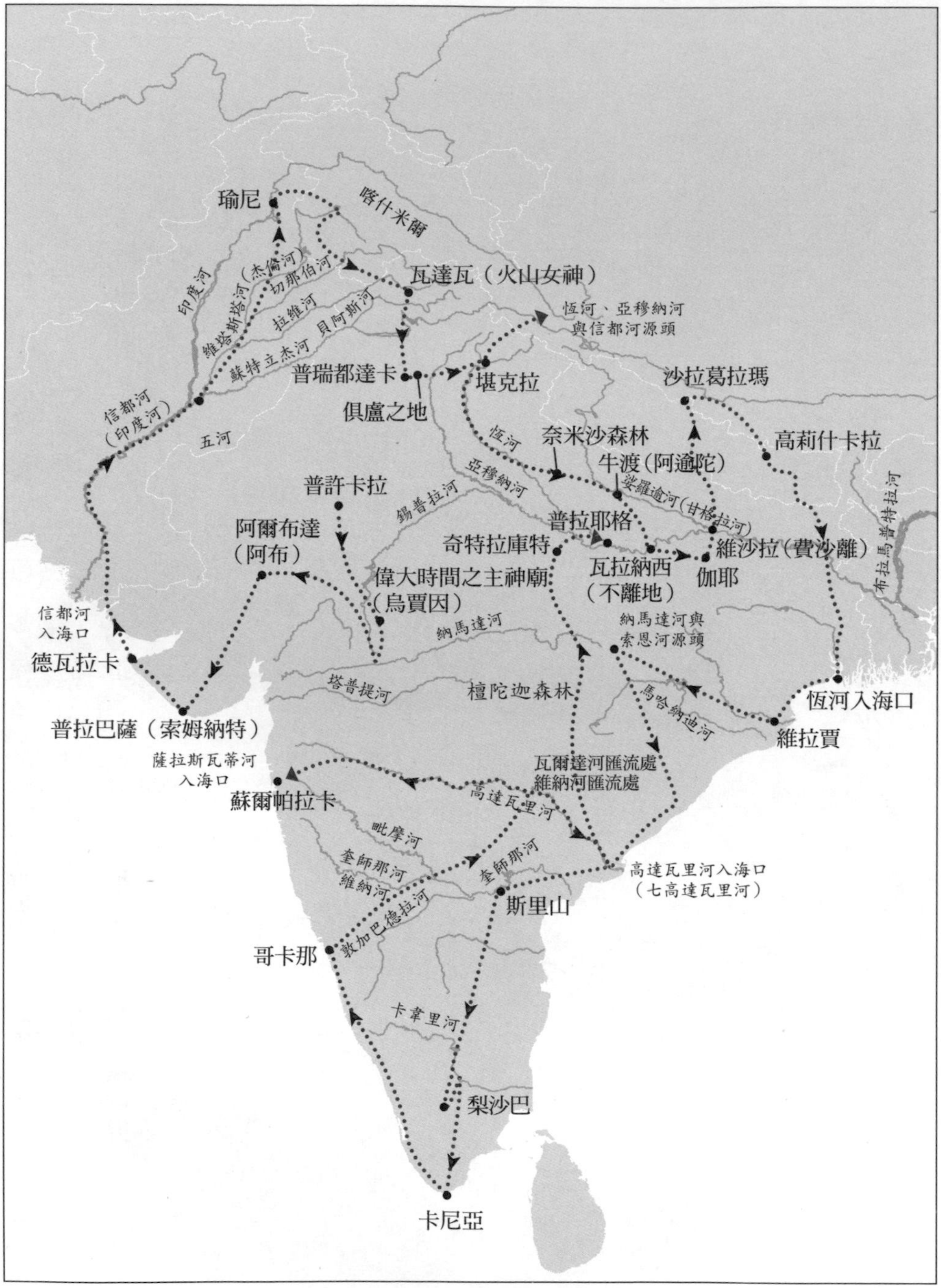

《摩訶婆羅多》時代的印度繞行*

*依巴爾德瓦吉（S.M. Bhardwaj）《印度的印度教朝聖地》（*Hindu Places of Pilgrimage in India*）繪製。

第二章 「何為印度？」

願養育人類的大地，各個不同族群
維持自有慣習與語言，
請為我產出千條珍寶之流
如同從未拒絕的溫順乳牛。

——《阿闥婆吠陀》第十二卷，I.45

印度以文化、人種、宗教傳統及語言的多樣性聞名於世。如同西元前第一個千禧年初期的《阿闥婆吠陀》（*Atharva Veda*）中的〈大地讚歌〉所指出的，印度人很早就了解到自己文化上的多樣性。許多世紀以來，一如地球上的任何文化傳統，印度哲學家、朝聖者和人群持續積極地探索這種廣受讚賞的多樣性，及其代表的意義。「多元中統一」這個主題，雖然有時看來老生常談，有時則遭到歷史現實背叛，有時又看似印度菁英發明的霸權——只為了讓多元馴服常規。無論如何，這確實是過去兩千年來，以多種不同調性響起的主軸。古代《梨俱吠陀》的一句頌詩，曾是這個主題的標誌，「唯一真實，智者以多種方式言說。」（Ekam sat vipraha bahudhā vadanti）。這句吠陀詩句不斷在各種印度修辭傳統中反覆出現：一種真實，許多道路；一種文化，許多人種、宗教、語言及傳統。

今日印度石油（Indian Oil）的巨大告示板上，也刻畫相同的主題，穿著不同文明服飾的印度人歡快舞動——頭巾與兜迪裹布（*dhotī*）、沙麗與沙爾瓦長褲、隆基（*lungī*）長裙與商業套裝，全都在標題「多元中統一」底下聚集。印度人的文化節慶包含視覺藝術、音樂、文學及許多區域舞蹈。此外，還有印度教徒、錫克教徒、穆斯林、耆那教徒、基督徒、祆教徒（Zoroastrian）及完全世俗化的公民。認同是複雜且相互交疊的，包含區域、宗教、語言及哲學上的認同。正是文化的複雜與多樣性，形塑了印度的獨特文明。

印度的多樣性是不言可喻的事實，體現在十四大主要語族及數百種方言，種族與種姓團體，部落、族群與區域的多元，及豐厚繁複的宗教生活上。也難怪許多世紀以來，過度多樣性成了煽動衝突的燃料，包含分裂成印度、巴基斯坦的衝突，及此後數十年間不斷重複爆發的族群衝突。然而，更重要的，在認同的票面價值愈來愈小的年代，堅持複雜的相互關聯性，才能面對暴力產生的裂解效果。討論尼赫魯（Jawaharlal Nehru）對印度社群的觀點時，傑出穆斯林歷史學者穆許魯爾·哈珊（Mushirul Hasan）就寫下，「很多尼赫魯的同志都沒注意到一項簡單的事實，那就是印度社會的架構從來都不是建立在宗教團結，或沿著『族群』界線產生的兩極化之上。尼赫魯不居一格的獨特心靈捕捉到了這個現實。他相信族群衝突的發生，跟族群混雜的安靜普遍日常，實則是相互平衡的一體兩面。」[1]這些日常互動會持續削弱僵固的宗教界線意識形態，也保留了務實的日常多元主義，雖然許多人擔憂這種情況已經漸趨脆弱。

一九三〇年代獨立運動期間，即將成為印度總理的尼赫魯，走遍東南西北，談及他所謂的「巨大的合一印象」。當然，差異仍舊存在，但尼赫魯認為印度的多元是一種複雜合一（complex oneness）。從時間的角度上，他看到的印度，經過許多世紀，「是銘刻著一層又一層思想與幻想的古代翻版，沒有任何接續的一層能夠完整遮掩或抹去先前所寫下的一切。」[2]正是這種複雜性，讓印度不只是一種文化，而是許多文化相互混雜的文明。另一方面，蘇尼爾·基爾拉尼（Sunil Khilani）在二〇〇三年的著作《何為印度》（*The Idea of India*）一書中，曾談到印度次大陸是個「相互連結、有時令人厭煩的諸多文化之間的偶然脆弱結合」[3]。因此印度究竟是個古老翻版，還是偶然的脆弱結合？有哪些對於印度本質的競爭看法，會影響我們的理解？印度是個複雜、複合性的文明？多宗教國家？還是印度教國家？她是個民主、世俗、多元國家？還是卻乏內在統合的現代地圖學創造物？這些想法的提出，都是為了回應「何為印度？」這個問題。

對可以概稱為「印度教徒」的各色人群來說，印度的一統不只是個民族國家，而是許多實踐上的地理歸屬感。印度教朝聖者用腳來測量印度的幅員，爬上崎嶇的北方山徑，前往喜馬拉雅山上名為凱達納特的濕婆神廟。他們口操印地語及旁遮普語，泰米爾語及坎納達語（Kannada）①，或聚集在南印度尾端，一起浸浴在卡尼亞庫瑪莉的海水中。有些人帶著深南地區拉梅許瓦拉海灘上的沙，前往北方平原上的恆河，再帶著恆河水返回，撒在拉梅許瓦拉的濕婆林伽石上。愈來愈多朝聖者擠上巴士，進行印度四方繞行朝聖之旅——前往北方的巴德里納特、東方的普里、西方的德瓦拉卡及南方的拉梅許瓦拉。前往地方、區域內及泛印度的神廟殿堂朝聖，仍舊是印度一般人出門旅行最常見的原因。正如我們先前已看到，他們尋求的地方稱為「聖地」（tīrtha），原意為「淺灘」或「渡口」的意思。

---

① 主要在南方卡納塔卡邦通行的語言。

本書探討關於印度的一種特殊概念，亦即印度不是由現代的民族國家概念構成，而是由地理與神話的廣泛交互關聯所形塑；這些交互關聯創造出由聖地組成的巨大地景。這個概念至少已存在兩千年之久，許多世紀以來，透過朝聖實踐得到落實。這種關於印度的概念生成，早在十六世紀蒙兀兒帝國將聯盟網絡延伸到次大陸多數地區之前，還更早於大英帝國正式建立全國公務體系、並以鐵路串聯大地之前。而透過命名與故事來取得土地的作法，則遠早於現代民族國家崛起之前。這些身為梵語文化精英的古印度人，以單一名稱來指涉一整片複雜多樣的次大陸，這件事情本身就值得注意。這個名稱就是「婆羅多」（Bhārata），現代印地語中則去掉梵語名稱語尾的 a，變成 Bhārat。這個本土原生的名稱，從《摩訶婆羅多》史詩時代，就用來描述大致上被我們稱為印度的這片土地。當然，這也是印度今日的正式國名。就像日本、中國、希臘一樣，印度人也將現代認同連結到一個古老、持續的文明。某方面來說，這並不是非常特別。然而，若考慮印度語言文化的多面性，既古老、又現代並持續變化，就不得不感到驚訝。不論是過去或現在，這片土地上的人怎麼會想像出一片婆羅多大地呢？

這是關於印度土地、地景特殊觀點的探問。這個觀點是從複雜的印度教徒想像中發展出來，在文獻及語境、儀式及朝聖中進一步演繹。許多世紀以來，西方對於印度的理解，主要是依循著西方的議題需求。從希臘學者麥加斯蒂尼（Megasthenes）所稱的「印地卡」（Indica），到突厥與阿富汗朝代的「興都斯坦」（Hindustan），到約翰．史都華．彌爾（John Stuart Mill）的印度（India），再到仍以西方干涉眼光看待印度的後殖民研究。活在十九世紀的彌爾從未離開過英格蘭，卻用英文寫了一本印度史巨作。過去三個世紀中，貿易者視印度為財富來源，統治者視此為帝國的一部分，傳教士則認為此地是贏得靈魂的傳教戰場，浪漫主義者與心靈尋覓者找尋西方心靈失落之處。身為現代世俗國家，西方國家曾以戰略及地緣政治觀點衡量印度。同時身為新興經濟體的「新印度」也在某些眼光裡成為市場。

「印度」作為西方創造物的觀點，是一段重要且持續的知識史。畢竟，「印度」不正是透過行政、交通與法律體系，對迥然不同的省分、區域施加某種一統外表而存在的嗎？一個多世紀前，許多英國行政人員都追隨著一八八〇年代潮流領袖約翰·斯特萊切爵士（Sir John Strachey）的觀點。斯特萊切在帶領實習公務員熟悉印度職位時曾說：「關於印度，這是首先也是最重要的一點——那就是此刻與過去，印度都不存在。」[4]抗拒印度統一這個概念，深植在殖民思想中，甚至連後殖民思想也是如此。甚至許多近期討論印度概念的書籍，似乎也默許了多數的西方建構。例如，在《競逐國家》（*Contesting the Nation*）的導論中，歷史學者大衛·盧登（David Ludden）寫下「因此諷刺的是，我們用來描述印度文明的地景，是政治上由大英帝國界定的領土。一九四七年前，在地理、人口與文化上，印度從來不是今日模樣」[5]。

然而，我們的提問，會從另一面來探觸印

印度教朝聖者以腳丈量印度。

度。印度看待自己與建立自己區域及泛區域認同的方式有哪些？政治分析不碰這個問題，後殖民研究也挖得不夠深，不足以觸及這塊印度的前現代底土，去探問是否有其他方式，以印度獨有的語言來想像這塊土地上複雜的共同性。有哪些神話及儀式語言，用來詮釋表達這塊印度教徒稱之為「婆羅多」的大地？不像歷史上多數時刻的歐洲，或者現代時光中的印度尼西亞，「婆羅多」並不只是用來指稱一大群文化組合的方便用語。

「婆羅多」也從來都不是一個民族國家之類的政治實體，至少在一九四七年成為獨立印度的正式名稱之前都不是。然而開頭第一章所描述的多樣想像地景，似乎詮釋了某種「一統感」，這類思考確實頗有吸引力。許多世紀以來，這種相互連結感似乎在不需要宏大政治表述或體現下蓬勃發展。英文的「religion」（宗教）來自拉丁文字根「ligare」，為結合之義。正是一整組的基礎概念與實踐，將人們結合在一個宇宙秩序的世界中，將人們連結成社群。在某些宗教傳統裡，例如基督教與伊斯蘭，這種歸屬感是跨越性的，超越了文化與土地。在別的傳統中，如猶太教與印度教，這種結合感則有高度地域性，對於土地產生出複雜的根深柢固情感。當然這樣的區別是過度簡化。所有宗教在許多層面，都是既在地又超越。宗教生活既根著大地，又嚮往天際。然而，這種區別卻能幫我們看見某些重要事物：印度教的敘事與神話、地理（包括山岳河流、湖泊森林、城市及海洋）之間的豐厚交織。在這個情況下，即便印度教本身是高度超越精神性的宗教，也擁有高度在地的傳統，而地點卻擁有別樣意義。

聖地遍布印度各地，開創出一張廣袤的聖地網絡，透過道路與故事相互連接。數百年來，這片婆羅多大地在神話中傳述，也透過朝聖者的步伐在儀式中踐履。走上通往聖地的道路，不論是到附近的山頂還是遠方的山岳神廟，都是身為印度教徒的一部分。同樣以不同方式，印度的穆斯林、錫克教徒、佛教徒、耆那教徒與基督徒，也具有這種對於地方的感性。他們也修整某些地點來尋求庇祐，還有許多類似地點吸引了來自不同宗教傳統的朝聖者。

地理與神話

印度地理十分壯觀。喜馬拉雅山層層交疊，延伸整個北部地區，從山腳到世界最高頂峰。這些山脈的現代名稱舉世聞名：西部喀什米爾喀喇崑崙山脈中的K２峰②與南迦帕巴峰（Nanga Parbat）③；庫瑪盎（Kumaon）地區④的尼爾坎特峰（Neelkanth）⑤與南達德維峰（Nanda Devī）⑥；尼泊爾的安納普那群峰（Annapurna）⑦與聖母峰（Everest）；東部的干城章嘉峰（Kanchenjunga）⑧。印度還

---

② 即喬戈里峰（Chogori），位於中巴邊界上，海拔八六一一公尺，為世界第二高峰。國際上通稱K2峰，源自一八五六年西方探險隊考察此地時，以K1-K5標示喀喇崑崙山脈由西向東的五座主要山峰。

③ 位於巴基斯坦控制的喀什米爾地區，海拔八一二六公尺，為世界第九高峰。此名為「裸體之山」的意思，亦即附近並無可以相比的高山。該峰南面岩壁高差達四八〇〇公尺，為世界最大。由於曾發生多次慘重山難，因此有「悲劇之山」的名聲。

④ 位於北阿坎德邦境內，北接西藏，東接尼泊爾。

⑤ 海拔六五九六公尺，位於北阿坎德邦境內。

⑥ 海拔七八一六公尺，為印度第二高峰。

⑦ 位於尼泊爾中北部，海拔八〇九一公尺，為世界第十高峰。安納普納的梵文原意為豐收之意，山脈長達五十五公里，包含一座八千公尺高峰與十三座七千公尺以上的山峰。

⑧ 世界第三高峰，也是印度最高峰。

有其他山脈，雖然比起喜馬拉雅山來就成了矮丘：溫迪亞山脈在納馬達河以北形成一道跨越印度中部的山脈；尼爾基里（Nilgiri）與馬拉亞（Malaya）山脈構成南印度的脊梁骨，延伸至卡尼亞庫瑪莉半島的底端；西高止山由阿拉伯海升起；東高止山則起自孟加拉灣。溫迪亞山脈以南，位於東西高止山之間，則是稱為德干（Deccan）的高原，這個字來自梵文中的「dakshina」，意指「南方」。印度的主要河流體系則以水域網絡穿梭交織這片大地：西北方的印度河，東北方的布拉馬普特拉河，恆河與亞穆納河從高聳的喜馬拉雅山流瀉到印度北方平原，納馬達河由東向西貫穿印度中部，南方的高達瓦里河、奎師那河及卡韋里河全都源自西部山區，向東流經整個次大陸。

然而我們有興趣的，不只是印度地景多麼壯麗、多元與震撼，而是它如何在神話故事中生機盎然。有些故事只在當地或區域間流傳，其他則是史詩或一部分廣為周知的神話傳統。簡單來說，每個故事都有發生地點，每個地點都有故事。安德拉邦的山區據說曾是巨蛇阿南陀（Ananta），牠降下凡間支撐提魯帕蒂的毗濕奴神廟。從果亞到喀拉拉邦，位於高止山跟阿拉伯海之間，沿著印度西海岸的肥沃土壤，被稱為持斧羅摩之地，據說是持斧羅摩用箭，從上升海水中爭取回來的土地。持斧羅摩則是毗濕奴神的轉世化身之一。我們開始看到這類地理不只是一張地圖，而是立體的神聖地景，在故事的字裡行間串連起來。

原意為「藏雪之地」的喜馬拉雅山，也被稱為「神的居所」，因為濕婆神就高高盤據在吉羅娑山上。我們也可以從先前的神話故事讀到，全印各地都有山岳宣稱是喜馬拉雅山的一部分，由神祇或賢者轉運到其他地點，例如，古賈拉特邦的吉爾納爾山，或泰米爾納都邦的帕拉尼山。它們難免會被拿來跟喜馬拉雅山相比較。又例如，溫迪亞山脈不只是中印度的低矮山脈，還曾經渴望超越喜馬拉雅山，因此拔高到擋住太陽的路徑。由於凡間承受不了強烈熾熱，因此賢者投山仙人（Agastya）被派來解決麻煩。這位大賢者離開北方家鄉，抵達山脈時，山脈向他恭順敬禮，並在他的要求下維持這個姿勢，直到他返北為止。然而投山仙人從未北返，因此溫迪亞山脈只能保持著今日所見的低矮山勢。此外，據說許多由北往南傳的傳統，也是由投山仙人帶來的。

當然，河流也有它們的神聖傳說。從喜馬拉雅山傾瀉而下，蜿蜒流經整個北印度平原的恆河，據說是由天上降到凡間，為了讓死者復生、淨化生者。高達瓦里河則據傳是恆河的複製版，降世的地點卻不是喜馬拉雅山，而是西高止山脈一處稱為婆羅門吉利山的山頭。納馬達河則來自東印度山脈中的濕婆神軀體，他們還說卡韋里河是梵天扛著水罈帶到南方的。

三千多年前，吠陀先知們對著河流吟唱歌頌。這些《梨俱吠陀》裡的河流頌歌讚美「七聖河」或「三倍的七聖河」，因為經典實際上提到超過二十條河流。其中最重要的是印度西北部的河流——信都河、恆河、亞穆納河、薩拉斯瓦蒂河及旁遮普的「五河」。旁遮普這個字，原指「五河之地」。這些河流受到讚美，是女神之河、母親之河；偉大神明因陀羅斬殺了盤據天上水庫的惡魔弗栗多後，這些水就肆意流出。它們流向地面，如同乳牛奔流，乳房充滿了生命的養分。6

吠陀頌詩時代之後將近三千年，獻給河流的祈禱演變成共通形式的祈禱，「七聖河」的名單則有所變化，更加寬廣，納入了中印度的納馬達河，及南印度的高達瓦里與奎師那河。在禱文中，信徒在心靈內組成印度的七聖河，包含了印度全體，詠歎道：「喔恆河，亞穆納河，高達瓦里河，薩拉斯瓦蒂河，納馬達河，信都河，高韋里河，請降臨進入我奉獻的水中。」印度教世界裡，為了儀式目的對水祝聖時，都會吟誦這些話語，邀請七聖河降臨。吟誦這些禱詞時，心中便會定位這些河川流經的土地。拉達庫姆．穆克吉（Radhakumud Mookerji）在一九二〇年代的一系列演講中，討論到印度教文化裡的民族主義時，就表達過這一點，「當信徒腦中逐一召喚不同河流的影像時，這些河流就定義了國家的界線，他自然會跨越原生土地的整片區域，並了解到整體是個可見單位與其樣貌。」[7]他在《梨俱吠陀》的河流頌歌中，也看見「關於印度整體的最早民族概念」。[8]

即便地方河流取代了七聖河其中幾條時（這種情況常常發生），心靈中建立的聖河所澆灌的想像地景仍舊不變。特定河流也許會改變，但複製結構與其回響會將列舉出來的河流，擴及同時空的地方、區域、婆羅多大地、甚至更大的宇宙，連結成一個有次序的整體。

神話與地圖：一種地方觀點

神話與地理都給了人及文化關於世界的「地圖」。神話雖是想像故事，也是讓人在真實生活中定錨定向的深沉真實故事。神話訴說的，是我們對於生死、人類經驗及對超越的窺探，最深沉也最具有共振的人性提問。它們訴說了關於宇宙創造、大地誕生及神祇英雄的功過故事。它們協助我們思考在正義邪惡、競爭妥協、欲望欺騙的模糊世界中，何為真正意義。在生命最困頓的時刻，神話幫助我們安身立命。

地圖也是指引方向的工具，展現出這個世界的四象限、邊界與特徵。地圖測繪也是一種形塑意義與生產世界的方式，實際上地圖種類繁多。我們最熟悉的，是由測量員及製圖師所生產的地圖，意圖透過具有科學精確性的經緯度格線，呈現國家、區域、邦省與城市。歷史上，這類掌控地圖通常隨著帝國與地理知識擴張，變成一種控制與代表領土的方式。[9]今日，我們的掌控地圖數位化，來自衛星的地圖可以針對軍事目標或最近醫院，提供針眼般的精確位置。數位衛星地圖甚至可以鎖定我們家鄉的主要街道。但還是有別種地圖，以其他更有感染性的方式，引導我們的定向。例如，家鄉商會製作的圖繪地圖，是為了吸引並引起訪客注意，前往鎮上最重要的景區。在印度脈絡中，瓦拉納西的圖繪朝聖地圖雖給了我們幾條主要街道，但焦點卻是放在主要神廟、沿河的浸浴河階及位於神廟中央位置的神祇。鐵路線穿過地圖一角，地圖下方河流的中央，恆河女神坐在她的馱獸鱷魚馬卡拉（makara）身上，濕婆神的三叉戟提醒我們，這個城市是立在時空世界之上。正如蘇馬提・拉馬斯瓦米（Sumathi Ramaswamy）所展現，二十世紀的印度地圖整體來說，簡化的外型仍是英國科學製圖師的成果，卻加入女神、母親婆羅多、或者某些案例中的杜爾迦女神，因而愈趨形象化，以一種非常強烈的方式，將圖繪與科學製圖學結合在一起。[10]

地圖測繪的諸多形式中，文化以明顯也隱諱地方式揭示多重世界的秩序及架構，包含地方性及跨地方性。中心、權力點與邊陲在哪裡？不論對熟悉領土或未知領域，地圖與神話都賦予一種世界觀，及對世界的認知。神話製造與地圖繪製，兩者如何交會？山河盤踞的大地是否流動著神話的立體動能？人們生活憑據的神話，是否連結到大地與其特徵？我們的神話與地圖形塑出什麼樣的世界？例如，土地與地點在猶太傳統中持續扮演重要角色，不但擁有以以色列為中心的漫長歷史，還有從這片土地流亡後，在異國唱誦主的詩歌，並適應如此現實的漫長歷史。中國的複雜歷史也有高度地方化的感性，具有明確但也持續變動的中心邊陲。做為中心的北京古都被形容為「四方之鑰」，發展出以中國為核心的文化生活。其他更具跨越性的傳統，如佛教、基督教及伊斯蘭，穿越不同文化區域，發展出多樣的文化形式，持續編寫又重新編寫更加普世化的世界地圖。這些傳統也許有其中心點，例如羅馬與麥加，也發展出全球化的精神生活，例如普世教會與環球烏瑪社群（ummah）⑨。

---

⑨本意為民族，引申為社群，在伊斯蘭中，不分國籍、種族，所有穆斯林都屬於同一個烏瑪。

西元前三世紀的古希臘，厄拉托西尼（Eratosthenes）首先打造出「地理學」這個字。他明確視自己的工作——測繪已知世界（oikoumene），並計算出周長，跟希臘神話或荷馬史詩中可以找到的那種世界描述，截然不同。恩斯特・卡西勒（Ernst Cassirer）切分出「幾何空間」與他所謂的「認知空間」與「神話空間」；前者與厄拉托西尼及歐幾里德（Euclid）有關。他寫下「跟幾何概念空間中盛行的同質性相對，神話空間裡的每個位置與方向，都彷彿被賦予了某種特別腔調，這種腔調總是要追溯到神話的根本，也就是神聖與褻瀆之間的區隔」[11]。雖然奧林帕斯（Olympus）與德爾菲（Delphi）保留了自身在希臘的神話力量，地理學門卻開始脫離偉大希臘神話製造者所編纂的那個世界圖像。

然而，在印度，神話與地理一直都是相輔相成的想像描述行動，大部分都發生在同一組文本中。十五個世紀的時間裡，約從西元初始開始，我們就看到史詩與《往世書》的纂輯與擴編，這些著作組成了印度教地理學與神話敘事的龐大綱領。[12]史詩包括許多不同形式的《羅摩衍那》與《摩訶婆羅多》，以及南印度史詩《腳鐲記》（*Shilappadikaram*）與《瑪尼梅格萊》（*Manimekalai*）。此外，十八部梵文《往世書》在超過一千年的時間內擴增修改，並以書面口語方式，譯成印度各區域的語言。這些文獻都有描述已知未知世界，並在地景上測繪這些世界特徵的段落。地理知識持續建立在神話對世界意義與秩序的掌握上。不只是這塊土地的地理樣貌大量透過印度教神話文獻闡釋，這個關係是雙向的。文獻中，印度教神話也持續在印度大地的地形中生根。這裡的大地是以特殊方式，被想像成宇宙中心一座蓮花島嶼上的南方花瓣。這座島嶼被稱為瞻部洲（Jambudvīpa）。不論我們是否將這片大地想像成一片蓮花瓣，歸屬於這片特殊花瓣上的地形，包括了納馬達河、恆河、亞穆納河以及其他七聖河，以及在此以外其他的聖地。

梵文文學中也充滿了頭一個千禧年中開展的「婆羅多」或「婆羅多瓦沙」（Bhāratavarsha）意

識。討論梵文文學的這個面相時，波洛克寫下「事實上，思想的地理模式對梵文文學如此重要，空間不只是一種被納入論述之中的知識領域；也如我們將看到的，空間最後將成為架構文化知識的基本框架，反而組織起論述本身」[13]。他給出無數案例，梵文文學裡的文化分析細節，從性行為到文學藝術，是透過描述印度不同人群（包含東西南北）的實踐行為來達成。「前現代南亞人對於他們所屬世界的空間組織，擁有清楚明確的概念，這件事本身並不足為奇，」他寫道，「令人驚奇的是，在《往世書》文本中萌芽，再經伐羅訶密希羅（Varāhamihira）改進的地理藍本，竟然成為許多系統性思維的組織邏輯，也成為認識一個世界的社會、文化與政治領域的最基本面向。這表示對於用梵文書寫的知識份子來說，等同已經知道了廣袤細緻空間秩序中的種種實踐是可以被測繪的。」[14]波洛克主要關注的是權力與文學活動。他在南亞地理意識上的著作，並未延伸到宗教活動上。但透過探索梵文學習與區域方言興起之間的關係，他小心翼翼建立起一個更廣大的世界。波洛克是本書探索的重要夥伴。

研究印度教的學生，或前往印度的旅行者，很快就會意識到印度教徒是多麼蓬勃的神話製造者。神話及廟宇、公共空間會碰到的眾多男女神祇，是印度教傳統的聞名特點。然而比較不為人知的一點，是印度教徒也同樣熱中地理，他們會鉅細靡遺地描述山脈、河流體系與印度的聖地。但多數時候，印度教神話由一群學者研究，主要是宗教史學家；地理傳統則由另一群人研究分類記錄，主要是英國與印度的公務員及歷史文化地理學者。偉大的地理學者畢瑪拉・羅（Bimala C. Law）談到後面這群人時，他承認「閱讀聖地傳說歷史時，常讓人覺得細瑣，但對地理學者來說，總是會發現新鮮事」[15]。

此處，我們將以同一視角，同時觀看神話與地理，看看我們可以如何理解關於印度大地的複雜概念。與其專注在文本上，我們將從「在地」開始，從神廟、河流與山巔開始，朝聖者在此實踐了朝聖之中的連結感。神話與地理的交會，揭露出那些被稱為「印度教徒」的人，如何「測繪」他們的世界，如何理解這塊被稱為婆羅多的土地，及其與更大宇宙之間的關係。無可置疑地，除了印度之外，沒有任何其他主要文化能夠持續許多世紀，跨越多樣區域，仍能維持基本上以地方為中心的世界觀。

共同而複雜的宇宙

長期以梵文為主的佛教、耆那教與婆羅門印度教文化傳統，都以不同方式，推廣對共同宇宙的地方認識。正如我們將看到的，印度是宇宙海中一座蓮花島嶼的南方花瓣。須彌山（Mount Meru）位於宇宙中央，恆河由天界流淌到須彌山頂，向四方開散到凡間各大洲。印度內部有一種隱而不顯的「梵文化」地理，透過各地採用知名河流、山岳與聖地的名稱及特質，建構出一個共同的宇宙。[16]這種對於印度的想像，似乎跟梵文文學及王室銘文擴張所創造的「梵語文化圈」相同，在同樣的數百年期間發展出來。[17]

當然，無論是有意識或無意識的反對，印度部分部落民族、少數族群及宗教運動確實從未參與建造婆羅多共同宇宙。他們測繪出來的世界，主要是地方性或區域性的。即便如此，其他許多人仍舊可說是「接納」了這個共同宇宙，將身邊唾手可及的重要地點與神祇，加入這個更廣大的神話或史詩主題庫中。他們會說，羅摩、悉達與羅什曼在穿越森林的旅程中，曾在我們村裡休息。在這個洞裡，有一位隱士因為長期苦修，以至於螞蟻在他身上築起了蟻窩，因此獲得神明降福。此外，共同宇宙的某些地點，也會被移置到地方性或區域性地理上，在附近的地景中創造出須彌山、恆河與許多其他聖地。

此外，過去千年的印度歷史中，還產生了印度——穆斯林文化，及其心中創造的地景——興都斯坦（Hindustan）。興都斯坦並非神祇的地景，而是一片閃耀著王者與王國遺產、帝國紀念物及烈士聖人陵寢的大地。正如艾伊莎・賈拉爾（Ayesha Jalal）與其他人指出，穆斯林對於印度城市區域有他們不同形式的情感連繫，並發展出一種地方意識，某種程度上雖指向遙遠麥加，卻也指向他們創造與生活的美麗城市。[18]正如我們將看到，印度教與穆斯林地景在許多地方重疊交會，兩者同樣頌揚聖人，並尋求恩庇。印度各地有數百、也許數千這類地方，特別是蘇菲派（Sufi）⑩聖人的紀念墳塚（dargah）。有些紀念墳塚只有當地人知道，例如瓦拉納西後街的一處墳塚，這處穆斯林聖地卻是由一位印度教徒負責管理照顧。[19]還有一些則是聞名全印，例如阿杰梅爾（Ajmer）的蘇菲聖人穆伊努汀・契斯提（Mu'inuddin Chishti）⑪的紀念墳塚。

過去五百年間，錫克教社群也開始在印度嶄露頭角。古魯那奈克（Guru Nānak）與許多錫克教初期古魯對於聖地的概念嗤之以鼻，在河中浸浴或參訪神廟怎麼可能淨化靈魂？在這一點上，那奈克與同時代其他偉大靈魂志趣相投，如瓦拉納西的卡比爾（Kabīr）⑫，他們都堅稱重點不在地點，而是心意。對於單純儀式性朝聖的拒絕，其實是許多唯心論靈性運動的一部分。撇開批判感性不論，錫克

---

⑩為伊斯蘭信仰中的神祕主義，透過嚴格生活、冥想與導師，追求精神層面提升。

⑪契斯提教團（Chishti Order）是遜尼派的蘇菲教團，約於西元九三〇年間於阿富汗地區建立，以博愛、寬容、開放為核心。今日契斯提教團以阿富汗與印度次大陸地區為主，是南亞地區四大蘇菲教團中最早建立的一支。穆伊努汀・契斯提於十二世紀中將契斯提教團帶到阿杰梅爾，成為南亞地區中世紀最有影響力的穆斯林靈性團體。穆伊努汀・契斯提死後一世紀，他的陵墓就開始成為朝聖地點。

⑫卡比爾・達斯（Kabīr Das）為十五世紀印度神祕主義詩人與聖人，其詩歌影響了印度教的虔愛運動（Bhakti movement），也被收入錫克教聖典中。他出生於穆斯林家庭，卻深受印度教虔愛運動領袖影響，對於宗教與宗教組織採取批判態度，主張真理存於追尋真實道路的人身上。終其一生皆受到伊斯蘭與印度教社群攻擊批評。

教徒仍舊發展出以地點為中心的神聖地理，也就是位於阿姆利澤（Amritsar）的金廟。十七世紀的古魯阿爾瓊（Guru Arjan）將錫克教徒的聖典——古魯格蘭特．薩希卜（Guru Granth Sahib）奉祀在此。這座優雅殿堂坐落在一處大型人工湖泊中央，長期以來各信仰傳統的信徒都會來此造訪。其他地方也成為錫克教神聖想像的一部分，例如位於舊德里中心的古魯德格．巴哈杜爾（Guru Tegh Bahādur）殉道神廟，成為錫克教虔誠信徒的必訪地點。

基督徒同樣也在印度發展出殿堂地景，特別是跟聖母瑪利亞有關的地點，如位於泰米爾納都邦，座落孟加拉灣上的拜蘭卡尼聖母堂（Church of Our Lady of Vailankanni）。就像附近納果爾（Nagore）（又稱納加帕帝南〔Nāgappatinam〕）的蘇菲聖人米蘭．薩希卜（Meeran Sahib）陵墓，拜蘭卡尼聖母堂也是個吸引基督徒、穆斯林及印度教朝聖者的療癒聖殿。瑪麗亞被稱為健康聖母，朝聖者為此而來。聖堂博物館展示了朝聖者留下的枴杖與手杖，及漫長的奇蹟療癒見證史。基督教大教堂的尖塔崛起於沙灘上，潔白閃亮；附近的剃頭中心為各色朝聖苦修與朝聖實踐者服務，這在南印度十分常見。年度節慶時，聖母瑪利亞的肖像會被扛到通往大海的大道上，遊行過程就和泰米爾納都邦的印度教廟宇慶典差不多。

重點不在於全印度一致的印度神聖地理，而是兩千多年來，印度地景透過神話、敘事與朝聖的力量，立體了起來。這首活生生宇宙的主題曲，持續響起，持續聽聞，並隨著時光演變、加入印度文化組合中的新運動與新人群，持續調整與重構。這些賢者敘事中形成的印度心靈地圖，透過神性爆發而活躍，千百萬朝聖者足跡將它烙印在土壤上，今日仍舊是印度內部一道強而有力的能量。當然，這就表示有各種「印度」交互重疊，由印度教徒、耆那教徒、穆斯林、基督徒與錫克教徒生活的地景組成。這種印度概念包含了各種宗教傳統的有力之地。即便如此，其中最繁複細緻的論述仍舊來自複雜的印度教地景，這也是本書研究的主軸。

繞行大地

印度教的崇拜傳統中，繞著某物或某人行走，是展現崇敬的方式。繞行稱為「pradakshina」，意即「以右側為中心」，是對父母親、師長及廟宇或內聖殿展現崇敬的方式。某些案例中，可以對整個城市進行繞行，例如瓦拉納西的朝聖繞行；也可以對山岳或丘陵繞行，例如奎師那神領域上的聖山戈瓦爾丹；河流也可以繞行，例如往西流經中印度的納馬達河繞行。這個案例中，朝聖者可能會每年走一段，花費多年時間直到繞完整條河流——從阿瑪拉坎達卡的源頭，到阿拉伯海。因此特別虔誠或無畏的朝聖者會繞行整片印度土地，也不令人感到驚訝。

繞行也是親屬關係儀式的一部分。自認為「世界征服者」的國王，必須繞行「四方」，展示對王國領土的主權。繞行土地無疑是個重要的實踐，也是個領土完成的重要概念。西元前三世紀，佛教帝王阿育王統治的時代，繞行之旅被稱為「digvijaya」，意指「征服四方」，實際上指的是王國的軍事繞行。在阿育王的情況中，帝國相當廣袤。他的祖父旃陀羅笈多・孔雀（Chandragupta Maurya）在西元前四世紀建立的孔雀帝國，在父親頻頭娑羅（Bindusara）手上擴張，已經包含了印度北中部多數地區。然而，阿育王最後以驚人的方式改變了勝利之旅：他的勝利之旅是正道之法（dharma）的勝利之旅。在羯陵迦戰役（Kalinga，位於今日東印度的奧利薩邦）的軍事勝利後，據說阿育王對於戰禍屠戮感到厭煩，他變成佛陀教誨——佛法（Dharma，巴利文寫作Dhamma）——的追隨者，並將在王國內傳布佛陀道德教誨視為己任。從北方的喜馬拉雅山腳，到東方靠近普里的奧利薩海岸、南方的卡納塔卡邦，到西方的索拉什特拉半島，甚至到西北方的坎達哈（Kandahar）⑬，都可以發現他的岩刻與立柱銘刻詔書。我們已經造訪過古賈拉特邦吉爾納爾山腳的神廟，一連串銘刻詔書要求停止為了盛大祭典屠戮動物，並宣布在祭典期間提供人畜醫療用品。銘文的一部分寫下「過去數百年間，殺戮傷害生靈、對親戚的不當行為及對婆羅門與苦修者的不當行為已然增加。此刻由於蒙神眷愛的慈悲之王（Piyadasi）施行正法，法輪之聲當取代戰鼓」[20]。

由此看來，史詩《摩訶婆羅多》裡所描述的「由喜馬拉雅山到南海」的那片土地，並不只是抽象概念，而是可以實踐的概念，也就是說可以實踐的旅程。舉例來說，《摩訶婆羅多》的故事裡，長子堅戰即位後，其他四兄弟則被送往四方降伏當地人——阿周那（Arjuna）前往北方，怖軍（Bhīmā）前往東方，偕天（Sahadeva）前往南方，無種（Nakula）則前往西方。後來當般度五兄弟在一場詐賭中失去王位，又遭堂兄弟嫉妒，判處多年森林流放，他們再度以朝聖者身分征服四方，進行印度的順時鐘繞行。他們從北方恆河平原啟程，最南抵達斯利山（Shr ī Mountain），最西則抵阿拉伯海濱的哥卡那。同樣地，《羅摩衍那》史詩傳統上也是投射在全印度大舞台上。當羅摩、悉達與羅什曼遭到森林流放時，這趟冒險旅程帶著他們從北方的阿逾陀王國，前往位於印度中西部的納西克，一路直到南方的拉梅許瓦拉。據說羅摩在此建造一座橋，讓他的猴熊軍團得以跨海到楞伽島，解救被羅波那綁架的悉達。羅波那是楞伽島的羅剎（rākshasa）統治者。在四世紀的文學版本中，詩人迦梨陀娑（Kālidāsa）在《羅怙世系》（Raghuvamsa）的第四章裡，就將征服四方的榮耀給了羅摩王。故事中訴說羅摩從阿逾陀出發，沿著恆河在河口豎立了勝利柱，接著走下奧利薩海岸，前往卡韋里河、馬拉亞山後，再度北返。[21]

征服四方的傳統從國王英雄，延伸到精神典範人物。根據傳說，九世紀哲學家商羯羅（Shankara）

也進行了個人版本的四方征服，前往印度四方，傳授不二論吠檀多（Advaita Vedanta）哲學⑭。事實上，商羯羅生平的傳統記述就稱為《商羯羅征服四方錄》（*Shankara Digvijaya*），將印度偉大哲人的生平投射在這片神聖大地上，從出生地的南方喀拉拉，到北方的巴德里納特。據說他在此待了好幾年，並寫下部分主要論點。為了不讓傳統的智慧流失，據說商羯羅要求門人在四個方向建立僧團總部：南方的斯林杰利（Sringeri）、西方的德瓦拉卡、北方的光明修院（Jyoshīmatha）和東方的普里。這些四方修院（matha），今日仍舊是禁慾派商羯羅僧團網絡的支柱。

當然，這些上述都是傳說，或至少含有大量傳說成分。事實上，除了這些傳說以外，朝聖者確實也開始以四方概念，也就是四方神居繞行朝聖的方式，來建構印度地景。四座偉大神廟，矗立在印度的四個方位點上：北方的毗濕奴神居巴德里納特神廟，距離今日西藏邊境僅有數哩之遙；深南之處的拉梅許瓦拉神廟，據傳廟中的林伽石乃是羅摩所立；遠西的索拉什特拉半島上，矗立著奎師那神居德瓦拉卡（或稱德瓦拉瓦提）；東方的孟加拉灣岸上，則是普里的奎師那神居：賈格納塔神廟。無數朝聖小冊中提及的四方神居繞行，可能還包含一路上諸多地點，然而標準配備就是這四大主要方位上的神居。先前也討論到，還有其他不同樣貌的四方神居繞行，將四個地方連結成一條完整的朝聖路線：例如索拉什特拉半島吉爾納爾山的四方神居；奇特拉庫特的四方神居；以及最知名的喜馬拉雅山上的

⑬ 位於今日阿富汗。

⑭ 最能代表印度教禁慾傳統的是八世紀南印度婆羅門大哲學家商羯羅（Shankara）。商羯羅代表的哲學傳統稱之為吠檀多，意即「吠陀之末」，指的是總結吠陀文獻的哲思性典籍《奧義書》。他所主張的是不二論（Advaita），重申絕對存在（梵）的獨一不二性，與自我（atman）合一。現象世界的幻象或欺騙（maya），讓凡人誤以為事物間差異是真的。

四方神居。每年都吸引無數朝聖者造訪巴德里納特、凱達納特兩神廟，與恆河及亞穆納河源頭。無論如何，原型仍舊是位於印度四個方位端點上的神居。

現代之前的普遍作法，是靠著步行走上朝聖之路，繞行印度。即便今日也仍有這樣的人，例如一九七〇年代我在瓦拉納西遇到的年長寡婦，她就徒步完成了四方神居繞行。我們無法確知過去時光中，步行朝聖究竟有多普遍，也不清楚這四大神居究竟在何時被組成精神性四方征服的代表。無疑地，如此大範圍的旅居過程中，比較常看到出家人（sannyāsī），而非一般在家者。大導師商羯羅的傳奇中就可以看到，出家人的漫遊區域包含了現在認知為印度的廣大區域。般度兄弟與羅摩尋找悉達之旅的史詩想像中，也暗示著這樣的幅員。倘若我們認真看待西元前四世紀的線人（應該是出家人）提供給亞歷山大的消息，朝聖繞行的起始日期可能還要更早。亞歷山大的史家寫下帝王「要求熟悉整個國度的人為他描述此地」。根據傳給斯特拉波（Strabo）的記錄，這些線人告訴亞歷山大，從西方印度河口到東方恆河口的距離，從恆河口到南印度頂點的距離，再由此返回印度河口！[22]

「何為印度？」

將現代世界民族國家視為理所當然的人，很自然地將印度等同於次大陸、一片大地，一個民族。然而考慮到印度的極端多樣性，擁有許多語言群體，多種族群與部落民，不同的宗派與宗教社群，當現代印度將自己視為一片土地與一個民族時，自然會產生不少重大影響。十九世紀，那些被薩伊德（Edward Said）稱為「東方主義者」的人，特別輕蔑將印度視為國家的想法。至少有一派十九世紀的大英帝國主義思想學派，認定「印度」是個無意義的概念。當然，印度可以是一處完整的地理區域，卻不是個「民族」，因為它缺乏現代民族國家應有的一致痕跡。印度缺乏共同語言、沒有種族或族群上的一致性、也沒有共同宗教或意識形態。這一派論述主張，只有十六世紀的蒙兀兒帝國曾經成功在行政上統一了次半島的主要區域。在此之前，只有區域性、短命的印度教王國，它們對這片土地整體來說，無足輕重。事實上，他們主張，國家性的結構是在英屬印度（British Raj）統治下施加建立起來的，他們帶來了區域官員、鐵路與中央集權的帝國官僚體制。

「何為印度？」一八八八年約翰．斯特萊切爵士在劍橋大學發表演說時，他提出這個問題的方式，深獲未來數十年英國行政官員的回響。「印度這名字究竟指的是什麼？這個答案我聽到不只一次，聽來雖然矛盾，卻是真的。」他說，「實際上並沒有這個國家，這是關於印度，我們了解的第一點，也是最重要的事實。印度是個名稱，是我們給予這片擁有許多不同國家的廣大區域的名字。當地並不存在可以對應這個概念的普遍用詞。」[23]

斯特萊切經常拿歐洲來做比較，他主張，後者比起印度擁有更一致性的文化。「比起孟加拉與旁遮普，蘇格蘭與西班牙還比較相近……文明歐洲中沒有任何國家的人民，像孟加拉人與錫克人如此相異；不論在拉合爾（Lahore）或倫敦，孟加拉語都同樣陌生。」[24]他再次重申成為帝國支撐主軸之一的主旨，「關於印度，首先也是最重要的一點——那就是此刻與過去，印度都不存在。沒有任何印度國家，擁有歐洲概念中在物質上、政治上、社會上或宗教上的一致性；沒有我們常聽到的印度民族或『印度人』⋯我們從未在印度摧毀任何民族政府，也未傷害任何民族情感，不曾羞辱任何民族驕傲；這並非因為我們有心或心存慈善，而是因為印度民族從不存在。」[25]後來將成為獨立運動推手的印度國民大會（Indian National Congress）成立時，斯特萊切提出論辯，「我們可以理解在特定印度國家中可能出現民族同情心；但這並不表示會延伸到印度全境，也不表示旁遮普、孟加拉、西北諸省與馬德拉斯人會認為他們同屬一個偉大國家。」[26]他執意專注在十九世紀西方視角的民族國家特定政治概念，因此「印度」並不存在。印度不過是個名詞，是指派給地圖的一塊區域。

「印度」（India）這個字，固然是希臘文，希臘人稱呼信都河（River Sindhu）⑮之外的區域為印度斯（Indus）。希臘人一開始是從波斯人口中得知印度，波斯帝國跨過印度河，延伸進入旁遮普。希臘學者如麥加斯蒂尼、斯特拉波、阿里安（Arrian）與托勒密（Ptolemy）等人寫下的作品，都以印地卡命名，認為此地理區域概念適足以描述一個整體。然而，印度人並不稱呼自己的土地為印度。本地的名稱是「婆羅多」，通常被視為來自古代氏族國王「婆羅多」的父系名稱。知名的婆羅多王是豆扇陀王（Dushyanta）與少女莎恭達羅（Shakuntalā）之子。這個名字一開始應該特指婆羅多王朝統治的北印度區域。這塊區域也稱為婆羅多大地。在下一章，我們將檢視《摩訶婆羅多》版本的世界地圖，無數島嶼像花瓣般，由世界中心的須

浸浴於南方海域之中，在卡尼亞庫瑪莉表達意念。

彌山向外輻射。包含印度大地所屬的這個世界，稱為瞻部洲島，或處女神之島（kumārīdvīpa）。

婆羅多大地或瞻部洲這樣的名字，既古老，又令人驚訝地具有當代性。試想：每個印度教的儀式動作，都從所謂的「意念」（sankalpa）。從意願聲明開始，表達個人進行儀式時的宗教意願，不論是日常儀軌還是一生一次的朝聖都一樣。在手掌上捧著水或穀物，個人說出自己所在的時空地點座標，明確點出個人在宇宙中的位置：「在瞻部洲上，在婆羅多大地上，在聖城瓦拉納西中……」或「在婆羅多大地上，在處女神之島，在聖城瓦拉納西中……」。這類意念在許多世紀中伴隨著儀式行動，延續至今，信徒口中吐出成千上萬的意念，將他們自身定位在蓮花世界的南方花瓣上。

等到了《摩訶婆羅多》史詩中描述的「大婆羅多」之戰時，婆羅多這個名字已經大略指涉目前所認知的印度全境。然而兩千多年前，稱呼這片土地為「婆羅多」的意義是什麼呢？對於斯特萊切的「何為印度？」大哉問，或者更適切地說「何為婆羅多？」，從《摩訶婆羅多》時代以降的古印度歌隊顯然早已胸有定見。如同《摩訶婆羅多》所述，「海洋以北、喜馬拉雅山以南的大地，稱為婆羅多，為婆羅多王後代子孫所住之處。」[27]這也成了《往世書》傳統中對於印度的標準定義，在數百年間不斷演繹重複而成。這種婆羅多大地的概念性「定義」，正如波洛克所說的「一致、穩定，最驚人的是涵蓋了整個次大陸；此界線一經形成，就標誌了地理思考的疆界」[28]。然而，印度的疆界，卻是可移動且具有彈性；即便超越四方的區域，也能透過「以印度名稱命名的舉動」[29]，將東南亞的王國納入其中。

現代的朝聖者也以類似的簡潔方式，總結印度範疇，他們說印度是從「巴德里納特到拉梅許瓦拉」——也就是四方神居繞行的南北軸線。接續之下，現代的印度地理調查局（Geographical Survey

---

⑮「sindhu」一字來自梵文，即為河流之意，此字也是印度河（Indus River）的梵文名稱。

of India）訂定的座右銘「A Setu Himāchalam」，也就是從「橋」（拉梅許瓦拉的另一個名稱，因為神話中羅摩在此建立通往楞伽島的橋）到喜馬拉雅山。今日載運朝聖觀光客前往印度最南端科摩林角（Cape Comorin，以知名的卡尼亞庫瑪莉女神命名）的巴士上，則掛著標語「從喀什米爾到卡尼亞庫瑪莉：一個印度」。

這種對於印度地理的「定義」，具有強大影響力。《劍橋印度史》（*The Cambrdige History of India*）簡潔且理所當然地寫下「長久歷史中，印度唯一擁有的明確一統性，是來自地理」[30]。確實如此，就像義大利，印度擁有明確的地理統一性——被海洋包圍的大型半島，北方則由令人屏息的高峰屏障。英國人不清楚的是，直到印巴分治劇烈衝突之前，這樣的地理情勢對印度教徒的自我認同是如此重要，直到今日仍舊如此。地理是重要的——從喀什米爾到卡尼亞庫瑪莉。正如穆克吉在一九二〇年代所說，雖然不乏過度修辭，「世上沒有其他國家，可以看到宗教熱誠人士在我們廣袤母國中所建立的，如此綿密的神廟聖地網絡。」[31]他主張印度人透過朝聖，擴大了地理意識，從狹隘的地方主義中解放出來。薩瓦爾卡（V.D. Savarkar）也在一九二〇年代時，發展出他的印度教國族主義（Hindutva）思維，描述「我等對共同祖國之熱愛」的「印度教徒特性」。他辯稱，印度教徒並非由共同教派所定義，而是視婆羅多為「聖地」與「祖國」之人，這是相對於視其他地方為聖地者而言。這個看法雖然具有爭議，且隨著一九九〇年代的「新印度教國族主義」興起，再度成為爭議，仍舊是個需要被理解，需要我們嚴肅抗爭的觀點。這個高度政治化的觀點，與本書討論的內容，奠基於某些相同的資料來源。

一九四四年囚禁在阿赫麥德納加堡（Ahmednagar Fort）的尼赫魯寫下《發現印度》（*The Discovery of India*），思考他在自由奮鬥期間前往印度各地時留下的「一體」深刻印象。「令我感到困惑的，並非她的廣闊空間，或甚至她的多樣性，而是我無法探測的某種靈魂深度，雖然偶爾窺得靈光乍現……表面上我們的人民呈現出無窮盡的多樣變化，然而到處都留下一體的深刻印象。這在過去許多世紀中，無論何種政治命運或不幸降臨，都讓我們結為一體。印度的一體性對我而言，不只是一種知識概念，而是超越在我之上的情感經驗。」[32]尼赫魯對於印度的想法，自然包含所有種姓與區域社群，以及宗教多樣性。雖然終其政治生涯，從一九三〇年代進入印度國民大會的領導階層，到一九六四年以印度首位總理的身分去世，他都熱情擁抱世俗主義。這種世俗主義卻是奠基於我們所描述的、以印度教為主的深刻基礎。

例如，一九六三年與中國的邊界爭議中，他跟中國總理周恩來的信件往來裡，尼赫魯引述經典，主張印度自古以來均以喜馬拉雅山為北界。他送出的文件是由印度外交部歷史司起草，開頭寫道：

> 印度北疆向來為傳統邊界，將近三千年來，幾乎都跟當今無異。疆界延邊區域，由極北崑崙山至東方與緬甸交界處，將近兩千五百英里，一向為印度的一部分……印度的北方邊界，多數屬於喜馬拉雅山峰。喜馬拉雅山一向主宰了印度人的生活，一如在印度地景中的主宰地位。最早梵文文獻之一的《毗濕奴往世書》（*Vishnu Purana*），雖然成書日期尚未能定，卻明確表示出喜馬拉雅山為印度邊界。書中表明，喜馬拉雅山以南與大洋以北的國家，名為婆羅多，所有生於其中者即為婆羅多人或印度人……最早提到喜馬拉雅山的文獻是《梨俱吠陀》，成書於西元前一千五百年左右。書中表示喜馬拉雅山象徵所有山岳（十卷十章121.4篇）。《由誰奧義書》（*Kena Upanishad*）則是在西元前一千年左右寫成，談到喜馬拉雅山神之女烏瑪（Uma）——烏瑪．海瑪瓦提（Umam haimavatim）。[33]

這份文件繼續談到在《摩訶婆羅多》、考底利耶（Kautilya）的《政事論》（*Arthashāstra*）與詩人迦梨陀娑的《羅怙世系》和《鳩摩羅出世》（*Kumārasambhava*），都能進一步佐證喜馬拉雅山為印度傳統邊界。一方面，尼赫魯完全擁抱世俗化態度，卻在感性上仍高度根植於象徵性的印度神聖地理之中。預期到死期將近，尼赫魯在他的「最後遺言證詞」中，要求將骨灰灑進阿拉赫巴德的恆河。他堅稱此舉並無「宗教意義」，但此一宣稱更顯得對印度的愛情真意切，特別是對印度教印度及恆河的情感，「我從小就對阿拉赫巴德的恆河與亞穆納河著迷不已；隨著年紀漸長，感情更深……特別是恆河，這是印度之河，為印度人民愛戴。種族記憶、希望與恐懼、勝利之歌、勝利與潰敗，無不圍繞著這條河流。恆河是印度古老文化的聞名象徵，持續變化，持續流淌，卻仍舊是同樣的恆河。」[34]

喜馬拉雅山與恆河，以及其他跟喜馬拉雅山、恆河產生神聖連結的印度山河，構成了古老恆久的印度意識。倘若只從「教條」角度來理解宗教，這種意識並非「宗教性」。然而從《梨俱吠陀》到尼赫魯時代，人民及男女神祇英雄盤據之地的地方意識，透過想像投射出來，已經逐漸清晰回答了「何為印度」這個問題。

亞歷山大與「印度」的發現

西元前三二七年，亞歷山大大帝踩著船橋渡過印度河，帶領軍隊踏上「五河之地」旁遮普。他們說，歸順的安比王（Ambhi）迎他進入塔克西拉城（Taxila）。三二六年的夏天，他繼續往東，朝杰倫河挺進，挑戰波魯斯（Porus）國王的軍隊；波魯斯是安比王的宿敵之一。在杰倫河東岸擊敗波魯斯，是亞歷山大最精彩的戰術勝利之一。波魯斯投降後，亞歷山大不顧雨季傾盆而下，繼續深入五河之地。他渡過切那伯河，接著是拉維河。亞歷山大當然聽聞過偉大的摩揭陀帝國（Magadha）及其首都華氏城（Pataliputra）——希臘人稱為帕利波斯拉（Palibothra）。他聽說，在恆河平原的極東之地，帕利波斯拉之外，是東海。無疑地，無人能擋的亞歷山大想要打到那裡去。

然而在亞歷山大的軍隊跨越最後兩條河——貝阿斯河與蘇特立杰河，並沿著前往華氏城的偉大貿易路線，往恆河平原開拔之前，旁遮普卻發生了一些事情。滿溢的貝阿斯河西岸駐紮著亞歷山大的陣營，他的軍官在情緒高昂的士兵支持下，說服亞歷山大回頭。歷史學者寫到季風大雨的困難，雨季中無數蛇虺出沒，以及敵方軍隊中的壯大戰象。然而大雨及蛇虺就能嚇阻七年來打遍亞洲的人，實在令人難以置信。想像貝阿斯河畔的營帳，更可能的情況是，亞歷山大的軍官，包括史家尼阿庫斯（Nearchus）及最後的亞歷山大本人，終於開始理解到自己身在何處。一位作者注意到，亞歷山大與其手下雖然在興都庫什山脈、喀布爾谷地與印度河上游贏得勝仗，這支軍隊卻完全迷失了方向。[35]據說亞歷山大本人相信五河之地是上埃及，最終會通往尼羅河，並返回熟悉的地中海。然而在旁遮普，亞歷山大的軍官卻碰到了清楚事實真相的人。

前面已經說過，根據史學家斯特拉伯，亞歷山大「要熟悉整個國度的人為他描述此地」。[36]希臘人因而得知，如同我們從斯特拉伯、阿里安與厄拉托西尼的書寫中得知，他們冒險進入的這塊土地的範疇與方位。很明顯地，這裡不是上埃及，他們離愛琴海十分遙遠。亞歷山大從旁遮普線人口中得知對印度的描述，是否令他的士兵軍官心驚膽寒？根據這些希臘史家，被描述為印度的土地是個菱形區域，「形狀上是長短不一的四方形，印度河位於西側，山脈在北方，東方與南方則是海洋。」[37]從西方的印度河到東方的恆河口，長達一萬六千斯達特（stadia）（一千八百三十八英里）。從恆河口沿著東海岸，仍需要一萬六千斯達特，才會抵達印度的南端。從南端或南角，沿著西海岸前往印度河口，據說有一萬九千斯達特（兩千一百八十三英里）。沿著印度河岸從河口到源頭的西疆，估計有一萬三千斯達特（一千四百九十六英里）。[38]這片大地明顯十分廣闊，如同一代之後的麥加斯蒂尼所寫，「南亞分成的四塊區域中，印度構成了最大一塊；而最小的一塊，則是在我們海域到幼發拉底河（Euphrates）之間。剩下兩塊，則是位於幼發拉底河到印度河的中間，與其他區域分隔開來，就算兩者相加，其幅員也跟印度無法相比擬。」[39]從這個觀點來看，就不難理解亞歷山大為何在貝阿斯河畔建立了十二座獻給奧林匹亞眾神的祭壇後，就轉身離去。

然而，在西元前三二六年，孔雀帝國興起之前，竟然已經有線人，可以在毫無困難的情況下，給出與今日稱為「印度」之地相仿的描述。不僅亞歷山大知道，二十年後的華氏城裡，勝利者賽琉古一世（Seleucus I Nicator）⑯派往旃陀羅笈多・孔雀（Chandragupta Maurya）⑰宮廷的大使麥加斯蒂尼也得知這件事。他們同時還證言了印度大致是個四邊形，由印度河形成西部邊界，喜馬拉雅山與興都庫什山在北方延展，另外兩側則是海洋。他們甚至可以說出範疇：印度河的長度；從印度河到華氏城及由此前往恆河口的距離；東西兩側海岸線的長度。麥加斯蒂尼還告訴我們，沿路上每隔一段距離還設有立柱，標示岔路與距離。兩千多年後，一八七一年，當時的英國皇家工兵部隊少將亞歷山大・康寧漢（Alexander Cunningham），後來出任印度考古調查局（Archaeological Survey of India）局長，曾寫下一段話，看似為麥加斯蒂尼留下註腳，「亞歷山大線人提供的數字，與這個國家實際的範疇高度一致，令人感到驚訝。此舉顯示，即便在歷史早期，印度人對於本土的形狀與幅員已經有了精確知識。」[40]

古印度的地理觀確實令人驚豔。那些長期抱怨印度教徒缺乏「歷史觀」的史學家，發現他們擁有細密的地理觀時，著實令人驚訝。然而對深受豐厚的印度教神話想像影響的宗教研究學生而言，此刻卻發現焦點從神話中的須彌山及圍繞的牛奶、美酒、奶酪海，轉移到印度大地的特徵，神話開始落實在所謂的「真實」地理之中。即便在穿越土地旅行仍舊困難的時代，地理知識的傳統仍舊暗示著這類旅行確實發生。即便在次大陸並不存在任何一統政治可言時，那些為亞歷山大等人描述這片地域的人，不但相信此地是單一大地，更是如此描述。

《摩訶婆羅多》之地

大約在亞歷山大進入西北印度的同時，偉大印度史詩《摩訶婆羅多》的傳統與故事，也開始進入編纂過程。包含古代吟遊故事在內的史詩，一般認定是在西元前三世紀至西元後三世紀之間成形。從史詩中，我們得以一窺亞歷山大線人描述印度時，所根據的地理知識傳統。關於古代印度地理，《摩訶婆羅多》提供了兩種源頭。首先是宇宙論文本，試圖描述印度在內的整個宇宙。在《摩訶婆羅多》中，這類宇宙論傳統一般被稱為「世界辭典」（bhuvana kosha），可能涵蓋了廣大神話世界的地理，包含七座環形島嶼與七大環狀海洋，以及印度地理中的山脈、河流體系與人民。我們將在第三章，

⑯本為亞歷山大的軍官，在亞歷山大死後成為繼業者之一。在繼業者戰爭中，占領了帝國東部領土，建立賽琉古帝國，包含美索不達米亞、波斯與小亞細亞。

⑰亞歷山大死後不久，約於西元前三二一年左右，旃陀羅笈多・孔雀（Chandragupta Maurya）奪取了摩揭陀帝國的政權。亞歷山大退出印度後早逝，他的帝國在將領爭奪間四分五裂，造成旁遮普政治真空狀態，孔雀政權很快將手伸入此地。摩揭陀很快與成功接收亞歷山大東征成果的賽琉古帝國接壤。賽琉古與摩揭陀之間持續維持良好關係。西元前三一二年攻下巴比倫後不久，賽琉古將大片土地留給旃陀羅笈多，包含現代的阿富汗，以交換五百頭大象。孔雀王朝似乎連續幾代，持續供應戰象給賽琉古人。

更進一步詳細探索這個神話宇宙及系統化的世界觀。其次，則是專門與「聖地」相關的文本。[41]這些「聖地」傳統主要出現在《摩訶婆羅多》的〈森林書〉（Vana Parva）中，特別是其中稱為〈朝聖書〉（Tīrtha Yātrā Parvā）的次章節。這些聖地文本也幾乎出現在所有《往世書》中。

大篇幅的〈朝聖書〉是《摩訶婆羅多》相對晚近成書的段落。這部書確認、同時也讓我們感受到西元初年時期「婆羅多」一詞的意涵。[42]這些史詩篇章是發生在般度王子的森林流放期間。其中之一的阿周那前往喜馬拉雅山取得天上武器，為了在即將發生的不祥戰爭中對抗俱盧一族堂兄弟。阿周那離開時，其他般度兄弟與妻子黑公主德勞帕蒂決定要進行朝聖之旅（Tīrtha Yātrā），拜訪全印度的聖地。堅戰與兄弟們提問，進行朝聖之旅的人會獲得什麼福報。[43]兩位偉大賢者補羅斯底耶與煙氏仙人為這些即將踏上朝聖的人，細數各個聖地，並描述朝聖的福報。

首先，補羅斯底耶描述了大型的聖地繞行，從中北印的普許卡拉（Pushkara）開始，普許卡拉是蓮池之意，位於今日的拉賈斯坦邦，被盛讚為「聖地之始」。[44]今日仍舊以創造主梵天在全印唯一主要聖地而聞名於世。因此補羅斯底耶所描述的朝聖路徑，從創造主的蓮池起點開始，是非常妥切的。由此開始，他帶著我們，在印度進行了某種類似漩渦的順時鐘繞行，首先往南前往偉大時間之主神廟（Mahākala），接著是納馬達河，然後往西前往阿爾布達山（Arbuda）或稱阿布山，及印度極西點索拉什特拉半島的德瓦拉卡，最後抵達印度河入海處。接下來，他描述一條北轉前往俱盧之地與喜馬拉雅山的路線。明顯地，在這部漫長史詩終章的災難性大戰爆發前，俱盧已經以神聖聞名。補羅斯底耶甚至還提到堪納卡拉（Kanakhala），這個地方今日仍舊吸引著恆河邊哈德瓦爾附近的朝聖者。他談到恆河與亞穆納河各自的源頭，從北方國度，補羅斯底耶的描述往南穿越恆河平原，前往娑羅逾河（Sarayū River）的牛渡（Gopratāra），羅摩正是在此地升天。接著他穿越瓦拉納西與伽耶，往東至孟加拉灣，抵達恆河入海口（Gangā Sāgara）。即便今日，朝聖者仍舊在此會合浸浴。接著他沿海岸往南移動，此地的地理描述變得比較稀薄。他提到順著奎師那河的斯里帕爾瓦塔山（Shrī Parvata），今日此地仍舊以斯里雪拉（Shri Shaila）濕婆神廟聞名。他談到流經泰米爾納都邦的高韋里河，以及似乎意指處女神卡尼亞庫瑪莉的卡尼亞聖地。這位女神的寶座位於印度的最南端。上轉西海岸，他提到與濕婆神長期相關的哥卡那聖地，位於今日的卡納塔卡邦海岸上。他還提到奎師那河與亞穆納河。最終，他返回北印度的核心地，提到與羅摩傳說有關的奇特拉庫塔（Chitrakūta），以及最終站——位於恆河和亞穆納河交匯處的普拉耶格（Prayāga）。[45]

賢者煙氏仙人的描述則重複了許多相同的聖地，但不是以繞行的方式來歷數，而是分區——東南西北。[46]這兩段敘述不只讓我們一窺西元初期稱為「聖地」的那些地方，同時也讓我們知道它們是如何受到讚譽與傳誦。明顯存在一種「整體感」，雖然納馬達河以北的印度區域獲得比較完整的描述。

經過完整介紹，般度四子展開了他們的旅程。沿著描述中的主要繞行軌跡，他們從北方的俱盧之地出發，往東穿越恆河核心地，前往孟加拉灣。許多婆羅門與森林修行者與他們同行，他們認為在這些剎帝利（kshatriya）⑱戰士的保護下，將是安全拜訪聖地的好機會。他們於恆河入海的支流中浸浴，沿著奧利薩海岸進入東高止山的摩亨德拉山區（Mahendra Mountains），最終跨越納馬達河，進入南方的達羅毗荼人區域。敘述中並未提及他們往南走了多遠。也許，實際上他們是沿著納馬達河往

⑱ 吠陀社會的四種瓦爾那（varna）或種姓之一。婆羅門、剎帝利及吠舍（vaishyas）可以參加宗教上的入法禮儀式，被視為擁有第二次、靈性的出生，因此被稱為「再生族」，可學習吠陀經典。相對於此，僅有「一度出生」的首陀羅（shudra）則不得學習吠陀知識。

西，因為他們的下一站是「神聖的蘇爾帕拉卡（Sūrpāraka）」，據傳在納馬達河西岸，距離河口不遠處。北轉之後，他們前往索拉什特拉半島及西海岸上的知名聖地普拉巴薩（Prabhāsa），後世稱為索姆納特（Somnāth）。他們在此遇見了奎師那所屬的維利師尼（Vrishni）氏族，並在後來的大戰中獲得他們的協助。從普拉巴薩，他們回返中印度，前往帕優師尼河（Payoshnī）、納馬達河，接著北轉亞穆納河。一路上有許多關於聖山、聖河及渡口聖地的細膩描述。

最終，般度四子與黑公主德勞帕蒂來到了恆河出山之地：甘格德瓦拉（Gangādvāra）。在甘格德瓦拉附近的堪納卡拉，他們準備入山與阿周那會合，後者剛從因陀羅的天宮帶著神聖兵器回來。經歷艱辛旅程之後，他們總算抵達喜馬拉雅深山中的巴達里維沙拉（Badarī Vishāla），也就是今天的巴德里納特聖地。在描述中，此處是榮耀那羅延納（Nārāyana），亦即毗濕奴神之地。[47]

毫無疑問，比起納馬達河以南的印度，《摩訶婆羅多》的吟遊歌者顯然更嫻熟北印度平原及喜馬拉雅山區。事實上，直到般度王子抵達山區之前，整個朝聖故事顯得有點造作。描述行程的段落相當稀薄，一句話就能走上數百英里。[48]有時候，般度朝聖行程的敘事感覺上比較像是個文學工具，用來串起一路上不同森林河流中的賢者英雄故事。即便如此，這趟被描述為繞行的旅程，在心智框架中涵蓋了整片土地；這一點在我們探索印度概念時，仍然具有重要意義。

再度返回北方的喜馬拉雅山腳下，旅程中的地景與嚴酷顯得更加栩栩如生。現在文本寫到森林，擁有嫩葉的樹木、花朵與層層奔流的瀑布，濃密的樹木藤蔓令人寸步難行，冷風讓毛髮直立，裸露礦層為山岳染上金、黑、銀色，彷彿手指畫過一般。任何今日深入喜馬拉雅山區的旅人，立刻就能認出文本厚描中堆疊出來的熟悉地景。明顯地，《摩訶婆羅多》對於香醉山麓巴達里維沙拉的了解，遠比印度深南的卡尼亞聖地來得更深刻。然而，這兩地，在過去一如今日，形成了所謂的婆羅多大地的兩極方位點。今日吐著廢氣的巴士，爬上最後一段通往巴德里納特之路時，車上仍舊掛著標語「巴達里維沙萬歲！（Jaya Badarī Vishāl!）」。這座知名神殿高掛在阿拉坎納達河上方的岩石上。步道由此通往高處雪地，在這個稱為「天梯」（Svargarohinī）之處，正是漫長史詩最終章時，般度五子最後一人的堅戰離開凡世之地。

老故事中的印度

《往世書》就是印度的老故事，充滿了國王傳說與神祇神話。它們也有類似《摩訶婆羅多》的「世界辭典」段落——描述世界，從宇宙創生開始，各個組成部分的描述，最終則是印度山脈河流系統及聖地細節，朝聖者可以前往聖地獲取廣大福報。《往世書》的〈聖地讚歌〉通常接在宇宙討論之後。這些文本的作者全心全意投入聖地羅列與禮讚之中。〈讚歌〉形成一種獨特的文體：在讚美文中詳細列出朝聖地點及朝聖的好處。就像〈讚歌〉一詞所暗示，它們談的是這些地方的「好處」。事實上，通常誇大了這些「好處」，畢竟這是讚頌文體。因此有了恆河與納馬達河的讚歌，迦屍與烏賈因的讚歌，每個聖地、每條河流、每座神廟的讚歌。每篇讚歌之末，都是此地的果頌（phalashruti），也就是從朝聖中可以獲得的「果報」（phala），甚至還有光是聽聞讚歌本身就能獲得的果報呢！如同前述，朝聖的果報經常與此地的力量相提並論：在迦屍知名的十馬渡浸浴，就能帶來十場王家馬祭的福報！即便注視納馬達河，也能帶來恆河浸浴的福報！在烏賈因榮耀濕婆神，等同千年苦修！在巴德里納特的火神聖地溫泉中浸浴，抵得上只喝從吉祥草葉落下的水，進行三年苦修的福報！[49]

〈聖地讚歌〉數量龐大，內容過於龐雜，以至於難以詳細研究調查。然而這類作品的龐大程度，正點出了印度教徒有多在意地理與神話如何交會。關於聖地及朝聖的討論，在《往世書》中所占的篇幅，甚至遠超越對《法論》（*Dharmashāstra*）⑲的任何討論。[50]後來，印度教儀軌慣習典籍「文摘」（nibandha）的編纂者開始收集〈聖地讚歌〉，並依主題分門別類，讓這些文本更為親民。他們產生了龐大的百科全書式作品，蒐羅許多不同資料來源，一一列數聖地，並收集相關的故事與讚頌文本。

每部《往世書》都有其著重領域。例如《化魚往世書》（*Matsya Purāṇa*）頌讚普拉耶格與不離地（Avimukta，即迦屍、瓦拉納西）⑳，並細數納馬達河上下游超過一百個聖地。《侏儒往世書》（*Vāmana Purāṇa*）詳述俱盧之地的聖地。《風神往世書》（*Vāyu Purāṇa*）則有大篇幅的伽耶讚歌。《蓮花往世書》（*Padma Purāṇa*）特別重視拉賈斯坦的普許卡拉古城。其中最令人印象深刻的，則是《室健陀往世書》（*Skanda Purāṇa*），可說是神聖地理學的母礦，分量驚人，結構上則完全圍繞著聖地。這部往世書，至少其中一個版本裡，擁有七部（Khanda）。第一部〈世界之主部〉（Maheshvara Khanda）專注禮讚三個對濕婆神來說重要的聖地：喜馬拉雅山上的凱達拉（Kedāra）；馬希河（Mahī）注入西海的馬希河入海口匯流處（Mahīsāgara Sangama）；以及位於泰米爾南部、今日稱為提魯凡納馬萊的黎明山脈聖炬山。第二部則是〈毗濕奴部〉（Vaishnave Khanda），主要段落讚頌南方的除惡之主（也就是位於提魯帕蒂的毗濕奴神），東方的普魯修塔馬（Purushottama，亦即普里的毗濕奴神，亦稱賈格納塔），以及北方的巴德里卡許拉瑪（Badrikāshrama），或稱巴德里納特。這一部還包含奎師那神出生地秣菟羅，及羅摩出生地兼首都阿逾陀的聖地讚歌。〈梵天部〉（Brahmā Khanda）的各種內容，包含了對深南地方「橋之地」（setubhanda）拉梅許瓦拉的讚歌，據傳羅摩在此跨海，從楞伽島救回被綁架的悉達。〈迦屍部〉作為《室健陀往世書》獨立的第四部，歷數與迦屍或瓦拉納西有關的諸多神話、神廟與讚歌。此外，還包含一部龐大的恆河聖地讚歌。〈阿槃提部〉（Avantī

Khanda）則讚頌烏賈因附近稱為阿槃提的區域，以及此地的八十四個濕婆神林伽石，其中最有名的是偉大時間之主神廟。這一部還包含龐大的納馬達河聖地讚歌，此河流向烏賈因南方，並以古名瑞瓦河（Revā River）稱呼。最後，〈普拉巴薩部〉（Prabhāsa Khanda）盡數位於西印度索拉什特拉半島上的種種聖地，此地今日稱為古賈拉特——包含稱為普拉巴薩或索姆納特的重要濕婆神聖地；瓦斯特拉帕塔聖山，今日以另一個名字——吉爾納爾山聞名；以及印度極西聖地德瓦拉卡，也是奎師那神在世最後歲月的古老首都。

投射這幅神聖地理時，河流是重要的特徵。遠自西元前第二個千禧年間，河流就受到頌讚，《梨俱吠陀》高舉它們為西北印度的「母河」。受到頌讚的河流逐漸納入印度中部與南部的河流。我們可以看到恆河與七聖河，包含印度河、亞穆納河、薩拉斯瓦蒂河、納馬達河、高達瓦里河及卡韋里河在內。河水據說具有淨化效果，河岸上則擁有印度最重要的幾處神聖「渡口」：位於恆河岸上的普拉耶格與迦屍，分別位於納馬達河及高達瓦里河源頭的阿瑪拉坎達卡與三眼之主神廟；以及位於卡韋里河中島嶼上的斯里蘭甘姆神廟。這些聖地與純淨奔流河水緊密相關，因此在南印度，tīrtha這個字也可以用來表示「聖水」。

山岳也是聖地，最重要的山脈當然非喜馬拉雅山莫屬，字面上的意義指的是「雪藏之地」，此外也

---

⑲古代印度國王作為個人或不同團體之間的最高爭議仲裁者。他在爭議中的判定，可依循四種法源：正法（Dharma）、氏族或種姓的古老傳統、市場功用或反映國家需求的皇家諭令。其中，正法享有最高權威，並產出大量正法相關文獻，稱為《法論》。

⑳意為諸天祭神之所，濕婆神永不離開之地。

是「神居之地」。在印度各地，山岳與丘陵頂端成為特定神祇的居所——例如拉賈斯坦的阿布山（亦稱阿爾布達）、索拉什特拉的吉爾納爾山、南印度的除惡之主聖山。有些聖地則是森林與洞穴，特別是跟仙人（rishi）有關之地，仙人的存在讓他們生活的地方變得神聖。海洋通常不視為適合浸浴的吉祥之地，實際上可能適得其反，但海岸上仍有特定地點被視為重要聖地——例如恆河入海口；以及沿著孟加拉灣的普里，因為奎師那神住在海岸邊的藍山中；南方神祇穆盧甘神所居的提魯成都（穆盧甘也稱為室健陀，以強力神矛擊敗陰間軍隊）；還有濕婆神林伽石所在的西海岸哥卡那。此外，當然還有神祇生活在人類之間的城市，包含賜予解脫祝福而聞名的「七城」——羅摩王座的阿逾陀；奎師那神出生地秣菟羅；恆河進入平原的哈德瓦爾；濕婆光柱之地的迦屍；濕婆神與毗濕奴神共享的坎契；濕婆神以偉大時間之主林伽石形象存在的烏賈因；以及奎師那神離世時的王國最終之地的德瓦拉卡。

試圖總結摘要這一長串名單，在印度這片神聖地理上的聖地之多，會讓整個與世俗空間隔絕「神聖空間」的概念備受質疑。在印度教描述的印度，神聖空間大幅擴增，以至於很少有不受神聖存在所碰觸之地。這也提醒我們，最終重要的，並不是神祇顯現在此世的能力，而是人類體會神祇顯現的能力。他們說在瓦拉納西，任何像芝麻子大小的地方，都是個聖地。這對信徒雙眼來說，此世盈滿神聖存在。

彷彿藉由聖顯存在的聖地還不夠似的，人類也建造起通往神界的橋。在聖地讚歌愈顯重要的千年發展中，最重要的發展之一是人造聖地的出現——也就是以耐久石材興建的神廟。多數聖地中，神廟本身並非重點，重點在於這個地點、此地的力量與神祇顯現。早在繁複神廟興建以前，偉大聖地就已存在；我們將碰到許多案例，不斷提醒我們這一點。聖地不需要擁有神廟；即便神廟遭到破壞甚或殘敗，聖地仍舊是聖地。

即使如此，建造神廟聖地仍舊重要。事實上，從笈多時代㉑開始，資助建造神廟已然成為王權特徵。當然，神廟並未取代可移動的聖火祭壇，當時一如今日，火壇仍舊是許多家祭與生命儀式的核心㉒。神廟也未取代地景上被視為神聖的自然特徵——水塘、山丘、山岳以及岩架。然而神廟確實提供聚集空間及儀式地點，將國王與人民及神祇連結起來。《建築論》（*Vāstu Shāstra*）中記載的建築靈性科學，發展出靈性比例設計的典範；神廟建設，就像城市一樣，是依據所謂的「曼荼羅」（mandala）神聖平面圖進行。設計來連結此世與彼世的神廟，變成了人造聖地——跨越之地。

當然，我們總是會看到路邊神龕，不比聖像的遮風擋雨處好上多少；然而隨著偉大神廟的創建，出現了新的宇宙象徵。這些神廟被設計建造，接受祝聖成為神性的體現之處。換句話說，神廟並不僅是神祇居處，而是一種神祇顯現的形式，放大了來說，則是世界的微縮影。北印度的偉大神廟藉由四方守護神定位，四個中介方位則立在神廟周圍的八點上。因此，繞行神廟就是象徵性繞行世界。[51]神廟內壇之上的廟頂尖塔被稱為希卡拉（shikhara），「峰頂」之意；不同的希卡拉造型，則以不同大山命名，如吉羅娑山或須彌山。

南印度的神廟被打造成虛擬城市，擁有一處中央內壇與一連串環繞的圍牆。信徒從高聳的塔門進入，穿越一連串的繞行與遊行街道，進入內聖壇。這些城市神廟當中最大型者之一，是位於提魯奇拉帕里的卡韋里河中小島上的斯里蘭甘姆神廟。據說此地擁有約五萬人口。經由高聳塔門進入神廟廟

㉑約西元三世紀末至五四三年。

㉒事實上，傳統印度教婚禮儀式是印度留存至今最為活躍的吠陀祭儀。婚姻安排好之後，由祭司在聖火之前，唱頌吠陀箴言，進行神聖證婚，夫妻則繞行聖火完成儀式。

埕，朝聖者會發現自己身處繁忙的商業大街，此地擁有自己的沙麗店與茶攤。下一座塔門則引向神廟的儀式中心；最終一座塔門則通向神廟的內聖壇。到了十到十二世紀的朱羅（Chola）時代，這類偉大的神廟城市的影響力已經擴及廣大區域，並以「曼荼羅」一詞來描述它們影響所及的範圍：坎契普蘭（Kānchipūram）是東泰曼荼羅（Tondaimandalam）的核心；坦賈武是朱羅曼荼羅（Cholamandalam）的中心；馬杜賴則是潘地亞曼荼羅（Pandyamandalam）的核心㉓。泰米爾南方文明的聖地讚歌稱為《濕婆神廟往世書》，指涉的不只是大地的自然特徵及神祇在地景中的示現，還有這些建來做為神居的偉大神廟群。

南方觀點

全印度的想像地景雖然重要——從巴德里納特到拉梅許瓦拉，從喀什米爾到卡尼亞庫瑪莉，卻不是神話傳說權威建構出來的唯一領域。印度的不同區域擁有自己的神聖地景，受到獨特歷史、文化與地理形塑。十三、十四世紀開始興起的方言詩歌與虔愛信仰傳統，在喀什米爾、孟加拉、馬哈拉施特拉與奧利薩激發出一股區域文化與認同。它們全都擁有與地方神話相連的強烈區域地景傳統。其中一個強大的案例是馬哈拉施特拉。在十三世紀大威力（Mahānubhāva）教派㉔的馬拉地語（Marathi）古文獻中，馬哈拉施特拉被描述為一片聖地，歷數此地河流，並論述此地作為「偉大（mahā）之地（rāshtra）」的重要性。當地廣為使用的格言簡潔有力總結一切，「留在馬哈拉施特拉！」[52]費爾德浩斯對馬哈拉施特拉的廣泛探索中，談到構成區域認同的「地理意識」；朝聖表達出人群、接受供奉的神祇、村莊與河流之間的關聯性。事實上，所謂區域的定義，正如她所說，是「一組彼此相連的地方」。[53]在某些案例中，因為河川流經，讓兩地連結起來；此外，上百村莊的人民會在同一天帶的各自的神祇前往同一條河流，因此建立起彼此之間的連結。或者因為各自村莊的女神被視為姊妹而連結起來，這是種親屬關係的連結。費爾德浩斯在馬哈拉施特拉仔細謹慎的研究，對於了解其他區域甚或印度整體的「地方連帶」帶來許多洞見。

泰米爾南方也許可以代表最古老的區域型認同，今日仍然跟泛印度的梵語文化呈現某種緊張關係。《摩訶婆羅多》並不是以地景神話與神聖意義的旅行敘事為中心的唯一古代史詩。西元五世紀的泰米爾史詩《腳鐲記》，據說是由一名出家的耆那教王子所寫。史詩中的女主角坎納姬（Kannagi）與丈夫科瓦蘭（Kovalan）一同穿越泰米爾國度。地景描述栩栩如生，他們從普哈爾城（Puhar）展開旅程，此地應該是接近卡韋里河入海處。卡韋里河起自西高止山脈的庫爾格（Coorg）丘陵區，向東穿越卡納塔卡與泰米爾納都邦，因此與區域內的宗教文化生活緊密相關。在《腳鐲記》中，卡韋里河流經朱羅王國時，獲得盛讚：

> 您在平原田地中歡愉流淌
> 聽著農民歌聲
> 東方丘陵瀑布的甜美誘惑

㉓ 這句話意指：坎契普蘭是東泰政權的首都；坦賈武是朱羅王國的首都；馬杜賴則是潘地亞王國的首都。

㉔ 十三世紀由苦修哲人恰克拉達拉（Chakradhara）在馬哈拉施特拉創立，奉行奎師那為唯一神的教派，接受任何種姓的成員，同時拒絕傳統儀式性宗教。

與您河岸上祭典群眾的喧鬧。
願卡韋里河永恆流過朱羅大地！
願您賜予朱羅全境繁榮富庶！[54]

當卡韋里作為朱羅統治者的象徵「妻室」時，詩人也談到統治者與她的對手——北方的恆河及泰米爾納都南端的神聖處女卡尼亞庫瑪莉眉來眼去。不過詩人向卡韋里保證，她無須感到嫉妒。

在《腳鐲記》中，泰米爾國度獲得明確界定，「泰米爾人之地，北界為摩訶毗濕奴的文卡特瓦（Venkatava）山區，南方則是處女之角庫瑪莉，另外兩側都是海洋。這是一片河流之地，自古以來由三王統治。」[55]以如此早期的文本來說，對於聖地的詳細描述令人感到驚訝。文卡特瓦山區當然就是除惡之主神廟，位於今日的安德拉邦南部，知名的毗濕奴神像矗立在名為提魯帕蒂的山頂神廟。即便今日，除惡之主神廟仍被視為泰米爾之地的北「界」。卡尼亞庫瑪莉位於半島的最底端。其他提到的地點，包含賢者投山仙人居住的波迪意爾山區（Podiyil Hills）、穆盧甘神以矛刺穿海中惡魔的內杜維爾山（Neduvel）。也提及了城市，「擁有大廈的馬杜賴，豪華的烏蘭泰（Uranthai）、凡奇（Vanchi）最強盛；普哈爾則擁有許多花園。這片大地上的四座主要城市。」[56]當坎納姬與科瓦蘭離開普哈爾，踏上旅程前往馬杜賴時，他們首先前往卡韋里河上游，知名的島嶼神廟斯里蘭甘姆。接著南轉，前往馬杜賴，並在此發生了史詩當中的關鍵事件。作者如此描述馬杜賴，「這個城市充滿神廟——獻給三眼的濕婆神，獻給展翅鳥旗幟的毗濕奴神，獻給操持田犁的大力羅摩（Balarama），獻給公雞旗幟的穆盧甘。」[57]此外，馬杜賴的女神被形容為保護泰米爾納都全境，遠至卡尼亞庫瑪莉。

強而有力的史詩故事場景設在馬杜賴，忠誠的妻子坎納姬眼見丈夫科瓦蘭因遭誤控偷盜王后腳鐲，而被不公處決。坎納姬哭喊正義之聲，毀壞了這座神的城市，她本人也成了神聖能量的體現。其來有自的憤怒中，她包圍了馬杜賴，扯下自己的乳房，擲向城市，造成爆炸，燒燬了不公國王的城市。然而令人驚奇的是，當凡奇國王決定蓋一座神廟，供奉強大的坎納姬時，他開始討論起究竟該用卡韋里河水沖刷過的波迪意爾山石，還是恆河水沖刷的喜馬拉雅山石。最後他決定，神像以喜馬拉雅山石製作，並展開往北的旅程，採集石料放在恆河水中沖刷。他一邊行過亞利安國王統治的領域，一邊解釋：藉由擊敗這些國王，他將榮耀歸給坎納姬；以她之名，他將邁向喜馬拉雅山。凡奇的舉動確實光輝榮耀。他的船隊跨越恆河，一路上所向披靡，建立了南方的榮耀。「亞利安聯盟軍的勇猛戰士遭到屠殺，終結了亞利安人的善戰神話。遭俘虜的亞利安王象，如牛一般，拘上敵軍戰車之軛，衝向亞利安陣營造成混亂。」[58]

就像《摩訶婆羅多》對南印度的描述相當模糊，甚至潦草，《腳鐲記》中對北印度的描述也是如此。國王沒花太多時間就衝到恆河邊，過河，前往喜馬拉雅山，彷彿不過一日行軍的時間。不過，為了採集喜馬拉雅山石並在恆河中浸洗而進行的史詩旅程，倒是將印度北方的精神價值與印度神聖地理更廣大的視野，立於這部泰米爾史詩的核心。

隨著南印度文學的發展，也開始納入梵文《往世書》的泰米爾文翻譯；部分翻譯被收入歌詠聖地的《濕婆神廟往世書》中。[59]同時也收錄了大量虔愛主義詩歌，包含毗濕奴派與濕婆派；這些詩歌連接起神性讚頌及神祇示現的特定地點。《神華鬘》（*Tevaram*）㉕收納了西元六到八世紀間的濕婆派聖

㉕傳統上，Tevaram有三解：首先為Teva Aram，意為「（濕婆）神的花環」；其次則是Te Varam，意為「創造對神之愛」；第三則解為「個人敬拜儀式」。

人創作的詩歌，提供了在地世界觀的豐厚證據；詩歌中的村莊、渡口、海岸、河流與山脈都有其特定神祇。濕婆神被稱為「東尼普蘭（Tonipuram）之神，此地擁有許多海灘」。他也被稱為「珊瑚色澤之神，居於坎努爾（Kanur）的芳香樹叢間」。[60]提魯拜耶魯（Tiruvaiyaru）的支流處，長腳白鷺甩羽之地，正是濕婆神之地：

居住在吉羅娑山與坎納帕爾
戴顱者的神廟，
手握三叉戟的騎牛者㉖
與提魯拜耶魯女神分享他的身軀
紅腳尖喙白沙鷺在此拍打羽毛
甩乾冷水
尋找獵物
在清澈河水的蜜糖樹叢間。[61]

旅人、作家、編輯與國王的印度

對於那些研究大批印度史詩與神話文獻的人來說，最難得的禮物，就是一個日期。《往世書》通常只能定年在幾個世紀區間。整體而言，這大批文獻含括的時間超過千年，而個別《往世書》的內容、教派重心、甚至名稱都有改變，擴大納入新的材料與附錄。但納入更大範疇的印度文學後，許多文本就有了更精確的日期，讓我們能夠比較清楚，地理知識是在印度漫長歷史中的那些階段誕生的。此處我們僅能粗略檢閱這批文本，即便如此，也足以讓我們一窺「何為印度？」這個問題曾經有過哪些答案。

首先，讓我們停在詩人迦梨陀娑生活的西元五世紀，當時是笈多帝國的顛峰時期。他可能住在中印度，今日稱為烏賈因的城市。他的劇作與長篇梵文詩作（kāvya），揭露了關於印度地理的廣泛知識，以及相關聯的神話陰影。例如，迦梨陀娑描述喜馬拉雅山：「在北方，擁有神魂的山神，名為喜馬拉雅，有如地球量尺般矗立，橫跨東西大洋。」[62]他談到喜馬拉雅山的特別神秘峰頂——吉羅娑山、曼達羅山（Mandara）與須彌山。他描述平原由山脈分隔，包含戈瓦爾丹納山（Govardhana）、溫迪亞山、納馬達河起源的阿瑪拉坎達卡山、羅摩流放時居住的奇特拉庫塔山，以及深南地區以涼風與檀香受到盛讚的馬拉亞山脈。[63]他所提及的河流，不只是北印度的諸多河流，還有南方的坦拉帕尼河（Tamraparnī）與卡韋里河。以羅摩氏族傳承故事為主的《羅怙世系》中，國王透過繞行印度海岸，來建立霸權，亦即典型的「征服四方」。在《雲使》（*Meghadūta*）當中，迦梨陀娑描述一朵雲，帶著被驅逐的年輕戀人要送給喜馬拉雅山中妻子的情書，進行一趟精采的空中之旅。他從空中鳥瞰印度大地，並對位於阿槃提之地的家鄉烏賈因，留下了一段美麗敘述，是雲朵北行之旅絕不會錯過之處：

當您來到阿槃提
此地村民都知道烏達亞納的故事

㉖ 戴顱者與騎牛者均指濕婆神。

您務必造訪
廣闊的王城烏賈因。
此城建造者必定來自天上
當其福報有失之際，帶著餘福
離開天上來此建造人間天堂。

此地的破曉微風
來自荷苞初開的錫普拉河
拂過城市
稻田群鳥尖聲婉轉
輕觸軀體
撫慰了夜晚之愛留在女士身上的疲累
彷彿技巧嫻熟的愛人，輕聲求著更多。[64]

迦梨陀娑的作品中，特別是《羅怙世系》，提到許多濕婆神的聖地，例如馬哈拉施特拉邦的三眼之主神廟，瓦拉納西的宇宙之主神廟，西海岸上的哥卡那，以及烏賈因的偉大時間之主神廟。[65]他也稱這些為「光之柱」。迦梨陀娑提到前往聖地朝聖的舉動，並明確指示我們，在他的時代中哪些是最有名的聖地，例如恆河與亞穆納河交會處的普拉耶格、索姆納特或普拉巴薩；西海岸上的哥卡那，位於今日拉賈斯坦平原上的普許卡。[66]這類朝聖之舉有什麼福報呢？詩人告訴我們，朝聖的福報之一，就是免於轉世再生或至少達到與神相等的境界。[67]

大約同一時間，從五世紀開始，來自中國的佛教旅人開始抵達印度，尋找文獻，並造訪佛陀行住教學之處。[68]一開始，大膽的法顯給了我們，西元五、六世紀笈多時代末期，關於這片大地、聖地與相關實踐的紀錄。中國旅人描述了一個三角形國家，北寬南窄，並繼續觀察到「人臉就跟國家的形狀一樣！」。[69]他記下這片土地上充滿佛陀存在與生命的各種細節。[70]跨越印度河進入西北印度後不久，他發現了佛陀足印。他寫下「傳言佛至北天竺，即到此國已。佛遺足跡於此。跡或長或短，在人心念，至今猶爾。及曬衣石、度惡龍處，亦悉現在」[71]。

繼續往前進入北印度平原，法顯最終來到伽耶附近的佛陀悟道之地。他寫下「從此東北行半由延，到一石窟。菩薩入中，西向結加趺坐，心念：『若我成道，當有神驗。』石壁上即有佛影現，長三尺許，今猶明亮」[72]。佛陀生平的強大事件與大地特徵之間，強烈又充滿想像力的關聯，實際上與神話土地之間廣受認同的連結相呼應。這一點成為印度教印度地景的特色，此地則轉由佛教主調帶出旋律。

法顯之後兩世紀，西元七世紀初戒日王（Harsha）統治期間，玄奘也從中國來到印度，並一路寫下見聞。到了六三〇年代，戒日王的首都設在曲女城（Kannauj），據傳玄奘在此住了七年多的時間。在他的旅行紀錄中，玄奘描述印度分為五區──「五天竺國」：分為北南東西中。[73]他在印度各處旅行，包含北印度神聖地圖上的重要地點──秣菟羅、俱盧、阿逾陀、瓦拉納西與烏賈因。他在那蘭陀（Nālandā）的佛教大學研習，也造訪了阿瑪拉瓦蒂（Amarāvatī）與阿姜塔（Ajanta）的佛教僧院，當時仍舊蓬勃興盛。他深入南印度，描述名為達羅毗荼的大片區域，以及位於坎契普蘭的首都；他注意到上萬名大乘佛教僧侶住在此地。他還造訪了更南方的馬杜賴，接著穿越今日的卡納塔卡邦北返。在卡納塔卡，他曾停留在敦加巴德拉河（Tungabhadrā）畔，北岸即是安納韋迪（Anagundi）㉗，後續在《羅摩衍那》篇章中，我們將再來探索這個地點。[74]他更沿著貢根海岸的西高止山前進。這些佛教旅行者的紀錄應該進行更深入的研究，因為它們展現了佛教徒走過的土地上，地理上的權力中心。即便是簡略的全觀，也讓我們注意到，一千四百年前，這片土地受到宗教結構的種種方式。

從七世紀玄奘見證戒日王時代的印度開始，到十一世紀阿富汗人第一次入侵印度，朝聖行動應該相當活躍廣泛。〈聖地讚歌〉仍舊處於編纂擴增的過程。雖然是以梵文書寫，但它們仍舊是印度教大眾朝聖實踐的文字廣告。十二世紀時，我們看到了後來成為重要儀式文類的首部「文摘」作品，從史詩文本與《往世書》當中擷取資訊，重新按照主題整理成讀者更容易親近的方式。第一位偉大的文摘作家是拉克西米達拉（Lakshmīdhara），他是生活在北印度加哈達瓦拉王朝（Gāhadavāla）的御用學者。他的文摘名為《儀軌許願樹》（*Krityakalpataru*），書名本身就指出儀軌（kritya）產生神奇福報，就像那些神話中的「許願樹」（kalpataru）。[75]

拉克西米達拉是加哈達瓦拉王朝的宰相，在十二世紀上半葉，從加哈達瓦拉王朝首都曲女城行使統治。曲女城是北印度的偉大城市之一，也是戒日王的首都。身為正法（dharma）的強大權威，拉克西米達拉開始整理《往世書》與史詩文本中與儀軌及責任相關的部分，形成主題性手冊，例如王的職責（rājadharma）、儀式性獻禮（dāna）㉘、生命過渡儀式（samskara）、誓言（vrata）、朝聖與死亡儀式（shrāddha）。這項努力幾可比擬那些試圖由聖經文學故事與評論，抽取出婚姻、財產權、祈禱、啟蒙、死亡及死後生命種種概要的聖經學者。拉克西米達拉編纂的朝聖文本則提出了令人振奮的基準，完整包含日期，讓我們能清楚得知他最熟悉的北印度區域中的重要聖地。例如他稱為濕婆神「不離」（Avimukta）的瓦拉納西城，正是拉克西米達拉最熟悉的地方。光在瓦拉納西的神聖範疇中，他就列舉了將近三百五十座神殿與聖地。加哈達瓦拉當代銘文點出瓦拉納西對加哈達瓦拉人的重要性，記錄下國王多次在偉大的恆河河階浸浴，接著是奉獻土地與金錢的儀式。此外，拉克西米達拉著作的部分章節，處理了在恆河與亞穆納河交匯處的普拉耶格進行浸浴儀式，以及在伽耶為死者進行死亡儀式的過程。他彙集對恆河及亞穆納河的讚歌；記錄下許多聖地，包含中印度的烏賈因，西印度的索姆納特與德瓦拉卡，以及北方的巴德里納特。拉克西米達拉談到的南方聖地並不多，後來的十四、十五世紀部分文摘作者也是類似情況。[76]然而透過這些文摘，我們可以對於十二到十七世紀當時，由學者編輯建立的神聖地景範疇有所認識。雖然《往世書》本身仍舊變動頗大，且提出許多難以精確定位的地方，文摘則對當時最重要的聖地開了一扇窗。

這些學者不只是編纂聖地的概要，他們更強調朝聖的內在意義。拉克西米達拉與其他文摘作者都從《摩訶婆羅多》中引述知名段落，談及「聖地的果報」與「心的聖地」。倘若朝聖者少了內在虔敬奉獻的心，儀式旅程本身也不會得到效果。事實上，真正的聖地是像耐心、慷慨與自制等美德。拉克西米達拉引用的朝聖理論，重視在朝聖過程中進行禁食、剃髮及死亡儀式，但他簡化了這些實踐，並列為選配。朝聖旅程中，碰觸他人不會帶來汙染。朝聖中，每天都是進行儀軌、浸浴或死亡儀式的吉祥日。對旅程來說，重要的是心靈純淨與虔誠意念，而非實踐的規則。[77]

拉克西米達拉是這批之中首位談及朝聖意義的學者，也是最重要的一位。到了十二世紀，《往世

㉗ 過去名為猴子森林（Kishkindha），今日位於卡納塔卡邦哥帕爾（Koppal）縣，相傳是《羅摩衍那》史詩中，協助羅摩的猴子王國所在。Kishkindha在當地語言中，即為猴子森林之意。

㉘ Dāna的另一層意義是婚禮，意即將女兒送出去。

書》已經充滿了朝聖讚歌，將聖地的福報捧上了天，可以洗清各種罪愆。然而朝聖旅程的內在意義卻需要新的核心。如同二十世紀中期，拉克西米達拉作品的編輯蘭格斯瓦米．艾楊格所說：

> 朝聖已成為常態，愈來愈受歡迎。它對國家社會的益處無庸置疑。在政治紛亂時代，諸多王國的邊界與根基皆不穩定，朝聖客流能在不受阻撓的情況下，遊走於印度的東南西北，協助實現了經濟與社會上的獨立，文化一統，促成某種政治合作的方式。特別在印度社會與宗教都受到外來種族與敵意信仰威脅的時候。讓朝聖淪為某種無腦、機械模式，只是為了給予受挫男女某種心靈止痛藥，這樣是不對的。朝聖繞行的概念必須被昇華，提升倫理與心靈的格局。[78]

拉克西米達拉讓自己肩負起這項任務——闡釋朝聖是正法全面觀的一部分，並詮釋朝聖的精神重要性。未來幾世紀中，拉克西米達拉所強調的朝聖彈性，將變得很重要，特別是在北印度多數地區裡，某些傳統印度教朝聖地點將受到穆斯林王國擴張而擠壓。

拉克西米達拉生活書寫的十二世紀，曲女城早已不復過往榮光，加哈達瓦拉人則將國家重心東遷到瓦拉納西。

興德及興都斯坦

突厥人與阿富汗人進入印度後，將王國延伸到北印度大部分區域，他們稱這片土地為「興德」（al-Hind），最後則演變成「興都斯坦」。從十一世紀開始，伊斯蘭擴張進入印度，為我們先前描述過的地理世界，帶來新的複雜現實。曲女城曾是所謂的「中國」（Madhyadesha）或者北印度核心地的脈動中心，恆河與亞穆納河都流經此地。十一世紀時，這裡曾是普羅帝訶羅帝國（Pratihāra）諸王的偉大首都，印度教生活與婆羅門知識學習的中心。西元一〇一八至一九年，這座也許是當時全印度最富庶的城市，遭到伽色尼的馬哈茂德（Mahmud of Ghazni）劫掠。他是中亞伽色尼帝國的首位強大統治者，以今日的阿富汗為根據地，對北印度發動入侵劫掠。

歷史學者安德烈・溫克（Andre Wink）研究了同時代的穆斯林歷史學家之後，堅稱這些入侵者「當然很熟悉印度教的神聖地理。他們輕鬆定位出主要宗教地點，並在十一世紀的前二十五年裡，系統性地逐一劫掠」[79]。清單上有位於北印度核心地的秣菟羅、烏賈因與瓦拉納西，還有古賈拉特海岸傳說中的索姆納特濕婆神廟，而曲女城自然也難逃此劫。那是個「很大型的城市，具有七座堡壘，共有一萬座『偶像之屋』，收藏了許多寶物」。位於恆河岸上，「國王與婆羅門遠道而來，尋求解脫，並依照先祖傳統進行祭祀。」[80]根據史學家，穆斯林軍隊花了一天時間奪下曲女城及此地財富。「『偶像』遭到摧毀；『不信者』、『日與火的信徒』四處逃竄，遭到穆斯林追擊，很多人遭到殺害。」[81]伽色尼的馬哈茂德帶走了劫掠的戰利品，卻未留在當地統治。無論如何，曲女城只留下斷垣殘壁。到了十二世紀上半葉拉克西米達拉的時代，曲女城在加哈達瓦拉國王治下，也許享受了一段某種穩定時光，卻未再現過往榮光。十二世紀的最後幾年，在德里蘇丹國開始的時代，曲女城又遭到庫特卜丁・艾巴克（Qutb-ud-Din Aibak）的軍隊征服。

從十一到十三世紀，神廟確實遭到摧毀。某些案例中，「可移動的財富」也被當成劫掠戰利品帶走。某些案例中，神像則遭到破壞或粉碎。部分被拉走，變成清真寺的門階，遭到「信神者足下踐踏」。如同溫克所寫，「明顯地，目標並不完全是全面性毀壞。去除這些神像的力量，將祂們從神聖脈絡中移除，才是關鍵。選擇性地任其衰敗，也許就足以達成這個目的。很難衡量此處的宗教信念有多深。早期穆斯林征服者在印度進行的偶像破壞行為中，恐懼是否扮演某種角色？這些神像遭到破壞、褻瀆或肢解，是因為祂們具有力量，還是缺乏力量？」[82]

理查．伊頓（Richard Eaton）則在他擲地有聲的經典論文〈神廟褻瀆與印度——穆斯林國家〉（Temple Desecration and Indo-Muslim States）中，提出重要警告。他問：「哪些神廟確實在印度的前現代歷史中，遭到褻瀆？」並在此主張，神廟褻瀆整體而言是為了政治目的，選擇性為之，「讓被擊敗的印度統治王室失去合法性，並將之連根拔起。」[83]因此，正是當地國王與特定地理位置及神廟群的關係，導致神廟變成目標。當然，許多神廟都跟王室庇護有直接關聯，伊頓記錄下每一處遭到破壞的情境，但他並不認為這是在破壞偶像神學大旗底下的宗教行動。[84]神廟與神像的破壞，不只是為了「去除這些神像的力量」，而是破壞王權庇護者的力量。此外，從伊頓與其他學者的研究中清楚可知，遭毀神廟的詳實記錄，經常都受到印度教徒與穆斯林的潤飾，各自有其目的。

跟摧毀神廟同樣具有重大意義，征服印度教王國的影響力卻更加深遠，打亂了整個神廟庇護、建設與修繕的過程。溫克也許有些誇大，然而他在興都史巨著中寫道：「倘若神廟未毀，神廟庇護未曾枯竭，十三世紀後北印度還能建起幾座偉大神廟。即使沒有轉宗影響，印度的神聖地理也遭到伊斯蘭征服連根拔起，新演化出來的印度——伊斯蘭政權以新的普世宗教之名，超越在神聖地理之上。」[85]對於印度教朝聖者增加的稅收，成為未來幾世紀裡持續未解的議題；然而我們知道，印度教朝聖者當然從未斷絕。神聖地理的意識不可能真的連根拔起。畢竟，在那些能被摧毀的神廟對象中，聖地只是次級建築。許多最重要的聖地，都不是王室庇護的雄偉神廟群，而是標誌地點、神聖渡口的普通神龕。這些都是不容易摧毀的地方——山頂、兩河交匯處、母牛不經意產奶卻發現了埋藏許久的濕婆神像之處。發現隱藏或失落已久的聖像的故事，也開始出現在聖顯故事行列之中。

神廟毀壞，印度神聖地景中以神廟為主的信仰遭到斷裂的幾個世紀裡，我們看到蘇菲虔敬信仰的精神開始創造出新的聖地網絡——烈士與聖人的墳墓（maqbara）與紀念墳塚。十三與十四世紀中，蘇菲派托缽僧、導師與歌者進入北印度，並且很實在地成為伊斯蘭信仰最重要的「傳教士」。部分精神上的共通性將蘇菲主義與印度教虔愛派（bhakti）信仰連結起來，讓伊斯蘭得以在印度推展開來。一般來說，蘇菲修行者就像虔愛派修行者（bhakta），強調奉獻與愛的內在生命，而非外在的儀軌實踐世界。部分在語言上更偏向禁慾，展現出某些古代《奧義書》追尋者的苦修方式；部分則渴望感受實踐更個人化的神。他們運用酒醉與愛慾語言，來表達與神聖關係的無邊無際與強烈。蘇菲修行者也具有多種樣貌；他們是神祕主義者、傳教士、苦修者與詩人。整體而言，他們是一群奉獻者，宗教精神不受任何教條桎梏。

印度最早的蘇菲修行者來自契斯提教團，契斯提聖人曾住過或過世之處，則成為知名的朝聖地。從十三世紀的德里蘇丹國開始，到十七世紀蒙兀兒帝國結束，王室對於蘇菲陵墓的庇護，在印度穆斯林統治者合法化的過程中，扮演重要角色，讓這些統治者同時兼具印度與伊斯蘭身分。[86]德里的尼贊姆丁・艾烏力亞（Nizamuddin Auliya）陵寢（一三二五年去世），一向被稱為「南亞地區最重要的契斯提陵墓」，許多世紀以來吸引了穆斯林與印度教信徒前往，即便今日仍舊如此。它所處的德里市區甚至以陵寢之名命名。[87]蒙兀兒帝國首位皇帝巴布爾（Babur），則在庫特卜丁・巴克提亞爾・卡其（Qutbuddin Bakhtiyar Kaki）的陵寢（一二三五年去世）前祈禱。這座位於德里郊外的陵寢，甘地也曾在遭到暗殺前造訪此地，作為團結象徵。今日巴克提亞爾・卡其陵寢的訪客日日絡繹不絕，懇求賜福，庇護健康與家庭，祈求心靈與物質福祉。陵寢周遭圍滿了希望能在聖人附近辭世者的墳墓。阿杰梅爾的蘇菲聖人穆伊努汀・契斯提的陵寢（一二三五年去世），則位在德里往返古賈拉特的貿易路線上，吸引了一般大眾朝聖及帝王眷顧。據傳阿克巴（Akbar）皇帝本人也十四度前往阿杰梅爾朝聖；有幾次還是徒步前往。穆伊努汀的逝世紀念日（Urs），仍舊是印度最受歡迎的朝聖行程之一。幾百輛巴士從德里與印度各處出發，上路前往阿杰梅爾，慶祝這個歡樂神聖的時刻。最近一次的逝世紀念日記錄到超過三十萬朝聖者共同與會。[88]

當巴克提亞爾・卡其與尼贊姆丁・艾烏力亞獲得宮廷的敬重，生活在德里蘇丹國統治下的第一個百年中，他們的伊斯蘭風格極可能受到當時代比較正統的伊斯蘭學者（ulema）批判。巴克提亞爾・卡其據說熱愛一種名為「沙瑪」（sama）的崇敬音樂，這種音樂卻受到學者鄙夷，因此據說他得偷偷聽。尼贊姆丁・艾烏力則是精神上的唯心信仰者，拒絕任何與王國及國王的正式關係，宣稱倘若國王來到前門，他將由後門離開。雖然國王的崇奉也許提高了這些陵寢的知名度，反之亦然：對陵寢的崇奉也提升了國王自身的受歡迎度。

我們很難對蘇菲神龕、聖人與烈士陵墓的多樣性與範疇，給出一般性的描述。它們的數量與範疇令人感到驚訝，多數都屬於當地，只有當地社區或城鎮知曉。那些聲名遠播者，都是因為它們具有療癒身心的驚人力量，撫慰人類處境的種種艱難。重要神龕之一，是位於印度中北部巴赫萊奇（Bahraich）的賽伊德・沙拉爾・馬蘇德蓋齊（Sayyid Salar Mas'ud Ghazi）的陵寢。此地位於勒克瑙（Lucknow）與費札巴德（Faizabad）之間，早在十六世紀蒙兀兒皇帝阿克巴的時代就聲名遠播。今日這位心靈為重的年輕戰士蓋齊米揚（Ghazi Miyan）的逝世紀念日，仍有上百萬朝聖者前來。根據某個故事版本，他希望成為和平締造者，卻被扯進戰爭之中，並於一〇三三年死在戰場上。他的逝世紀念日雖然吸引大批穆斯林朝聖者，另外兩個主要年度節慶——春集（Basant Mela）與逝瑟吒月集

（Jyeshth Mela）㉙的規模更大，吸引了許多印度教與穆斯林農民村人與會。[89]

從這個角度縱觀印度教印度的神聖地理，對我們來說，最重要的是理解這些陵寢如何成為穆斯林與印度教徒共同尋求降福之地。整個印度境內，陵寢組成了另一個留在記憶中的廣大神聖生命網絡。朝聖者群聚前往聖人的逝世紀念日。即便以印度教徒為主的城市如瓦拉納西，信徒也成群結隊前往市內各地數十個陵寢。這些陵寢也發展出許多印度教神廟的儀式語言。人們帶著花（多是玫瑰而非金盞花）、金線布料及各式各樣祭品。他們將金銀線綁在包圍陵寢的圍欄上，或附近的樹枝上。他們瞻仰了聖顏，帶著某種分享到的祭品（prasād）回家——穆斯林則改稱為聖人的「祝福」（barakah）。對許多印度教徒來說，無論是新近轉宗或部分轉宗或兩者皆非，這些布料鍍金覆蓋的聖人或烈士墳墓，是他們可以奉獻、立誓與祈禱之處。[90]某些印度教徒確實在祈禱獲得應許之時，轉宗變成穆斯林；學者也經常評論，這些神龕本身可能比聖人在世之時，擁有更強大的轉宗號召力。

我們當然也從同時代的資料來源得知，一如今日，過去幾世紀中印度教徒與穆斯林同樣造訪這些陵寢。例如，一位十八世紀史家寫到尼贊姆丁．艾烏力亞的門徒納西魯丁．奇拉葛（Nasiruddin Chirag）的神龕，「（下葬的）領袖不只是德里的明燈，更是整個國家的明燈。人們在此群聚，特別是週日。光明節（Diwali）的月份裡，全德里人都來到此處，好幾天都住在水池旁的帳篷裡。他們在此入浴，尋求慢性病解方。穆斯林與印度教徒有志一同。」[91]據說是納西魯丁留下的知名詩句之一寫道：「每個民族都有其正確的信仰之道與崇奉之所。」據傳他的門徒暨詩人阿米爾．庫斯勞（Amir

㉙ Basant Panchami是女神薩拉斯瓦提的生日，也象徵著春天即將到來，日期是落在印度曆二十七宿中的星宿摩伽（Magha）月份，從新月數來的第五天，通常會落在西曆的一月底二月初。逝瑟吒月通常會落在五到六月。

Khusrau）對上了下句，「我的神龕已經對準他帽邊翹簷的方向。」[92]這指的就是納西魯丁，那一天他歪歪斜斜地戴著帽子。更令人驚訝的是「方向」這個字，用的是「基卜拉」（qibla），通常指的是麥加的方向。然而在契斯提教團中，並未進行麥加朝聖。朝聖的重心就在此地，在興都斯坦。對某些人來說，基卜拉就是納西魯丁的神龕。

最終，這些自我認同為穆斯林的人，實則擁有不同本質，看到他們對印度土地的深刻牽絆是非常重要的。興都斯坦是家鄉（watan）。這裡的城市，許多都是由穆斯林朝代所建，這激起一股榮譽感、歸屬感、甚至是熱情。阿克巴並未將統治的興德大地，形容為部分北方帝國，而是一個整體，「興都斯坦大地，從坎達哈到南海，從坎巴義（Kambhayit）到孟加拉海，都由他號令。」[93]來自古代犍陀羅（Gandhara）的坎達哈，位於今日的阿富汗，當時被稱為「西北印度」；坎巴義則是阿拉伯海邊的坎貝港（Cambay）。蒙兀兒帝國統治北印度時對「興都斯坦」的定義，將造成長久影響，直到帝國不復存在之時，仍舊如此。

印度的穆斯林經驗不能被視為，印度穆斯林渴望建立一個以麥加為中心的泛穆斯林世界。反而應該如艾伊莎．賈拉爾所說：「穆斯林可以認同不以地域為基礎的伊斯蘭社群，卻又在特定地域為主的社群中擁有歸屬感，這表示空間既無限又有限。他們受到宗教影響的文化認同內部存在著如此辯證，也因此造成穆斯林與家鄉的關係中，存在著歷史的複雜性與深度。」[94]這包含了對家鄉城市的愛，例如德里、拉合爾與蘇拉特（Surat），以及對於陵寢之土的愛，甚至對於恆河水的愛。後來當穆罕默德．賓．圖格魯克（Muhammad bin Tughlaq）㉚將首都從德里遷到一千英里之外的道拉塔巴德（Daulatabad）時，也帶著恆河水一起南遷。

從地景到民族

「何為印度？」這個問題，是在漫長歷史背景及地方宗教性的多重層次中提出。英屬東印度公司統治了一世紀，一八五八年後，英國王室又統治將近一世紀中，許多人都同意斯特萊切的看法，「過去與現在，從未存在過一個印度。」至少直到英國人抵達之前是如此。也許他們會同意此舉，是為了方便帝國合法化。又或者是因為西方興起的「民族」概念，與印度現實並不相符。然而印度教徒與穆斯林在內的印度人，都有很清楚，他們擁有一個並不完全一致的「印度」概念。對印度穆斯林文化的繼承人來說，「興都斯坦」的概念在歷史中栩栩如生，存在至少六個世紀。[95]對那些身處所謂「印度教」鬆散大家族中的人，婆羅多的立體心靈地圖擁有長期積累的語言與儀式意義，有些甚至超過兩千五百年之久。

即便如此，從英國人的角度，基本上是次大陸最早的科學地圖製圖師，將「印度」給「放上地圖」的。最早廣泛流傳的地圖，是由孟加拉測繪局長詹姆士·蘭諾（James Rennell）在一七八二年製作出來的。一如馬修·艾德尼所說：「蘭諾的地圖為英國與歐洲大眾，提供了明確的印度形象。透過他深具影響力的地圖，我們發現印度成為一個具有意義，然而仍舊矛盾的地理實體。」[96]

隨著十九世紀末「矛盾的地理實體」緩慢朝著民族的方向移動，此地的歷史與概念也逐漸與西方

㉚ 一三二五至五一年在位的突厥裔德里蘇丹國蘇丹。任內將蘇丹國擴張到新近征服的印度南部，因此將首都遷到德干高原以南的德瓦吉里（Devagiri），改稱為道拉塔巴德。但因供水問題，兩年後又遷回德里。著名伊斯蘭旅行作家伊本·巴圖塔在他任內造訪印度。

的歷史概念交纏。近現代印度過往的政治詮釋者，主要關心的是民族主義在現代的興起，以及公民社會的概念；這兩者都源自歐洲歷史。始於一八八五年的印度國民大會，朝向獨立國家認同邁進的同時，擷取的是這些歐洲根源。拉賈．堪塔．雷寫道：「印度民族主義來自歐洲進口的公民社會概念。然而，在歐洲與其他地方，概念背後的情感來自漫長歷史；歷史與情感都根植於長久古老的文化。情感不但跟概念同樣強而有力，甚至更加強大，民族主義的歷史必然始於更早的史前文化。」[97] 對於本書開展的故事而言，這個「史前」包含了一種「歸屬」感，是許多世紀以來，由共有多元地景及共有多元的宗教性所創造出來的。許多世紀以來，將人連結到土地的情感，強到足以引領他們走上數百數千英里遠的朝聖旅程。

十九世紀末的辯喜上師（Swami Vivekananda），一八九三年甫由芝加哥世界宗教大會勝利歸國之際，前往印度的東南西北發表熱情的巡迴演說，宣講印度眾文化古老又持續的一致性。見證過物質主義的年輕美國，辯喜以各種古老靈性的傳統來描述印度：

> 我們共有的基礎之一，是我們神聖的傳統、我們的宗教……我們必須在此之上建設。在歐洲，政治概念形成國家統一。在亞洲，宗教概念形成國家統一。因此在宗教中團結，絕對是印度未來必須具備的首要條件。這片土地的東南西北必須認同單一宗教。[98]

差不多同一時間，馬哈拉施特拉人提拉克（B.G. Tilak）也承認即便印度有諸多差異，「印度社會中的共同要素，就是印度教徒意識（Hindutva）。此刻我不談穆斯林與基督徒，因為我們社會各地多數都是印度教徒。我們認為旁遮普、孟加拉、馬哈拉施特拉、特蘭葛納（Telengana）、達羅毗荼都是一樣的，原因就是印度教正法。」[99]他談到印度社會時，用到印度教徒意識這個詞，比薩瓦爾卡（V.D. Savarkar）闡述印度教國族主義早了二十年。民族脈絡中已經形成了印度教論述的典範，並將持續帶來爭議。

一九〇五年，殖民政府錯誤地將孟加拉分成兩個行政區，引起印度教徒與穆斯林在內的孟加拉人強力反彈。班金．強德拉．查特吉的知名頌歌《向您致敬，母親》捕捉了孟加拉作為「母親大地」的概念。他在一八七〇年代寫下這首詩歌，八一年納入小說《幸福的殿堂》（*Anandamath*）之中。這部小說催生了反抗與印度教復興主義。一九〇五年，《向您致敬，母親》成為反抗孟加拉分裂運動的進行曲，最終則成了影響更廣的印度民族主義運動進行曲。《向您致敬，母親》讓這些民族主義者找到了情感表達；在地理——文化——宗教語言中，面對斯特萊切「何為印度？」挑戰，他們找到了回應的答案。

向您致敬，母親
流水豐沛，果實累累
清涼又莊稼豐收
母親！
您的夜晚月光歡盈
千樹萬樹的花朵妝點您的大地，
帶來甜蜜笑語、陣陣歡聲，
母親，您是恩惠和幸福的賜予者。

七千萬嘶聲吶喊而震動
兩倍於七千萬的手舉起尖刀
母親，誰說您是軟弱的？
多重力量的掌握者
我向拯救者的您致敬
也向驅趕敵軍的您致敬
母親！

在許多方面，這兩段詩句可以聽見《阿闥婆吠陀》中偉大的〈大地讚歌〉的感覺，即便詩句中喚起母親意象，仍擁有某種普世性。然而下一段卻進而揭露了，母親的印度教獨特性不只是暗示而已：

您是知識，您是行為
您是我們的心、我們的靈魂
因為您是我們身體的生命
母親，在手臂中您是力量
在心中，母親您是愛與信仰
是每座殿堂中我們高舉的形象
您是手舉十種戰爭武器的杜爾迦女神

在蓮花間嬉戲的卡瑪拉
給予我們所有故事的言詞女神
向您致敬！
向您致敬，財富女神
純潔無匹
流水豐沛，果實累累
母親！
向您致敬，母親！
深黝光澤，坦誠公正
甜美笑顏，珠環玉繞
財富之主，富饒女神
母親！[100]

聽到辨喜與提拉克等人以多數族群的典範意識，試圖定義何為「民族」，並透過〈向您致敬，母親〉感性表述時，許多印度的穆斯林領袖無不心生顧慮。二十世紀第一個十年的同一段歲月中，這些穆斯林領袖也形成了穆斯林聯盟（Muslim League），確保在印度邁向自治的行動中，穆斯林不會消聲匿跡。「一九〇九年印度立法會法案」（Indian Councils Act of 1909）中首度成立立法會後，他們也成功地向英國請願區隔選民，並在立法會中享有保障席次。在追求自治行動與任何民主選舉制度中，穆斯林的參與基礎都極為困難；這項爭議持續延伸到印巴分治。一九一五年，印度教徒也發起自己的組織——印度教大齋會（Hindu Mahāsabha）。

查特吉強烈喚起的母親大地語言，在一九一一年帕爾（B.C. Pal）出版的《印度之魂》（*The Soul of India*）中更加擴大。他在書中召喚大地之母的力量，他說：「對於國家最高理想的愛與奉獻，就在於我們的大地之母概念……包裹著我們對國家概念的想像……並非詩意，而是根本上具有宗教性。我們不只稱呼國家為……母國，而是單純稱為母親。我不認識其他也這麼作的人。」[101]帕爾將這種母國的概念連接到印度教的「自然」（prakriti）概念，以及「神之母性」的概念。[102]他稱她為「複雜存在，既實存又靈性，兼具地理及社會性，正是我們稱呼的，並溫柔崇敬的，母親大地上的母親」[103]。

> 這位母親是印度之魂。我們的地理棲地只是母親的外層軀體。我們行走的大地不只是一片地質結構，而是母親的實存示現……這些山岳，這些河流，這些廣袤平原與高原，都是見證了我們種族的生命與愛。母親的生命與愛得以透過它們，得到不受阻攔且持續積累的表現。我們的歷史就是母親的神聖傳記。[104]

較諸許多現代歷史學者，只要更深入探究，不難發現帕爾的詮釋交織著儀式崇敬的線索。沙瓦爾卡在一九二三年首度出版的論文《印度教徒意識》（*Hindutva*）中捕捉並運用了這些線索。即便他使用的語言是「父親大地」，他也擷取了同樣的象徵資源。他稱「我們對共同的父親大地的愛」為印度教徒意識的首要成分。在何為印度教徒的定義名句中，他寫道：「認同這片從河到海的婆羅多大地，稱其為父親大地與聖地者，就是印度教徒。」這裡的「河」，指的是信都河，也就是印度河的古名。沙瓦爾卡吹噓稱「七河之地」（Saptasindhu）為印度最古老的名字，「召喚出整個母親大地意象」的稱號。[105]從信都到信都，意即從河流到河流，召喚出西方的印度河到東方的布拉馬普特拉河之間的半島；由於信都（Sindhu）一詞也有「海」的意思，這句話也召喚出從印度河到孟加拉灣之間的土地。

整體而言，沙瓦爾卡使用了「父親大地」的陽剛意象，但這種用法歷史上並不常見。他也責怪佛教的非暴力、寬容與僧院傳統，這種高貴卻弱化的傳統，將土地留給了入侵的穆斯林將領及崛起的伊斯蘭帝國。即便如此，他相信印度的力量與認同，來自於居住共同土地的意識；他稱之為「印度斯坦」（Hindusthan）。他寫下：

> 造成人民團結、力量與一致性的最核心要素，在於他們必須擁有內在強烈連結、外在清楚劃分的「居住地」，以及只要提及「名稱」就能喚起母親大地珍愛意象及摯愛過往的記憶。團結強大國家的兩項必須要素，我們都有幸擁有。我們的土地如此廣袤卻又緊密結合，清楚地跟他國區分開來，卻又如此根深柢固，世界上沒有任何其他國家更深受自然之指緊密刻劃，形成一個毫無疑義的地理單位。這正是印度斯坦或印度教等名稱指涉之處。它在心靈中首先召喚出來的影像，無疑地正是我們的母親大地；透過地理與物質形式，賦予鮮活存在的生氣。印度斯坦意指印度教徒之地，印度教徒意識的第一要件，必然就是這種地理要件。[106]

千萬別混淆了印度教徒意識（Hindutva）與印度教（Hinduism），這個詞在沙瓦爾卡跟我們的時代都同樣受到強烈爭議。他寫下，確實印度教徒意識「不是神學測試所能決定」。[107]重點在於「熱愛從信都到信都，從印度河到海洋的這片土地」[108]。沙瓦爾卡並不是指所有朝聖，因為他對儀式表現與大眾宗教並沒有興趣。沙瓦爾卡的印度教徒意識並非建築在無數印度教徒透過朝聖旅程，前往地方、區域及跨區域性地點之上。他並未點名這些地方，甚至從未提及。我們或許可以確定他未曾造訪這些地方，然而，他並未使用可追溯至吠陀經典的原初語言來論述這片地景。他的想法更趨近政治性，而非詩意；更在於修辭，而非儀式；更訴諸共同認同的語言，而非宗教實踐的實際情況。

在印度教徒意識中，他將大地描述成一個活生生的有機體。她的河水流動仿似穿梭大地的「神經線路系統」。大地的血管中，流竄著「共同血液」。從「血管到血管，心臟到心臟」，活生生的婆羅多有機體是躍動的，仿佛賦予生命、給予力量的母親。她的「脊椎核心」是「印度教徒意識」這個字。[109]在總結篇章中，沙瓦爾卡以激越的言詞談及母親大地，令人想起《阿闥婆吠陀》的〈大地讚歌〉：

> 她的花園綠蔭蓊鬱，她的穀倉豐盈，她的流水清澈晶瑩，她的花朵芬芳，她的果實汁液飽滿，她的香草療癒。她的灌木叢沉浸在黎明色彩中，她的笛聲迴盪著戈庫爾的樂音。興德確實是飽受眷顧的神之女。[110]

沙瓦爾卡是某種無神論者，因此這首讚詞也不是以提毗女神的崛起與屠殺阿修羅的故事為本，而是更偏向以大地為主的吠陀讚美詩。雖然是有機的想像，卻也帶著浪漫語調。在《印度教徒意識》出版後的年代裡，沙瓦爾卡在論述神之女——印度教徒之國（Hindu Rāshtra）時，排他性愈來愈強；這個詞語包含的已不只地理，還有文化（samskriti）。這是個印度穆斯林已無法真正參與的國家。沙瓦爾卡的思想論述在後續年代中發酵，因此有了國民志願服務團（Rāshtriya Swayamsevak Sangh，簡稱RSS）與其他印度教國族主義者的茁壯。這些惡意甚至帶有攻擊性印度教國族主義已有完整學術討論。然而，即便沙瓦爾卡與今日作為國家認同的印度教國族主義發展關係緊密，持平而論，他也不過是十九、二十世紀中，以各種方式回應「何為印度？」問題的一長串作家、導師與運動者之一。

婆羅多母親

瓦拉納西城中，有座相對晚近興建的神廟，稱為婆羅多母親（Bhārat Mātā）神廟。這座廟宇建於一九三六年，當時族群衝突開始嚴肅影響印度獨立運動。落成之時，甘地的演講直接訴諸愈來愈嚴重的衝突，他說：「我希望這座廟宇，能夠成為不同宗教、種姓與教派的普世平台，包含神之子（Harijan）㉛在內。能夠有助於在國內推動宗教團結、和平與愛。」[111]神廟內建有一處內聖壇，包含一間廣室，由繞行步道圍繞。房間中並沒有一般神像，而是一幅巨大的大理石浮雕印度地圖，上有河川山嶽，以及印度教朝聖者熟悉的各個聖地。沿著地圖進行順時鐘繞行禮讚，某個程度上，就是對印度四方神居進行繞行朝聖。朝聖旅客對印度母親地圖投擲奉獻鮮豔的金盞花。雖然對「神像」奉獻鮮花素果之事是受到勸阻的，但他們帶來的花圈也無處可去。地圖上南方海岸的拉梅許瓦拉前堆起一座特別巨大的金盞花山，朝向斯里蘭卡延伸。此地甚受歡迎，也許是因為朝聖者崇拜在此設立濕婆神林伽的羅摩；又或者是他們了解到，這是四方神居中最遙遠的一座，很可能無法親自造訪。

這座大型大理石地圖稱不上甘地期待的「普世平台」。基本上造訪的都是旅行團，印度教朝聖者相對少數。即便此地在觀光朝聖手冊及迦屍朝聖「地圖」中都掙得一席之地，卻未能吸引瓦拉納西蓬

㉛ 亦即傳統種姓制度中在種姓制度之外的人，「神之子」是甘地給他們的稱呼，族群則自稱為達利（Dalit），過去亦有譯為賤民。

勃的朝聖人流，也許是因為此地沒有聖像。到這座寺廟走走，觀看恆河與亞穆納河穿越山脈，卡韋里河流經南印度，確實是某種教育活動，卻少了一分儀式重量。大理石地圖本身很難自成一格，因為人並不會崇拜地圖。反而像是蘇馬提・拉瑪斯瓦米（Sumati Ramaswamy）所形容的，「印度母親的擬人形式與印度的地圖形式之間的濃烈關係」，強力進入了國家象徵的辭彙庫中。[112]此地缺乏擬人形式，反倒是神廟一角的明信片、小冊與書籍展示區旁，掛了一幅絲毫沒有普世感的大型畫像，提供了信徒渴望的形象：騎在獅子上的杜爾迦女神，衝出印度地圖之勢，正是印度教國族主義的標誌圖像。

一九八三年，另一座婆羅多母親神廟在聖城哈德瓦爾揭幕，這座神廟更加繁複，同時也更具有儀式影響性。哈德瓦爾是恆河離開喜馬拉雅山，進入北印度平原之處。七層樓的白色大理石神廟，是某種宗教文化博物館，絲毫沒有任何普世性，徹頭徹尾的印度教風格。其中一層樓奉祀國家英雄，從甘地到蘇巴斯・強德拉・波西（Subhas Chandra Bose）㉜；另一層則供奉稱為「薩提」（satī）的虔誠婦女；再一層則向聖人（sant）致敬，包含隱修士及以崇奉詩歌聞名的詩人。第五樓包含不同莎克緹女神（shakti）的聖像；六樓則供奉毗濕奴神及諸多化身。頂樓奉祀濕婆神像，並以濕婆神居住的吉羅娑山為名。然而地面層卻是供奉婆羅多母親，此地以地圖與白色大理石像的方式來表現。這種連結在瓦拉納西的神廟中雖然隱約可見，卻未實像化，此地在神廟入口處就昭然若揭。地圖上，許多小光點縱貫交錯的網絡，點出連結整片印度大地的聖地組合：包含七聖河、四方神居、七聖城、十二光柱、許多女神寶座，甚至還有世俗印度的邦省首府。印度母親的聖像立在地圖上，一手握一罈水，另一手持穀物。她的頭上刻著「向您致敬，印度母親」，令人想起查特吉的讚美詩。

哈德瓦爾神廟將地圖的象徵性，延伸到女神的瞻仰上。拉馬斯瓦米所形容的，印度既地理科學又擬人神聖的組合，在二十世紀的造像中益發受到歡迎，以強而有力的方式，「讓國家透過圖像鮮活了起來」。[113]難怪新印度教國族主義會採用地圖與提毗女神的雙重形象，運動中多管齊下，公開將宗教圖像運用在政治脈絡中。例如，我們可以在新德里的世界印度教徒組織總部中，在軀體——地圖的浮雕上，看到杜爾迦女神騎著獅子從地圖上浮現。也可以在國民志願服務團贊助活動的海報上看到這類圖像，還輔有文字說明：

> 我是印度。印度國家就是我的軀體。卡尼亞庫瑪莉是我的腳，喜馬拉雅山是我的頭。恆河從我的大腿上流過。我的左腳是科羅曼多（Coromandel）海岸、右腳是馬拉巴爾（Malabar）海岸㉝。我是這整片大地。東方與西方是我的臂膀。我的形象多麼美麗！當我行走時，感受到整個印度隨我移動。當我言說時，印度隨我開口。我是印度。我是真理。我是真神。我就是美。[114]

㉜馬拉巴爾（馬拉雅拉姆語：മലബാർ）是南印度的一個地區，居於西高止山脈與阿拉伯海之間。通常認為「馬拉巴爾」的名稱起源自馬拉雅拉姆語單詞「Mala」（山）與波斯語單詞「Bar」（王國）。印度的這個地區曾是當年不列顛東印度公司控制的馬德拉斯邦的一部分，當時它被劃分為馬拉巴爾區。馬拉巴爾地區覆蓋了今喀拉拉邦的北半部，以及卡納塔克邦的部分沿海地區。有時會用「馬拉巴爾」來泛指印度半島的整個西南海岸，稱作馬拉巴爾海岸。生態學家們也使用「馬拉巴爾」一詞來表示印度西南（今喀拉拉邦）的熱帶雨林。

㉝一八九七至一九四五年，生於奧利薩，曾參與甘地不合作運動，並擔任印度國大黨主席，但因左翼思想而選擇脫離自立。二戰爆發後，由於厭恨英美殖民國，遂投向德國陣營，組成印度國民軍。一九四三年受日本邀請回到亞洲，前往新加坡接收馬來亞戰役中投降的印度兵，組織自由印度臨時政府，試圖聯日抗英。四五年日本投降後，波西帶著東南亞印度人的捐款飛抵台北，打算由此前往大連。飛機從台北起飛時卻失控墜毀，重傷的波西最後逝於台北。遺體火化後，曾在西本願寺舉行法會，後轉往東京奉祀。波西雖與軸心國合作，但仍是印度獨立運動重要推手，今日印度國會議事堂中，仍有他與甘地、尼赫魯三幅肖像並列。

再讀〈大地讚歌〉

然而一種更寬闊的版本，似乎掩蓋在二十世紀末新印度教國族主義之下。二十世紀初的民族主義者經常引述知名的《阿闥婆吠陀》〈大地讚歌〉，我們的討論也是由此展開；這首讚歌可以追溯至西元前一千年、甚或兩千年。[115]先前已經提到，即便沙瓦爾卡似乎也運用此一意象。然而〈大地讚歌〉明顯非關民族國家，而是視整個大地為母親的寬闊概念。古代詩人寫下「大地為母，我是大地之子」。歌中讚頌的是起於神聖的寬廣大地，並尋求大地的祝福。這是一種普世意象，也是影響了印度想像的意象：

向眾神獻上祭祀與莊重祭品的大地上，
人類安居滋養的大地
願其隨自然規律而蓬勃——
願偉大大地賜我生命氣息，
令我等終老天年。（22）

請將那芬芳馥郁注入我身，
喔　母親大地，來自於您
您的植被流水，那甜美芳香
來自所有天仙

並令所有敵人不得為惡！（23）

寬闊展望，如我眼
所見，喔　大地，在日頭的溫和協助下
如此廣闊，願眼前所見永不消逝
在未來漫長的年代中！（33）

無論何時在您身上休息，喔　大地，
無論躺在右側或左側，
或者，平躺延伸，
溫柔待我，大地！您是眾生的臥榻！（34）

有時，這首讚歌似乎預示了關懷大地的重要性，也難怪會受到現代印度環保運動引用：

無論從您掘出何物，喔　大地，
願您能快速再度充盈！
喔　純淨者，願我的插刺永遠不會
擊中您的活力之處，您的心臟！（35）

您的循環季節，夜以繼日
您的夏日，喔　大地，您的潑雨，我們的秋日
您的寒冬與霜凍季節讓位給春季——
願所有季節為我們產出豐盛乳汁！（36）

讚歌似乎也承認不同人群居住在大地上的不同方式：

願養育人類的大地，每個不同族群
維持自有慣習與語言，
請為我產出千條珍寶之流
如同從未拒絕的溫順乳牛。（45）
在村莊或森林，在所有地方
人遇見人之處，市集或廣場，
願我們總是口吐令您歡愉之語！（56）

印度教文化學者阿格拉瓦爾（V.S. Agrawal）提到〈大地之歌〉時，他說：「我們對於母親大地的概念包含了全世界。」[116]即便想像近三千年前這首讚歌譜寫時的情況，似乎也是如此。依阿格拉瓦爾所言，在印度，這首偉大讚歌仍足以驅動平凡男女「視這片大地為神聖」。他繼續說道：「印度的宗教領袖透過在印度的東南西北各處散布聖地，藉以宣傳母親大地神聖化的教理。」[117]根據阿格拉瓦

爾，吠陀經典這類古代文學從宗教角度談起七聖河，史詩與《往世書》將印度的聖地系統化整理成七聖城、十二光明柱以及無數女神寶座，就足以證明「這個國家的早期住民對於土地的地理一統性，有知覺也有意識，並將這片土地視為己有」[118]。

拉達庫姆・穆克吉在一九二一年寫下《印度教文化中的民族主義》（*Nationalism in Hindu Culture*），也承認讚歌同時擁有普世性與獨特性情感。在他的觀點中，〈大地讚歌〉「讓出生地對人產生一股熱情吸引力」。[119]對印度來說，正是透過朝聖實踐，對土地的熱情得以發揚光大。以讚歌為基礎，穆克吉認為印度人種、語言與慣習的多樣性是一種祝福「國力的根源」。然而民族主義並非終極目標；而是「世界諸多不同人群邁向普世主義、國際主義過程的初步階段，那是一種普世兄弟情誼，人類的基本團結，導向世界聯邦或人類議會。」[120]

過去一世紀中，許多印度最前衛思考的思想家都曾與民族主義的問題奮戰不休。這段時間內，帶有惡意的新民族主義形式開始浮現，以令人恐懼的種族、宗教、意識形態或土地本身的排外性作為基礎。地理崇敬經常演變成地理崇拜。一九一七年，泰戈爾（Rabindranāth Tagore）在長篇論文《民族主義》（*Nationalism*）中，認為印度的任務在於溝通「各種差異的社會規範；這是一方面，另一方面又要在精神上承認統一」[121]。當他思考未來的獨立印度時，他相信，印度必須不計代價避免競爭性、消耗性且毀滅性的民族國家形式，這種民族國家在一次世界大戰之後造成許多毀滅。由於印度本身擁有極大多樣性，他相信印度必須找到「非政治性的統一基礎」。在泰戈爾的想法裡，正是透過解決這個問題的過程，印度可以對世界的重大議題有所貢獻。他預先看見了一個時代，屆時地理疆界將變成幾乎只存於想像，我們的倫理「將能理解整體人類世界，而非只是部分民族團體而已」。[122]今日，即便全球化已經讓「整體世界」真確無比，泰戈爾理想中那個超越民族的道德世界仍舊遙遠。

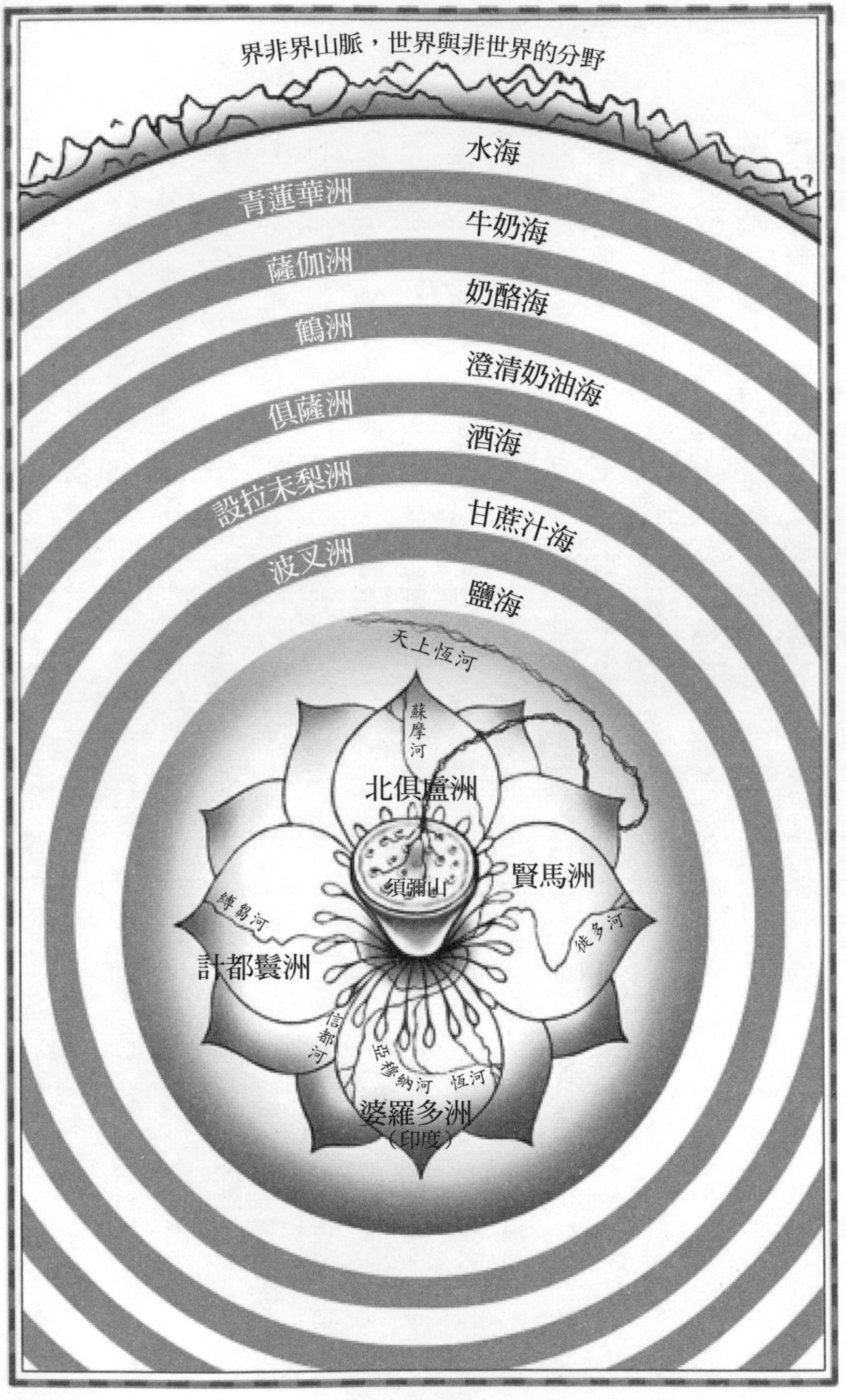

南贍部洲：世界蓮花中的印度

第三章 南瞻部洲：世界蓮花中的印度

史詩《摩訶婆羅多》中，當俱盧大戰即將開打時，持國王（Dhritarāshtra）從許多凶兆中得知，這場戰鬥將讓大地血流成河，並且開啟爭鬥時代——黑暗墮落的時代，也是世界的第四個時代。這場戰鬥是交惡的堂兄弟雙方展開的家族爭端：一邊是高貴的般度兄弟，他們是持國王的姪子，受到詐欺，從自己應有的王國中遭到流放；另一邊卻是國王的兒子，自以為是的俱盧（Kaurava）兄弟，群起對抗般度兄弟。我們可以想像愁懷滿盈的老國王，帶著侍從，從山丘頂端遠看戰場。他的父親古代賢者廣博仙人（Vyāsa）願意將自己的視力借給他，讓他可以看見戰役。然而持國王卻不想用自己的眼睛看見屠戮，因此廣博仙人便將全景視力借給他的吟遊詩人全勝（Sanjaya），後者會日夜將戰場上發生的事，回報給老國王。接著廣博仙人告訴他們自己看見的跡象與惡兆，他們心中充滿了恐懼及不祥的預感。日間滿天煙塵；夜間，則是血雨交加。牛生出騾；馬生出小牛犢。一隻僅有單翅、單腿、單眼的鳥，尖聲飛過天際。河川倒流，河水轉為血紅。[1]

看到戰場兩側滿是王國的統治者與軍隊，持國王要求全勝告訴他，這些人從何而來，哪些區域跟哪些城市；他要求詩人轉述那些河流山脈、那些區域與居民的故事。[2]一場災難性大戰的前夕，這是動人的場景。這將是勝者也毫無勝算的一場戰爭。在這不祥的空間中，終局即將展開，詩人全勝將宇宙的秩序描述給持國王聽。他的描述被稱為「宇宙地圖」（bhuvana kosha）。

全勝一開始為國王描述了整個世界的構造，還有世界之中一處稱為婆羅多的地方和當地人民。他在這裡描述了一個環狀世界，稱為善見（Sudarshana），其中有六條由東向西延伸的山脈，分隔出七個大地區域（varsha）。最南方是婆羅多區（Bhāratavarsha），形狀「就像一只碗」，貼著環狀的弧形底部。婆羅多大地中央是須彌山，這座金山由天上的恆河水灌溉，恆河流淌到山頂上，成為七股河流，流往七個區域。全勝描述有四塊大陸或島嶼（dvīpa），在須彌山的四個方向，每塊大陸都有朱翠鑲飾的頂峰與神奇許願樹。南方大陸稱為瞻部洲（Jambudvīpa），亦即蒲桃島（Rose Apple Island）。此島以瞻部樹（jambu）為名，這種山坡上的樹可以長得非常高。[3]

最後他講到這塊稱為婆羅多的土地，許多軍隊已經劍拔弩張準備一戰。國王問全勝，「跟我講講這片土地、那些國王，特別是難敵（Duryodhana），他如此渴望，甚至到了不惜一戰的程度。」現在，描述過須彌山麓上那些寶飾峰頂後，全勝繼續點出婆羅多的七座偉大山脈，他一一點出虛擬的湍急河流，共有一百六十條，如何流下山巔。最後，他點出婆羅多的氏族與人種——可怕大戰前夕聚集在此地的人。全勝描述了一個知名的世界，在即將經歷的災難之前，再次喚起這幅景象。

在史詩的這個段落與其他片段中，《摩訶婆羅多》版的婆羅多大地，很明顯地是從橫越北方的喜馬拉雅山，到南方半島脊梁骨的馬拉亞山脈，最後落入卡尼亞庫瑪莉的大海。這片土地從西高止山脈的薩希亞德里山（Sahyādri），延伸到東高止山脈的摩亨德拉山。它包括的不只是北印度與德干高原上的偉大河流，包括恆河、信都河、納馬達河與高達瓦里河，還有南方的卡韋里河與坦拉帕尼河。這裡也像我們在《摩訶婆羅多》的朝聖章節中看到的，詩人們肯定對北方比較熟悉。但無疑的是，「婆羅多」一詞已經指向整片印度次大陸。

「世界地圖」的描述，以大致類似的方式，不只出現在《摩訶婆羅多》中，也可以在多數《往世書》中找到。我們將看到，這些描述包含許多看來極為天馬行空的宇宙想像要素，例如寶飾頂峰、守衛大象、牛奶與甘蔗汁海等，然而這批描述也幾乎無縫接軌地進入了比較傳統的印度地景描述之中。通常，在這些世界地圖描述之後，會跟著對不同聖地進行禮讚。但對於我們思考印度「神聖地理學」來說，最驚人也最相關的一點，莫過於它們組成了一個高度系統化的世界觀。整個廣大寰宇，即便是最浮誇神祕的面向，它的模式與體系，七山七海的組合，都點出了印度地景被理解的方式。另外很重要的一點是：此處所想像的宇宙是個有機體，活生生的整體，從神聖軀體本身而迸出。這一點也許可以協助我們理解，為何這片大地上的許多地方，會對長期追尋的朝聖者激起如此多層次的回響。

有機宇宙觀：金胎、原身與蓮花世界

若要想像或活出一個世界，就要從「地圖」開始，這些地圖比起製圖師的地圖，還要更深刻銘印在生命之中。它們包含了對家跟相關熟悉地點的深刻感受，也包含了對於遙遠與陌生的感受。測繪已知世界，總是會連帶包含邊際上的未知境地，那是在想像中可能會被視為陰影恐怖的不明之地，或者金光閃耀之地。長期以來就很熟悉印度地理的印度教徒，並不以次大陸上的知識為滿，他們也不認為自己的土地是整個宇宙的中心或核心地。在這一點上，《往世書》中所見到的印度教地理思想，對於婆羅多在更大事物脈絡中的地位，一直都有些保守低調。他們將大地視為一朵蓮花，這個已知世界——印度，不過是大地的其中一片花瓣。印度教宇宙觀將想像力伸出印度，到蓮花的其他花瓣上——中國、北亞、西亞，甚至超越我們的蓮花世界，進入其他世界，它們像池塘漣漪一樣圍繞著我們身處的這個世界。這些漣漪以愈來愈大的環形向外擴張，直到無限盡頭。

整個宇宙是由七個同心圓島嶼及環狀海所組成，天界在上，冥界在下。古代人稱呼這一切為梵卵（Brahmānda）。這個世界最遙遠的界線，被無限遠的界非界（Lokāloka）山脈包圍，出了界非界，就沒有光。倘若能夠抵達，更遠之處就是蛋殼。因此這個宇宙，包含了所有心智可以理解與想像的事物，甚至是思想的外在界線，形成一個封閉環境系統，是有機的整體。

「梵卵」這個字經常在梵文與印地文中被譯為「宇宙」，這個詞喚起對於創造的獨特理解，宇宙圍繞著創造，從蛋或種子中演化出來，就像一具活生生之物。「金胎」（hiranyagarbha）是印度宇宙論神話中最重要的且不斷重複出現的主題之一。「garbha」這個字指的不只是蛋，而是胚胎、種子、胚芽與子宮。這是創造的產生來源。最廣義來說，所有特定生命形式——人類、動物與植物——開始都從garbha中出現。因此整個宇宙也是從這個熱、火與能源的核心中誕生。如同《梨俱吠陀》的宇宙起源論詩歌所說：

金胎在開始中升起。
他誕生了，一切之主。[4]

另一首《阿闥婆吠陀》的詩歌，則喚起位於創造之水上的胚胎意象：

一開始產生後代，

水讓一顆胚胎成形；
當它躍然而生時，
仍披著一層金。5

金胎或胚胎的意象經常出現在古代吠陀詩歌中。目前為止，金胎並沒有太多故事可以講，卻是個強大的象徵意象：一個有機整體的孵化與分裂，所有創造內涵都由此流洩而出。從《百道梵書》（*Shatapatha Brāhmana*）裡，這個原初象徵開始產生故事。那是一則神話：原初之水在禁慾苦行中陣痛，有股創造的欲望。它們產生了一顆蛋（anda），孵了一年之後化育，從中生出一位創造神，稱為生主（Prajāpati）。後來他以語言創造了大地、空界與天界，創造了日與夜，以向上呼吸創造了神祇，向下呼吸則生出反神祇阿修羅（Asura）。6

這個獨一無縫的蛋中，含有所有創造內涵。蛋的內涵和宇宙架構之間如何溝通，則是《梵書》與《奧義書》廣泛探索的內容。例如《歌者奧義書》（*Chandogya Upanishad*）中有一段簡潔扼要的段落，說明蛋的微觀世界跟宇宙宏觀世界之間的溝通線，是如何聯繫起來的：

一開始這個世界是非存有。
它存在了，發展了，變成一顆蛋。
置放了一年。它裂開來。
兩片蛋殼之一變成銀；另一片則成金。
銀片成為大地。

金片則成為天空。
外膜成為山脈。
內膜成為雲霧。
血管成為河流。
內部液體則成為海洋。[7]

胚胎或蛋一樣的軀體，也成為創世與創造的原初象徵。他們說，帶著多樣性與有機整體性的世界，就像人類的身軀。最知名的肉體創世神話，就是《梨俱吠陀》第九十頌所說的「原人」（Purusha）分割。在頌歌裡，原人是眾神在祭祀中供奉的祭品。從這個宇宙存有中，生出時間與季節；從他的不同部位生出吠陀經典；馬、牛、山羊、綿羊也由此而生；此外還生出社會秩序：從頭生出婆羅門，手臂生出剎帝利，大腿生出吠舍（Vaishya），腳生出首陀羅（shudra）；月亮由心智中生出；眼睛則成為太陽；口中吐出因陀羅與阿耆尼神；呼吸則生出風神瓦尤。基本上，整個宇宙由原人身體形成，也加入他的身體。但是這個原人是誰、到底是什麼？從最廣的定義來說，原人就是存有（Being）自身，而不只是一個存在（a being）。這首頌歌中，我們得知原人只有四分之一的部分展現成已知的宇宙各處。因此他們說，另外四分之三超越了人類眼界。

《他氏奧義書》（*Aitareya Upanishad*）則清楚說明，蛋與原人身體之間在象徵上的相似之處，如何展現在創造之中。因為此處的「我」（atman）收集了原初之水，形塑出原人，並且「就像一顆蛋（anda）」，對原人進行孵化。整體關聯就此交織產生，透過延伸人體，將創造的種子與創造的元素連結起來：

從那像蛋一樣被孵化的原人身上，
張開了口。從口中生出言語；從言語，生出火。
鼻孔歙張。從孔中生出呼吸；從呼吸，生出風。
眼睛張開。從眼中生出視覺；從視覺，生出日。
耳朵張開。從耳中生出聽覺；從聽覺，生出天際四方。
生出皮膚。從皮膚生出毛髮；從毛髮，生出植物與樹。
生出心臟。從心臟生出心智；從心智，生出月。
生出胸膛。從胸膛生出吐息；從吐息，生出死亡。
生出陽具。從陽具生出精液；從精液，生出水。[8]

後來的《往世書》神話中，充滿生命可能與多樣性的金胎，也以毗濕奴神的軀體形象出現，漂浮在廣闊水面上，在稱為「劫滅」（pralaya）的宇宙潰解階段中，將宇宙整體收縮進他的體內。當新創造即將開展之際，一朵蓮花由沉睡的毗濕奴神胸膛升起。它的莖幹直立；花朵緊閉，就像蛋一樣，包含著創造的所有潛能。當蓮花綻放，其中端坐著創造者梵天，預備要形塑宇宙的細節。[9]一切存在將被展現在這個核心——內在世界的創造之中。

在《往世書》中，我們發現賢者摩根德耶（Mārkandeya）的動人故事。世紀與世紀之間的劫滅之時，毗濕奴神沉睡中，摩根德耶走進沉睡之神緊縮的內在宇宙裡，拜訪內含的所有山脈、河流與聖地。他並不知道自己身在神身之中，直到有一天，他從毗濕奴神口中掉到廣大海裡。摩根德耶驚嚇地發現，自己從原以為的世界掉了出來。在原初之海裡，他面臨難以想像的廣闊無邊。另一種對於真實的觀點，令他無所適從，因此當他被毗濕奴神再次抓起吞下，發現自己再度進入他熟知的「真實」世界時，他鬆了一口氣。許多年後，他再度掉出毗濕奴神的嘴巴，回想起遭逢過的難以想像之廣闊，才讓他醒覺這廣大的真實。[10]

想像生命與形式世界從無形深水中浮現時，印度教徒將此想像成金胎或毗濕奴神的躺臥身軀。而蓮花作為創造者寶座、創造開始的發生之處，也是如此自然。畢竟，蓮花也是從水下深處的泥濘升起，在水面上漂浮綻放。任何見過池塘盛開蓮花的人，不難理解這種自然形態為何符合印度教徒的想像。蓮花被視為創造之水上首先出現的生命形態。我們知道梵天由蓮花花苞出現，展開創造工作。然而我們必須記得，這個觀點中的創造者梵天，並非任何意義下的最高真實，而僅僅是創造過程中的工具。

在印度教徒的觀點裡，「創造」用的是「srishthi」這個字，意指宇宙由源頭「湧出」。如同複雜的植物或樹的成長，是從簡單的單一種子迸發發展而成，又像複雜生物由一枚胚胎茁壯而成，因此這整個多元宇宙也是從金胎、原人或神性軀體本身湧出，沒有在這些之外的神祇創造這一切。事實上，所有存在的一切、思想能及的一切，都在梵卵的單

毗濕奴神躺在無限大蛇身上，西元六世紀迪歐格爾（Deogarh）。

一系統整體之中。我們可以說，一切都是從整體肉軀（有些人稱之為神）湧出之物的展現。

宇宙作為一個系統化的整體，是印度教想像的根本。不論是蛋、種子或身軀，這些都是重要的原初象徵，它們的系統都是完整的。什麼都不缺，什麼都不會被落下。整個宇宙是個廣大的生態系，其中的主要生命過程就是噴出、湧出、成長、繁盛、死亡、枯萎、退縮成種子形式，再重回生命。這個系統整體中，所有事物都是活生生而相互關聯的。關於這個有機宇宙，德國學者貝蒂・海曼（Betty Heimann）曾寫下「一切都不是孤立的存在。一切都在超越立即存在的更廣闊時空中發生回響」[11]。這些「回響」與內涵代表意義系統網絡中的一切都是象徵。以米爾恰・伊利亞德（Mircea Eliade）的話來說，象徵揭露出人類（或凡俗）與宇宙之間的連續性。他寫下「宗教象徵能夠揭露出立即經驗層次中並不明顯的真實模式或者世界架構」[12]。象徵打開了宇宙中相互嵌合的意義。它們「揭露出架構一體的多重意義」[13]。在印度，象徵揭露出來的意義一體性，就像身軀或活植物的內在一體性：一個具有動力的體系、相互關聯的整體，其中的每個部分都能產生象徵性回應。

瞻部洲與包圍的環狀島嶼

史詩與《往世書》中大致同意，梵卵，也就是這整個宇宙，包含七座島嶼。[14]在這個宇宙的中心，是我們的圓形或蓮花形島嶼，稱為瞻部洲，又稱蒲桃島，以特殊的樹種瞻部或蒲桃為名。我們可以稱瞻部洲為「世界」——至少是印度觀點中的世界。婆羅多或印度，是這座蓮花島的南方花辦。有時候瞻部洲也特別被用來指這枚南方花瓣，或成為婆羅多本身的古名。無論無何，這片蓮花形大陸的中心是須彌山。圍繞著瞻部洲六座其他「島嶼」，它們全都是環形，並由環狀的奇異水域分隔開來。

這是個驚人的宇宙觀。我們人居的小小蓮花島漂浮在廣袤的宇宙之中。對人類的想像來說，這似乎再自然也不過。這個觀點令人注目的是，在已知世界視野之外的其他「島嶼」，並非我們通常想像中的島嶼陸塊，散布在無邊大海的各處。它們是「包圍」的島嶼；這些環狀島嶼圍繞著它們的環狀海域，「就像輪框繞著車輪」。[15]瞻部洲被一層又一層安全地圍住，這個宇宙是個向心的一統整體。

宇宙中心的瞻部洲「像艘船」一樣漂浮在鹽海中心。[16]如同《毗濕奴往世書》所記載，十萬里格①寬的鹽海「像手鐲」般環繞著瞻部洲。[17]瞻部洲據說有七大區，其中之一是印度；還有七座山脈，其中之一是喜馬拉雅山；以及七條河，全都由天上的恆河流洩而出。瞻部洲的中心由須彌山坐鎮。我們未來將看到，這種七倍數的安排，也會出現在更廣闊的宇宙島嶼群，以及印度大地本身的其他現象中。

《博伽梵往世書》（*Bhāgavata Purāna*）中關於環狀島嶼的敘述，一開始提到須彌山是被瞻部洲所圍繞，瞻部洲被鹽海包圍，鹽海則被波叉洲（Plaksha）環繞。[18]第二個環狀島嶼以黃金無花果樹為名，同樣擁有七大區，七座主要山脈與七條大河，它們各有名稱，但此處與我們的目的無涉。包圍波叉洲的是甘蔗汁海，寬度是鹽海的兩倍，往外延伸到第三座環狀島嶼的岸邊。設拉末梨洲（Shālmali）以絲棉樹為名；如同波叉洲是瞻部洲的兩倍大，設拉末梨洲也是波叉洲的兩倍。我們得知，每座島嶼都是如此。島嶼漸大，而分隔島嶼的海洋也漸寬。設拉末梨洲之後是酒海，延伸到第四環狀島俱薩洲（Kusha）的岸邊，這座島以神聖的吉祥草為名。俱薩洲之外則是澄清奶油海（Sea of Ghee），延伸到第五環狀島鶴洲（Krauncha），以其最高聳的山脈為名。接著則是奶酪海，遠達以大柚木樹為名的薩伽洲（Shāka）。薩伽洲的外圍環繞著牛奶海。最後在牛奶海之外，則是第六環狀島以蓮花為名的青蓮華洲（Puskara）。這座島上並沒有七座山脈，而是一座高聳圓形山脈，此外並無其他山脈河流。青蓮華洲之外，第七海則是水海，延伸到世界邊際，以及位於無限邊界上稱為「界非界」（Lokāloka）的山脈。[19]

界非界山脈位於各個世界的極限，這些世界則形成宇宙。「loka」這個字意指「世界」，但不只是地理或空間意涵上的世界。這個字同時包含了「空間」與「光」的意思，因此是發出光亮的世界。「世界」並非單純存在，而是必須被取得與贏得。這是個安全世界，有足夠開放的生活之地，也是個獲得神聖照亮啟發的世界。[20]不意外地，界非界是光亮與黑暗分隔的疆界。這些山脈是「限制」概念的想像體現。圍繞著須彌山的陽光，以及須彌山空中最閃亮的北極星光，只能抵達界非界的山麓，無法超越。界非界山脈不只是光的界線，也是思想的極限。界非界的另一側山麓已經在黑暗之中。在此之外，黑暗被梵卵的蛋殼所包圍。如同一部《往世書》所載，「在它（界非界）之外，永恆黑暗圍繞了四周的山脈，這黑暗又再度為蛋殼所圍繞。」[21]

以瞻部洲為中心，這些向心環狀島嶼的結構都是一致的：每座都有七大區、七座山脈與七條河；每島都有獨特的樹木植物。向外移動時，每一座都比前一座大上兩倍。這是驚人安全又天真的世界觀。從瞻部洲往外看向外側島嶼的未知土地，世界並未被想成陰森危險；相反地，它們在想像中愈來愈昇華。然而，這些外圍島嶼並沒有被想成天堂，因為天界位於梵卵的垂直上層。不過地平線之外的生活仍被理想化，不像以族群為中心的世界觀，經常帶著懷疑眼光。在這裡，隨著向外穿越甘蔗汁與酒海，歷經不同環狀島嶼後，婆羅多大地上人類所面臨的生活艱辛將會愈來愈少。逐漸地，人類將享有長壽，甚至活長達千年。沒有暴雨洪水；沒有夏季酷熱或冬季嚴寒；不須害怕星辰移動。這裡也沒

①歐洲的古代長度單位，通常定義為一里格等同三英里（將近五公里）。

有忌妒、憎恨或焦慮。22

隨著向外穿越諸島，四種姓也將擁有不同名稱，功能隨著相對關係改變，而逐漸和諧。然而未知土地的社會體系架構，仍被想像成跟婆羅多大地一致，四種姓仍舊存在。唯一的例外是最外層的環狀島青蓮華洲，種姓（varna）與四住期（āshrama）②都不復存在。在宇宙的最外一層，所有人全都健康、充滿力量、快樂、長壽且平等。「這裡沒有種姓或階級的區分；沒有固定組織；也沒有為了利益而進行的儀軌。三部吠陀經、《往世書》、道德、政體及服務的法律，居民都未曾聽聞。青蓮華洲確實在這兩種分野上，是地上的天堂，時間也善待所有居民，免於疾病衰老之苦。」23

種姓四住期之法（Varnāshrama dharma）是支撐印度教社會宗教生活的價值體系。一個人的適當行為通常是由種姓與四住期生命階段來決定。因此當印度教徒想像未知土地也有此類體系，並不令人意外；名稱雖然不同，仍舊是同樣的基本分類，就像十九世紀基督教學者與傳教士也期待未知土地擁有「宗教」、「經書」與「信仰」一樣；雖然他們認為內容不同且無疑是比較劣等，卻仍是相同的分類。然而印度教世界觀裡驚人之處或反直覺之處，在於他們慷慨假設地平線之外，這些未知土地的人類並未比較劣等，甚至可能比我等更加虔敬。更驚人的是，在想像最偏遠的環狀島嶼時，連基本的種姓社會架構都消失了。在印度，只有從此岸、此種生活方式「叛出」，拋棄種姓與地位，追尋自由生活的出家人（sannyāsī），才可能超越種姓四住期之法。不過，種姓四住期之法也可以在時間面向上被超越，例如在四個時代中最早的圓滿時代裡，也就是時間在光陰歲月中開始墮落之前，是可以超越種姓四住期之法的。此處在環狀島嶼上，種姓四住期之法是在空間面向上被超越。想像印度教徒在宇宙最外環的理想世界，內臨牛奶海外圍水海的島嶼上，推翻了他們最根深柢固的文化前提，包含階級與其社會表現，進而想像出一個完美平等的世界。

在描繪世界觀上，這些想像之地跟熟悉地域具有同樣的重要性。文化對於這些地平線以外的地方賦予何種個性？它們是否陰暗危險？還是更蒼翠富裕，是令人垂涎的待征服之地？它們是野性的處女地嗎？還是等待馴服的前沿？這些是有待轉化的黑暗異教之地嗎？印度教徒想像中的宇宙，既沒有威脅性也不等待征服。未知世界的豐饒島嶼舒舒服服地被奇異海洋隔開。瞻部洲被愈來愈完美且虔誠的島嶼安全地包圍著。即便在世界盡頭，該處的大地是由金粉鋪成的，居民仍舊「路不拾遺」。[24]

四瓣蓮花的瞻部洲

世界地圖的文獻中，對於環狀陸地海洋中心的瞻部洲，有兩種不同卻也不算矛盾的設想。其中特別吸引詩意心靈眼光的，是蓮花世界；在這個世界中，四塊大陸從偉大的須彌山，像蓮花花瓣一樣開展。須彌山位於世界中心，就像世界蓮花的蓮蓬座。如前所見，這裡基本上呈現的是四倍的世界觀，四座花瓣大陸的南方大陸就是婆羅多。此外，也有七倍數的想像版本。這個版本裡的瞻部洲是圓形的，擁有七大區；這是全勝在《摩訶婆羅多》中描述的版本，也是多數往世書中的版本。[25]這種宇宙地理體系的表現中，每座島嶼都擁有七大區。在瞻部洲上，最南方的一區如同碗形，就是婆羅多。我們會

② 吠陀時代的人生階段分為四住期（āshrama），再生族（意指前三種姓）少年首先進入第一住期，即吠陀學生期或獨身期（brahmacharin），受教於導師（guru）跟前。接著他將結婚並進入第二階段，也就是家主階段或住家期（grihastha）。從家主職責退下後，他可以住在叢林草屋（林住期〔vanaprastha〕），以採集野果維生，於樹下冥想。最後他可進入第四階段，屬於遊方隱士或遁世期（saniyasin），沿路乞討食物，從不在一地停留兩晚。對於所有再生族來說，只有頭兩個階段是必要的，而後兩階段只有在家主職責已盡時，才得以進行。

簡單了解四倍與七倍的概念，接著轉向須彌山——此地不只是瞻部洲的中心，也是整個宇宙的中心。四倍世界觀是以四大方位來描繪：他們說瞻部洲就像鹽海上的一朵蓮花。

> 四大部洲泊於花瓣之上，
> 力量強大的須彌山位於蓮蓬上。[26]

文獻中對於四片蓮瓣的名稱頗有共識，它們伸展出去成為大地上的四大部洲：西方的計都鬘洲（Ketumāla），北方的北俱盧洲（Uttarakuru），東方的賢馬洲（Bhadrāshva）與南方的婆羅多洲。中心是須彌山。天河恆河由天下凡的路徑，會落在這座大山的頂峰，恆河本身也會分成四股，流淌到四片花瓣大陸上：西方的縛芻河（Chakshu），北方的蘇摩河（Soma）或巴德拉河（Bhadra），東方的徙多河（Sītā），以及最後的南方阿拉坎納達河，也就是印度的恆河。[27]

這個明顯的神話觀點中，我們所知的宇宙以雄偉山岳為中心，向四方延伸。這種印度宇宙論的世界觀影響廣泛，以至於日本的印度朝聖地圖中，也明顯標示須彌山，河流圍著山旋轉，每條河各朝一個方位流去。[28]擁有一些地理觀念的人，努力想要確認這世界蓮花上不同花瓣的實際定位，也發現它們跟亞洲地理有些關係。他們說，須彌山本身是帕米爾山結（Pamir），亞洲山脈在此形成漩渦——與都庫什山來自西方，喜馬拉雅山與喀喇崑崙山來自東南，崑崙山脈來自東方，天山則從東北而來。[29]從帕米爾山結望出去，計都鬘洲是往西朝著裏海延伸的中亞高原，由阿姆河（Amu Darya）灌溉，這條河過去稱為奧克薩斯河（Oxus）並被認為就是起源於帕米爾，流入裏海南端的縛芻河。北俱盧洲是個北方國度，伸入今日的中亞，並由錫爾河（Syr Darya）灌溉，也就是古代的巴德拉河，最終注入裏海北端。賢馬洲則是塔里木盆地，位於西藏高原的北方，東方則伸入中國。此地由葉爾羌河（Yarkand）灌溉，亦即《往世書》中的徙多河。婆羅多洲當然是往南延伸，由恆河灌溉。

由想像的深層結構來說，重點在於這個四倍世界的其他花瓣或多或少都與我們相近，由須彌山往三個方向延伸。事實上，整個世界在三次元地理曼荼羅上向外延伸時，也是呈現四倍數。須彌山有四邊，每一邊都有獨特色彩（varna），每一邊都與四種姓（也是varna這個字）之一相呼應。四方花瓣底端各有一座山護持（vishkambha）著世界支柱的須彌山。[30]這些護持山脈成為進一步四倍數安排的背景。每座山頂有一株巨大的樹，這四棵樹被稱為宇宙的「旗桿」。在香醉山（Gandhāmadana）——印度的支撐山脈上，有一株如大象般巨大的結果蒲桃樹，因此他們說，當這些果子掉到地上，裂灑開來會形成婆羅多的甜美河水流往南方！[31]每座山都有特殊的森林果園，每座山都會形成七條河，流向各自的花瓣。根據某些資料來源，每個花瓣都有獨特的獸形神支持，祂們是毗濕奴神的形態之一。例如婆羅多是由毗濕奴神的龜形化身俱利摩（Kūrma）來支持，以背馱起大地。這個四倍數世界曼荼羅的細節有許多不同版本，然而模式與目的都很清楚：這個世界的地形特徵、社會秩序與諸天神祇都是四分且以須彌山為中心。確實，世界的四倍數本質一路延伸到遠方界非界的山麓，由四頭龐大的象鎮守四方。[32]

跟世界蓮花四倍數觀點同時並存的，還有跟花瓣、島嶼有關的「七」的數字學。[33]我們的瞻部洲，這裡指的是我們所描述的一整座蓮花島嶼，也是七倍數的一部分。如同梵卵中有七島，每島有七區、七座主要山脈與七條河流系統，瞻部洲也有其七倍架構。它的七區是一個大圓內的水平帶狀分區，由六座從西海延伸到東海的山脈分隔。這個圓形世界中央帶的中心就是須彌山。最南方的山脈是喜馬拉雅山。婆羅多大地與北俱盧大地位於此圓的南北端點，兩者都是碗形。

這種以一層又一層的山脈分成帶狀區域的世界想像，從印度的角度來說，是完全可以理解的。在印度北部，橫跨在大地上的，就是山脈、山谷及更多的山脈——幾乎是窮盡一人所及之處，或可以想像的極限。印度的偉大喜馬拉雅山——「雪藏之地」——橫貫次大陸的東西兩岸，如詩人迦梨陀娑所說的，就像一把「大地的量尺」。即便如此雄偉，喜馬拉雅山仍舊是眼前最接地氣的山脈，畢竟它們仍舊是「雪造」（himavān）而成。更往北的遙遠之地，據說是由金子或青金石又或是閃耀的孔雀翎所形成的山脈。[34]一如這個世界觀中有七座山脈，也有七條源出天上恆河的河流，澆灌整片大地；其中三條帶著恆河水往東流，另外三條則往西流，只有一條「跋吉羅帝河」，也就是印度的恆河，帶著河水往南流。[35]

須彌山——世界蓮花的蓮蓬

瞻部洲在象徵上以須彌山（Mount Meru）為中心，須彌山有時也會稱為「Sumeru」。這座山不只是瞻部洲的中心，也是向心環狀島嶼的中心。作為一座宇宙之山，印度教神廟建築經常以廟頂尖塔／希卡拉（峰頂之意）朝天升起，來模仿須彌山的形象。佛塔（stūpa）的中央立柱也重現了須彌山，外圍凸圓頂的造型被稱為卵（anda），卵上升起的中央支柱，就是須彌山。[36]須彌山也被再現於東南亞、中國與日本佛塔的多層漸升屋頂上。在峇里島，這些複製神山的高聳多層神龕，事實上就被叫做「meru」；峇里島上雄偉的阿貢火山（Gunung Agung）被視為一塊掉到南太平洋的須彌山碎片。須彌山是宇宙支柱、世界中心之山，結合了大地與上方的空界。然而這座山不只拔向天際，還深入地底，更將地面與冥間結合在一起。他們說，須彌山有十萬里格這麼高；其中八萬四千里格伸入天際，一萬六千里格則進入地底。[37]

須彌山的正上方就是北極星（Dhruva）。描述大地的世界地圖文獻，經常跟《往世書》中描述天空及日月星辰運作的章節協同存在。[38]北極星是個定點，是「固定星體的支柱」，由不可見卻穩固的支柱與須彌山相連。其他天體圍繞著北極星支柱移動，彷彿有根繩子牽著。有部《往世書》將天體圍繞著不可見的北極星支柱移動的情況，比作牛隻圍繞著打穀場的中央支柱移動。[39]因此群星在長長短短的繫帶牽引下，由風推動。太陽也繞著須彌山移動，為下方世界創造出日與夜。[40]然而須彌山頂上、北極星的正下方，永遠都是白日。

須彌山據說是座純金之山。《往世書》經常這麼說：「在伊拉維他（Ilāvrita）的中間，須彌山升起，金光閃耀。」[41]須彌山如此閃耀，因此經常被稱為「無煙之火」，白熱閃耀之盛，甚至不生煙火。山之所以金光閃耀，是受到濕婆神的碰觸所致。[42]此外當然也因為總是受到陽光照耀。事實上，須彌山頂持續的日照，在梵文古典文學中，經常被用來比喻恆常。當般度五子進入森林度過流放歲月時，《摩訶婆羅多》的詩人是如此描述他們的妻子——黑公主德勞帕蒂。「德勞帕蒂對般度五子不離不棄，正如太陽不會離開須彌山。」

須彌山一般被描述成「四面」（chaturasra），我們可以將「面」想成山麓。如前所見，須彌山的四面給了世界四大洲的方向指引。須彌山也被認為有四種顏色（varna），這個詞可以延伸為「種姓」最普遍的來源說法。當須彌山被稱為四色山時，同時指的是顏色與種姓。事實上，顏色與種姓的關係根本被明白昭示出來。須彌山的東側是白色，帶有婆羅門的屬性；南側是黃色，帶有吠舍屬性；西側是「像蜜蜂翅膀一樣的黑」，帶有首陀羅屬性；北側則是紅色，是剎帝利屬性。[43]

所有資料來源中，須彌山的幅員數字都相當一致。我們已經提到它據說高達八萬四千里格，深入地底有一萬六千里格。然而令人驚訝的是這座大山的幅寬。須彌山的底部據說有一萬六千里格；但在峰頂卻是三萬兩千里格。這跟傳統的山峰形象完全上下相反：須彌山是個顛倒山！須彌山打破想像中習慣的金字塔山岳形象，不是寬底收束到單一頂峰的樣貌。對一神信仰世界觀的神居來說，這種金字塔山峰也許夠用，但對印度眾神卻明顯不適用。在須彌山的廣大山頂，有許多空間可以容納所有神祇。在這裡，蓮花中心產生了深具想像力的意象，延伸出諸多蕊絲與蓮子包。

由於須彌山是地球上最雄偉山脈交會處的眾山之王，因此更引人側目的是，印度教徒並不是從喜馬拉雅山的雄偉大理石與雪峰當中，擷取須彌山的象徵形象。相對地，它卻是來自活生生的有機花朵世界。「Meru」就是「世界蓮花的蓮蓬」。[44]世界地圖文獻中幾乎所有對須彌山的描述，都使用了蓮蓬這樣的意象。蓮花的中央部位從頂端清楚展開，支撐著一處平面，上有一顆顆突起的種子。須彌山也是類似的情景，在頂部展開，支撐著廣大的平原，上有不同神祇的宮殿。四大洲像花瓣一樣展開，然而須彌山不只有四座支撐山脈包圍，還有二十座比較小的山脈，據說就像圍繞著蓮蓬的花蕊一般，被稱為「蕊山」（kesarāchala）。[45]

多數敘述告訴我們，須彌山頂是世界創造者梵天之城。圍繞著梵天之城是一圈八座輔城，分布在八個方位，分屬八位「世界守護者」（lokapāla）。[46]即便峰頂上的神祇聯合共生，須彌山仍舊跟濕婆神話特別有關，因為濕婆是標準的山神，而毗濕奴的宮殿眾所皆知，是位於天界之頂的毗恭吒（Vaikuntha）。《林伽往世書》（*Linga Purāna*）說這三位神祇——梵天、毗濕奴與濕婆——都在須彌山上設有神居。然而濕婆神居的描述最為詳盡，據說是擁有七層的宮殿。[47]《俱利摩往世書》（*Kūrma Purāna*）則告訴我們，「在梵天居所之前，有一棟神聖、潔白、光亮的吉祥者（Shambhu，即濕婆神）豪宅，他是眾神之主，擁有無限能量。」[48]

須彌山頂，同時是經由銀河下凡的恆河水首先接觸到的大地。恆河環繞梵天之城，接著從山上往下流淌，分成四股或七股支流。《毗濕奴往世書》的描寫如此優美：

> 梵天的首都為恆河環繞，那河由毗濕奴神腳下流出，沖刷月亮軌跡，落於此地由天降下並環繞城市之後，分成四股偉大河流，奔往相反方向。它們是徙多河、阿拉坎納達河、縛芻河與巴德拉河。[49]

從喜馬拉雅山到大海

> 大海之北與喜馬拉雅以南是何地，那地稱為婆羅多，婆羅多王後代所住之處。[50]

所有的宇宙論，從梵卵中的環狀島嶼，到瞻部洲上的許多區域及花瓣，它們最終都是婆羅多大地——印度大地——地理描述的廣大脈絡。根據往世書的宇宙論，婆羅多大陸是一塊「碗狀」陸地，是世界圓盤的南緣交叉區域。《摩根德耶往世書》（*Mārkaṇḍeya Purāṇa*）則更提供更精確的描述：更像個四角形，喜馬拉雅山像開弓之弦從兩側往後拉。[51]往世書也描述了幅員。他們說從北到南有一千里格，從南端的卡尼亞庫瑪莉往北走，前往恆河源頭的途中，大地將逐漸寬闊起來。[52]從甘蔗海與奶酪海的描述，到樹木果實如大象般巨大的大地，再往外到蓮花的南方花瓣，往世書作者群的地形描述，已經多多少少接近現代地圖應有的成分。[53]正如英國地理學者洛伊（B.C. Law）評論往世書的記述，「康寧漢指出的幻想成分通常限於外圍大地，但單純針對印度地理的時候，他們通常相當清醒。」[54]然而就像其他世界島嶼及花瓣一樣，這也是一塊擁有系統性特徵的大地。描述必然包括山脈、河流體系與相關人群的數字組合。

婆羅多的七大山脈是氏族之山（kulaparvata），如此稱呼是因為在古代，每座山脈都跟特定氏族或部落有關：例如奧利薩的摩亨德拉山脈與羯陵迦人（Kalingas）；南方的馬拉亞山脈與潘地亞（Pāndyas）人等。沿著喜馬拉雅山，這七大山脈形成印度的骨架，包含了高達瓦里河與馬哈納迪河之間、東高止山區的摩亨德拉山；南方的馬拉亞山，包含了尼爾基里丘陵與南方脊梁的荳蔻丘陵（Cardamom Hills），延伸至印度南端；沿著阿拉伯海岸、西高止山區的薩西亞德里山；沿著納馬達河、跨越中印度的溫迪亞山；中印度東部的蘇奇特曼（Sukitman）與利克沙（Riksha）山；中印度東部的帕利亞特拉（Pariyatra）山，包含拉賈斯坦的阿拉維利丘陵。[55]

河流也有名稱，根據多數宇宙地圖的記述，它們是根據河流發源地的山脈來分列。所以，一開始是發源於喜馬拉雅山的河流，包括恆河、信都河、薩拉斯瓦蒂河、亞穆納河、哥馬帝河（Gomatī）與其他河流。從帕利亞特拉山流出的，有注入坎貝灣的馬希河，以及其他往北流入亞穆納河的河流，如錫普拉河，或流經中印度烏賈因的克錫普拉河（Kshiprā）。蘇奇特曼與利克沙山區是許多河流的源頭，其中最知名的是源起於阿瑪拉坎達卡山，向西流的納馬達河，以及向東流入孟加拉灣的馬哈納迪河。溫迪亞山也是許多河流的源頭，包括平行納馬達河向南流的帕優希尼河（Payoshnī）與塔皮河

（Tapi）。偉大的高達瓦里河與其他河流穿越了東部海岸上的薩希亞山（Sahya），這些河流發源於今日的馬哈拉施特拉邦。這些山脈也是卡納塔卡與安德拉邦的奎師那河與奎師那維尼河（Krishnāvenī）的發源地。卡韋里河則來自薩希亞山脈南方的庫爾格丘陵區，向東流經卡納塔卡與泰米爾納都的南部。馬拉亞山脈則湧出泰米爾納都邦的瓦蓋伊（Vagāi）與坦拉帕尼河。總體來說，清單上包含了一百五十條以上的河流與支流。往世書總結，「所有河流都是神聖的；所有都是流向海洋的恆河；所有都是世界之母；所有都是世界罪愆的消滅者。」[56]

除了山海之外，世界地圖中的標準內容，包含對印度各區域與族群的描述。印度分成五個區域：恆河平原的中天竺（中國，Madhyadesha）、延伸到丘陵山岳區域的北天竺或北路（Uttarāpatha）；南天竺或南路（Dakshināpatha）；東天竺（Prāchya）與西天竺（Aparānta）。往世書列出婆羅多區域中的諸王國（janapada），各國都有不同氏族與族群。此外，書裡普遍也注意到邊陲或邊境地區，東方是克拉底（Kirata）部落，西方則是希臘人（Yavana）居住的區域。然而，東西之間，則是婆羅門、剎帝利、吠舍與首陀羅的婆羅多故鄉。[57]

這個世界觀內建了驚人的地理意識，包含了對「這片大地」及其幅員、特徵、族群，與其他大地及更廣大世界的驚人意識。在往世書中，頌讚印度聖地的長篇〈聖地讚歌〉之前，都會先出現這些世界地圖的安排闡述。這裡我們可以看到，當往世書定位讚美無數聖地之時，也極其豐沛表述了婆羅多的地理論述。〈聖地讚歌〉不厭其煩地詳述，在某些案例中盡數納馬達河上下數百個聖地，或者秣菟羅與瓦拉納西這樣的城市。在我們遍歷印度聖地的旅程中，將會一再看到這些聖地以三、四、五、六、十與十二的倍數，出現在七河七城的體系中，這些模式將創造出複雜多樣的地景，也參與進更廣大宇宙模式的安排之中。

業的大地

婆羅多是這個蓮花世界最南方的陸地。印度的想像世界地圖，並沒有將印度直接放在世界中心，不像亞歷山大畫出第一張世界地圖時，將希臘放在中心，也不似中世紀製圖家將耶路撒冷與聖地放在中心、大陸則像花瓣向外擴散。事實上，婆羅多只是花瓣大陸的其中之一。在許多方面，還是最不體面的大陸。不像其他常見的族群中心宇宙論，將自我的世界形容為最文明，而周遭鮮為人知的世界則較不開化、甚至野蠻的。印度的想像者描述世界時，事實上將其他世界花瓣（遠方大地）理想化，一如他們將宇宙的其他環狀島嶼理想化一樣。

在其他大陸上——計都鬘洲、北俱盧洲與賢馬洲——人類據說擁有金光閃耀的皮膚，像貝殼一樣亮麗。他們的壽命達到一千或一萬年。不受疾病或自私所苦，也沒有年老體衰的現象。體力體型方面，俱皆平等。土地上充滿清冷溪流與白蓮花池。吉祥幸福不只於此。在其他大陸上，人們享受自然而為，也享受自然之美。許願樹與細緻的流水似乎將完美都施加在大陸居民身上。[58]這些大陸被稱為「報地」（bhoga bhūmi）——享樂之地，此地的人獲得過去善行的獎賞，因此得以再生並享有長壽之福。

婆羅多卻是不同的。這裡的人並非都是美好、閃耀與亮麗的，而是擁有多種族群與類型。這裡的人通常身形矮小、比較短命、不超過百年。他們受到疾病厄運、洪澇災難、年老死亡來回所苦。然而，幾無例外或遲疑的情況下，婆羅多仍被認為是這個廣闊宇宙中最適宜人居之處，雖然其他花瓣大陸與遙遠環狀島嶼擁有豐沛的祝福。它們也許是「報地」，但婆羅多是「業地」（Karma Bhūmi）——行為之地。[59]

至此我已經告訴你們，四瓣蓮花就是大地；它的花瓣就是四面上的賢馬、婆羅多與其他國度。以婆羅多為名的國度，我已經告訴你們就在南方，是行為之地；福報與罪愆都在此取得；應知此處就是主要國度，其中一切都已穩固建制。人由此獲致天堂（Svarga），並從存在、人世與地獄、或再次經歷的牲畜道中，得到最後解脫。喔！婆羅門。60

這個世界觀將最終價值放在脫離轉世輪迴，而非享樂，行為之地成為個人唯一能夠努力獲得自由的地方。此處透過行為，亦即「業」（karma），人可以形塑自己通往自由的命運，當然同時間也可能有將命運導向進一步束縛的風險。「業地」上的生命可能導致轉世為人或動物；也可能導致天堂享樂，或地獄懲罰，也可能透過練習與紀律，走向「解脫」（moksha）的自由。但在「業地」之中，改變是可能的，行為則是關鍵。

有人可能認為印度教對於圍繞須彌山的其他大陸之想法，過於烏托邦；但它們「並不是」「烏托邦」，至少不是真正的存在。他們被賦予了富足與完美，但比起婆羅多大地，「報地」的讚美卻好似光環。在婆羅多有憂傷焦慮，連同喜悅平和一起；有疾患死亡，也有健康長壽。然而他們說，出生在婆羅多是非常稀罕、非常珍貴之事，甚至遭天上眾神垂涎。因為只有在喧囂的業地，才有可能獲得解脫。

因此婆羅多是最完美之地，在瞻部洲上，喔！賢者。因其他也許是報地，此處卻是業地。61

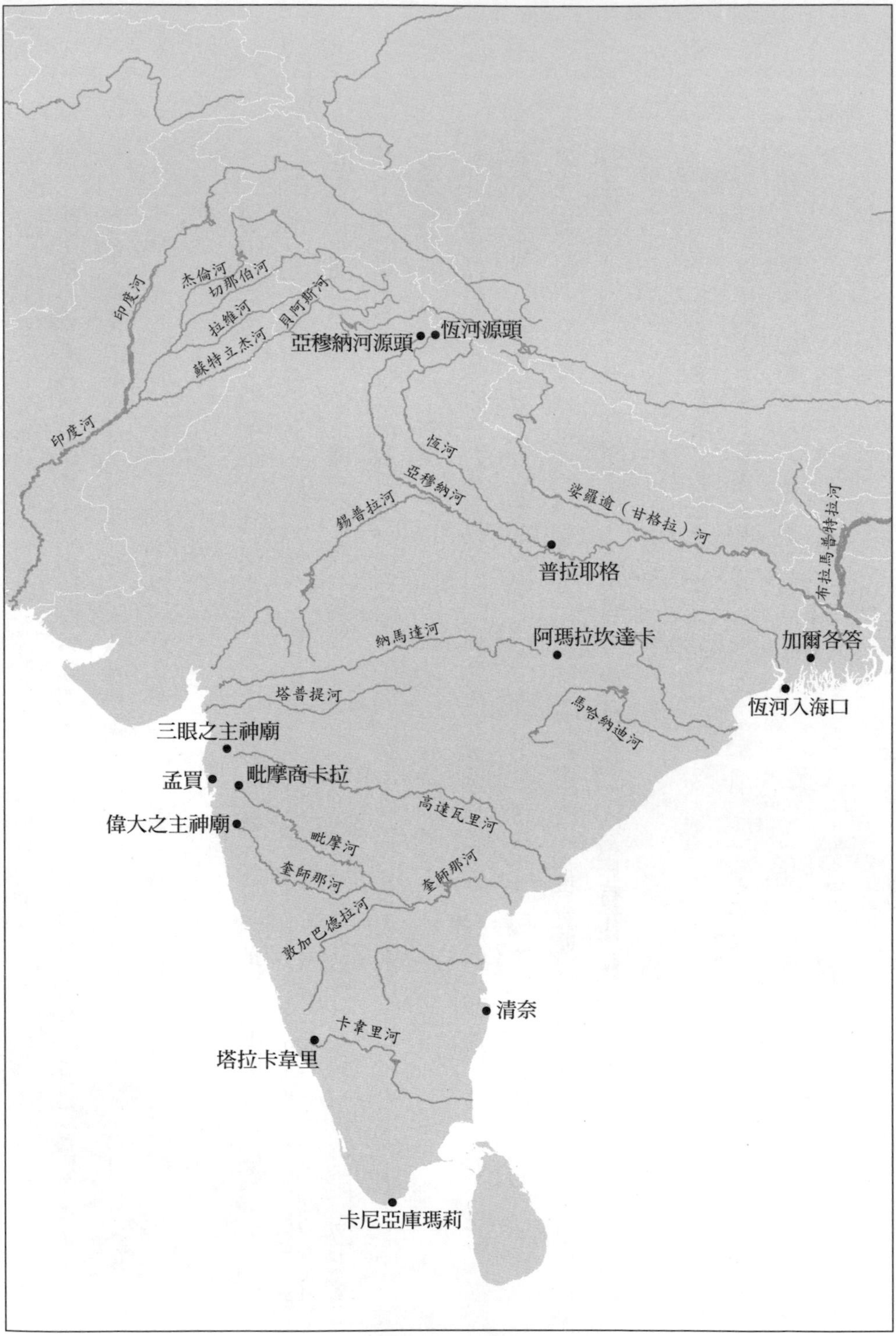

印度河
杰倫河
切那伯河
拉維河
貝阿斯河
蘇特立杰河
亞穆納河源頭
恆河源頭
印度河
恆河
亞穆納河
錫普拉河
婆羅逾（甘格拉）河
布拉馬普特拉河
普拉耶格
納馬達河
阿瑪拉坎達卡
加爾各答
塔普提河
恆河入海口
馬哈納迪河
三眼之主神廟
孟買
毗摩商卡拉
高達瓦里河
偉大之主神廟
毗摩河
奎師那河
奎師那河
敦加巴德拉河
清奈
卡韋里河
塔拉卡韋里
卡尼亞庫瑪莉

印度的河流與其源頭

第四章　恆河與印度眾河

恆河是印度之河，這條河流源自喜馬拉雅山，匯聚諸多支流，蜿蜒穿越北印度平原。但同時間，恆河也是印度各處所有聖河的源頭。恆河也是一位女神，她既是恆河母親（Gaṅgā Mātā），也是恆河女神（Gaṅgā Devī）。她真正的源頭並非喜馬拉雅山最高處，而是天界最高處，從毗濕奴神的腳下湧出。她先在梵天的水罈中，接著由天上洩下凡間，水流瀑布首先降在濕婆神的頭上。難怪讚美恆河的知名頌歌稱她為「眾神美善的體現」。[1]

西元前一千多年前，恆河就出現在《梨俱吠陀》中，此外，還有薩拉斯瓦蒂河、帕魯希尼河（Parushṇī）、沙圖德里河（Shatudri）與亞穆納河。[2]然而幾百年間，亞利安人的核心地——稱為亞利安的國度（Aryavarta）——已經從印度西北部移進恆河平原，亦即恆河流經北印度的富饒土地。今日，這處河流盆地及許多支流，餵養了全世界百分之八的人口。它吸引的不只是千萬人口，還有他們的疾患、悲哀、祈禱與汙染。恆河上設有水壩，也透過渠道引流，更接收許多工業與人類廢棄物。即便政府與民間基金會面對河水汙染問題、清理水壩淤積，然而恆河強大的精神吸引力，仍舊持續召喚每天數百萬的朝聖者。我們將發現，恆河與印度其他河流的健康與活躍不只是環境問題，也是神學問題。

印度教徒在恆河沿岸各處浸浴，特別是重要的渡口聖地，以手捧水，再將水放回河中，作為向逝去先祖（pitr）與神祇（deva）的獻祭。他們也在河水中放置鮮花與油燈，就跟在神廟聖壇上所做的一樣。重要場合裡，他們會以船隻渡河，尾隨著長串的鮮花或者數百英尺長的沙麗繩索，來裝飾河流女神，高唱「勝利歸於恆河母親！」[3]最後，全印度各地的朝聖者會帶著逝去心愛之人的骨灰，透過儀式讓骨灰歸向恆河水。他們返家時——也許在數百英里之外——仍會帶著恆河水罈，希望有朝一日，用來滋潤將死之人的嘴唇。從源頭到海洋，恆河沿岸都是聖地。

源頭

喜馬拉雅山的葛瓦爾區（Garhwal），恆河發源地的神廟小鎮「恆河源頭」（Gangotrī）裡，朝聖者泡在冰冷的河水中，那是發源於小鎮上方高地的冰河。他們光腳在膝蓋深的河中涉水，腳掌在滑溜的石頭間搜尋著底沙。他們三次浸入水中，以手舀水；當從水面下現身時，氣喘吁吁的他們卻心懷狂喜。擦乾身體再次穿上衣服，接受源頭之水潔淨後，朝聖者前往位於河流之上的石造神廟。他們將在此向恆河女神像供奉獻禮。帶著銀冠的小型金色女神聖像，駕馭坐騎「恆河鱷馬卡拉」的浮雕像，手上捧著慷慨的吉祥象徵——水罈與蓮花。

神廟的聖壇中還供奉其他附屬神像：恆河之主（Gangesha Shiva）；賢王跋吉羅陀，他的苦修功力將恆河帶到凡間；姊妹河——薩拉斯瓦蒂與亞穆納河；以及女神杜爾迦及安納普娜（Annapurnā）。冬季月份裡，恆河神像及姊妹薩拉斯瓦蒂與亞穆納河，會被移靈到山下的穆奇馬特村（Mukhimath）。

朝聖者在市集購買一盤盤獻禮，包含一塊亮麗金邊的粉紅色網紗、小梳子、小手鏡、硃砂粉末

（kumkum）、線香、糖果、米與一顆椰子。坐在恆河母親的門前，他們僱用朝聖祭司（pandā）為他們獻祭，唱頌必要祭文。他們用祭司提供的清水漱口洗手；並在女神面前，唱頌聆聽他們的「意念」，聲明他們作為這場獻祭爐主的宗教意願與姓名。他們對著女神像投擲一小搓綠色的恆河羅勒（tulsī）葉，朝她揮舞線香，並以指尖向她輕彈沾濕的硃砂粉末。每一件獻祭物品都是為了取悅女神，最後裝有代表性物品的祭盤以粉紅網紗包上，由朝聖祭司送還朝聖者，作為女神的贈禮（prasād）。

晚間，這些朝聖者會回到神廟中「獻燈」（āratī）。恆河源頭的兩側，山岳陡峭升起，夜晚很快降臨。祭司現身神廟門廊，長聲吹響海螺。隨從打起鼓來，奮力敲響神廟鐘聲。此刻是「獻燈」儀式的高潮，主要焦點並非神廟中的恆河女神像，而是河流本身。祭司（pujārī）站在神廟門廊上，面對河水，舉起多芯的大油燈，以燈光繞著流動的恆河水轉動。此後他返回廟門，將獻燈的燈奉獻給廟內的恆河神像。此刻奉獻過恆河女神而受到雙重祝聖的恆河水，則分給聚集的信眾，以手捧水啜飲，將手心上的最後一滴抹到頭上。他們也獲得獻燈的光，輪流以手指穿過火焰，並帶著祝福碰觸額頭。

獻燈儀式的最終，是吟唱一首十六世紀詩人賈格納塔（Jagannāta）所作，獻給恆河的美麗梵文長詩〈恆河之波〉（*Gangā Laharī*）：

Samriddhim saugbhāgyam sakala vasudhāya kim api tan…

喔　恆河母親，願您的河水，
世界的豐厚祝福
全世界的嬉遊之主濕婆神的寶藏，
經典的核心及

眾神善意的體現，
願您的河水，不朽的崇高之酒
撫慰我們疲憊的靈魂。4

一如其他喜馬拉雅山高處的神廟，這座神廟也在冬季月份關閉。恆河神像在盛大的出巡隊伍中，送到較低海拔的穆奇馬特村中度過六個月時間。出巡發生在十月底、十一月初的光明節（Divālī）期間；回到恆河源頭的返程，則發生在四月底、五月初的吉祥無邊初三日（Akshaya Tritīya）。無論往返，這趟行程都要花上兩天時間，晚間停駕在路邊。講到這年度儀式，一位祭司總結這一切，「真正的聖像當然就是河流。她整年都在此。」

河流與聖像並列是印度河流崇拜中常見的重複主題。恆河進入印度平原的所在地哈德瓦爾，徹夜對恆河進行獻燈，是此地的核心景像。沿著水岸邊有幾十座小神龕，每座都奉祀妝點華麗的恆河女神像，但徹夜獻燈的主要重心卻沒有形象，而是流動的河水。在平原上的瓦拉納西，恆河在此北轉，朝向喜馬拉雅家鄉，十多名祭司每晚都會站在水岸榮耀恆河。他們在整齊畫一的動作裡，將多芯油燈高高舉向夜空，又下放到水面。亞穆納河源頭也同樣在亞穆納女神廟中受到榮耀，就在恆河源頭對面的山中。清晨時分，下游數百英里處，在亞穆納河岸邊的沃林達文（Vrindāvan），祭司離開亞穆納河女神的河岸神龕，將油燈奉獻給河流本身。

恆河在狹窄谷地中形塑出驚人河床，強勁水流沖刷過堅硬岩石，流水的力量將它們軟化、形塑、鑿穿。在高莉池（Gaurī Kund），她的強大水流衝過絲滑水道，跨越高聳懸崖，流洩在下方水池形成雲霧。這些岩石、高懸的岩洞與森林樹叢中，正是瑜伽士、苦修士、賢者與遊方之人的虔誠居所。這裡是嚴肅追求精神之人的領域。有些人年年來到恆河源頭，在四、五月份神廟開啟時就抵達；當高山谷地為白雪凍結時，有些人則待在此地過冬。一名來自光束之地修行所（Dandi Kshetra Ashram）的出家人，在此出生，並在服務恆河神廟的祭司家庭中長大，他跟我解釋這些宗教熟手存在的重要性，「當恆河被要求從天下凡時，她很害怕留在水中的罪惡重量會將她掐住拖垮。梵天向她保證：賢者與聖人會住在她的河岸邊，當罪人汙染她的河水時，他們的浸浴就會立刻將她澄清。」[5]

源頭的恆河，已經是一條寬闊的河流。就朝聖者、祭司與神廟儀式來說，這裡雖是恆河源頭，卻非真正的發源地。從恆河源頭朝上游走十五公里，才是釋放出恆河水的冰河。這個地方稱為「牛口」（Gomukh），提醒我們聖河水經常與牛及營養豐盛的牛奶有關。來到源頭的朝聖者一旦習慣了一萬四千英尺的高度，他們就會啟程爬上牛口，直抵源頭冰冷的水。然而，我們五月初造訪時，只有少數朝聖者在場，那些攻上牛口的人則回報，有位結凍的隱士在那兒。這位聖人在零下寒冬中過世，並獲得他的果報。

因為這則消息，我並未前往牛口，卻樂於思索牛口這個意象。在整片印度大陸上，一路往南直抵平原，人們以各種方式不斷複製牛口。這片充滿固定模式的地景上，牛口顯然並非單指這處冰河地，而是代表著某種聖水湧出的特定地點。一天之中，整個印度都有人會從無數牛口中飲水或浸浴，所有牛口的神聖性都來自這個喜馬拉雅山的地點，所有牛口對多數朝聖者來說，也都難以觸及。例如，我記得有個地方被描述為「薩拉斯瓦蒂河源頭」，位於拉賈斯坦阿布山的陡峭深山林裡，充滿蕨類、苔蘚與棕櫚樹。在那裡有一座方形石造浸浴池——牛口池（Gomukh Kund），池水從一側白色大理石牛頭的嘴中吐出，牛耳上戴著新鮮的金盞花。印地文告示牌上寫著「薩拉斯瓦蒂河源頭」。文字繼續說明，「這是薩拉斯瓦蒂河的牛口聖地。在此進行獻祭（pūjā），尤其是獻上一頭牛，將能獲得不滅善報。」[6]在古賈拉特西部，吉爾納爾山諸峰的第一座，有個牛口聖地，涓滴水流從山側岩石上的銅牛口中湧出，匯入牛口恆河池。沿著納馬達河的奧姆真言之主（Omkāreshvara）大神廟，一條小溪在牛口匯入主流時，河水穿越銅牛口，澆灌在一座濕婆林伽上。卡納塔卡邦海岸上的門加洛爾，信徒在卡德利（Kadri）神廟的牛口——跋吉羅帝河渡口——聖地浸浴。當然，最常見的，就是濕婆派神廟中的牛口：廟中澆灌過濕婆林伽而聖化的水，流經通常以牛頭為造型的水口，流洩到神廟外朝聖者與信徒的手中。例如，馬哈拉施特拉邦的三眼之主神廟，位於高達瓦里河源頭的山腳下，銅牛頭引著內聖殿的水到神廟外部，分散給繞行神廟的人。這些牛口及其他案例，全都一致指向喜馬拉雅山上的牛口。那是源頭，不過所有印度教徒都很清楚，恆河真正的源頭來自天上。

恆河下凡

在恆河源頭，石造的敦實恆河神廟前廳中，牆壁上銘刻著讚美恆河的詩歌。這些詩歌談的自然是她由天下凡的知名故事。

Om jaya gange māī, shrī jaya gange māī
嗡！勝利的恆河之母，讚美摯愛的恆河母親！
為了解救薩嘎爾之子，您來到此地。
由毗濕奴神的腳下流淌，純潔之光，世界的拯救者。
濕婆神將您置於他的頭上，您是眾神、眾人與賢者的祝福者。

每年的乾熱季節在五月至六月初達到高峰。期待季風帶來降雨之時，沿河的印度教徒正歡慶恆河由天下凡。十天的節慶稱為恆河十勝節（Dashahāra），一路的高潮落在夏季月份逝瑟吒月（西曆五到六月）的第十日夏至前後。這時候忠誠的信徒會駕船來到河中央，以長串金盞花妝點恆河。這一天被稱為恆河的「生日」，河岸上會充滿浸浴者，因為這一天浸入恆河可以「洗清十宗罪」（dashahāra），或者有人說是十世的罪。理想上，應該要浸入恆河，但祭典手冊也說離恆河很遙遠的人，可以在就近的河流中浸浴。[7]

恆河由天下凡的故事，在印度家喻戶曉，也適用於其他河流。天水下降凡間是個擁有多版本的古老主題，從吠陀神話開始。在神話裡，因陀羅分開了天地，並在其中建立空界後，跟大蛇弗栗多打了起來，大蛇把天界穹廬捲在身體中間，也把天水擋了起來。[8]存在天界穹廬裡的水，經常被認為就是蘇摩（soma），一種眾神的蜜液，也是不朽的強化密藥。打敗弗栗多之後，因陀羅釋放這些天水，滋養大地。《梨俱吠陀》的賢者如此讚美因陀羅釋放出來的生命之水：

流淌自洪水之中，
潔淨，從未睡去，大海是它們的領袖。
雷電所有者，公牛因陀羅掘出渠道。
願這些女神之水祝福我！

來自天上之水，
或那些自開鑿地面湧出，或自由流動，
全都明亮純淨，流往大海，
願這些女神之水祝福我！
伐樓拿王在其中移動，
觀察人類的真假，
它們是蜜液，明亮純淨，
願這些女神之水祝福我！[9]

這裡的水被視為女神，由因陀羅自天上家園釋放出來，因陀羅為她們開鑿渠道。她們是祝福與淨化的河流，也被稱為「母親」。她們的水不只是眾神的蘇摩，也是母奶。根據吠陀賢者所述，當因陀羅釋放天界之水時，她們衝到凡間，就像母牛衝出獸欄一般，滿溢著奶，渴求餵養她們的幼獸。[10]詩人請求河流，「就像渴求的母親，給予地上的我們最受祝福的甘露吧！」[11]

在史詩與往世書中，各種恆河下凡的神話都重複了吠陀時代下凡神話的部分要素。它們清楚表明，據說擁有蘇摩或不死甘露（amrita）的這條甜蜜河流，不但起源於天界，也在天上擁有對應的河流。許多毗濕奴教派版本的神話故事中，這條河流被稱為「毗濕奴帕迪」（Vishupadī），源於「Vishnupada」，同時意指「毗濕奴神的最高天際」與「毗濕奴神腳邊」。在《梨俱吠陀》中，毗濕奴是因陀羅釋放甘露水的協力夥伴，到了史詩與往世書中，則成為促使河流下凡者。在知名的三大步中，毗濕奴從侏儒轉成巨人，跨過地、空、天三界，也因此擁有了三界宇宙。他走出第三步時，據說腳趾劃破了天界的上方界線，因此釋放出天水。[12]經由這個破口，恆河流進天界，首先落在因陀羅的天界，被穩固的北極星捉住。由此她以銀河的形式，流下空界，來到月亮，從月亮前往梵天領域，就位於須彌山上。從須彌山，故事就跟我們聽過的一樣。其中一股支流——阿拉坎納達河——則流到婆羅多，成為恆河。[13]

關於恆河下凡最知名的神話，反倒是濕婆神的角色，並突顯出祂跟恆河的關係。這個故事出現在《羅摩衍那》、《摩訶婆羅多》與其他許多往世書中，在全印度也是家喻戶曉：恆河由天下凡，是為了恢復薩嘎爾王（King Sagara）六萬兒子的身體，他們被迦毗羅仙人（Kapila）的強力凝視燒成灰燼。只有恆河水可以拯救他們。[14]

許久以前，太陽王朝的薩嘎爾王希望舉行王家祭典中最重大的馬祭（ashvamedha）。這項伸張主權的祭儀中，會釋放一匹馬，任其遊走一年。馬前往的地方，當地統治者會默認獻祭者為宗主。所以薩嘎爾王的馬在大地與王國間漫遊，直到有一天，牠神祕消失了。發生什麼事呢？似乎是因為因陀羅的使者害怕國王會因為馬祭獲得力量，因此祕密偷走了馬。心情鬱悶的國王派出兒子，共六萬人，四處搜尋這匹馬。他們在大地上搜尋，還深入冥間，一路留下動亂，卻未能找到馬匹。最終他們找到了這匹祭馬，被壞心的小偷綁在知名賢者迦毗羅仙人的修行所外。

這些王子闖進修行所時，迦毗羅仙人正進行深度冥想。對擅闖的王家搜尋隊感到不滿，他睜開雙眼，以苦修士的強大眼力，將薩嘎爾王的六萬名兒子燒成灰燼。國王哀慟逾恆。但他還有一個孫子安許曼（Anshumān），因此派他前去平息迦毗羅仙人的怒氣。透過祈禱與苦修，安許曼獲得老賢者賜予一個恩惠：是的，薩嘎爾王的兒子可以復生，但只有恆河水才辦得到；當時恆河水只在天界流動。能夠看到未來的迦毗羅仙人告訴安許曼，他的孫子能將恆河從天上帶到凡間。

後來，果然是由安許曼的孫子跋吉羅陀，在喜馬拉雅山高處進行堅實苦修，贏得了眾神讚許。最終他獲得梵天的恩惠，同意釋放恆河進入凡間。由於她直接降入凡間的力量肯定會粉碎大地，跋吉羅陀必須請求濕婆神在恆河下降時接住她。跋吉羅陀再次透過苦修，贏得濕婆神的恩惠。恆河流洩到大地，充滿魚群與洶湧的漩渦，滿覆泡沫。濕婆神以頭接住恆河，並以隱士髮束馴服她的猛流，才讓她流到大地上，分作三股。

藉此，恆河來到大地上。她蜿蜒流過濕婆神的髮束，接著跋吉羅陀領她穿越山岳峽谷，進入丘陵，出到印度平原，最終入海，並在此成為薩嘎爾王之子的救命之水。

由天下凡的恆河，因此也成為由凡間上天的過渡之地，不論是生者還是死者。就像恆河復生了薩嘎爾王兒子的灰燼，她也能復生所有死者的灰燼。所以這就是為死者舉行「死亡」儀式時，要宣讀恆河入凡故事；「死亡」與「紀念」（tarpana）儀式中也會用到恆河水。瓦拉納西的「大火葬場」（Mahāshmashāna），因為受到恆河環繞，因此成為全印度最好的離世場所。對死者來說，恆河享有「流動天梯」的美名。恆河頌歌中最常見的主題，就是死時能得到恆河親吻。例如，深受歡迎的《恆河八行詩》（*Gangāshatakam*）是如此開始：

> 喔！母親！我請求在您的岸邊離開這具軀體，啜飲您的河水，
> 在波浪中翻滾，記憶您的名號，讓我的視線留在您的身上！[15]

接下來我們將看到，恆河下凡的故事，將在所有印度河流中重演。由於它們也是從天而降的，因

此也成為精神上的天梯。指涉聖地的字「tīrtha」，也是渡口之意，就是河流象徵語言的一部分。在生命的朝聖旅程中，渡過河流成為精神跨越升天的代表詞彙。

恆河從天界下降到濕婆神頭部的故事，每天透過簡單儀式動作不斷重現：也就是將水澆灌到濕婆林伽之上。有時候，底部開口的恆河水罈會被永久懸掛在濕婆林伽上，讓恆河水涓滴流灌。有時候，信徒會帶一罈水進入內聖殿，澆灌在林伽之上。在這個儀式形態中，火之林伽的白熾火焰，會跟活水能量結合為一。少了恆河，濕婆神將一直是個焦灼燦亮的火之林伽；少了濕婆神，天上恆河降落的龐然能量將粉碎大地。[16]兩者以濕婆神與陰性力量莎克緹的身分合而為一。

恆河之門

從恆河源頭出發，據說跋吉羅陀為恆河開闢了一條渠道。確實，直到北迦屍（Uttarkāshī）為止，恆河流經的深刻峽谷看起來就像是雄偉力量劈開的！三不五時有其他支流匯入，恆河水量隨著每次匯流而增加。等恆河到了瑞詩凱希，以及幾英里外的哈德瓦爾，已經成了急速流動的廣闊大河。在此，恆河離開山岳，進入印度平原。

最常被唱誦的往世書頌歌告訴我們，「恆河很容易到達，一路沿著河岸走。但有三處難以抵達的關口：甘格德瓦拉（Gangādvāra）、普拉耶格（Prayāga）與恆河入海口（Gangā Sāgara）。浸浴者將在此直入天堂，不再轉世。」[17]「難以抵達」（durlabha），經常被用來形容重要的聖地。對某些人而言，這表示這些地方偏遠而難以抵達。但這些地方也通常涉及靈性通道，因為強大聖地產生的天界果報，不是那麼容易到手的。

甘格德瓦拉，「恆河之門」，就是現代城市哈德瓦爾。普拉耶格，是恆河與亞穆納河交匯之處，據說是以古代梵天的「獻祭場」（Prayāga）得名，今日是阿拉赫巴德市。而恆河入海口則是恆河匯入孟加拉灣之處。當然沿河還有許多其他聖地，最有名的莫過於瓦拉納西，或稱迦屍，以濕婆神居所聞名，早在跋吉羅陀引領恆河穿越高聳神廟之前，就以「解脫之地」出名。

「恆河之門」的舊名甘格德瓦拉仍舊為人所知，但今天更常被稱為哈德瓦爾。對那些前往巴德里納特毗濕奴神廟的人，這個詞意指「哈利之門」（Gate of Hari）；對於入山前往凱達納特濕婆神廟之人，這個詞就成了「哈拉之門」（Gate of Hara）。多數由哈德瓦爾出發，進行喜馬拉雅山四方神居朝聖者，都會造訪巴德里納特與凱達納特神

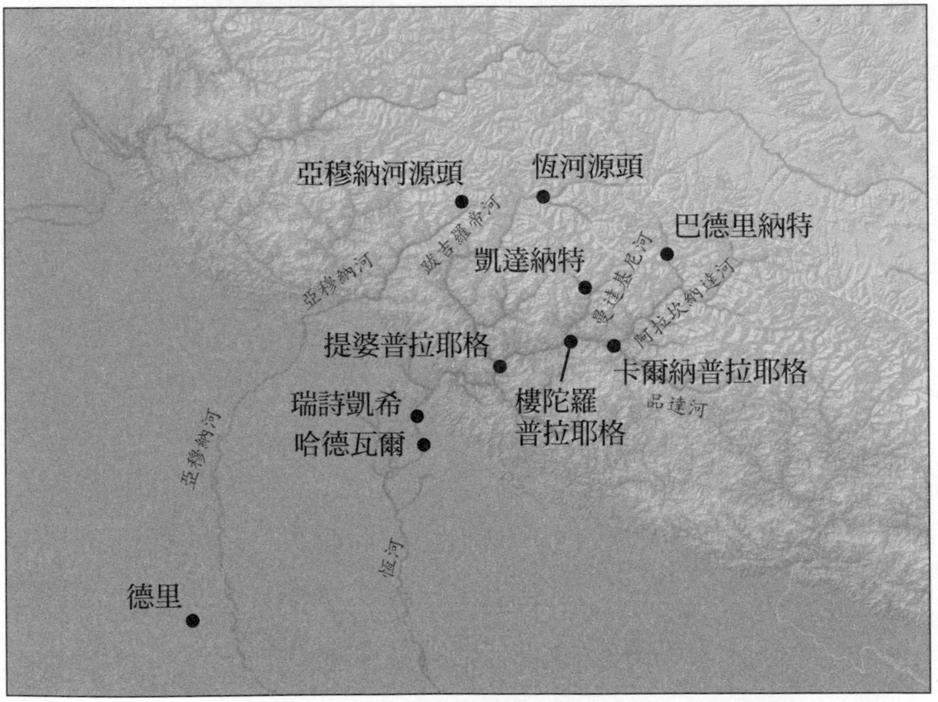

恆河支流、上恆河的河流交匯處及喜馬拉雅山的四方神居。

廟，之後再加上恆河源頭與亞穆納河源頭。就像所有門戶，恆河之門也會收入與吐出，不僅是喜馬拉雅山四方神居的主要入口，也是恆河進入平原的第一處偉大出口。哈德瓦爾確實不拘一格，不只跟恆河、濕婆神及毗濕奴神有關，也跟女神有關，例如古代的「奠基女神」大女神（Mahādevī）及廣受歡迎的馬納沙女神（Manasā Devī），她的神廟就位於俯瞰城鎮的山丘上，可以徒步或搭乘纜車前往。

此處的恆河流水湍急勢壯，配得上她「移動者」與「湍急者」的稱號。多年來，印度政府的工程師試圖在兩岸築上水泥堤防來控制川流。試圖在水泥河階上浸浴的人，會發現台階上設有鐵鍊、可供抓取的圓環，並有欄杆圈出可以安全下水的區域。即便如此，多數朝聖者更偏好前往所謂的「毗濕奴之腳」（Hari-ki-Pairi）——將緩和水流導引到寬大水池中。這裡的台階從水邊的小神廟升起，像一座環狀劇院一般。哈德瓦爾有無數恆河神廟，全都宣稱擁有古老起源，全都是最

哈德瓦爾的「毗濕奴之腳」河階，湍急的恆河流水被引到更適合浸浴的水池。

老、最原初的神廟。牆上或門楣會漆上大膽的告示：「神聖老恆河媽」、「神聖古恆河神廟」或「來看最老的恆河女神廟」。這個城市擁有許多恆河女神，及那位最壯麗的恆河女神——亦即河流自身。

往世書中認為前往哈德瓦爾朝聖的福報，是用昂貴獨特的吠陀儀式作為衡量標準，宣稱可比得上國王馬祭，或七場王家獻祭。「毗濕奴之腳」上方的浴場牆面，也以精心書寫的梵文，誇稱哈德瓦爾此處的恆河所帶來的好處：

> 即便在一百英里以外，口稱「恆河、恆河」者，
> 將洗清所有罪惡，並前往毗濕奴神的世界。
> 哈利德瓦拉是天堂之門，毫無疑問。因此
> 任何在此浸浴者，有如在百萬聖地浸浴。

夜間，「毗濕奴之腳」河階上擠滿了來此參加恆河獻燈的人。有些人從傍晚就在這裡，我看到的一些婦女，聚在這裡聽傳統教師讀《羅摩衍那》及解釋。隨著夜幕降臨，許多人擠進河階的環形劇院，警察在場管制群眾。浸浴區域對面的人工島嶼稱為「鐘島」，因為上面有一座鐘塔；島與河階之間有橋連接。島嶼跟橋上也都擠滿信眾，急切想親眼見識此地知名的獻燈儀式。許多神廟祭司來到水邊，帶著他們的五層銅油燈，燈芯吸飽油，預備點燈。當預定時間到來，鐘聲響起，這些祭司點燃龐大的油燈山，站到水邊。他們將手中的火焰山舉向空中，再深彎靠向水面，又再次高舉，一再將燃燒油燈轉向水面。在恆河源頭這裡，燃燒油燈（*dipa*），並非獻給恆河神廟中的神像，而是獻給奔流的大河，也就是流動的女神自身。

哈德瓦爾的大節慶，也以河流為中心。我們將看到，每十二年舉辦一次的盛大大壺節（Kumbha Mela），哈德瓦爾是「四處」地點之一。最近一次的大壺節在二〇一〇年①，浸浴期間從一月十四日到四月二十八日。[18]政府當局估計超過一千萬人來此浸浴恆河。[19]然而每年還有所謂的運水節，就像安・費爾德浩斯在她的馬哈拉施特拉邦研究中所描述的，在印度曆夏季的室羅伐拏月（七到八月）以及冬季的頗勒窶拏月（Phālguna，二到三月）時，整個哈德瓦爾城充滿肩膀上的扁擔（kavad）扛著恆河水罈的朝聖者，這也在全國各地的河流廣泛進行。他們從區域內各處湧向哈德瓦爾，裝滿水罈，再帶著恆河水返回自己的家鄉，將水灌注在當地的濕婆神像上。

甘格德瓦拉也是這些聖河河域中經常重複出現的特徵。這並不是源頭，而是親近的門戶。例如在馬哈拉施特拉邦，高達瓦里河源頭山丘的下方，涓滴細流從石頭中滲出。這個地方也稱為甘格德瓦拉，一位祭司在此舀水給任何停頓此地的朝聖者。此地是前往山腳的三眼之主（Tryambakeshvara）濕婆神廟時必造訪的五處聖地之一，接著朝聖者就會爬上後方山丘前往高達瓦里河源頭。

交會的河流：三辮之地

在印度各地，河流交匯提高了聖地的神聖性。兩條河強過單條；三條河更加吉祥。北印度的重要河流交會處，就是恆河與亞穆納河匯流（sangam）的普拉耶格，今日稱為阿拉赫巴德。此城長久以來因為喜馬拉雅山流域充滿雲母的河水，因此將恆河視為「白河」，而亞穆納河則是「青」河。《梨俱

①翻譯當下，最近一次的大壺節在二〇二一年，正逢印度第二波新冠肺炎疫情高峰期間。

吠陀》的最後一段似乎提及恆河與亞穆納河的匯流，詩歌寫道：「在白黑兩河匯流處浸浴者，將升上天堂。」[20]一千多年後，古典梵文詩人迦梨陀娑描述恆河的「白」水與亞穆納河的「青」水交匯處，有如合串的珍珠與藍寶石，又像交纏的青白蓮花環。[21]

根據往世書，還有第三條河，薩拉斯瓦蒂河，從地底湧出，也在普拉耶格加入匯流。薩拉斯瓦蒂河是吠陀時代的重要大河，以至於在吠陀詩歌中被提及五十多次。薩拉斯瓦蒂河以「河流之最」著稱，不僅是河水女神，她的名字還成為藝術知識的女神。然而薩拉斯瓦蒂河已經消失，只留下強大遺產，行蹤卻成謎。許多人認為這條河的流域過去在印度河以東，曾是整個文明的中流砥柱，卻在三千多年前因為主流乾涸而失去蹤跡。有些人則認為她的河床是今日流經拉賈斯坦沙漠的小河葛格爾（Ghaggar R.），比起乾涸河床的寬度，如今這條河顯得微不足道。科學家與地質學者尋找這條已經消失無蹤的河流。然而對今日的印度來說，薩拉斯瓦蒂河的力量與重要性卻是無與倫比，這一點呈現在薩拉斯瓦蒂河持續象徵性地參與了全印度所有的河川匯流之上。

阿拉赫巴德平坦的的黏土砂質平原朝向河川匯流的三角地延伸。熱季中，這裡是閃耀著熱度的乾烤沙土平原。當雨季逼近，而雨水落下、河水上漲淹沒沙地之前，風揚起沙土橫刮過平原。冬季則有數千人在此紮營，有時甚至高達數十萬人，他們都前來參加每年一月在此舉行的宗教集會——磨祛月節（Māgha Melā）。每十二年舉辦一次的大壺節，則讓此地轉變成地球上最大的城市。

阿拉赫巴德這個地名，據說是由印度——穆斯林皇帝阿克巴大帝所賜，然而在伊斯蘭進入印度的一千多年前，這個古老聖地是以普拉耶格（Prayāga）聞名於世，也是聖地之王（Tīrtharājā）。普拉耶格這名字，據說來自梵天親自在此地進行獻祭（yajna或yāga）。《摩訶婆羅多》中記載，「喔！英雄，恆河與亞穆納河的交匯處，我等先祖——所有存在的靈魂——梵天許久之前的獻祭之處，此地舉世聞名。因此，婆羅多的英傑，此地以普拉耶格為名。」[22]《化魚往世書》〈讚歌〉對聖地的描述裡，提到梵天的獻祭地點，就在普拉耶格曼荼羅最大聖圈的中心點。圓圈中有一方形區域，包含了一小組聖地，最裡面則是河之地（Venikshetra），河川匯流處附近的區域。[23]

即便吠陀傳統中的普拉耶格是個獻祭之地，但此地的名聲與吸引力卻來自於浸浴在河流的神聖交匯處。如前所述，《摩訶婆羅多》的正法篇章編纂之時，就已經明顯地將「繁複獻祭」的好處加到朝聖之上，我們已經可以看到造訪聖地愈來愈受歡迎。普拉耶格被視為最佳浸浴聖地，《化魚往世書》中也盛讚此地的力量。這個故事發生在《摩訶婆羅多》大戰之後，堅戰王對於殺戮許多國人感到愧疚。「我殺了這麼多英勇戰士、國王與英雄。我的生命還有什麼值得驕傲的呢？如此贏得的勝利，我要如何統治這個國家？」為此所苦，堅戰王流淚問道，他可以到哪卸下罪惡與哀傷的重擔。賢者摩根德耶建議哭泣的國王前往普拉耶格朝聖。[24]此地的許多浸浴處與聖地可以驅走所有罪愆。不只在此浸浴，光是走進普拉耶格的疆界，或看見普拉耶格的恆河，或在遠方想起普拉耶格，就能化解一個人的罪惡。「在那處浸浴者將前往天堂。死於當地者自輪迴解脫。居住於當地者受神守護。」[25]《蓮花往世書》（*Padma Purana*）則宣稱：「在恆河、亞穆納河與薩拉斯瓦蒂河交匯處浸浴、啜飲河水者，得以解脫。這一點是無庸置疑的。」[26]此地不僅是人類朝聖者的聖地之王，許多往世書頌歌中都提到，其他河流、聖地，甚至是神祇自身，由於收攏了無數朝聖者的罪惡，也會來到此地浸浴，並再度恢復純潔。所以這裡是聖地中的聖地。

恆河尚未抵達普拉耶格之前，今日進入喜馬拉雅山區的朝聖者，會發現許多「普拉耶格」，這些都是恆河源頭支流在北坎德邦（Uttarkhand，意指北方國度）的喜馬拉雅高地境內匯流的地點。這些喜馬拉雅山上的河川匯流處，也取了跟平原上知名匯流處相仿的名字。喜馬拉雅山上共有五個「普拉耶格」。在毗濕奴普拉耶格，兩條河流交匯，毗濕奴恆河（Vishnu Gangā）與達烏利恆河（Dauli Gangā）形成阿拉坎納達河。這條夾帶雲母的河流，閃亮乳白，流經巴德里納特的高山神廟。隨後在南達普拉耶格（Nandaprayāg），源自高聳南達德維峰的南達基尼河（Nandākinī）匯入阿拉坎納達河。來自更東邊庫瑪盎區的品達河（Pindar）則在卡爾納普拉耶格（Karna Prayāg）匯入漸寬的阿拉坎納達河。源自凱達納特冰河谷地的曼達基尼河（Mandākinī）的藍綠色河水，於樓陀羅普拉耶格（Rudra Prayāg）匯入滿載雲母而呈現白色的阿拉坎納達河。在樓陀羅普拉耶格，只有一道陡峭的岩石階道，從上方村落通往下方的白水匯流處。

最後在提婆普拉耶格（Deva Prayāg），所有河水匯入恆河的主流跋吉羅帝河——以那位伴隨恆河由天而降的隱修士王子之名命名。跋吉羅帝河的源頭很接近地理定義上恆河的河源。風景秀麗的提婆普拉耶格，就像樓陀羅普拉耶格一樣，

樓陀羅普拉耶格—曼達基尼河匯入阿拉坎納達河之處。

是一小塊插在兩河之間的窄地，兩到三層樓的房屋地基，是一寸寸從陡坡中開鑿出來的。兩河在村落下方的懸崖交匯，有一個小小的浸浴河階往下。我們的朝聖團沿著陡峭石階往下前往河邊。緊抓著固定在水泥上的鐵鍊，放任自己被匯流處的急流沖刷。由此開始，這條河被稱為恆河。

如同「普拉耶格」這個名稱有許多表述，三河匯流處的「三辮之地」（Trivenī）也是如此；人們說薩拉斯瓦蒂河從下方匯入恆河與亞穆納河。事實上，薩拉斯瓦蒂河原本是吠陀時代七河中最知名的一條，薩拉斯瓦蒂河的實體雖然已經消失，卻仍舊聲名遠播。她就是那條「第三河」，在各地出現，加入河流的匯流處，讓這些河流三倍神聖。三股合一或者三河匯流處，是印度河川傳說中經常重複出現的重要模式。

還有哪些地方的三河主題被明確認定為「三辮之地」呢？例如，卡韋里河流進南方的泰米爾納都邦時，芭瓦尼河（Bhavānī）匯入卡韋里河的主流。因此他們認為，這裡有一道地下河讓這個匯流處變成三辮之地。[27]類似的情況也出現在中央邦的烏賈因南方，也是個三辮之地——奇亞塔河（Khyata）與另一條不可見的河流，匯入了據說源自毗濕奴神軀體的克錫普拉河。這條不可見的河在《往世書》中被認定為藍色恆河。[28]索拉什特拉半島上的索姆納特濕婆神廟附近，也有一處三辮之地，希拉尼亞河（Hiranya）、迦毗羅河與神祕出現的薩拉斯瓦蒂河交匯。[29]我還在其他地方發現三辮之地，例如馬哈拉施特拉邦的偉大之主（Mahābaleshvara）神廟，安德拉邦斯里雪拉神廟下方的奎師那河上，以及北印度迦屍的河岸邊。

明顯地，「三辮之地」並不單指普拉耶格知名的三辮之地，而是隱微、神祕的地下「第三河」匯入兩河的聖地。這條河流不在人類的視線之內，卻存在於此，將祝福匯入整體之中。眾所皆知，這種「三辮之地」也成為瑜伽士內在象徵地理結構的一部分：陰脈（īdā）及陽脈（pingalā）會與第三條隱微的中脈（sushumnā）交纏，這是瑜伽士覺醒過程中，試圖由脊椎底部升起穿越頭頂的合股能量通道。[30]

普拉耶格的三辮之地也連結到恆河作為三界之河的象徵——連結天界、地界與陰間。她的三途河（Tripathagā）名聲，眾所皆知。三辮之地似乎也表達了恆河「不拘一格」的性格，她的神話與三大神都扯上關係——從天上毗濕奴的腳下流出；降落到濕婆神的頭髮上，成為他流動的陰性能量；並受到梵天喜愛，裝在水罈裡。[31]這三重神性明顯表現在普拉耶格的三辮之地上。白色的恆河與高莉女神（Gaurī）有關。黝黑的亞穆納河也被稱為卡林迪（Kālindī），亦即奎師那神的妻子。而梵天的妻子薩拉斯瓦蒂，神祕地從地下加入二者。[32]同樣地，在納馬達河源頭的阿瑪拉坎達卡山脈，也出現三河的象徵。納馬達河的〈頌歌〉中說到，一名純潔的河流女神由樓陀羅的身體出現。出於慈悲心，她將自己分成三條：恆河、納馬達河與薩拉斯瓦蒂河。《室健陀往世書》解釋，「恆河以毗濕奴的女性造型（Vaisnavī）出現，她是所有罪惡的毀滅者。納馬達河則從樓陀羅的身軀躍出。薩拉斯瓦蒂則以梵天的女性（Brahmī）外表出現，三界聞名。」[33]這段話總結，「就像恆河、納馬達河及薩拉斯瓦蒂河一樣。無論是浸浴在河水中、看到她們或只是想到她們，她們都會賜予同樣的福報。」[34]《室健陀往世書》讚美納馬達河的長段落中，最後的讚歌之一稱納馬達河為「偉大之主恆河」，並同時擁有毗濕奴、梵天與薩拉斯瓦蒂的特質。[35]

印度的偉大三辮之地除了普拉耶格之外，還有次大陸南頂端的海洋交會處，也就是卡尼亞庫瑪莉——次大陸的守護者、處女神的矗立之地。在此地，一片完美的三角形沙灘地上，海浪由三個方向捲來——南方的印度洋，東方的孟加拉灣，與西方的阿拉伯海。來自三方的海水，收納了全印度的水體。沙灘旁有一處略有保護的水池，朝聖者清晨時分可以半身浸浴在海水之中。當他們立願，以手舀起三洋之水時，祭司唱道：「我在此浸浴於三辮之地，卡尼亞庫瑪莉的海洋中。」

與海會合之處：恆河入海口

恆河接近孟加拉灣的三角洲十分廣闊，分散的支流涵蓋約兩萬兩千平方英里的範疇，跨越了印度的孟加拉地區與孟加拉國的海岸線。印度教徒稱為恆河入海口的地方，約在加爾各答以南八十英里處，由支流之一的胡格利河（Hoogly）形成的三角洲上。胡格利河流經加爾各答，收納達摩答河（Damodar）與魯普納拉揚河（Rupnarayan）的河水，並在河口創造出薩格拉島（Sāgara Island）。

他們說，就是在此，當賢者迦毗羅仙人正進行深度冥想時，薩嘎爾王的兒子無禮闖入，指控他偷了獻祭馬匹。也是在此，迦毗羅仙人以凝視之火將他們燒成灰燼，並保證當天河之水流到凡間之時，才讓他們復生。跋吉羅陀王將恆河引到凡間，一路帶著恆河穿越北印度平原，一路上吹響海螺，最終在恆河入海口抵達海洋。

每年，此地都會舉辦盛大的浸浴節慶。從十二月中到一月中的一個月時間，在河口這個形狀變化不定的島嶼上，一條大河轉變成帳篷、商店、苦行僧（sādhu）與朝聖者的虛擬城市。一月，在浸浴的最吉祥時刻，被稱作「轉變之日」（Makar Samkrānti）②的這一天，此地成為近百萬人的城市。從島嶼兩側大河沿岸上的河港，他們搭乘各種渡輪、蒸氣船與汽艇前來。特別是最近的港口南炭納（Namkhana），此地與加爾各答之間有巴士連接。從船隻停泊的浮動碼頭，朝聖者要走上五英里，前往匯流處浸浴。這座海島上的城市是季節性的，「轉變之日」就是恆河入海口最重要的一天。但在其他日子，於此海域浸浴仍舊受到歡迎，包含炙熱夏季的逝瑟吒月中，標誌著恆河下凡的那一天。[36]

②太陽在黃道十二宮上運行，進入下一宮的日子，此處係指太陽進入摩羯座。

薩格拉島寬闊的沙灘上，浸浴區長達一英里，一離開沙灘區就是迦毗羅仙人廟。在恆河入海匯流區水域中浸浴，並在迦毗羅廟中崇敬這位賢者，是前往恆河入海口朝聖最重要的兩個動作。浸浴時，有些人會進行特殊儀式：先抓著牛尾，祭司一邊唱誦安全跨越吠咀剌尼河（Vaitaranī）的必要詩頌。吠咀剌尼河將通往死者的冥間世界。這也再次提醒我們，恆河確實是三途河，流經三個世界，在天界為神而流，凡間為人而流，到了冥間為死者而流。在恆河入海口，恆河必須進入冥間（Pātāla），將薩嘎拉王的兒子帶回陽間。

因為海上的暴風及土壤侵蝕，迦毗羅仙人廟的位置多次移動。今日的朝聖者會發現一座一九七四年蓋的新廟，以水泥與鐵皮屋頂興建。這座廟取代了近代歷史上垮掉或被海水吞噬了至少四次的建築。神廟中，長鬍鬚的迦毗羅仙人像端坐在花環與剖開的椰子堆之中。此刻一如過去，他陷入深沉的冥想之中，頭上由五頭龍神（nāga）形成保護傘。一側是駕著坐騎「恆河鱷馬卡拉」的恆河女神像。另一側則是薩嘎拉王的肖像。此處的朝聖者口中經常高喊「勝利歸向迦毗羅老爺！」（Jaya Bāba Kapila Nātha）與「勝利歸向恆河媽！」（Gangā Māyī kī Jaya）。

大海經常被形容為河流的「主人」或「丈夫」。河流基本上是陰性；在《羅摩衍那》中，面對雪山神女帕爾瓦蒂詢問女性言行該當如何之際，恆河女神描述了「河流的女性特質」。[37]河流奔流向海，經常被形容為熱戀女性奔向愛人。因此河流與海的交會，就像一樁吉祥的姻緣。

恆河入海口是最知名的河海交會處，其他河口也有知名的聖地。馬希河（Mahī）在坎貝灣中的聖地——馬希河入海口匯流處（Mahīsāgara Sangama）——知名度之高，讓《室健陀往世書》的許多篇章都充滿溢美之詞。然而，河口是複雜的聖地。許多印度河流入海口擴展成廣袤的三角洲，河流也分支成多股河道。某些案例中，據說河流分成七股，再次喚起印度七河的印象，每條河的河水都來自一個整體。

重要的河流宗教節慶

在恆河入海口，朝聖者被建議停留三天三夜，以獲得朝聖的福報（punya）。臨時的食堂與商店裡，交雜融混來自印度各地的朝聖者。一位現代作家這樣形容，「宗教節慶的目的就是交融，宗教節慶的目的也是解脫。」文化盛會結合最崇高的宗教目的，是印度重要宗教節慶（melā）的特色。「宗教節慶是一面映照整體社會的小鏡子。」作者繼續寫下「反映出它的能量與力量，它的美好與惡劣特質」[38]。他描述「奉獻」（bhakti）是恆河入海口慶典中，將眾人綁在一起的那條線；這些人從孟買或喀拉拉、阿逾陀或斯利蘭卡帕特南（Shrīrangapattanam）遠道而來。我們的作者堅持，「要了解印度，必須了解這些宗教節慶。」

沿著印度河流舉行的宗教節慶，是印度教朝聖中最驚人的形式。聖地之王普拉耶格也主辦了印度最盛大的節慶。每年，在一到二月的冬季磨袪月中，三辮之地的大片沙質氾濫平原，轉變成朝聖者的超大型營區。這就是所謂的磨袪月節，一個月的節慶中，朝聖者持續由全印各地湧入。這也是宗教導師與智者、聖人與苦修者的盛大集會。他們搭起大型帳篷，舉行討論會，舉辦演講與講習。不論在世俗或神聖領域，與會者形成熱鬧的商業活動。「吸引他們的磁石，是同一時間、同一地點裡充滿蓬勃活力的宗教傳統。」學者杜比（D.P. Dubey）寫下「冷颼颼的冬季磨袪月中，這幅印度精神性的細密畫，呈現在恆河與亞穆納河之間乾燥的氾濫平原上」[39]。

早在《摩訶婆羅多》的時代，就已經提到磨袪月節，這可以追溯到西元的頭幾個世紀間。「嚴格守誓，並於磨祛月在普拉耶格浸浴者，喔！婆羅多的英傑，將完美無瑕，抵達天堂。」[40]西元七世紀戒日王統治時代，前往印度的唐朝佛教朝聖者玄奘似乎也在磨祛月節時分訪問普拉耶格，並寫到這個「自古至今的大施場」都在兩河之交的沙地上舉行。③看過證據之後，杜比宣稱：「這個節慶的歷史至少從笈多時代至今。」[41]〈讚歌〉宣稱在這個月中，所有聖地都會來此浸浴，因為他們需要在此卸載無數浸浴者交付的諸多罪愆。印度的山河，連同神祇本身，都在磨祛月來到普拉耶格，加入大批群聚的朝聖者、賢者與聖人的行列。磨祛月在此浸浴，據說可以讓人脫離轉世，也因此連眾神都渴望在磨祛月前往普拉耶格。[42]《化魚往世書》告訴我們，「磨祛月中，六千聖地與六億聖河會出現在恆河與亞穆納河的匯流處。」[43]《蓮花往世書》中一篇特別雀躍的〈讚歌〉宣稱，即便迦屍透過〈超渡咒〉（tāraka mantra）將光明知識給予所有在此去世的人，讓他們獲得解脫，然而普拉耶格甚至不需要任何知識就能賦予解脫！因此他們說，此地是地球表面上最神聖之地。[44]

雖然整個磨祛月都是神聖的，但有三天的時間，龐大的朝聖者會湧入普拉耶格進行吉祥浸浴：這三天包含「轉變之日」（當太陽進入摩羯座）、晦日（amāvasyā，無月之日）及滿月（pūrnimā）。然而，最吉祥的作法莫過於整個月待在此地，這個傳統稱為「住劫」（kalpāvāsa），據說會帶來梵天一生中積累的福報；他的一生相當於一劫波（kalpā），亦即四十三億兩千萬年。[45]

每十二年，磨祛月節就會變成大壺節，全世界最大型的群眾朝聖。我們也許可以想成，在許多世紀的朝聖者歡呼之下，每年的磨祛月節將轉變成大壺節盛典。這個月裡，千百萬朝聖者會湧進普拉耶格，在三辮之地浸浴，高唱「勝利歸向恆河！」（Bolo Gangā maī ki jai!），其規模驚人，有印度教各教派追隨者的廣大營區，光裸塗灰的古怪苦行僧遊行，他們似乎從無數修院、寺廟（matha）及洞穴中鑽出，讓大壺節世界知名。

一九七七年的大壺節，浸浴群眾估計達一千五百萬人。到了一九八九年，估計來到一千八百萬人。二〇〇一年，三千多萬人於大壺節期間造訪此地，並在匯流處浸浴。主要的浸浴日期中，群眾多到可以從太空衛星看見，節慶本身形成的城市規模，據說等同紐約、倫敦與巴黎人口加總起來的數字。對今日的大壺節來說，北方邦與中央政府合作，進行大規模的市政安排。根據大壺節計畫，每分鐘要打進五千加侖淨化過的飲用水，有六千五百輛巴士提供接駁，六千根電線桿提供服務，僱用六千位衛生人員，還設有一萬三千五百間廁所。恆河上架起九座浮橋，河流上還有四百艘船提供服務。有二十二處消防站，兩萬名警員與國家警衛隊員在場，加上三百名救生員，一百名醫生護士，與許多印度男童軍。

如此龐大的自願性朝聖，吸引了千百萬人進入共同的靈性經驗——在河流匯流處浸浴，必定對來自印度各個偏遠角落的人，產生創造世界一樣的影響力。然而宗教節慶的經驗，不只是浸浴，也是一場奇觀、商業行為與教育過程。長達一個月的紮營期間，這座建在匯流處平地上的臨時城市，街道上林立著臨時性帳篷，給予朝聖者蔽身之處，還有大型廳堂供宗教領袖講道。他們的喇叭就掛在燈柱上，日以繼夜，空氣中充滿宗教頌歌（bhajan）與導師激昂論述的嘈雜聲音。卡瑪・麥克林（Kama Maclean）在著作《朝聖與權力》（*Pilgrimage and Power*）中，調查大壺節對那些關心權力與治理的人，如何擁有著無可迴避的影響力。她的著作主要以非與會者的視角為架構，特別針對那些想要管理如此龐大聚會的英國行政官。她關注的是一七六五至一九六四年間的大壺節歷史，但節慶的政治影響力明顯延續至今。她寫下「大壺節獲得印度教大眾的注意力與想像；試圖掌握這群人者，就必須讓自

---

③《大唐西域記》卷五鉢邏耶伽國記。

己投身在大壺節中」[46]。

「kumbha」這個字意指水罈，特別指世界之初，眾神與惡魔相爭中，那個裝著不死甘露的水罈。當眾神將這個水罈搶到天界之後，據說有四滴潑到了凡間地上。因此有四個跟水罈相關的宗教節慶。當然，普拉耶格是最有名的，此外還有哈德瓦爾、中印度的烏賈因與西印度中部的納西克（Nāsik）。傳統故事中，所有地點都跟從海裡取出的那罈不死甘露有關，當時提婆與阿修羅，也就是眾神與非神，用曼達羅山當攪拌棒，蛇王婆蘇吉（Vāsuki）為繩索，翻攪牛奶海，就像人們攪動牛奶製作奶油一樣。透過這個眾神與非神既合作又競爭的攪拌過程，所有天地的特殊寶物都從海底升起，包括了因陀羅的大象坐騎、太陽戰車、吉祥天女及第一位醫師檀盤陀哩（Dhanvanrtāri）。最後攪拌出了一罈大家垂涎的不死甘露，眾神與惡魔遂展開爭搶。最終被眾神搶到了天界，卻未料四滴不死甘露滴落人間，就滴在普拉耶格、哈德瓦爾、烏賈因與納西克。根據傳說，滴落的不死甘露後來變成大壺節盛典之地。[47]

今日，普拉耶格的導師會吟誦古代《阿闥婆吠陀》的詩句，宣稱大壺節傳統是自古以來的傳統。「我將四壺置於四地」，詩篇如此開展，而這四地被解釋成今天的四個大壺節地點。然而這詩句卻是脫離了原始脈絡，在佐證大壺節的吠陀起源上有些薄弱。無論如何，恆河與不死甘露的連結，卻是常見。如《摩訶婆羅多》中說：「不死甘露對眾神而言……正如人類的恆河水。」[48]對在恆河浸浴並啜飲河水的人來說，這就是不死甘露。滿溢的水罈成為女神與恆河的常見象徵。烏賈因的錫普拉河與納西克的高達瓦里河，在當地的大壺節期間，也被認為轉變成純淨的恆河水，藉以強調這些超大型宗教節慶與恆河之間的關聯。[49]

四大壺節已經在大眾想像中根深柢固，即便現代通訊之前，一點廣告公關也沒有的時代裡，它們就已經吸引了無數群眾。每個大壺節都是十二年一次，雖然它們發生的季節不同。[50]例如，哈德瓦爾的大壺節有時稱為半大壺節（Ardha Kumbha Melā），因為它的十二年循環落在兩次普拉耶格大壺節的中間。發生的時間也非冬天的磨祛月，而是春天的制呾羅月（Chaitra，西曆三到四月）。烏賈因的大壺節稱為辛哈獅塔（Simhashta）④，發生在春天的吠舍佉月（Vaishākha，西曆四到五月）的滿月之時。納西克的大壺節也稱為辛哈獅塔，每十二年在夏末的婆羅缽陀月（Bhādrapada，西曆八到九月）舉行。[51]

這組四大壺節之外，還有每十二年在泰米爾納都邦的昆巴科南舉行的摩訶馬罕祭（Mahāmaham）。這座神廟城市距離卡韋里河並不遠，但祭典本身並不在卡韋里河邊舉行。相反地，昆巴科南城中有一座大型方形水塘，大小約有二十英畝，據說在冬天磨祛月的大壺節時，九條聖河會在此匯聚。大池邊的神廟門上描繪濕婆神與九位代表著河流的女性。銘文寫道：「濕婆神偕九名少女在摩訶馬罕聖地中浸浴。」此地列出的九位女性包括恆河、亞穆納河、薩拉斯瓦蒂河、納馬達河、高達瓦里河、卡韋里河、敦加巴德拉河、奎師那河與娑羅逾河——在七河之外又加入兩條南方的河。

在昆巴科南，濕婆神作為創造者的角色深受讚揚。這個故事明顯出自《偉大往世書》（*Periya Purāna*），在壺主神廟（Kumbheshvara）的內牆上，漆著明顯的英文故事：

> 二分時代（Dwapara Yuga）後的大洪水（Mahapralaya）中，濕婆神放出裝滿不死甘露與創造種子的水壺，任其漂流。這個壺就停在此地。所以這個古老地點就以壺為名，叫做昆巴柯南

④辛哈獅塔（Simhashta）為木星進入獅子座的宮位。

> （壺城之意）。濕婆神休息一會兒後，就喬裝成獵人，一箭射穿充滿不死甘露的水壺。溢出的不死甘露聚集一處，成為今天的摩訶馬罕池，摩訶馬罕祭時有數百萬朝聖者在此進行神聖浸浴。濕婆神收集了不死甘露弄濕的沙子，分散在此，捏出現在以「光之壺主」（Adhikumbeswara）為名的偉大林伽柱（Mahalingam）。這尊偉大林伽柱與其他任何神廟中的林伽都不同，並非大理石所作，因此不能以液體物質進行澆灌禮（abhishekam），否則林伽的外觀會溶損。獵人濕婆神（Kirathamoorty）的聖像是這座神廟的特色，也紀念了濕婆神本人創造了偉大林伽柱的故事。

牆上同時還畫了當地傳說的解釋圖像，附有泰米爾文與英文解釋：大地被大洪水（pralaya）淹沒時，梵天想要保存創造種子。濕婆神指示梵天將一些土、一點水、創造種子與不死甘露放進一個土壺裡，並將壺放在須彌山頂。大洪水前來之際，須彌山頂的壺獲得保全。當水退去，壺往南飄，直到落在泰米爾納都這片乾燥的土地上。堆在壺表層的木橘（bilva）葉、芒果葉與椰子果實掉落，變成濕婆神林伽。以獵人外形出現的濕婆神以箭射開這個壺，讓創造的內容物與不死甘露灑到土地上。濕婆神將不死甘露混和沙土，形塑出「壺之主」林伽柱，供奉並與其合一。這尊林伽也以濕婆的獵人（kirata）造型為名，稱為獵人濕婆神。至於不死甘露，因其擴散到方圓五俱盧舍，約十英里的範疇內，讓這片土地聖化。水聚集在摩訶馬罕聖地池中，因而成為神聖的浸浴池。

我們已經看到，昆巴柯南的浸浴節慶，也參與了恆河、大壺與不死甘露的連結。濕婆神以迦屍的宇宙之主形象，將九位河流女神帶到此地。據說在大壺節慶時，水池的水將直接來自恆河，有如恆河水一般潔淨神聖。就像磨怯月節時的普拉耶格一樣，此地也是諸河流女神浸浴之處，好卸下整年從浸浴朝聖者身上吸收來的罪愆。因此，諸河女神在充滿恆河不死甘露的水池中浸浴後，再次恢復潔淨。[52]

〈讚歌〉：讚頌恆河

幾個世紀以來，對於這條河流的頌歌、讚美與故事，已經擴張成大批〈讚歌〉。事實上，其中一部〈讚歌〉就吟唱了恆河的上千名字。[53]他們說，她被稱為「Gangā」，是因為她從天界「下凡」（gamgatā）。她也是「曼達基尼（Mandākinī）」，因為她是天界之河，像銀河一樣穿越天界。她是「毗濕奴之腳（Vishnupadī）」，因為她從毗濕奴神的腳下流出。她也被稱為「跋吉羅帝河（Bhāgīrathī）」，因為賢者跋吉羅陀（Bhagīratha）將她從天界帶到凡間。她也被稱為「賈娜薇（Jāhnavī）」，因為她經過賢者賈努（Jahnu）修行時前往大海的路上，將他吞沒又吐出。據說恆河是河中之河，一如迦屍是聖城之最，喜馬拉雅山是山中之王。

〈讚歌〉盛讚在這些河流中浸浴的好處。淨化、洗去罪惡、清淨內心——這些都是在恆河中浸浴的福報。事實上，在恆河水中浸浴，死在她的岸邊或在岸上火化，據說可以獲得解脫。[54]特別在這爭鬥時代中，傳統的解脫方式對一般人來說太過困難。在早期比較美好的時代裡，可以僅憑冥想（dhyāna）、苦修（tapas）或獻祭（yajna）來獲得解脫。然而現在正處於敗壞的爭鬥時代，對一般人來說，這些行為太難實踐。只有恆河能帶來拯救的祝福。[55]

恆河「被複製」的數量正是重要性指標，因為在這個宗教世界中，一個符號的重要性，不在於相對於整體是獨一無二的，而是如何深入到整體的每節經絡之中。如同前面所看到的，恆河的象徵意義，已經成為全印度所有河流與渡口聖地象徵意義的一部分，她將結構與力量分給印度其他地區的河流。七河及其他河流事實上都被稱為「恆河」，例如馬哈拉施特拉邦的高達瓦里恆河，或者卡韋里河也被稱為南恆河（Dakshina Gangā）。事實上，某些世界地圖記載了超過一百五十條河流與支流，分列在各印度區域之下，經過詳細且通常無趣的地理描述後，那些婆羅門學者會給出全面性的恆河認可：

> 所有河流都是神聖的；都是流向大海的恆河；都是世界之母；都被視為世界罪惡的消滅者。[56]

恆河是黃金準則。很明顯地，恆河並不單指一條河，也不限於流經北印度的那個公認的河道。這條河是聖水的原型，是印度神聖地形中常見的一種空間換位，充盈在全印偉大河流的聖水之中。[57]倘若無法前往恆河，造訪七河中的任一條，也有相同的效果。倘若七河太遠，最近的河流也可以。在南印度，幾乎每座神廟水池都被稱為濕婆恆河（Shiva Gangā），神聖傳說似乎透過某種廣大的地下渠道系統，將這些神廟水池與北印度的恆河連在一塊。例如，在極南海岸上的拉梅許瓦拉，據說羅摩曾用弓角往地面一鑽，一道恆河水便湧現；此地今日稱為達努許科提（Dhanushkoti），也就是「弓角」之意。馬杜賴市近郊的提魯帕蘭坤蘭（Tiruparankunram）穆盧甘神廟後方的岩山上，有一股「恆河水」湧出，巧合的是，旁邊的神廟就有一尊來自北方恆河岸、迦屍宇宙之主神廟的濕婆林伽。在東印度，奧利薩邦的比拉賈（Biraja）也傳聞透過地下渠道，與迦屍的恆河相連。[58]恆河甚至出現在孟買，也就是知名的箭恆河浸浴池（Bāna Gangā）。⑤

印度各地的神廟家屋中都可以看到，透過在水裡撒入幾滴恆河水，或唱誦恆河之名或咒語，以召喚恆河進入儀式用水中。因此，恆河是所有神聖水體的核心與源頭，包含了各處各地的水體。恆河瀰漫到其他河流，其他河流也在她之中。他們說，在一條河中浸浴，等同在所有河流中浸浴。當代印度作家如此描述，「當朝聖者浸浴在恆河之中，他感受到沉浸在印度所有河流之中的激動。」[59]〈讚歌〉宣稱有三千五百萬聖地聚集在恆河水中。確實，據說這條河的每次波動，都是聖地。[60]

流動的陰性能量

恆河雖然跟毗濕奴及梵天有關，但最長久而親密的，卻是跟濕婆的關係。濕婆是「恆河載者」（gangādhāra），經常被描繪成以他雜亂的隱士髮束載運恆河，後者不是被描繪成攀著他新月髮結的仙子，就是從他頭髮上湧出的一股水流。[61]這種造型的恆河，是濕婆神常見的伴神，隱士髮束是她由天下凡永久之旅的中繼站。我們要記著，恆河下凡是個持續過程，而非單一事件，因此恆河的所有波浪都是先落到濕婆頭上，才降到地面。載運著恆河的濕婆，跟她之間是一段關係，而非一次性的行動。

恆河被視為濕婆神陰性力量的流動形式，而陰性力量是他的主動創造能量。正如我們將看到的，莎克緹是被視為陰性的生命能量，透過陰性力量，至高超越的濕婆神才能顯現在世界上。這種能量自身也變成了偉大女神的名諱。想要親自見到無上神濕婆可能極為困難，但沙克緹女神卻是能見、能碰，可以讚美奉愛的。甚至可以沉入她的流動形式中，一如無數朝聖者每天的浸浴動作一般。行動的濕婆就是莎克緹，這是創造滋養顯化宇宙的能量。少了這股能量，至高神濕婆將是抽象的存在，無法被看見，人類也無法指涉命名。作為流動的陰性力量，以比較熟悉的詞彙來說，恆河是神的轉世，神性下降，自由流動。就像濕婆神成為恆河下凡的載具，恆河也成為濕婆慈悲救世事業的載具。透過恆河，濕婆才能以主動的救世者角色進入世界。正如室健陀向賢者投山仙人解釋，「喔！投山仙人，恆河就是莎克緹應該令你震驚，她不就是以河流型態出現，永恆濕婆神的最高能量？」[62]此處投山仙

⑤相傳為羅摩尋找悉達途中，途經此地，要求兄弟羅什曼尋找水源。羅什曼遂射出一箭，擊中地面便湧出恆河水，故命名為箭恆河。

人談到「永恆濕婆」（Sadā Shiva），這是個包含且超越了梵天、毗濕奴與濕婆三神，涵蓋面更廣的名諱。恆河作為至高濕婆神的流動陰性能量，體現了所有三神的能量。一名當代印地語宗教作家也寫下恆河是至高梵天的流動（drava）形式。[63]《恆河之波》開篇就寫到，她是「經典的核心及眾神善意的體現」。[64]雖然莎克緹的力量經常是矛盾且危險的，恆河的能量據說只為善意服務。即便存在著洪水與險流，濕婆的頭髮已經大幅馴服了她的毀滅力量。這就是她的〈讚歌〉。

眾水之母

這條河流在印度教徒之間廣稱為「母親恆河」。她包容、滋養且寬容，不帶一絲怒氣。在印度，許多女神結合了溫和與暴怒的特質，由於恆河同時具有滋養及洪水怒騰的能量，我們大可期待她應該也是這種矛盾神性典型的一員。然而這條擁有毀滅潛能的河流，卻獲得如此明確、毫不含糊的描述，反而更加令人側目。不像許多其他女神，她並非被描繪成一手持蓮花、一手舉武器。她帶的蓮花與大壺，兩者都是吉祥祝福的象徵。

許多故事中，恆河的母親角色特別崇高，回想古代吠陀文獻也稱恆河與其他河流為「母親」。神話故事中，我們得知濕婆與山神之女帕爾瓦蒂結婚後，長時間做愛。然而濕婆的種子過熱，帕爾瓦蒂的子宮無法承受。火神阿耆尼將種子帶到恆河畔的蘆葦叢中，這段時間內，便由昴宿（Krittikā）七姊妹孕育了這個胚胎，並生出英勇的室健陀。室健陀是濕婆神的命定之子，他的出世就是為了拯救世界，以脫離阿修羅王多羅迦（Tāraka）的力量。[65]由於他的昴宿女神養母，室健陀又被稱為六面之子迦絺吉夜（Kārttikeya）。然而恆河也宣稱是室健陀的母親之一。另一個故事中，以福身王（Shantanu）之妻現身的恆河，成為英雄賢者毗濕摩（Bhīsma）的母親。毗濕摩是恆河的愛子，由她親自撫養，當這位偉大英雄終於死於《摩訶婆羅多》的大戰中，恆河由河中顯現人身，就像任何一位母親一樣哀泣。[66]整體而言，恆河不只是室健陀或毗濕摩的母親，而是所有人的母親。當眾神飲蘇摩長生時，人類就喝恆河水，像母奶一樣滋養。《摩訶婆羅多》將人類對恆河水的渴盼，比為飢餓幼童渴望母親的奶水。[67]

他們說，即便從正法來說確實不到拯救標準的人，仍舊會被恆河擁抱拯救。《蓮花往世書》告訴我們，當人們被發現最醜惡的罪行時，兒子可能會拋棄父親，妻子拋棄丈夫，朋友拋棄摯友，但恆河一個也不會落下。[68]例如十七世紀的婆羅門詩人賈格納塔，據說因為愛上穆斯林婦女，而被逐出種姓族群。根據傳說，賈格納塔試圖前往瓦拉納西，證明自己被當地的婆羅門所接受，以重建自己的地位名聲；此舉卻失敗了。他們說，他與愛人坐在五河階（Panchgangā Ghāt）的五十二台階上，當他一一寫出《恆河之波》的五十二首詩時，河水就上漲一階。頌歌的結尾，河水淹沒詩人與愛人的腳，淨化他們，擁抱他們，並將他們帶走。[69]

在《恆河之波》中，賈格納塔稱呼河流為母親，而母親之河仍深愛著並承認被所有人排拒的孩子。賈格納塔被眾人排擠，甚至連其他無種姓者也不接納。他也遭到非議，甚至連瘋子也如此待他。他曾被拒絕，甚至連聖地也不被允許入內。事實上，這些聖地因為無力淨化賈格納塔，反而抬不起頭來。賈格納塔寫下，許多神祇照顧善人，但除了恆河，誰在意罪人呢？[70]

> 如同孩子迎向母親，我來到您身邊。
> 身為孤兒，我來到您身邊，浸潤以愛。

無遮無罩，我來到您身邊，神聖安息的恩賜者。
墮落之人，我來到您身邊，眾生的依托者。
病重之身，我來到您身邊，完美醫者。
我心因渴慕而乾枯，我來到您身邊，甜酒之洋。
憑您意志，任您差遣。71

畢竟，在母性河流的型態中，充滿著由毗濕奴神腳下或濕婆神頭髮流出的慈悲憐憫。她滋養著這片大地與其上所有的生物，無論生死。頌歌反覆肯定這條河正是慈悲的載具：

這條恆河是由眾神之神的濕婆送出，
拯救世界之河，充滿了慈悲的甜酒。
擠出瑜伽及奧義書的精髓，
濕婆創造了這條完美河流
出於他對眾生的悲憫。72

恆河邊的死亡

今日來到恆河邊的人，多半是進行死亡儀式的。有三個聖地被稱為「tristhalī」，基本上就是「三地」的意思，包含普拉耶格，迦屍與伽耶，這些地方特別適合死者進行「死亡」儀式與將骨灰「浸入水中」（visarjana）的儀式。

近日，伽耶是最不受歡迎的地點，因為法爾古河（Phalgu）幾乎完全乾涸，讓最知名的浸浴之地成了沙洲。即便如此，此地跟死亡儀式的關係仍舊存在。根據某些傳說，這座城是以阿修羅伽耶為名，他的苦修贏來一項恩惠：碰到他身體的人都可以上天堂。毗濕奴將他分散在各地，並將他自己的腳踩在鎮壓伽耶的石頭上。因此他們說，倘若在有毗濕奴腳印的石頭上舉行「死亡」儀式，摯愛的亡者將能獲得解放。今日，伽耶的重要性已經下降，雖然許多朝聖者仍舊在前往一小時外的菩提伽耶（佛陀覺悟處）的路上，順道一訪此地。

今日的普拉耶格仍舊有許多朝聖者前來舉行死亡儀式。即便平常的日子裡，不見冬季節慶的大批人潮，朝聖者仍舊帶著摯愛死者的骨灰前來。接近寬廣的匯流沙洲時，他們會遇到成排的聖地祭司（tīrtha purohit），這些特別祭司與記錄者會展示裝有紀錄簿的大箱子，向接近的朝聖者證明，他們確實是歷史與家族儀式的記錄者。其中之一，將會知道或宣稱知道朝聖者在安德拉邦的村莊在哪，還有他的家族、祖先及好幾代前祖先們在此進行的儀式。他們會告訴朝聖者，當代在此舉行儀式的重要知名人物——甘地、前總理尼赫魯與夏斯特里（Lal Bahadur Shatri）。

我陪著一位來自安德拉邦的朝聖者，在此進行這些儀式；他帶著小心包裹在塑膠袋裡的父親骨灰。他和妻子搭乘火車前來，一路上碰到其他抱有相同目的的旅客。他在此舉行的儀式有三個部分：「asthi praksepana」——榮耀死者的骨頭與灰燼；「asthi visarjana」——搭船入河，將骨灰投入河中；「pinda pradāna」——向死者奉獻飯糰（pinda），儀式上將死者歸入天界的先祖世系中。這項儀式是兒子或男性繼承人對父親的神聖職責。在普拉耶格的祭司面前，所有哀悼者盤起雙腿，成排坐在沙灘上。跟其他人一樣，來自安德拉邦的朝聖者赤裸上身，僅戴著前三種姓才能戴的白色聖線。現在他將聖線戴在反方向，也就是右肩上，這類反轉儀式在印度其他地方的死亡儀式中也很常見。他以右手啜水，一撮神聖的吉祥草（darbha grass）⑥繞在手指上，用來潔淨將發出語言的口唇。在他面前的是一個植物葉盤，裝著黃色、紅色與棕色粉末，白飯與花朵，一缽水——這些都是儀式必需品。他的面前還有一個土罈，此刻已經裝進骨灰。他將河流交匯處之水倒入骨灰中，跟著祭司複述自己在地球上的精確方位，以及前來此地的目的。Prayāg Trivenyām Maātīrthe…「這裡是普拉耶格的偉大聖地，三瓣之地……」。慢慢地，他將所有粉末、花朵與水加入罈中。他跟著祭司表示這場儀式是為了父親而作，「好讓他能前往天上的世界。」

宣告目的的誓言之後，朝聖者與一小隊赤裸上身的男性踏上船，每位帶著自己的土罈。他們戴著骨灰進入三瓣之地，進行浸入水中或「釋放」骨灰的儀式（visarjana）。回到岸邊，他們在河中浸浴後，重新回到儀式座位上，進行奉獻飯糰的儀式。這是個複雜的儀式。安德拉邦朝聖者與其他人各自在面前的地上，將小顆白飯糰排成棋盤格式。在儀式上，每顆飯糰都是組成死去父親隱微靈性新身體的一部分。最終，他將所有飯糰集合為一，將這枚大飯糰加入另外兩枚大飯糰中，一枚代表祖父，另一枚代表曾祖父。涉水入河，他將這個家族世系的團圓象徵，放進三瓣之地的神聖河水中。隨著死亡儀式結束，他進行儀式後的浸浴。他說：「我在恆河、亞穆納河與薩拉斯瓦蒂河中浸浴。」他的祈禱在高喊「Tīrtharāja Namostute!」——「一切讚美歸於聖地之王！」中結束。

在普拉耶格舉行死亡儀式之所以重要，就跟迦屍一樣，死亡本身被認為將引向最偉大的精神福報——也就是解脫的自由。在此，死亡擁有正面宗教價值，因此不意外地，那些重症患者或年老者會想要在這樣的地方迎向死亡。許多世紀之前，這應該是種常態。朝聖者會進行一趟被稱為「大前進」（mahāprasthānaka）的朝聖之旅，亦即邁向死亡之旅。他們希望在普拉耶格去世或自殺。這種作法肯定會引起注目，激起往世書及正法文摘中相當多的討論，並總結性地認為聖地之王不該成為個人蓄意終結生命之地。[73]

由於聞名於世的講法——「死在迦屍是種解脫！」迦屍當然也以死亡知名。即便今日，仍有許多人前來此地度過餘生。他們被稱為「Kāshīvāsī」，也就是立誓住在迦屍、至死方休之人。此地有區域性的救贖之家（dharmashālā），以及服務孟加拉人、泰米爾人與古賈拉特人的商店及餐廳。這裡提供導師與教導，確保等待死亡的人能夠聽到《博伽梵歌》或《羅摩衍那》。有些人在此立誓成為出家者；對其他人來說，則是漫長的退休生活。家人則會帶著重症末期者住進安寧之家。其中由達爾米亞慈善信託經營的迦屍慈善解脫之家（Kāshī Lābh Mukti Bhavan）會提供有隱私的個人房，有時也能夠提供另一間房給家屬。他們提供神聖羅勒葉、恆河水及梵唱歌聲（kirtan）。這處與眾不同的安寧之家，就在忙碌的市中心提供善終。[74]

不論在迦屍，還是其他地方，聆聽神名呼喚，提醒《博伽梵歌》的核心教導——亦即永恆靈魂並不會隨著肉體逝去——並在宗教氣氛中去世，是相當重要的。不過在迦屍還有另一層信仰，死亡之時濕婆神本人會降臨，給予明確智慧，讓死者得以「跨越」到不朽的對岸。在迦屍，學習如何解脫永遠不嫌晚。

七聖河

由於河流流經大地，它們就成了重要的連接者。心靈之眼可以想像河道及沿岸的地點，全都透過

---

⑥ Desmostachya bipinnata，羽穗草。

河流串聯起來。安・費爾德浩斯對西印度馬哈拉施特拉邦河流系統的廣泛調查中，凸顯了「馬哈拉施特拉人利用河流來概念化並體驗不同區域。」[75]例如，許多人帶著自己村落的地方神明，一起到卡拉德（Karad）的奎師那河入浴。或者，夏季的室羅伐拏月（七到八月）中，他們會帶著高達瓦里河水返回村落，供奉在濕婆神廟裡。透過這些河流儀式，區域感獲得概念化、視覺呈現及實踐。當然，隨著河流流經不同區域，更廣大的跨區域現實也會進入人的心靈。

此刻我們應該很清楚，印度河流並非單一河流本身，在地形上跟象徵上，都是河流集團的一部分。它們被組成不同團體——七聖河、恆河七源頭、高達瓦里河的七個入海口等。在諸多「三辮之地」中，有不少三的團體，三河的水在此匯流。它們的源頭、匯流處與入海口，都會加入相互指涉的象徵性語言。在神話層級，河流會到另一條河流去朝聖，以洗去自己身上累積的朝聖者負擔。在印度的系統地理中，神性的自然標誌，例如河流，其獨特性遠不及其重複性來得重要，後者形塑出一個細緻、系統化的整體。

印度河流最古老的群組，當然就是最終注入印度河的古印度五河——杰倫河、切那伯河、拉維河、貝阿斯河與蘇特立杰河。西北印度的旁遮普，字面意義就是五河之地，雖然今日五條河道以及印度河本身，主要都在巴基斯坦。在《梨俱吠陀》頌歌中，我們開始看到不止五條河，而是七條。這七條「母河」或稱七河，全都以雄大的信都河（也就是印度河）為名。[76]吠陀世界的七河包含旁遮普的「五河」，加上信都河與薩拉斯瓦蒂河。這些西北印度的河流經過亞利安頌歌詩人所住的第一片土地。不久之後，北印度中央大平原上的恆河與亞穆納河也被納進七河集團之中。隨著恆河神話發展，七聖河的概念也加進了極受歡迎的恆河下凡神話：恆河本人分裂成七股河流——三股向東，三股向西，最後一股，也就是跋吉羅帝河則向南，流進印度。在此視野中，七股恆河灌溉的不只是印度，而是整片有人居住的大地。

如前所見，七河的模式進一步在《摩訶婆羅多》及往世書的世界地圖章節中獲得發展；每一片宇宙島嶼的設計中都擁有自己的七聖河。因此婆羅多也是如此。這些河流據說源自七座山脈。許多河流源自喜馬拉雅山，這座山脈在《摩訶婆羅多》與《摩根德耶往世書》中，被認為像弓弦般，由大海延伸至另一片大海。[77]好幾條河的神話源頭，起自吉羅娑山腳的瑪納薩湖（Lake Mānasa）⑦——這座位於西藏的高山，是濕婆神的山岳居所。其中兩條，也就是信都河或印度河，以及布拉瑪普特拉河，形成兩股印度的邊界，從這片「世界屋脊」的高原分別往西及東流。繼續往南，則有其他山岳及河流。例如，往西流的納馬達河源起於利克沙山；往東流的高達瓦里河與奎師那河，則發源於西高止山地的薩希亞山。深南之地的卡韋里河發源於薩希亞山南部，或者馬拉亞山脈中，往東流經泰米爾之地。[78]

山河配對明確構成了今日稱為「七河」（saptanadī）的特殊河流群組基礎，這「七河」由北到南分布整個印度。這些聖河是吠陀河流的當代繼承者，有時也稱為七恆河，包含恆河、亞穆納河、信都河、納馬達河、高達瓦里河、奎師那河與卡韋里河。[79]全印各地印度教徒及世界各地離散的印度教徒與寺廟中，儀式用水時所吟誦的七河，都是這七條。當新落成的神廟要祝聖或新神像要開光時，無論在清奈或芝加哥，都會吟唱包含這七河之名的咒語，並在祝聖中撒下印度的水。

七河並不完全對應到七座山脈，但這並無大礙。它們屬於一個生命體系，體系中的個別成分一直持續變動，也可能會再度變動，但體系的架構卻始終如一，目的在於將個別部分與秩序整體連接起來，與宇宙本身共存。事實上，許多印度個別河流被認為擁有七條支流，或分裂為七股河流。正如恆

⑦ 藏語稱瑪旁雍措湖。

河也被認為有七條支流，代表天河流經濕婆神糾結亂髮時分散的河水。高達瓦里河與更南方的卡韋里河也被視為分成七條，當河水注入孟加拉灣的三角洲時分裂成七處入海口。事實上，印度河進入阿拉伯海的三角洲，也被稱為七印度河（Sapta Sindhu）。

印度文明一直具有河流意識，雖然我們無法探索今日印度七河的全員，但可以透過亞穆納河、納馬達河、高達瓦里河與卡韋里河，來擴大自己對於河流傳說模式的理解。沿著恆河，有些全印度家喻戶曉的名稱，也是印度教精神的深層源頭。

亞穆納河

亞穆納河源頭離恆河源頭只有一山之隔。[80]就像恆河，亞穆納河也被視為天界之河，是太陽神之女。在傳奇的古代七賢人虔誠苦修之下，她被引到凡間。她落在卡林達（Kalinda）山頭，今日河流的真正源頭是卡林達山南面的冰河，因此也被稱作卡林達河。

亞穆納河水形成的第一池，是冰冷的高山湖泊「七賢人池」（Saptarishi Kund）。這條高山河流由此向下流洩到亞穆納河源頭，冷流在此與溫泉水交會；他們說溫泉是由太陽的熾熱光線所創造出來的。此處的溫泉池與喜馬拉雅山對面的巴德里納特一樣，溫度高低不一。太陽池（Sūrya Kund）據說熱到可以煮飯。熱池（Tapta Kund）則適合疲憊的朝聖者入浴的熱水池。在亞穆納河源頭，女神以神像形式受到供奉，並分在兩地——稱為「聖石」（Divya Shila）的知名岩塊及亞穆納河女神廟（Mā Yamunā）。就像恆河，她也以母親形象聞名。就像恆河源頭，她的聖像也會在秋天的光明節時移下山，雪季時於山下接受奉祀。同樣地，就像恆河，亞穆納河本身仍舊是女神的活生生形象。亞穆納河就像恆河，被視為流動的女神。

亞穆納河在達克帕塔（Dakpathar）出山，今天此處有一座巨大的攔河壩，擋住水流。流量大幅縮小之下，這條河流最終繞經現代的德里，接著流經奎師那神信徒眼中的聖地——他們稱之為布拉吉（Braj）的區域。在秣菟羅城，根據傳說，在奎師那出生當晚，他的父親婆藪提婆（Vasudeva）帶著奎師那小嬰兒穿越洪水高漲的亞穆納河，將他託付給對岸村落中的養父母。此刻遠離敵對國王立即性傷害的奎師那，平安在亞穆納河邊的村落長大。在亞穆納河水與少年奎師那的足跡祝聖下，秣菟羅、戈庫爾與沃林達文因而成為聖地。童年時期的奎師那與放牛夥伴在亞穆納河畔四處遊玩。少年時代的奎師那吹著笛子，呼喚牧牛少女徹夜跳舞，並在月光下於亞穆納河水中共浴。

這條河就此成為雙向神聖之愛的標誌。正如奎師那神被認為自然現身在戈瓦爾丹山上的每顆石頭裡及沃林達文的每粒塵埃中，他的愛人也被認為存在於亞穆納河中。自然本身——土地與河流——就是奎師那神存在的象徵。奎師那本身就是山岳，而他的愛人就是流經大地的河流。信徒與朝聖者歌頌亞穆納河的八行詩，將亞穆納河比為恆河。一如恆河，她也自帶潔淨之水，但亞穆納河還特別獨有愛之水。他們說，要等到恆河在普拉耶格與亞穆納河匯合之後，恆河才享有奎師那神的愛。

納馬達河

清晨走過納馬達河源頭的阿瑪拉坎達卡小城，朝聖客以一句「Narmade！」（讚美納馬達河！）向彼此打招呼。納馬達河就像恆河，既是女神也是河流，往世書中也充滿大量對納馬達河的溢美之詞。有些詩句如此有名，結果幾乎每部書經中都可以看到：

> 堪卡拉的恆河視為神聖，薩拉斯瓦蒂河則在俱盧之地獲得崇奉，
> 但納馬達河沿岸都是神聖的，森林與
> 人居之地皆然。
> 薩拉斯瓦蒂河水在五天內潔淨一人，
> 亞穆納河水則是七天，恆河水立即潔淨，然而
> 光是看到納馬達河水，就足矣。[81]

納馬達河是印度最美、最迷人、也是今日最具爭議的河流。由於河流全域都神聖，因此成為印度唯一一條擁有繞行朝聖路線（parikrama或pradakshina）的河流。她發源於中印度東部蒼翠的邁卡拉山地（Maikala Hills）中的阿瑪拉坎達卡山。接著河流橫越整個印度，注入阿拉伯海的坎貝灣。這就是朝聖路徑──繞行一整條河流！一千八百英里長的朝聖之旅，可以從任何地點展開，朝聖者沿著將近九百英里的河流前進，讓河水保持在他們的右側。他們也可向西走，這是納馬達河流動的方向，沿著南岸一路前往河口；也可轉往東，朝向北岸的阿瑪拉坎達卡山上的源頭。整趟徒步朝聖行程要超過三年時間，今日許多朝聖者採取分段完成，每年都返回去年行程結束之處。[82]納馬達河繞行朝聖是當地河谷大壩興建計畫的受害者之一；這項計畫獲得世界銀行及印度政府支持。倘若計畫中的三十座大壩都完工的話，河域與沿岸許多神廟、聖地都將永遠被改變。部分會沉到水底，且二十多萬人將流離失所。這項計畫激起的激烈爭議已經超過二十年了。[83]

也許因為納馬達河朝聖之旅，沿岸的聖地無數，〈讚歌〉中對於納馬達河聖地的描述更是驚人細密。沒有任何一條河，包括恆河在內，兩岸的聖地擁有如此細膩的描述。「據說從納馬達河（入海）

匯流處至阿瑪拉坎達卡山（源頭）之間，有一百萬個聖地，所有聖地都住有仙人賢者。」[84]當今的出版品，如斯瓦米．奧姆卡拉南達．吉利（Swami Omkārananda Giri）的《神聖納馬達河繞行》（*Shrī Narmadā Pradakshina*）一書中，也詳細描述這段朝聖行程。[85]這本百來頁的印地文指南包含了沿途分段地圖、對納馬達河的頌歌、受歡迎經卷中的傳統故事，以及沿河所有地點的依次說明。他從河岸最重要的聖地開始，也就是位於河流中段的濕婆神河中島神廟——奧姆真言之主（Omkāreshvara）。由此沿河北岸往東走，前往阿瑪拉坎達卡山的源頭，接著沿著南岸前往入海口，最後再返回奧姆真言之主。某段紀錄讀起來就像往世書的地理描述，「從庫納爾匯流處（Kunar Sangam）開始約六英里處，是悉達巴提卡聖地（Sītabātikā），也稱為母親悉達。據說是蟻垤仙人（Vālmīki）苦修之地。當悉達帶著兒子俱舍（Kusha）與羅婆（Lava）來此居住，賢者極裕仙人（Vasishtha）與妻子無礙（Arundhatī）看到他們在此，遂也來此定居。接著為了保護母親悉達，六十四名瑜伽行者與五十二名陪臚神也前來此地。納馬達河女神也親自出面迎接悉達。一處擁有瀑布與湖池的美麗之地，以悉達、羅什曼與羅摩命名。在此苦修，則大小疾病將得痊癒。」[86]接著行程繼續，每三到四英里會有一個聖地、故事或恩惠。抵達阿瑪拉坎達卡山前，共有一百二十三個聖地，整個繞行共有四百八十一個聖地。

就像恆河，納馬達河據說也有個神聖起源。當地的〈讚歌〉描述納馬達河從濕婆神的頭上掉下凡間。[87]納馬達河就像恆河，也跟濕婆神親密相關，據說是從他的聖身上流出的。根據神話，濕婆本人在利克沙山上苦修，他的汗水流下山的陽面，形成了一條聖河。[88]今日的大眾說法，也認為納馬達河來自「濕婆神的汗水」（Shankar ke pasina）。如此這般，納馬達河被視為濕婆神之女，就像恆河被視為他的妻子之一。[89]納馬達河被視為守貞純潔的女性（brahmachārinī）。

今日大眾〈讚歌〉則進一步詳述這個故事：從濕婆神身上落下的汗水，形成巨大流瀉的瀑布；瀑布則演變成美女納馬達。她立刻開始崇敬濕婆神。當他賜給納馬達一個恩惠時，她說：「我想要給予所有的生命恩賜；我將維持不朽以消滅世界的罪惡，即便在您以毀滅之舞（tāndava）消滅大地的時候。請賜予我在南方，享有與恆河在北方所擁有的崇高偉大。讓恆河與我之間無所區別。因此，轉變之日在我水中浸浴之人，將會獲得在全印所有聖地浸浴的福報。崇敬您並在我岸邊去世之人，將獲得解脫。」[90]濕婆神賜予這項恩惠，並讓她往前奔流，經過今日的賈巴爾普爾（Jabalpur）、奧姆真言之主神廟、巴路吉（Bharuch）以及瑞瓦河出海口匯流處（Revā Sāgara Sangama）的大海。

另一則故事中，普魯拉瓦王（Pururava）詢問朝廷上的婆羅門，少了今日來說過於昂貴、複雜的獻祭儀式時，人民要如何洗清罪惡？婆羅門告訴他納馬達河可以消除罪愆，倘若她可以由天下凡，對所有人來說都是一大福音。所以國王進行嚴格的禁慾苦修，最終贏得濕婆神降福。因此國王請求讓納馬達河下凡。濕婆神獲得納馬達河的同意之後，並獲得溫迪亞之子——八座山岳——支持，同意支撐納馬達河。這則神話明顯跟恆河從喜馬拉雅山下降的故事相似。因此在黑暗時代，是納馬達河下凡洗去人民的罪愆。她所碰觸的一切、流經的各地，都變為純淨，包括河岸上的所有山岳、村莊、森林與修行所，一路直到海洋。[91]

另一則普受歡迎的納馬達河故事中，眾神向毗濕奴神抱怨，自己因為背負眾人罪惡的負擔而苦不堪言。毗濕奴神便去找濕婆神，後者慈善地從自己頭髮上拿下新月，從中甩出一滴不死甘露，滴到了大地上。這滴甘露中出現一名美麗少女，像蓮葉般清麗。她向濕婆神行禮並讚美大神，問道自己可以如何為他服務。濕婆神派出少女，流淌到地面上，減輕眾神的罪愆負擔。濕婆甚至承諾她水中的石頭只要受供奉，可以讓人願望成真。[92]這是關於納馬達河特定流域出產的光滑蛋形林伽石（bāna lingā）的諸多故事之一。這些經過河流拋光的光滑橢圓形石，被視為濕婆神的自然體現（svarūpa），更是最珍貴的濕婆神林伽石。它們不須經過祝聖，只因自然本性而神聖。如俗語說：「納馬達河的石頭（kankar）就是濕婆神。」這些不同尺寸、色澤與特徵的光滑蛋形林伽石，可以在納馬達河沿岸的宗教小物市集中看到，甚至全印度市集也都能看到。

今日在邁卡拉山地區域中，貢德部族（Gond）⑧的家園裡，阿瑪拉坎達卡成為深受歡迎的朝聖地。濃密森林中有處小樹林，稱為「母親的花園」（Maī kī Bagīya），內部有個小井據傳為納馬達河的真正源頭。涓滴細流由此處進入地下，短距離之外是官方的納馬達河源頭（Narmadā Udgam），建有神廟群與水池。這是一般人會造訪及認可的源頭。神廟稱為納馬達神廟（Narmadā Mandir），水池則是「千萬聖地」（Koti Tīrtha）。

神聖納馬達女神壇位於入廟後的右側。她的聖身以黑石雕成，戴著銀冠，立於蓮花之上，穿著藍色印花沙麗，掛上紅花金箔花圈。信徒供上剖開的椰子、白糖果及線香，並將一罈水灑在聖壇內的台階上。他們前往入口對面的神龕，供奉濕婆神與帕爾瓦蒂，接著前往神廟內其他次要神龕奉水，包含稱為阿瑪拉坎達卡大神（Amarakanta Mahādeva）的濕婆神林伽，還有帕爾瓦蒂的白色大理石像，以及羅摩、悉達與羅什曼的神像。納馬達河水注入的水池中，還有另一尊濕婆林伽，這一尊被稱為納馬達之主（Narmadeshvara）的林伽，位於池內水下，只有涉水而入才能接觸。此地也稱為牛口池（Gomukh Kund），向喜馬拉雅高處源頭致敬之意，路對面則是三辮池（Trivenī Kund），據說是三河匯聚之處，此處意指納馬達河、伽耶德利河（Gāyatrī）與娑維德利河（Sāvitrī）。

⑧貢德人是達羅毗荼語族的一支部落民族，為人數最多的印度原住民族（adivasi）之一，主要分布在中印度與東印度的山區。二〇一一年人口普查有近三千萬人。

另一條在納馬達河源頭附近一哩內起源的河流，是索恩河（Sone）。這是印度兩條重要的「男性」河流之一，另一條是布拉馬普特拉河。納馬達河與索恩河流向相反方向；另一條比較小的吉瓦拉河（Jvalā）也發源於此，在納馬達河源頭不遠處匯入。這兩條河在《摩訶婆羅多》的聖地描述中出現。[93]往世書中關於兩河有個傳說，跟納馬達身為貞潔女性的生命有關。在納馬達河畔住了四十年的英國貴格會成員傑佛瑞・毛（Geoffrey Maw）如此描述：

> 據說，索恩跟納馬達被安排結婚，然而身為傳統印度新娘的納馬達從未見過新郎。好奇之下，她派出年幼的朋友，剃髮師之女吉瓦拉，前往打探新郎長相。索恩看到美麗的小女孩靠近，以為吉瓦拉是他的新娘，因此下令展開婚禮。納馬達河女神深感受辱，因此背向索恩，向北奔流越過岩石與懸崖，接著往西，形成急流與瀑布，今日仍舊喧嚷著她的不滿。被拒的追求者索恩，將自己拋下一處高聳山崖，往東及東北奔流，直到加入恆河，流向孟加拉灣。[94]

整條河流域的朝聖地全都崇奉納馬達河女神，包括河流與聖像。例如在古賈拉特邦的強多德（Chandod），離海仍有數百英里，此地河水深寬，建有長排通往河岸的河階。河階頂端是納馬達河女神廟，廟內奉有白色大理石納馬達河女神像，穿戴繁複；兩側則為兩尊濕婆神像，以納馬達之主與奧姆真言之主的形象出現。奧姆真言之主是整條河上游地區最知名的濕婆神廟，位於中央邦。在討論偉大的濕婆神廟時，我們會再回頭細說知名的納馬達河中島神廟——奧姆真言之主。

高達瓦里河

高達瓦里河起於馬哈拉施特拉邦的西高止山脈，距離納西克市不遠，向東流經整個印度，注入孟加拉灣。高達瓦里河的源頭位於三眼之主神廟濕婆光柱（jyotirlinga）之上的乾旱山地中。往上的路徑十分陡峭，一群來自拉賈斯坦、戴著鮮豔頭巾的朝聖者手中持著木杖，在上午的烈日下艱辛攀爬。山頂上有片樹林及一口井，這口井據說就是高達瓦里河的最初源頭。這裡跟恆河一樣，據傳河水由天下凡到喜馬拉雅山，這裡則是在賢者喬達摩的祈求中下凡。這條河又被稱為高達瓦里恆河或南恆河；雖然我們剛剛才看到，納馬達河同意下凡時，也要求成為南方人民的恆河。然而在高達瓦里河源頭，我們得知溫迪亞山脈以南將恆河稱為喬達米河（Gautamī），以北則稱為跋吉羅帝河。[95] 跋吉羅帝恆河下凡，讓跋吉羅陀死去的先祖能夠復生，高達瓦里河的任務卻是清洗最深沉的罪愆，特別是殺害牛隻之罪。由於她下凡協助賢者喬達摩，所以也被稱為喬達米或喬達米恆河。[96]

根據這個故事，乾旱時節，其他賢者嫉妒喬達摩的繁榮。畢竟，喬達摩有口似乎無窮無盡的深井，可以灌溉他的田地。其他賢者決定要誘惑喬達摩犯下重罪，將他除掉。他們把一頭牛放進他的修行所，當牛一路吃進他的穀倉時，喬達摩試圖以吉祥草捆成的棒子（顯然是柔軟的棒子）將牠打出去。即使如此，這頭牛竟然死在喬達摩棒下。現在殺牛可是印度的重罪之一，因此喬達摩進行了嚴格的懺悔苦修，獲得濕婆神降福：恆河流進他的修行所，潔淨他的罪。所以在馬哈拉施特拉邦西部，恆河以高達瓦里河的形式下凡，這條河也因此被稱為喬達米河。[97]

這故事的另一個版本裡，當恆河下凡時，濕婆神以頭髮攔住她，嫉妒的帕爾瓦蒂想方設法要讓恆河離開濕婆神的頭髮。她派出侍女勝利（Jayā）變身成一頭牛來到凡間，並將她派到喬達摩的修行所中。他用一把聖草將牛趕走，但牛卻因此而死。帕爾瓦蒂的使者象頭神犍尼薩告訴喬達摩，只有恆河可以洗清殺牛罪。所以喬達摩前往婆羅門吉利山頂進行嚴格懺悔。對此感到滿意的濕婆神，因此賜福給他。喬達摩當然想讓恆河水來到他的修行所。但恆河並不想走，只無奈濕婆神已經解開亂髮垂到山上，將恆河從頭髮上分離出去，留在此地。

今日朝聖者爬上婆羅門吉利山，這座陡峭卻擁有寬闊頂部的山岳，正是傳說中高達瓦里河下凡之處。這裡的深井，是高達瓦里恆河首次現身的第一泉源。不遠處的神龕奉祀著長形波浪紋突出岩塊，正是傳說中承接高達瓦里河的濕婆髮束。山下一處山壁洞穴神龕裡祀奉著「恆河門」（Gangādvara），朝聖者可以在此接觸泉水。山壁底部則是輪轉聖地（Chkra Tīrtha），河水匯進一處水池，讓朝聖者可以在此首度浸浴高達瓦里河水。

根據當地傳說，恆河對於自己與上主分離感到十分不悅。他們說，因此她就消失了，進入地下冥間（Pātāla）。喬達摩再度進行嚴格苦修，並獲得降福，這一次是來自毗濕奴神。毗濕奴神以轉輪重擊，創造出一處聖地，將恆河由冥間帶回地面。這就是今日的以浸浴儀式聞名的輪轉聖地。從這處大池出發，高達瓦里河便踏上了她的旅程。[98]

高達瓦里河東流跨越印度的旅程首站，是十英里外的納西克；河流在此經過《羅摩衍那》中的檀陀迦森林（Dandaka Forest）。納西克當時被稱為「五樹森林」（Panhcavatī），以此地的諸多修行所聞名。羅摩、悉達與羅什曼前來五樹森林流亡，並在賢者「投山仙人」的建議下在此定居。根據民間傳說，此地後來被稱為納西克，意為「鼻子」，正是因為魔女巨爪（Shūrpanakhā）要求嫁給羅什曼不果，遭羅什曼在此砍下她的鼻子。當然，故事並未就此結束。巨爪的哥哥正是阿修羅王羅波那，為了替受辱的妹妹報復，打算從三位流放者居住的森林小屋綁走悉達。大家都很熟悉羅波那創造出金斑鹿的幻覺，導致羅摩帶著弓箭逐鹿而去，羅什曼與悉達彷彿聽到他求救的聲音，因此羅什曼衝進森林裡救援羅摩。此時，孤單一人的悉達，就落入了羅波那的手裡。

高達瓦里河在納西克流入一連串水池與池塘，由水泥石塊走道的與堤岸相連。河流在此被有效馴化，方便人們來親近。此地充滿跟《羅摩衍那》相關的故事。水池各自命名為羅摩池、羅什曼池與範圍廣大的羅摩弓池（Dhanusha Kund）。此外還有以悉達與猴神哈努曼為名的水池。他們說，羅摩、悉達與羅什曼曾經在河岸邊浸浴。傳說還指出，羅摩在羅摩池為其父舉行死亡儀式。時至今日，此處仍舊是骨灰入河儀式的重要地點；朝聖者仍會來到此地將死者的骨頭、骨灰放入水中。

馬哈拉施特拉邦的「恆河門」。

每十二年舉行一次的納西克大壺節——辛哈獅塔，也在羅摩池舉行；最近一次是二〇〇三年七月底，節慶持續了一整年。數百萬朝聖者湧入納西克，參加這個半大壺節。寧靜時期每天晚上，羅摩池被光明獻燈點亮。滿載澄清奶油與棉燈芯的小樹葉船，漂浮在水面上。隨著夜空漸暗，水池覆滿了搖曳燈火。羅摩池畔是供奉河水女神像的神廟，例如神聖高達瓦里恆河女神廟（Shri Gangā Godvarī Temple），就奉有恆河神像與足印。每個人都能證明此地的高達瓦里河就是恆河，喬達摩的懺悔將河流帶到婆羅門吉利山的故事，更是家喻戶曉。

高達瓦里河六百五十英里東流的旅程中，據說就像恆河一樣，分成七股支流。當河流抵達印度東岸時，形成廣袤三角洲，這七條支流就分別以古印度的七位賢人為名。

卡韋里河

在庫爾格地區，靠近卡納塔卡邦西部山區的梅爾卡拉（Mercara），就是卡韋里河的源起之地。庫爾格是一片翠綠富饒的大地，以出產蜂蜜、荳蔻、咖啡、胡椒、香蕉與木瓜聞名。卡韋里河源頭稱為塔拉卡韋里（Talakāverī），正如我們所預期的，印度河流的源頭不只是健行者與遊客的風景勝地，更是朝聖者的敬神之所。通往卡韋里河源頭的高聳道路，是在一九五〇年代完成的，沿途將經過一道長堵石塊、花朵與青苔構成的牆面，汩汩泉水滲出在地面閃爍微光。源頭本身所在地是一處石材砌成的細緻水池，三十多英尺長，兩側有長階梯引向水中。下方的源頭水注入這處浸浴池中。水邊有一個小型的河流女神神龕，就位於卡韋里河水湧之處，標示著卡韋里河的出生地。

卡韋里河的出生地雖然位於這處高山深井中，但她抵達人間的故事，仍是廣大河流女神神話的一部分。根據往世書傳說，這條河是毗濕奴摩耶女神（Vishnumāya）的流動形式，毗濕奴神要求她變成一條祝福之河，並成為賢者「投山仙人」的妻子。順服的女神遂變身為賢德女性殘印（Lopamudrā），成為投山仙人的妻子。當賢人得知南印度發生嚴重旱災時，她就變成河流，裝在他的銅質小壺裡，帶往南方。還記得投山仙人經常將北方的資源帶到南方嗎？在這個案例中，他的流體狀妻子成為一條河流。在這處高丘上，投山仙人放下水罈，水罈被風吹翻，或被牛踢翻，又或者是象頭神犍尼薩所為。不論如何，卡韋里河快速地流下山坡，為所到之處帶來滋潤。

另一個相關的故事中，據說投山仙人在喜馬拉雅山中進行精神苦修，濕婆神則降福予他：吉羅娑山的純淨之水將進入他的水壺中，伴隨著他。接著，濕婆神也請求投山仙人的協助往南去，降伏溫迪亞山脈的傲氣；後者已經長得太高，威脅到喜馬拉雅山的高度了。溫迪亞山長得如此之高，擋住了太陽的路線，結果大地遭到太陽燒灼。投山仙人順應要求，出發前往溫迪亞山脈。看到聞名的賢者到來，山脈在他的腳邊深深鞠躬，詢問自己能幫上什麼忙。投山仙人要求它們一件事：維持原狀，直到他從南方歸來。事實上他從未歸來，投山仙人繼續前往南方到達薩希亞山的高處。當他在此進行苦修時，煩惱旱災的眾神將他的水罈打翻，放出來自吉羅娑山的水，澆灌乾渴的南方。

卡韋里河的發源處非常靠近印度西岸。事實上，從源頭上方的高山，可以一覽整個庫爾格山地，天氣好的時候，還可以看到海。然而從庫爾格出發，這條河一路往東流過整個印度南部，從庫爾格山地就一路下落，展開穿越卡納塔卡與泰米爾納都邦的漫長旅程。河流第一個抵達的城鎮是山腳下的巴格曼荼羅（Bhagamandala），卡韋里河的第一個匯流處也在附近。青翠明亮的水稻田及草地之間，新生的卡韋里河與黑瑪瓦蒂河（Hemavatī）及卡納卡瓦蒂河（Kanakavatī）交會，後兩者據說是卡韋里河的童年好友，會合後一起往東迎向卡韋里河的丈夫：大海。河流往東四百七十五英里的一路上會流經三座河中島，全都建有偉大的神廟，供奉睡在大蛇舍沙（shesha）上的毗濕奴神。三島包含了邁索爾（Mysore）以東的上蘭甘姆（Adirangam），此地是斯利蘭卡帕特南（Shrīrangapatanam）

神廟所在地；再來則是中蘭甘姆的濕婆之海神廟（Shivasamudram）；最後則是知名的斯里蘭甘姆島（Shrīrangam），南印度最知名的毗濕奴神廟就位於此島。

河流的多次下凡

我們無法完全探索印度河流的形形色色，但從上面的描述當中，我們可以清楚發現各區域的河流共享多數隱而不彰、卻又常可以明顯察覺的象徵與敘事架構。例如在古賈拉特邦，據說當跋吉羅陀的苦修將恆河帶到喜馬拉雅山時，另一位賢者薩帝亞達瑪（Satyadhama）的苦修則將恆河帶到吉爾納爾山。在拉賈斯坦邦，源出於阿拉維利山地的沙巴爾瑪帝河（Sabarmati），據說是因為苦修士克沙耶帕（Kāshyapa）在今日稱為阿布山的阿爾布達山上苦行時所湧出的。濕婆神對他的苦行相當滿意，因此給了他恆河，從他的亂髮上落到阿爾布達山上，接著成為沙巴爾瑪帝河，也像恆河一樣，據說最後也分成七股。

安．費爾德浩斯對馬哈拉施特拉邦河流的龐大研究，為河流所創造的文化與區域地景，提供了不少證據。源於薩希亞德里山頂偉大之主神廟的五河，輻射流進區域之內。其中兩條流下西側陡峭山坡、進入海洋；三條則往東及東南，進入德干高原，最後注入孟加拉灣。這些河流中，奎師那河是最大的一條，也是最知名的，但據說每十二年恆河也會前來此地一次。整個偉大之主神廟群還有另一個名字：「五恆河」（Panchagangā）。在馬哈拉施特拉邦中，這五條河創造出區域意識。

在整個馬哈拉施特拉邦中，費爾德浩斯展示了濕婆神的山岳神龕與聖河源頭之間的關係。例如，另一處偉大的濕婆林伽所在地毗摩商卡拉（Bhīmashankara），是毗摩河（Bhīma）發源地，此河據說是從濕婆神——毀滅三魔城（Tripurāsura）後——休息時的汗水所湧現的。多數區域性的河流都是發源自濕婆神或濕婆林伽有關的山頭。在濕婆林伽石上澆灌清水，是儀式上重現河流由天下凡的過程。關於河流山脈、河流女神與濕婆林伽的關聯，不僅限於能夠閱讀梵文經典或通俗馬拉地文〈讚歌〉的人；同時還深植在地方文化之中。費爾德浩斯寫下「這些關聯與形象也屬於另一群人，他們的榮譽完全以在地為基礎，學習的是非梵文文獻的傳統」[99]。例如，在擔水儀式中，來自無數村莊的村民聚集在高達瓦里河畔的派坦（Paitan），以扁擔挑著水罈，將聖水帶回家，以澆灌家鄉的濕婆林伽。「河流將分散的村落結合起來，形成區域的這個過程，被擔水儀式給戲劇化了；這個分散的區域被穿梭的河流給定義出來。整個區域內，透過取水並以水澆灌村落神祇，讓區域在擔水者的想像中清晰了起來。」[100]

恆河的運用與濫用

一九八三年秋天，三輛大卡車的車隊載運著八英尺高的水箱，裝著恆河源頭的水，從北到南、從東到西穿越印度。這三趟大旅程被稱為「出巡」（yātrā），車上載著朝聖的象徵貨品。同時間還有八十九趟輔巡（upayātrā）。整個來說，他們將神聖的恆河水送到全印度千百萬個村落的居民手裡。每個村落城鎮的人都加入出巡行列，在載運恆河水的卡車後方，陪著走上好幾英里或好幾天。當然還有人聚集在每個休息站，來自附近村落的人用小瓶子裝滿恆河水帶回家。每個村莊再將本地水加入恆河水箱中，因為所有混入恆河的水，都會變成恆河。

這些出巡，就像知名的四方神居繞行一樣，將印度的東西南北方位點串聯起來。一輛卡車從尼泊爾的獸主神廟（Pashupatināth）出發往南，抵達泰米爾的拉梅許瓦拉；另一輛則從北方喜馬拉雅山邊緣的哈德瓦爾滿載聖水出發，前往南方大陸盡頭的卡尼亞庫瑪莉；第三輛則從孟加拉的恆河入海口跨越印度，前往索姆納特——位於古賈拉特邦索拉什特拉半島的海岸濕婆神廟。一路上，遊行行列跟著錄音帶大喊「勝利歸於母親恆河！」（Hara Hara Gange！）。這一整套泛印度的一體儀式，被稱為「團結儀式」（Ekātmatā Yagna）。[101]

這套所謂「融合儀式」（rite of integration）的主辦方——世界印度教徒組織，敏銳地將所有印度教徒、或某種程度上各種傳統的全體印度人，以大家都能回應的單一形象，拿來作為自己的象徵——恆河本身。[102]這是新型態的印度教國族主義進入政治領域的開幕行動。接下來十年中，這場運動專注在復原據傳曾是羅摩出生地的阿逾陀——這個地點自十六世紀至今已是一間清真寺。訴求摧毀清真寺、重建羅摩出生地的神廟運動，帶起了廣為人知的騷亂。但這場運動實際上在更早的十年前，從喚起恆河水象徵性力量的行動出現時，就已經啟動了。這場儀式透過恆河水將國家串聯起來，明確點出在某些方式下，這股象徵力量可以像當代貨幣一樣，拿來磋商斡旋。整個印度教下的印度，如此多元繁盛，除了母親恆河之外，很少有什麼是能讓大家明顯齊聲支持的。無論是來自次大陸何方、又屬於哪個教派，這條河對所有印度教徒來說，都具有深刻的意涵。如同一位印地文作家所寫，「即便是鐵石心腸的印度教徒，當他首次到達恆河岸時，心中也會充滿前所未有的情緒。」[103]或者，我們也可以說，當恆河走進人時，也是如此。運用恆河水，讓不同區域、各種印度教傳統的人民之間，產生了團結情感，此事本屬無害。畢竟，這是個全然祝福的象徵——只有滿溢水罈與蓮花，沒有武器、威脅或恐懼。

然而，如此運用恆河水的運動，透過辭令將印度之河變成印度教沙文主義的象徵，卻濫用了河流的象徵意義。更重要的是，長期來說，如此有效運用恆河象徵的印度教國族主義運動，卻很少正面討論恆河與印度其他聖河真正面對的問題：汙染、建壩與水質破壞的危機。人類學者凱莉·艾利（Kelly Alley）研究印度人對河流汙染的態度時，她寫下「目前階段，重新取回神聖空間的運動，再製了宗教動員模式，成功運用宗教象徵取得政治效果，然而領袖卻未能將這些運動的動力，延伸到環保計畫中，來拯救或清理恆河」[104]。

汙染與聖河

本章中，我們探索了印度教文獻與儀式中如何讚頌傳說的印度諸河。我們看到恆河與其他河流成為人們洗去多年積累的罪愆與精神髒汙之處。在每日祈禱儀式中於河畔浸浴，是印度教最基本也最常見的宗教面向。神廟旁的浸浴水池及許多河流裡，全都收集了許多人類的罪愆，且正如他們所說，透過浸浴恆河水，將這些交付給恆河。

即便是聖地，也需要被淨化，畢竟吸收了前來浸浴祈禱的信徒許多罪孽。如此負擔大量的人類罪愆，河流變得愈來愈髒汙，今日比起過往，更是明顯可見。任何人都能看見印度的河流被使用、過度使用，甚至濫用。祂們背負的罪愆包括了超量的廢水汙染，已經威脅到讓偉大的河流失去生機。人類廢水與工業汙染不受控地倒入河流中，包括恆河，已經造成今日印度最嚴重的環境危機。超過六億人住在恆河及其支流灌溉的北印度區域。恆河流經十幾個人口超過十萬的都市，百分之八十的都市廢水都直接流進河裡。

即便是恆河進入平原地帶最先經過的大都市哈德瓦爾，根據北坎德邦環保與汙染控制局記錄到的水中大腸桿菌量，即便人們只是浸浴也完全超標。他們說，飲用水的標準值應該低於五十CFU（菌落形成單位），浸浴的話則該低於五百，即便是農用水標準也要低於五千。但二〇〇七年在哈德瓦爾測得的菌量，為五千五百。[105]環保局估計每天從源頭到哈德瓦爾，約有八千九百萬公升的廢水排入恆河。當河水流過平原，穿越工業都市如坎普爾（Kanpur）等地，河流中累積的人類與工業廢物將持續增加，包含未經處理的化學物質與殺蟲劑。

亞穆納河也同樣因為汙染而窒息，而且因為流量本就微弱，河流幾乎沒有復原的機會。水被抽走了，未經處理的汙水流入河川。中央汙染管制局的官員告訴大衛・哈柏曼（David Haberman），「亞穆納河是印度汙染最嚴重的河流，至少從德里到昌巴爾（Chambal）匯流之間五百公里這一段。沒有其他印度河流挾帶如此高的汙染量。」[106]科學環境中心的蘇妮塔・納蘭（Sunita Narain）在二〇〇七年也提出報告，「亞穆納河中發生的情況，反映出印度各地河流的情況。亞穆納河已經死了，只是我們還沒正式將它火化。」[107]亞穆納河的主要問題也是廢水，數噸未經處理的廢水與工業汙染不只殺死河川，也害死以河川為飲用水的人。廢水處理廠或飲用水處理廠都未能解決這個問題。

印度偉大河流的神聖性與人類廢水汙染之間的不協調，是學者與運動倡議者經常探索的主題之一。宗教領袖、環保人士與政治運動者對於如何概念化問題與找出解方，經常有不同的說法。各自研究恆河與亞穆納河汙染的凱莉・艾利與大衛・哈柏曼都發現，信徒、祭司與宗教領袖之間非常抗拒直接坦白地說河流已經不潔淨了。他們在「純淨」（shuddhā）與「乾淨」（svacchatā）之間，以及「純淨」（pavitratā）與「髒汙」（gandagi）之間，試圖作出區別。凱莉・艾利在瓦拉納西市中心的十馬河階（Dasāshvamedha Ghāt）進行研究，每天都有千萬居民與朝聖者來此進行儀式浸浴。她發現很難對髒汙程度視而不見。「在十馬河階，當朝聖者進行浸浴時，其他人用肥皂洗衣服，朝聖祭司則吐痰，甚至老太太在河階一角『解手』（因為缺乏公共廁所），都市廢水就從河階下方排入河流。『髒汙』

（gandagi）環繞著尋求淨化的人。」[108]

那麼在恆河沿岸最重要的城市中心，大家是怎麼看待這種汙染的呢？根據科學與環境評估，河流生態退化是來自人類與工業的廢棄物；但對十馬河階的居民與宗教人士來說，河流破壞是當代道德敗壞的象徵，來自人類的貪汙與缺德行為。這是時代敗壞本身的象徵。無法建立可行的衛生與下水道處理設施、缺乏大眾的尊敬與參與、政府官員的貪汙腐化，這些都是問題。科學家的分析中夾帶著「生物氧需求」（ＢＯＤ）及「糞便大腸桿菌數」（ＦＣＣ）等專有名詞。宗教人士則強調我們這一代中的競爭、欺瞞與全面性的物質主義，讓人們對恆河失去敬意。這兩者都是汙染破壞的論述，卻經常以互不相通的字彙雞同鴨講。對某些人來說，河流危機是「資源管理」；對另一群人來說，卻是要拯救河流的力量與榮光。他們通過不同的眼光在看這條河，並不相信彼此的努力或目標，也不相信對方的官僚。如同艾利寫道：「讚頌恆河及崇奉恆河水（gangājala），是朝聖與祭祀（pūjā）的中心神聖象徵，但他們並不認為恆河水是個有限資源，會受到更大的生態體系影響。」[109]

試圖銜接這些論述的人，其中之一是維拉巴德拉．米什拉（Virabhadra Mishra），他是除憂神廟（Sankat Mochan Temple）的大祭司（mahant），也是瓦拉納西印度教大學的水力學教授。他這一生都住在恆河的圖西河階（Tulsī Ghāt）上，此地傳說是十六世紀偉大詩人圖西達斯（Tulsīdās）本人所住之處。「我心中有股掙扎與衝突。我想要進行神聖浸浴，這是我生命不可或缺的一部分。一天的開展怎能沒有神聖浸浴。但同時，我知道什麼是ＢＯＤ，我也知道什麼是糞便大腸桿菌數。」[110]米什拉成立了除憂基金會並發起「清理恆河運動」（Svaccha Gangā Campaign），結合科學疑慮與宗教論述：若要尊重母親恆河的純淨，就不能以髒汙汙染她的河水。這是運用「神聖純淨」與「乾淨」之間的概念性差異。河流神聖，因此被視為純淨；建立在這個信仰信念的基礎上，必須停止未處理的廢水、地下道汙水、工業廢棄物與垃圾等髒汙排入。正如米什拉所說：「在印度，環保工作的主要動力就是宗教。」倘若真想要往前推進，就不能將環保危機與宗教論述脫離開來，相反地，得用純淨母親恆河的語言，來敲響警鐘，引起大眾意識。「倘若你對那些跟恆河生活在一起的人說『恆河被汙染了，水質很髒』，他們會說：『別這樣說，恆河才沒被汙染。你在汙辱恆河。』但你若說：『恆河是我們的母親。來看看你的母親身上被丟了些什麼東西——那些髒水和垃圾——我們怎麼能容忍髒水被潑到母親身上？』反應會大不相同，這就是你可以運用的能量。」[111]

運用這股能量，不只是「清理恆河運動」的目標，也是關心亞穆納河汙染的大眾運動之目標。例如，沃林達文之友會（Friends of Vrindāvan）特別著重當地的垃圾廢水問題，因為亞穆納河穿越奎師那神的神聖地域。忙碌的朝聖城沃林達文據說是奎師那神年少時的居處，此外，秣菟羅的河階也是他擊敗邪惡剛沙王（Kamsa）之後的休息地。正如前所見，亞穆納河被視為神性的「自然體現」。一個接一個的信徒告訴哈柏曼，「亞穆納河被汙染，因為人們不把她當一回事。他們不認為她是神聖亞穆納。他們感受不到她的神性體現。」[112]然而正如哈柏曼注意到的，倘若我們只看河流的超越面向，我們就會小看解決河流實際垃圾汙染問題的急迫需要。但我們若只看到垃圾汙染，也會失去看見河流深刻意義的能力。我們必須對亞穆納河睜開雙眼，看到她「同時是女神及（現在遭到汙染的）河流」[113]。一隻眼睛得持續練習看著「日常生活突發事件之外（無限的）神性超越面向」；另一隻眼卻必須專注於「眼前的微小、脆弱、持續變化的有形珍貴世界」。在這片大地上，流動著神聖卻將要窒息的河流，睜開雙眼，對於成功的環境運動十分重要。

這並非一廂情願的想法，而是承認自然與人類世界相互關聯的「深層生態學」（deep ecology）。哈柏曼引述一名船夫的說法，他對此事展現的智慧可說發聾振聵，「河流的能量（shakti）並不因為汙染而減低，但汙染卻讓我們難以靠近河流。我們看不清楚，是因為髒汙蒙蔽了我們的眼睛。」[114]

聖河的獨特重要性與充斥汙水垃圾的可怕現實之間，充斥著不和諧，造成了印度的困境。只要少了其中之一——不管是細緻的宗教或科學認識——都難以理解或解決。無庸置疑，這世界上沒有其他地方比印度更需要好的河流品質，因為沒有任何其他文化的河流，在無數人的日常儀式生活中扮演如此核心的角色。世界上也沒有其他地方，每天都有信徒與朝聖者前往偉大河流與渡口浸浴、啜飲河水，並為逝去者獻祭。印度的河流網絡構成整個國家最重要的宗教劇場之一，因此環境破壞的危機牽涉的不只是環境，更是一場文化與神學上的危機。這不只是傳統隨著當代登場而消逝的問題；汙染與否，印度的河流依舊繁忙。

要解決這個棘手的問題，當然需要科技專家、環保運動者及宗教領袖最大的努力。然而在大壩、水電廠與汙水處理廠規畫者及持續視河流為宗教生活一環的信徒之間，似乎仍舊缺乏對話。汙染不是唯一的議題。古老的五河之地旁遮普，正面臨水荒危機，當地地下水已經降到新低點。上印度河谷沿線建立水電大壩的計畫，則為印度及巴基斯坦之間已經緊張的關係，增添另一個面向；因為巴基斯坦龐大的灌溉系統仰賴先流經印屬喀什米爾山區的河水。一九六〇年談判的條約，讓河水在兩國間均分；然而兩側的水電需求在過去數十年來均大幅增長。更往南看，神聖的納馬達河沿岸的水壩計畫，不但已讓數萬人流離失所，若三十座水壩確實完工，中印度的偉大河道恐將變成一連串長湖。喜馬拉雅山的大壩與水電廠也嚴重影響恆河的高山支流，跋吉羅帝河已經幾乎消失了。如今，河流運動採取了上百種不同形式，從嚴格世俗派環保人士的遊行抗爭，到絕食、甘地式抗爭到宗教運動者的網路連署，都在印度看得到。

傳說中由天下凡作為救贖源頭的河流，此刻祂們的凡身，反而更需要救贖。

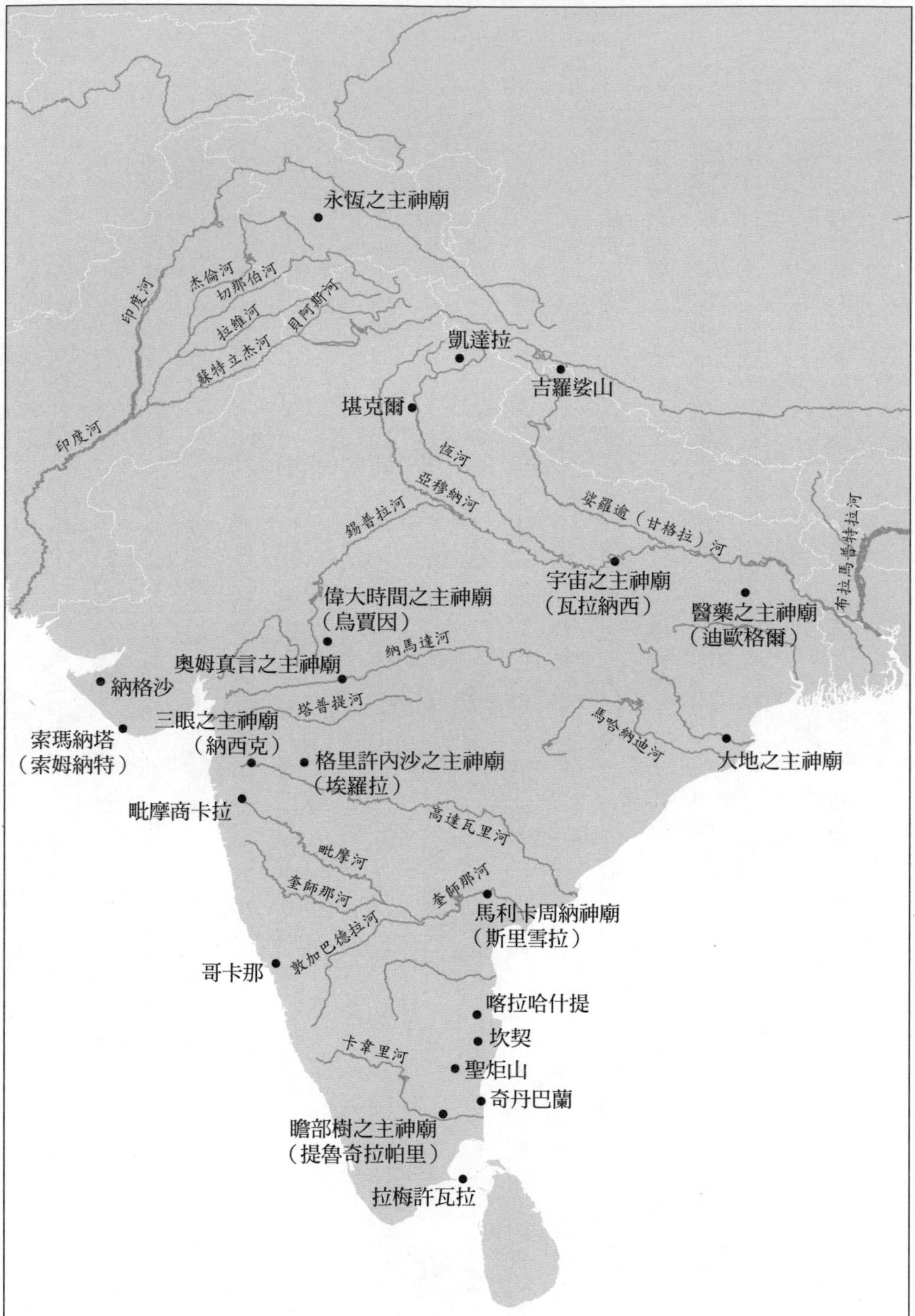
永恆之主神廟
杰倫河
切那伯河
印度河
拉維河
貝阿斯河
蘇特立杰河
凱達拉
吉羅娑山
堪克爾
印度河
恆河
亞穆納河
婆羅逾（甘格拉）河
布拉馬普特拉河
錫普拉河
偉大時間之主神廟
（烏賈因）
宇宙之主神廟
（瓦拉納西）
醫藥之主神廟
（迪歐格爾）
納馬達河
奧姆真言之主神廟
納格沙
塔普提河
三眼之主神廟
（納西克）
索瑪納塔
（索姆納特）
格里許內沙之主神廟
（埃羅拉）
馬哈納迪河
大地之主神廟
毗摩商卡拉
高達瓦里河
毗摩河
奎師那河
奎師那河
馬利卡周納神廟
（斯里雪拉）
敦加巴德拉河
哥卡那
喀拉哈什提
坎契
卡韋里河
聖炬山
奇丹巴蘭
瞻部樹之主神廟
（提魯奇拉帕里）
拉梅許瓦拉

印度大地上的濕婆

第五章　濕婆之光・印度之土

在中印度烏賈因市裡，一座偉大時間之主神廟的廊柱列道上，繪有一幅全印度的大型地圖。地圖上突顯了十二處稱為「濕婆光柱」的地方；濕婆神身為「偉大時間之主」的神廟，也在其中。在這十二個地方，據說濕婆神以無法衡量的光柱形式現身。這些光柱分布在整個次大陸各地，從喜馬拉雅高處凱達拉的凱達納特神廟，到印度南端的拉梅許瓦拉。附近另一幅牆面大小的神像上，青色四臂的濕婆神站在印度地圖上，偉大光柱地點則點在他的身軀上。他的頭顱是凱達納特，腳掌是拉梅許瓦拉。膝蓋高度之處，則是馬哈拉施特拉邦的格里許內沙（Grishnesha）及北印的馬利卡周納（Mallikārjuna）。他的手腕上印著納馬達河上的奧姆真言之主；心臟處則是烏賈因等等。濕婆神的軀體、印度地圖及濕婆光柱相互交疊，象徵性地結為一體。這幅畫面一眼就解釋了，我們十分複雜的地景投射故事的一部分。

牆上所繪的銘文，詳數著十二個濕婆光柱之地。多數都是全印各地印度教徒瞭然於心的地名，外人卻不大知曉，因為這些地方並非君王首都中、王室庇蔭下興建的偉大紀念建築。今日印度的觀光地圖上也找不到這些地方。這是朝聖者的地景。偉大時間之主神廟的銘文寫道：

在索拉什特拉的索姆納特，
斯里雪拉的馬利卡周那。
烏賈因有偉大時間之主，
奧姆卡拉（Omkāra）是不死之主（Mamaleshvara）。
帕拉里（Paralli）有醫藥之主（Vaidyanātha），
南方則是毗摩商卡拉。
橋之地的拉梅許瓦拉，
松樹林中有納格沙（Nāgesha）。
宇宙之主在瓦拉納西。
哥馬帝河岸上是三眼之主，
喜馬拉雅山中有凱達拉。
濕婆神居中，則是格里許內沙。

我榮耀這十二處。
晨起讀到此文者，
將免除所有罪愆，
並獲得全能的果報。[1]

將這十二個地方稱為「濕婆光柱」，是因印度教徒援引神話中，濕婆神曾以純光或火柱的震撼形式現身。然而在世界之初，除了神祇之外，並沒有人親眼見到濕婆神的此種顯現。這個神話主要是引領我們探索濕婆神在印度大地上的現身，因為濕婆神的印度地景主要是透過神話相互連結。即便故事未被訴說之時，這個神話仍舊存在，就像濕婆神也經常存在於奉祀其他神祇的無數印度教神廟底土中。在烏賈因，便宜的印地文小冊子、光亮多彩的聖像及光碟影片，宣傳並強化了朝聖者與廣大現實之間的連結感——那些從喜馬拉雅山到印度南端，散布在各地的十二光柱神像。聖像之一，強壯的青色濕婆神，兩手穩抓著三叉戟，就站在偉大時間之主神廟旁；兩者身後畫著喜馬拉雅山與恆河。十二濕婆光柱則圍繞在祂身邊。帶著這幅聖像返家的朝聖者，彷彿帶著某種經書上的肯定，就像畫在寺廟牆上的那幅聖像，保證獲得精神上的好處，「早晚記誦這些林伽的名諱，將抹去七世的罪惡。」

關於這十二地形成濕婆光柱團體的最早文獻紀錄，是約在十二世紀成書的《濕婆往世書》。班傑明・佛萊明（Benjamin Fleming）研究與十二地相關的文獻傳統後，寫下「這十二個地點的統合……似乎只限於（至少一開始）一小群中世紀婆羅門的手抄本與心中。後來這個概念才被印度次大陸各地不同地方語言傳統所吸納發展」。他繼續寫道，「在《濕婆往世書》的〈智慧部〉（Jnānasamhitā）中，十二濕婆光柱的標題明顯是相對人為的簡化設計，將多數屬於個別地點的獨立故事包裝在一起。」[2] 仰賴文獻傳統進行分析，他將此案例視為地方傳統與崛起中的泛印度意識之間的動態關係。「文字描繪的神聖地理學，可能反映出婆羅門菁英將地方區域傳統整合在一統宗教主題之下的努力。因此，這清單類型的地理標示正好佐證並有意識地推廣『印度』作為一個文化與宗教整體的概念。」[3]

十二世紀之際，甚至是在二十一世紀，都少有證據顯示，造訪十二濕婆光柱整體是個熱門的朝聖活動。然而，十二聖地不只是在文獻上被描繪成一組，也在每座濕婆神廟相關的傳統與聖像上如此描繪，肯定了濕婆神強大的存在與全面性的認知。就像在偉大時間之主神廟中，祂統御著印度地圖，濕婆神的存在也從喜馬拉雅山延伸到南方。正是對此存在的認知，超越了個別力量之地，將信眾由「七世罪惡中解放出來」。

文獻與地景中的濕婆神

文獻傳統告訴我們，偉大時間之主神廟（Mahākāleshvara）中敬拜的神祇，既古老且有多種多樣。這些文獻始於《梨俱吠陀》中獻給吠陀神祇樓陀羅（Rudra）的詩頌，他在《阿闥婆吠陀》中則是武器之神，受到祈求接近保護眾人，眾人卻又在驚懼中保持距離。他有許多不同名字，包含「存有」（Bhava）；「一切」（Sarva）；「獸主」（Pashupati）；「鬢蔓之主」（Kapardin）；「藍喉者」（Nīlagrīva）；「千眼者」（Sahasrāksha）。在印度兩大史詩中，住在山間的濕婆神經常簡單稱為「偉大之主」（Maheshvara）。《摩訶婆羅多》大戰前，般度五子中的阿周那向他請求武器。

《羅摩衍那》描述羅摩、悉達與羅什曼遭到放逐，穿越印度各地的叢林之旅時，在不同聖地中敬拜的神祇，也包含濕婆神。接下來數世紀中，濕婆神成為許多梵文往世書的核心，特別是《濕婆往世書》與《林伽往世書》（*Linga Purāna*），述說了無數濕婆神現身的故事。另一組文獻，稱為《阿笈摩》（*Āgama*），則詳列各種敬拜濕婆神的儀式——在神廟及神體的小宇宙中，解釋明面上與奧祕的意涵。此外，當然還有詩人，特別是六到九世紀間南印度的虔愛派詩人，以歌謠讚頌濕婆神及許多可以發現濕婆神的地方。

大量的婆羅門文獻與詩人歌謠在幾世紀來以許多不同語言寫成，因此需要大量分析探究。但這裡我們將採取不同作法，從幾個濕婆神的重要神話下手，目的是要探索那些「在人間」的地方。這些地方是濕婆神的所在，長久以來獲得許多信徒崇奉信仰之地。我們將看到不斷重複的強力景象：濕婆神無法被丈量、無法被限制、無始無終；然而這樣的濕婆神也停留在此廟中，安身在村落小神龕裡，就在河流交匯處，也在心中的內聖殿。正如七世紀泰米爾詩人／聖者阿帕爾（Appar）所言，濕婆神無始無終，就在我們城裡，就在濕婆普蘭（Shivapuram）之中。

見那神祇！
見祂超越眾神！
祂是北方的梵文
南方的泰米爾文及四吠陀！
見祂沐浴在奶與油中，
見我主，起舞，持火，
在火焚場的荒野中，
見祂賜福獵人／聖者！
見祂如愛人心蓮之蜜泉湧！
祂擁有無法企及的珍寶！
見濕婆！祂是我們濕婆普蘭的珍寶！[4]

局外人濕婆神

濕婆神在印度土地上的故事，可以說是從邊境開展的。祂是個局外人，遠北區域的山區住民。濕婆是誰？在古印度，濕婆絕非泰米爾詩人阿帕爾所說的「四吠陀」。事實上，他被視為在吠陀經典之外（vedabāhya），吠陀祭儀中是沒有祂的份。我們得從這裡開始，試圖理解這種神學意象的完整向度。

濕婆被排除在達剎祭儀之外的神話，是我們展開探索的好起點，這個神話最終也將帶領我們走向大女神的神化。這個故事是《摩訶婆羅多》及往世書中最古老，也最受歡迎的故事之一。[5]

達剎是個小神仙，神話世界的次級人物。似乎是為了展現他的重要性，他決定要舉行一場盛大獻祭（yajna），地點就在恆河離開喜馬拉雅山之處，稱為堪克爾的地方。在哈德瓦爾附近，今日朝聖者仍舊可以造訪達剎生主之廟（Daksha Prajāpati）。為了這場宇宙級祭儀，達剎邀請了整個宇宙，包含所有神祇賢者、河流山脈——每個人，卻獨缺濕婆。根據這個神話的某些版本，達剎認為先前受到濕婆的羞辱。其他版本中，他認為禁慾苦行的山神濕婆，基本上並不適合出席這樣隆重的祭儀場合。無論如何，將濕婆排除在賓客名單之外，是故意之舉。

從《摩訶婆羅多》版本之一，我們知道所有圍繞在喜馬拉雅山的濕婆身邊的神祇，都受邀出席達剎的獻祭。因此當提毗女神問濕婆，祂為何沒受到邀請時，濕婆只是回應，這是事物秩序（正法）的一部分，眾神從未在獻祭中給予濕婆一席之地。提毗女神因此大怒，導致濕婆前去毀掉這次獻祭。這場獻祭經常以鹿的形象展現，因此毀壞行為被展現為一場狩獵行動。濕婆引弓射殺鹿隻。接著，從濕婆眉梢落下的一滴汗水，出現了一個憤怒形象。濕婆神的憤怒形象——雄賢（Virabhadra）一把火燒了祭場。

《摩訶婆羅多》的第二個版本則重複這個故事，並添加一些內容。這個版本中，提毗女神以她的諸多名號之一的「烏瑪（Umā）」現身。但不像這個神話的其他版本，她並非達剎之女薩提。這個故事中，當烏瑪抱怨濕婆被排除在祭儀之外時，濕婆創造出烈焰般的雄賢，烏瑪則創造出摩訶卡莉（Mahākālī）。兩位恐怖代理人帶著一眾居民，衝進祭典中，大肆破壞。混亂之中，所有群聚的獻祭者請求濕婆神開恩；即便達剎也讚美濕婆，並要求重啟獻祭。故事的最後，以達剎唱誦濕婆神一千零八名號的頌詩告終。在早期版本的《摩訶婆羅多》史詩中，這個故事是關於濕婆神被排除在外，接著受到頌讚。

關於以濕婆為中心的達剎獻祭神話，最宏大敘事當屬《濕婆往世書》，納入《往世書》多種版本的內容。[6]此處，達剎是薩提的父親，薩提本人也被稱為卡莉、卡莉卡（Kālikā）或昌迪卡（Chandikā），這些名字都跟女神狂猛的力量有關。在眾神的懇求之下，這位女神以薩提形象降生，才能嫁給濕婆。[7]小女孩之際，薩提就能畫出濕婆形象；少女時代，她進行嚴格苦修，以贏得濕婆青睞。最終兩人在婚姻中結合，因為濕婆與莎克緹是注定要結合的。他們是永恆的伴侶，「就像世界與其意義」般結合在一起。[8]這個故事預示了下個永世將發生的另一個故事：薩提轉生為神聖的帕爾瓦蒂女神，再度贏得濕婆的青睞。

隨著祭祀展開，濕婆受到排除在外一事，並未被忽視。向來直言的食乳仙人（Dadhichi）因為達剎未邀請濕婆而盛怒。他說，濕婆是「吉祥者」，因為濕婆（Shiva）一詞意謂吉祥，為一切祝聖。食乳仙人說，少了濕婆，祭場就成了火葬場。對於自己純淨的獻祭被比為汙染的火葬場，達剎也動怒了。他利用這個場合，公開侮辱濕婆：濕婆不屬於法（dharma）的任何分類。他沒有種姓（varna），因此處於社會秩序之外。也無法以四住期（āshrama）的任何階段來認定他，因為他既年輕又年長，既已婚又單身。他是種姓四住期制度的外來者，因此無法在祭祀中獲得一席之地。

同時間，薩提也發現了即將舉行的偉大祭祀。她看到月亮與星星都盛裝打扮出門，因此問祂們往哪裡去。當她發現他們都前往堪克爾，濕婆卻未受到邀請時，薩提勃然大怒。即便濕婆警告她未經邀請不得前往，薩提仍舊堅持前往祭場。她衝進堪克爾的祭場，要求知道濕婆為何未受邀請。此處在薩提與達剎之間展開的對話，是濕婆神學的重要表現。達剎堆到濕婆頭上的所有污辱，都被薩提靈巧地轉為對濕婆的讚美。她說，濕婆也許住在火葬場，但天上神祇以他腳下的塵埃碰觸自己的頭。濕婆也許沒有宗族、氏族或種姓，但他是宇宙之主，基本上並無起始。最終經過這場論辯後，薩提以自己的苦修力量發出巨大火焰自焚。身為忠誠妻子與身為女瑜伽士（yoginī）的力量，賦予她自焚的能力。[9]就在達剎祭儀大批賓客眼前，她在自身苦修力量的火焰中焚燒。

從侍從口中得知薩提的死訊，濕婆也發怒了。他拉出一叢苦修士的頭髮，撒在山頂上，半叢頭髮生出狂暴的雄賢，另外半叢生出恐怖的摩訶卡莉。兩者由喜馬拉雅山高處奔下，衝進祭場。與會者透過一連串惡兆，感受到即將到來的毀滅：獵犬嚎叫，暴風狂捲，達剎開始吐出骨與肉。上萬雄獅拉著戰車，載運雄賢到來；摩訶卡莉則率領九名杜爾迦女神與六十四女瑜伽士組成的軍團。伴隨它們而來的，是數千名稱為「犍納」（gana）的濕婆神侍從。七大洲、海洋、森林與山脈，全都因為恐懼而顫抖。

雄賢與摩訶卡莉帶領可怕惡靈與狂徒汙染了祭場，祭品丟得到處都是，更拿起原本用來獻祭的食物飲料，大吃大喝。全場一片混亂，到處都是被砍下的頭顱、撕下的耳朵、眾神與賓客被斬下的肢體。獻祭遭到破壞殆盡，達剎的頭也被砍下。最終，眾神請求開恩。逃離祭典的屠殺現場，他們去找濕婆，當時他正坐在吉羅娑山頂一棵高大的宇宙之樹下。他們請求讓達剎復生，遭到支解的賓客復原。仁慈的濕婆復原了一切。不過，由於達剎被砍下的頭已無蹤影，因此改以羊頭裝上達剎的身體。

祭祀繼續舉行，並將適當的祭品獻給濕婆神。最終，達剎與眾神讚美濕婆為至高無上神。濕婆本人則對祭祀漸趨消散的效力，提出終結講道：人不能僅靠著儀式與獻祭，來跨越生死洪流。還必須要有知識，特別是關於濕婆神的知識。

在《濕婆往世書》中，重點在於濕婆神作為眾神之中外來者的角色。雖是個外來者，他仍舊至高無上。繁複的吠陀儀禮中，濕婆並未獲得一席之地。[10]即便身為外來者，以戴顱者（Kapālin，飾有頭骨瓔珞者）形象現身的濕婆神，仍舊是絕對至高者，毀滅與完整一切者。整篇神話以濕婆神的讚美總結。

山神濕婆

濕婆是山間的瑜伽士。即便今日牆上或海報上所繪印的濕婆形象中，最受歡迎者，仍是在雪山冥想的濕婆。他是住在極北高山上的瑜伽士，面南陷入深沉冥思之中。印度雕塑師塑造的古典造型，被稱為「南面之主」（Dakshinamūrtī）。他是深沉智慧的導師；同時與深愛的妻子薩提同居於此。想要探索濕婆在這片地景中生根的方式，當然要從他的喜馬拉雅山家園下手。從遠古開始，濕婆就是山神吉利沙（Girīsha）。

當薩提終於再度轉世後，她成為人形的喜馬拉雅山神與妻子梅納（Menā）之女，以帕爾瓦蒂或吉利佳（Girijā，「山之子」）的身分生於山間。她在山中服侍濕婆神，希望能獲得他的青睞。但濕婆卻無動於衷，沉浸在自己的冥想中。無法透過服侍獲得濕婆的注意力，帕爾瓦蒂決定改弦易轍：她要透過苦修來贏得濕婆。這麼做之後，每過一季她都因為嚴格苦修而變得更加美麗。他們的婚禮在喜馬拉雅山中舉行，是整個宇宙都共襄盛舉的大事。兩神的兒子鳩摩羅（Kumāra），又名室健陀，也在同樣的山間誕生。這一切都讓濕婆的神祕家園建立在山間地帶，這個神聖家庭的山居歲月故事，充滿巧計、幽默與對話，後來都成了許多偉大故事的核心。藝術家也熱愛這些場景；十六、十七世紀的拉吉普（Rajput）與帕哈里（Pahari）細密畫①家描繪濕婆神時，他被呈現為高山居所中的家居好男人，營火旁有處獸皮帳，太太帕爾瓦蒂與兒子象頭神犍尼薩及室健陀就在一旁。有時在描繪中，他也會串起骷髏項鍊，當成珠子般，拿來娛樂小孩。

倘若我們前往喜馬拉雅山上的濕婆居所，這些特殊地點之一就是巴德里納特附近劈開天空的雪白山尖。這座山峰名為「藍喉」（Nīlakantha），跟濕婆同名，祂喝下創造之海攪拌產生的危害世界毒藥，因此喉嚨變成藍色。由此穿越高處的山脊後，就是十二濕婆光柱之一的凱達納特神廟。由此往西北數百英里之外，在喀什米爾的喜馬拉雅山區，我們會看到冰雪形成的永恆之主（Amarnāth）光柱。每年夏天的室羅伐拏月（七到八月），總有數萬名不畏艱苦的朝聖者前來。[11]即便在人們從未親眼見過自然結冰的熱帶印度各地，人們都能立刻認出濕婆神呈現在冰柱上的形象，那就是「永恆之主」。

然而，濕婆神山間居所最主要的地點，就是吉羅娑山，今日位於西藏西部邊界內側。吉羅娑山高達兩萬兩千英尺，幾乎是孤立在一片高原之上，金字塔型的黑色山峰，掛著冰河與冰雪。對許多印度教朝聖者而言，此地是最終夢想與目標。過去二十年間，穿越印度與尼泊爾通往吉羅娑山的陸路開通。自中國開始控制西藏之後，印度朝聖者首度可以前往吉羅娑山。從這條陸路前來的印度教徒，會合其他多數為拉薩方向前來的佛教朝聖者。轉山（parikrama）將花上兩天時間，在超過一萬五千英尺的高度步行。如同許多聖地，吉羅娑山疊加多層印度教與佛教意涵，兩大傳統的朝聖者在艱辛的旅程中抵達這座偏遠山巔，拖著疲憊腳步，持續不斷祈禱繞行山巔與馬旁雍措湖（Lake Mānasarovar）。

不意外地，在兩大傳統中，吉羅娑山經常被視為須彌山，那座位於世界中心的神話山巔，不只定位了這個蓮花世界，也是更廣大宇宙的定點。對印度教朝聖者來說，這座世界中心的山巔，更是濕婆神的家。附近的山頭被視為帕爾瓦蒂、室健陀、犍尼薩，以及濕婆神的坐騎與守護神——公牛南迪（Nandi）。他們說，吉羅娑山本身就是濕婆光柱的山形顯現，是在時光伊始之際劈穿大地的濕婆光柱。

然而正如我們將看到的，濕婆神作為山神顯現一事，在印度各地不斷重複。有許多山巔都是濕婆住所，部分被視為喜馬拉雅山的一部分，卻被轉移到其他地方。濕婆神以毗摩商卡拉的形象，出現在馬哈拉施特拉邦；又以三眼之主的形象，出現在西高止山脈中的薩希亞德里山；還以馬利卡周那的姿態，現身安德拉邦的斯里雪拉神廟。正如同吉羅娑山是神聖光柱的山形顯現，泰米爾南方的聖炬山也據傳一開始是單純的火焰，直到暗黑時代（Kali Age）中才變成岩石。

雖然從山中起源，但我們知道濕婆神也在平原上的其他地方建立永久居所——特別是神聖城市迦尸，又稱瓦拉納西。根據某個神話週期，盛大的喜馬拉雅山婚禮之後，帕爾瓦蒂的父母親喜馬拉雅與梅納，開始叨念濕婆，要他為新娘找個適當的家。梅納特別難纏，她認為帕爾瓦蒂值得擁有一個更穩定舒適的家，而非現在靠在山邊的象皮帳篷。因此濕婆神掃描整個地球之後，帶著新娘來到瓦拉納西定居。濕婆神將這個城市命名為「不離地」（Avimukta），因為他永遠不會離開此地。同時即便世界末日，宇宙其他部分陷於「劫滅」之水中，他仍舊會一直將瓦拉納西舉在三叉戟尖端上。光是瓦拉納西一地，就有無數濕婆神廟，包含根據傳統的十二支主要林伽石之一，都派駐此城。就像吉羅娑山，

①中世紀北印度細密畫的三大傳統畫派。拉吉普與帕哈里畫派以印度教傳統與印度教諸王故事為核心，另外的蒙兀兒畫派則以蒙兀兒傳統與宮廷歷史為主。

瓦拉納西被視為濕婆光柱在地上顯現，五俱盧舍圍成的神聖區域中，深不可測的濕婆光柱切穿了地球平面。[12]這整個神聖區域被稱為迦屍，也就是「光亮」之意。

事實上，即便濕婆神住在吉羅娑山與瓦拉納西，他也住在其他地方。全印各地的村落，幾乎都有供奉濕婆形象之一的神龕。最常見的奉祀形式，就是林伽石——這種圓柱形石頭是濕婆神顯現的最常見形式。濕婆林伽可以在鄉間看到，也出現在山丘頂端、河岸上及河流交匯處。每座神龕都宣稱擁有濕婆神完整不可分割的顯像，即便每年只是在祭典當天顯現。濕婆神擁有數千種地方名號。喜馬拉雅山中庫瑪盎山區達魯瓦納（Daruvana）高山松林谷地中，濕婆神被稱為「覺醒之主」（Jāgeshvara）。他們說當般度五子在此睡著，濕婆神從地面爆出，將他們喚醒，面對即將發動攻擊的俱盧敵手。在納馬達河源頭，濕婆神也被稱為「納馬達河之主」，據說河水是從他身上湧出。印度東海岸的奧利薩邦，奎師那神的城市普里，濕婆神則以「世界之主」（Lokanātha 或 Lokeshvara）的形象顯現。他被安置在五座古代濕婆神廟之一，據說是普里最古老的建築物之一，甚至比雄偉的毗濕奴教派賈格納塔神廟更加久遠。[13]跨過整片印度大陸，在最西邊的古賈拉特海岸上，濕婆神被安放在懸岩上的小神廟中；在此他被稱為「波浪之主」。

濕婆神與印度地景的關係，在印度各地一個又一個地點上，透過大量的故事、歌謠與象徵表現出來。面對這種超越與顯像的同時性，我們可以稱之為濕婆神如同宇宙一般廣闊，卻也像城鎮邊際的山丘般親近。這是濕婆傳統中多重形式的在地神學語言，透過儀式與朝聖、故事及歌謠的動力表現出來。泰米爾歌手坎般塔（Campantar）叩問：「祂愛的是哪座山丘？」那是今日安德拉邦南部稱為喀拉哈什提的喀拉提山（Kālatti Hill）。[14]祂愛的是哪片海？那是凡庫魯（Venkuru）的沙灘，「此處夜晚的浪拍打岸邊，讓貝殼牡蠣在沙灘上四散。」[15]

即便在具有地方獨特性的大量表現中，所有詩人都堅稱，對於濕婆神更廣大顯現的理解掌握，讓地方變得更強大。詩人阿帕爾說：

為何在恆河或卡韋里河中浸浴，
為何前往涼爽芬芳的庫瑪莉海岸朝聖，
為何在升起的潮浪間浸浴？
這一切都是枉然，倘若你不信：
「主無處不在」。[16]

濕婆神無處不在——這表示他就在此處，而「此處」即是重要的。這種濕婆神無處不在的理解，存在於朝聖者的心中，讓他們上路前往種種濕婆神顯現地點。印度各處都有這種濕婆神既崇高超越又屬於地方的想法。濕婆神就在此地，然而人們出發造訪遙遠之地，例如偉大時間之主神廟，卻也是朝聖的本質。

光之林伽

根據廣為人知的傳統，印度有十二處濕婆神的偉大示現之地。這十二處光柱，亦即神聖之光的林伽或「標誌」，是濕婆神「自行」顯現之處。它們不是人工打造，而是由神聖展現建立。整體而言，這些聖地不是印度知名神廟，也非由君王庇蔭，或以藝術與建築聞名。他們說，這些教派中心，是普通信徒透過非凡的奉獻之舉，喚起濕婆神如火炎般的存在。這些都是極受歡迎的廟宇，有其燦爛之處，卻經常偏離人群。它們經常是簡單的石頭，或突出岩架，這些被視為自然的濕婆光柱。我們探索濕婆神話與象徵時，正是從這些信徒的想像所驅動的象徵之地開始，更細膩地理解濕婆神。

濕婆光柱的出現不只跟這些地點有關，也被視為林伽石的神話根本，也被稱為「林伽顯現」（lingobhava），經常在梵文與地方語言文學中出現，並在許多神廟的牆面與柱面上，以淺浮雕的圖形展現。這則神話如此重要，因此在《濕婆往世書》的開篇中，講了兩次。[17]此處提出一個常見的問題：濕婆神的超越性，跟多重具體顯現之間，到底是什麼關係？對話者將心思拉回時間起始之前。[18]在宇宙論中，世界的演化經過一個又一個世代，接著墮入毀滅，接著以無形的消解狀態存在一段時間後，又重啟演化。結束之後、開啟之前的時間，稱為「劫滅」。這是一段消解、黑暗與休息的時期。讓我們簡短摘要這個神話：

> 劫滅之時，無日亦無夜。沒有五大元素——火、風、空氣、土或水。只有深不可測、難以理解的闃黑，甚至沒有一絲一毫的光。當時只生存有。那是獨一無二的存有。那是梵。在初始之際，無形的獨一取得外形，成為「永恆濕婆」（Sadā Shiva）。渴望伴侶的永恆濕婆，將自己一分為二，變成半濕婆、半莎克緹。這兩者，亦即濕婆與莎克緹，在廣闊的黑暗中創造了一處站立之地。他們稱之為迦屍，亦即「光之地」，純粹光亮之點。因此今日的印度教徒也以迦屍稱呼瓦拉納西。
>
> 濕婆與莎克緹創造出第三存有，以持續進行創造過程。他們所造的金色存有，稱為毗濕奴，並讓他開始工作。毗濕奴進入冥想，以身體的熱力，產生充滿整個虛空的水。疲累之中，他漂浮

在水面上，進入創造黎明前的深沉睡眠。就在沉睡神祇的身體中，孵育著整個宇宙。不多時，一朵蓮花由毗濕奴的肚臍升起。蓮花苞打開來，走出創造中首先出現的梵天，這位神祇創造了宇宙一切細節。

就梵天所知，他是宇宙中唯一獨有的存在，雖然他想像某處應該有位創造者。然而當他注意到沉睡的毗濕奴時，他的自尊占了上風。他將毗濕奴搖醒。「你是誰？」梵天問。

毗濕奴睜開惺忪睡眼，並說：「歡迎，歡迎，親愛的孩子。」

「孩子？」梵天說。「你為什麼把我當成孩子一樣說話！我是世界的創造者！」

「才不是，」毗濕奴說。「我才是世界的創造者。你是從我的肚臍升起，我以不朽的肢體支撐著你。」

「你怎能這樣說！」梵天生氣反駁道。「你不是創造者，我才是！」

他們互相污辱，爭論愈演愈烈。根據某些紀錄，他們在盛怒中打起架來，在世界開始之前就幾乎毀了世界。突然間，兩者之間的宇宙地面打開來，出現了一道強力光柱。光柱從底下深處竄出，向上延伸穿越眼光所能及的空間。這就是光柱，難以直接注視的光燦火柱，光輝難以言述。

毗濕奴與梵天放下爭論，為燦爛光柱所驚，沉默了下來。他們決定要找出這是什麼，由哪開始，在哪結束。毗濕奴變成一頭擁有獠牙與長鼻的豬，往下挖掘，穿越水體，進入下方的爛泥，尋找光的根源。梵天則變成一隻野生雄鵝，高飛天際，尋找頂部。數千年之間，他們說，毗濕奴往下鑽，找不到根源。數千年間，梵天向上飛，卻也找不到頂部。疲累之中，他們返回起始點，卻無法量測光柱。接著火團分開，濕婆神由光柱中顯現，擁有五臉十臂。看到濕婆神由光柱中出現時，兩位神祇遂彎身敬拜。

這是神話的基礎：濕婆神從燦爛光柱中顯現。梵天與毗濕奴在燃燒的林伽之前伏下身體，空氣中迴盪著「嗡」（Om）的聲音——最神聖的真言，據說在這個字中體現了吠陀經典的全部。然而這故事有許多不同版本。例如爭執不下的神祇找了四吠陀來解決爭端，每部吠陀都證實了濕婆神的至高無上。這當然是很諷刺的，因為如前所述，濕婆神經常被嘲弄為「吠陀之外者」——不參與吠陀祭儀者。然而此處，吠陀卻出現證實濕婆神的至高無上。[19]另一版本則告訴我們，虛華又一葉障目的梵天，實際上撒了謊，誇稱他看到火柱的頂端。[20]由於這個謊言，他們說梵天遭到譴責，因此永遠不會擁有自己的教派信眾。在另一個場景中，整個故事則是從奎師那神口中說出來，以解釋為何連他都崇敬林伽。[21]

濕婆以火為標誌的普世形象，在濕婆神話中有多種不同形式樣貌。最知名的，是濕婆引弓射出的火箭，穿透三城，或三界——地界、空界與天界。[22]神話也明白地將林伽與掉落燃燒的濕婆陽具連結在一起。這些神話中，為了測試隱居賢者的認識，渾身赤裸的苦修士濕婆像個乞丐般，遊走在喜馬拉雅雪松林裡。濕婆被灰燼覆蓋的裸身，讓這些隱居賢者的妻子既恐慌又興奮。慾念驅使之下，她們紛紛向濕婆靠近。她們的丈夫卻未能看出這其實是一場測試，要測試他們對濕婆認識有多深，因此詛咒下流男子的陽具掉落。表面上看起來，這是個閹割的故事，因為賢者認為他的林伽是性器官。然而陽具掉落的一剎那，林伽——亦即濕婆神的「標誌」變成一場擴及世界的漫天大火，無邊無際。[23]大火燃燒了人間、冥間，甚至天界，直到在雪松林中停歇。[24]

然而，我們從《濕婆往世書》中摘要的版本，呈現出對光柱本身的讚美。往世書的神學中，林伽是超越性的代表，因此不能被視為濕婆的一部分，更何況是肉體的一部分。相反地，濕婆顯現只是林伽的一部分、一小塊，是從這個更大的超越性現實浮現出來。

有相與無相的濕婆神

以米爾恰・伊利亞德的話來說，濕婆林伽就是一種「世界軸心」（axis mundi）、宇宙軸心。在這個案例中，是貫穿了宇宙中心與核心的光柱。不意外地，關於林伽的最初記述中，是將它描述成一棵被稱為支柱（Sthanu）的巨樹，站在湖中央，湖則位於世界中心。[25]就像世界軸心，林伽既是世界中心，又超越世界。濕婆光柱實際上揭露了關於濕婆神的兩個面向。首先是光燦奪目的光柱，難以言述，無止盡，著地之深、頂天之高，甚至連神祇也無法衡量。這經常被稱為「至高濕婆」（Paramashiva）或「永恆濕婆」（Sadā Shiva）。這是《奧義書》中所稱的至高之梵的另一種說法；至高之梵是我們只能形容為「非此、非此」（neti, neti）的真實。除此之外，祂還有人化的示現：走出林伽石，以擁有面容、多臂、姿態與武器之姿顯現。

這在神學上具有強大意義，並在圍繞著《林伽往世書》與《濕婆往世書》神話的詮釋性神學段落中，更加明確點出來。首先，濕婆神是全然超越的，因此被形容為「無相」（nishkala）。許多傳統中，這種超越性以純光來代表。無相的濕婆神就是生命自身，獨一無二，即是至高之梵，一切的根源與核心。這種無形、無縫超越性的「形式」，就是濕婆光柱。假若我們可以視這種烈焰支柱為一種形式的話。

但濕婆神也是有相的（sakala）。祂以許多形式、許多面向顯示自己。作為舞蹈之主，祂是一名舞者，以舞蹈韻律創造毀滅宇宙。作為南面之主，祂是高坐於喜馬拉雅山上的隱士與導師。雖是隱士，祂還同時是烏瑪之主，是烏瑪或帕爾瓦蒂的丈夫，象頭神犍尼薩與室健陀的父親。上一刻，祂看似宇宙之主，穿著絲綢，妝點芬芳的檀香膏，頭髮上飾有新月。下一刻，祂是乞丐，瘦骨嶙峋而醜陋，裹著獸皮，身軀塗上來自火葬場柴堆的人類灰燼，披戴著頭骨與蛇。濕婆神被描繪為各種姿態——舞蹈、乞討、斬殺惡魔與保護信徒。在這些複雜個性中，他跟莎克緹女神，一起受到景仰；莎克緹基本上是他的「能量」或「力量」。事實上濕婆與莎克緹從未分離。我們並不能稱呼濕婆為「他」，因為「他」是「半女之主」（Ardhanārīshvara）。

根據《濕婆往世書》，其他神祇只有「有相」（sakala）的面向。「只有濕婆以無相（nishkala）聞名，因為他確實是梵。不過他既有顯像，也是示現，因此他既有相又無相。由於他無相，因此無形的林伽是適當的。同時由於他有相，因此他的顯像也是適當的。」[26]當光柱經常以淺浮雕的形式，雕刻在神廟外牆上，這種形象明顯點出濕婆神的雙重本質。濕婆神的無相形式——光滑的林伽柱體，是打開的，濕婆神則以有相形式從中浮現。在大理石林伽柱體的橢圓形開口中，濕婆神挺身而出，四臂舒展，展現出力量與祝福。在他下方林伽柱體上的，是往下挖掘的野豬形象的毗濕奴神；上方則是梵天，呈現為往上飛翔的野生雄鵝。

濕婆崇拜儀式中的林伽

《濕婆往世書》中，光柱的聖顯也跟濕婆崇拜儀式有關。[27]在許多聖像中，梵天與毗濕奴神站在濕婆神的兩側，向他敬拜，獻上花葉環、樟油與線香。最先崇拜林伽的，就是這兩位神祇。接受崇拜的濕婆神，欣悅之餘，給了他們兩項恩典，兩者後來都成為濕婆崇拜的基礎。第一項恩賜是濕婆之夜（Shivarārtri）。他說：「親愛的，今天這個偉大日子裡，我對你的崇拜甚感滿意。因此今天將成為最吉祥的日子。月曆的這一天，是我喜愛的日子，將被稱為『濕婆之夜』。」[28]「濕婆之夜」呼應濕婆神在未創造的宇宙黑暗中顯現。因此每個月都有濕婆之夜，是當月最黑暗的夜晚，也就在新月出現的前一晚。每年也有一度，在冬季月份的時刻，會迎來「摩訶濕婆之夜」（Mahāshivarātri），意即大濕婆之夜。信眾會整晚守夜禁食。在許多濕婆神廟中，例如納馬達河畔雄偉的奧姆真言之主神廟，這一晚是全年度中神廟唯一徹夜開放的時刻。所有偉大的濕婆神廟裡，這都是光輝燦爛的一晚。泰米爾納都邦的聖矩山麓，點上火把。安德拉邦的斯里雪拉神廟塔，則妝點著嘉年華般的彩色燈泡與閃耀團花。[29]

濕婆神的第二個恩惠，就是林伽本身。他說：「好孩子，這柱無始無終，將縮小到人們可以掌握、敬拜。」[30]接著神話將所有濕婆神廟與崇拜中心都能看的林伽象徵起源，追溯到光柱的強大聖顯。有了這麼光輝燦爛的起源，無怪乎許多大小廟宇中的濕婆林伽都宣稱為「自生」或自行顯現，而非人為設置。

寰宇本質的自我設限，將廣闊限縮到人可以觸及的規模，是許多印度教廟宇神聖傳說中精心的主題。一方面，每座神廟都有的小神像，代表著廣闊、無法測量真實。這點出了宗教生活核心所象徵感性的真實意義，例如，在特里凡杜蘭的蓮花生之主神廟（Padmanābhaswamy），展現出親密的廣闊性，以毗濕奴派的關鍵詞明確地表現了出來：巨大的毗濕奴神，跨越了喀拉拉大片土地。然而最終，他必須縮小，以便進入特里凡杜蘭神廟，以蓮花生之主的形式就位。

特別在濕婆派神學中，整個宇宙隨著擴張（pravritti）與收縮（nivritti）的韻律振動，向外送出又收回。神聖性會擴張，彷彿從種子迸發般演化，延伸到極廣大，事實上這就是宇宙的無限真實，存在、呼吸著。接著，神聖性將廣闊的複雜性收回到存有種子本身。這種印度教思想與形象栩栩如生的象徵動態，讓世界上的林伽成為最完美的象徵。無限向內收縮集中在形象與形式上，藉由此，神聖性才能被人類的感官視覺所感受。

部分詮釋者，特別是外人，認為林伽的「陽具象徵」過度強烈。早期被明顯陽具意涵嚇到的人之一，就是杜博伊修道院長（Abbé Dubois）。他在十九世紀初將林伽形容為「猥褻」的難以置信，他說：「發明這種邪惡的迷信，印度的宗教導師讓人民直接崇拜的物件，在開化國家中會被視為對正經人士的侮辱。」[31]我們先前注意到的閹割循環神話，肯定賦予了這種陽具觀某種可信度，然而整體來說，這些故事本身打開了有限度的意識，展現出跨越世界的象徵。不幸的是，即便在一九七〇年代，《濕婆往世書》最早英文版的譯者，也決定將林伽譯為「陽具標誌」，讓這種扭曲的象徵意涵持續下去。這類翻譯並非全然錯誤，卻未能傳達印度教徒對這個象徵的所見所思。這類詮釋不恰當的程度，如同視基督教聖餐禮為食人儀式——吃喝基督的血肉，無法超越這類詮釋，進入更深層且複雜的理解。

林伽（linga）一字單純意指「標誌」、「符號」或「象徵」。某方面來說，它是性別的標誌，藉由此點出濕婆神的兩種力量：身為帕爾瓦蒂丈夫的繁衍、生息力量，以及身為瑜伽士的持盈保泰、隱修力量。他身為創造者，產出宇宙；身為毀滅者，則收回宇宙。濕婆既是丈夫也是隱修士，既是創造者也是毀滅者。這些面向都是濕婆神的有相，擁有祂的「部分」。但林伽，從光柱神話就很清楚展現，是濕婆神無相的象徵或標誌——祂是一體、超越且至高無上之主。林伽是濕婆神深不可測存在的標誌。《林伽往世書》的作者，矛盾地談到濕婆神的林伽形式，「缺乏任何可辨識的符號或象徵」（lingavarjita）時，他所說的是無相的濕婆神。[32]林伽是不可見者的可見型態，類似的情況在《俱利摩往世書》（Kūrma Purāna）中，我們會發現「林伽，事實上就是梵——是獨一、不顯現及無標誌者」。[33]

印度各地神廟內殿中，濕婆神接受崇拜的形態，就是林伽形態。只有非常少數神廟——例如位於泰米爾納都奇丹巴蘭（Chidambaram）知名的「舞蹈之主」（Shiva Natarāja）神廟，才在內殿供奉人形的有相濕婆神像。[34]也許在藝術與神話中，濕婆神以乞丐、舞者、愛人與隱修士聞名，也以這些形象描繪在神廟與附屬神龕的牆面上。但接受供奉時，卻以無相形式為主。內殿供奉的林伽與光柱之間的關聯，清楚地展現在許多南印度神廟的標準聖像造型中：在外側繞行路線上特別吉祥的位置，也就是面對林伽內殿的牆面上，刻有光柱的淺浮雕；梵天與毗濕奴神尋找兩端，濕婆神從柱體中浮現。

濕婆神的林伽有兩個明確部位，提醒了我們永恆濕婆的形象中，男與女、濕婆與莎克緹的原始分野。林伽的柱體本身（sthambha），是濕婆，柱體所站立的圓形底部稱為「座」（pītha 或 yoni），則是莎克緹。濕婆是無限的超越；莎克緹則是時間與創造的積極能量。兩者一起，它們構成了受到敬拜的林伽整體——同時是濕婆與莎克緹，男與女。正如《濕婆往世書》所言，「所謂的林伽，就是濕婆與莎克緹的象徵（chihna）結合為一」。[35]

根據造像經典，柱體本身可以分為三區——柱體底部方形的梵天段（Brahmāvhāga）；中間的毗濕奴段（Vishnubhāga），以及圓形的樓陀羅段（Rudrabhāga），這是唯一可見的部分。其他兩個部分都埋在林伽的地基之中。這三段分區表達出濕婆神與其他神祇的關係與超越性。然而這也暗示了無相濕婆超越了任何片面的顯現——甚至連他自己所屬的樓陀羅段也是如此表現。

以類似的象徵方式，濕婆神的臉有時會浮現在林伽柱體上，似乎是為了要映證神學觀點中，即便濕婆神是超越的，他的面容仍舊會出現在人間。柱體上也許會浮現一張臉，或者五張臉，四張面對四個方位，表情兼具猙獰與和善，第五張臉則是不具形象、超越的、未雕刻的，或者是林伽柱體本身。《濕婆阿笈摩》（*Shaiva Āgama*）則將濕婆神的面容系統化：不可見的力量（Ishāna）為垂直柱體本身，展現出濕婆神的光輝。西向的突然誕生者（Sadyojāta），顯示出濕婆神的創造面向，從自身生出世界；左側北向的美好者（Vāma），展現出濕婆神身為世界的維持者；東向至高無上的存有（Tatpurusha），展現出濕婆神祕矇矓的存在；南向的無懼者（Aghora），展現出濕婆神的毀滅相。這五張臉共同組成了永恆濕婆。這五張臉各有名稱與相應的真言，不只以適當的標誌標示在林伽柱體上，也以檀香粉標示在信徒的身體上，創造出小宇宙與大宇宙之間的一連串認同關聯。[36]

許多神廟中，當至高無上者的超越性，對上濕婆神諸多面向時，在儀式上，則是透過每日特定敬拜時間，在林伽上放置四或五面的銅或銀冠（mukut）來表達。在好幾個濕婆光柱神廟裡，透過這類儀式肯定濕婆神的無相——有相雙重特質。一天當中的特定時間裡，信徒可能直接在林伽上澆水或牛奶，將帶來的花環堆在林伽柱身上。他們會向無裝飾的林伽柱獻上油燈，這是濕婆神無相的標誌。在每日的林伽妝點儀式（shringāra）中，有相面向透過檀香膏、花環、銀面具，或者銀冠來強調。例如，喜馬拉雅山上的凱達納特神廟中，我們將看到濕婆神的無／有相在清晨及夜間的瞻仰儀式中展現。清晨，

奉水儀式，澆灌在濕婆神的四面銀冠上。納西克。

林伽石全無裝飾，朝聖者帶著祭品排上數小時，等待進入內聖殿，將他們的木橘（bilva）葉、野花、葡萄乾及奉水直接放在岩石上。然而晚間，神廟祭司為濕婆林伽妝點上大量絲綢與葉環，並以金傘龍罩。信徒只能站在一段距離外的內殿門口。在凱達納特神廟，信徒親近崇拜的是濕婆神的無相形式。事實上，濕婆神的容顏也許會在信徒與至高無上神之間拉開距離，而單純的石塊卻能帶來最直接的交流。

林伽有許許多多種形式，但最重要的區別，也許在於自顯者（svayambhū）與其他人手塑造祝聖的立座者（sthāpita）。許多新舊神廟都有精塑柱體與基座的濕婆林伽，安奉於內聖殿，透過繁複儀式祝聖，成為濕婆神永恆的顯現。相對地，自顯的林伽早就存在於當地，濕婆神的強大存在被揭露在地面上，且非經人手建立。這些林伽被認為是濕婆神的自發、甚至神妙的顯現。

某些案例中，人為創造與神聖揭示同時存在。面對製作並奉祀簡單泥塑林伽的信徒，濕婆神以現身來回應這種單純的崇敬。這些被稱為「土林伽」（pārthiva linga），來自「泥土」（prithvī）這個字。在「邀請」（āvāhana）的祈禱之下，濕婆神應邀顯現在簡單的土堆中。一般崇拜結束時，這類林伽會在儀式中丟進恆河、納馬達河或其他水體；暫時作為神明顯現焦點的用途已經結束。然而在自顯林伽的故事中，濕婆神從陶土中顯現，出現在信徒面前，保證永遠留在此地。

《濕婆神往世書》的敘述中，印度十二處偉大的濕婆光柱裡，其中十處據說一開始就是這種土林伽的形式。[37]例如一段敘述中，一名虔誠國王遭到惡魔囚禁，惡魔是惡名昭彰的羅波那的姪子。國王製作了一座土林伽，向濕婆神熱切祈禱。當惡魔前來騷擾國王時，憤怒中將劍輝向林伽，濕婆神就從林伽出現，擊敗惡魔。他們說，這就是馬哈拉施特拉邦毗摩商卡拉濕婆光柱的由來。[38]土林伽雖然簡單，甚至粗糙，卻也提供了敬拜濕婆神的場合，讓神祇得以完整現身，踏入這個世界。在多數故事中，濕婆神後來同意在信徒的要求下，永遠留在當地。謙卑的土林伽，簡單的一抔土，也從最短暫過度的形式，轉變成最永恆的形象。

自顯這個詞，雖是典型用來描述濕婆光柱，但其他林伽也加入了自顯語言的行列。事實上，印度也許有數千林伽，都被當地信徒視為自顯。其中十二座最知名且強大者，冠上光柱之名，以紀念至高無上濕婆神的強大。然而即便這十二者獲得列數及頌讚，濕婆神仍舊是以其顯現充滿整個宇宙。正如《濕婆往世書》中所言：「喔！賢者，林伽數量並無極限。整個人間，整個宇宙，都在林伽形式之中……為了祝福世界，濕婆神在神聖中心以其他地方，以不同林伽的形式展現。凡濕婆神受到信徒虔誠景仰之地，濕婆神即轉世降生。完成任務之後，他就會駐留當地。」[39]

印度神聖地景中的濕婆林伽

納馬達河上沙塵滿布的島嶼神廟，奧姆真言之主神廟街道上的朝聖小冊，如此簡介濕婆聖地的重要性，「濕婆神崇敬是我國自古以來未曾中斷的傳統……在婆羅多的聖地（punya sthalī），許多信徒進行這類強大的隱修鍛鍊，因此濕婆神顯現在他們面前，讓信徒得以直面神祇，這些地方因此成為知名的濕婆光柱。」[40]

倘若渡口聖地是連結此世與彼世的神聖之地，濕婆光柱則是最完美的渡口聖地。事實上，光柱爆發劈穿地與天，創造出自然的光橋，跨越了此世與天界之間。就定義「聖地」而言，再也找不到更具神秘意涵的主題了。他們說，濕婆神在此打開大地，以深不可測的光柱形式佇立。大大小小的地點也將自己的神聖性，直接連上這個故事。即便故事不是這樣說的，濕婆光柱這個名字，就點出了深不可測之光的聖顯故事。印度各地有許多濕婆光柱，有些屬於十二光柱群，例如烏賈因偉大時間之主神廟中跟濕婆神軀體有關的光柱；有些則宣稱屬於十二光柱群，卻遭質疑；還有些單純是被信徒稱為濕婆光柱。印度各地可能有高達數百處被稱為濕婆光柱的地方，但幾個世紀下來，這一圈十二光柱群逐漸獲得普遍認定。[41]

《濕婆往世書》列出這十二座偉大的濕婆光柱：索拉什特拉的索姆納特；斯里雪拉的馬利卡周那；烏賈因有偉大時間之主；奧姆卡拉的不死之主神廟；喜馬拉雅山中的凱達拉；德干高原上的毗摩商卡拉；瓦拉納西的宇宙之主神廟；喬達米河畔的三眼之主神廟；火葬場中的醫藥之主神廟；松樹林中的納格沙；橋之地的拉梅許瓦拉；以及濕婆神居中的古許梅沙（Ghushmesha），又稱格里許內沙。[42]這些是今日印度最知名的十二座濕婆光柱，雖然納格沙與醫藥之主神廟的地點有些爭議。文獻接著列出這十二光柱的所謂「附屬林伽」（upalinga）。《濕婆往世書》的後續章節中，繼續討論分布在印度不同區域（東南西北）的許多林伽。[43]

地理分布來說，知名的十二林伽坐落在印度各地。為了介紹它們，一本相當暢銷的印地文濕婆光柱介紹書作者寫下「來自印度各地，這十二座濕婆林伽特別重要，展現出我們在象徵上的宗教與國家團結意識」[44]。作者想像這些神廟分布在印度地圖上的情景：北方喜馬拉雅山，有凱達拉；恆河平原上，是瓦拉納西的宇宙之主神廟；略往東的比哈爾邦內，有醫藥之主神廟。中印度則是偉大時間之主與奧姆真言之主神廟；高達瓦里河的源頭是三眼之主神廟；附近的德干高原上，沿著西高止山脈，則是古許梅沙之主與毗摩商卡拉。遠西之地的索拉什特拉半島上，有索姆納特與納格沙；東方沿著奎師那河，則是斯里雪拉的馬利卡周那。深南之地的海岸上，矗立著拉梅許瓦拉。

許多受歡迎的彩色圖片，就像我們看到的壁畫及偉大時間之主神廟小商店中所印製的圖片一樣，都是為了敬拜、作為月曆或單純作為紀念品而大批製造。它們將十二濕婆光柱描繪成一個團體，連結構成濕婆神的顯現。它們會形成邊界或圓圈，將濕婆神圍在中間。它們會群聚在高山上，恆河從濕婆神的頭髮湧出，流淌到每處光柱上。雖然他們在地圖、圖像或神話被連結成團體，這些光柱各不相同。每一處都在濕婆崇拜及神學上，給予我們特殊洞見；這些都是來自濕婆神強大示現所構成的地景。本書中我們無法一一介紹，但會造訪其中六處。進入它們的內聖殿，在濕婆光柱之中，重新咀嚼人類談論神話的意義。

從迦屍的宇宙之主開始

雖然順序上從索姆納特開始，十二光柱中最知名者，仍舊是宇宙之主神廟（Vishvanātha），位於北印度恆河畔的瓦拉納西。實際上，對印度教徒來說，這座城市被稱為迦屍，「光之城」。根據神話，梵天與毗濕奴神爭執不休時，一束光柱劈穿宇宙。[45]濕婆神由深不可測的光柱中出現。迦屍正是最初的光之地，整個宇宙由此擴展開來，並顯現出來；此處是創世黎明之際，濕婆與莎克緹創造的第一個「地方」。濕婆與莎克緹決定要創造世界時，就站在此地；他們開啟這項任務後，交給毗濕奴持續進行。因此迦屍被視為創造的源頭。創世之時，濕婆神就站在此地，以三叉戟將此地高舉，遠離劫滅時代的破壞性洪水。因此迦屍被視為超越時間循環之地。此處的濕婆光柱有個古老名稱——「不離地之主」（Avimukteshvara），即便時間終結也永遠不為濕婆神所離棄。[46]

許多世紀以來，年復一年，朝聖者前來迦屍。他們來自印度各地，此地設有救贖之家（dharmashālā）照顧來自不同區域者的需要。區域性救贖之家附近的社區或商店中，可能會更常聽到泰米爾語或孟加拉語，而非印地語。他們為了「住在迦屍」（Kāshīvāsa）而來，或者更精確地說，為了在此迎接生命終結而來。他們深信光之城是個離世的好所在。其他來自泰米爾納都或孟加拉的人只是朝聖，進行所有朝聖者在此必做之事：前往恆河浸浴，敬拜濕婆神。

他們說，恆河從天降地之前，迦屍就在這裡了。當恆河從天界降到濕婆神頭上，拔吉羅陀王領她出到平原，跨越北印度時，便帶著她穿越神聖的迦屍，讓此地加倍神聖。此地，濕婆神之火與恆河的涼爽河水——被視為莎克緹的液態形式，兩者緊密交融。正如我們將看到的，所有偉大的光柱都以某種形式與聖水連結。泉源、溪流與水井會將天上恆河帶給濕婆林伽，無論這些林伽身在何方。

迦屍擁有數百座大大小小濕婆神廟，朝聖者與信徒在此祈禱獻祭。俗話說「迦屍的基石就是濕婆神」（Kāshī ke kankar Shiva Shankar），確實如此。城市巷弄的稠密中心，每個轉角，每個角落，都有濕婆林伽的小神龕，因為長期澆灌與崇拜而磨損。部分林伽排在樹蔭底下；其他則藏在廊道迷宮內，通往庭院或神廟。還有許多濕婆林伽就在河岸上，每年雨季過後，恆河水退去後，從泥巴沉沙中挖出來。確實如此，迦屍的幾間大神廟，包含知名的宇宙之主神廟，都曾受到不斷劫掠破壞。從一處遷往另一處，重建，重建，重新祝聖。然而城市多重積累的地景中，似乎什麼都不曾被抹去。[47]許多世紀來，此地的濕婆崇拜仍舊頑固地延續、擴展，甚且繁榮興盛。

宇宙之主神廟，也稱為金廟（Golden Temple），是今日的濕婆神廟中心，也是神話中濕婆之光劈穿大地之處的濕婆光柱。隱藏在內城蜿蜒巷弄組成的迷宮裡，宇宙之主神廟位於一組樸素卻精緻的神廟群中，十八世紀在因多爾（Indore）的阿哈里亞拜．荷卡爾（Ahalyābāi Holkar）女王的庇蔭下興建。內聖殿的石頭在千百萬朝聖者腳下摩擦而變得光滑，狹小的廊道也是如此。廊道通往一處僅有膝蓋高度的開口，位於祀奉林伽的方形下坑的一側，讓所有人哈腰瞻仰林伽。每一天，朝聖者在附近的河階上進入恆河浸浴後，爬上陡峭階梯，進入城市巷道，跟隨著朝聖引導進入宇宙之主神廟。這是迦屍朝聖的核心。

然而在迦屍，如我們將看到其他濕婆光柱的情況，真正的光柱並不在特定神廟或任何神廟裡，而是這個地點本身。在這個案例中，指的是稱為迦屍的這個直徑約十英里的神聖圓形區域。光柱延伸超越城市界線，進入鄉村地區。這整片區域（kshetra），被稱為迦屍；他們說，因為光會向外閃耀。[48]在迦屍，一如其他濕婆光柱城市，朝聖者會繞行整個神聖區域，這趟旅程被稱為「五俱盧舍之道繞行」（panchakroshī yātrā），徒步將花上五天時間。朝聖者繞行迦屍時，持續將城市保持在右手邊，每晚會停住在一間救贖之家。一路上會有各種保護神龕，包含八象頭神，它們是龐大濕婆光柱在地面範疇上的守護者。[49]

據說所有十二光柱都出現在迦屍的聖域中。凱達拉之主神廟及深受歡迎的浸浴河階鎮守了城市南側的三分之一區域。奧姆真言之主神廟則位於城市北側有些荒廢地區的山丘上，今日仍舊維護得相當好的小神廟，但看得出來過去屬於驚人的神廟群。其他神廟也是同樣情況——複製的神廟與林伽，代表了位於印度遙遠地區的偉大濕婆光柱。堅毅不拔的朝聖者可以造訪所有神廟，然而就跟印度各地的濕婆光柱一樣，很少人這麼做。但讓我們記得，即便在全印度濕婆光柱傳統生根之前，迦屍似乎已經有了這一組受到讚揚的十二林伽，它們被視為濕婆的顯現。雖然不是濕婆光柱，卻仍是十二座，也許這是了解這種濕婆顯現特殊投射框架的關鍵。[50]

最後，迦屍還有一座神廟，明確展現出測繪神聖地理時的複製——濃縮模式。單一聖地經過複製，就能出現在多個不同地點；同時多個聖地也可以被濃縮到一處地點之上。那就是五俱盧舍之道神廟（Panchakroshī Temple），位於市中心狹窄巷弄之中。人們可以在這單一地點中，造訪五俱盧舍之道繞行路線上所有地點，事實上就是迦屍的所有聖地。人類學者暨建築師尼爾・蓋茲朝（Niels Gutschow）曾經為這座神廟留下驚人細膩的紀錄，神廟本身也許建於十九世紀，可以說是整個神聖區域的立體「建築地圖」。[51]圍繞著廟埕的多排壁龕中，藏有兩百七十三座獨立小神龕，每一座都是五俱盧舍之道沿路各站，或迦屍聖域內其他聖地的象徵性複製。這座神廟裡，聖地宇宙被濃縮到單一地點，又以磚塊石頭表現出來。我們在此可以造訪凱達拉之主神林伽，杜爾迦神廟，古老的顫日池（Lolārka Kund），以及芝麻寸生之主（Tilabhāndeshvara）神廟——廟中的巨大林伽每年以一粒芝麻子的尺寸增長。圍繞著廟埕，還有其他祀奉象頭神與陪臚神的特定神龕，特別是毗濕奴神與奎師那神的神廟景象、眾女神的聖所，當然還有許多濕婆林伽。內聖殿中自然供奉著非常獨特的林伽：「十二主林伽」（Dvādasheshvara）——由單一地方的單一林伽柱代表了十二濕婆光柱。林伽柱坐鎮曼荼羅的中心，圍繞在底座附近的水晶石則代表了其他十一座濕婆光柱。

這座神廟建造之時，有好幾位迦屍學者正在發展迦屍全境的2D地圖，例如凱拉撒納塔・蘇庫爾（Kailāsanātha Sukul）的《迦屍之鏡》（*Kāshī Darpana*）。我有幸從作者兒子（傑出的迦屍學者庫貝納特・蘇庫爾〔Kubernāth Sukul〕）手上獲得這張地圖。印在布上的地圖展現出圍繞城市的圓形五俱盧舍之道上的許多小神廟。在範疇內，地圖以極小卻能夠辨認的手寫字體，歷數無數迦屍神廟。地圖以圓形方式設計，點出這是個曼荼羅象徵，意欲結合整體。就像這張地圖與五俱盧舍之道神廟將迦屍聖域中的所有神聖聚於一體，迦屍也將整個神聖印度納涵其中。除了十二濕婆光柱外，此地還有四方神居、七聖城、七聖河以及印度全境數得上名號的個別聖地（例如，卡納塔卡邦的哥卡那海岸神廟）的複製品。重點並非在迦屍朝聖時親身拜訪所有地點，而是強調這個地點涵納全體，將它們攏進此地的神聖性中。這種將整體濃縮進入一點，正是這個宗教世界中，象徵性想像運作的諸多方式之一。

光線與映照，自然是迦屍日常宗教生活的一部分。破曉時分站在河岸上，東面日出，晨光撒在河面上，映照出河階的砂岩步台，城中神廟牆面，信徒吟唱〈太陽頌歌〉（Gāyatrī Mantra）儀式，「我禮敬神聖太陽之光，願其照亮我的心靈。」陽光同時照亮了這些早起的浸浴者，以手捧水，獻給神祇及先祖。到了夜間，另一種相對新穎的瓦拉納西儀式，讓人們再度聚集到河邊來。這是獻給濕婆神與恆河的繁複祭禮，由一組配合無間的祭司團隊進行，供奉線香、花朵，並獻燈給恆河。他們及千百群眾，唱誦著「讚美濕婆，偉大之主，迦屍宇宙之主及恆河」（Hara Hara Mehādeva Shambho! Kāshī Vushvanātha Gange!）。這些祭司以強壯手臂將燃燒著熊熊火焰的巨大多層油燈舉向夜空。

為了美麗獻燈儀式而來的人，不免看到耳環河階（Manikarnikā）[2]的火葬場，在河畔不遠處二十四小時不停歇焚燒。思考著對於生命的敬拜與死者的燒化，提醒著我們與他們，在迦屍，生死之間並不衝突。生與死，正是這座濕婆神城市的核心。俗諺說「在迦屍死亡，是種解脫」（Kāshyām maranam muktih）。獲得精神解脫自由的關鍵，在於智慧，即一種深層自我覺知的啟發智慧。他們說，光是在此嚥下最後一口氣，就能獲得那種智慧與自由。根據傳統，在迦屍死亡，直接通往解脫；因為濕婆神在此變成導師，將解脫智慧賜予將死之人。充滿智慧之光的人，靈魂將得以穿越最後的過渡，通往「彼岸」。我們將看到，這就是火葬堆的烈焰照亮黑暗河岸時，火葬場中發生之事。

瓦拉納西是個十分世俗的城市，生與死都在此奢靡陳列。今日的市場街區更加緊密擁擠，充滿商賈與攤販、朝聖者與當地消費者。競逐觀光客的商家，在自家老建築畫上住宿、餐飲與各種服務的廣告，有時相當刺眼。當地居民與朝聖者的數量持續增加，但內城老街仍舊是人行道寬度的巷弄，蜿蜒曲折，充滿店鋪與神廟。當代更是標誌各式箭頭與看板，引人穿越迷宮前往某間餐廳或絲綢工廠。內城的脈動激烈緊張，竹擔架扛著離世親屬前往耳環河階，葬禮隊伍的唱誦聲更強化了這股脈動。然而，密集城市的擁擠巷弄最終仍通向臨河的開闊河階，就像緊握的手掌，將花朵釋放給流水。緊張與冷靜、生與死的熙來攘往，在此共存。

一九九〇年代，新類型的印度教國族主義興起，瓦拉納西也以自己的方式容納了這種族群認同政治。隨著麻煩情況增加，印度軍隊派駐市中心，護衛著某些人認定的潛在動亂根源。一般普遍認知裡，瓦拉納西的中心有一座印度教神廟與一座清真寺比鄰而立。今日迦屍宇宙之主的「黃金神廟」取代了十六世紀更為雄偉的宇宙之主神廟，當時是蒙兀兒帝國的阿克巴皇帝時期，由那羅延納·巴塔（Nārāyana Bhatta）所建。十七世紀在極端保守的奧朗則布（Aurangzeb）皇帝統治下，這座神廟遭到部分破壞，並轉成清真寺。不遠處則興建了另一座宇宙之主神廟。這座清真寺今日以「智慧之井清真寺」（Jnāna Vāpi）聞名，因為神聖的智慧之井就位於清真寺與神廟之間的立柱廊道中。超過三百年的時間裡，神廟與清真寺持續比鄰而立。就像阿逾陀，究竟清真寺是否建在神廟遺址上，並不太有人追究。舊神廟的一側仍舊存在，充滿裝飾卻也殘破，其他部分則被納入清真寺。雖然過去兩百年間，這處地點偶而成為零星社群緊張事件的場域，整座城市卻更專注在生死與商業的急迫需要，而未能成為印度教國族主義的沃土，即便世界印度教徒組織經常要求將這座清真寺還給印度教徒。[52]實際上，在這座濕婆神的城市裡，每塊石頭都被視為濕婆林伽，許多世紀以來，神廟也因為不斷移建而調整步伐，因此城裡宣稱擁有特定土地的喧嘩說法，明顯有些薄弱。

② Manikarnikā常作音譯為馬尼卡尼卡河階，然而manikarna在梵文中為「耳環」之意。此地為莎克緹派信仰的重要地點之一，神話中薩提女神因達剎羞辱濕婆神而自焚後，其軀體散落印度各地，成為莎克緹派信仰的女神寶座群，此地則為薩提女神耳環掉落之地，因此得名。

遠西之地：索梅許瓦拉，又稱索姆納特，月之地

濕婆光柱群中，首先列出的，永遠是索姆納特，又稱為索瑪納塔（Somanātha）或索梅許瓦拉（Someshvara），亦即「月之主」，位於古賈拉特海岸的雄偉神廟中，俯瞰著沙灘與洶湧潮浪。站在索姆納特的海岸上，我們可以遠眺附近維拉瓦爾（Veraval）港中的船舶。倘若往西出海，我們將會來到阿拉伯半島與阿曼灣。事實上，史家記錄下此地興盛了千年之久的海洋貿易，從印度西部半島與西亞、非洲各處端點連成一氣。考古學者也發現早在西元前三千年，就已存在的人類聚落證據。對我們的濕婆光柱探索而言，索姆納特相當重要，除了排在名單上的首要地位外，也因為此地的傳說故事充滿神話與歷史，夾雜種種毀滅事件、復興再振，以及情感、虔敬與政治。不過，無論在治世或亂世，這塊土地的吸引力歷久不衰。雖然神廟可能是聖地，但聖地不一定是廟宇。神廟興衰不定，聖地卻始終永存。

這處聖地，是河流入海之地。事實上這是一處三辮之地，也就是三河交匯處；在入海前，希拉尼亞河、迦毗羅河與第三條神祕出現的地下河流薩拉斯瓦蒂河於此交匯。我們現在已經很清楚，這是印度各地諸多的三辮之地之一，兩條可見河流與薩拉斯瓦蒂河交匯。薩拉斯瓦蒂河不可見的河水總會強化匯流處的神聖祝福，吸引前來索姆納特的朝聖者在河中浸浴，也在海中浸浴；此處是印度沿岸的特殊神廟之一，在此將不再對海洋產生恐懼與禁忌，海中浸浴也是神聖儀式的一部分。[53]

這處聖地最古老的名稱，是波羅跋娑（Prabhāsa），「光耀」之意，此地從《摩訶婆羅多》時代開始就是個知名聖地。般度王子們在全印聖地順時針朝聖之旅時，拜訪的地點之一就是波羅跋娑。根據《摩訶婆羅多》，阿周那在此找到奎師那，讓他答應在即將來臨的大戰中，擔任阿周那的戰車手。他

們說，那場毀天滅地的大戰結束後，另一場可怕戰爭也在此爆發。這一次是奎師那所屬的氏族雅度族（Yādava）發生內戰。最終，時代結束之際，奎師那在離此不遠處，遭到獵人箭射腳跟而死。

《摩訶婆羅多》與《往世書》的神話，不僅連結起波羅跋娑跟奎師那，更重要的是與「月之主」濕婆神的關聯。故事中說到，月神蘇摩（Soma）娶了二十七個妻子，卻忽略所有人，獨寵美麗的羅希妮（Rohinī）。其他女子的父親達剎要求蘇摩必須公平對待她們，但可憐的月神卻無法自抑地愛上羅希妮，因此達剎詛咒蘇摩逐漸虛弱消瘦而死。這是個可怕的詛咒。月神幾乎形銷骨立，眾神與賢者們坐立難安，因為夜空陷入持續黑暗。最終，他們決定出手，帶著蘇摩到波羅跋娑去敬拜濕婆神。連續好多個月的時間，蘇摩敬拜一尊泥塑林伽，直到濕婆神大悅，賜予他恩典，解除詛咒。恩典是這樣的：前半個月的時間裡，蘇摩會逐漸消瘦，接著又在後半個月逐日恢復完全光輝。這就是月亮虧盈的由來。[54]

濕婆神也承諾以「月之主」——索姆納特或索梅許瓦拉的形式，永遠留在波羅跋娑。我們知道月亮成為濕婆神象徵的重要一環，對他的描繪中，新月總是妝點在隱士髮際間。濕婆神同時具有「有相」（sakala）與「無相」（nishkala）的概念，也源自月亮盈虧。Kala 這個字的一種譯法，意指「月亮的一部分或手指」。月亮總是完整無缺的，但被看見的卻是部分，濕婆神也是同樣的情況，他是無缺的，被看見的都是他不同的部分。此地位於海洋邊際，高潮能將水打到神廟腳邊，月之主的故事特別能勾起回應。事實上，某些傳統認為，高潮之際的海洋將上升進入內聖殿，淹沒濕婆林伽。星期一或稱月之日（Somavāra），則跟濕婆神有關；此外還有滿月到新月這半個月的第十四天，也就是新月的前一日，也跟濕婆神有關。新月之日時，他們說，月神本人就在薩拉斯瓦蒂河入海處浸浴，當然有無數朝聖者跟進。

部分歷史學家主張濕婆崇拜也許早在西元二世紀就已存在，當時波羅跋娑是濕婆教派中獸主派的核心地點。這當然比起建立神廟的偉大時代，早了好幾個世紀。從此，似乎就有許多敬拜月之主濕婆神的神廟在此建立。波羅跋娑蓬勃神廟文化的證據，始於西元九到十世紀。一〇二六年，那座神廟毀於阿富汗伽色尼帝國馬哈茂德王入侵古賈拉特的劫掠之中。這座神廟據說遠近馳名，它的殞落無疑更強化了神廟的榮耀。關於馬哈茂德劫掠焚燒索姆納特的波斯紀錄，也構成另一種神廟美化。對廟宇富麗財富的描述，來自非洲的柚木廊柱雕飾得如珠如寶，強調了神廟古老，也誇讚它對印度教徒的重要性。這些紀錄還描述了神廟的強力抵抗，五萬印度教徒因而喪命。他們說，馬哈茂德將索姆納特的林伽打成碎片，燒燬神廟，搜刮財富。當然，在波斯史家的眼中，這些都是征服榮耀的證據。[55]索姆納特劫掠後四年，比魯尼（Al-Biruni）如此摘要了伽色尼帝國馬哈茂德王的功業，「馬哈茂德根本上毀去了國家的繁榮，在當地立下絕頂功業，讓印度教徒像一盤散沙四散，也像人們嘴裡的老故事。當然，剩餘四散之人仍舊對所有穆斯林抱持著根深柢固的反感。」[56]

十一世紀索姆納特的浩劫，開啟了神廟遭到劫掠破壞，接著重建抵抗，又再度遭到劫掠破壞的敘事。這種敘事持續成為索姆納特傳說的一部分，甚至延伸到二十世紀。這些事件的再現與其歷史學，已經變成現代印度公共與學術論辯的議題，特別是印度獨立之後的五十年之中。[57]無疑地，索姆納特夷為平地所激起的印度教與穆斯林之間的仇恨，同時受到穆斯林王朝史學家與印度教徒的激化，後者透過不斷重演的破壞與再興的角度來回顧索姆納特的光榮——「就像浴火重生的鳳凰」。[58]當穆希（K.M. Munshi）寫到索姆納特之毀，「被燒進種族的集體潛意識中，成為難以遺忘的民族災難」時，確實過於誇大了。[59]事實上，各方面都清楚顯示，馬哈茂德之後的世紀中，前往索姆納特的朝聖者仍舊絡繹不絕。即便在迦色尼的馬哈茂德劫掠後的幾十年內，梵文銘文也留下持續朝聖的證據。十一、十二世紀的遮樓其（Chalukya）國王庇蔭這座神廟，支持祭司並保護許多朝聖者。一份十二世紀的長篇銘文寫下一位濕婆教派祭司與夢想家，名為巴瓦·布里哈斯帕提（Bhava Brihaspati），受濕婆神本人派遣，說服鳩摩羅波羅（Kumārapāla）國王整修神廟；當時神廟因為年久失修、經營不善及缺乏保養而岌岌可危。文中並未提到馬哈茂德的劫掠。[60]鳩摩羅波羅大神廟在十三世紀晚年，再次由另一名濕婆教派領袖——特里普朗塔卡（Tripurāntaka）進行整修。從銘文我們得知，他不只在索姆納特聞名，他還前往其他濕婆光柱的朝聖之旅，包含北方喜馬拉雅山區的凱達納特，到高達瓦里河上的三眼之主神廟，以及深南之地的拉梅許瓦拉。[61]雖然這座神廟在十四世紀遭到洗劫，並再度於十五世紀短暫轉為清真寺，直到十八世紀初，索姆納特才又遭到摧毀，這一次是蒙兀兒皇帝奧朗則布的軍隊出手。鳩摩羅波羅國王的十二世紀神廟此刻成了一片廢墟。

十八世紀末，偉大的神廟建造者，因多爾的阿哈里亞拜·荷卡爾女王希望在索姆納特重建神廟。由於無法在廢墟遺址上重建，因此她將神廟蓋在附近。此後一百五十年間，古老的索姆納特舊址平靜無波。一九二二年，古賈拉特作家與政治領袖穆希首度造訪索姆納特。當時他已經完成了三部曲小說，場景設定在他所謂的古賈拉特黃金年代，也就是十三世紀德里蘇丹國將勢力延伸進入西印度之前。站在索姆納特遺址之上，他哀悼這個地點象徵著逝去的舊日榮耀。思考所見之景，穆希寫下「受到褻瀆、焚燒與毀壞，它仍舊屹立不搖—標誌著我們遭受的羞辱與忘恩負義。走過一度空曠的廟埕大廳（sabhamandapa）破損地面，滿佈石塊與廊柱破片，我難以描述那天清晨感受的羞恥。在我的陌生腳步聲中，蜥蜴穿梭來去。喔！那種恥辱——一匹監督官的馬綁在那兒，我靠近時，發出褻瀆不敬的嘶鳴」[62]。

穆希深受歡迎的小說《索穆納塔勝利》（*Jaya Somanātha*）出版在一九三七年，將索姆納特的榮耀、浪漫、詭譎與辛酸帶到古賈拉特讀者面前；這本書的成功也讓大眾更加意識到這間古老神殿的重要性。一九四七年印度獨立時，索姆納特不只是一處古老遺址，更是充滿情緒之地。獨立之後數月，同是古賈拉特人的穆希與薩達爾．瓦拉拜．帕特爾（Sadar Vallabai Patel），都公開大聲疾呼要重建索姆納特。他們為此成立索姆納特基金（Somnāth Trust），開始籌募金錢與支持。當時的總理尼赫魯極力要將印度政府與這個行動脫離開來，一九五一年神廟開光儀式將近之時，他致信給各邦首席部長：

您應已得知索姆納特神廟即將舉行的典禮。許多人受此事吸引，部分同僚以個人立場前往，也與此事有關。但我必須明白昭示，此事並非政府活動，因此印度政府與此事無關。不難理解此事受到相當程度的公眾支持，但須謹記我等行事不可影響我國的世俗國家地位……重點在於，各級政府必須永遠秉持世俗與非社群主義的理想。[63]

開光典禮如期舉行，現場也有印度各地的公職官員出席，也許出於「個人」立場，這場典禮受到古賈拉特邦政府的大力支持。基金人員宣稱大型宗教集會活動發生時，政府自然相當關心安全與公共衛生等議題，例如阿拉赫巴德大壺節、較小型的納西克及哈德瓦爾的大壺節，或阿杰梅爾蘇菲派聖墓的聖人逝世紀念日等超大型集會。因此主持索姆納特開光典禮的，是當時的印度總統拉堅德拉．普拉薩德（Rajendra Prasād）。即便尼赫魯反對下，他仍堅持自己也會主持清真寺或教堂的啟用典禮。新神廟是以遮樓其王朝的風格興建，擁有壯麗的立柱大廳與開放廊廳，於一九五一年開光啟用，雖然神廟本身與周遭場域的工程持續到一九九〇年代才完工。

索姆納特的林伽是一尊三點多英尺高的巨大黑岩，兼具一股在烏賈因偉大時間之主神廟與喜馬拉雅山凱達納特神廟的濕婆派儀式中的距離感與親密性。這座新神廟雖然缺乏部分濕婆光柱所有的古老磨蝕感，仍被列為十二光柱中的首位，每週吸引數千朝聖者。重大節慶時，進入內聖殿的群眾就跟任何偉大濕婆神廟一樣擁擠，不斷受到人潮推動，甚至難以好好敬拜冥想。

今日的索姆納特神廟想當然耳難以脫離印度教國族主義的影響，畢竟當初神廟重建也與此有關，預設的印度教典範用詞充斥印度公共事務中，甚至進入憲法明定的世俗國家架構中。一九九〇年十月，世界印度教徒組織發起由索姆納特到阿逾陀的朝聖之旅。從印度最知名的索姆納特重建神廟出發，為重建所謂的羅摩出生地神廟訴求招兵買馬。謹記這類朝聖是建立連結的儀式，被妝點為羅摩戰車的卡車，蜿蜒各地，穿越印度中北部；出發地與終點在「索姆納特精神」中連結了起來。透過這種對印度的想像，過去打擊偶像的種種作為，在此刻的儀式與宗教重建中改正過來。知名的戰車朝聖之行所發起的運動，也激起新一輪的猜忌、對立與暴力。以至於今日進入該地的索姆納特神廟廟埕的大門，必須通過金屬探測門。

「索姆納特精神」固然複雜，然而在今日印度社群競爭脈絡中探索這個概念的學者——包含羅米拉・塔帕爾（Romila Thapar）、理查德・戴維斯（Richard Davies）與彼得・凡・維爾（Peter van Veer），也都探索了歷史與記憶如何讓索姆納特成為宗教分裂不斷重演的代表。另一位學者，古賈拉特宗教史學家尼莉瑪・舒克拉—巴特（Neelima Shukla-Batt）則援引自己在古賈拉特的研究，提出不同觀點。她回憶人類學者威廉・薩克斯（William Sax）觀察到，許多詮釋者以「完全超脫地方脈絡與理解」的文獻材料進行書寫。[64]

那麼，從索姆納特當地的觀點，又是怎麼看待這些事情呢？舒克拉—巴特指出，在今日索姆納特朝聖生活的當地脈絡中，「跟朝聖者的對話清楚指出，大多數人對於神廟的毀滅與重建並不了解，也不在意。」[65]穆希夢想中吸引朝聖者的索姆納特神廟，確實再度建立了，但從朝聖者的角度，這座神廟代表既非辛酸與政治。索姆納特已經完全融入了索拉什特拉半島的朝聖繞行路線中，朝聖者還會造訪位於西方的德瓦拉卡奎師那神廟，及北邊的吉爾納爾山岳神廟；索姆納特還是十二濕婆光柱在世的一部分。此地的〈讚歌〉成為《十二濕婆光柱》（Dvādash Jyotirlinga）影音專輯的第一部分。有趣的是，索姆納特的〈讚歌〉影片並不全然充斥著印度教國族主義的摧毀與重建論述，反而重返對月之主的敬拜，及在此浸浴祈禱的無盡祝福。

北國之地：凱達納特

關於濕婆神的最古老神話，是跟山岳，也就是喜馬拉雅山，「雪鄉」，亦稱「神鄉」（devālaya）有關。這裡也是瑜伽士、苦修者與出家人的領域，他們視山岳為家鄉。其中最虔誠者，即便冬日大雪覆蓋，終年都居住在此；其他人則是每年夏天前往喜馬拉雅山。朝聖者踏上通往凱達納特神廟的最終陡峭路徑，前往濕婆光柱群的極北地，將遭遇那些山居苦修者。他們可能是同行旅人，或在山徑旁盤腿而坐、尋求朝聖者施捨的敷灰修行人。

前往凱達拉朝聖的旅程，過去得經過多週徒步跋涉，穿越充滿濕婆神跡的領域。今日多數朝聖者搭乘巴士到高莉池，這處擁有天然溫泉的小村落，據說是帕爾瓦蒂，也稱高莉，進行嚴格精神苦修，贏得濕婆青睞之地。帕爾瓦蒂的苦修是朝聖者都很清楚的故事。這個故事的開頭，就跟許多故事雷同，也就是宇宙安危受到強大惡魔的威脅。陀羅迦（Tāraka）獲得的特別恩惠，就是只有濕婆神之子可以奪取他的性命。對陀羅迦來說，這讓他幾乎所向無敵，因為濕婆神是個禁慾的苦修士，不大可能生出兒子。然而山神之女帕爾瓦蒂卻決心贏得濕婆青睞。她服侍敷灰苦修的濕婆，希望能贏得他的注意力。她是個無與倫比的美人，即便愛神迦摩（Kāma）也鼎力相助。他將春天的怒放花香帶進濕婆冥想苦修的洞穴。他悠悠地拉開蜂弓、搭上花箭，瞄準濕婆的心。但迦摩射出花力之箭時，濕婆卻張開第三隻眼，發出火光，將迦摩成灰。

帕爾瓦蒂卻未受挫，若未能以愛的服侍贏得濕婆青睞，她決心改弦易轍，以自己的苦修來贏得濕婆。因此她展開苦修，持續單腳獨立好幾個小時，日夜冥想，一季接著一季，無視盛暑酷熱或喜馬拉雅山的嚴冬冰雪。奇妙的是，這些苦修反而讓她愈來愈美。最終，濕婆走向她，一開始經過偽裝，以測驗她對濕婆的認識。他問帕爾瓦蒂為何想要嫁給濕婆。她能否想像自己穿著絲綢，濕婆卻裹著獸皮的婚禮？她是否知道濕婆並無氏族或族裔？帕爾瓦蒂回應道：「難道你不知道濕婆就是梵嗎？即便為了信徒需要，他有形象與形式，他卻是不變、無法描述、永恆的。他並不以世俗主宰的形式出現，不像那些受到此世表面財富所迷之人。但我向你起誓，倘若濕婆不娶我，我將永遠保持貞潔之身。」透過這段話，濕婆確定帕爾瓦蒂清楚自己將進入的狀況，因此向她展現自身，向她求婚。[66]

這座山城中，有一間雖小但保持良好的高莉女神廟，以印地文標示「此為母親帕爾瓦蒂苦修之地」。廟門一側有帕爾瓦蒂苦修的精細淺浮雕石像，在五叢火焰中單腳獨立。不遠處是一座小得多的偉大之主濕婆神廟，漆上的銘文列出十二濕婆光柱。

多數朝聖者在晚間抵達，以便一早出發，踏上通往凱達納特神廟的山徑。他們也許會參訪高莉池當地的廟宇，但凱達納特卻是心中的重中之重。需要挑夫或小馬的人，會在此安排行程所需；許多朝聖者也會在池中進行「神聖浸浴」。方形深邃的高莉池水，來自溫泉，並為女士特別分出一區。就像巴德里納特與亞穆納河源頭，這些山區溫泉除了宗教浸浴外，也是放鬆疲勞軀體之處。從凱達納特神廟返程中，朝聖者肯定會希望在這溫泉池中放鬆一下。

朝聖者大清早就動身，走上超過十英里的陡峭山徑，前往凱達納特神廟。這些人以自己的速度前進，在山徑上拉開來——前頭小馬領隊，後面跟著穿鞋或赤腳步行的朝聖者，以及扛著年長體弱者的四人轎（dhooly）。其中也有穿著球鞋、全身白衣的寡婦，一定備有手杖，有些人雙手各持一杖，緩慢前進。鮮豔裙裝與厚重銀踝鐲的拉賈斯坦婦女，則赤腳前進。裹著厚重外套與羊毛披風的壯實老年男性，有挑夫扛著行囊；還有輕衣薄衫的出家人，除了水壺與缽外，身無長物。從古賈拉特與卡納塔卡來的朝

喜馬拉雅山高處的凱達納特神廟。

聖者隊伍，跟馬哈拉施特拉家庭、孟加拉女學生混在一起。穿越高山雪原的時候，冰雪令他們驚嘆不已。對多數人來說，這都是一生中首度看到雪。他們高唱「頌讚凱達納特的冰雪！是飢餓者的麵包，渴求者的水！」（Jaya ho, Kedārnāth barfānī! Bhukhe ko rotī, pyāse ko pānī.）

凱達納特山徑的最後一段特別陡峭，但此時朝聖者已經被眼前開展出來的雪峰景象吸引向前。最終，抵達慕神之地（Deva Darshan），神廟首度映入眼簾。他們在一段距離外停下來瞻仰神廟。前方的小村落每年只有六個月時間有人居住，剩下六個月時間，則覆蓋著高達二十英尺的白雪。爬上通往凱達拉石造神廟的階梯，朝聖者敬畏地注視著眼前三邊高高崛起的山峰，崎嶇的落岩山體與崩雪，高處的雪原與冰河。尚有體力的人，可能會利用下午最後幾小時，爬上俯瞰凱達拉谷地的山崖，也是濕婆神守護者守望之處。此地超過海拔一萬兩千英尺，矗立著一整群陪臚神令人驚懼的石雕臉孔，他們是濕婆神兇猛可怖的化身。這帶區域裡，陪臚神又以布坤德陪臚（Bhukund Bhairava）或陪臚之主（Bhairavnāth）聞名。膽大苦修士帶上來的三叉戟穩穩插入地面，整個瞭望處飄揚著橘、紅、白色的旗幟。朝聖者與陪臚之主俯視著濕婆神廟矗立其中的翠綠冰斗。

三十英里的筆直距離外，跨越重重高山後的另一片高地，則是這片喜馬拉雅山區的另一處大神廟——巴德里納特。巴德里納特與凱達納特神廟是北坎德邦喜馬拉雅山區四方神居的其中兩處，後續將在毗濕奴神的地景討論中看到。巴德里納特神廟以毗濕奴神示現聞名，但其神聖傳說卻跟濕婆神強烈連結。在故事之一，毗濕奴神篡奪了此處的濕婆神座，接著要求濕婆神移到另一處山區，而濕婆神欣然同意。從《濕婆往世書》紀錄的濕婆教派觀點來說，我們得知有兩位傳奇賢人——亦即有些人視為毗濕奴神轉世的那羅（Nara）與那羅延納（Nārāyana）——在今日的巴德里納特高山地區進行精神苦修。[67]就像許多人一樣，他們也用泥土造出濕婆林伽作為敬拜焦點；濕婆神顯現在他們面前賜福，回應他們的精神奉獻。為了全人類的福祉，他們請求濕婆神以永恆之光的形式顯現。濕婆神同意，並承諾以濕婆光柱的形式定居在山區裡。

凱達拉的堅固石造神廟每年只開放幾個月的時間，神廟中安置了一座自顯林伽，這座岩架據說源自於那羅與那羅延納所造的泥塑林伽。濕婆神現身時，林伽單純以光的形式顯現，雖然現在我們所見是石頭的形式。濕婆神話中，光轉變為石的主題並不少見。這是濕婆光柱原型——吉羅娑山的故事，這座光柱後來成為穩固世界的巨大山脈。這也是泰米爾納都邦聖炬山的故事，一團光燦的火焰，在當今的爭鬥時代中，改以山脈形式顯現。

每年十月的凱達納特內聖殿會點起一盞油燈，祭司關上神廟，撤下山到奧奇馬特村（Okhi Math）度過雪季。遊行隊伍扛著濕婆神的頭冠——蛇神那伽（Naga）的黃金蜷身與頭部，像王冠一樣護持在林伽頂端。冬季期間，這座頭冠將成為信徒崇敬的替代對象。根據信徒的紀錄，當他們五月重返開啟神廟時，即便經過漫長冬季月份，油燈仍舊持續燃燒。神奇油燈會從內聖殿取出，進行公開的油燈瞻仰（jyotidarshan）。

夏季月分中，凱達納特神廟有兩個主要神祇瞻仰的時段，晚間與清晨。所有凱達納特神廟的彩印照片都呈現這兩者：夜間獻燈瞻仰，以及清晨的赤裸解脫（nirvāna）瞻仰。兩者的節奏與相對性，從儀式上喚起濕婆神學中既可描述又不可描述的神祇。在夜間，呈不規律金字塔形的林伽石進行獻燈瞻仰的妝點。它會蓋上絲綢，黃金蜷身蛇首頭冠則放置在林伽「頭」上，獻上葉片鮮花編成的花圈。上方撐起黃金色傘蓋，彷彿為王者遮蔽般。朝聖者往前擠，在內聖殿門口駐足片刻，瞻仰濕婆神華美裝飾的「面容」。清晨卻進行截然不同的程序。林伽石毫無裝飾，岩體本身完全展現。內聖殿的門大開，朝聖者帶著祭品——裝著白色冰糖、鷹嘴扁豆（chana dal）、果乾、堅果、椰子、檀香粉、紅硃砂粉末（kumkum）與野花。溫暖陽光下，他們繞著神廟大排長龍。然而這一次進入廟中，抵達內聖殿門時，他們可以直接進入濕婆聖殿，以手觸摸岩體，再碰觸自己的額頭，以清澄奶油擦拭岩體，獻上祭品。他們以清水澆灌林伽，灑落葡萄乾、堅果與花朵，或在岩體側邊獻上絲綢。這一切都是解脫瞻仰的一部分，信徒與神祇之間的親密感確實具有強大力量。

離開凱達納特神廟後，一些最健壯的朝聖者則進行所謂的濕婆五聖殿（Five Kedār）朝聖之旅。這五座神廟都位於北坎德邦的喜馬拉雅山區。《濕婆往世書》的同一篇章，也提到濕婆神在這些山區顯現的另一個極受歡迎的故事。《摩訶婆羅多》的大戰之後，戰士的世界陷入一片血海，沉浸在哀慟之中，般度王子們向濕婆神尋求洗清戰爭罪惡之道。他們首先前往迦屍，但濕婆神卻閃躲他們，跑到喜馬拉雅山區，躲在一個名為笈多迦屍的地方。般度王子們發現他在此處時，濕婆神將自己變成一頭公牛，跳向地面。他們抓住牛尾，懇求他留下。雄壯的牛背瘤就留下來，成為凱達納特神廟的岩架。敦加納特（Tunganāth）、樓陀羅納特（Rudranāth）、卡爾佩許瓦（Kalpeshvar）及馬地亞梅許瓦（Madhyameshvar）則是濕婆身體的其他部分，遺落在北坎德邦的地景上。根據某些傳說，他的頭部在尼泊爾的獸主之主神廟出土。這個極受歡迎的故事有許多不同版本。

一如山區其他地方，此地對於般度五子的記憶，也相當強烈。凱達納特神廟的前廳內部，環繞著般度五子的石雕像。極受歡迎的形象中，般度五子連同黑公主德勞帕蒂，站在裸露的凱達納特林伽石一側，雙手合十進行祈禱。雖然據傳他們接近時，濕婆神已經改變形貌，遁入地下，般度五子仍舊是最早在此地瞻仰這種濕婆形貌的人。

我們現在已經知道，濕婆神的五倍本質，這是談到濕婆顯現的常見模式。他顯現在五大元素中——地、風、火、水與氣。他擁有五個面向——創造、維持、摧毀、驚奇與超越宇宙。他的讚美真言也是五音節：「na-ma-shi-va-ya」（向濕婆神頂禮）。他的神祕之聲「Om」，是由五音組成——a、u、ma、氣音與無聲。同樣地，濕婆神的山間居所據傳也有五處。在北坎德邦，知情的人可以在地景上點出濕婆神公牛形象的部位。這五處體現神聖濕婆之地，散布在喜馬拉雅山區的高處。濕婆不只住在山中，或山上的大廟裡，他就是山脈地景本身。

濕婆五聖殿中的敦加納特神廟，是這段喜馬拉雅山區中，所在位置最高的神廟。從查普塔查提（Chopta Chatti）出發，通往敦加納特神廟的山徑上，朝聖者可以看到一連串山峰——凱達納特群峰、巴德里納特群峰及南方的南達德維峰。通往敦加納特神廟的山徑攀過杜鵑花林，最終通向一片廣闊的草原。海拔一萬兩千多英尺的敦加納特神廟就位於一座高峰下方。神廟與圍繞的聚落，都是以石材興建，擁有石板屋頂。只有最身經百戰的朝聖者能夠到達此處，很少人在此過夜。這座高於林線的岩石建築，相當清冷。神廟中的林伽是「五面向」凱達拉之主的濕婆神。環顧敦加納特四面八方聳立的山峰，人們將清楚認識到，此地濕婆光柱的「五面向」不只是神廟形象，更是北坎德大地的地景。

接受路克．惠特摩爾（Luke Whitmore）訪談的凱達納特神廟祭司，以自己的語言表達這種觀點，「此地，神祇（Bhagavān）與地點（sthān）是同義。」一位祭司如是說。另一位則表示，「神廟中有一座山。那是神廟中的喜馬拉雅山。那裡的神就是山。但若要某人敬拜山峰，他不會這麼做，對吧？拜山，沒人會幹這種事。我們老人家做的事，是將山放進神廟中。我們在那座山建造一座驚人的神廟，讓人們前來驚嘆：『哇！哇！多麼巨大的林伽！』那就是我們的獻祭。我們進行的是喜馬拉雅山祭儀，向我們居住的喜馬拉雅山區獻祭。」[68]

《濕婆往世書》總結對凱達拉的讚美時，指出濕婆神雖是整個宇宙之主，卻特別顯現在婆羅多的北境，因為濕婆神在此受到印度人民直接面對面的禮拜。[69]事實上，前往這處山區而在路程上過世的人，將不再受轉世之苦。

深南之地：羅摩國王之主，拉梅許瓦拉

遠離喜馬拉雅山區的凱達拉，位於印度遙遠的南端，在孟加拉灣平坦海岸地上，是拉梅許瓦拉。凱達納特與拉梅許瓦拉正是投射這片大地景象的兩個端點。拉梅許瓦拉神廟群位於泰米爾納都海岸向斯里蘭卡延伸的離岸島嶼上。拉梅許瓦拉有時也被稱為「橋」，根據史詩《羅摩衍那》，羅摩國王透過猴子軍團的協助，造了一座通往楞伽島的橋，以拯救被楞伽島國王羅波那綁架的妻子悉達。印度大地也經常被形容為「從喜馬拉雅山到橋」（A Setu Himāchalam）。事實上，正如我們所見，這句話也成為印度地理調查局的座右銘，意指橫跨整片大地。

正如朝聖者從南方的泰米爾語地區千里跋涉前往凱達納特，朝聖者也從北方的印地語區域前往拉梅許瓦拉。跟泰米爾納都邦內其他朝聖地不同的地方是，其他廟宇幾乎只通用泰米爾語，拉梅許瓦拉的小冊指南卻會服務印地語朝聖者的需要。[70]部分朝聖者會帶來北方的恆河水，灑在遙遠南方拉梅許瓦拉的濕婆光柱上，並將拉梅許瓦拉的沙子帶回恆河，作為這趟旅程的統合象徵。《室健陀往世書》中也提到這種作法。[71]還有一種年代久遠不詳卻甚受歡迎的作法，前往北方恆河上迦屍朝聖的人，也得到拉梅許瓦拉朝聖，才稱得上完整。然而，即便今日，神廟也對隨身攜帶恆河水者及透過鐵路運送恆河水到神廟者，設有不同處理程序。神廟的線上指南點出：

> 灑水儀式（Abhishekam）中可使用的恆河水，必須以黃銅、紅銅或青銅器盛裝。向神廟主管

（Peishkar）繳交以容器數量計算之明訂費用後，就得以納入儀式中。錫或鐵製的容器不予接受；若以這類容器盛裝者，繳付費用後，得使用神廟內的銅容器，廟方主管確認恆河水的真實性後，會將恆河水轉移到廟方容器中。恆河水亦可會同以容器數量計算之明訂費用，外加一盧比，透過郵寄或鐵路送達廟方進行儀式。[72]

拉梅許瓦拉神廟的林伽據說是由羅摩本人所立，這一幕故事在今日的彩色月曆藝術畫作中甚受歡迎。我們看到羅摩跪在沙灘上敬拜濕婆神，羅什曼與哈努曼也虔敬在旁。某個敘述中，羅摩在此立起土造（pārthiva）林伽，祈求濕婆神現身，獻上十六輪敬拜。「勝利！勝利！」他在濕婆神像前起舞並祈求。對於羅摩的虔敬感到滿意的濕婆神，以純光的形式現身，並賜予恩惠。羅摩的第一個要求並非為自己祈求，而是為了人間。他請求濕婆神，「留在此地，我主，淨化世界。」因此濕婆神同意留在林伽中，成為今日知名的拉梅許瓦拉（意為羅摩之主）。同時濕婆神也祝福羅摩，他說：「願你戰勝，偉大的國王。」羅摩因此跨越海洋，擊敗羅波那。[73]蟻垤仙人（Valmīki）版本的《羅摩衍那》史詩中，羅摩、悉達與眾人搭乘空中戰車由楞伽島返回阿逾陀。當他們升上天俯望拉梅許瓦拉時，這座神廟如此神聖，竟消滅了一切罪惡。

其他神話則將拉梅許瓦拉的林伽連結到羅摩剛擊敗羅波那之時，他與悉達、羅什曼、哈努曼及眾人返回橋。他想在此立一座林伽祭祀濕婆神，以贖殺戮羅波那之罪。即便羅波那是惡魔王，仍舊是個婆羅門。殺了羅波那，就讓羅摩犯下殺戮婆羅門之罪。[74]此外我們也記得，羅波那也是濕婆神的重要信徒。因此，這是銷售給朝聖者的彩色圖片中最常見到的一景：羅摩崇敬濕婆神，旁邊圍繞著所有追隨者，包含哈努曼、羅什曼、悉達，甚至還有羅波那的弟弟維毗沙那。崇敬儀式應該也包含羅摩為了戰勝而謝恩。

取得拉梅許瓦拉林伽石的過程，則產生另一組故事。根據版本之一，羅摩派遣如風般迅捷的哈努曼，前往遙遠的喜馬拉雅山，從吉羅娑山帶回一塊合適的石頭。從喜馬拉雅山將林伽石帶到南方海岸來崇敬濕婆神，再度突顯了北——南軸心的強烈象徵連結。然而，隨著星象決定的林伽石奠基吉祥時刻逼近，哈努曼卻仍未帶著石頭歸來。因此悉達以沙子製作了一尊臨時的林伽，羅摩則在神聖時刻為其祝聖。在他們的敬拜之中，濕婆神在他們面前完全顯現。當哈努曼從喜馬拉雅山歸來，他們想要以特殊的喜馬拉雅山石取代臨時的沙製林伽。然而無論施加多大的力道，悉達的沙製林伽都無法移動。即便哈努曼試著以尾巴的力量拔起沙製林伽，它仍舊不動如山。沙製林伽變得像石頭一樣堅硬。因此，在拉梅許瓦拉實際上有兩座林伽：喜馬拉雅山石林伽——稱為宇宙之主林伽（Vishvanātha linga），是由哈努曼由北方帶來；悉達堆起的沙堆，則稱為羅摩之主林伽（Rāmanātha linga）。在濕婆光柱的自然聖顯傳統之下，後者自然就成了拉梅許瓦拉神廟的驕傲。[75]

今日，朝聖者在名為火渡口（Agni Tīrtha）的海邊沙灘上，許下意念聲明，用沙子堆製林伽，就像當年羅摩與悉達的奉獻一般。接著，他們將臨時林伽獻給大海，浸浴之後，進入羅摩之主神廟，敬拜羅摩的主人——濕婆神。這座寬敞神廟擁有許多繞行廊道。他們說，羅摩以弓尖在附近鑿出一口井，恆河水神奇地湧現在井中，因此即便不是來自北方的朝聖者，每個人都可以用恆河水獻祭濕婆神。羅摩之主神廟以聖水聞名。此地擁有二十二座渡口聖地，亦即水井，這些水賜予各種祝福與恩惠。其中當然包含流出恆河與亞穆納河水的井。朝聖者帶著水桶繞行神廟，從所有二十二座渡口汲水後，進入內聖殿澆灌濕婆神。

拉梅許瓦拉讓我們得以一窺羅摩的聖地圈跟主要濕婆神廟交會的情況。後續篇章中，我們將會看到羅摩離開阿逾陀的旅程，穿越印度的森林，前往拉梅許瓦拉後又返回阿逾陀。英雄羅摩成為神之前，也是濕婆神的虔誠信徒。[76]

印度中心：偉大時間之主

約莫在拉梅許瓦拉跟凱達拉的中間，偉大時間之主神廟的濕婆光柱，就位於烏賈因城中。這座古老城市的歷史可遠溯至佛陀時代，當時以阿槃提王國（Avantī）的首都聞名。西元前三世紀的印度史詩時代裡，此地以勝利之城——阿槃提迦（Avantikā）或烏賈因尼（Ujjayinī）聞名。到了西元三到六世紀笈多帝國諸王的黃金年代裡，此地繁榮興盛；五世紀的偉大詩人迦梨陀娑曾形容此城，定是由天上之人所建，「離開天界之後興築這座人間天堂」。[77]這裡是迦梨陀娑的故鄉，詩人崇敬的卡莉女神像，今日仍舊在「卡莉卡之家」（Garha Kālikā）的小型神廟中接受供奉。詩人也向偉大時間之主致敬，後者自古至今都是烏賈因的主神：濕婆神在此是偉大的毀滅者，是時間與死亡之主。許多往世書中都可以發現對烏賈因的讚美，特別是《室健陀往世書》中的阿槃提迦部（Avantikā Khanda），整篇完全獻給烏賈因的神聖世界。當然我們也記得，此地的古老歷史在神話之中，可以追溯到世界之初，當眾神與阿修羅攪拌海洋，以取得珍貴的不死甘露。當裝著不死甘露的容器出現，被眾神搶到天界時，四滴甘露滴到地面上。其中一滴就在烏賈因。[78]

今日的烏賈因是個人口不到四十萬的中央邦西部小城。過去幾十年中因為工商業擴張，以及定期的「辛哈獅塔」大壺節帶來的精神產業，每十二年都會吸引千萬朝聖者來此長達一個月的時間，烏賈因慢慢成長了起來。事實上，部分對二〇〇四年辛哈獅塔群眾人數的估計，甚至高達兩千萬人。一如其他高密度朝聖的聖地，烏賈因的辛哈獅塔大壺節也需要突然增加的道路橋梁建築、飲水處理與公共工程改善，以供應大型營地的需求。這些多數都是由政府預算支出，透過烏賈因發展當局、公共工程局及關心環境、河流與公共衛生的全國性機構執行。

古代與現代的文獻都談及烏賈因是個位於印度中心的城市。這裡是肚臍（nābhi）的位置。今日，幾乎任何烏賈因住民都認同這部分的都市傳說。一位當地報導人在河邊閒聊時說：「中央邦位於印度的中央，烏賈因則是中央邦的中央。偉大時間之主則是烏賈因的中心，是大地的肚臍。」此地的聖地祭司全都很熟悉並能朗誦往世書中的詩句，偉大時間之主神廟不只是此世的中心，更是三界垂直軸心的中心，在天界與冥界中濕婆神都以林伽形象展現：

> 在天界是陀羅迦林伽，
> 在冥界則是黃金之主（Hatakeshvara），
> 在此有限世界則是偉大時間之主，
> 讚美三者，喔三林伽！

作為賜予解脫的「七聖城」之一，烏賈因城就像迦屍，也充滿了神廟。除了知名的偉大時間之主濕婆神廟外，這座城市還擁有其他神祇的特定領域，祂們也是烏賈因朝聖的一部分。哈拉希迪提毗女神（Harasiddhi Devī）是五十一個女神寶座之一，位於錫普拉河對岸，與偉大時間之主神廟遙遙相對。這座安靜、維護良好的神廟穩定地吸引在地信徒與朝聖者前來。而「大象頭神」（Bare Ganesha）的巨大鮮豔塑像，位於偉大時間之主神廟廟埕西門內。今日來自城內各處的朝聖者絡繹不絕，黑陪臚神（Kāla Bhairava）神廟則是電動三輪車夫的重要朝聖地點之一，這座古老小廟就位於城外，俯瞰錫普拉河的高河岸上。造訪黑陪臚神神廟的人將會瞻仰的面容，覆滿幾世紀累積的硃砂粉末，以至於此刻眼睛已經深陷在不凡的面容之中。即便今日，他仍舊被稱為古阿槃提迦的「領袖」，身為此城的將領（senapati），他的管轄仍受到認可。神聖的烏賈因也以此地的賢者聞名。距離黑陪臚神不遠處，搭著三輪車朝聖者可能會參訪睿智詩人伐桎呵利（Bhartrihari Gufā）的洞穴，或賢者全現導師（Sandīpinī）的修行所。據說他在此教導奎師那及大力羅摩學習吠陀。回到城裡，朝聖者當然還會拜訪卡莉女神之家，瞻仰卡莉女神聖容；此處的卡莉女神是一尊令人激動的橘色銀邊肖像，四肢因為長期硃砂裹覆而變得光滑。最終，他們當然還要來到河岸邊，往北「快速流動」的錫普拉河階上，就像迦屍的恆河也是向北流。烏賈因累積起來的神聖性格，最終完成整幅圖像的，是神祇從惡魔手中奪走的不死甘露。潛逃天界時不慎灑下，成為對這片土地的祝福。[79]

即便有諸神的名聲，烏賈因最出名的，仍舊是濕婆神偉大時間之主林伽的所在地。《濕婆往世書》中提到兩個關於濕婆神在此顯現並展現力量的故事。兩者都是〈讚歌〉傳說的好案例。第一個故事，是關於烏賈因一位名叫維達普利亞（Vedapriya）的虔誠婆羅門，名字意為熱愛吠陀之人，以及他同樣具有代表性的四個兒子。很久以前，他們遭到名為杜薩那（Dusana）的阿修羅迫害，杜薩那從恩惠中獲得力量，誓言要消滅吠陀儀式，並虔敬崇拜濕婆神。婆羅門父子缺乏自衛的武器，無力對抗阿修羅的威脅，但他們造了一座泥塑的濕婆林伽，投入禮拜濕婆神。當他們遭受阿修羅攻擊時，濕婆神從泥塑林伽裡，以偉大時間之主的形象現身，瞬間將攻擊者燒成灰燼。[80]另一個故事則發生在晚一點的神話時代，此時烏賈因遭到圍攻。當軍隊對四個城門發動攻勢，月軍王（Chandrasena）躲進偉大時間之主神廟，日夜虔誠敬拜神明，齋戒並全心專注在濕婆神身上。當時有位牧牛女帶著五歲兒子也前往神廟，看到虔誠敬拜的國王。小男孩對虔敬的國王印象深刻，因此返家後在附近的田地找到一塊小石頭，以巨大熱忱模仿國王的虔敬禮拜。小男孩如此專心，導致母親得一邊責罵、一邊將他拉離自己創造的崇拜遊戲世界。小男孩在不捨中失去意識，醒來時，他敬拜石頭的整塊區域已經變成金光閃耀、珠光寶飾的偉大時間之主神廟。牧牛女呼喚國王前來見證這奇妙一景，大喜過望的國王，高聲唱起讚頌濕婆神的歌曲。即便圍攻烏賈因的敵軍，也看到光彩奪目的美妙之地，因此謙卑前來敬拜濕婆神，並說：「此地即便孩童也敬拜濕婆神，讓我們放下敵意，以免冒犯神明。」即便他只是個牧牛童，小男孩也被納入國王與婆羅門的行列，一起參與濕婆神的神聖儀式。[81]

「Mahākāla」一詞意指「時間的偉大之主」。這可能是一位古代神祇的名諱，以「犍納」（gana）的身分被納入濕婆神的侍從群中，接著成為濕婆的身分之一。「kāla」一詞包含一連串相關的意義——時間、死亡與黑暗，全都落在偉大之主的範疇中。今日的偉大時間之主神廟位於一座低矮山丘上，距離錫普拉河一小段距離。這是間優雅的廟宇，擁有三座門廊，三層之上矗立著高聳的廟頂尖塔。神廟旁邊緊鄰著名為「千萬渡口」（Koti Tīrtha）的水池，據說來自「千萬」渡口聖地的水匯聚於此。無數小型神龕圍繞著水池，包含祀奉毗濕奴神與犍尼薩象頭神的神龕，以及數十座輔助林伽。此外還有一座獻給此地「奠基女神」（adhishthātrī devī）——阿槃提迦女神的古老神廟。然而今日若非事先得知，幾乎無法察覺她的存在，因為另一座相對新穎的羅摩、悉達與羅什曼神廟就立在她的面前，暗示古代女神已經從大眾想像中消失。然而我們知道，印度神聖地理中許多地方的「奠基」神祇，一開始，都是像阿槃提迦女神這樣的女神。

寬闊的偉大時間之主神廟中，內聖殿位於地下室，也就是三層神廟的最底層，由一組陡峭階梯連結。偉大時間之主林伽的上方，地面層的聖殿供奉的是奧姆真言之主林伽（Omkāreshvara）；

更上一層則是第三座，稱為蛇月之主（Nāgachandreshvara）的林伽。這尊濕婆神主要是在雨季的室羅伐拏月（西曆七到八月）的那迦五日祭（Nāga Panchamī）③中受到供奉。然而此地的重心，仍舊是位於林伽最下方的的偉大時間之主內聖殿。在最近一次的整修中，整個神廟群地基經過進一步挖掘，在內聖殿旁開創出一個大型的地下廳，讓數百名朝聖者可以在此等待瞻仰聖像。

偉大時間之主的內聖殿不大，人龍圍繞著林伽時，祭司努力維持秩序，稠密的空氣中回響著「讚美濕婆」（Namah Shivāya）的呼聲。偉大時間之主林伽完整現身時，是一尊兩英尺高的光滑岩石，坐落在內聖殿地面的銀座上。濕婆神的那迦蛇隨著神座的的銀道而上。眼前的五彩繽紛人潮構成一圈崇拜渦流——十多條手臂伸向林伽，有的旋轉著黃銅托盤，上面堆滿紅硃砂粉、香灰及小油

烏賈因偉大時間之主神廟中的濕婆光柱。

燈；伸向偉大時間之主的手，則抓著木橘葉與鮮花，堆放到林伽頂端；握著水罈的手，將水澆灌到林伽上；還有以紅硃砂粉點額頭的手。上午時分，當朝聖者帶著祭品，魚貫穿過小聖殿，整個聖座間都充滿了綠葉與花朵。就像凱達納特，這是一天當中，朝聖者可以進入內聖殿，以手碰觸林伽，將祭品直接放上石像的時刻。夜間的獻燈儀式中，林伽經過華美裝飾，祭司成為獻祭的嚴格中介者。

就像凱達納特，偉大時間之主神廟中，無相的濕婆與較容易親近的有相濕婆形成對照。此處，濕婆神以多種驚人方式，顯現在岩體上。當然有標準的四面銀冠，會在特定敬拜時間，置放在林伽石的頂部。還有蜷曲的銀色那迦蛇，像頂頭冠般環繞林伽石。重大節慶中，如濕婆神誕辰（Shivarātrī），這兩者都會代替林伽本體出巡。烏賈因這裡最特殊的地方，在於祭司藝術家在平滑的石頭表面上，以畢卡索的眼與手，畫出所謂的「濕婆一瞬」（jhanki of Shiva）。他們用灰、檀香粉與硃砂粉，畫出濕婆神顯現的驚人面容。腰果的半果被用來刻劃強調面容。知名的「灰妝」（bhasma shringāra）儀式中，整塊林伽石敷滿灰後，畫出黃色眼睛與紅色瞳孔，向前直視。另一個妝容中，整張臉是半黑半橘，一半男性一半女性；黑半臉的額頭畫上濕婆神的橫紋，橘半臉則妝點著女神珠飾。畫上銀色眼睛，眼鏡蛇頭頸部大張造型的銀冠妝點著頭部。荷麗節（Holi）時，「濕婆一瞬」的頭上則灑滿紅色粉末；象頭神節（Ganesha Chaturthi）中，林伽石上則以腰果畫出象頭神犍尼薩的面容。這些濕婆神的聖容視線會跟隨著神廟儀式月曆的時節變動，再再提醒信眾，即便是在包容全世界的超越性林伽石表面上，人類也能夠瞥見濕婆神的種種面容。

③那迦五日祭是印度、尼泊爾地區的印度教、耆那教與佛教徒共有的傳統節慶，通常落在印度教曆室羅伐拏月（西曆七到八月）的第五天。節慶中，婦女會向蛇像或蛇畫，獻上牛奶，祈求保祐全家平安。

在烏賈因，如同在迦屍及凱達拉，我們經常被指向更大的真實，那是超越林伽石、超越神廟本身的真實。此地真正的光輝林伽，並非單一象徵，甚至不是驚人的偉大時間之主林伽，而是這整個區域或場域（kshetra）。往世書中的〈讚歌〉告訴我們，當濕婆神在此地顯現，是以一個俱盧舍（兩英里）為半徑，他的示現力量充滿了這一整片寬闊的場域。[82]位於這片場域的中心，正是偉大時間之主神廟中的特殊林伽；然而整片場域內擁有八十四尊林伽石，它們的故事在《室健陀往世書》中一一歷數。我們可能會想像，這麼大量的林伽石，應該會被視為一個團體。然而今日在烏賈因，廉價〈讚歌〉小冊仍舊將它們一一標示出來。許多神廟將林伽石名號及符號畫在牆上，說明是八十四尊林伽中的哪一尊。錫普拉河的浸浴河階上有一塊石碑，所有八十四尊林伽都以縮小形式在此呈現，意欲將整個神聖場域收合為一。這種濃縮的象徵性策略，跟擴張、擴散、複製成許多的象徵性趨勢，是一體兩面。八十四尊林伽如此重要，在不同地點獲得個別命名；然而八十四尊林伽也可以聚攏在此，同時間獲得禮敬。

奧姆真言之主：濕婆作為宇宙之聲

烏賈因以南六十多公里處，是奧姆卡拉（Omkāra）的濕婆光柱，或稱奧姆真言之主：一處位於納馬達河中的島嶼聖地。朝聖者可能從因多爾市的平地蜿蜒穿越山區，由陸路前來。事實上他們是「下降」進入此地的山區，這些山區是納馬達河陡下的崎嶇之地。髮夾彎來回穿梭山崖與峽谷，夏季時乾涸，雨季卻成為諸多河流的洩水道。蜿蜒穿越崎嶇地形，朝聖者終於抵達河谷。跨橋到對岸後，一條被古老樹木包夾的窄道領他們向東，穿越開著黃花的芥末田，前往曼達塔（Mandhātta）小鎮。

此鎮名稱來自一位傳說中的王者，他拋棄王國成為修士。在此，他們首度看到陡峭的黃銅色山崖，堡壘般的牆面，奧姆真言之主神廟的多重廟頂尖塔。當他們北望納馬達河對岸，這座雄偉神廟可能看起來就像在河的對岸，實際上卻是位於一座半圓形的島嶼上。六百英尺長的人行橋連接曼達塔村與奧姆真言之主島；第二座吊橋正在興建中。一九七一年第一座橋落成前，朝聖者都必須靠船接泊前往神廟，今日許多人仍舊仰賴船夫往返。

我們記得這條偉大河流，印度的七聖河之一，據說是從濕婆神的軀體中流出，始於東方五百英里處，青翠蓊鬱的阿瑪拉坎達卡山區。即便今日，最虔誠的朝聖者仍舊會在整條流域中繞行朝聖。沿河兩岸數百座小型神廟與幾十條支流聞名。此刻在奧姆真言之主神廟，還可以見到朝聖者紮營，繞行朝聖。納馬達河是條寬闊壯大的河流，雖然流

納馬達河上的奧姆真言之主神廟。

域中有些地方遭到河谷開發計畫、興建爭議水壩的限縮、擴張或操弄。這一連串的計畫預計將在主流與支流興建三十個大壩與數百個中小型水壩。最靠近奧姆真言之主神廟的兩個水壩，是馬黑許瓦水壩（Maheshwar）與奧姆克里許瓦水壩（Omkāreshwar），兩者都遭到抗爭，也在爭議的起落中緩慢展開興建工程。一如其他大壩計畫，當地村民遭到迫遷，部落居民遭受嚴重迫害。此刻在奧姆真言之主神廟，即便冬季河流仍舊深廣，水流似乎沒受到水壩控制或放水的影響。然而無分大小，納馬達河岸神廟的命運都籠罩著一層烏雲。[83]

卡韋里河在奧姆真言之主島匯入納馬達河，這條河跟南印度的聖河之一同名。[84]卡韋里河來自島嶼背面，分流擁抱島嶼聖殿，在島嶼東西側的兩個匯流處，分別匯入納馬達河。今日靠河維生的船夫，載運朝聖者上下河流，在兩處匯流浸浴。此外，朝聖者還會在所謂的「千萬渡口」（如同其他地方許許多多的千萬渡口）河階上浸浴；這座河階就在奧姆真言之主堡壘神殿的下方。

他們說，這座濕婆光柱建立時不過是一抔土，是溫迪亞山脈在此建立的泥塑林伽。我們先前也碰到關於溫迪亞山脈的故事：

> 溫迪亞是中印度的山脈，從賢者那羅陀（Nārada）處得知須彌山更加高聳燦爛後，在此建立一尊林伽，以狂熱禁慾修行來崇奉濕婆神。最後，濕婆神顯現在他面前，同意永遠留在泥塑林伽中，並賜予世俗享樂（bhukti）與解脫。
>
> 溫迪亞也獲得濕婆神賜予的恩惠：他要求成為世界上最高聳的山脈。獲得恩惠之後，溫迪亞向天空伸展之高，擋住了太陽的每日軌跡。隨著大地遭到太陽炙烤，眾神懇求濕婆神採取行動。於是他派出賢者投山仙人，仙人在往南的旅程中經過溫迪亞。溫迪亞以深鞠躬向投山仙人致敬，

> 並稱可以為他服務。投山仙人要求溫迪亞維持深鞠躬的姿勢，直到他由南方回轉。投山仙人持續旅程，卻從未由南方返回。因此即便今日，恭順的溫迪亞仍舊是座低矮的山脈。85

整個奧姆真言之主區域可以分成三塊：梵天普利（Brahmāpurī）、毗濕奴普利（Vishnupurī）與濕婆普利（Shivapurī）。有時也統稱為奧姆卡拉三城（Omkāra Tripurī）。我們已經知道林伽的神學圖像結構上，包含了梵天、毗濕奴與濕婆三段。這些都是林伽石柱身上的不同區塊。「Omkāra」一字是無所不包的意思。它單純代表「嗡」（Om），這個聲音包含並超越所有聲音，也是原初之時從燃燒光柱中響起的神聖真言。「嗡」的三個主要組成聲音——a、u及m，據說與梵天、毗濕奴神及濕婆神相應；這三位神祇全都現身在奧姆真言之主中。然而嗡是個五聲合成的字，另外兩個「聲音」是氣音與最後的沉靜。濕婆神的五倍數與五聲真言「嗡」之間，具有許多玄祕的象徵性連結，然而核心在於「嗡」是所有一切真實的象徵之聲。

就像其他地方，奧姆真言之主神廟也以「五俱盧舍」這個詞，來描述自己的廣闊神聖場域。最知名的「五俱盧舍」，當然就是環繞迦屍的聖域。但較小型的聖域（kshetra）也有出名的環狀朝聖行程。但這裡很清楚的是，「五俱盧舍」所指的並非任何測量單位，而是象徵整體區域。談到五俱盧舍，就是擁抱整體，亦即奧姆真言之主作為聖地的全面性。「嗡」的象徵性不只出現在神廟中，也在地景中顯現。五重朝聖將五聲構成的「嗡」，銘刻在大地上。沿著「繞行」路徑，信徒以腳追尋「嗡」的痕跡。市集上販售的島嶼朝聖地圖，將朝向奧姆真言之主神廟的巷弄，描繪成浮現在島上的「嗡」形，朝聖站則沿著這個神聖字母的痕跡分布。

〈讚歌〉中也強調了奧姆卡拉作為聖域的全面性，「斯里奧姆真言之主神廟最特殊之處，在於其他十一座濕婆光柱，都以象徵形式（pratīk rūp me），現身於此。」[86]島嶼神廟本身有三層樓，就像北方的偉大時間之主神廟一樣。朝聖者首先在奉祀奧姆真言之主林伽石的內聖殿中獻上祭品。而這座林伽石是由銀座圍繞的岩架，信徒在林伽石上澆灌塑膠袋裝的牛奶，撒上三葉木橘葉與花，獻上祈禱，儀式引導者表示儀式完成。除了奧姆真言之主林伽石外，廟中還有另外兩座濕婆光柱的代表——偉大時間之主與醫藥之主。剩下的濕婆光柱明顯散落在附近區域，島上與河對岸的曼達塔村都有；曼達塔村中還有一座迦屍宇宙之主的古老神廟。[87]

前往奧姆真言之主神廟的朝聖者，很快就會發現此地的神廟群如此龐大：島嶼上的神廟繞行，包含兩個匯流處之間上下游的聖地群，以及曼達塔村中的聖地群。打著古代淵源旗號的老神廟爭取注意力，新神廟則在河岸上崛起。這一切之中，朝聖者加入的某種崇拜形式，足以總結此地濕婆神崇拜的本質與目的。午後，有群朝聖者坐在古老的不死之主（Mamaleshvara）神廟外部廊柱廳中，一面躲避熾熱豔陽，一面觀看五人製作數百尊泥塑林伽。每人面前有一片木板，上面是數排彈珠大小的凹槽，每個凹槽都有一小尊泥塑林伽。他們將小塊泥土揉成錐體，每個都約是賀喜巧克力的大小，一一置入凹槽中，頂部放上一粒米。剛入夜時，木板擺滿了林伽。在祭司帶領下，他們進行一場簡短的儀式，邀請濕婆神進入泥製林伽中。他們獻上花朵與祈禱後，走下河階，涉水進入納馬達河，將所有泥製林伽沉入水流之中。一轉眼間，所有林伽都消失了，隨著納馬達河的慵懶擺盪往下游流去。這是一場完美的生物可分解祭儀。當然，這也是許多林伽石的起源，一如神聖傳說所言：一小搓泥土凝聚心中的敬意，祭拜這微小象徵，喚起濕婆神強大永恆的存在。

山岳、大地、河流與光

十二座濕婆光柱各有其特色及故事，我們不打算覆述所有的故事。它們並不是極為特殊的故事，實際上就像印度各地數千個關於濕婆神在地示現的故事。它們為各地濕婆地景形成的某些類似主題，提供了證據。例如，在納西克附近，馬哈拉施特拉邦的三眼之主神廟，在大片山壁下的巨大石造神廟中，供奉的是「三眼之主」（Tryambaka）。這裡是西高止山的薩希亞德里山脈（Sahyādri）的最北端。此處山地高聳、嚴峻又荒涼，但也是高達瓦里河的源頭。從三眼之主神廟得知這件事時，我們已經不大訝異了。朝聖者爬上山，抵達婆羅門吉利山脈的五峰之頂。這就像喜馬拉雅山區的凱達拉，以及納馬達河上的奧姆卡拉所具有的象徵結構，這五峰也被稱為濕婆神的五面；整座山又被稱為濕婆神自身（svarūpa）。此處，濕婆神的顯現也被銘刻在地景上。[88]

地中之光的顯現，如前所見，是許多濕婆光柱故事的共同主題。馬哈拉施特拉邦山中的毗摩商卡拉（Bhīmashankara）神廟中，濕婆光柱一開始也是泥製林伽，由一名遭到俘虜的國王在獄中建立。古賈拉特邦西部的納格沙之主（Nāgeshvara）神廟中，剎帝利戰士勇軍（Vīrasena）造了一尊泥製林伽，持續崇奉直到濕婆神顯現。在馬哈拉施特拉邦的奧倫格巴德（Aurangabad）附近的格里許內沙之主（Grishneshvara）神廟，卻是一名婦女——虔誠的古許瑪（Ghushma）——造出了泥製林伽。這間神廟有時又稱為古許瑪之主神廟（Ghushmeshvar），距離埃羅拉石窟（Ellora）僅有半英里遠；此地擁有西元五到七世紀的佛教岩窟修行所，以及雄偉的七世紀印度教神廟——吉羅娑之主神廟（Kailāsanātha）。印度教徒也許會到此造訪精美的古代遺址，也讓這裡一直都是極受歡迎的觀光勝地；但朝聖者真正的目的地卻是安靜卻活躍的古許瑪之主神廟。神廟辦公室裡販售的官方彩照，展示出一座底部發出光芒的林伽石，一名男子跪伏在林伽石之前。據說這名男子是虔誠的蘇達瑪（Sudharma），他的母親名叫古許瑪，這位虔誠婦女每天都為了供奉濕婆神而製作一百零八尊泥製林伽，禮拜之後，沉入水塘。根據這個故事，年輕的蘇達瑪被心懷嫉妒的大娘蘇德哈（Sudehā）謀殺分屍，沉入塘中。當古許瑪發現兒子遭到被可怕謀殺之後，哀傷的古許瑪仍舊堅定完成禮拜。當她將泥製林伽投入塘中，卻發現兒子完整地站在水塘裡。為了嘉獎她的熱忱奉獻，濕婆神承諾以古許瑪之主的形象，永久停留此地。

更往東北方向的濕婆光柱，是醫藥之主（Vaidyanātha），位於今日的比哈爾邦，距離孟加拉邊境不遠。首先要說的是，還有其他神廟也宣稱自己才是醫藥之主。[89]這座神廟儀式生活的獨特之處，是一種擔水儀式；這個儀式在濕婆神誕辰（西曆二、三月）及濕婆神特殊的夏季月份室羅伐拏月（七到八月）中，特別受到歡迎。這些儀式將濕婆神廟與八十多英里外的恆河結合起來。選擇進行這種困難朝聖形式的朝聖者，從恆河邊的蘇丹甘吉（Sultānganj）徒步跋涉，一路上雙肩挑著竹扁擔，兩頭的籃中裝著水罈，前往醫藥之主神廟。這趟行程至少會花上三天時間。對某些人來說，可以在廟埕裡進行一種簡化、相對輕鬆許多的版本，朝聖者扛著扁擔，兩頭擔水，繞行神廟一圈。不論如何，所有擔水者都會繞行廟埕，廟埕中設有二十二間左右的神龕，最後再進入位於中央的厚實神殿建築。[90]醫藥之主神廟只有一個出入門，內聖殿擁擠不堪，數百名信眾不斷進入，推擠著往前澆灌恆河水並獻上祭品。

醫藥之主神廟的儀式也提醒我們濕婆神與恆河的緊密關係。從某方面來說，這條河流持續由天界流到濕婆神頭部，後者以頭髮承接河水，再讓恆河流往地面。連接恆河與濕婆神的擔水儀式，在印度各地都可以看到。例如，每年兩次，朝聖者匯聚到恆河進入北印度平原的哈德瓦爾，以水罈裝滿恆河水，帶回家鄉的濕婆神廟中，澆灌濕婆林伽。[91]就像醫藥之主神廟，許多人也以竹扁擔扛著兩頭籃子裡的水罈，誓言抵達家鄉前不讓水罈落地。另一個擔水儀式的區域案例，是馬哈拉施特拉邦的辛格納普爾（Shingnapur）朝聖之旅，這處山岳也被稱為濕婆與帕爾瓦蒂居住的吉羅娑山。此地吸引來自附近區內村落的五十多萬人，這些村落被稱為「五俱盧舍」村落，他們用竹扁擔扛著各自地方上的水。他們不只從村落扛水上山，還無懼地爬到山頂，澆灌濕婆神。[92]此地的濕婆神也並非只是神廟中的林伽形象，而是山岳本身，一個恆河由天下凡時降落的山頭。

醫藥之主神廟的獨特性還有一點。還記得這尊濕婆光柱據說是由惡魔之王羅波那無意中建立的嗎？擁有十顆頭的羅波那是知名的濕婆神信徒，他前往吉羅娑山進行多年苦修，希望能贏得濕婆神的恩惠，並取得一尊強大林伽，讓他帶回楞伽島的家鄉。最終，他的堅定宗教修行，獲得濕婆賜予十二光柱的其中一個，然而條件是抵達楞伽島之前，林伽不可落地。看到大敵羅波那擁有如此強大的濕婆光柱，讓眾神坐立難安。水神伐樓那密謀要讓他在途中放下光柱，因此進入羅波那的身體，讓他產生小解的欲望。羅波那離開小解前，將林伽交給一名牧牛人捧著，林伽卻愈來愈沉重，他只能將林伽放下。因此羅波那回來時，即便使盡洪荒之力，也無法再舉起林伽。在狂熱的崇拜中，羅波那砍下自己的九顆頭，奉獻給濕婆神。即便如此，光柱仍舊紋風不動。濕婆神讓羅波那的頭顱奇妙復原，此地因而得名「醫藥之主」。

我們已經看到，這種透過固著而聖化的形式，是不斷重複出現的主題之一，已出現在多個故事及整片神聖地景之中。知名的哥卡那濕婆林伽，位於卡納塔卡海岸上，也跟這個羅波那的苦修與放下林伽的不幸結果有關。在當地傳說中，當他奮勇全力想拔起林伽時，拉扯得太大力，以至於石頭本身看起來變成像牛耳，此地也因此得名哥卡那，意為「牛耳」。即便如此，林伽仍舊固著在地面上，紋風不動。我們也看到拉梅許瓦拉的悉達沙質林伽，本來只是一個暫時替代品，等待哈努曼從喜馬拉雅山帶回合適的林伽石。然而哈努曼抵達時，它已經無法移動了。這個主題在印度的神聖地理建構中廣泛可見：由於地點的聖化，神聖的形象藉由某種磁吸力量，固著在大地上。

最後，我們必須提及安德拉邦北部的斯里雪拉，此處是馬利卡周納（Mallikārjuna）濕婆光柱的所在地。十二光柱中，此地也別具特色。首先是廟址周圍的環境特別美，位於奎師那河上，距離任何主要城鎮都有一段距離。相對偏遠的位置，也給了此地一段漫長持續的歷史。斯里雪拉山，又稱斯里帕爾瓦塔山，很可能在《摩訶婆羅多》中曾被提及，但我們對此地在西元初期的情況所知甚少。廟埕的外圍繞行圍牆，是全印度最精細且令人印象深刻的廟牆，覆滿至少可追溯至十二世紀的淺浮雕，展現出全篇印度史詩及神話故事。廣闊的廟埕以馬利卡周納神廟為中心，這座獨立神廟擁有高聳的南印度式廟塔門，屋頂圍繞著真實尺寸的石牛，伏低望向整片廟埕。

從某個角度來說，斯里雪拉是北印與南印的交會處——無論在故事上，還是風格上。最重要的是，它透過與室健陀的故事連結，跟吉羅娑山及迦屍牽上線。廟埕的巨大青銅門上刻著濕婆神形象，由兩個兒子——象頭神犍尼薩及室健陀——簇擁。斯里雪拉的〈讚歌〉就從他們的故事展開：

> 濕婆跟帕爾瓦蒂為兩個兒子展開一場比賽，看看誰能最快繞地球一周；究竟是胖嘟嘟的象頭神犍尼薩，還是年輕強壯的室健陀能勝出呢？犍尼薩的動物坐騎是隻老鼠，室健陀則騎孔雀。兩人遂展開繞地球一周的比賽，然而犍尼薩立刻發現自己胖嘟嘟又騎隻老鼠，實在沒有勝出的可能性。所以他駕著自己的小老鼠，繞著父母親濕婆與帕爾瓦蒂跑了一圈。他宣稱，對虔敬的兒子來說，父母親就是整個地球。因此室健陀回來的時候，犍尼薩已經贏得比賽了。

> 騎著孔雀回來的室健陀，明顯對比賽結果感到不滿。室健陀遂離開吉羅娑山及濕婆一家的居所，一路往南。他來到克勞恩查山（Krauncha）居住，亦即斯里雪拉。濕婆跟帕爾瓦蒂決定來拜訪兒子，但他們到的時候，傲嬌的室健陀卻拒絕見父母親，搬到一段距離以外。因此（以可怕形象出現的）濕婆跟帕爾瓦蒂便在此定居下來，以便靠近兒子。[94]

不少故事都跟室健陀驕傲離家的情節有關。[95]南印的另一個地方，泰米爾納都邦的帕拉尼山（Pālani），宣稱是室健陀出走後的定居之地，事實上今日也成為泰米爾區域的六大室健陀神廟之一。然而在馬利卡周納神廟，這個故事還是以濕婆神為主，他在斯里雪拉住下來，以便靠近離家出走的室健陀。雖然故事不清不楚，卻也暗示了印度教神學中的重大奧祕之一：在笈多時代後的某個時間點上，室健陀的崇拜逐漸在北印度消失。今日在高達瓦里河以北，幾乎沒有任何主要的室健陀神廟。最重要的室健陀神廟都在南印度，多數都在泰米爾納都邦，祭祀這六頭神祇的六大神廟，更吸引了千百萬名朝聖者。在南方，他被稱為穆盧甘，也稱為卯宿之子、鳩摩羅與鳩摩羅之主（Kumāraswami）。然而在斯里雪拉，室健陀據說是自願出走的，並在此成為《室健陀往世書》的主要敘述者，此地完全沒有重要的室健陀神廟。這是濕婆神與女神主導之地，女神在此被稱為布拉瑪蘭巴（Bhramarāmbā）。

斯里雪拉神廟還跟安德拉邦的另一組神廟有關，這些神廟據說是盤踞在大蛇阿南陀的背上；阿南達的蛇身則成為安德拉山脈。蛇尾是斯里雪拉，蛇頭則是提魯帕蒂背上阿荷比拉姆（Ahobilam）的那羅僧訶神廟（Narasimha），嘴部則是喀拉哈什提的濕婆神廟。此處也是大型濕婆派教團之一的維拉濕婆派（Virashaiva）建立修院的五處地點之一。也因此，這裡成為維拉濕婆派（又稱林伽派[Lingāyat]）傳統的五大朝聖地點之一。他們承認馬利卡周納是偉大的濕婆光柱，並以脖子上戴著小型林伽為特色。這是深度一神論的個人標誌，這些林伽多來自斯里雪拉當地的奎師那河。

馬利卡周納神廟中，朝聖者雙手合十祈禱，沿著內聖殿大門向外延伸的兩隻扶手形成兩三橫列排起隊伍。許多人剃去頭髮，斯里雪拉神廟是朝聖繞行的其中一站，其他還包括安德拉邦南方的提魯帕蒂。內聖殿門打開時，擠在扶手上的群眾都墊腳伸長脖子，想要瞻仰聖像；幾百隻手同時往前伸，試圖碰觸經過的油燈，接著碰觸自己的前額、眼睛與心臟。這些朝聖者排隊一一靠近內聖殿。一個接一個，他們跪在供奉濕婆林伽的狹小內聖殿門口，獻上祭品。輪到她時，一名來自附近海德拉巴市（Hyderabad）會講英語的婦女，迅速將皮包交給身後的女性，雙膝跪地，以雙手碰觸林伽，並將她當天稍早在奎師那維尼河（Krishnāvenī）進行浸浴儀式時帶來的河水，澆灌在林伽石上，並將河水覆滿林伽全身。朝聖者絡繹不絕，每個人都進行這種簡短但親密的儀式，也許略有不同——奉獻一捧鮮花、將花灑在林伽上或一罈水。進入內聖殿，以這種方式碰觸林伽，整體而言在南印度是遭到禁止的；但在許多北印度大型神廟中，至少在某些供奉時刻是被允許的。在斯里雪拉神廟這裡，我們正位於這些儀式慣例的交界，允許碰觸的形象本身暗示著，此地的儀式形式更接近醫藥之主與奧姆真言之主神廟，而非拉梅許瓦拉神廟。

知名的十二濕婆光柱受到廣泛認可。印度各地神廟市集上販售的彩色海報上，都會羅列這些聖像與地點。最重要的，這十二座光柱也成為數百個濕婆神示現地點的框架。即便跟十二光柱一點關係也沒有，也未爭取列入十二光柱的神廟，仍舊宣稱自己內聖殿中的林伽為濕婆光柱。最令人震驚的，即便喀什米爾的永恆之主偉大冰柱林伽，也稱自己為火之林伽。自顯林伽與濕婆光柱之間，幾乎毫無區別。兩者都是揭露，都是濕婆以自己的方式，展現自己的力量。

五大元素中的濕婆：五大元素的偉大林伽石

濕婆光柱是泰米爾納都邦與印度南方神廟圖像的共通主題之一，在這裡，我們可以發現某些最優雅的林伽示現（lingobhava）淺浮雕。它們經常會出現在圍繞神廟內聖殿的第一層朝聖繞行路線上，也會出現在林伽石正後方的神廟外牆上。這些石材上的淺浮雕中，梵天向上飛，毗濕奴向下尋找，兩者都在探尋深不可測光柱的盡頭。林伽的石柱則打開身來，揭露出濕婆的形象。

雖然光之林伽的故事在南方的泰米爾邦廣泛流傳，卻只有拉梅許瓦拉與馬利卡周納是南方神廟。十二濕婆光柱群在南印度的知名度，略遜於另一組五林伽的組合：代表五大元素的偉大林伽石（panchabhūta mahālinga）。每尊林伽石上，濕婆各自體現了五大元素，包含地、風、空氣、火與水。此刻我們都很熟悉濕婆神的展現，實際上是超越任何神廟內聖殿的範疇，因此濕婆神以主要元素的形式出現，似乎頗恰如其分。

印度人的宇宙論中，五大元素同時構成、滲透了整個宇宙：地、水、火、空氣與空間。正如阿毗那婆笈多（Abhinavagupta）大膽宣稱：「地、水、火、空氣與虛空，確實是滲透整個宇宙的五大原則。」[96]象徵上，它們跟一整組複雜的共振概念相互呼應連結：濕婆神的五面、濕婆神的五種活動、嗡與讚美濕婆的五聲真言。獻祭時，總是包含這五樣：檀香膏代表地，食物代表水，油燈獻上火，線香象徵空氣，花朵則代表空間。這五倍的視野中，展現出來整體性。然而不意外地，這五者也連結到濕婆神的五大重要顯現。這些全都在南印度，在泰米爾納都與安德拉邦。它們再現的濕婆形象是建立在包含一切創造的五大元素之上。

泰米爾納都邦的奇丹巴蘭（Chidambaram）大神廟，是展開此一探索的好起點。此地的濕婆神成為空間本身。奇丹巴蘭神廟最有名之處，可能就是此地的舞蹈之主濕婆神。在奇丹巴蘭，濕婆是宇宙的舞者，以舞步節奏跺地，手臂向四方揮動伸展，頭髮狂野飛舞。在此，舞蹈之主（Natarāja）占有神廟的中央聖殿，然而另一側是空間或天空林伽（Ākāsh Linga）。自然肉眼看不見這座林伽，它的存在是以立在兩側的油燈所標誌出來。也就是說，我們什麼都看不見。但在供奉之時，祭司仍舊在「空無」之前，獻上祭品，旋繞五芯油燈及線香。

知名的坎契普蘭是偉大的「解脫七城」之一，據說濕婆神以土林伽形式示現，讓我們想起各種以一抔泥土形塑的泥製林伽。根據傳說，女神帕爾瓦蒂本人在坎契以土造出林伽。當濕婆降下滔天洪水測試她對濕婆的虔敬時，她仍舊信心十足地抓著林伽不放。他們說，時至今日她的胸部與手鐲痕跡仍舊留在土製林伽上。瞻部樹之主（Jambukeshvara）神廟則位於卡韋里河中島嶼，每年雨季之中，底土水會漫淹入內聖殿，吞沒林伽。[97]空氣在哪？在安德拉邦南部的喀拉哈什提，濕婆神以空氣林伽的形式出現，像微風一樣輕擺，導致內聖殿深處的燈火也閃爍不定。

濕婆神顯現在所有元素之中，不只是燈或火而已。然而燈在世界各地宗教的象徵裡，都擁有特殊的核心地位，因此燈或火在濕婆五大元素的示現中也特別顯赫，不叫人意外。五大元素林伽群中，濕婆神在聖炬山的示現代表火。每個人都視此為濕婆光柱，還是非常重要的濕婆光柱。今日的聖炬山是火成岩構成的荒涼火山。他們說，過去的時代中，這是一座火之山。

好些往世書經卷記載，這座山岳是最原初的濕婆光柱。[98]就在此地，光之林伽裂開了爭論中的梵天與毗濕奴之間的地面。也是在此，已經窮盡搜索光柱盡頭的兩人，不得不向濕婆神低頭。就在此地，濕婆神賜予恩惠，因此他們要求將濕婆光柱變成一座山，在大地上屹立不搖。濕婆神說：「既然這柱林伽崛起，看似一座火山，就稱它作聖炬山吧。」[99]

今日，繁忙的提魯凡納馬萊神廟位於聖炬山底部，神廟本身包含了一系列向心逐漸縮小的方形空間。進入神廟的人，穿越一扇又一扇裝飾華美的廟門，行過一道又一道外牆，最終來到位於無窗黑暗深處的內聖殿。一排又一排的小油燈，讓內聖殿光明燦爛。事實上，神廟的內聖殿猶如身處烈火之中。內聖殿後方繞行道的牆面上，是濕婆神由火柱中現身的大型浮雕。濕婆神由林伽中浮現，劈開燦爛光柱，顯現在兩位神祇面前。

然而提魯凡納馬萊神廟中的林伽，就像其他濕婆光柱，只是自然濕婆光柱的代表；此地的自然濕婆光柱，就是山岳本身。濕婆說：「我以聖炬山之名立於此地。」[100]「虔敬禮拜名為聖炬山的光輝形象者，將獲得力量，即便不死眾神亦是如此。」[101]根據傳統，過去在完美的時代中，此地是烈焰之山。下一個時代中，它變成珠寶之山；再次一個時代，則是黃金之山；此刻的爭鬥時代裡，只剩下石頭之山。[102]但它仍舊是濕婆神自身。盛大節慶時，山頂會點起巨大篝火，作為濕婆神之火的象徵。

西元六到八世紀的泰米爾詩人紛紛頌讚著安納馬萊（Annamalai），亦即提魯凡納馬萊，這是一座遠超過神廟的山：

最高之主為
向祂冥想沉思的信徒
消滅過去之業的束縛
及未來行為之果
住在安納馬萊神廟中
古老岩礫山麓上

回響美好鼓聲
夜晚之月安歇。

眾神之主，
提魯馬爾與毗濕奴也無法覓得蹤跡，
施展大能的漫長搜索，
是安納馬萊之主，
祂的山麓上
吉普賽女性成群遊蕩，
販售成堆珍珠
從高聳老竹中蒐羅而來。[103]

二十世紀時，聖炬山也成為偉大神祕主義者斯里羅摩那．馬哈希（Shrī Rāmana Maharshi）的隱修地。他揚棄塵世出家之時，定居在此。他在山洞中苦修多年，最終在此建立一間修行所。據說他每天都會繞行山岳，就像信徒繞行神廟的內聖殿一般。住在修行所的人，也會跟隨他的日常步伐繞山。他們通常赤腳行走，任何要踏上這座山的人，也會被建議要赤腳。因此視山岳如濕婆神自身般崇敬的傳統，也持續傳承進入二十一世紀。羅摩那．馬哈希的追隨者之一，談到聖炬山是「地球的中心」，並寫下：「不像其他山岳是因為神居而神聖，這座山就是濕婆神本身。就像我們以身體代表自己，這座山岳就是祂自身的代表。」[104] 羅摩那．馬哈希為聖炬山所寫的頌歌，多數寫於一九一四年，他經常會提到光之林伽，「您在沉默中矗立，喔！濕婆神，從天至地閃耀的聖炬山。」[105]在這位二十世紀賢者的詩歌中，對世俗旅行者來說不過是座普通山岳的聖炬山，不論在超越或內在的形式上，都明顯是濕婆神作為至高無上之梵的象徵與顯現。

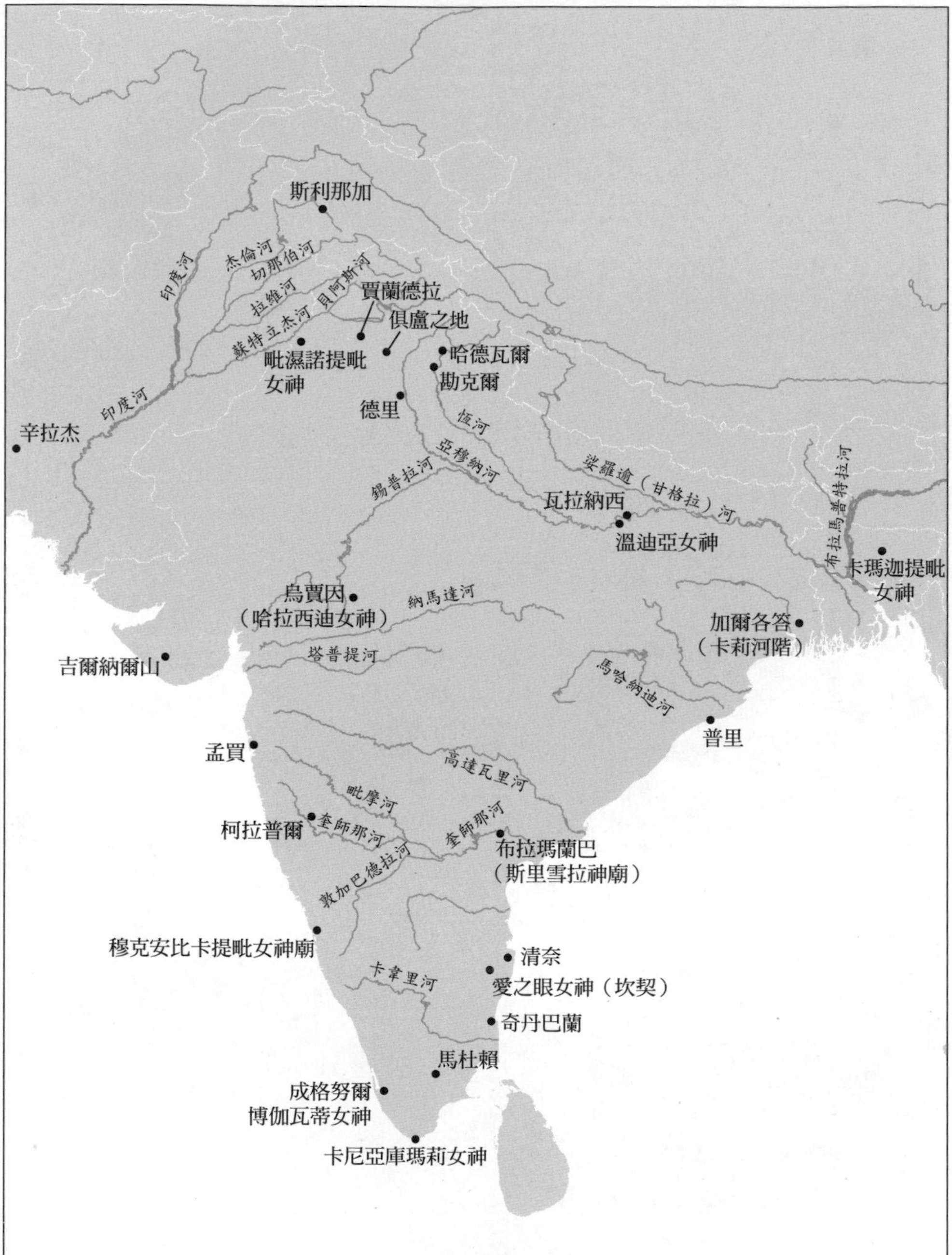
斯利那加
杰倫河
切那伯河
印度河
拉維河
貝阿斯河
蘇特立杰河
賈蘭德拉
俱盧之地
毗濕諾提毗
女神
哈德瓦爾
勘克爾
德里
辛拉杰
印度河
恆河
亞穆納河
錫普拉河
婆羅逾（甘格拉）河
瓦拉納西
溫迪亞女神
布拉馬普特拉河
卡瑪迦提毗
女神
烏賈因
（哈拉西迪女神）
納馬達河
加爾各答
（卡莉河階）
吉爾納爾山
塔普提河
馬哈納迪河
普里
孟買
高達瓦里河
毗摩河
柯拉普爾
奎師那河
奎師那河
布拉瑪蘭巴
（斯里雪拉神廟）
敦加巴德拉河
穆克安比卡提毗女神廟
清奈
愛之眼女神（坎契）
卡韋里河
奇丹巴蘭
馬杜賴
成格努爾
博伽瓦蒂女神
卡尼亞庫瑪莉女神

印度大地上的女神

第六章　莎克緹·女神軀體分布之地

靠近印度北部北方邦（Uttar Pradesh）的米爾扎普爾鎮（Mirzapur）的山中，有個繁忙的朝聖地，名為溫迪亞恰拉（Vindhyāchala），意思是「溫迪亞山」，雖然得靠著地理想像力，才能將此地和西南遠方的那座溫迪亞山脈想在一塊。此地住著印度最重要的女神之一：溫迪亞提毗女神（Vindhyavāsinī Devī）。就像許多女神，特別是那些揮舞武器的強悍女神，她也住在山裡。同樣也像其他女神一樣，她不是自己一人，而是三位。[1]

首先是溫迪亞女神本身。寬闊的廟埕並無太多特殊之處，然而就算平日，廟中仍擠滿數千信眾，排隊數小時，只為了進入狹小缺乏空氣的內聖殿，在女神面前獻上鮮花、紅布與剖開的椰子。短暫一刻裡，他們會凝視溫迪亞女神的銀色眼眸，誦念虔誠祈禱，然後被後面群眾推走。成山的金盞花圈之下，他們完全看不到女神「形象」，只剩她的眼睛。就瞻仰聖顏來說，女神的眼睛已經足夠。所有鮮花之下的形象，據說是個自顯聖像，就像部分自然形成的濕婆林伽石一樣。

一小段距離外，另外兩個小山丘上，則有另兩位提毗女神是八臂女神（Asthabhujā）與黑膚色的卡莉女神。她們的內聖殿是岩洞，洞內低矮讓朝聖者無法直立，必須蹲下身來，在黑暗中匍匐，朝著岩石平台上的油燈前進，直到抵達女神銀色聖顏閃耀的岩洞牆為止。前往溫迪亞女神與另外兩位女神的「三角」之旅，是此地常見的朝聖形式之一。

有些人宣稱溫迪亞三女神是全印度最強大的女神。他們說，她屠戮了威脅世界的強大惡魔摩醯濕（Mahisha）。當眾神無法對抗他的力量時，是她拿起眾神的武器，每隻手臂持著一種武器，殺死並展下敵人的首級。[2]他們說，般度英雄在《摩訶婆羅多》大戰開始前的長期流亡關鍵晚期，也是向她尋求庇護。[3]它們說，她以女嬰型態，在奎師那神出生當晚降生，並跟他交換位置。奎師那的父親婆藪提婆帶著小嬰兒奎師那跨越上漲的亞穆納河，逃往對岸，將奎師那交給養父母難陀與亞輸達（Nanda and Yashodā）。接著他帶著當晚亞輸達產下的女嬰返回牢獄之中。邪惡的剛沙王前來殺害注定將挑戰自己王位的奎師那時，只看到初生的女嬰。他抓起女嬰砸向石頭，偉大女神卻從嬰兒軀體中浮現，嘲笑國王的無用之舉。他們說，她來此定居在溫迪亞恰拉。[4]如此豐厚的傳統之下，莫怪朝聖者認為溫迪亞提毗女神無所不能。「站在溫迪亞女神面前，無論心中有何祈求……」一位神廟祭司在我拜訪時如此宣稱：「女神都會實現。百分之百一定會實現！」

莎克緹：女神之力

要在印度地景上開展女神探索，溫迪亞提毗女神是個好起點。蹲伏在肖似子宮的岩洞聖殿裡，凝視女神容顏，聆聽頌讚女神的虔誠之言，他們唱誦著「媽！媽！」（Mā! Mā!）。我們難以自抑，感受到此地女神力量的脈動，強大而神祕。這股力量被稱為「莎克緹」（shakti），這個字單純意指「力量」或「能量」，並非特指女性力量或能量。更精確地說，莎克緹是力量與能量的整體，也是女神的特徵。在梵文與印地文中，shakti（梵文為shaknoti，印地文為sakna）一字的字根是個助動詞，意為「使能夠」（to be able）。廣義來說，使任何活動得以發生的能力，就是莎克緹。《提毗博伽梵往世書》（*Devī Bhāgavata Purāna*）中將莎克緹描述為能夠驅動所有創造的強大生命力量，「虛弱之人被認為是缺乏任何力量（shakti）。他並非被認為是缺乏樓陀羅或缺乏毗濕奴。沒人這麼說。每個人都說他是缺乏力量，缺乏莎克緹。」[5]知名的女神頌歌〈美之浪潮〉（Saundaryalaharī）如此展開：「倘若吉祥者濕婆與莎克緹結合，他就能夠創造。倘若未能結合，他就無法攪動。」[6]廣為周知的說法中，「少了莎克緹，濕婆只是屍體（shava）」。因此有時候女神會被刻畫成在屍體般的濕婆身體內起舞，揮舞著武器與她的力量標誌，完全展現出自己的能量。有些人則認為這些能量失去控制，只有站在濕婆身上或在他身上起舞，她才得以透過他的穩定來平衡能量。

如此看來，即便是眾神，少了莎克緹動能，也是一籌莫展。《提毗博伽梵往世書》中有一則故事，談到高莉（Gaurī）與拉克什米（Lakshmī）看到老公吹牛誇大自己擊敗敵人時如何神勇，因此離開丈夫。然而女神們一離開，濕婆神與毗濕奴神立刻失去力量與光芒，無法戰鬥，無法完成自己的職責。直到眾神說和，讓女神們返回老公身邊，才重建世界的秩序。[7]這就是莎克緹（shakti）的力量，以所有生命的創造力量呈現；作為名稱的莎克緹（Shakti），則是眾神本身無遠弗屆的力量。

當然，關於提毗女神力量最知名的神話，是來自〈提毗女神讚歌〉（Devī Māhātmya）。此處，無論是個人還是集體，眾神都無法壓制強大的牛魔王摩醯濕。無助又苦惱的眾神來到提毗女神面前，請她出面對抗牛魔王摩醯濕。他們將自己的光榮（teja）給予女神，也將自己的武器交給她。擁有許多手臂的提毗女神拿走所有武器，前往挑戰牛魔王摩醯濕與其軍隊。激烈的戰役中，她最終斬殺了牛魔王，即便他多次試圖變形逃走也徒勞無功。最終，她以勝利之姿站在牛魔王的首級上。

提毗女神拿走眾神所有武器，但認識她的人也知道這許多武器代表著從未真正屬於眾神的力量。它們始終都是她的。例如，濕婆神知名的三叉戟（trishula）就是如此。看似濕婆神所有的三叉戟，似乎原本就是三女神的標誌。當我們看到這三尖標誌獨立存在時，那就代表了莎克緹。濕婆神拿三叉戟當作自己武器這件事，不過是肯定了莎克緹才是所有力量的根源；即便明顯看似是眾神的力量，也是如此。殺戮牛魔王的神話中，眾神表面上所給的，實際上本來就是她的。這股力量可以用來破壞，也可以施予保護。既危險，又慈善。最重要的，全都是她的。

殺戮牛魔王摩醯濕之姿（Mahishamardinī）的提毗女神，站在牛魔王的首級之上。

對造訪加爾各答卡莉河階（Kālī Ghāt）知名卡莉女神廟的朝聖者與信徒而言，他們在溫迪亞女神洞窟中可能感受到莎克緹危險的一面，在此地更加戲劇性地呈現。他們擠進廟中瞻仰黑色卡莉女神。舉目所見，是她的黝黑臉龐、三隻黑瞳金眼、金紅色的舌頭長長吐出垂下。她身上掛滿金盞花與朱槿花圈。她的聖像對崇拜者來說再熟悉不過，可以輕易腦補其他部分：一隻手抓著鋒利彎曲的切肉刀；另一隻手抓著斬下的首級；還有一隻指示眾生，即便看來可怖也切莫害怕。付得起錢的人，當然會前往繁忙市集店舖，購買一尊卡莉女神的石膏像。就像她在這座神廟中的知名形象——擁有黑眼珠的黑色女神，長長的紅舌頭，戴著骷髏項鍊，以斬下的手臂串成裙襬。

離開內聖殿，繞到神廟後方，信徒會發現廟埕中央，設有一處小型的鑄鐵獻祭台。一頭被獻給女神的年輕公羊被帶向前。羊頸置放在台上的U型碗狀凹槽。一名祭司手持切肉刀上前，就像手中握刀的女神。刀上可能以卡莉女神的真言裹覆硃砂粉。根據研究者蘇奇特拉・蘇曼塔（Suchitra Sumanta）所言，當「獻祭者在精神上將刀子轉移到女神手中，將卡莉女神的特質與刀的特質合併起來時，儀式上的持刀者成了卡莉女神本身」。[8]他一刀迅速斬下羊頭；一瞬間，地面上灑滿鮮血。孟加拉婦女及一些男性，排隊接近碗狀凹槽，一個接一個，將自己的額頭放在凹槽上。片刻後，他們以手指沾染留在凹槽中的血。也許祭司會在它們的額頭上留下血紅一點，稱為提拉卡（tilaka）。此地，他們也高喊「媽！媽！」，卡莉母親明顯同時擁抱生與死，而信徒也了解，她施予死亡的同時，也帶來解脫。

卡莉女神廟中，每天都會獻祭（bali）一頭羊，羊烹煮後，連同孟加拉人午餐的其他內容，包括米、魚及蔬菜，供奉給卡莉女神。內聖殿拜完女神後，這些食物會作為「分享祭品」（prasād）分給朝聖者與信眾。個人也可獻祭，經常都是為了還願，例如經歷生命危機，或者作為卡莉女神重大節慶慶祝的一部分。這種情況下殺的羊會被屠宰，一部分象徵性獻給女神，其他則帶回家享用。今日的卡莉女神廟管理人員，好幾代以來都受到孟加拉毗濕奴教派（Vaidhnavisim）的素食傳統影響，便很快指出，每年只有一晚會讓血和生肉進入內聖壇。[9]某些信徒認為獻祭動物代表獻上自己，戰勝自己內在的低劣本能。[10]然而我們也懷疑這類關於廟埕內斬首的好聽詮釋，並不一定符合朝聖者的精神傾向與意圖。整體而言，透過血腥獻祭，他們尋求卡莉女神的恩典。一九八〇年代末期，平日平均有七十頭羊可能被作為神廟祭品；重大節慶時的數量可能高達十倍。[11]

卡莉女神廟中遠離祭台的另一頭，是一棵像仙人掌的樹，部分朝聖婦女來此進行特殊儀式。人們稱其為「荒樹」，這棵樹跟馬納沙女神（Manasā）有關，馬納沙是跟蛇及療癒有關的女神。在此敬拜女神，據說可以為不孕婦女帶來希望，也可保護幼童。此地跟印度各地許多相關的神廟相似，樹枝綁上布片與緞帶，夾帶著幾許髮絲，是那些祈求女神祝福保護的人所繫上的。[12]馬納沙神廟也跟另一座沙斯緹（Shashthī）女神廟有關，後者據信擁有保護兒童的力量。樹汁，亦即生命能量，似乎象徵著透過創造湧出的生命力。我們也在蜿蜒流經附近孟加拉鄉村地區的恆河身上看到、感受到這股莎克緹的生命力，滋養保護生命。如前所見，這些恆河水經常被稱為母親，據說是液體形式的莎克緹。即便在毀滅性雨季洪水有如家常便飯的孟加拉地區，女神的莎克緹仍舊被認定像母乳一般賦予生命力量。

莎克緹的力量既賦予生命，又帶來死亡。恆河的奶水與卡莉女神的鮮血，我們看起來也許迥異，卻同樣代表莎克緹的存在。雖然有時候，在某些女神身上，某些面向更加清晰，最終它們仍舊是不可分割的。恆河雖然幾乎是全然慈善，她仍舊是莎克緹矛盾象徵體系的一部分。她的雙重性，是許多神話的主題。例如，在某個記述中，時間之初，女神以半黑半白的女性形象出現。[13]某些神話中，黑女神透過某些修煉變白，例如帕爾瓦蒂透過苦修，變成像高莉一樣的金色。[14]其他神話中，某種不慎因素導致白女神變黑，例如帕爾瓦蒂嘻笑蓋住濕婆神的眼睛，因此包含她自己在內的整個宇宙陷入黑暗之中。[15]事實上，女神的兩個重要名字，分別是卡莉（意為「黑膚者」）與高莉（意為「白膚者」）。簡單來說，帕爾瓦蒂與卡莉之間，具有某種複雜的關聯性。

卡莉與高莉——黑女神與白女神——兩者之間的關聯，已經衍生許多研究及理論。學者們區分

「牙齒女神」與「胸部女神」；「陰暗的」與「光亮的」；葷食與素食；處女與母親；住在界線外與住在城市中。[16]一般來說，前者是黑女神，如卡莉女神，似乎是那些與男神沒有緊密連結者，並非男神的特定伴侶或莎克緹。她們經常是處女神，就像站在南印度頂點的保護神卡尼亞庫瑪莉，守貞誓言是她無敵力量的來源。另一方面，高莉等白女神，則通常嫁給她們的伴侶神祇。帕爾瓦蒂是高莉的另一個名字，她是濕婆神的伴侶；吉祥天女則是毗濕奴神的伴侶；薩拉斯瓦蒂則是梵天的伴侶。這三者都是吉祥女神，因為已婚婦女在印度，更偏向慈善而非危險的形象。然而事情並非如此簡單。她們全都被稱為「母親」，處女神也是如此。全都會接受祈求，賜予良善祝福，即便是那些高舉切肉刀呈威脅之姿的女神。對任何想要對黑女神與白女神畫下一道清楚界線的學術分類來說，莎克緹都讓人頭痛。對提毗女神的崇拜來說，兩個面向都很重要；在印度的特定神廟神龕中，兩者明顯並呈。

南印度的濕婆神據說經常擁有兩位伴侶。一位是他的新娘，白皙的高莉，「娶回家的典型」。另一位是他的情婦，又或者是尚未被征服的處女，是黑肌膚的危險形象。黑女神神龕經常位於神廟的家庭廟埕之外。[17]但在奇丹巴蘭，兩座神龕幾乎是並肩而立。寬敞的神廟安置的是濕婆神的白皙新娘，濕婆美人安巴女神（Shivakumārasundarī Amba）；旁邊小得多，卻也更擁擠、更受歡迎的是牛魔王摩醯濕的殺戮者杜爾迦女神（Durgā Mahishamardinī）的神廟。這位女神優雅地踩在斬殺的公牛頭上。

目前為止印度所有女神讚歌中最知名的一部——〈提毗女神讚歌〉（Devī Mahātmya）——全面上演了女神之間的複雜關聯。關於帕爾瓦蒂的段落中，這位山岳女孩兼濕婆神的配偶，從身體裡產生安比卡（Ambikā，「母親」），又名考詩姬（Kaushikī，「光榮者」）。帕爾瓦蒂的身體送出母性與光輝的面向後，自己卻變成黑色，因此稱為卡莉卡（Kālikā）。然而事情並未就此結束：母性的安比卡又從額頭生出可怖的卡莉。卡莉殺死惡魔儻達（Chanda）與悶達（Munda），因此擁有了知名的稱號「儻悶達誅滅者」（Chāmunda）。最終出現了七位母神。由卡莉領軍，她們消滅了森巴（Sumbha）與尼森巴（Nisumbha）帶領的惡魔軍。此處並未區分黑與白、母親與戰士。

隨著我們探索印度的提毗女神地形，很快地我們將發現，〈提毗女神讚歌〉的詩人所頌揚的女神神力之舉，戰勝諸多惡魔，包含懺達與悶達、森巴與尼森巴及強大的牛魔王摩醯濕在內，都大量銘刻在土地之上。拉賈斯坦邦靠近阿布山的安巴吉（Ambājī）神廟裡，安比卡擊敗森巴與尼森巴；靠近阿爾摩拉的神廟中，她以考詩姬的形象現身，斬殺森巴與尼森巴；北方剛格拉山區的「懺悶達誅滅者」女神（Chāmundā Devī）同樣誅殺了懺達與悶達。哈德瓦爾或溫迪亞恰拉的馬納沙女神，則展現全力，誅殺摩醯濕。跨越印度各地，她「就在此處苦修」的說法，將她及數百位地方提毗女神，串聯到這一系列的神話中。

三位一體的女神

除了看見莎克緹的二元性「黑與白」之外，印度教徒也經常形容她是三元的，因此她的象徵是三叉戟，或者有時是個三角形。莎克緹的高等神學是在西元五、六世紀的〈提毗女神讚歌〉所建立的，並在一千年後長篇的《提毗博伽梵往世書》中發展出完整面貌。[18]《提毗博伽梵往世書》詳述女神的至高無上，以及形塑宇宙的三德（guna）。在此視野中，詩人將提毗女神視為最高真實的梵。女神就是一切，無法言說且最終無法掌握。然而當她展現形式的時候，通常是三相。以「純質」（sattva）示現之時，她是吉祥天女摩訶拉克什米（Mahālakshmī）；以「激質（權力或熱情）」（rajas）示現時，她是摩訶薩拉斯瓦蒂（Mahāsarasvatī）；以「暗質」（tamas）示現時，她就是摩訶卡莉。[19]此一神學概念在詩歌中唱誦，這首詩歌稱為〈三祕〉（Rahasya Traya），經常作為〈提毗女神讚歌〉的附錄。這種神學中，女神並不只是濕婆神的力量，甚至也不是眾神的力量。她已經不是單純的配偶女神。她是至高無上的存在，一切真實的基礎。

然而，三位一體的女神崇拜，肯定比這類神學論述來得古老許多。全印度各地的鄉村偏遠地區都可以發現她的三叉戟；獨立存在的三叉戟幾乎只跟提毗女神有關。許多女神廟也證實她的三位一體本質。如同前面所見，在溫迪亞恰拉，她們說溫迪亞提毗女神本身就是摩訶拉克什米；八臂女神則是摩訶薩拉斯瓦蒂；卡莉女神當然是摩訶卡莉。烏賈因城古老的「卡莉卡之家」神廟中，我們會看到據傳是六世紀大詩人迦梨陀娑特別喜愛的卡莉女神像。此地的卡莉女神龐大的橘色面容上，有銀色眼眸與血紅舌頭，並伴隨著另外兩尊比較小且難以辨識的橘色雕像，據說她們是摩訶拉克什米及摩訶薩拉斯瓦蒂。卡納塔卡邦海岸山脈地區的穆克安比卡提毗女神廟（Mookāmbikā Devī），及馬哈拉施特拉邦南方柯拉普爾（Kolhāpūr）的摩訶拉克什米女神廟，都是知名的三女神，屬於女神三位一體的概念。在喀什米爾斯利納加（Shrinagar）近郊的夏莉卡女神廟（Shārikā Devī）中，我們再次看到這種女神圖像的另一個案例。此處，她的「形象」是個巨大的岩架，位於山坡上的一大塊岩石，平滑的表面抹上一層又一層橘色硃砂粉（sindūr）。這座山上的一小段距離內，還有三座分開來的輔神廟，每座供奉的都是抹上硃砂粉的小型石頭，妝點著銀紙頭，分別代表摩訶拉克什米、摩訶薩拉斯瓦蒂及摩訶卡莉女神。類似的情況，在喀什米爾山頂岩洞中的毗濕諾提毗（Vaishno Devī）女神廟裡，也有三堆所謂的「品第」（pindi）石像。它們據說也是摩訶拉克什米、摩訶薩拉斯瓦蒂及摩訶卡莉女神的示現石像。今日廣受歡迎的毗濕諾提毗女神朝聖文學中宣稱，這是全印度唯一可以同時膜拜摩訶拉克什米、摩訶薩拉斯瓦蒂及摩訶卡莉女神的地方。不論她的〈讚歌〉怎麼說，這肯定不是事實。提毗女神在單一地點的三重示現，幾乎就跟女神自身同樣常見。

此岸的「寶座」

談到印度的聖地，我們一直使用「tīrtha」這個字，意指神聖「渡口」。如前所見，許多渡口聖地事實上都是河流過渡之所，因此這個字在精神領域中頗有共鳴。在渡口聖地中，朝聖者也許會渡過輪迴（samsāra）之河（塵世間的生死循環），前往不死的「彼岸」。[20]如前所見，濕婆神偉大光柱的神聖化，肯定證實了「tīrtha」一字所暗喻的超越追尋。某些濕婆光柱，例如凱達拉神廟、偉大時間之主神廟，以及最重要的迦屍，它們之所以出名，正是因為它們能賜予解脫——也就是通往彼岸的自由。

偉大女神廟雖然有時也被稱為渡口聖地，但另一個名稱卻更加知名。它們被稱為「寶座」（pītha），也就是女神的「座位」或「長椅」。不像渡口的字義可以回溯至吠陀傳統，寶座這個字其實並未出現在吠陀頌歌文學中。[21]也許這是因為寶座、連同多數女神，都是在吠陀之外，屬於廣大複雜又古老的

烏賈因錫普拉河階上，提毗女神的三叉戟。

在地宗教傳統經緯中。女神在過去是，今日也依舊是一種地方宗教傳統，更專注在神聖力量的所在地，不論是這裡，還是那裡。寶座並非超越此世的過渡之所；相反地，它所暗示的，乃是女神就在此世此地安奉就座。這是一個安穩的座位，事實上是長椅，可能位於樹下、池塘邊或村落邊際。作為此地的主管女神，她存在於萬事萬物之中。她的至高無上是完全融入這個充滿名與形、工作與憂慮的世界中，這個世界因為有她存在而聖化。她的聖像以硃砂粉膏飾聖化，在儀式上取代了偶爾仍有的鮮血獻祭。信徒向女神陳請的祈求與憂慮，通常都不是關於彼岸的來世考量。它們是關於此岸的祈求憂慮，必然是跟保護、祝福、生死、疾病健康、食物飲水及生育長壽有關。

「寶座」一字也指涉濕婆神林伽石的底座。這是林伽的女性部分，也稱為瑜尼（yoni）。林伽石的柱身建立在石造寶座上。倘若柱身只是擺在地上，或者是自然岩架，大地本身就被視為寶座。根據某種說法，天空是林伽柱身，大地就是寶座。[22]然而大地當然不只是用來站立，觀看、超越廣闊的天空而已。大地是人類整體生活發展流動的場域，在大地上——也就是此岸、此洞穴、此山頂、此樹下——女神的存在栩栩如生。我們必須前往這些地方，尋求莎克緹的示現與意義。

對於這些後來被稱為女神寶座的地方女神聖地起源，或者前往這些地點的朝聖之旅，我們所知甚少。就像印度地方原生傳統的許多枝系，這些事情並未直接記錄在初期佛教、印度教與耆那教的文獻中，我們必須從字裡行間拼湊出這些地方女神的初期樣貌。一直到西元五、六世紀的笈多時代晚期，資料來源中的女神形象才變得清晰可見。然而，我們並不需要完全仰賴文獻。三千年前，印度河谷文明的人民就形塑出女性陶像。我們不一定要稱其為「女神」，因為我們並不確定它們的用途或意義。即便如此，許多世紀後，我們仍然可以認出豐滿的臀部與胸部造型，及古代印度河谷女性常穿戴的低腰腰帶「梅卡拉」（mekhalā），出現在巴爾戶特（Bhārhut）與山奇（Sānchī）等佛塔的外圍藩籬與入口牆面的夜叉女（yakshī）身上。[23]

夜叉女與夜叉（yaksha）是生命力的神祇。祂們作為特定地點的守護神，常跟自然能量有關。祂們接受供奉，賜予好運。雖然在佛教場址上，祂們的存在似乎是裝飾性的，而非被崇拜的對象，夜叉女明顯擁有自己的教派，並接受崇奉。她們通常是無像的形式，在北印度各地的鄉間「長椅」上安座。在佛塔場域中，她們扮演著支持性、保護性及環繞性的角色。這類具有地區或區域重要性的女神，很可能在印度各地繁榮了很長一段時間，吸引信徒祈求她們的特定祝福與保護。

雖然我們使用莎克緹、提毗及女神這些字眼，彷彿它們都指向同一個單一女神，但在印度漫長女神史的多數時間中，談及單一女神（the Goddess）其實並沒有意義，也不精確。某些方面，即便今日，這種說法也都是無意義且不精確的。話雖如此，在過去的一千五百多年中，印度教文獻視提毗女神或摩訶提毗女神為多重顯現的單一女神。但即便今日，在某些方面仍然必須正視摩訶提毗女神擁有多樣、多形式顯現。許多女神以特定名稱、特定地域及特定影響範圍而聞名。有些，就像遠西的索拉什特拉半島上，路邊神龕中可看到一排飾有琺瑯大眼的橘色石堆，只有當地民眾認識。有些女神則名聞全印度；即便知名者，也不像摩訶提毗女神這樣的普世化，而是以她們獨特的地域名稱聞名，例如溫迪亞提毗女神、阿薩姆邦的卡瑪迦提毗女神（Kāmākhyā Devī）、喀什米爾的毗濕諾提毗女神或印度南端的卡尼亞庫瑪莉。

這些女神全都跟地域緊密結合，包含山巔、河流、岩洞與村莊。身為這個世界的生命能量「莎克緹」，她們跟自然滋養與變幻莫測息息相關。如同許多其他文化，自然（prakriti）在印度是陰性的。原人與自然、陽與陰、精神與自然，是我們熟知的濕婆與莎克緹這對宇宙伴侶的普遍特徵。然而，在此二元中，自然並未遭到貶低。自然具有活生生的力量。莎克緹是流過這個世界的力量，可為一般人汲取所用。對他們來說，彼岸遙遠的地平線遠不及此岸的地景來得重要。因此人們將誕生健康、婚姻長壽、播種豐收的祈求，帶到莎克緹的力量寶座面前。莎克緹力量之地與各種自然地貌地形之間的關聯並不令人意外，因為她的國度就是大地自身。我們已經看到印度河流代表液態莎克緹的諸多方式，充滿奶與母性的能量流動。因此，大地的滋養、植物的生命能量、村落與山巔的領域，這些都是莎克緹示現的場域。

大地：原初的莎克緹

莎克緹最基本的表現形式，就是大地本身。身為母親與生命捍衛者的大地，有時被稱為「原初莎克緹」（Ādi Shakti）。莎克緹作為生命之源的存在，也許可以視為人類宗教想像的主導動力，並不侷限於印度範圍之中。因此在印度，不少廣為人知的女神名諱都是大地名稱，也不令人驚訝。例如，除了拉克什米之外，毗濕奴神還有一位伴侶，名叫地母（Bhū），這個名字就是「大地」的意思。此外悉達（Sītā），字義上意指「田畦」；她的父親遮那竭（Janaka）是從土裡將她刨出來的。潔淨無瑕的悉達，也是羅摩的虔誠妻子，在史詩般一生的最後，也是回到土裡。

大地自身被認為是陰性，擁有女性常見的生育繁殖循環。例如在孟加拉，據說在播種之前，大地會有年度的經期來潮。這幾天，土地不得翻犁，女性會進行禁食儀式。這位女神有時會被稱作瑪希斯瓦魯帕（Mahīsvarūpa），亦即「自身即為大地」。[24]阿薩姆邦的卡瑪迦提毗女神廟在年度女神經期間會閉廟，所有土地翻犁必須停止，直到稍後新的耕犁循環重新展開。人們會透過儀式來實踐此一認知。[25]卡瑪迦提毗女神廟中並不存在女神形象，只有位於岩洞深處石頭上的凹痕，據說那就是女神的瑜尼。

雖然有些特定女神殿堂連結到大地，但此處我們更有興趣的是，大地就是原初莎克緹的暗示，這是所有神聖地理的基礎。《阿闥婆吠陀》中的〈大地讚歌〉（Prithvī Sukta）讓我們一窺，這類讚頌大地的傳統究竟有多麼古老：

從未在人群之中遭到踐踏，大地，
妝點著高山、溫和坡地與平原，
乘載著不同療癒力量的植物與香草
願她為吾人遼闊開展，令吾人歡欣！

在她之上是海洋、河流與所有水體，
在她之上升起食物與犁者的莊稼，
在她之上所有氣息流動，在遠方翻攪——
大地，願她賜予我們第一道長久的冷風！

空間四方俱屬大地。
在她之上生育糧食；在她之上犁者翻耕。
她同樣乘載所有氣流與擾動。
大地，願她賜予我們豐盛的牲口與糧食！

在她之上，舊日之人奔騰遠方，
在她之上，眾神征服重擊惡魔，
牲口、馬群與眾鳥之家，
願大地賜予吾人幸運榮耀！

萬物的乘載者，珍寶的收藏地，
撫育的母親，金色乳房的大地
乘載著神聖宇宙之火，
因陀羅的配偶——願她賜吾人財富！

無限大地，從未閉眼的眾神
百折不撓永遠保護關愛，
願她為吾人湧現鍾愛之蜜，
她的光榮灑遍吾身！[26]

無論是大地母親（Prithivī Mātā）的莎克緹，還是三千年後，稱為婆羅多母親的莎克緹，大地本身都是無窮盡創造力量的源頭。神廟、神龕、林伽、聖像之下，是大地自身，亦即「地方的女神」。在印度各地尋找提毗女神的地方顯現，無可避免地，將帶領我們進入無數不起眼的村落、森林、河流、山脈與山巔。

森林莎克緹

樹木與森林長期以來都跟女神有關，這些神祇被稱為「森林女神」（vanadevatā）及「樹少女」（vanaspati kanyā）。她們也被稱為夜叉女，這些早期雕塑藝術中的豐胸翹臀仙子，表現為纏繞著樹，四肢柔軟靈活，就像樹木本身藤蔓般的生命延伸。這些森林女神是自然茂盛綠世界豐盛生命能量的具體表現。不意外地，人們像她們祈求獲取這分豐盛，一如前面所見。

樹木女神崇拜的證據，存在於文獻、圖像及儀式上。史詩《摩訶婆羅多》中就提到這些「女神生於樹木之中」，求子的男女應該崇拜這些神明。[27]在孟加拉地區，這些女神擁有諸多名諱，其中之一就是我們已經看到的馬納沙女神；她跟蛇有關，擁有樹身及化人形態。其他女神，例如孟加拉的「樹杜爾迦女神」（Vana-Durgā），特別受到敬拜，她會保祐小孩子健康成長。[28]這位女神的特殊形態被稱為「九種植物」（Navapatrika），將九種不同植物的葉片綁在一起，每種植物都和一位女神有關；「九種植物」的整體就代表了杜爾迦女神。[29]還有一種獨特的森林莎克緹形式，就是神聖羅勒（tulsī）植物。印度成千上百萬的家中庭院或花園裡，都可以發現這種提毗女神的植物代表，特別是奎師那神在北印度地區的布拉吉聖域。在這個地方，她是以沃林達文提毗女神（Vrindā Devī）的形式受到崇敬。東海岸的奧利薩邦則有森林守護神曼格拉女神（Mangalā），每十二年此地所長的樹會被砍下來，製作知名的賈格納塔奎師那神像的木刻化身。賈格納塔奎師那神位於普里的龐大神廟中，距離此地只有一小段距離。十二年的循環中，非婆羅門（non-brahmin）祭司會來到林中，尋找適合製作新神像的樹。他們的第一站就是曼格拉女神廟，必須在此獲得女神允許，才能砍樹。

印度有許多出名的樹與森林。例如跟女神崇拜有關的五樹森林（Panchavatī）。其中最有名的，是位於今日馬哈拉施特拉邦納西克市——納西克五樹森林之地。他們說，這座森林就是悉達被惡魔羅波那綁架之時，她與羅摩所居住的森林。她被綁之後，引起羅摩與拉克什曼四處搜尋，以及後續羅摩跟羅波那的戰爭，推動了《羅摩衍那》的最終章。恆河與亞穆納河匯流處的普拉耶格，也擁有知名的「不死樹」（Akshayavat）；烏賈因則有巨大的「成功樹」（Siddhavat），今日在古老的根部上畫了一張蓄鬚面容，然而這棵樹據說是許久之前由帕爾瓦蒂女神種下的。雖然我們並不清楚——至少我不知道——這些特定的樹究竟為何出名。即便如此，我們也要注意，即便名聲不響、看似普通的樹，也獲得信徒尊崇。舊樹洞中可能閃耀著女神的原始形象；她的神龕也許就在樹根處；或者簡單的長椅平台，即是三神祇的古老寶座；甚至根本無啥稀奇之處。但在特殊日子裡，例如吉祥無邊初三日（Akshaya Tritīya）中，虔誠信徒會繞著三樹，澆灌恆河水，以女神的紅黃線一圈圈纏繞枝條。[30]

今日，朝聖者會群聚到馬納沙女神的山頂神廟，俯瞰著哈德瓦爾的主河階。他們赤腳走上陡峭山坡，或者搭乘更受歡迎的纜車。雖然供奉馬納沙女神的神廟很重要，但信徒們明顯的崇拜焦點卻在主神殿外，朝聖者以紅黃線厚實纏繞樹枝，線段之多必須倚靠柱子支撐著樹枝。樹上的告示牌寫下「你心所求，必有應驗」。祭典的日子裡，山頂塞滿朝聖者；整年度的普通日子裡，朝聖者會來到樹前，就像在加爾各答卡莉女神廟埕的樹前一樣，獻上祈願與誓言。

當然，住在樹下的除了女神外，還有其他神祇，很多神祇都喜歡這個位置。然而樹本身茁壯的力量，以及整個植物世界的力量，都屬於女神。這就是莎克緹。某個程度上，植物神祇是原初莎克緹——大地原初力量——可見的顯現。〈提毗女神讚歌〉中一段栩栩如生的紀錄裡，偉大的摩訶提毗女神描述自己是「植物女神」（Shākāmbarī）。她說：「喔，諸神，我將以維持生命的植物，來支持這個世界；這些植物將在大雨時節，由我的身體長出來。」[31]

儀式上，植物萌芽代表著莎克緹的吉祥顯現。許多跟生殖和吉祥開端有關的儀式，都有播種發芽的動作。例如，建神廟時，會播下種子，等待發芽，以確認廟址吉祥與否。婚禮儀式中，新娘與新郎會播下一盆種子，觀察種子發芽的速度，作為未來生息繁衍的象徵。當然還有春天的春之祭（Vasanta Panchamī）舉行時，大麥幼苗的萌芽儀式則是耕作季節開展的幸運象徵。

最後，在萬物萌發的世界裡尋找提毗女神蹤跡時，我們必須指出蓮花的特殊地位。這種植物廣泛代表了此岸與此世的吉祥祝福。蓮花長在土中，事實上是長在水下的泥土裡，接著在水面上盛開，因此與莎克緹的大地、水及植物等三個面向有關。某個意義上，蓮花是眾神的基礎與依托。我們在廟宇、神龕與博物館中看到，眾神端坐或站立在蓮花上。這種印度造像藝術的要素如此常見，以至於我們有時會疏於留心注意。蓮花是最完美的寶座，不只是對印度教世界的諸神、女神如此，對佛陀、菩薩（bodhisattva）、尊者（jina）及渡津者（tīrthankara）而言也是如此。蓮花是給全亞洲的贈禮。蓮花不只是神祇的寶座，也是無數神祇手中的祝福象徵。也許神祇可能在另一隻手上握持武器（那是莎克緹的另一種象徵），但蓮花的存在也明確肯定了，神祇不只是危險而已，更充滿豐盛恩典。

從另一個角度來看，我們也記得蓮花是代表整個世界的植物——以須彌山為中心的蓮花型世界，各花瓣代表一片大陸。印度各地的婦女，特別在南方的泰米爾地區，婦女會在家門入口前的地面上，運用蓮花為基礎的設計，以米粉畫出世界蓮花的繁複幾何圖形，稱為柯蘭（kolam）。特別美的，是喀拉拉與泰米爾納都邦的十日豐收祭（Onam）中，完全以鮮花創作的柯蘭。就像蓮花，柯蘭也成為崇拜的核心，雖然它們轉瞬即逝。蓮花所存在的地方——無論在諸神、女神的手中或腳下，還是地面上的幾何設計，或譚崔派曼陀羅的神祕世界中——都代表了莎克緹吉祥的衍生力量。

村落與城市女神——此地的守護者

印度數千個村落中最直接的神明化身，就是「村落神祇」（grāma devatā）。這些地方限定、高度地方性的神祇，多數都是女神。村落女神讓莎克緹與大地之間的原始關聯更加具體化。她的領域有個特定範疇：對村落神祇來說，是一村；對城鎮神祇（nagara devatā）來說，就是一城。她的寶座可能位於城鎮中心或市郊，依女神的性情脾性而定。又或者，村落女神可能有兩個寶座，一個在聚落中心，代表她和善、已婚的形式；另一個則在邊陲，代表她危險、處女的形式。[33]女神代表了繁榮與守護。

不意外地，村落神祇廣為人知，同時接受吉祥供品如牛奶、蜂蜜與鮮花，以及被犧牲的血腥供品。印度的村落神祇數量，與村落本身的數目不相上下，然而共同點是，它們都跟守護區域（無論大小）及當地人民有關。[34]學者已經對印度教女神的區域型朝聖地進行過許多研究。最常進行的朝聖之行以及最常被覆述的故事，都跟這些近在咫尺的神祇有關。例如，安・葛德研究拉賈斯坦邦格提亞利村中及附近的神祇時，發現路邊神龕中崇奉的「途徑之母」，是以土地播種萌芽的儀式來供奉。[35]安・費爾德浩斯的馬哈拉施特拉邦研究中，則發現這些地方女神經常以姊妹關係相互連結，在村跟村之間建立起親屬網絡，發展出某種區域感。在馬哈拉施特拉邦或喜馬拉雅山麓的喜馬偕邦，已婚的女神通常不只跟丈夫的村落有關，也跟原生家庭的村落有關。因此年復一年，女神會出巡返回原生村落。[36]人類學者威廉・薩克斯則研究了南達德維（Nanda Devī）女神穿越北坎德邦山脈所進行的「王家出巡」（Royal Procession）朝聖，這是同類朝聖行程中範圍最廣、最複雜的案例。出巡行程中，村民會護送南達德維女神巡行整個區域內的村落，以神轎扛著神像，沿路上時時停下腳步。最終將女神送回她在高山上的居所，一年當中多數時間她都以濕婆神配偶的形式，在此接受供奉。一九九〇年代中，這趟古老朝聖之旅又被賦予一層新意義。當時這個區域正爭取成為印度共和國最新的一邦，因此這項文化活動遂成為區域認同的一環。北坎德邦在二〇〇〇年成為印度的第二十七邦。

一如女性的新娘角色成為夫家與娘家之間的活生生連結，許多女神也有類似的任務。如同新娘也會回娘家，女神也是如此。隨著她們在娘家與夫家之間來回穿梭，也連結了相對不動的娘家與夫家之地。女神是行動網絡的建造者，細密的姊妹關係建立起大大小小的領域感。

然而，此處有一項複雜因素。即便許多村落女神來來去去，她們也跟自己保護的土地，擁有根深柢固的原初關係。不只是數千位以印度村落地方為基礎的姊妹神如此，印度最知名朝聖中心的守護女神亦如此。例如濕婆神的迦屍城，或稱瓦拉納西，據說是由八位女神守護，各守護一個主要或次要方位。[37]除了這些守護女神之外，迦屍還有「建城女神」。[38]有些人稱為迦屍女神，或瓦拉納西女神，這些女神以城市為名。其他人則稱她們為「大眼女神」（Vishālākshī）。還有些人認為建城女神是耳環女神（Manikarnī），因她守護城內最古老且神聖的浸浴處——耳環池（Manikarnikā Kund），就位在知名的火葬河階旁。然而，眾所皆知的是這座城市最古老的神祇，其實是女神。此處與其他地方使用的術語，是「守護女神」（Adhishthātrī devī）。時至今日，代表「豐衣足食」的安納普那（Annapūrnā）女神，仍舊在濕婆光柱神廟旁，擁有明顯的地位。安納普那女神跟宇宙之主的迦屍，簡明扼要地說明了莎克緹與濕婆的神學。他們說，安納普那提供最廣義上的「食物」（anna），亦即滋養維持此岸生命的一切所需。他們說，濕婆神則賜予彼岸的解脫。

另一個知名的朝聖地點也有類似的情況。奧利薩邦普里的奎師那賈格納塔神廟中，維瑪拉（Vimalā）女神也被視為當地的古老女神。[39]研究奧利薩當地地方神祇及奎師那教派興起的學者表示，被奎師那神挪用的很久之前，此地就已經是女神寶座。今日賈格納塔神廟矗立的山頭，過去是維瑪拉女神的所在地。今日龐大的奎師那賈格納塔神廟，甚至全然遮掩了山頭存在的事實。然而維瑪拉女神仍舊在聖域一角擁有神龕，以示對女神古老地位的尊重。維瑪拉女神也優先獲得神廟的「分享祭品」。

守衛南印度重要神廟都市坎契普蘭的，是「愛之眼」女神（Kāmākshī）；她也是此城的建城神祇。根據神話傳說，她創造了當地供奉濕婆神的泥製林伽。當大洪水侵襲時，她抱著林伽不放，直到洪水散去。她抱得很緊，因此在林伽柱身上留下乳房與手鐲的印記。[40]雖然坎契普蘭的濕婆神廟——芒果之主（Ekāmranātha）神廟——並未替女神設置獨立神龕，朝聖者們都很清楚她就是這間神廟的建廟者。此地的愛之眼女神也跟位於印度其他地方的兩姊妹有關，包括住在迦屍的大眼女神，以及泰米爾納都邦更南方的神廟之城馬杜賴的魚眼女神（Mīnākshī），形成全印度的三女神組合。

長久以來，魚眼女神是馬杜賴城裡非常顯眼的存在。根據傳說，她在國王祈求後代的強大儀式獻祭下誕生。當祭儀帶來一名女兒時，國王既失望又震驚，因為這女兒擁有三個乳房！當他哀嘆不幸時，據說有一股神音來自天上：「喔，國王！視女如子：讓她成為女王。當這位黃金外貌的女性，遇見她主之時，乳房就會消失。」[41]因此他聽令行事，將她當成王子教養，隨著歲月與自信增長，她成為女王。她開始征服世界，領導軍隊進攻八方、征服眾生，直到她來到北方。住在吉羅娑山上的濕婆神出山觀察這場戰爭。正當此刻，她的第三乳房消失了，魚眼女神站在濕婆神面前，害羞又美麗。濕婆將成為她的丈夫，整個馬杜賴開始忙著準備她的婚禮。[42]

魚眼女神原本是個處女神，在戰場上遇到另一半，因此成為濕婆神的新娘。濕婆神原本是個粗糙的山間苦修士及瑜伽士，成為魚眼女神的丈夫後，就在馬杜賴王國安頓下來，成為「美之主」（Sundareshvara）。即便如此，廣闊的馬杜賴神廟群仍以她為名：魚眼女神神廟。廟埕中，魚眼女神與美之主各有各的廟宇。她的廟宇占據更顯眼的位置，也無疑更受歡迎。神廟儀式中，魚眼女神既是白天單獨接受信徒供奉的強大獨立女神，也是夜間與濕婆神共同接受供奉的配偶神。[43]

一年一度的春季節慶中，濕婆神和魚眼女神的婚禮慶典落在每年的制呾羅月（Chaitra），約是四月或五月初。一座可移動的複製神廟，包覆鮮豔布匹的高大廊柱，由數百名信徒拖著厚重繩索拉動。他們拉著巨大的神廟戰車，繞行馬杜賴城四方的出巡街道。繞著神廟，魚眼女神與四面八方進行戰鬥，象徵性征服整片大地。最終遇到濕婆神後，她自己也被征服了。接著便是盛大的婚禮慶典。然而我們不禁懷疑這裡究竟是誰征

前來瞻仰馬杜賴魚眼女神的信徒。

服了誰。因為魚眼女神仍舊是實打實的馬杜賴統治者，成功將濕婆神納入她的行列之中。

最後在印度的南端，這裡端坐的女神所保護的，似乎不只是自己的村落，而是全印度。她是「處女神」卡尼亞庫瑪莉。根據傳說，一位名叫巴納（Bāna）的大惡魔因為嚴格的隱士苦修，獲得恩惠獎賞。他選擇讓自己不受死亡威脅，阿修羅們永遠都選擇這類恩惠。然而眾所皆知，誰也不可能保證永遠不死，因此這類恩惠一定都有漏洞，即便是個荒謬的漏洞。在巴納這個故事裡，他選擇除非是處女之手，否則不會受到死亡威脅；他認為處女既稀有又軟弱，沒什麼好擔心的。因此眾神向莎克緹祈求，以處女神之身顯現，除掉巴納。她同意了，將自己化為處女神，立在印度最南端，就在海岸上，捍衛收束於此的整片大地。然而，最終她被許給濕婆神，濕婆神以蘇欽德蘭（Suchindram）之主的形式住在附近。可想而知，害怕失去偉大保護者的眾神，密謀要阻止這場婚姻。因此當濕婆神由蘇欽德蘭動身前往黎明吉時的婚禮時，賢者那羅陀（Nārada）變成公雞，提早鳴啼破曉。錯過婚禮吉時的沮喪濕婆遂打道回府。因此卡尼亞庫瑪莉就一直維持著處女身分。接著，她以處女神的身分，全力擊殺巴納。因此他們說，從那以後，莎克緹就以處女之姿在此顯現，捍衛著南方海岸。[44]

卡尼亞庫瑪莉矗立在三洋交接之處，東側是孟加拉灣、南方是印度洋、西側是阿拉伯海。浪潮由三個方位湧入，就在她神廟前的沙灘上，相互撞擊。如前所見，這處浸浴點是個「三辮之地」，人們宣稱在此浸浴，猶如浸浴在全印度所有的聖地中。來自喜馬拉雅山及印度其他山脈的水流，穿越許多聖河道，匯入東西二洋後，據說會來到這處三辮之地匯集交流。同樣地，印度各地的人，來自各個區域、語言團體的人，也在此相遇交流。整體而言，在海中浸浴對朝聖者來說，是相當陌生的經驗。他們撲倒在沙灘淺浪尖，開心大笑。朝聖者還會買下一袋袋沙子作為紀念品，袋中分隔成三區，各自裝著來自不同海洋的沙子。

山岳女神

大地、森林與村落的女神都住在人群中，距離雖遠近不一，但一般而言，她們全都落在我們所稱的馴養農業圈中。然而印度許多強大的知名女神，卻是住在丘頂與山巔這類遠離日常生活之地。這些女神的影響範圍更為廣大，因為她們的特殊領域不限單一村落。事實上，朝聖者來自附近所有村落，他們會爬上丘頂或山巔的女神廟。

濕婆神的配偶帕爾瓦蒂，意為「山岳之女」。她也被稱為喜馬瓦蒂（Haimavatī），即「喜馬拉雅山少女」，因為她的父親是擬人化的喜馬拉雅山。同樣地，杜爾迦一字意指「難以靠近」，也許原本意指這位女神與山岳高地之間的關聯。雖然並非所有山岳神祇都是女神，卻有數百位女神以山岳為殿堂。部分女神連結成群，如在旁遮普及喜馬偕邦山麓地區擁有無數信徒的七姐妹女神群。[45]拉賈斯坦邦的山區也有十分知名的山區女神，例如阿布山上的阿爾布達女神（Arbudā Devī）及阿拉蘇爾・安巴吉女神（Arāsur Ambājī）。諾薩爾母神（Nosar Mātājī）坐落在阿杰梅爾與普什卡拉之間的荒僻岩山間，卻擁有大批當地的追隨者。環顧印度各地，具有強大力量的牛魔王摩醯濕殺戮者女神似乎都住在山裡。她是溫迪亞恰拉的溫迪亞提毗女神；也是泰米爾南方聖炬山上的烏娜慕萊女神（Unnamulai）；更是邁索爾城（Mysore）周邊山丘上的懺悶達誅滅者女神。這些神話本身深具彈性、地點多變、歷久不衰。

我們已經造訪了印度遠西之地的索拉什特拉半島，以及吉爾納爾峰頂上的女神殿堂。然而，這當中最戲劇化的山頂殿堂，是母神安比卡統領之地。要抵達她的神廟，以及附近筆尖山峰上的戈拉克納特（Gorakhnāth）和三相神（Dattātreya）神廟，朝聖者得先爬上岩山及陡峭懸崖表面開鑿出來的上萬階梯。雖有階梯，攀爬過程仍舊怵目驚心，朝聖者通常在清晨三點離開山腳。安比卡的神廟是難以親近之地；這整片山脈，包括七座戲劇化的頂峰，也許一度都是女神的堡壘重鎮。今天只剩其中三座尖銳山峰，明確標示為女神的領域。母親安比卡是朝聖者的首要目的地，山脈的另一端則是偉大毀滅者卡莉卡女神。誕生與毀滅之母的中間，則是雷奴卡（Renukā）之峰，她是毗濕奴神轉世成持斧羅摩時的母親。根據傳說，吉爾納爾山是喜馬拉雅山的一塊，因此也是帕爾瓦蒂的弟弟。他們說，帕爾瓦蒂以安比卡女神的形象統治此地。就在安比卡之峰的下方，可以看到恆河現身；河水也從另一處叫牛口的山壁流出，就跟喜馬拉雅山上原生地的名稱相同。

有時候，強悍的山岳女神不出現在山頂，而是在山間洞穴裡。還記得溫迪亞恰拉的兩位女神，都住在有如子宮的洞穴中嗎？同樣地，印度最受尊崇的女神之一，阿薩姆邦的卡瑪迦提毗女神，原本也待在古瓦哈提（Gauhati）附近藍山（Nīlāchala）的一處山洞中。山洞裡被視為女神像的石頭痕跡，持續受到泉水滋潤。《卡莉卡往世書》（*Kālikā Purana*）的〈讚歌〉詳細描述卡瑪迦提毗女神領域內的各個聖地，並讚揚她的力量。印度的另一側，西北遠方靠近喀什米爾查謨（Jammu）地區的毗濕諾提毗女神廟，也許是最知名的山洞神廟。這間神廟位於三峰（Trikuta）山區。據說女神以三叉戟在此挖空山洞。來自全印各地的朝聖者爬上山頭，擠進一次只容十到十二人的洞穴，瞻仰女神聖像。他們一一爬過通往女神聖殿的通道。爬行儀式充滿妊娠與生產的象徵意涵，即便毗濕諾提毗女神是處女神。根據當地傳說，濕婆神恐怖形象之一的陪臚神，強力追求毗濕諾提毗女神，希望能迎娶她。最終，她將他的頭砍下，頭顱滾下山；時至今日他仍舊被奉為這位強大女神的守護者。即便是處女神，對這趟啟蒙之旅的人來說，她仍舊是賦予生命的母親。[46]

最後，我們一定要介紹印度最知名的山岳女神之一——辛拉杰（Hinlāj）女神。她的所在地得越過印度河，進入今日巴基斯坦喀拉蚩以西的俾路支斯坦山區。直到一九四七年印巴分治之前，辛拉杰是印度神聖地理的最西端。當地的〈讚歌〉宣稱此地也是杜爾迦女神誅殺牛魔王摩醯濕之地。羅摩國王來此為了殺害羅波那而贖罪，畢竟羅波那仍舊是婆羅門，而殺害婆羅門是最嚴重的罪行之一。[47]根據當地傳說，羅摩帶著大軍全體前來辛拉杰朝聖，卻被擋在山口。辛拉杰女神說，他必須放下領導大軍的勝利國王之姿，以懇求者與崇拜者的身分前來。只帶著拉什羅曼、悉達、哈努曼及犍尼薩，羅摩供奉辛拉杰女神，贖清自己的罪孽。跟東邊喀什米爾的毗濕諾提毗女神廟一樣，辛拉杰女神廟最深的內聖殿也是一處岩穴，爬行狹窄通道進入洞穴則是朝聖儀式的一部分。既是試煉，也是重生。

摩訶提毗大女神

這些大地與村落、森林與河流、丘頂與山巔的女神，都是莎克緹的諸多形式與顯現，擁有數千種特有的地方名諱。在我們研究的脈絡中，很重要的一點是，她們的力量都限於一地；村落女神的領域圍繞著村落界線；安比卡女神則領有索拉什特拉半島地區的忠誠，卡尼亞庫瑪莉宣稱保護整片印度大地。即便這些女神擁有多樣且以地方為基礎的本質，我們也有證據顯示，她們全都被視為單一女神的獨特展現。《訶利世系》（*Harivamsha*）中有一段頌詩，提及摩訶提毗大女神受到頌讚的方式，似乎包含了莎克緹的方方面面：「喔，摩訶提毗，您住在人煙罕至的山巔，在河中，山洞裡，森林內，在風中。」[48]

到了西元五世紀，《摩根德耶往世書》（*Mārkandeya Purāna*）的〈提毗女神讚歌〉讚美女神的獨立與至高無上，精彩展現她如何身為惡魔的誅殺者，特別是誅殺了威脅人間的牛魔王摩醯濕。勝利女神是擁有多重不同名稱、形式的大女神。摩訶提毗女神誅殺牛魔王摩醯濕的成熟故事，已經成為連結地方崇拜跟泛宇宙的強大後設敘事。〈提毗女神讚歌〉的重要性，不在於提毗女神大戰惡魔的動能敘事。更重要的，是每場重大勝利之後的知名讚美詩歌，都讓摩訶提毗大女神至高無上的認知再次獲得發聲的機會。第一對惡魔遭到誅殺後，讚美詩如此展開：

> 一切由您維持，世界由您創造，也由您保護，喔，女神！最終也總是由您吞噬。世界發散之時，您採取創造的形式，並以永恆的形式保護它；世界終結之時，您將進入收縮。喔，世界在您之中！[49]

這類讚美通常是用在濕婆神或毗濕奴神身上，然而此處卻是用在全能女神身上，她是一切的創造者、維持者及破壞者。影像、文字與讚美的繁複萬花筒，圍繞著摩訶提毗女神所涵蓋的整體中心意象，一一按部就班到位。同樣地，誅殺了最強大敵手牛魔王摩醯濕之後，眾神也齊聲讚誦，明確點出女神意象的合一性：

> 您是杜爾迦，渡過存在苦海之船，無所執著！您是室利（Shrī），在毗濕奴神的心中建立自己的主宰！您確實是高莉，住在頭戴新月的濕婆神身上！[50]

最後在她誅殺了㣲達與悶達後，終結這場宇宙大戰之時，眾神高聲讚美，祈求她作為眾生主宰的存在與保護：

請您寬憫，喔　世界的母親！
請您寬憫，喔　宇宙的女王！捍衛這個宇宙！
喔！女神，您是一切動與不動者的女王！
您成為世界的唯一支持，您以大地的形式護持生存！
以水的形式，您的存在充滿了整個宇宙！[51]

這些不過是〈提毗女神讚歌〉的摘錄片段，也稱為〈七百頌〉（Saptashatī），意即讚美女神的「七百首」頌歌。

那麼女神是在哪裡誅殺牛魔王摩醯濕呢？我們已經看到，許多女神勝利之地僅僅是石頭上的凹痕，或者黑暗岩洞裡的粗曠形象，或者是幾百年來硃砂粉的累積下，變得形象不明的聖像。當然，女神也擁有優雅造型，卻通常不在供奉她的廟堂中。相對地，在神廟的外牆或繞行廊道上，我們卻能看到摩醯濕誅殺者（Mahishamardinī）的聖像，以最精細的雕像藝術呈現出來。她將自己的三叉戟，插入變形惡魔的胸膛，或者以堂皇勝利之姿，站在斬下的首級之上。女神的形象明顯展現在印度歷史上某些最偉大的神廟群中，形成女神顯現的視覺歷史紀錄。這包括了西元五世紀的中央邦烏達亞吉利石窟（Udayagiri），六世紀的卡納塔卡邦艾荷雷（Aihole）神廟，七世紀在馬哈拉施特拉邦埃羅拉的羅摩之主（Rāmeshvara）神廟，以及七與八世紀的泰米爾納都邦馬哈巴利普蘭神廟（Mahabalipuram）。摩醯濕誅殺者的聖像也出現在今日仍舊活躍的神廟群中，例如泰米爾納都邦的坎契普蘭與坦焦爾（Tanjore）兩地，我們都會看到摩醯濕誅殺者站在斬下的長角牛頭上，她的聖像塗上油脂，閃耀著黝黑光芒。例如昆巴科南（Kumbhakonam）的納格沙之主神廟中，當今最活躍的側殿是頭帶冠冕、擁有四臂的杜爾迦女神，站在花團錦簇的壁龕中，她勝利地踩在銀色的摩醯濕首級之上。〈杜爾迦七百頌〉日日吟唱，內聖殿門上有一小尊的美麗聖像，杜爾迦女神以牛魔王摩醯濕誅殺者的姿態顯現。她的頭上沾染著紅色硃砂粉，鮮花插進聖像框裡。信眾彎身進入內聖殿門前，會先伸手觸摸聖像。我們很難完全盡數或過度揣測，這則女神勝利神話在全印度究竟喚起或想像出多少地方神廟或儀式形態。這是印度教傳統中最重要的神話之一，無數地方力量都連結到這個神話中。

等到《提毗博伽梵往世書》成書之時，〈提毗女神讚歌〉中提煉出來的摩訶提毗大女神的概念，已經成為完整繁複的女神神學。所有不同名諱稱號的女神，全都被視為出於自然女神（Prakriti Devī）。[52]這裡我們擁有了完整的神學說明，解釋這麼多不同的女神，為何會是單一女神的種種神聖示現。至高無上的真實莎克緹，展現為種種莎克緹，包含杜爾迦、拉克什米、薩拉斯瓦蒂、娑維德利（Sāvitrī）與拉妲（Rādhā）。這些莎克緹在自己的不同部分（amsha）展現。例如恆河就是部分示現；神聖羅勒植物與馬納沙女神也是部分示現。許許多多的村落女神也是。最後，還有一些莎克緹會出現在美德之中，例如信仰（shraddhā）與虔愛（bhakti），還包含「宇宙所有女性」的莎克緹。

然而大女神不只將各種莎克緹納進至高無上的單一存在中，大女神實際上就是最高的真實——梵。關於這一點的最驚人景象之一，就是大神毗濕奴、濕婆與梵天，搭乘女神戰車前往天界之旅。穿越一重又一重的天界，他們確實看到在各自天界的自己，因此對自己是誰產生疑問。最後，他們來到女神寶座的瓔珞島，閃耀而難以置信的精緻之地。遏於情緒敬畏，大神靠近女神，在她腳邊彎身。就在她的腳趾上，他們看見了全宇宙。他們看到自己與所有其他諸神。他們看到自己居住的天界。他們看到整個宇宙、大地及山岳河流。這一切，他們都在女神腳趾上看見。他們高聲讚美女神，她就是存有、意識與喜悅——這些都是用來談論至高之梵時所用的字。整個宇宙確實由她生起，也消融在她之中。[53]

如此廣闊的女神意象，在《提毗博伽梵往世書》中達到圓滿，但我們可以從更早之前的〈提毗女神讚歌〉，以及女神稱號在許多不同文本中被提及的方式，窺見這樣的意象。提瓦利（J.N. Tiwari）對於此意象如何逐漸成形，進行過最全面性的研究。[54]他告訴我們，一開始，文本中只是列出一長串女神名諱與地點；有些名諱被插入，似乎只是為了要符合詩句的平仄韻腳。西元頭五個世紀裡，這類清單出現在《摩訶婆羅多》史詩、耆那教與佛教經典，以及早期的《往世書》中。這些簡單的清單，卻是驚人的神學藝術。它們的重要性不在於精確與否，雖然這些名單可以看見後世熟悉的許多女神名諱與地點，例如溫迪亞提毗女神、卡瑪迦提毗女神及卡尼亞庫瑪莉女神。但這些清單所說的，遠多於名諱與地點：它們揭露出宗教想像的累積運動。清單的重要性在於它的存在及呈現的概念，因為清單將地方女神理所當然視為一類，是莎克緹的展現。它們的重要性揭露了一件持續不變的事實：每位女神都連結到一處地點，並且被造冊記錄。

女神的腳踝

德里北方俱盧之地（Kurukshetra）外的土路上，是坦尼沙村（Thanesar），這個村子從薩他泥濕伐羅濕婆神（Sthānīshvara Shiva）得名。據說《摩訶婆羅多》大戰前，般度五子在此接受濕婆神的祝福。戰場就在這片土地上。我們可以看到般度與俱盧族軍隊列陣對峙之處；據傳大戰即將展開之際，奎師那神在這棵樹下，向戰士阿周那揭露他的教諱；誠實的堅戰說謊的那一刻，戰車倒地留下了深刻的擦痕。然而位於今日的薩他泥濕瓦爾（Sthāneswar）的薩他泥濕伐羅濕婆古神廟也提醒了我們，俱盧之地在很久、很久以前就揚名天下，甚至早在這些重大事件發生之前。

因此他們說，當般度族人也在此向強大恐怖的女神巴德拉卡莉女神（Bhdrakālī）尋求祝福。今日，她的黑石聖像占據了內聖殿。這位女神擁有四臂、銀眼，戴著金盞花圈，穿著銀點紅沙麗。通往神廟的大門也由古老的黑膚陪臚神、揹著山岳的橘色哈努曼與橘色犍尼薩守衛，後兩者灑上點點銀紙，全都是特殊驚人的拉長造像，顯然是本地特有的風格展現。神廟之外，卻有一尊比較新的造像，坐落在巴德拉卡莉女神廟門前的庭院中，於一棵巨大的榕樹下，靠著一座圓形深井。井邊高起的檯面上，是一尊精緻雕刻、帶著腳面的大理石腳踝。銘文寫道：「在俱盧之地，掉落的是女神的右踝骨。」

在北印度鄉下這座神廟裡發現女神的腳踝，代表什麼意義呢？在此，我們將看到另一組普世神話，連結印度四面八方的女神。印度有無數地方，宣稱因為擁有女神軀體而聖化。它們宣稱是濕婆神愛人——薩提女神——身體的一部分。他們說，當她去世時，哀傷的濕婆神帶著她的軀體穿梭各處，因此各個部位逐漸掉落各處。將摩訶提毗女神的軀體放置在印度地景上，我們可以說，沒有哪個神話，比起女神軀體分解的神話更重要了。軀體掉落處被稱為提毗女神的「寶座」（pītha）。傳統上認為有五十一個或一百零八個這種寶座。[55]這些地點中，很少像此地的細緻大理石腳踝像，真正再現提毗女神的身軀部分。整體而言，軀體的部分雖然沒有展現出來，但相距甚遠的寶座之間，共同屬於薩提身體一部分所帶來的從屬感，遠高於人們將之同列在一份文獻清單上。

薩提女神軀體分解掉落的完整神話，出自《卡莉卡往世書》及《提毗博伽梵提往世書》。兩部往世書中，女神都是核心要角。[56]然而，故事所涉及的象徵性框架，卻是跟吠陀創世詩〈原人歌〉（Purusha Sukta）同樣古老。我們還記得在〈原人歌〉中，創造黎明之時，原人被眾神分割，形成整個宇宙。透過在宇宙獻祭中分割原人，眾神創造出一連串身體跟宇宙之間的對應：他的心靈成月亮；他的眼睛是太陽；他的嘴是因陀羅與火；他的氣息成風等等。即便在分化之時，原人也是一統的身體——宇宙。事實上，這個古老的神話意象後來被《提毗博伽梵往世書》挪用，將整個宇宙描述成女神軀體的不同部分。[57]〈原人歌〉不只創造了宇宙，還創造了一種象徵性思考及儀式行動。自古至今的印度教傳統，都瀰漫著這種充滿身體的微觀世界跟宇宙的宏觀世界互相對應的象徵性思考。[58]此外，我們也看到分割與散布，事實上是合一與普世化的一種形式。這是印度儀式世界中常見的主題，事實上也是世界各地宗教傳統中儀式再現的常見主題。例如，當佛陀放棄自己的凡身，軀體火化之後，骨灰分給印度好幾個偉大王朝的國王；到了阿育王時代，供奉聖物箱的佛塔數字據說有八萬四千座。同樣地，基督教世界的烈士與聖人遺物數量也相當多，並形成彼得·布朗（Peter Brown）所說的「凝結團結基督教世界的小碎片」。[59]當然就儀式來說，在彌撒中分發的耶穌犧牲寶體，也在教會中重建合一了。

然而薩提女神的神祕解體，並未創造出提毗女神聖體的教派。基督教世界各地聖所中展示的斷骨殘骸，肯定讓多數印度教徒完全不解與驚駭，就算是莎克緹教派也不例外。事實上，印度女神「寶座」的地方崇拜，肯定比女神解體神話的出現早了至少兩千年。地方崇拜的形式明顯在前。薩提女神分解的神話並未開創莎克緹教派，莎克緹反而是無所不在的神學。俱盧之地的女神腳踝不只是女神的一塊破碎片段，反而突顯出女神是更廣大、超越地方層次的存在。這種女神意識將整片大地都視為她的領域。分解神話在無數的地域女神之上，投下一張合而為一的大網。

提毗女神軀體的分布

當我們在印度地景上尋找女神顯現時，達剎在堪克爾獻祭的故事又再度回籠。還記得濕婆是怎麼被剔除在吠陀祭儀的賓客名單之外嗎？在提毗女神的堅持下，濕婆神屠戮了整個祭祀場域，卻又受到諸神請求，讓一切復原。被摒除在祭儀之外的至高無上神，現在獲得擁抱，得以分享祭祀。最終，達剎甚至為濕婆神唱出長篇讚美詩。然而這則神話的許多後世版本中，最終章卻是讚頌榮耀薩提女神——明顯是摩訶提毗大女神的代表。例如《化魚往世書》的短版故事裡，薩提女神死亡的場面，成為達剎懺悔的契機。[60]當她生出大火，以自己的瑜伽士之力進入火中，達剎發現她就是摩訶提毗女神本身。因此他的讚美詩並非獻給濕婆神，而是獻給薩提女神。他問起要在何處敬拜女神。女神告訴達剎，她就在一切存有、一切地方之中。她揭露了一百零八處特別崇敬女神之地。她提及迦屍的大眼女神、普拉耶格的遊樂母（Lalitā）、香醉山（Gandhamādana）的愛之眼女神、喜馬拉雅山的南達德維女神、斯里雪拉的瑪達維（Mādhavī）女神、秣菟羅的提婆吉（Devakī）女神、溫迪亞恰拉的溫迪亞女神等等。最終，她是「所有軀體中的莎克緹」。在這個版本裡，我們看到神話的能量與目的論都導向提毗女神。祭祀的毀壞與重建甚至都不在敘事之中。

《侏儒往世書》（*Vāmana Purāṇa*）中，這個神話的另一個版本還包含了另一個重要的元素：濕婆神的悲傷。[61]這個版本中，薩提女神並未前往父親達剎的祭場，她在聽到濕婆遭排除的消息時，立刻憤怒而亡。當濕婆神發現她「就像被砍下的藤蔓一樣倒在地上」時，憤怒之中生出可怖的雄賢及千名侍從。他帶著這些人殺往勘克爾，大肆破壞。他不僅毀掉獻祭，在天界各宮之間追逐祭鹿，最終一箭射殺。

濕婆神並未復原祭儀，因為那不是這個版本的重點。相對地，濕婆被愛神迦摩的花箭射中，心中充滿對逝去愛妻的熱情，也對她的死亡憤怒不已。他在整片印度大地上四處遊蕩，卻未能找到平靜。《卡莉卡往世書》及《提毗博伽梵往世書》則包含了讚頌女神與濕婆神的悲傷這兩項元素。最重要的，它們還包含了薩提女神分解神話及「莎克緹寶座」源起的成分。這個故事實在太有名了，甚至被嫁接到《濕婆往世書》達剎獻祭的故事中，成為今日堪克爾市集販售的大眾〈讚歌〉所刊載的版本。在許多人的心目中，這就是故事「原本」的模樣。

《提毗博伽梵往世書》省略了關於祭儀及濕婆神毀壞、而後復原祭儀的敘述。事實上，它只用一句詩告訴我們，達剎的女兒在自己生出的瑜伽之火中自焚。[62]這個故事的版本強調的是濕婆的憤怒與悲傷。他抱起摯愛的薩提，帶著她的屍體，開始哭泣。他在鄉間四處遊蕩，哭喊著「喔！薩提！我的薩提！」，濕婆神陷入深沉悲傷，明顯忽視這個世界，開始讓眾神感到不安。代表眾神的毗濕奴跟在濕婆神背後，以法輪一塊塊切下薩提的屍體。她軀體落下之處就成為女神寶座。《提毗博伽梵往世書》中列出一百零八個這類寶座；這裡的清單基本上和《化魚往世書》一樣。文本並未揭露哪塊軀體成為哪個寶座，只說她的臉掉在迦屍，成為大眼女神寶座。[63]

莎克緹寶座的神話來源，經常引述《卡莉卡往世書》。[64]此處薩提出生與婚姻的故事線，緊跟著《濕婆往世書》的敘事。就像《侏儒往世書》，薩提並未前往父親在堪克爾的祭場。然而，一聽到濕婆所受的羞辱後，她進入瑜伽出神狀態，當場就失去生命。以下是故事概要：

> 當濕婆得知薩提之死，創造出怒火般的雄賢，把他放出去大亂達剎的獻祭。他挖出一位神祇的眼睛，打碎另一位的牙齒，到處追逐從獻祭中逃出的鹿。鹿跑進薩提的軀體中。
>
> 濕婆看到薩提的軀體時，悲傷過度，開始哭泣。他像個普通凡人一樣哭泣，悲傷淚水之多，造成凡間大雨傾盆。他抱起薩提的軀體，帶著她四處遊蕩，狂亂哀傷。他四處遊蕩，瘋狂哭泣舞動。濕婆神的極度哀傷令眾神感到害怕，因此祂們進入薩提的軀體，讓軀體碎片四處散落。

她的軀體碎片落在七個地方。她的腳落在提毗庫塔（Devīkuta），在此被稱為摩訶博伽（Mahābhagā）；大腿落在烏仗那（Uddiyāna），在此被稱為迦旃延尼（Kātyāyanī）；她的瑜尼性器落在迦摩縷波（Kāmarupa），在此被稱為卡瑪迦提毗女神；她的肩頸落在普爾納吉利（Pūrnagiri），因此稱為普爾納之主（Pūrnesvarī）；她的肚臍落在迦摩縷波以東，在此稱為光明女神（Dikkaravāsinī）；胸部落在賈蘭達拉（Jalandhara），在此稱為準提（Chandī）。濕婆神也現身在每個地方，以林伽的形式，隨附在提毗女神的示現旁。

這些敘述中，達剎獻祭的神話，從濕婆神學圈移到了莎克緹神學圈。濕婆神遭排除又重新納入的主題，被莎克緹的瓜分與重組的主題所取代。這些神話的部分版本中，獻祭仍舊占據中央地位。整個宇宙為了獻祭而集合；祭儀遭到破壞、分割，最終重新組合起來。然而在莎克緹神話中，莎克緹成為核心。她本人成為祭品；她就是獻祭本身。她在火中獻祭自己，以自己的苦修之力所生的火犧牲。她成為獻祭之「鹿」的象徵居所。她被分解散落各地，最終在莎克緹寶座地點的連結中，重新組合起來。

甚至連《濕婆往世書》的記述，也明確以薩提為祭。然而，她的自我獻祭，與濕婆神學的興起更加一致。這是來自她對濕婆神永誌不渝的崇敬。在《濕婆往世書》的記述中，她啜飲了水（achamāna），以布料覆蓋自己（diksha），進入出神狀態，脫離自己的軀體。整個秩序世界都為了獻祭集結起來；一切都預備好了。當薩提進入祭場，她就完成了真正的獻祭。這場祭儀的中心是濕婆神。隨著她的死亡，薩提讓祭場變成了火葬場，火葬場是濕婆神的聖地。然而此時，《卡莉卡往世書》卻反轉了情感流動的方向。薩提對濕婆的忠誠，與他對她的忠誠，是相對的。濕婆神因為悲傷而陷入瘋狂。他帶走她的屍體，其中包含著逃進女神軀體的祭鹿，抱著她在世界上遊蕩。薩提軀體的分解與散落，就是獻祭的分解與散落，分散到印度各地。

印度大地上的女神寶座

安德拉邦北部的偏遠山區，高高隆起在奎師那河之上，是古老神聖的斯里雪拉神廟。此地不僅供奉著印度知名的十二濕婆光柱，還有一座獻給「黑蜂女神」（Bhramarāmbā）的神廟。神廟大銅門上的說明牌，清楚指出廟中女神的無遠弗屆。精美的淺浮雕中，我們看見四臂卡莉女神站在濕婆神身上；我們看見拉克什米女神從蓮花中浮現；薩拉斯瓦蒂女神演奏維納琴（vina）；杜爾迦女神騎著獅子；安納普那女神舀食物給濕婆神。大門右側的外牆上，是一幅巨大的印度地圖，上有編號，並以泰盧固語寫著「十八莎克緹寶座」。無疑地，地圖上的多數地點位於印度中南部，因為斯理雪拉跟南印的連結比較深。只有六個寶座散落北印平原及喜馬拉雅山一帶。即便如此，包含黑蜂女神在內的女神廟網絡概念，是很清楚的。

除了薩提女神的獻祭分解神話外，還有許多關於印度女神寶座的文獻傳統，全都納入希爾卡（D.C. Sircar）關於這個主題的經典著作中：《莎克緹寶座》（*The Sākta Pīthas*）。好幾份資料列出了四大寶座。最早的資料是西元八世紀的《喜金剛本續》（*Hevajra Tantra*），談到賈蘭達拉（旁遮普）、烏仗那（Odiyāna，位於斯瓦特谷地）、普爾納吉利（南方）及迦摩縷波（在東方的阿薩姆）。[65]《喜金剛本續》提醒我們，佛教傳統中也有這種力量寶座的概念。例如，供奉寶座之主（Pīthesvarī）女神的烏仗那，是佛教密宗示現的重要地點。[66]八到十一世紀之間的《卡莉卡往世書》也提及四寶座。[67]希爾卡引述的部分文獻中提到七女神或十女神。但有好幾個來源也依循《化魚往世書》或《提毗博伽梵往世書》，列出吉祥的一零八個寶座，這個數字才是構成女神寶座全體的數字。整體來說，這些文獻建立了女神群組的傳統，列出女神，相互連結，最終連成單一群體。

最常見的傳統之一，是五十一女神寶座。怛特羅派的文獻小心列出這些地點，如希爾卡編纂的七世紀末經典《分辨怛特羅》（*Tantracūdāmani*），以及他自己的著作中都列出了「寶座知識」（*Pīthanirmaya*）。這份寶座清單並未流露對南方女神的熟悉，多數是北方怛特羅派影響力的範圍。此處的女神不只如《化魚往世書》按照地點羅列，也按照薩提女神散布在各地的肢體或軀體部分來分列。此外，這份清單還納入濕婆神的陪臚神化身，跟各地女神配成一對。「寶座知識」甚至更進一步，將每位女神配上梵文的五十一個字母，延伸怛特羅派象徵學中典型的合一與連結特色，這些字母融入了每位女神的真言中。

今日我們可以在烏賈因的哈拉西迪女神（Harasiddhi Devī）神廟中，看到這種想像概念的實踐。內聖殿的圓頂掛好一圈五十一面的金屬牌，每面都有一位女神、一個梵文字母及一處寶座。每面牌上的女神都刻劃著她的動物座騎、武器及標誌，讓神廟內部成了虛擬的女神曼荼羅。所有女神及所有語言，都濃縮在牆與天花板圍繞之間。半圓之處，就在鐘的上方，是一幅肌肉賁張的濕婆神彩畫，裹著獸皮，跨越地景，肩膀上扛著薩提女神的軀體。

今日介紹種種女神寶座的印度教大眾朝聖指南與手冊，例如《我們的祭祀聖地》（*Hamare Pūjya Tīrtha*），仍然說著達剎獻祭的老故事，作為女神寶座清單的故事脈絡與引介。莎克緹分解的神話變成我所稱的「訂閱制神話」，這是當地女神廟接納並引用這個故事的方式，除了論述本地的特殊神聖性，並可以將本地連結到更大的系統。他們似乎在說，我們這個地方如此獨特，卻也連結到更崇大的宇宙中，展現出女神的存在與力量。整個印度北部與中部，許多地方都宣稱是莎克緹散布神話的一部分。[68]兩個或更多地方甚至宣稱代表同樣的女神、同樣的女神軀體部位，例如哈拉西迪女神同時出現在烏賈因與古賈拉特邦索拉什特拉海岸上。根據古賈拉特當地宣稱，白天與夜晚，女神分別待在不同神廟。

女神寶座的大眾敘述也重複了我們在《往世書》中所看到的，軀體——大地之間的種種相關性。他們說，她的手肘落在烏賈因，成為哈拉西迪女神。她的臉，或有些人認為是她的耳環，落在迦屍，成為大眼女神的寶座。她的心臟落在比哈爾邦東部的醫藥之主神廟。然而，他們也說，她的心臟還落在拉賈斯坦——古賈拉特邦境上，成為偉大的安巴吉神廟。奧利薩邦的比拉賈（Biraja），掉落的是她的肚臍。被視為女神肚臍的比拉賈廟埕中，有一處深入地中的井泉。旁遮普邦的賈蘭德拉是她的左乳；內聖殿中遽聞供奉著那枚乳房的形象，以一塊布遮蓋著。喜馬拉雅山麓的剛格拉，則是她的頭顱；或者也可能是掉在喀拉拉邦的堪納諾爾（Cannanore）。印度最南端的卡尼亞庫瑪莉，則有她的背。

多女神群組最特殊的區域性表現之一，是旁遮普山區的七女神。[69]當然，這並非印度唯一的七女神區域性團體，前面已經看到費爾德浩斯也在馬哈拉施特拉邦的研究中，記錄下姊妹女神之間的儀式連結。然而在旁遮普山地，我們看到的七女神並非以姊妹方式連結，而是各自擁有獨特傳說的女神，整合成一具軀體。我們已經談過毗濕諾提毗女神，她在喀什米爾查謨地區的山頂神廟，每年都吸引了千百萬名朝聖者。他們說，薩提女神的手臂就落在此地。旁遮普邦岡格拉的火山女神（Jvālāmukhī）廟，火焰由地底竄出，被視為女神舌頭墜落之處。今日仍舊可見火焰。據說薩提女神的乳房也掉在岡格拉地區的剛格瑞瓦利（Kāngrevalī Devī）女神廟。火山女神及剛格瑞瓦利女神，都跟初期怛特羅文獻中提及的賈蘭德拉傳說有關——也就是四寶座之一。喜馬偕邦的欽塔普里尼（Chintapūrinī）女神是

「有求必應」的女神，經常被視為火山女神及剛格瑞瓦利女神的小妹妹。根據當地傳說，薩提女神的腳落在此地。薩提的眼睛落在喜馬偕邦山頂奈納提毗（Naina Devī）女神廟；前額則落在哈里亞納邦喀爾克（Kalka）地區的馬納沙女神廟。最後，剛格拉的懺悶達誅殺者女神也是七姊妹之一，卻不在女神軀體的大眾傳說之中。然而，她更大的影響範圍明顯是跟女神誅殺惡魔懺達、悶達的勝利戰役有關。不過，這七位女神透過群組連結，在喜馬拉雅山麓建立起自己影響力的想像地景。

也許眾多女神寶座中，在印度各地最出名的，莫過於最偏遠的寶座之一：阿薩姆邦東北角（經常被稱為迦摩縷波）的卡瑪迦提毗女神。根據《卡莉卡往世書》，「迦摩縷波是女神聖地；無所匹敵。其他地方少見女神；在迦摩縷波，家家戶戶都有女神。」[70]根據本地傳統，愛神迦摩正是從這片阿薩姆山地，將花箭射向冥想中的濕婆神心臟。大膽的迦摩被濕婆神強大的第三隻眼燒成一堆灰燼。這塊土地被稱為迦摩縷波，字面上意指「迦摩之形」。然而這片大地並非以愛神迦摩聞名，而是以卡瑪迦提毗女神聞名。他們說，當濕婆神在印度各地狂舞時，薩提女神的瑜尼性器正掉落在此。瑜尼變成了石頭，也就是今日卡瑪迦提毗女神的「聖像」——石頭上的凹痕。[71]卡瑪迦提毗女神廟坐落在藍山，又稱迦摩吉利山（Kāmagiri，亦即迦摩之山）。神廟結構中，內聖殿實際上是一處岩洞，朝聖者進入岩洞來供奉卡瑪迦提毗女神聖像。每年六月，神廟會閉門三日，據信這是女神的月經期間。這段時間是非常棒的朝聖時間，所有農作都會停下來。女神月經來潮期間，禁止耕犁土地，甚至連用針來刮都不行。第四天廟門再度開啟時，是整年之中最適合瞻仰女神的吉祥日。這段期間之後，阿薩姆農民就會展開播種。

許多跟卡瑪迦提毗女神有關的傳統，也跟另一間在喀拉拉邦的神廟有關。那是遠在兩千多英里以外的南方，科塔亞姆（Kottayam）以南的成格努爾博伽瓦蒂女神（Chengannur Bhagavatī）神廟。[72]彭巴河（Pampā）畔一片芒果、香蕉與水稻田的翠綠大地中，正是博伽瓦蒂女神的所在地。這間神廟也跟薩提女神軀體分解的傳統有關，他們說這裡是她的瑜尼性器墜落之地，就跟北方的卡瑪迦提毗女神一樣。根據成格努爾當地的傳統，博伽瓦蒂女神是轉生成帕爾瓦蒂的薩提，在喜馬拉雅山婚禮後，跟著濕婆神來到此地。帕爾瓦蒂在此來了月經，因此停留了二十八天。所以此地跟阿薩姆一樣，女神經期期間，神廟會閉門三日。當然熟悉喀拉拉邦的人很清楚，此地有很多地方性的博伽瓦蒂女神，多數都跟土地緊密相連。多年研究喀拉拉邦的莎拉．卡德瓦爾（Sarah Caldwell）寫下「對馬來亞利人（Malayali）來說，博伽瓦蒂女神的重要性不只是一個傳說中的保護女神，更是土地神。對山間社群來說，她就是山神；對低地農業族群來說，她是水稻及水稻生長依存的土地；對採收花蜜的農人來說，優雅的椰子樹就是她的外形。因此化人的概念，自然是博伽瓦蒂女神概念的一部分；透過土壤能量，她充盈在萬物之中」[73]。

薩提分解的神話，為女神的神化與分布，提供了一種觀看的脈絡。神聖軀體統合了不同部位，或將大女神的不同顯現形式整合成一個有機的整體。分化是統合的強大形式。印度的諸多女神被視為莎克緹的種種示現；莎克緹既具普世性，又具有地方獨特性。這種莎克緹概念，不僅是《往世書》神學家的神化想像作品；更真正反映出長期以來印度女神崇拜的地方特殊性。無疑地，女神寶座作為神聖能量寶座的概念，比起凸顯寶座系統有關的軀體——宇宙神話，更古老許多。許多當地女神早就在這些特定寶座上，存在長達無數世紀了。

從笈多王朝晚期至今，女神神廟的系統建置已經成為常態，將它們跟更廣大的神聖力量連結在一起。女神寶座的傳統已經超越任何五十一或一零八的名單，因為全印度各地有數千女神，都被人們視為莎克緹軀體的一部分。

在旅程起點的溫迪亞提毗女神洞穴與神廟，我們可以看到莎克緹本質與分布的重要特質，不僅具備高度地方性，卻又超越了地方。此處我們也窺見關於印度大地本身的某些核心面向。這個意象中，大地是莎克緹割裂分散的軀體，為強大的跨域歸屬感提供了沃土。換句話說，印度整體合一來看，就是莎克緹的軀體。

「母親」是印度教徒對莎克緹的稱呼，既強大又親密，不論是令人心生畏懼的卡莉女神或親善的恆河女神都一樣。因此當他們也用「母親」來稱呼印度大地時，並不令人驚訝——「婆羅多母親，母親印度」。如前所見，〈向您致敬，母親〉這首孟加拉頌歌啟發了二十世紀初年印度民族主義運動，而孟加拉則是印度境內女神信仰特別蓬勃發展的區域。這首詩歌中，班金・強德拉・查特吉頌讚土地為母親，他所使用的語言很可能是借用兩千多年前成書的《阿闥婆吠陀》中的〈大地讚歌〉：

母親，向您致敬！
溪流湍急豐裕，
果園微光閃亮，
宜人涼風吹拂，
黑暗田野搖動，偉大的母親，自由的母親。[74]

二十世紀頭十年孟加拉從印度被切割開來，到第四個十年印巴分治，部分印度教徒的高聲抗議，來自於對有機整體遭到「活體解剖」的不滿；這個整體指的是母親的身體。這裡讓我們回想帕爾在一九一一年出版的《印度之魂》中是如何建立母國論述的。他寫到印度人並非單純稱他們的土地為「母國」，而是「母親」。[75]將印度視為母親，同時兼具精神性與地理性的意義。這個概念是奠基在印度教徒對大地本身的情感，包含山岳、河流與平原。但他也警告，「我們之中的母親崇拜，絕非一種政治崇拜。近期和『母親萬歲』（Bande Mataram）呼聲有關的政治宣傳，並非真正母親或母國崇拜的有機成分……我們真正的母親崇拜，是普遍精神文化的一部分，跟我們對人性的最高概念有機連結在一起。」[76]

讓我們再度回憶，在現代神廟中呼求婆羅多母親，讓大地母親的意象成為宗教崇敬的焦點與核心象徵。在瓦拉納西的婆羅多母親神廟，朝聖者與觀光客繞行全印度的大理石浮雕地圖，這幅地圖構成了神廟的內聖殿。然而，這座神廟卻未充滿民族情感，直到加入了騎著獅子躍出印度地圖的杜爾迦女神大型畫像。這也許給許多人提供了核心聖像，然而多數時候來說，瓦拉納西的婆羅多母親神廟仍舊是城中最沉靜無波的地方之一。然而哈德瓦爾另一座晚近興建的神廟，卻直指印度教國族主義的意識形態。這座神廟是在薩迪亞米德拉南德·吉利上師（Swami Satyamitranand Giri）的指導下，所想像、建立出來的。[77]一樓的神廟入口處，婆羅多母親女神顯著地站在印度地圖上，一手握著一把穀物，另一手則握著女神的非人形象徵——水罈。班金·強德拉·查特吉打造的「向您致敬，母親」字眼，銘刻在她身上。我們試圖在印度大地上追尋莎克緹的展現與意義時，自然很清楚這樣的形象何等強大有力。這座神廟也許不是母國民族主義鷹派力量的發生地，現代印度仍舊必須對抗此地高舉的形象，以及這些形象所代表的意義與力量。

如同我們在開頭幾章所討論的，〈向您致敬，母親〉這首歌在一九九〇年代重新流行了起來。在新型態印度教國族主義的動亂啟發下，產生新的錄音、新的追隨者。雖然這首歌並未成為獨立後新印度的國歌，反而是泰戈爾的〈人民的意志〉雀屏中選，卻仍舊成為一九九〇年代崛起的印度人民黨

（Bhāratīya Janatā Party）之進行曲。從深南地方的卡尼亞庫瑪莉、西北之地的毗濕諾提毗女神，到東北的卡瑪迦提毗女神，我們對於印度女神的力量，兼具地方性又無遠弗屆的示現能力進行探討，都清楚展現出這種讚美母親的象徵性語言，在印度擁有深遠的基礎。就像婆羅多母親或腳踏印度地圖的杜爾迦女神形象，〈向您致敬，母親〉這首歌之所以能在現代印度擁有強大的影響力，並不是因為新舊印度教國族主義者在殖民脈絡中編造出來的工具，而是出自長久以來眾人所接受的，將土地與女神連結起來的關聯性意義。

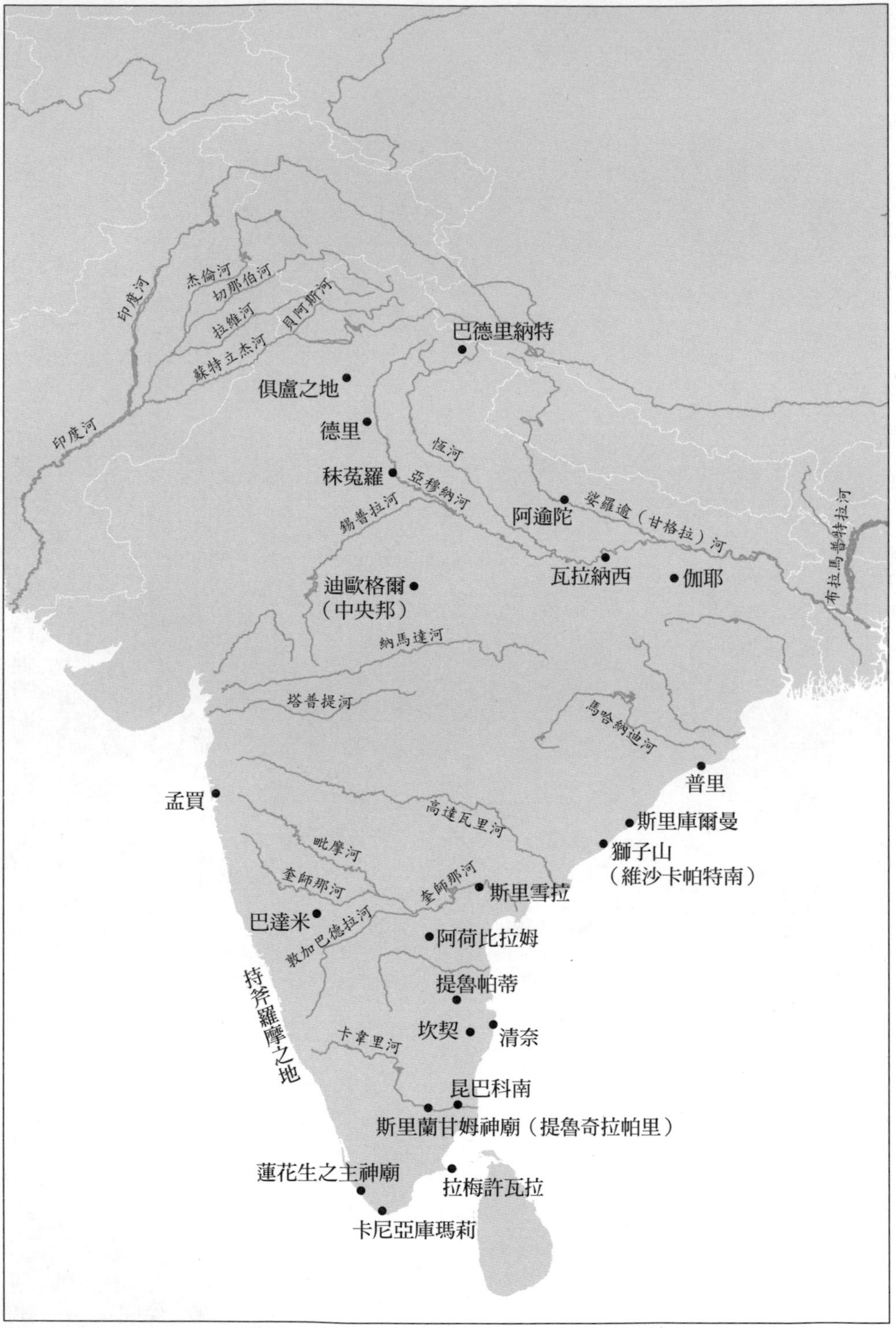
印度河
杰倫河
切那伯河
拉維河
貝阿斯河
蘇特立杰河
印度河
巴德里納特
俱盧之地
德里
秣菟羅
恆河
亞穆納河
錫普拉河
阿逾陀
娑羅逾（甘格拉）河
瓦拉納西
伽耶
布拉馬普特拉河
迪歐格爾
（中央邦）
納馬達河
塔普提河
馬哈納迪河
普里
孟買
斯里庫爾曼
高達瓦里河
獅子山
（維沙卡帕特南）
毗摩河
奎師那河
奎師那河
斯里雪拉
巴達米
敦加巴德拉河
阿荷比拉姆
持斧羅摩之地
提魯帕蒂
坎契
清奈
卡韋里河
昆巴科南
斯里蘭甘姆神廟（提魯奇拉帕里）
蓮花生之主神廟
拉梅許瓦拉
卡尼亞庫瑪莉

印度大地上的毗濕奴神

第七章　毗濕奴・無限與凡身

靠近印度南端的特里凡杜蘭（Trivandrum），是現今喀拉拉邦的首府。古名提魯凡納塔城（Thiruvanathapuram），亦即「聖蛇阿南陀之城」。阿南陀，意為「無限」，蛇身上馱載著毗濕奴神。「蓮花生之主」（Padmanābhaswamy）神廟立於城中，是此地最神聖的廟宇。劫滅之時，當眾生都消散沉靜了，毗濕奴神躺在無限大蛇上，將一切生命的種子含在身體內。他的配偶室利女神隨侍在旁，經常被描繪成正在按摩他的腳。最終經過千百萬年後，一朵蓮花由毗濕奴神的肚臍誕生。蓮花之中浮現梵天，四面朝向四方。他將協助毗濕奴神創造這個名相世界的種種，也就是我們稱之為宇宙的萬事萬物。

印度有許多地方，都可以看到毗濕奴神安睡在無限大蛇上的形象，這個造像經常被稱為「躺臥阿南陀的毗濕奴神」（Vishnu Anantashayana）。藝術史學家首先會帶我們去看印度北部與中部許多偉大印度教神廟外牆上的優雅造像，例如比塔剛（Bhitargaon）這個五世紀的磚造雕像，以及知名的六世紀迪歐格爾（Deogarh）鑲片。它們都是非常美麗的神廟，精妙刻繪出毗濕奴神沉睡的形象，然而今日它們卻不再是接受信眾崇拜的「活」廟宇了。如同許多王室庇蔭下所建造的廟宇，它們可能風光了一、兩個世紀，卻無法永久享有人民的供奉。我們會造訪這些廟宇，讚賞精美的建築與雕塑的寶庫，卻無法在此感受到印度教的敬拜熱情。想要感受後者，沒有比特里凡杜蘭的蓮花生之主神廟更合適的起點了。

南印度的偉大神廟群中，蓮花生之主神廟是最廣闊、光燦且深具強大精神能量的廟宇之一。步入神廟外牆，最外層的繞行廊道就有四百五十英尺長、三百五十英尺寬，光廊道本身就寬達二十五英尺。朝聖者與信眾通過一系列相連的小廊道，在神廟境內四處遊走；這些小廊道前後相接，直到抵達深處中心，也就是神廟的內聖殿（garbha griha）。從最外層廊道，視線穿越一層又一層的門廊，可窺進遠方的內聖殿。每處門廊都有油燈，點亮黑暗的繞行廊道。神廟中心內，十二層油燈樹點亮了聖像所在的聖殿。南印度神廟常見的光闇運用，在此深刻展現。

走在大神廟的廊道上，朝聖者會看到壁畫，許多是十八世紀留存至今、描繪著諸神與女神的故事。最大型的壁畫描繪的是神廟核心的神話——原初創世的場景——躺在無限大蛇身上的至高無上神毗濕奴，從肚臍生出一朵蓮花；蓮花盛開，生出世界的創造者梵天。朝聖者進到最神聖的內聖殿，正是為了親眼見證這個景象：十八英尺長的巨大毗濕奴神，躺在阿南陀蛇身上，創造於焉開啟。

他們在內聖殿看到的毗濕奴神像如此巨大，因此必須打開三組門，才能看見全貌；敬拜之時，祭司會依序打開這三組門。門開之後，它們就成了巨大石造三連作的神像。夜間獻燈儀式時，中央這組門會大開，顯露出毗濕奴神體的中段與肚臍；接著開啟左門，露出他的頭；最後是右門，展現出他的腳。信徒並無法看到毗濕奴神的完整形象，然而隨著許多油燈高舉、榮耀神像，他們可以透過不同門窺見毗濕奴神的顯現。沿著狹長神體優雅移動柔和燈光的祭司，透過油燈閃爍地映照，讓人眼得以悄悄窺見龐大的示現。首先祭司將油燈移向毗濕奴神的臉；接著移到中間，他高舉油燈，奉獻給出自沉睡之主肚臍的梵天；最終一扇門前，他將燈獻給毗濕奴神的腳。隨著鐘聲速度加快，獻燈儀式進入高潮，祭司將獻給毗濕奴神的油燈帶出內聖殿，給予眾人祝福。數百隻手往前伸，接受火焰洗禮。

祭司儀禮結束時，人們湧到台上，隔著幾英尺的距離，他們可以更進一步看到每組門後的每段聖像。凝視著毗濕奴神的腳，他們見到平和睡姿的面容。但聖像之大，人眼無法望盡。因此，人們感受到這股極大的現實，就像在宇宙之海中突然看到毗濕奴整體的賢者摩根德耶。根據這則知名的故事，偉大賢者到處遊歷世界上所有朝聖地點，卻未察覺自始至終他都是在毗濕奴神的身體之中。有一天，他跌出沉睡之主的嘴巴，掉進一片汪洋。他從外面看見毗濕奴神的形象，如此巨大，令人難以理解。因此當他被毗濕奴從深海中撈起、再度吞下、回到熟悉的世界領域時，內心真是鬆了一口氣！

沒人確知蓮花生之主神廟的年紀。神廟古老貝葉紀錄中的一份〈讚歌〉，指神廟是由一位名叫迪瓦卡拉・牟尼（Divākara Muni）的圖魯地方（Tulu）①婆羅門，在爭鬥時代的第九百五十天所建立的——因此我們可以簡稱為「古代」。西元八、九世紀時，偉大的毗濕奴派詩人納瑪爾瓦（Nammālvār）曾歌頌此廟之主。神廟紀錄顯示，廟宇在西元一〇五〇年重建，十四世紀由特拉凡科爾（Travancore）國王統治，並在後續世紀數次翻修。十七世紀的一場大火幾乎毀了整座神廟，只留下主神像。十八世紀人們遷移神像，進行神廟重建工程；今日我們所見的巨大規模就是在此時興建。內聖殿中豎立了新的毗濕奴神像，據說由數千枚沙拉葛拉瑪聖石磨粉才造出這尊毗濕奴神像。[1]

根據傳說，蓮花生之主神廟的原始毗濕奴神像是木造神像，是毗濕奴神向迪瓦卡拉・牟尼的神妙顯現。這則故事在蓮花生之主神廟相當出名。迪瓦卡拉・牟尼是毗濕奴神的忠實信徒，為了服侍上主，他進入深沉冥想與苦修之中。有一天，毗濕奴神以活蹦亂跳的兩歲男孩形象出現在他面前，迪瓦

---

① Tulu Nadu：自古以來以圖魯語（Tulu）為主的族群所在地，包含今日的卡納塔卡邦南部與喀拉拉邦北部。

卡拉・牟尼深受孩子吸引，卻未認出上主。他要求孩子留下來，男孩同意了，條件是牟尼要一直疼愛他，不得責罵。普通時候牟尼對兩歲孩子的惡作劇睜一隻眼、閉一隻眼，然而有天當他進入深沉冥想之時，孩子將神聖的沙拉葛拉瑪石——毗濕奴神的象徵——放進嘴裡。牟尼無法容忍這明顯褻瀆的行為，因此責罵了孩子。孩子立刻消失，並說：「若要見我，前往喀拉拉海岸的阿南陀森林。」賢人看到男孩消失在巨大樹中，巨樹立刻倒向地面，呈現沉睡中的毗濕奴神形象。巨大聖像在喀拉拉海岸線上綿延達十八英里。全心虔敬的牟尼祈求上主縮小形象，好讓自己的視野得以看見神像的化身。毗濕奴神同意了，縮為十八英尺的聖像，數百年來仍舊臥於提魯凡納塔城的內聖殿中。

這裡有許多主題，都跟神話及神聖地理的廣大網絡有關。首先當然是全印度人都喜愛的惡作劇孩子神——奎師那神——在此以毗濕奴神的形象出現。此外還有無限廣大的神聖性，巨大聖像的縮小、讓信徒更容易參拜。還記得橫跨世界的濕婆光柱，如此廣袤、無法衡量、無法理解嗎？因此濕婆神慷慨地同意縮小，以林伽形式接受供奉。我們一再被提醒，正如吠陀所說，神聖實體的「四分之三」是超越人類可以理解的範圍，我們的理解僅限於此、這個視覺向度可見的一小部分。[2]

當我們在印度大地上尋找毗濕奴神的示顯時，自然而然會從那些毗濕奴神躺臥大蛇身的神廟開始。我們將看到，創造黎明之際的無限大蛇，數量之多，特別在南印度，常沿著卡韋里河的島嶼神廟中出現。當然，毗濕奴神也吸引了許多不同形象示現，例如跟他有關的無數神仙「下凡」或轉世化身（avatāra）。即便此刻我們先略過不談其中兩位最重要的轉世化身——羅摩與奎師那，毗濕奴神的許多轉世化身仍舊在印度大地上留下印記。大步踏出、無所披靡的毗濕奴神，一腳踩在大地上，宣稱為自己所有，另一腳則踏上最高天界。大地上可以找到毗濕奴神的足跡，通常是神廟或神龕中看到的足印，這是毗濕奴神諸多化身的腳步所留下的。

棲身水上的那羅延納

一直以來，毗濕奴神都跟創造之水有關，創造之水在宇宙之前，支持著宇宙，各種形式由水中升起，直到最後，我們此刻所知的宇宙形式亦將消融於水中。正如我們在特里凡杜蘭所見的，許多印度偉大的毗濕奴神廟中，毗濕奴的形象是躺臥於水上的，或者坐在盤蜷的大蛇上。毗濕奴本身是宇宙金蛋的顯現，這顆蛋在原初之水中孵育，誕生了一切。從古老年代起，他也以那羅延納（Nārāyana）聞名，意指「棲身水上之人」。[3]正如原初海洋包含了所有具有潛能的形式，一旦受到神明攪動，就產生了賦予生命的創造內涵。因此漂浮於海洋上的毗濕奴神，其中蘊含著一切的創造。無論是顯現在我們所知的細緻、精彩宇宙中，或者在神的軀體內未曾顯現的，這整個宇宙都包含在神聖的種子內。

摩根德耶賢人的故事，戲劇性地點出這層意義。當他掉出毗濕奴的身體，卻被沉睡大神的形象所驚，以至於毗濕奴將他舀起重新吞下、返回熟悉的體內世界時，他反應是鬆了一口氣。毗濕奴神吞下世界、將我們所知的現實世界含於體內的想法，是南印度聖人詩歌中常見的主題。毗濕奴神將現實藏於體內的同時，也充滿了外在的現實世界。九世紀聖者詩人納瑪爾瓦如此歌頌毗濕奴：

> 驚嘆之主！
> 許久之前，您吃下七個世界，
> 您吞下它們，透過您的神奇力量，
> 您進入它們……
> 成為一切

散布在開放空間、火
風、水及大地中，
祂散布在它們一切之中。
隱而不顯，祂充滿，
就像軀體中的生命。
光耀的經書（談及）
吃下這一切的神聖者。[4]

作為那羅延納的毗濕奴安身於水中大蛇之上，這條大蛇名叫阿南陀，意即無限、無盡。大蛇或那伽，以代表生命力量及水能量而聞名。毗濕奴神的大蛇也稱為舍沙（Shesha），意為「剩餘者」，也就是天、地及冥界都創造之後，或者全都消失之後，存在還剩餘的部分。哲學家羅摩奴闍（Rāmānuja）的定義中，舍沙則是豐厚、滿溢，是神祇的存在裡多出來的部分。這一切全都源自於毗濕奴神，毗濕奴神滿出來、延伸出去，超越了被創造出來的世界秩序。因此，這條劫滅時代支撐著沉睡毗濕奴神的大蛇，也在創造的時代中，支撐整個宇宙。往世書的賢者們有時認為阿南陀就在整個世界的底部，以千頭與珠翠環繞的蛇首，支撐著所有環狀島嶼，所有冥界與天界。[5]

毗濕奴神本身就是創造者，至高無上神，創世之時將自己轉變成宇宙秩序的整體。在這個神學觀中，毗濕奴神是宇宙的創造者、維持者及毀滅者的三位一體。例如《那羅陀往世書》（*Nārada Purāṇa*）中我們讀到：

> 整個宇宙包含了動與不動的存在，從梵天神到一撮草，都是毗濕奴神的化身。除祂以外，並無其他。祂就是宇宙創造者梵天，也是三城毀滅者樓陀羅神。祂以神祇、惡魔及獻祭的形式現身。祂構成了這個梵卵。一切事物都不是在祂之外的獨立存在。比祂更微小或更廣大的事物，並不存在。祂充滿了這美好宇宙。我們應當敬拜這值得讚美的眾神之主。[6]

那些試圖表達出毗濕奴神至高無上本質與無所不在示現的人，發展出「莊嚴」（vyūha）的概念，來表達毗濕奴神的「廣闊」或「展現」。「莊嚴」一詞包含了各種專屬於毗濕奴神的意義，包含「遍歷」及「充滿一切」。毗濕奴神擁有五種「莊嚴相」：

- 至高無上毗濕奴神（para），住在最高天界的超越者，這個天界也稱為毗濕奴腳邊（Vishnupada）或天界之頂的毗恭吒（Vaikuntha）。毗濕奴神在此永遠有大地女神地母（Bhū）與吉祥的室利女神陪侍。
- 躺臥無限大蛇阿南陀的毗濕奴，在創造期中展現出世界，並在劫滅靜默期中將世界蘊含在自己之中。
- 「轉世化身」的神聖「下降」，也稱為「情由」（vibhāva）②，展現出毗濕奴神作為「一世又一世進入生命」的神祇，護持正法並挑戰「不如法」（adharma）。（《博伽梵歌》第四節）
- 每個靈魂的內在主宰者（antaryāmin），亦即神性位於每個生命存在之中的面向。

②「情由」是指引發情感的原因，如：經由人物、場景、事件所構出的戲劇情境。

● 毗濕奴神殿中的物質形式、形象或聖像，稱為「形象轉世」（archa），就像蓮花生之主神廟內聖殿中的聖像，毗濕奴神慨然降世，為尋求主恩的人展現自己。

毗濕奴的五莊嚴相並非全然分隔的，就像基督教的三位一體也不是各自分別的「人」，更別說是切割了。它們都被信徒視為毗濕奴神複雜個性的一部分。對多數位於爭鬥時代的人來說，這個時代並沒有轉世化身，至高無上毗濕奴與躺臥無限大蛇阿南陀的毗濕奴，也不是普通人的肉眼可以看得見，因此「形象轉世」就成了這個世界中最實際可見的毗濕奴神形式。正如納瑪爾瓦的傳統所說，毗濕奴神進入牛奶海，在此安臥，因此眾神得以見到毗濕奴神；毗濕奴神也現身在朝聖之地和神廟裡，好叫人們看得見。事實上，我們若能在此地上看到美好的上主，何苦要跑到天界之頂的毗恭吒呢？[7]

鍾愛之地

南印度的神聖毗濕奴教派（Shrīvaishnava）傳統中的信徒，以「鍾愛之地」描述許多毗濕奴神廟，並列出了一百零八處鍾愛之地。[8]超過千年以上的時間，南印度的上主與信徒之間的關係，不只是抽象關係、或只是心願而已，而是落實在與土地的關係上——在河岸、在田野、在海岸邊與城市中——在那些可以見到毗濕奴神的神廟中。凱瑟琳．楊（Katherine Young）在她關於鍾愛之地的研究中寫道：「這些地方受到神與信徒的鍾愛；這些特殊地點的磁吸力是相互影響的。」[9]換句話說，這些地點不僅受到人類追尋者與朝聖者的喜愛，也受到神的眷愛。事實上，天界本身的毗恭吒也被列在這份神祇與信徒共同鍾愛的地點中。然而，這一百零八個地點的多數地方，既屬於地理世界，又有所不同。它們是真實的地點，卻又在某種形式上，超越了所在的這個世界。[10]廣義來說，毗濕奴神無所不在，因此這些被視為神祇特別顯現的地方，都具備獨特性；由於地景不同，人們跟毗濕奴神的相遇處境也不盡相同。前往毗濕奴神顯現恩典的特定神廟，虔誠者會發現毗濕奴神顯現的嶄新面向。正如楊所觀察到，傳統中的朝聖，實際上是探索各種「情境地景」，藉此給了朝聖者「持續在新場景中探索與神關係的深刻樂趣」。[11]神學上來說，每位信徒都知道毗濕奴神是全然超越的存在，然而在神聖毗濕奴教派傳統中使用的語言，卻是在地點中顯現的：毗濕奴神出現在此，參與世間的單純日常活動。祂擁有神廟，祂住在那裡，祂在那裡睡去又醒來。在這些地方，普通人可以拜訪祂、服侍祂。透過這種「可近」的神學，神廟成了上主可以「輕易接近」的地方，跟那些被讚譽為「難以抵達」、需要驚人努力才能抵達的朝聖地，形成相當的對比。一位泰米爾詩歌的評論者曾寫道，人們在神廟中所見，甚至超越天界，因為上主在此顯現，「甚至為了最低賤者展現可見形象，甚至超越最高天界，就像暗處的燈火。」[12]

最知名的鍾愛之地，包含斯里蘭甘姆（Shrīragam）、提魯帕蒂、坎契及梅爾科特（Melcote），這些都是偉大的毗濕奴神廟。[13]西元六到十世紀間，被稱為阿爾瓦（ālvār）的泰米爾詩人——聖者群造訪並歌頌這些地點，詩歌的熱情經常推升這些地點的聲名。早在八世紀，其中一位阿爾瓦詩人聖者——提姆曼凱（Tirumankai）——以繞行的順序編寫朝聖讚美詩，唱誦這些泰米爾納都地方的神廟。他從北邊的文卡坦（Venkatam，位於提魯帕蒂）開始，移往南方的坦焦爾，接著前往深南的庫倫庫提（Kurunkuti），再北返馬杜賴北方的科提尤爾（Kottiyur）。[14]一百零八個鍾愛之地，多數都在南印度，雖然北方最重要的神廟也納入在其中，如德瓦拉卡、秣菟羅、巴德里納特與阿逾陀。[15]泰米爾納都這塊區域長期以來，就是以這些鍾愛之地來「定義」的：泰米爾納都就是「北方的文卡坦到南方庫瑪莉之間的美好世界」。[16]六世紀的《腳鐲記》也是如此描述這片大地，「泰米爾人之地，北界為摩訶毗濕奴的文卡特瓦（Venkatava）山區（提魯帕蒂），南方則是處女之角庫瑪莉，另外兩側都是海洋。」[17]阿爾瓦詩人逐漸將頌歌專注在一間偉大神廟上，他們直接稱為「那間神廟」，也就是卡韋里河中島上，提魯奇拉帕里（Tiruchirapalli）的斯里蘭甘姆神廟。[18]

卡韋里河的島嶼神廟群

我們探索印度河流的傳說與大地時，已經看到美麗的卡韋里河，由翠綠的庫爾格丘陵升起。傳說中，卡韋里河是裝在賢者投山仙人的水罈中，從北方來到此地的。卡韋里河源頭稱為塔拉卡韋里，源泉進入一處浸浴水池。接著，卡韋里河向下沖擊丘陵，竄出源泉與瀑布，形成一條河流，向東經過卡納塔卡邦與泰米爾納都邦，最終注入孟加拉灣。卡韋里河沿岸有十二處「鍾愛之地」，其中多數是毗濕奴神以躺臥水面的創造者形象所建的重要神廟。因此，好幾座主要神廟都位於河水分流所形成的河中島上。因毗濕奴神躺臥在舍沙大蛇上，在某個意義上，也相當於在宇宙海中，躺臥在蛇島上。

總而言之，當卡韋里河從庫爾格丘陵流淌而下，穿過卡納塔卡的平原時，有著大大小小的島嶼神廟。首先，我們會先到達庫沙爾那伽爾（Kushalnagar），此處擁有斯里蘭甘納塔神廟；雖然今日此地是以大型藏傳佛教廟宇聞名。接著越過邁索爾，往班加羅爾（Bangalore）的路上，會遇見斯利蘭卡帕特南神廟；這是所有河中島神廟中最美的一座。此廟的內聖殿，朝聖者會看到形象轉世——毗濕奴躺在舍沙大蛇身上。這條大蛇蜷成圓形，並以五首分立的頭部，保護著毗濕奴神的頭部。即便穆斯林統治者提普蘇丹（Tipu Sultan），據說也曾在這座廟中供奉。沿著卡韋里河持續往下游走，則是稱為中蘭甘姆的神廟，此地已經接近泰米爾納都邦。此處的卡韋里河再度分支，形成濕婆之海島。兩股河流還形成驚人的瀑布，今日變成水力電廠的動力來源。

這些河中島毗濕奴神廟中，斯里蘭甘姆無疑是最知名者。斯里蘭甘姆位於現代都市提魯奇拉帕里中；兩千多年前，此地曾一度是朱羅（Chola）王國的首都。六世紀的《腳鐲記》曾提到此地，六到十世紀的阿爾瓦聖者詩人們也讚美過此地。到了十一世紀哲學家羅摩奴闍的年代，斯里蘭甘姆已經成為毗濕奴派思想崇拜最重要的中心之一。其他三個最重要的毗濕奴鍾愛之地，包含提魯帕蒂的除惡之主神廟、坎契的恩典之主神廟（Varadarāja）。由於此地的顯貴，人們常簡稱為「那間神廟」（Koyil）。當地傳說則稱此地為毗濕奴神的「自聖之地」（svayamvyaktakshetra），他在此居住是因為他希望留在此地，而非受到賢者或信徒的召喚。[19]

斯里蘭甘姆神廟群的幅員之大，令人驚訝，雖然這是花了好幾個世紀的時間所積累的。今日，斯里蘭甘姆仍是全印度最龐大的神廟群之一，擁有七層廟牆（prakāra），繞行廊道形成圍繞著中央聖殿的小型廊道。斯里蘭甘姆最外層廟牆所包圍的，基本上是個四萬多人的城市。接近神廟時，朝聖者首先要穿越高達兩百三十六英尺（七十二公尺）的巨大塔門，這處巨大塔門覆滿數千神祇、國王、詩人與神廟贊助人的雕像。位於最外牆上，這座神廟巨大的第七塔門，被稱為「國王塔門」（rājagopura），是在近期一九八七年修建祝聖完成的。這提醒了我們，即便如此古老的神廟，建築工事仍是持續進行中。大量浮雕塗繪了多種鮮豔色彩，這是早期神廟的特點。朝聖者接近塔門時若往上看，就會直接看到塔門上毗濕奴神躺臥在大蛇身上的聖像。通過這座塔門，就進入了小城，我們會看到街上忙碌的商鋪百業、沙麗店、設備行與茶攤。對那些習慣將神廟想成建築物的人，腦袋可能需要調適一下，才能理解這座龐大的神廟群。神廟本身的廟埕超過一百五十六英畝。通往神廟的外圍大道，以及外圍繞行的街道，住滿了在神廟群之間工作生活的商人、官員及婆羅門。內外相連的入口上方聳立著二十一座塔門，分別從四個方位通往內聖殿。進入第四道門後，信徒脫下鞋子，代表著將進入神廟城市中更神聖的區域。第四道門內，圍繞神廟的大型廊道，是一座擁有上千廊柱的開放大廳，來自社會不同階層的人都在此聚集，參與公開節慶及重要場合，例如年度唱誦《神聖選集》（*Divya Prabandham*）的活動。《神聖選集》收錄了四千首阿爾瓦詩人聖者撰寫的詩歌，經常被稱為泰米爾人的吠陀經典。

十二位泰米爾的阿爾瓦詩人聖者都在詩歌中讚頌斯里蘭甘姆神廟。神廟中收藏的遊行圖像中，就有阿爾瓦詩人聖者在節慶場合前往神廟的千柱殿時，唱誦獻給毗濕奴神的詩歌。此地的毗濕奴神，以蘭甘納塔神的形象受到讚美。阿爾瓦詩人聖者中，有兩位特別親近蘭甘納塔神，他們的傳說讓我們一窺

提魯奇拉帕里斯里蘭甘姆神廟的塔門。

此地毗濕奴神顯現的獨特之處。不可碰觸的無種姓者③詩人提魯潘・阿爾瓦（Tiruppan Ālvār）據說每天都站在卡韋里河畔，讚美毗濕奴神，卻因為出身低而從未進入神廟。有天來此浸浴的婆羅門對他扔石頭，要他滾開。對方用石頭攻擊提魯潘，導致出身卑微的他傷口血流不止。當婆羅門祭司完成浸浴返回神廟時，他很震驚地發現內聖殿的蘭甘納塔神像上，同一塊地方也流血了。毗濕奴神要求受到責罰的婆羅門祭司，將他最喜歡的詩歌作者提魯潘，扛進內聖殿。婆羅門照著做，將不可碰觸的無種姓者扛在背上，好讓他的腳不會碰到神廟地板。他將提魯潘送進毗濕奴神的內聖殿歌唱，直接瞻仰上主。

安達爾（Andal）是阿爾瓦詩人群中的一名女性，也是另一位蘭甘納塔神的特殊信徒。她將蘭甘納塔神視為奎師那神。她的詩歌聞名全印度，並深受喜愛，今日仍在每日喚醒蘭甘納塔神的儀式中唱誦。安達爾堅持自己只願嫁給蘭甘納塔神。根據有關安達爾的傳說，她看到自己確實嫁給蘭甘納塔神的影像。在吉祥的日子裡，她自信地穿上新娘行頭，當轎子進入神廟後，她會急切地跳下轎子，投向上主的聖像，並融入其中。據說安達爾與毗濕奴神在肉體上融合為一。即便如此，今日她仍在自己的神廟中接受供奉，這間神廟就位於斯里蘭甘姆神廟群內庭的西南角。在屬於她的節慶裡，她的聖像也搭著轎子，繞行整座神廟。

幾個世紀以來，斯里蘭甘姆吸引的不只是千百萬信徒，還有毗濕奴教派傳統的大導師與哲學家。納塔牟尼（Nāthamuni）正是前述阿爾瓦詩歌集的編纂者，詩集被稱為「泰米爾的吠陀」，在斯里蘭甘姆獻祭時吟唱。他可能還參與了十世紀的神廟興建工程，因為他持有「神廟幹事」（shrīkaryam）的頭銜。大導師的行列中，還有納塔牟尼的繼承人亞穆納（Yamunā），以及亞穆納的繼承人羅摩奴闍，

③過往譯為「賤民」。

他們都與偉大神廟的行政及奉獻生活緊密相關。羅摩奴闍是其中最知名的大導師，於西元十一世紀末及十二世紀初，在此寫下對吠檀多哲學的評論，以及對《博伽梵歌》的評論。這個傳統的後續繼承人，例如皮萊・洛卡加利亞（Pillai Lokachārya）與吠檀多・德希卡（Vedānta Deshika）等，也都與斯里蘭甘姆神廟有關。超過千年以上的時間，這座龐大神廟一直是毗濕奴教派的精神與知識首都。接著許多世紀，包含朱羅、帕拉瓦（Pallava）、潘地亞（Pāndya）與晚期朱羅等王朝政權，也都大肆關注、支持這座神廟。直到十四世紀，這座神廟一度落入泰米爾納都的穆斯林蘇丹手中，隨後再度為毗奢耶那伽羅王朝（Vijayanagara）的國王奪下並修復。到了十五世紀，神廟則受到馬杜賴的納耶克大公（Nayak）庇蔭。神廟中充滿許多銘文紀錄，讓我們能一窺許多世紀裡，它的歲月痕跡與重要性。

充滿了歷史與紀錄，斯里蘭甘姆神廟也有豐厚的神話連結，因為神廟本身被視為地面通往天界的連結。斯里蘭甘姆神廟所在的島嶼，在卡韋里河環繞下，被比擬為毗濕奴神在天界之頂的毗恭吒，受到維拉杰河（Viraja）環繞。大神廟又被稱為「地上的天堂」（Bhūloka Vaikuntam）。正如一位作者所說：「一如卡韋里河島嶼上，毗濕奴神躺臥在大蛇座位之上；上主躺臥的大蛇之位，也形成牛奶海中的島嶼。」[20]斯里蘭甘姆神廟最重要的節慶，是所謂的毗恭吒十一日祭（Vaikuntha Ekādashī），發生在印度曆十二月至一月的第十一日。蘭甘納塔的節慶神像會遊行穿越北塔門，進入名為「毗恭吒」、代表著天堂的內聖殿。這是二十一天節慶的高潮，超過十萬人會參與一年一度進入天堂領域的機會。當上主聖像在廟牆內的大型神廟水池（稱為「蓮池」）中浸浴時，男女眾人紛紛擠進池裡，爭相浸浴在因為上神顯現所聖化的池水中。

斯里蘭甘姆神廟中的毗濕奴神聖像，據說原本來自阿逾陀的羅摩王室。聖像南移的故事眾所皆知，今日神廟的傳說中也重複出現。就像很多朝聖傳說故事，都會將此地跟另一個知名地點，以及知名史詩《羅摩衍那》中的重大事件串聯起來。他們說，一開始這尊毗濕奴神像回應了梵天的冥想苦修，由海中升起。太陽神蘇利亞（Sūrya）應邀擔任服侍毗濕奴神的祭司；太陽神的後代，也就是伊克許瓦庫（Ikshvaku）世系的國王將聖像帶到首都阿逾陀。這就是羅摩降生的太陽王世系。在《羅摩衍那》的漫長大戲之後，經歷了羅摩、悉達與羅什曼放逐森林、羅波那綁架悉達、解救悉達的戰爭等等，羅摩無恙重登阿逾陀王位。伴隨著他的還有羅波那的兄弟——高貴的維毗沙那——他傾力協助羅摩擊敗羅波那。為了回報維毗沙那的協助，羅摩給了他古老的家族神祇——蘭甘納塔神的聖像。維毗沙那啟程返回楞伽島時，頭上頂著美麗的蘭甘納塔神聖像。抵達南方的卡韋里河畔時，他將神像放下，打算浸浴進行禮拜。此事發生在今日我們稱為斯里蘭甘姆的島嶼上。當他試著再將蘭甘納塔神的聖像舉起時，神像卻分毫不動。維毗沙那很不開心，但蘭甘納塔神解釋他想留在卡韋里河畔。他保證將南向面對楞伽島上的維毗沙那王國。[21]行文至此，我們已經多次看到這類自動依附的故事。「難以動搖地附在地上」，是表達地方本身力量的最強烈方式之一；這就是神明所在之地的磁吸力量。

根據傳說，有一位名叫達摩・瓦爾曼（Dharma Varman）的國王，承諾在此建造一座偉大神廟，撫慰了維毗沙那。他根據指示打造了這座神廟：神廟最內側的廟埕只有一處開口——朝向南方。內聖殿中有一幅巨大的浮雕像，超過二十一英尺高，像中的毗濕奴神躺臥舍沙身上，黑色的聖像因為祝聖塗油而閃閃發光，他的配偶地母及室利女神則隨侍兩側。維毗沙那也在此，虔敬伏倒於蘭甘納塔神腳邊。內聖殿的聖像稱為「不可移動的上主聖像轉世」（achalamūrti）。斯里蘭甘姆一如其他南印度神廟，也有一尊比較小的可移動聖像，此地稱之為「我主」（nampurumal）。由於這尊神像特別用於祭典遊行中，因此又稱為「祭典聖像」（utsava或utsavamūrti）。在斯里蘭甘姆，祭典聖像並非躺臥的毗濕奴神，而是約有三英尺高的四臂坐像。

裝飾這尊蘭甘納塔神聖像，並在遊行中扛轎，是每年三百二十二個祭典節慶日中的指標活動。這些遊行是許多神廟生活的一部分，斯里蘭甘姆似乎將自己的遊行文化發展到一種極致。在許多節慶日裡，駐守斯里蘭甘姆的男女神像及聖者像，包含蘭甘納塔神，會被帶到神廟群的外圍繞行街道上進行遊行，形成強大對比：內聖殿中躺臥著一切創造神的巨像，而在城中四處移動、並進入附近鄉村地區的是遊蕩的節慶聖像。最重要的祭典之一的「第一大祭」（Adhi Brahmotsavam），落在印度曆的三到四月間，毗濕奴神的聖像會出巡將近六十英里的路。當每天兩次穿越遊行街道繞行神廟後，聖像會面向四個方位，進行四趟出巡，甚至超越廟牆。研究這個複雜節慶的保羅．楊格（Paul Younger）指出，這些出巡行程會帶著毗濕奴神進入由許多不同社會階層組成的社區及村落。他也出訪區域內的不同神祇，並行使管轄權，在他們的廟堂中接受款待。毗濕奴神的王權與至高性，不只透過讚美、詩歌及哲學表現；也在周圍土地上再現銘刻。[22]

最後，離開卡韋里河之前，我們看到另一間重要神廟，毗濕奴神同樣躺臥在無限大蛇身上。這間神廟在昆巴科南鎮，約在斯里蘭甘姆下游的五十英里處，是個充滿棕櫚樹、香蕉樹與水稻田的翠綠地景。先前討論印度大河聖水時，我們已經看到，根據神話，裝著不死甘露及創造種子的水罈，在洪水中漂流，水退之後便落在此地。這是個跟創造黎明有關的地點。因此他們說，濕婆神以箭射破水罈，讓水及創造內容物流進昆巴科南神廟的大池——摩訶馬罕池。因此每隔十二年，此處就會舉行一場盛大的大壺祭，印度各地無數的朝聖者來到此地，浸浴在神聖的池水中。上一次摩訶馬罕大壺祭發生在二〇〇四年三月六日④，光是這一天就吸引了超過百萬朝聖者在此浸浴。無論何時前往昆巴科南，這個富有盛名的渡口聖地總是朝聖者的第一站，因為這些池水是創造之水，更收納了全印度所有河流的神聖精華。

這個神廟群集的鎮上，有一處跟世界創造有關的重要古老毗濕奴神廟——神弓之主神廟（Sarangapāni）。如同許多泰米爾神廟，神弓之主的傳統由來已久，即便今日的神廟僅僅只有八百年的歷史，約西元十三世紀所建。可以肯定的是，千年前的阿爾瓦詩人及詩集編纂者納塔牟尼必然知曉這項傳統。此處也是毗濕奴神的一百零八個鍾愛之地之一。就像許多神廟，神弓之主神廟的中央神殿造型是一輛石雕戰車，由一匹馬與一頭象拉動。「戰車」內的內聖殿，沉睡中的巨大毗濕奴神臥於右側，戴著銀冠，高臥在盤蜷的阿南陀大蛇上。當祭司對著神祇臉龐高舉奉獻油燈時，他得伸長手臂才能映照出毗濕奴神的寧靜表情。

七山之主

卡韋里河沿岸的毗濕奴神廟群，形成南印度最獨特的一組毗濕奴神示現。然而乘載毗濕奴神的無限大蛇，也融入這片土地的地質紋理之中。在卡韋里河以北，今日的安德拉邦，阿南陀大蛇也稱為舍沙，是一連串蜿蜒的山丘。是的，大蛇本身就是山脈！

他們說，在爭鬥世代之初，毗濕奴神決心盡可能住在信徒附近，讓他們可以親近神祇，獲得保護。他請賢者那羅陀建議一個合適的凡間居所，那羅陀則建議了南印度這個地點，其位於斯瓦納穆其河（Svarnamukhī）岸邊。舍沙大蛇遂形成聞名的「舍沙山脈」（Sheshāchalam），或稱為提魯馬拉（Tirumala），也就是「聖山」的意思。接著毗濕奴神以除惡之神的形象，入住山頂神廟；今日這座神

---

④此為本書英文版出版時的最近一次摩訶馬罕祭；中文版翻譯時最近一次為二〇一六年二月二十二日。

廟全印度聞名，稱為提魯帕蒂。在此，人們也以比較親密的小名「巴拉吉」（Bālājī，義為「強大全能之主」）來稱呼毗濕奴神。

另一個傳說則深入過往，將此地跟毗濕奴神的轉世化身之一——野豬婆羅訶（Varāha）——連結起來。婆羅訶潛入亂潮洶湧的深海，解救大地女神，讓她再度浮於水面之上。他們說，他將她放在此地，也就是舍沙大蛇形成的山脈上。他本人也在此地住下，因此此地被稱為野豬之地（Varāha Kshetra）。毗濕奴神光耀燦爛的野豬形象仍舊相當嚇人，因此梵天要他換上另一種比較和善的造型，故而改以除惡之主的形象現身。時至今日，蓮池之主聖池的另一側，仍有一座婆羅訶的神廟。

舍沙作為蜿蜒山脈的支撐者，撐持的不只提魯帕蒂的毗濕奴神廟。事實上，牠的蛇身連結起區域內四座主要神廟。舍沙尾部是奎師那河北岸的崇高濕婆神廟——斯里雪拉神廟。舍沙蜿蜒的背上，是阿荷比拉姆的那羅僧訶（Narasimha）神廟；提魯帕蒂的除惡之主神廟位於舍沙的七首頭部。最終，濕婆神以空氣元素顯現的知名喀拉哈什提濕婆神廟，則位於舍沙的嘴部。[23]這四處地方，由無限大蛇連結起來，跨越了今日安德拉邦從北到南的多數區域。

正如斯里蘭甘姆神廟，在我們這個時代裡，毗濕奴神的除惡之主巴拉吉形象被視為「地上天堂」。他們說，每個時代中，上主都會為了信徒的福祉而轉世。在第三個時代——三分時代中——他以羅摩之身來到凡間。第二個時代——二分時代裡——他以奎師那神來到世間。爭鬥時代中，四腿的正法之「牛」隨著前三時代逝去而失去三條腿之後，此刻只剩下一條腿。這個時代中，毗濕奴神以除惡之主的形象來到世間，居住於提魯帕蒂，接近需要他的人群。然而不像斯里蘭甘姆擁有強大明確的毗濕奴教派傳統，提魯帕蒂的傳承與傳統較為複雜。此地的毗濕奴神並非躺臥，而是黑色四臂立像，據說這是自生形象。祂的手臂上點綴著濕婆派的響尾蛇裝飾；上臂拿著海螺與法輪；以伸出的右手賜福，左手則插腰，手肘微彎。內聖殿中，他卓然獨立，然而女神們卻刻印在祂的胸膛上。此處有點神祕，有點像其他的偉大神廟那樣，是毗濕奴與濕婆教派傳統相互交疊之處。這位毗濕奴，是否也融合了某些濕婆元素？畢竟，阿爾瓦詩人讚美他是「哈里哈拉」（Harihara），也就是毗濕奴（哈里）與濕婆（哈拉）合為一體的名諱。這裡的傳統跟十一世紀偉大學者羅摩奴闍有關；據說某天晚上他在巴拉吉頭上留下一朵花，祈求以花落方向辨明祂的真實身分。明顯地，花掉向毗濕奴派的方向，這也是今日的普遍共識。至於除惡之主的遊行祭典聖像兩側，陪侍毗濕奴神的是常見的配偶——昔彌及室利女神。

跟除惡之主神話有關的往世書故事，幾乎就像一部百科全書。這些〈讚歌〉也凸顯了這處鍾愛之地的毗濕奴教派根源。例如，賢者婆利古（Bhrigu）拜訪所有偉大神祇，想確認誰值得被祭祀，卻感到相當失望。梵天跟女神薩拉斯瓦蒂難分難捨；濕婆神跟帕爾瓦蒂則打得火熱。當他來到毗濕奴神的天界時，卻發現他在睡覺。惱怒之下，他踢了毗濕奴神的胸膛。讓他驚訝的是，毗濕奴卻未發怒，甚至在某個故事版本中，毗濕奴還按摩了婆利古的腳。然而拉克什米卻對他的汙辱感到憤怒，因為婆利古踢的胸膛，是她本人常常依靠之處。她說自己無法跟忍受汙辱的上主一起住在毗恭吒，因此轉身離去。有人說，正是此時，她搬到馬哈拉施特拉的柯拉普爾去住，那裡有全印度最盛大的拉克什米神廟。[24]

她走到哪，毗濕奴就跟到哪。因此祂下凡，在凡間國度中四處搜尋，決心要找回拉克什米。祂翻遍了喜馬拉雅山、恆河、平原與溫迪亞山脈。當他抵達舍沙山脈時——由他自己的大蛇形成的山脈時——突然間覺得像回到家了。這地方感覺就像毗恭吒。最終他也在此跟拉克什米重逢；雖然爭鬥時代中，拉克什米改以帕德瑪瓦蒂（Padmāvatī，從土中挖出的聖童）形象出現。這位帕德瑪瓦蒂的前一世，在悉達被羅波那綁架時，成為悉達的替身。在這一世裡，她和轉世成為除惡之主的毗濕奴神重逢。其形象永久住在巴拉吉的胸膛裡。[25]

雖然除惡之主的古老過往有這些神話，但吸引印度教各傳統門派的信徒前往此地的最重要原因，卻是他遠近馳名、身為鬥爭時代賜福者的美名。[26]關於這一點並無爭議。也因為如此，提魯帕蒂也成為全印度最受歡迎的單一朝聖地。三月到九月是此地的朝聖季高峰，每天約有兩萬上下的朝聖者登上陡峭道路，多數搭乘汽機車。特別虔誠的信徒，或是許下特殊誓言的人，則跟過去數百年來的朝聖者一樣，從山腳徒步走上登頂的十一公里小徑。一旦抵達山頂的朝聖小鎮後，許多朝聖者會進入大型理髮廳，將頭髮剃光。雖然剃頭是兒童朝聖時的常見儀式，在提魯帕蒂這裡，男女老少都會剃頭，作為向神臣服的象徵，並彰顯自己的意志堅定。無法將頭完全剃光的人，剪下一小撮頭髮作為象徵，也很重要。[27]

抵達目的地的朝聖者，心中有無數的祈求，特別是跟健康、家人福祉、事業發展或

前來提魯帕蒂瞻仰除惡之主的朝聖者。

甚至跟財富成就有關。在此，所有祈求都獲得承認，在此許下願望，據說就有效力。隨著忠實信徒的誓言與祈求獲得回應，除惡之主的名聲更加響亮。在廟中進行供奉，就是朝聖的一部分；廟中四處可見專門為此目的而設的大型功德箱（Hundi）。功德箱接受各種供奉，從幾塊盧比到上萬盧比、銀行匯票、房地產及金飾等等。

朝聖行程的重頭戲，當然是瞻仰巴拉吉。日夜不分時刻，神廟內外都有之字形長長隊伍有秩序地前進。神廟廟方管理瞻仰者的方式，是每天發出超過兩萬張號碼牌與瞻仰時間，祭典期間甚至超過五萬人會湧入神廟。因此，每個人只會分到一秒鐘的瞻仰時間。直視除惡之主巴拉吉強大飾金聖像的那一刻，正是這趟朝聖行程的高潮。可想而知，這座偉大神廟內聖殿的祭司，也需要指揮交通，好讓人龍能持續往前移動。瞻仰是免費的，不過若想跳過長長的人龍，可以付出一些費用，加入所謂的「特別瞻仰」隊，這一排會跟較長隊伍的前排合併。此外，就像其他神廟，信徒也可以付費贊助參加種種供奉神明的「服務」（seva），例如除惡之主在清晨三點左右醒來時的吉祥黎明（suprabhātam）儀式，或澆灌禮（abhishekam）——除惡之主獲得清水與其他神聖芳香物質的澆灌儀式。

今日的提魯帕蒂是由提魯馬拉．提魯帕蒂神廟信託基金（Tirumala Tirupati Devasthānams）管理，簡稱為T.T. Devasthānams（TTD）。透過管理單位，朝聖者可以預訂管理良好的山頂小屋，安排各種朝聖活動。藉由捐款與財產管理，這個宗教組織的財富，據估僅次於梵蒂岡。巨大的財富也讓TTD信託基金得以經營無數社會工作慈善團體，包含收容貧窮孩童的學校、身障者訓練中心、一間聽障學校、一間醫學院及障礙者手術機構。教育方面的工作包含在山腳下的提魯帕蒂鎮上，興辦學院、高中及小學。藝文方面，則研究出版十五世紀詩人安納馬恰利亞（Annamachārya）獻給除惡之主的數千首詩歌。宗教方面，則出版祭司、祭司助手（archaka）及廟中其他神職服務人員的訓練手冊。

關於朝聖活動對當代印度社會的經濟、社會、文化影響，及逐漸擴大的重要性，提魯帕蒂是首屈一指的研究案例。多年來，這類大眾朝聖場址及相關機構的規範管轄，已經逐漸納入安德拉邦政府的管控之中，後者想當然耳希望看到神廟受到有效地管理。傳統上，神廟是由一小群家族掌控；西元十五世紀開始，傳統祭司對神廟的管轄權，落入了稱為米拉西（Mirasi）的神廟行政體系手中。然而朝聖者的龐大數量及神廟的巨額財富，也導致神廟最終被納入政府管控。一九八七年，除惡之主神廟改由十四人委員會管理，這個委員會是根據「安德拉邦慈善與印度教宗教機構與基金法」的條文所設立的。這項法案讓傳統家族交出了神廟控制權，但此一決定遭到法律訴訟的挑戰，並一路打到印度最高法院。法院最終於一九九六年作出判決，支持由政府接管TTD。[28]

還記得古代傳說中，毗濕奴神選擇住在這處山頂，好讓爭鬥時代的人們更容易親近神祇嗎？顯然瞻仰毗濕奴神的需求浩繁，因此怎麼讓大批朝聖者親近神祇，也成為一門龐大繁複的事業。神廟信託基金經營了巴士公司、運輸場站、幾十間旅館與旅社以及規模極大的廚房。廚房得準備神廟中的供品，特別是知名的拉度（ladoo）球形甜甜圈，每天可是要生產三萬多個。信託基金也經營出版部門、兩個婚宴會館、剃頭與穿耳洞的設施，並備有祭司軍團以便協助無數儀式進行。信徒可以透過線上預約，觸碰式螢幕裝置則提供每日活動的最新資訊。今日，提魯帕蒂的除惡之主神廟不只是毗濕奴神的居所，更是磁吸千百萬朝聖者的目的地。名聲如此之盛，甚至在美國最早興建的印度教神廟，就是除惡之主神廟；其地點在匹茲堡。時至今日，匹茲堡仍舊是重要的美國朝聖地點，雖然此刻已經有數十個美國城市也興建了當地的除惡之主神廟，包含洛杉磯、芝加哥、路易斯維爾及波士頓。穿透天地，定居山巔或市郊，毗濕奴神的形象從未顯得如此強大。

毗濕奴神的腳步與足跡

我將宣揚毗濕奴神的大行
他丈量地上區域
他撐起最高的匯聚之地
三度踏出腳步，大步向前。[29]

上述的毗濕奴神的形象，來自印度最早期的宗教文獻《梨俱吠陀》。《梨俱吠陀》中並沒有成熟的毗濕奴神話，卻對這位超越性神祇如何大步踏出宇宙，描繪出清晰雄偉的形象。毗濕奴是個大步向前的神，巨大的三步奠定「三界」——地界、空界與天界。很久以後，這三步也在知名的婆摩那（Vāmana）侏儒轉世的故事中再次出現。當時阿修羅王跋利（Bali）的虔敬力量大幅擴張，眾神感到威脅，擔心宇宙因此失去平衡。此時，毗濕奴神以侏儒的外型參加祭儀，這是由跋利舉辦的盛大祭典。身為祭儀賓客，侏儒要求主人，也就是慷慨的跋利，給予這他跨越三步範圍內的土地。跋利迅即同意，由於侏儒腿短，他能要求的土地想必也有限。跋利一恩准，毗濕奴立刻擴張成宇宙高度，第一步跨越所有地界，第二步穿越所有天界，並在第三步將腳踏進最高天界。[30]

跨出大步的毗濕奴神，是跨越宇宙三界——地、空與天界——的超越性神祇。如同古代典籍所說，「神將自己置於三處；三分之一在地界，三分之一在空界，三分之一在天界。」[31]「毗濕奴（Vishnu）」這個名字來自梵文的動詞字根，意為「擴散、瀰漫」。毗濕奴的語源說明，都與瀰漫和橫越各界有關。[32]例如《摩訶婆羅多》中，毗濕奴神受到如此讚美，「您的頭涵蓋（vyāpta）天界，您的腳領有地界，透過步伐（vikrama）跨越三界；方位是您的手臂，太陽是您的眼睛。」[33]身為穿透者，毗濕奴聚集了古代印度教想像中多數的太陽形象。三步也許喚起了太陽穿越三界的日常行程，從清晨升起、日正當中、到夜間落下。蘇利亞之後，太陽神已失去崇拜已久，但毗濕奴神仍擁有太陽法輪，作為他主要的象徵之一。

毗濕奴神在他大步踏過的三界都留下足跡。它們被想像成沼澤濕地上仍舊殘蓄水窪的牛腳印。然而，上主的足跡裡卻充滿蜂蜜。最高天界，毗濕奴神的足跡充滿了不死甘露。這最高足跡，讓毗濕奴神完全超越三界，將腳放上天界。事實上，最高天界的毗恭吒，也稱為毗濕奴腳邊（Vishnupada）。正如吠陀詩人所言：

見到俯視光者的兩步，
凡人因讚嘆而不安。
但他的第三步卻無人敢靠近，
即便憑翅翱翔的
空中飛鳥也不敢靠近。[34]

後世神話中，毗濕奴神的第三步跨穿了浩瀚宇宙的最外層蛋殼，讓甜美的恆河水流進我們所知的這個宇宙。從天流瀉而下的河水，形成銀河，流淌到須彌山頂，接著流向這片蓮花大地的花瓣。

衡量地界與天界，毗濕奴神也創造出適宜人居的空間。他讓這個世界成為一個宜居的安全之地，不只是上神為自己而征服的領域，而是為了眾生清理、占有且保護的土地。詩人形容毗濕奴神在「他的三大步內，使一切眾生有了居所」，更「量測這塊共居之地，廣袤延伸」。[35]在某個後世文獻中，詩人更要求，「喔，毗濕奴，您大步踏出，為我等居所創造出廣大空間。」[36]

因此古人眼中跨越宇宙的這位毗濕奴，後來成為印度教傳統的大神之一，更與深厚繁複的神學與大量神廟相關，並不讓人驚訝。這位大神將他強大慈悲的腳，踏進這個世界。不像濕婆神及提毗女神，他們多數時候，不會留下足跡作為自己的強大展現。毗濕奴神在此世的展現，特別以足跡作為代表，可以在全印度各地的聖地中發現。學者強・剛達（Jan Gonda）提醒我們，「毗濕奴腳邊」不只是稱呼「天界」的方式之一，因為天界經常得透過地方定義，由稱為「毗濕奴之腳」的聖地反映或表現出來。毗濕奴神之腳有時被描述為毗濕奴神的永久居所，也是進入他世界的門戶。[37]

所有稱為「毗濕奴之腳」的聖地中，最有名的莫過於伽耶的聖地，位於今日北印度的比哈爾邦中心。[38]毗濕奴三大步（如《梨俱吠陀》所說）的評論者，認為這三地應該就是歸天之地（Samarohana）、毗濕奴之腳（Vishnupada）與伽耶之顱（Gayāshiras）。這些地方傳統上都被視為伽耶本身的聖地。[39]伽耶源起的故事後來被收錄在往世書中，雖然沒有特別提到毗濕奴神的三大步，但所謂的毗濕奴之腳聖地被視為包含了三大神的展現——梵天、濕婆神與毗濕奴神：

> 有位名叫伽耶的阿修羅，虔誠、忠實又強悍。梵天帶領的眾神因此對伽耶不斷上升的力量感到恐懼，因此前往吉羅娑山，請求濕婆神保護。濕婆神加入這個團隊，全員出動前往拜訪毗濕奴神。於是集結的眾神跑到伽耶的苦修之地，毗濕奴神給了伽耶一個恩典。這位阿修羅只想要純潔——比眾神更加純潔，比河流、聖池與山岳都更加純潔。毗濕奴神答應了他的請求，眾神卻不怎麼開心。沒多久，整個地界幾乎空蕩蕩的，因為很多人看到伽耶的純潔靈魂後，都直接上了天

> 界，沒人留下來進行必要的眾神獻祭。因此毗濕奴神建議，由梵天出面去找伽耶，提出請求：是否可以用伽耶純潔的身體作為祭壇？梵天提出了請求，告訴伽耶他看遍全世界，還沒找到跟伽耶身體一樣純潔的祭場。當然，伽耶默認了，躺在大地上。每個人都圍過來參加獻祭。但伽耶仍舊動個不停。梵天與眾神將一具龐大石板放在他的頭上；他仍舊動個不停。祂們便要求濕婆神與其他神祇坐在石頭上；伽耶仍舊動個不停。最後，毗濕奴神也坐在石板上，伽耶終於心滿意足安靜下來，待在梵天、毗濕奴神與濕婆神坐著的石頭下。伽耶開口說：「地不動，山不移，日月星辰如舊，願毗濕奴、梵天與大自在天及其他眾神持續站在石板上。願神聖中心以我為名。伽耶的神聖中心將延伸五俱盧舍；伽耶之顱，即這具石頭，將延伸一個俱盧舍。兩者之間，願所有神聖中心賜福眾人。」[40]

超過六英里長的伽耶全身，因此成為眾神匯聚的神聖渡口。雖然所有神祇與聖地都聚集在此，這處地方仍舊特別以毗濕奴之腳命名。長期以來，朝聖者來此為亡者進行最後儀式，連同迦屍與普拉耶格，伽耶也以死亡儀式聞名。這三處地方被合稱為「三地」，匯集三地讚美的偉大〈讚歌〉，就稱為「進入三聖城之橋」（Tristhalīsetu）。特別是秋天的兩週，這個被稱為「祖先兩週」（pitrpaksha）的日子裡，朝聖者來此為死者進行獻祭飯糰的儀式（pindadānam）。

印度各地，各種不同外形的毗濕奴神，都留下了示現足跡，通常是以非常物質性的方式，留在石頭或大理石上。當然我們也要記得，這些足跡也是佛陀最初的形象之一，同時佛陀腳上的吉祥符號，也是賢人指認，剛出生的悉達多王子將成為覺醒者佛陀的傳說印記。這些也是毗濕奴神腳上的符號，許多毗濕奴教派信徒認為佛陀是毗濕奴神的化身之一，或是毗濕奴神下凡轉世。[41]伽耶的毗濕奴之腳幾英里外，就是知名的菩提伽耶（Bodh Gayā），據傳佛陀在此悟道。此處也是一樣，大型的佛陀足印大理石像，受到碰觸及鮮花供奉，就像毗濕奴神的諸多化身。早在最初的佛陀人形坐像或立像創造之前，他的足印就是崇敬的核心，也是他在凡間現身的指標。碰觸佛陀生前的腳印，就跟禮敬大導師與賢者的長久傳統是一致的。這些禮敬的形式，在所有印度傳統中都有長久的歷史。這提醒了我們，今日印度人依舊碰觸長者的腳、禮敬導師的腳，並在神腳下尋求庇護。向佛陀之腳的聖像行禮，正是這些傳統的一部分。

伽耶的毗濕奴之腳廣為人知，然而數不盡的神廟與聖地，都可以見到毗濕奴之腳的足跡，無論是象徵上或形象上的呈現。例如，繞行卡韋里河中島神廟之一的斯利蘭卡帕特南時，朝聖者會停下腳步，向繞行廊道中一塊巨大圓形岩石上的毗濕奴之腳獻祭。他們獻上鮮花與錢幣，碰觸神聖雙腳，留下紅黃粉末的崇敬痕跡。這座小神廟中也奉有毗濕奴聖像，然而足印本身提供了神明恩典的某種親密表現。在北印度，朝聖者會發現阿逾陀的娑羅逾河畔，供奉著羅摩的足跡——羅摩曾是此地的國王。他的足跡也印在奇特拉庫特的曼達基尼河畔的石頭上，他曾流放於此地的森林；除此之外，還出現在烏賈因河畔的大理石塊上，在此為父親舉行葬儀。奎師那神的故鄉沃林達文，朝聖者也會發現奎師那神的大理石足印，帶著深愛的拉妲，就在他們約定共舞的尼坤賈班（Nikunjabān）森林之中。

碰觸毗濕奴神的腳，既是臣服上主的姿態，也是神恩賜福的訊號。人們在他的腳下「尋求庇護」，提醒了我們神的存在與慈悲。偉大的毗濕奴教派神學家羅摩奴闍所用的臣服禱文如此總結，「您是痛苦者的友人。喔，那羅延納結合室利女神，您是無遮蔽者的庇護，我沒有其他去路。我獻上自己，在您有如雙蓮的腳下，尋求庇護。」[42]南印度的許多毗濕奴派神廟中，毗濕奴神的腳會被鑄印在銀色圓球上，約當一頂帽子的大小，祭司帶著這圓球碰觸每位信徒的頭。藉由這個動作，在毗濕奴神「有如雙蓮的腳下」尋求庇護，成為神廟儀式的一部分。

下凡：印度大地上的毗濕奴轉世化身

今日德里北方的俱盧之地，據傳《摩訶婆羅多》大戰發生之處，一條煙塵滾滾的道路上，我們發現一組特別有名的足印：一棵大樹下，大理石塊上的奎師那腳印。我們聽說，這棵崎嶇老樹「見證了」戰場邊的奎師那，對戰士阿周那施行教導。奎師那在此才對阿周那揭示自己的真實身分：不只是阿周那的顧問與戰車駕駛，而是至高無上神，事實上就是毗濕奴神本身。這些教導後來被稱為《博伽梵歌》，亦即「上主之歌」，他闡釋了印度教最早的化身之一：亦即神聖「下凡」，並在凡間示現。他告訴阿周那，奎師那透過自己的示現力量，已經重生許多次。「當正法式微，不如法蔓延，我進入生命。為了護持正法，摧毀不義，我一世又一世進入生命。」[43]

當毗濕奴神大步跨越天地，他既是超越者，也是一再下凡進入人間者。正如在印度偉大河流的討論中，我們看到由天至地的「下凡」概念，是描述神性展現的根深柢固方式：神祇由高處下降。一如河流下降，神祇也是如此，特別是毗濕奴神，在經常受到不穩混亂威脅的世界中，祂拯救、創造並重建秩序。毗濕奴神的轉世化身有許多形式，最終落入一個標準的十大轉世清單。首先是魚形——摩蹉（Matsya），在洪水時拯救了「人」，即摩奴（Manu），將滿載吠陀經典與創造種子的摩奴之船拖到安全的地方。接著是龜形——俱利摩（Kūrma），由下往上撐持世界，以牠的背作為眾神與阿修羅持杖攪動海洋創造世界時的基礎。再來是野豬形——婆羅訶，祂被甩到海底解救大地；深潛到海中，婆羅訶撐起大地，讓她再次浮出水面。接著，以人獅的那羅僧訶形象，毗濕奴神從阿修羅王金席（Hiranyakashipu）手下拯救信徒缽羅訶羅陀（Prahlāda）。侏儒婆摩那則取得恩惠、膨脹成宇宙巨人，跨出拯救世界的三大步，拯救了三界。身為婆羅門的持斧羅摩，毗濕奴神斬殺在凡間掀起動亂的剎帝利戰士群。身為剎帝利戰士的羅摩，毗濕奴神展現出堅定不移的正法與正義治理。身為牧牛首陀羅（shudra）養大的剎帝利戰士，奎師那在戰場上對阿周那施以正法教導，也顛覆正法，宣揚虔愛（bhakti）為主的宗教。佛陀形象中的毗濕奴，據說騙過惡魔與國王，拒絕吠陀權威的教導，促成他們的衰微。還有一個未來將至的化身迦爾吉（Kalki），在統治者劫掠世間時將來到世上，並將再次帶來新時代。整體而言，毗濕奴神話中的轉世化身主題似乎有種重複的調性：天地受到阿修羅強大崛起及破壞正法秩序的力量威脅時，毗濕奴神就會來到世間，恢復平衡、重啟正法，並讓世界回到眾神手中。

眾神與阿修羅的持續競爭，從未一勞永逸真正解決。這個對抗推動了我們生活世界的運作。然而毗濕奴神、濕婆神及提毗女神等大神，如此無所不包，並不會被神魔之間的對抗全然掌握。正如我們先前討論過，阿修羅並不一定是邪惡的。他們只是眾神的背反。事實上，某些阿修羅可能是正當的，例如阿修羅王跋利將因陀羅從天界驅逐出去，因此統治各界，直到婆摩那以強大的步伐，重新贏回統治。阿修羅通常透過嚴格苦修累積巨大力量。他們透過苦修獲得的力量，僅是原始的精神力量，可以用在好或壞的目的上。當任何人——不論人類或阿修羅——積聚大量力量時，眾神之一就會出現，施予恩惠。阿修羅通常都會提出同樣要求：它們想要的恩惠是不死之身。然而無奈的是，不死之身卻是無法選擇或給予的恩惠。然而，阿修羅可以選擇有條件的無敵或不死。在羅波那的案例裡，他獲得的恩惠是任何神祇都無法取走他的性命，而會被人類殺害這種事，根本就不會出現在他的腦袋裡；最終他真的死在人類羅摩的手上。金席的案例中，他所選的恩惠是既非死在白天，也非死在夜晚，因此他深感安全。然而最後，他仍然在暮光之際，就在臨界點上，死於人獸之手。

倘若我們從史詩跟往世書文獻開始研究轉世化身，可能會被這類探索的巨大範疇給嚇到。然而此處我們從地面開始，印度的地景上擁有諸多轉世化身顯現的證據。這些神聖下凡如何在地景中發生，又是如何參與到地景創造之中？當然羅摩與奎師那是最受崇敬的兩個轉世化身，我們將在後續兩個章節，尋找他們的神廟。可能最少見的，是魚跟龜的化身。這兩者都是基礎，大地上卻少見兩者的印跡，主要可能是因為這兩者都沒有產生獨立的追隨者。雖然有間名為神聖俱利摩的神廟，位於奧利薩邦與安德拉邦的交界，就在孟加拉灣海岸上，俱利摩並未吸引大量的忠誠追隨者。即便如此，《梵天往世書》（*Brahmā Purāna*）中仍舊將神聖俱利摩神廟列為一百零八個鍾愛之地之一。

野豬婆羅訶擁有許多造像，甚至專屬神廟。野豬婆羅訶從海底拯救大地的故事，經常被描繪在早期的印度建築上；許多世紀以來，「為了生命的居所，抬起大地吧！」的禱文似乎抓住了宗教的想像力。中央邦烏達亞吉利石窟規模龐大的五世紀笈多時代浮雕；卡納塔卡邦六世紀巴達米石窟的造像；深南地區，七世紀帕拉瓦王國時代的馬哈巴利普蘭神廟，都讓我們感受到這位拯救之主的深遠魅力。還有一些今日仍舊活躍的神廟，例如坎契的烏拉嘎蘭達．佩魯瑪爾神廟（Ulagalanda Perumal）中，龐大的婆羅訶造像高達十五英尺，在黝黑的神殿中，全身漆黑閃亮。野豬婆羅訶作為大地拯救者的故事也連結到斯里穆許南（也稱為布婆羅訶之地〔Bhūvarāha kshetra〕）的神廟。據說由於婆羅訶將地母由海中送回此地時，在此給予祝福。

如前所見，提魯帕蒂也有自己的婆羅訶傳統。其中之一，就是婆羅訶從海中救回大地女神後，她請求婆羅訶留下來。因此，婆羅訶派出毗濕奴神的座鳥——迦樓羅（Garuda），到天界毗恭吒，帶回一座閃耀山岳。這座山岳就是神聖的提魯馬拉；他在山頂上創造了「婆羅訶蓮池」（Varāha Pushkarinī）。根據習俗，朝聖者在瞻仰除惡之主前，必須先在山頂神廟中敬拜婆羅訶。中印度北部，卡朱拉荷的十二世紀昌德拉（Chandella）風格神廟中，多處地方都有婆羅訶造像。最不尋常的造像，莫過於一頭野豬站在大蛇舍沙身上，野豬的身體上完全覆蓋了眾神與女神的小型造像。最終，與婆羅訶有關的渡口聖地中，最知名的莫過於秣菟羅的休憩河階（Vishrām Ghāt）。Vishrām為「休憩」之義，雖然一般認為此地是奎師那神打敗邪惡剛沙王後休息的地方，也被視為婆羅訶從海底舉起大地後的休息之地。[44]

以神話語言來說，婆羅訶是過去的轉世化身，來自第一個也是最好的圓滿時代。他在印度各地的神廟與造像，似乎也點出了受到歡迎的高峰時期，是在過去的世紀，也就是在西元五到八百年間，羅摩與奎師那崇拜的高峰時期之前。即便如此，今日仍舊可以見到婆羅訶崇拜強烈的地點。其中之一，是他跟那羅僧訶一起接受崇拜之處，名為獅子山（Simhāchalam）的聖山。

人獅之山

比起其他前世化身，那羅僧訶這一世更經常完整出現在印度的神聖地理中，特別是東印度安德拉邦與奧利薩邦的山地間。事實上，這個區域擁有超過一百六十間那羅僧訶神廟。[45]最出名的就是獅子山神廟，位於安德拉邦海岸上的維沙卡帕特南（Vishakhapatanam）以北十英里。這是一座高約一千五百多英尺森林滿覆的山陵，闢有層層的鳳梨、波羅蜜、香蕉與萊姆果園。朝聖者爬上數千階梯，前往山頂的那羅僧訶神廟。當然今日許多人搭乘巴士，爬上令人頭皮發麻的狹窄車道。山頂神廟的銘文可以追溯到十一世紀，內聖殿中驚人的婆羅訶——那羅僧訶聖像力量強大，因此每年只有一天開放肉眼瞻仰。其他日子裡，都是由層層芳香的檀木粉覆蓋。覆蓋的粉末厚到讓聖像看似一個基座，也許就像傳說中那羅僧訶奔出的那根廊柱。一整年中，獅子山神廟都是很受歡迎的朝聖神廟，特別是在春季吠舍佉月（Vaishakha，西曆四到五月）的「吉祥無邊初三日」，人們會聚集到此參加所謂的「檀香朝聖」（Chandana Yātra）。只有在這一天，檀香粉才會去除，人們才能看見上神真正的形象：同一個軀體中兼具野豬婆羅訶與人獅那羅僧訶。

那羅僧訶的故事在這個區域非常出名。這是關於毗濕奴神的忠實信徒缽羅訶羅陀的故事，他的名字成為信仰與奉獻力量的同義詞。《毗濕奴往世書》中是這麼訴說這個故事：

> 阿修羅金席發現自己的兒子——年輕的缽羅訶羅陀竟然是毗濕奴神的信徒時，大感憤怒。缽羅訶羅陀說毗濕奴神是他的主，眾生的至高無上神。「祂不只是我的創造者與保護者，」缽羅訶羅陀說，「也是整個世界的主，包含您在內，父親。祂不只充盈我心，還有整個宇宙。」當金席的部下試圖殺害褻瀆的缽羅訶羅陀時，少年堅持毗濕奴神也存在他們的武器中，因此他們是無法傷害他的。缽羅訶羅陀是對的。金席嘗試了十幾種方法，想置少年於死地，卻徒勞無功。毒蛇無法咬他或恐嚇他；火無法燒灼他；下毒的食物也無法置他於死。最終金席將缽羅訶羅陀丟進大海，命令自己的軍隊對少年投擲大石，欲將缽羅訶羅陀埋在亂石之下。若不能置少年於死，至少可以將他釘在海底。但缽羅訶羅陀向毗濕奴神熱切祈求。顫抖收縮的海洋將石塊投回岸上，缽羅訶羅陀遂獲得自由。最後，從未看過如此信念的毗濕奴神，賜予少年一個恩惠。出於兒子的孝心，他首先選擇讓父親由無知罪惡中解脫。因此國王最終擁抱親吻了自己的兒子。金席遂被人獅化身的毗濕奴神斬殺並拯救。[46]

那羅僧訶故事的某些早期版本，例如在《訶利世系》（*Harivamsha*，第三部四十一至四十七行）

及《化魚往世書》（一百六十一至六十三行）中，幾乎都未提到缽羅訶羅陀。它們繞著神魔之間的衝突發展，毗濕奴神以人獅形象出現，消滅金席的恐怖戰爭。金席則有知名的神恩保護。這個故事版本中，金席的所有力量與武器全都施展在偉大的人獅身上。戰鬥激烈，但最終毗濕奴神仍舊以尖銳的爪掌劃破金席胸膛。另一方面，《博伽梵歌》卻含括了這兩個版本，包含缽羅訶羅陀及戰鬥的故事，還有十分受歡迎的完整版本——人獅形象的毗濕奴神從柱子中躍出，殺死金席。這個版本的故事既有那羅僧訶的強大力量，還有缽羅訶羅陀的深厚虔敬：

明顯出於缽羅訶羅陀對毗濕奴神的熱誠信仰，導致自己無法殺死少年，讓金席感到相當憤怒。「毗濕奴在哪裡？」父親挑釁道，「倘若如你所說，毗濕奴無所不在，那他在這根柱子裡嗎？」他以手杖擊打一根石柱。頃刻間，毗濕奴神以那羅僧訶的形象從柱中顯現，抓住並打算殺死邪惡的國王。金席不是享有無敵恩惠嗎？那時，既非日亦非夜，而是黎明；既非內亦非外，而是在門檻上；而攻擊者，既非人亦非獸，而是兩者兼具的獅人。因此毗濕奴神將金席壓倒在地，以爪掌撕開他的胸膛。[47]

這則受歡迎故事的各種變化裡，最重要的區別，在於有些強調缽羅訶羅陀的虔敬，有些則頌揚那羅僧訶的可怖外表。兩者當然是一體兩面，以某個角度來說，也必須依序發生。那些傳頌缽羅訶羅陀虔敬信仰力量者，無疑也將那羅僧訶的恐怖面向視為理所當然。但他們並不特別崇奉毗濕奴神的這個面向。獅子山神廟可見的禮拜中，有種軟化那羅僧訶恐怖暴力的傾向，因此那羅僧訶的崇拜結合了同樣強大卻更加平和的婆羅訶。朝聖者繞行神廟，時不時停下腳步，指出廟牆角落上的浮雕。其中之一是婆羅訶由海中升起，手臂上抱著大地女神。第二幅則描繪強悍的那羅僧訶坐像，金席趴在他的大腿上，以爪掌撕裂阿修羅的腹部。這些毗濕奴神轉世化身的故事，朝聖者們都熟稔於心，一邊繞行，一邊覆述。

進入神廟的內聖殿後，他們會聽到，在光滑芳香的檀香膏下，正是那羅僧訶結合婆羅訶的聖像，還有拉克什米女神在側。《神廟往世書》中的獅子山神廟故事則略有出入：

> 金目（Hiranyaksha）與金席是毗濕奴神的前任門衛。由於對訪客的無禮行為，因此遭到詛咒，重生為阿修羅。因此出於本性，他們不斷攪擾世界和平。金目甚至將大地丟到海底，毗濕奴神必須以婆羅訶轉世化身，潛到海底深處的爛泥中，斬殺金目，讓世界重新浮起。另一名阿修羅金席，對兄弟之死感到憤怒，因此進入苦修以取得特殊力量。他因此得到一項恩惠：無論日夜，無論內外，無論人獸都不能置他於死。少年缽羅訶羅陀是金席的兒子，也是毗濕奴神的信徒。他不斷遭到父親迫害，因為他的信仰要置他於死地。他試著讓大象踏死少年、以火燒灼，都徒勞無功。最終他下令軍隊將缽羅訶羅陀丟進海裡，並將一座大山壓在他身上。就在他們將扛起獅子山，壓在缽羅訶羅陀身上時，毗濕奴神本人跳過這座山，從海中救起缽羅訶羅陀。因此，缽羅訶羅陀是最早在獅子山上建立那羅僧訶崇拜的人。他對毗濕奴神的祈求是，他可以同時見到上主的雙臉：婆羅訶與那羅僧訶。[48]

獅子山神廟中，強調的是以虔愛為取向的那羅僧訶故事。繞完神廟，看過那羅僧訶撕開阿修羅的恐怖造像後，信徒接著進入一座沒有這類聖像的內殿。在這座神廟的內聖殿中，朝聖者看到的是一具四英尺多的小麥色檀香膏柱，粉色與白色水鑽的優雅裝飾，點出毗濕奴教派的垂直額飾。這很容易被誤為林伽石。雖然可以朝向聖像獻水，卻非直接澆灌在柱身上，因為檀香膏及裝飾都相當纖細。聖像上方有銀色王家傘蓋，周圍繞著銀色格柵。有幸「特別瞻仰」婆羅訶——那羅僧訶聖像的人，可以直接進入內聖殿，走近強大聖像一到兩英尺處。然而一年中多數時間，都是由替代聖像接受信徒的獻水與供花。信徒所見、崇敬並接受定期浸浴的那羅僧訶聖像，是瑜伽體位中的瑜伽那羅僧訶（Yoganarasimha）。[49]

就像許多朝聖地，獅子山也是兼容並蓄的折衷派。廟埕中還供奉拉克什米女神、知名的女詩人——聖者安達爾與其他阿爾瓦詩人——聖者的神廟。畢竟此地仍是隸屬毗濕奴教派傳統的神廟，羅摩奴闍本人據說也曾在十二世紀造訪過此地。一如其他南印度的毗濕奴派中心，被視為泰米爾吠陀經典的阿爾瓦聖者詩歌集，以及安達爾的崇敬詩歌集《神聖誓言》（*Tiruppāvai*），都是神廟日常儀式的一部分。神廟的連結無疑是面向印度南方，此處也常見療癒系神廟（例如提魯帕蒂）的慣常儀式。例如，這裡也有一間大型的剃頭廳，三、四十名理髮師同時上工，為來此立誓的人剃頭。然而，此地也有向北的連結。婆羅訶——那羅僧訶主神廟附近，有一間重要的迦屍宇宙之主神廟，以及供奉迦屍女神安納普那的神龕。此外還有稱為甘格達拉（Gangādhara）的泉水，恆河水從石頭中湧出，流瀉到濕婆神的林伽石上。哈努曼神龕則供奉哈努曼神，在此稱為安賈內亞（Anjaneya），被視為獅子山之主的管家。

一如許多印度神廟，這個地方的「真正身分」擁有非常漫長、可能相當複雜的歷史。[50]獅子山上有個故事，就像提魯帕蒂的故事，是關於羅摩奴闍在十二世紀初造訪這間神廟，將此地由濕婆派轉為正統毗濕奴派崇拜的故事。一天夜裡，他將濕婆神的神聖象徵「灰」（vibhūti）及毗濕奴神的神聖象徵「神聖羅勒」（tulsī）葉放在內聖殿中，等他再回來時，發現神聖羅勒葉已經被移到供桌上了。

[51]不過這類傳說了，正突顯這間山頂神廟原本屬於濕婆派的爭議。畢竟，此地的聖像在一年當中多數時間，看來都像一座林伽石，並矗立在一處擁有水口的基座上，就像林伽石會擁有的基座。有人說婆羅訶—那羅僧訶聖像原本是尊林伽石。此地除了迦屍宇宙之主神廟，還有濕婆神作為三城毀滅者的神廟。這種形式的濕婆神，被認為是獅子山的「地方守護神」（kshetra pālaka）。此外，即使到了今日，獅子山所處的山群，還是稱為吉羅娑山脈，以濕婆神在喜馬拉雅山上的居所為名。最後，還有月曆上的證據；祭典節慶週期的生命力，往往比神祇還長久。此地有個名叫「焚燒迦摩」（Kāmadahana）的盛大節慶，到底是個什麼樣的節慶呢？焚燒迦摩很難稱得上是個毗濕奴派節慶；相傳這個日子裡，愛慾之神迦摩對隱士濕婆神發動攻勢。當迦摩對著濕婆神射出花箭，濕婆神打開第三隻眼，將迦摩燒成灰燼。此後愛就失去形態，在各界遊蕩。今日，這仍是獅子山最盛大的慶典之一，在春季的頗勒窶拏月（Phalguna，西曆二到三月）的滿月日舉行，通常與荷麗節同時發生。

在此討論了那羅僧訶，主要是因為這個毗濕奴神的展現形式對印度地景造成了重大影響。還有許多神廟中的那羅僧訶故事，也在朝聖地景上留下印記。例如，馬哈拉施特拉邦，離潘達爾普爾（Pandharpūr）不遠處，是那羅僧訶普爾，那裡也有一間占地廣大的那羅僧訶神廟。同一個廟埕裡，還有缽羅訶羅陀的神像，據傳此地是缽羅訶羅陀的出生地。如前所見，橫跨整個印度，位於另一端安德拉邦的獅子山，被視為毗濕奴神從海中救起缽羅訶羅陀之處。安德拉邦起伏山脈沿線上的阿荷比拉姆神廟，這座山脈被認為是舍沙大蛇的凡間化身，據傳金席定都於此。今日，阿荷比拉姆號稱是規模可比獅子山神廟的那羅僧訶朝聖群。海德拉巴西北方一處稱為亞達吉利（Yadagiri）的山頭，也有個神廟標誌出金席死後，缽羅訶羅陀與那羅僧訶來此進行瑜伽修練。[52]此外還有許多那羅僧訶神廟，以種種方式跟這個神話連結在一起。[53]

那羅僧訶的恐怖（ugra）與平和（shanta）形貌呈現出來的複雜性，也是今日那羅僧訶神廟地景的核心成分。然而那羅僧訶撕開阿修羅的恐怖相，卻很少成為神廟中心聖殿的崇拜焦點。對毗濕奴信徒的觀感來說，恐怖相實在過於猙獰危險。[54]在獅子山神廟，我們已經看到那羅僧訶結合了溫和許多的婆羅訶，並由和善的女神地母及室利隨侍在旁。這種軟化那羅僧訶力量的舉動，阿荷比拉姆也同樣可見，猙獰的那羅僧訶神像位於黑暗的小型內殿中，只有一盞油燈勉強照亮，所處的位置完全無法從神廟的主要入口窺見。附近同樣也有拉克什米女神、濕婆神及帕爾瓦蒂女神帶來某種中和效果。在達爾瑪普利（Dharmapurī），中央聖殿的那羅僧訶恐怖相，多數時間都由一座毗濕奴神偕同室利與地母的普通祭典聖像所掩蓋。隔壁則是那羅僧訶的平和相——瑜伽那羅僧訶——進行瑜伽修練的人獅坐像。當那羅僧訶的恐怖相結合拉克什米女神，成為拉克什米那羅僧訶（Lakshmīnarasimha）；或結合婆羅訶，成為婆羅訶——那羅僧訶；或者結合瑜伽體位，成為瑜伽那羅僧訶時，就能讓危險的毗濕奴神恐怖相，變得更容易親近。

神學意象與儀式演練的交融，開始產生出「泛印度」的偉大神祇，如濕婆神、毗濕奴神與大女神等。這個漫長過程，有許多不同方式，將印度各區域的部落神祇包含進來。濕婆派與莎克緹派有其應對方式，將侍神、地方神明與女神，納入濕婆神與莎克緹的行列之中。對毗濕奴神來說，轉世化身則提供一種神學理解的架構，得以納入許多神祇。那羅僧訶的複雜性正見證了這個過程。[55]

勝利歸於廣大的巴德利！

超過一萬英尺的喜馬拉雅山高處，兩山之間凸出的岩架上，裸露的岩石坡面下是奔騰的阿拉坎納達河，這裡矗立著巴德里納特神廟。此地距離西藏邊界僅有幾英里的距離，一年當中有多數時間都是冰封雪地。從光明修院出發，奮力爬上最後一哩陡峭山路的巴士，必須遵守「關口」制度：窄路上下僅限單向輪流通行。滿載朝聖客的巴士車頭明晃晃地漆上「勝利歸於廣大的巴德利！」（Jaya Badrī Vishāla!）。許多世紀以來，實際上可說從西元初年的《摩訶婆羅多》史詩時代開始，「廣大巴德利」（Badrī Vishāla）這個詞已經用來指稱神話中知名的香醉山麓——這片廣闊的喜馬拉雅山區。就算搭乘巴士抵達巴德里納特，對朝聖者來說，仍舊是一大勝利。

朝聖者由印度各地來到巴德里納特，因為這是印度四方神居的最北角。當我們想到前現代對印度地理範疇的意識，又看到巴德里納特神廟的世襲祭司拉瓦爾（raval）一向來自深南喀拉拉邦的南布迪利（Nambudiri）婆羅門社群，實在令人感到驚奇。除了拉瓦爾以外，沒有人可以碰觸毗濕奴神的聖像。[56]神廟與南布迪利婆羅門一系的關係，也許來自偉大哲人商羯羅本人，據傳他在九世紀環遊印度的旅程中曾造訪巴德里納特神廟，並復興了此地的信仰崇拜。巴德里納特與喀拉拉的連結，更凸顯了這個喜馬拉雅山神廟磁吸全印各地朝聖者的重要性。

除了大印度四方神居中的地位，巴德里納特也是深受歡迎的喜馬拉雅山四方神居的一員，包含巴德里納特、凱達納特、恆河源頭及亞穆納河源頭。這四處神居一度因為地處偏遠而難以抵達，但今日在朝聖旅行團的包裝下，獲得大力推廣。隨著朝聖與觀光愈形熱鬧，新成立的北坎德邦政府也推波助瀾，前往喜馬拉雅山岳聖地的朝聖者數目正持續成長，一九七六至九六年間人數已達翻倍。每年光是前往巴德里納特神廟一地的朝聖者，就超過了五十萬人。

通往巴德里納特神廟大門的階梯陡峭。小圓頂的低矮神廟，全都漆上紅藍金橘不同色調，如村中許多錫片屋頂，跟周遭山坡的淺綠樹叢及河中巨大灰岩塊形成對比。當然神廟是朝聖者的主要目標，但此地的浸浴池也很重要。從巴德里納特神廟的階梯往下正是溫泉源頭，流入稱為熱池（Tapta Kund）的浸浴池及附近其他水池。雪山群峰加上熱氣蒸騰的溫泉，讓此地成為神性的自然展現，不需要任何特別〈讚歌〉加持。溫泉被導入四個浸浴池，最重要的是熱池本身。熱池三面的階梯讓疲累的朝聖者舒緩進入蒸騰熱水中，祭司也鼓勵朝聖者入池，堅稱多世的罪愆可以在此洗盡。熱池本身作為宗教浸浴，其他三池的熱水則混合較冷的泉水，可以提供一般浸浴及清洗使用。

喜馬拉雅山高地以苦修士、瑜伽士及賢者的避修地聞名。據傳所有偉大賢者都曾在此苦修，他們的存在被栩栩如生地記憶在地景上。峽谷兩側的山岳名為那羅與那羅延納，因為一開始，這些強大的神聖隱修士在此退隱修練。《摩訶婆羅多》與後來的往世書都告訴我們，這對神祕的隱修士——那羅——是人類靈魂，那羅延納則是上神，在香醉山麓這裡進行苦修。倘若神聖靈魂上主也要進行苦修令人感到疑惑，那麼仙界賢者（rishi）那羅陀跟巴德里納特有關的故事可以解釋。那羅陀渴望能面對面親見至高無上者，因此廣尋天界，直到終於看見至高無上神毗濕奴。接著他被引導到這處隱修地，至高無上神在此以這兩位古老光燦的賢者形式現身，進行儀式。他們解釋，永恆的宇宙靈魂那羅延納在此轉世重生為那羅與那羅延納。即便在這處高地，這也是崇高的神祕。[57]同樣地，美麗的女神烏爾瓦希（Urvashī），是天界舞者中最美麗者，則是從那羅延納的大腿中誕生。

那羅陀本人在他們的陪伴下，於此進行長期苦修，人們說長達上千個天界歲月。他進行冥想的岩石，以他為名，浸浴池也稱為那羅陀池（Nārada Kund）。濕婆向室健陀描述巴德里納特聖地時，列數了此地的五處岩石聖地，每一處都有突顯毗濕奴存在與力量的特殊故事。第一處就是那羅陀石，他的苦修與精神修練為他贏得神的恩惠，他藉此要求毗濕奴神永恆展現在岩塊上。摩根德耶石以古代賢者命名，他也曾遍訪大地上的所有聖地，想要親見毗濕奴神。他也獲得神的恩惠，同樣要求讓所有坐在岩石上的人都能親見瞻仰毗濕奴聖顏。以迦樓羅為名的岩石，他們說正是天鳥透過苦修讓自己成為毗濕奴神有翅座騎之地。以婆羅訶為名的岩石，是毗濕奴神追擊金目，並從海底將大地舉起之地。如同往世書所說：「上主將自己變成岩石，立定在此。」最終的第五塊岩石，則以那羅僧訶為名，他被驚駭眾神懇求，要他收回自己灼熱恐怖的外貌。因此他前往廣大的巴德利，將自己轉變成寒冷湍急流水中的一塊岩石。眾神不再驚恐，遂要求毗濕奴神永遠以這個形式留在此地。[58]

許多世紀以來定居在此的賢者眾神，透過五岩強化了巴德里納特精神力量的感受。不意外地，其他聖地據傳也以急流的形式，出現在此地。例如構成阿拉坎納達河的五條支流，就以印度五大聖地為名：普拉巴薩、普許卡拉、伽耶、奈米沙森林及俱盧之地。根據神話，它們全都背負大量朝聖者的罪孽來到此地。[59]它們在此卸除汙染負擔。聖地因此負有雙重形式，返回自己所在地持續潔淨的職責，同時也在此作為水流，持續流動。[60]神聖力量的濃縮與在地化，甚至也在四吠陀的聚集中構成創造的藍圖。吠陀經據說也熱愛巴德里納特的修行所，在世界創造之時，梵天從毗濕奴神獲得了吠陀經典，吠陀卻要求留在此地。最終梵天同意，給了吠陀雙重本質：吠陀既是語言也是水。吠陀的液態仍舊留在山岳之中。[61]

據說此時此地的毗濕奴神聖像，正是那羅陀面對面親見的至高無上主形象——上主進行冥思的形象。然而可以理解的是，佛教時代，這個冥思姿態的造像被當作佛陀崇拜。他們說，等到商羯羅帶來印度教復興，而佛教徒撤退時，聖像被丟進阿拉坎納達河中。九世紀偉大導師商羯羅從南印度來到巴德里納特，從河中取回古老聖像，重新安置供奉。有趣的是，好幾份〈讚歌〉裡都可以發現商羯羅取回聖像的故事。一份頗受歡迎的手冊中，由濕婆神本人說出關鍵詞句，「爭鬥時代之初，上神消失，接著以出家人的形式——為了眾生利益轉世化身為商羯羅阿闍梨（Shankarāchārya）——從那羅陀聖地取回聖像後，我將予以安置。光是瞻仰這座聖像，就能讓所有人離苦得樂，獲得解脫。」[62]據說他將聖像安置在今日的「熱池」附近。一般公認此地的第一間神廟，就在熱池附近，這裡有溫泉湧出，就在主神廟的下方。

巴德里納特神廟也在《摩訶婆羅多》的故事中扮演主要角色，這裡是許多跟般度五子有關的地點之一。我們知道在後續的時代中，那羅與那羅延納據說變成戰士阿周那跟奎師那神。在《摩訶婆羅多》中，正是因陀羅神之子阿周那歷經艱險，進入山區為即將到來的大戰取得神器。攀爬廣大巴德里的途中，他對抗了強大的山人，最後山人揭露自己的身分實是濕婆。阿周那讚揚濕婆神，接著濕婆神拉住他的手，並稱他為那羅，「你的前世是那羅，那羅延納的朋友，經歷了數千年的禁慾苦修。」[63]最終爬到因陀羅天界的時候，濕婆神交給他摧毀世界的武器——梵顱（Brahmashiras）。

阿周那離去時，另外的般度四子與黑公主德勞帕蒂則進行了前面描述過的漫長旅程，繞行大地上的所有聖地，最終也爬上喜馬拉雅山，前往巴德里納特。攀爬過程如此艱巨——森林茂密，山徑有大雪覆蓋。最終是能征善戰的怖軍（Bhīma）召喚了具有一半羅剎血緣的兒子瓶首（Ghatotkatcha）來幫忙扛黑公主。怖軍的兒子成了神聖挑夫，甚至召來其他羅剎幫忙運送整隊人馬。他們將般度兄弟與黑公主送到林線以上的區域，來到絕美的廣大巴德里隱修處。他們說，此地有如天界一般崇高，樹上滿是永恆的花果，綠草如茵，野花無際，蚊蟲絕跡，無有烈陽炙曬，僅有雪花輕點。這處高山隱修處驅走了一路旅程的疲憊。賢者喜悅歡迎正法神之子率領的一群人。他們在此等待與阿周那重聚，他將帶著神聖武器由天界歸來。

正如民族誌學者威廉・薩克斯（William Sax）在著作中進行了全面探索，喜馬拉雅山脈充滿了《摩訶婆羅多》的故事。例如，在山脈的這一側，我們發現了般度凱許瓦拉村（Pāndukeshvara），這是五子的父親般度王（Pāndu）度過餘生並去世之處。年輕時的般度曾經誤殺繁衍中的兩隻鹿，因此遭到詛咒，將死於性行為中。幸運地，妻子之一的貢蒂（Kuntī）獲得神恩，讓她可以透過冥想神祇而受孕。因此她冥想正法之神後生下了堅戰；阿周那則是因陀羅之子；怖軍來自風神瓦尤。她還將這個恩惠分享給姊妹瑪德莉（Mādrī），她透過冥想天界雙胞胎雙馬僮（Ashvins），生下偕天（Sahadeva）和無種（Nakula）。經過多年獨身生活，在這個山間，般度王卻無法抑止對妻子瑪德莉的慾望。因此就在此地，高潮之中的般度王失去了生命。[64]

冬季月份，巴德里納特的移動式神像會來到般度凱許瓦拉村過冬。當白雪降下，神廟關閉時，人們會獻上一條羊毛毯（choli）給巴德里納特，神像安放在冬季休息的位置，上面覆蓋著這條羊毛毯。春季神廟重新開放時，羊毛毯會被移除，作為神聖祭品的一部分，分享給信徒。根據傳統，當拉瓦爾祭司帶著移動聖像撤退下山時，仙界賢者那羅陀仍舊持續在冬季之中進行祭儀。他們說，六個月的時間，平凡男女在此敬拜；另外六個月的時間，只有神祇在此敬拜。

前往巴德里納特的路上，隨著朝聖路徑變得十分陡峭，會來到哈努曼查提（Hanumān Chatti）。根據當地傳說，當般度一行人前往巴德里納特的路上，被一隻大猴子擋住去路，他的尾巴橫亙在山路上。兄弟之中武力最強大的怖軍要猴子讓路，猴子要怖軍自己把尾巴移開。然而使盡渾身力量，怖軍也無法抬起猴子的尾巴。此時他才發現這是偉大的猴王哈努曼、風神之子、也是濕婆神之子。因此，般度一行人在此瞻仰了哈努曼，他的神廟也持續作為前往巴德里納特路上的中停站。

最終，我們應記得濕婆神也在巴德里納特擁有一席之地。在《室健陀往世書》中，正是濕婆神告訴兒子室健陀，關於巴德里納特區域內的諸多聖地及好處。他首先回顧了全印度所有的聖地，然後來到巴德利。他將此地與一切聖地之最瓦拉納西做比較。毗濕奴神也許會在不同時代離開其他聖地，但他從未離開巴德利。此地之所以被稱為廣大（Vishalā），正因為「這是所有聖地的居所」。[65]

濕婆神在教誨裡描述巴德里納特時，對他來說最神聖的地方，就是顱落之地（Kapākamichana）。創世之時，五首的梵天對自己創造的女兒產生非分之想。對此亂倫行徑感到不滿的濕婆神遂斬下梵天的一個首級。他懲戒了梵天的罪孽，在這個行動中，他本人也犯了罪——殺害婆羅門。被斬下的梵天第五首遂黏在濕婆神的手上，無法移除。濕婆神因此走遍大地，前往許多聖地，試圖移除頭顱，為己贖罪。最終，他接受了毗濕奴神的建議，前往廣大的巴德利。他抵達的那一刻，頭顱開始顫抖鬆動，從濕婆神手上落下消失。這個地方遂以「顱落之地」而聞名。從那一刻起，濕婆與帕爾瓦蒂也就留在廣大的巴德利，讓當地的隱士賢者歡欣不已。[66]此刻我們已經知道，印度許多地方都有自己的「顱落之地」聖地，從北方的瓦拉納西，到深南的馬杜賴。就像巴德里納特這處聖地，許多地方的「顱落之地」也將自己的神廟連結到這則故事：偉大的濕婆神在此浸浴，贖清更大的罪愆。

巴德里納特與濕婆神的關聯，在山脈的這一側成為傳奇。畢竟，巴德里納特之西聳入雲霄的山峰，正是以濕婆神的名諱之一——藍喉——為名。他們說，一開始濕婆神與帕爾瓦蒂女神住在此地，而毗濕奴神以小男孩的形象出現在兩者面前。帕爾瓦蒂開心地將男孩帶回家，並不清楚他的真實身分。一進了家門，裝模作樣的孩子就掌控了整個家庭。有天當濕婆神與帕爾瓦蒂在河中沐浴時，男孩偷溜進去，坐在濕婆神的寶座上。濕婆神夫妻返家時，男孩要求濕婆神離開這片土地，搬到附近的凱達納特山去。他們說，當時早就知道男孩是毗濕奴神假扮的濕婆神，同意讓他留在巴德里納特，自己則搬到凱達納特。凱達納特位在往西五十英里，隔幾座山的地方。即便如此，濕婆神仍舊存於此地一間非常古老的神廟中——原初凱達拉之主神廟（Ādi Kedāreshvara）。這個故事的意涵再明顯不過：濕婆神與帕爾瓦蒂女神本來是在此的，是這個地方的主人，也同時是濕婆神的冥想隱修處與帕爾瓦蒂的童年家鄉。這是山中很常見的主題。

今日進入顏色亮麗的巴德里納特神廟，神廟的前廳大概只能容納不到百人，他們都在等待瞻仰巴德里那羅延納聖像。前廳由四根巨大立柱支持，四邊都刻滿毗濕奴神轉世化身的形象。即便巴德里納特擁有濕婆派基調，今日的毗濕奴派訊息卻十分明確。巴德里那羅延納聖像據說是由毗濕奴神的沙拉葛拉瑪聖石製作的。聖像沉坐冥想，但他們說參拜者能見到的僅有臉部，因為聖像完全包裹在衣著與神聖羅勒葉的花環中。有些人仍說聖像是冥想中的濕婆神，但多數則認為這是毗濕奴那羅延納。一位路上評論者說，每個人，無論追尋的是哪派思想——毗濕奴派、濕婆派還是莎克緹派——都會在這尊神像中，依照自己的本性（bhāvana），瞻仰到自己的心愛之神（ishtadevatā）。一位現代作家與喜馬拉雅山旅行者也提到類似情感。阿格瓦爾（A. P. Agarwal）在關於加瓦爾喜馬拉雅山區（Garhwal Himalayas）⑤的著作中寫道：「信仰的彈性讓信徒可以在偶像中看到梵天、毗濕奴、濕婆、卡莉、大雄（Mahābīr）、古魯⑥或佛陀。」[67]內聖殿中，巴德里那羅延納聖像旁，是兩位古人那羅與那羅延納的聖像。左側是俱毗羅（Kubera）的黃銅面具，俱毗羅是財神也是喜馬拉雅山礦場與礦石的所有者。市集出售的銅造祭壇陣還可以看到其他重要神祇：包含吉祥的象頭神與拉克什米（祂們的神廟就在廟埕範圍內），以及迦樓羅與那羅陀（他們的苦修行跡記錄在河裡的岩石上）。

毗濕奴神的足印也在此。通往藍喉濕婆山的大片山麓高處有一塊石頭，稱為「神聖足印」（charana pāduka）。五月份時，草原上長滿大片藍紫色的野生鳶尾花、草莓花、毛茛及勿忘我花。從山岳冰河奔瀉而下的溪流，跨越堅硬的岩面，形成狹長柔軟的瀑布。等到這些水匯入更下方的阿拉坎納達河時，已經捻為一股，稱為賢者恆河（Rishi Gangā）。即便攀向毗濕奴神的足印時，朝聖者也很清楚自己身處於濕婆神的國度，畢竟眼前的藍喉濕婆山統攝了整片地景。

園繞神廟的小村落中，有一塊大型招牌標誌出拉瓦爾祭司的總部，「神聖巴德里納特拉瓦爾祭司團」（His Holiness Raval of Srī Badrīnāth）。訪問過程中，拉瓦爾祭司十分熱切地強調巴德里納特的重要性。「這個地方稱為『智慧之地』（Jnāna Bhūmi），也稱為『神聖苦行之地』（Tapobhūmi）。其他地方如迦屍、普拉耶格與伽耶，都稱為渡口聖地（tīrtha），但巴德利是神居（dhām）。神居比聖地更重要。神居是居所，是神居住的地方。」

然而，拉瓦爾祭司也相當清楚此地神居的複雜性。他描述濕婆神將居處讓給毗濕奴神的故事，毗濕奴神以兒童的模樣坐在舊濕婆神廟的濕婆神寶座上，也就是現在所稱的老凱達拉之主神廟。他很清楚指出藍喉濕婆山看起來更像濕婆神林伽石，事實上藍喉濕婆山的另一側，就是濕婆神在喜馬拉雅山上的重要神居——凱達納特。這裡是否也有提毗女神呢？當然有，烏爾瓦希女神寶座也在此，就在巴德里納特下方賢者恆河匯入阿拉坎納達河處。更明顯的，當然是每位在此進行特殊儀式的朝聖者所吟頌的意念。作為儀式的意願聲明，意念中總是包含個人所處的位置。在此，他們吟誦「在那羅延納的土地上，在烏爾瓦希的神聖寶座，在巴德利之主濕婆的神廟，以及那羅延納的足下……」（Nārāyana kshetra, Urvashīya pīthe, asmin Shrī Badrishvarasya mandire, Shrimad Nārāyana caranasannidhu...），點出了巴德里納特神聖強大的坐標。

⑤ 意指位於印度北坎德邦境內的喜馬拉雅山區，

⑥ Mahābīr 又拚為 Mahavira，中文譯為摩訶毘羅或大雄，意即偉大的英雄，為耆那教第二十四位祖師。Guru 係指錫克教創始人古魯那納克（Guru Nanak）。

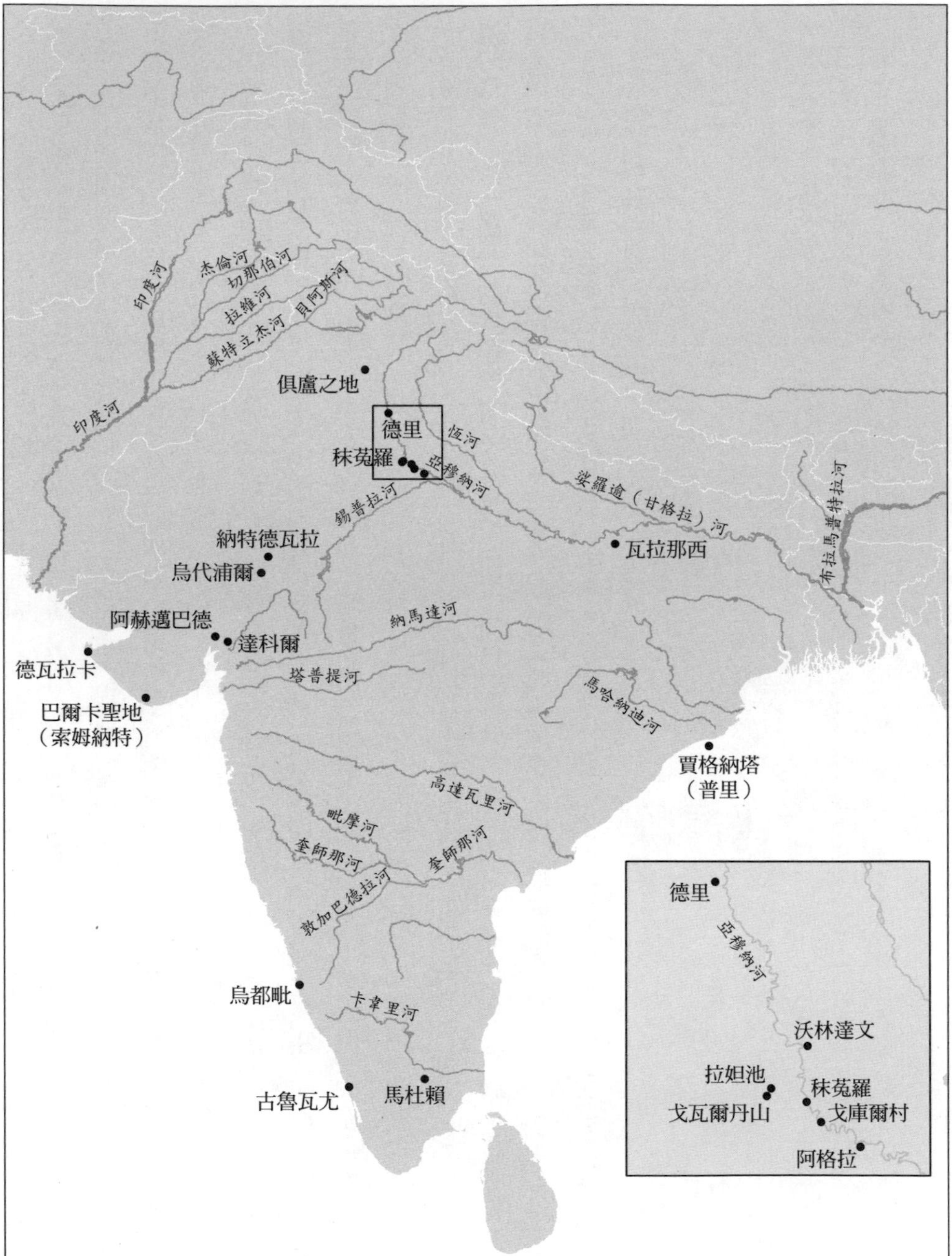
印度河
杰倫河
切那伯河
拉維河
貝阿斯河
蘇特立杰河
俱盧之地
印度河
德里
秣菟羅
恆河
亞穆納河
錫普拉河
婆羅逾（甘格拉）河
布拉馬普特拉河
納特德瓦拉
烏代浦爾
瓦拉那西
阿赫邁巴德
達科爾
德瓦拉卡
納馬達河
塔普提河
馬哈納迪河
巴爾卡聖地
（索姆納特）
賈格納塔
（普里）
高達瓦里河
毗摩河
奎師那河
奎師那河
敦加巴德拉河
烏都毗
卡韋里河
古魯瓦尤
馬杜賴
德里
亞穆納河
沃林達文
拉妲池
秣菟羅
戈瓦爾丹山
戈庫爾村
阿格拉

印度大地上的奎師那神

第八章　奎師那的地域傳說

九月份，數萬朝聖者擠進北印度中部的沃林達文小城，要歡慶奎師那神的誕辰。這一天被稱為奎師那誕辰（Krishna Janmāshtamī）。[1] 奎師那神童年家鄉沃林達文城裡的神廟，全都摩拳擦掌，要迎接標誌著奎師那神誕生的儀式。每間神廟裡，奎師那神的聖像浸浴在大量牛奶中，打扮得像個小王子。這個神聖的日子裡，信徒長時間聚集在拉妲拉曼神廟（Rādhāraman）裡，摩肩擦踵的程度，所有個人界線完全消失在敬拜之海裡。他們凝視著奎師那神，他被小型銀神壇送上廟埕另一端高起的平台。全神貫注之中，在狂喜的歌謠高喊之下，他們觀看奎師那神接受祭司進行儀式。小小的黝黑奎師那神像浸浴在亞穆納河水中，河水是從一小段距離外的河流取得的，經由特殊遊行送來。當然還有好幾加侖的牛奶。接著以鬱金粉及檀香粉塗抹的聖像，裹以絲綢、戴上金飾珍珠及一頂珍珠冠。聖像還擁有金色的王室蓋傘，與一把小銀笛。整個寶座滿是鮮花及神聖羅勒葉。每個人都來此地瞻仰新生的奎師那神，急切地希望能親見奎師那神。東推西擠的人潮似乎在某個程度上，也讓每個人稱心如意地完成瞻仰。

十英里外的秣菟羅城裡，他們說要在一切源起之處來慶祝奎師那神的誕生。傳說奎師那誕生之際，他的父親婆藪提婆與母親提婆吉卻關在牢獄中。[2]在提婆吉兄長剛沙的邪惡計畫下，他們遭到囚禁；因剛沙得到消息，提婆吉的孩子會推翻他的王位，接著殺了他。剛沙立刻將妹妹提婆吉與妹夫婆藪提婆關進監獄。提婆吉的每個孩子，只要一出生就被殺掉。提婆吉與婆藪提婆已經看到六個孩子如此失去生命，然而第七個孩子大力羅摩卻安全地從提婆吉的子宮轉移到婆藪提婆的姊妹羅希妮的子宮中。神奇的胚胎移植被獄監視為「流產」，奎師那的哥哥大力羅摩因此得以順利出生。[3]

第八個孩子則是奎師那。他一出生，提婆吉與婆藪提婆就認出奎師那是至高無上主，因為他散發的光芒籠罩了整間囚室，帶著至高無上毗濕奴神的標誌與記號。正如婆藪提婆在第一首讚美詩所言，他驚喜地歡迎新生兒：

> 您明顯就是博伽梵，上主自身，超越物質世界的最高存在。您知曉眾人心智。您的模樣全然喜悅崇高。您在初始之際，創造了這個世界……您無分內外。您是萬物的宇宙靈魂，靈魂的核心。[4]

祈禱讚美之後，提婆吉與婆藪提婆看見主在他們眼前變成一個普通小孩。接著，就在這一晚，獄卒全都沉沉睡去，婆藪提婆的腳鐐鬆開，監獄的鎖頭開啟。婆藪提婆帶著奎師那小嬰兒從監獄逃出去。這是個狂風暴雨的夜晚。憑藉河中大蛇舍沙展開的蛇首，遮蔽了雨水，他們帶著小嬰兒穿越亞穆納河暴漲的河水，逃到今日稱為戈庫爾村的小聚落。這裡牧牛人難陀的妻子亞輸達剛生了一名小女嬰，正沉沉入睡。婆藪提婆交換兩個嬰兒，帶著亞輸達新生的女嬰返回監獄，將她放進提婆吉的懷中。再一次，在神力之下獄卒仍舊呼呼大睡。當剛沙聽到另一個孩子出生時，他立刻來到獄中要殺死嬰兒。他抓起小女嬰砸向石板地，她卻一躍而起變成強大女神，「八支強壯臂膀各持武器」，嘲笑國王的無能。《博伽梵往世書》告訴我們，「她在地上許多地方，以許多名諱為人所知。」[5]許多名諱之一，正如我們已經看到的，就是溫迪亞女神，我們也造訪過她的神廟。

同時間，奎師那安穩地睡在亞輸達與難陀的簡樸小屋中，這對牧牛者後來就成為他的養父母。當剛沙發現神之子已經逃走，他決心要殺掉秣菟羅境內十天內出生的男嬰。[6]隨著奎師那的童年生活展開，故事開始充滿了剛沙的惡魔手下如何對付奎師那小朋友的情節。最終，青年奎師那終於返回秣菟羅，征服剛沙，並重建婆藪提婆王室一脈。

奎師那神朝聖之旅的核心，就是回憶重述奎師那在布拉吉（Braj）成長過程中住過的地方；布拉吉在梵文中寫作Vraja，意為「牛隻徜徉之地」。[7]童年時期，他跟養父母在此生活，白天跟村裡的牧牛人一起牧牛，遭遇並征服無數敵手。他也在此擄獲村內牧牛女的芳心，誘惑她們跟他一起到森林深處共舞。印度沒有任何其他地方像布拉吉這樣，故事線與朝聖路徑相互交織，形成持續性的敘事，創造出一片故事銘刻在土地中的神聖地景。如我們將見，朝聖過程帶領信徒，以參與者的身分，進入奎師那的世界。他們透過跟地點相關的敘事，以及稱為「遊樂傳奇」（līlā）的戲劇，進入故事。「遊樂傳奇」透過年輕男孩組成劇團，重現奎師那的故事；這些男孩通常受到祝聖演出「遊樂傳奇」。朝聖者也透過不同朝聖行程參與故事的進行，最長的朝聖之旅需時兩到三週，繞行奎師那神之地。這種朝聖經驗既在時間內，又在時間外，將信徒與超越的現實連結在一起。正如布拉吉學者艾倫．安特衛索（Alan Entwistle）所說：「進行布拉吉朝聖背後的根本概念，在於奎師那的行動雖然一度在歷史時間內，發生於地球上，卻尚未結束。它們不是遙遠事件，不是今日只能用來說明如何與神連結的寓言，而是在超越狹隘日常生活的某個層面上，不斷重演。」[8]

秣菟羅：中心與起點

秣菟羅是個非常古老的城市。有些資料認為此地早在西元前五百年，佛教與耆那教發展早期就已經存在。考古學者與歷史學者希瓦·巴吉帕伊（Shiva Bajpai）寫到這段歷史，「文獻與考古證據揭露了秣菟羅城及周遭地區命運的重大轉變：從佛陀時代受困於惡劣道路、沙塵暴、惡犬與野蠻夜叉（yakkhas）肆虐，這些吝於施捨的地方，到了西元前二世紀到西元三世紀間，卻成為崛起中的都會『在亞穆納河暗流中有如半月般亮麗升起』，以壯麗富庶、慷慨且人口蓬勃發展而聞名。」[9]成長中的城市不只坐落在主要水道上，也在印度南北向及東西向的貿易路線上。不只是貿易，後來還有朝聖，都讓這個十字路口更顯重要。秣菟羅雖擁有多層歷史，然而今日這個三十多萬人的城市，奎師那神出生地的這個連結，還是最重要的因素。

秣菟羅城中，八月底九月初時，數萬朝聖者為了慶祝奎師那神誕生日齊聚。根據今日市集隨處可見的一本印地文朝聖者指南，在奎師那神誕生之夜，進行奎師那午夜瞻仰的最重要神廟，就是奎師那神的出生地神廟（Krishna Janmasthān）與德瓦拉卡光明神廟（Dvārakādhīsh）。在德瓦拉卡光明神廟裡，信徒大量湧入，為了瞻仰神明跟獻燈儀式而來；此廟供奉的神明，將奎師那出生地跟印度極西的奎師那偉大首都德瓦拉卡連結起來。那裡是奎師那晚年的統治之地。廟中的奎師那神黝黑四臂的形象，是至高無上神的展現，據說與奎師那出生當晚提婆吉與婆藪提婆短暫窺見的形象相似。他們高聲唱著「哥文達我主！牧牛者我主！」（Govinda Hari! Gopāla Hari!），洶湧擠在神壇前，等待開簾，顯露出奎師那神像的那一刻。空氣中充滿了興奮的電流，當這一刻到來，他們虔誠高舉雙手，邊往前擠邊歡呼，伸長了脖子就想看一眼上主的樣貌。這間神廟於十九世紀時才由瓜廖爾（Gwalior）的資助人贊助重建，肯定是今日秣菟羅最受歡迎的神廟。

就在這一天，許多朝聖者也造訪奎師那神的出生地神廟；這個地點過去是耆薩瓦提婆（Keshava Deva）神廟，在多個世紀前興建①。這座古老神廟肯定見證了秣菟羅遭受的種種劫掠；先是一〇一七年伽色尼的馬哈茂德入侵，後來又在希坎達．洛迪蘇丹（Sikandar Lodi，一四八八至一五一六年）時期被劫掠。雖然我們並不清楚這些時期遭受的傷害有多深，但同代的穆斯林史家堅稱他們「摧毀了許多不信者的崇拜之地，不留下一絲一毫的痕跡」。[10]神廟在蒙兀兒皇帝賈罕吉爾（Jajangir）時代，由本德拉（Bundela）王公比爾．辛格（Bir Singh）重建。一六六三年，法國旅人伯尼埃（Bernier）曾看到並描述這座神廟是「古老壯麗的異教神廟」。[11]一六六九年，蒙兀兒皇帝奧朗則布時期，耆薩瓦提婆神廟遭到剷平，廟址則用來建造一座清真寺，今日仍舊存在。[12]雖然新印度教國族主義者持續威脅要取回此地重建印度教神廟，但當地人對此事卻興趣不大，即便本地的奎師那神信徒亦是如此。

今日，指向「奎師那神出生地」的手寫箭頭招牌，引領朝聖者進入他們站立的清真寺下方的房間，雙手合十，向神聖嬰孩致敬。由於據傳奎師那生於監獄之中，這個狹窄嚴肅的地下場址正適得其所。此地被稱為舊耆薩瓦提婆神廟的胞宮聖殿（garbha griha）。「胞宮聖殿」一詞通常意指神廟的內聖殿，此處作為奎師那的誕生之所特別合適。由於附近的新神廟是在一九五〇年代時興建的，因此胞宮聖殿的暗黑狹隘氛圍，仍舊是真正想要感受奎師那神誕生慶典者的必訪之地。

① 耆薩瓦是毗濕奴神的另一個名稱，意為至尊梵（Parabrahman）。耆薩瓦意為「擁有未剪美麗長髮者」，在印度教傳統中，常指奎師那神。在《博伽梵歌》中，阿周那便稱奎師那神為「耆薩瓦」，另一義則為「斬殺馬妖之人」，馬妖為剛沙派來刺殺奎師那的妖怪。

根據一份印地文指南，在此誕生處所，「四臂形象的神聖奎師那神，從提婆吉的子宮中生出」。[13]今日朝聖者所見，並非四臂的奎師那，而是嬰孩的奎師那：胞宮聖殿的高祭壇上，奉祀著手握拉度的牧牛人（Laddu Gopāl）；嬰孩奎師那神的小手裡則抓著拉度球形甜甜圈。牆上掛著提婆吉與婆藪提婆在神前雙手合十祈禱，婆藪提婆頭頂著裝嬰兒的籃子，穿越亞穆納河的印刷圖片。隨著奎師那神的故事發展，我們多次看到，奎師那身為至高無上神與肉身示顯之間的強烈對比。他在無限榮光中現身，接著卻變成小嬰兒，小到婆藪提婆可以裝在籃子裡運走。

一名穿著金色兜迪裹布與斜襟側衽長衫（bagal bandhi）的祭司，接受信徒奉獻，並分發祭品。「這裡真的是出生地嗎？」跟著一群朝聖者前來的老婦人問。「當然，真正的出生地，就是這裡。」祭司回答。

今日，奎師那神的形象出現在許多秣菟羅神廟及亞穆納河階上。其中最知名的，莫過於休憩河階，據傳成年後擊敗剛沙王的奎師那在此休息。審視這座古城的地景，我們會發現許多神廟中還供奉濕婆神與提毗女神，也會發現無數哈努曼與陪臚神的神像。事實上，整座城裡的神祇數量如此龐雜，難怪此地被視為印度七大解脫城市之一。[14]

秣菟羅的漫長持續歷史，可遠溯至兩千多年前。秣菟羅博物館對許多世紀的記錄，不無爭議。館中擁有可追溯到西元前一、兩千年的男女夜叉像。接著我們開始看到佛像（最初期的佛陀造像之一），反映出某些夜叉像的特徵。從貴霜（Kushāna）時代開始（西元一至三世紀），這些佛陀的坐像與站像擁有敦實、光滑的形象，跟後來更往東的瓦拉那西附近，笈多時代鹿野苑（Sarnāth）工坊更優雅、細膩的佛陀冥想造像，大為不同。秣菟羅曾挖出一座耆那教塔，也是出自這個早期階段，塔中擁有許多耆那教靈性「渡津者」（tīrthankara）的造像。

奎師那最早出現在藝術史紀錄的重大指標，是藝術史學家多莉絲・斯里尼瓦森（Doris Srinivasan）所稱的，貴霜時代的「親屬」雕像，展現出奎師那、哥哥大力羅摩與姐姐艾卡南薩（Ekanāmsā）。[15]渡津者與佛陀的造像，逐漸讓位給四臂的奎師那——婆藪提婆。然而，貴霜時代之後，斯里尼瓦森看到秣菟羅地區生產的毗濕奴派神像發生重大變化，奎師那—婆藪提婆式的造像數目幾乎呈現「爆炸式成長」。[16]西元四到六世紀的笈多時代，看到了更多奎師那神像。不意外地，它們都展現出兩種奎師那的英勇姿態，將他連結到此地的生動地景：奎師那舉起戈瓦爾丹山，保護人民不受因陀羅神的憤怒暴雨所害；奎師那鎮壓了肆虐亞穆納河流域力量強大的蛇王迦利耶（Kāliyā）。這些形象，展現出奎師那崛起與先前強大的夜叉信仰傳統之間的某種連貫性。事實上，一位學者認為奎師那是戈瓦爾丹山的夜叉。[17]他的傳說與造像顯示出奎師那戰勝了舊神祇，對區域地景中心的山河注入新意義。早期時代中，我們並未看到對奎師那在這個區域的牧牛人生活的描述，雖然這段生活反而主導了今日的地景。

我們知道到了十一世紀，已經有好幾座供奉奎師那的神廟。然而有趣的是，這個區域主要仍是濕婆神的神聖地景。夏洛特・瓦德維爾（Charlotte Vaudeville）與其他研究過秣菟羅及鄰近區域的學者都同意，主要的奎師那教派在十六世紀於此建立以前，「濕婆派與莎克緹派是布拉吉地區的主流，也是整個北印度的主流。」[18]濕婆神是秣菟羅附近區域的守護神與最高神祇，在四個方位各有一處濕婆神廟群。統治秣菟羅的靈之主（Bhūteshvara）；坎邦（Kamban）的愛之主（Kāmeshvara）；戈瓦爾丹的輪之主（Chakreshvara）；沃林達文的牧牛女之主（Gopīshvara）。雖然毗濕奴派聖像看似在此地開花結果，但在十六世紀前，秣菟羅區域活躍的宗教生活，仍舊是以濕婆神與提毗女神的崇拜為主。自然崇拜的形式也廣受歡迎，包含戈瓦爾丹山及亞穆納河等古老聖地、大蛇等生命能量神祇、還有受到崇敬的樹木、池塘與山丘等等。

過去五百年中，秣菟羅的神話地景、廣大的布拉吉跟奎師那神話更加綿密深刻地連結在一起。即便如此，今日的毗濕奴派信徒圍繞著布拉吉聖域的十二森林進行朝聖之旅時，仍舊從崇敬濕婆神開始——亦即沃林達文的牧牛女之主神廟及秣菟羅的靈之主神廟。後者被稱為秣菟羅的「地方守護神」。森林朝聖之旅的第一晚，許多朝聖者在靈之主神廟紮營，為行程祈求平安，「喔濕婆神，帶來一切吉祥，完成所有目標，藉由您的庇祐，願這趟朝聖行程平安順利。」[19]

布拉吉聖域

從朝聖的觀點來看，秣菟羅已經成為布拉吉聖域（Braj Mandal）的區域中心。梵文中的mandala（曼荼羅），印地文寫作mandal，意指「圓環」及「世界」。這個圓環象徵性地描繪整個世界。曼荼羅可以是藏傳佛教徒所繪的圓形示意圖，刻畫出整個佛教宇宙觀，主次要方位、各方力量與守護神。曼荼羅也可以是印度教廟宇中的立體曼荼羅，擁有八個方位及垂直圓頂，象徵性重現世界中心的山岳。曼荼羅也指圍繞著光之城迦屍的大片區域，這個城市擁有不斷擴張的同心圓，由眾多象頭神與女神層層守護，在象徵上神似一個曼荼羅。

這裡甚受歡迎的布拉吉曼荼羅地圖，展現出一個形態自由、起起伏伏的「圈」，漫遊跨越奎師那神的遊樂世界——由奎師那與布拉吉眾人之間種種歡快喜悅關係所構成的世界。這個圈直徑約有六十英里。某些當地傳說的想像「地圖」中，秣菟羅就像一朵象徵蓮花的花托，蓮花瓣延伸進入附近鄉村地區，充滿奎師那神的足跡與芳香。蓮花瓣就是十二座森林，每一座都有許多鍾愛之地。據說白天整朵蓮花盛開，因此每個地方相距甚遠；但到了夜間，當蓮花闔上，所有聖地將聚合在一起，將地景、信徒與奎師那神本身都包裹在花朵的親密空間中。[20]

布拉吉地區包括奎師那童年與青少年時期生活的村莊、森林、河流與池塘，當時他跟村民們住在一起，主要以牧牛、擠奶，將牛奶打成奶油為生。《訶利世系》是一部可以追溯至西元二世紀左右的文獻，某個方式上，也可以視為《摩訶婆羅多》史詩中奎師那傳奇的參考讀物。這本書將這片土地描繪為許多牧地的豐美之鄉，人民與牲口都豐衣足食，土壤因為奶泡灌溉而常保濕潤。這是個流奶之地，充滿了牧牛人與牧牛女，空氣中回響著攪奶的聲音。[21]除了秣菟羅城，城鎮道路愈顯擁擠；即便知名的森林遭到砍伐，今日的布拉吉仍舊是村落農地為主的鄉村地區。布拉吉的奎師那故事，毫無皇家光彩，反而非常接地氣。雖然他公認為至高無上神，奎師那卻不是住在祭司與國王之間，而是與村人為伍。他是牧牛人（Gopāl）——牛群的保護者。

《博伽梵往世書》告訴我們，村人都很喜歡奎師那，也忍受他童年時期的種種惡作劇；他們將少年時代的奎師那當作朋友一樣，既教誨也崇敬；並以愛人的熱情，深愛著青年時期的奎師那。他們也像今日敬愛奎師那的信徒那般，獲得救贖。這樣的救贖並非來自經典智慧，或出家苦修，甚至也非祭司主導的儀式，單純是出於他們對奎師那不經思索也無條件的敬愛。這種愛的關係，稱為「虔愛」（bhakti）。「虔愛」（bhakti）一字，表現出來的人神之間的種種關係，肯定是印度教語彙裡最重要的字詞之一。對奎師那神的愛，及奎師那神回報以愛的故事，探索並擴展了「虔愛」的意義。布拉吉的村人，就像奎師那神誕生當晚的提婆吉與婆藪提婆，從某個角度來說，承認住在他們之間的奎師那是獨特的。在「轉世化身」並不少見的印度宗教世界中，他們窺見他的神性。他們甚至看到奎師那身為至高無上者，整個宇宙的創造者與維持者的全然權威；然而他們所見並不長久。敬愛奎師那神的重點，就在於不斷擴大心中一時湧現的自然愛意。

奎師那神的傳說與現身銘刻在布拉吉土地上的方式，對許多出身基督教傳統且造訪過「聖地」的人來說，似乎有些眼熟。畢竟基督教朝聖者從西元一世紀就開始造訪聖地。中世紀歐洲朝聖充滿了聖地故事的種種傳說——伯利恆（Bethlehem）附近牧羊人捍衛羊群之處，就是天使報佳音之地；伯利恆內瑪利亞哺育小嬰兒耶穌之處；瑪利亞清洗耶穌衣物之處；以及耶穌短暫一生即將終結時，準備最後晚餐之處；耶穌遭受鞭刑，戴上荊棘王冠之處；古奈人西門（Simon of Cyrene）加入耶穌行列，幫忙扛著十字架到耶穌遭釘十字架之處。這類將故事細節連結到大地的作法，在人類的聖地經驗中並不少見。中國人到印度朝聖，尋取經典，也渴望親近佛陀的生命。他們也在無數特定地點感動喜悅——悉達多從村人婦女獲得滋養食物，助他重獲苦修中失去精力之處；他在菩提樹下冥想，直到看清真實本質之處。他們說，這裡是他在冥想中踱步之處；這裡是他的身影落下之處。耶穌、佛陀與奎師那的生命，自然都超越了肉體生命的限制，然而這些生命仍舊展現在地景上，並在普通人的記憶與朝聖中烙下印記。

上主遊樂之地

布拉吉地景上散布的聖地，稱為「遊樂之地」（līlāsthala）。在這些場景中，奎師那神與當地村民建立既遊樂又強大的關係。它們並不稱為渡口聖地（tīrtha），因為此地的重點並非超脫凡世束縛，尋求「彼岸」世界，而是完整感受生命精華的風味——在奎師那神示顯中的生命。「遊樂之地」的繁複場景中，奎師那神誕生地演變成一部活生生的經典，每一處都與他的生命事件相關。朝聖者造訪他在秣菟羅的誕生地，戈庫爾村、難陀岡（Nandagaon）及沃林達文的童年，以及跟他一生相關的許多森林溪谷。嚮導會告訴他們無數記憶奎師那生命事件的地點：這是養母亞輸達為了餵養小奎師那，擠牛奶的地方；奎師那在那裡砍竹子，製作心愛的竹笛；他在那邊跟朋友一起滑下大石頭；奎師那在那裡擋路，要求牧牛女留下買路財，才讓她們提著奶油罐上市集去。

在戈庫爾村，被認定是難陀家的房子裡，朝聖者可以坐在亞輸達可能坐過的泥土地上。坐下後，扯過銀索，拉動奎師那的搖籃。此舉當然需要奉獻一點小費用。附近的神龕中，他們可以碰觸亞輸達

奎師那舉起戈瓦爾丹山，保護村人免受因陀羅的暴雨侵襲。

的攪奶棒，一邊還有人吟誦奉獻祈禱。戈庫爾在心靈中喚起最強烈的奉獻之愛：父母親給孩子的無條件的愛。前往戈庫爾的朝聖者也許還會說起亞輸達母親疼愛奎師那的傳統故事，提醒他們小嬰兒雖是至高無上主，仍舊是個小嬰兒。

有一天，當亞輸達給奎師那哺乳時，奎師那看著亞輸達的乳房，她則看著奎師那的小嘴。《博伽梵往世書》說了這個故事：

> 兒子吸完奶後，母親摸著他甜美微笑的小嘴。他打呵欠時，從他嘴中，她看見了天、空與地、星辰、空間、太陽、月亮、火、空氣、大海、大陸、山岳與山岳之女的河流、森林，以及動與不動的生命。突然間看到宇宙，她開始顫抖。[22]

亞輸達闔上眼睛，幸好宏大景象隨即退去。然而，當她責罵小奎師那將泥土放進嘴裡，並將手指伸進他嘴裡（任何母親都會這麼做）要挖出異物時，這情況又再次發生。再一次，她窺見了整個宇宙漩渦。她還在奎師那嘴裡看見布拉吉，也看見自己身在布拉吉。我們得知，上主再度將自己的神力面紗施加在亞輸達身上，她變成一個普通母親，慈愛地逗弄著腿上的孩子。[23]

對奎師那小嬰兒的愛，這種父母對孩子的自發、無私且喜悅的愛意，成為我們對神之愛的典範。這種愛被稱為「親親之愛」（vātsalya），也是前往布拉吉的朝聖者必然熟知的詞彙。這個詞本意指母牛對小牛（vatsa）的母愛。小牛靠近時，母牛自動就會產乳。「親親之愛」就是這種愛。雖然亞輸達窺見奎師那的全貌，卻在恩典之下得以忘卻宇宙意象，因而全心專注愛著淘氣愛玩的奎師那。來到戈庫爾村的人最常為自家神壇加購的奎師那神像，就是手裡拿著奶油球的爬行小嬰孩。這是個淘氣的孩子、奶油小偷，經常偷走亞輸達剛攪好的奶油，當然還有亞輸達的心。

布拉吉的村落與森林裡，到處都有跟奎師那小男孩有關的「遊樂之地」。這些故事喚起奎師那與童年好友之間的夥伴情誼，他終日跟這些牧牛童相處，照顧牛群，過著無憂無慮的生活。這些好友跟奎師那之間，有著換帖情誼。[24]根據傳說，童年時期的奎師那，生活充滿了無數來自秣菟羅的威脅，這些威脅經常是無聲無息的。剛沙的手下仍舊試圖找出並除去那名生來要推翻國王的少年。奎師那必然得解救這些遭受威脅的少年。跟惡魔危險打交道的無數故事，為奎師那及童年好友的生活帶來不少精采時刻。他是個擁有力量、優雅與勇氣的英雄；各處得勝之地也銘刻在這片土地上。奎師那最出名的英勇行徑，就是輕鬆舉起戈瓦爾丹山——位於布拉吉中央的長形低矮山地。

戈瓦爾丹山擁有複雜的神話系譜，連結到其他知名的地景創造方式。在某個敘事中，它是設拉末梨洲上的聖山，這座宇宙的環狀島嶼之一，位於酒海及甘蔗汁海之間。賢者補羅斯底耶想將戈瓦爾丹山移到迦屍，但搬到布拉吉的時候，戈瓦爾丹山拒絕再走：這座山選了此地，拒絕讓步。補羅斯底耶詛咒這座山每年會少掉一顆芝麻子的高度，因此今日戈瓦爾丹山的山勢不怎麼明顯。[25]另一個敘事中，哈努曼將戈瓦爾丹山從喜馬拉雅山搬來此地，這個敘事參與了將喜馬拉雅山搬往印度其他地方建立山岳地景的常見主題。[26]然而在布拉吉，戈瓦爾丹山跟牛及奎師那神緊密相關，重要到了在特定虔愛信仰傳統中，戈瓦爾丹山被視為印度重要神居的中心支柱：印度四方為東方的賈格納特神廟、南方的蘭甘納塔神廟、西方的德瓦拉卡納塔神廟、北方的巴德里納塔神廟。「而中央，喔！王子，就是戈瓦爾丹之主。這些是眾神的五神，神聖婆羅多洲中的五主。」[27]

往世書的故事是這麼說的，整個戈瓦爾丹區域的村民正在準備因陀羅神的秋季祭典，這是雨及暴風之神。但奎師那卻勸阻他們，說服他們改成祭祀戈瓦爾丹山。「妝點你的牛，給牠們青草，繞著山走，」他告訴村人，「別祭祀遠方的神明，對眼前的珍貴事物表達感謝之意。」因此村民準備起「山祭」（giriyajna），向山岳獻上盛大的食物珍饈。接著奎師那將自己變成戈瓦爾丹山，以這個形式接受村民準備的美食供奉。此舉當然惹怒了因陀羅，他說：「看看這些住在森林裡的牧牛人都被森林富庶給寵壞了。他們竟然相信奎師那，一個凡人，卻忽視了神明。」因此因陀羅派出雨雲，對著大地降下豪雨及斧劈般的雷電。無動於衷的奎師那，優雅且輕鬆地以單手舉起戈瓦爾丹山，更精確地說，是用一根小指頭，將山岳像把大傘那樣舉起，保護了布拉吉當地所有人及牲口。傾盆大雨下了一週，直到因陀羅因為奎師那的力量而放棄。眾目睽睽下，奎師那將山放回原位。這個故事就成為《博伽梵往世書》中的知名版本。[28]

奎師那神輕鬆舉起，並像把大傘一樣舉在空中，擋去因陀羅暴雨的狹長山丘戈瓦爾丹山，長期以來都是布拉吉地區奎師那神崇拜的核心之一。秣菟羅博物館僅有的奎師那神初期造像之一，展現出強壯夜叉那般英勇的奎師那，他手臂上舉，手掌撐托著山丘。此像源於貴霜時代（西元第一與二世紀），但戈瓦爾丹山的儀式無疑年代更為久遠。今日繞行山丘的朝聖者，肯定也參與了布拉吉地區最古老的崇拜形式之一。戈瓦爾丹（Govardhan）一字，原意指「牲口增加者」，這座山丘也被稱為「山王」（Giriraj）。此處的牧牛人，就像北印度各地的放牧部落一樣，會敬拜一位慈善的山神，向他祈求保佑自身福祉及牛群繁衍。[29]

秋季的戈瓦爾丹山王祭典肯定年代久遠，因為在成書超過一千五百年的《訶利世系》中，奎師那已經敦促牧牛人放棄對吠陀神祇因陀羅的祭儀，他說：「我們是酪農，住在森林與山丘中。山丘、森林與牛群，這些是我們重要的恩人……我們從山丘獲得最多庇蔭，因此應該要開始祭山。讓妝點秋季花卉的母牛與公牛繞行那個山丘。」[30]《毗濕奴往世書》中對於秋祭的描述裡，奎師那以自己的分身，出現在山頭上，說：「我就是山丘的顯現。」因此他接受並食用了牧牛人的食物奉獻。此處就跟《博伽梵往世書》一樣，傾盆大雨降下時，奎師那也舉起山丘，但我們同時知道了，他就是山丘，也是崇拜山丘的牧牛人領袖。[31]

朝聖者繞行山丘時，約有十一英里長的路途，並沿路造訪神龕。許多神龕裡僅有一尊簡單的戈瓦爾丹山石，裹上黃布，獻上花環。在馬納西恆河（Mānasī Gangā）或賈提普拉（Jatipura），朝聖者會在山丘的「嘴」（mukhārvind）裡，獻上禮物與食物。某些人則被告知，由於山丘的神聖性，因此不允許走在山上。

這些朝聖者中，許多人從小就參與戈瓦爾丹山繞行，並向山丘供奉食物。光明節（Divālī）隔天的「食之山」（Annakūt）秋季祭典中，家家戶戶會用牛糞疊出一尊山王戈瓦爾丹像。像上可能會裝飾著野草構成的樹木，也有小牛像，當然一定要有嘴巴。食之山祭以準備五十六種獻祭食物（chappan bhog）而聞名，祭典前夕家家戶戶的女性都要忙上好幾個禮拜。食物會堆疊成驚人的展示呈現，晚間會有一名主祭者——不是婆羅門，而是牧牛種姓族群的成員——帶領繞行這座象徵性的山王之丘，牽著公母牛各一頭，後面則跟著家族成員或村落成員。他們向山丘與牛隻奉獻食物，接著自己也享用這座食物山丘。在布拉吉的放牧核心地戈瓦爾丹山這裡，食之山祭無疑是年度最盛大的節慶，吸引大批群眾，此外也吸引了秣菟羅的喬北（Chaube）種姓婆羅門，他們以來此享用祭典豐盛美食的能力名聞遐邇。即便在年代久遠且明顯是非婆羅門的節慶中，餵食婆羅門仍舊是成功儀式的核心成分。在這些促進牲口繁衍、生育及繁榮為主的儀式中，每個人都有所得。朝聖者、當地人與牲口隊伍絡繹不絕地繞行這座山丘。

在布拉吉的核心地，山王被視為牧牛神奎師那本身。但我們也將會看到，奎師那作為戈瓦爾丹之主的信仰，被後世信徒發展出更加繁複的神學及儀式。但對這個區域的人來說，山丘本身仍舊是重要的。正如瓦德維爾在此區進行多年田野工作之後，寫下「直到今日，布拉吉的村民一如過往，持續崇拜山丘本身——透過繞行山丘，透過在秋祭時成群前往馬納西恆河，也透過祭拜他們的『牛糞聖山王』及自家庭院中的牛隻牲口。因此名義上雖是毗濕奴教派，布拉吉的牧人從未參與正式的毗濕奴派儀式。今日，如同過往，他們仍舊是山岳與牛群的崇拜者。對他們來說，戈瓦爾丹山就是奎師那神，奎師那神就是戈瓦爾丹山。他們最常喊的標語，仍能體現這種單純的奉獻：『勝利歸於我王，山岳之主！』（Shrī Girirāj Mahārāj kī jay!）」。

亞穆納河畔

在布拉吉這裡，食之山祭的隔日，則是獻給亞穆納河。在偉大自然崇拜對象為主的布拉吉宗教生活中，亞穆納河排名第二。奎師那與亞穆納河密切相關。身為河流女神，她被視為奎師那神的新娘，不過她同時也是河流，河岸上有許多奎師那的遊樂之地。

奎師那小時候，亞輸達與難陀搬到沃林達文村，以便更遠離秣菟羅王剛沙的陰謀詭計。今日的朝聖者會在迦利耶河階上發現知名的遊樂之地，紅色砂岩涼亭與巨大的卡鄧伯木，花季之時樹梢上會開出黃色花朵，老根緊抓著河岸。故事說到大蛇迦利耶（Kāliya）以劇毒殘害亞穆納河，連飛越河面的禽鳥都難逃一劫，墜河而亡。有一天，奎師那決定要對付迦利耶。研究沃林達文的傑出學者之一——傑克．豪利（Jack Hawley）——跟著一群拉賈斯坦朝聖者及他們的朝聖嚮導祭司，前往這處河邊地點。他寫下：

從小，這些拉賈斯坦朝聖者的姨婆姑奶就告訴他們，小奎師那跟朋友在亞穆納河畔玩球的時候，球掉到水裡，就在可怕的黑蛇迦利耶所住的漩渦附近。或者他們知道的版本是，秣菟羅的邪惡國王指名要奎師那從這個可怕地方，摘回一千朵蓮花。無論哪個版本，結果都是一樣的。完全不在意的奎師那，爬上垂往池子的卡鄧伯木枝幹，跳進河裡跟巨大的蜷曲怪獸進行戰鬥。直到他從洶湧的水中勝利浮出。作為奎師那的征服象徵，巨蛇也鬆了一口氣（因為神童並沒有殺了牠，只是將牠趕走，確保水域安全），奎師那在大蛇如羽扇般展開的多頭之上放肆跳舞。「這就是故事發生的地方，』祭司總結，並指向岸邊一棵芳香馥郁的樹及附近的迴水處，許多人在此浸浴。『這就是那棵卡鄧伯木，那裡就是蛇洞。」32

《博伽梵往世書》中的場景，也是拉吉普（Rajput）②王室宮廷畫家的最愛。他們畫出奎師那戴著孔雀羽冠，吊在卡鄧伯木上，跳進翻騰的水裡。河岸上的牧牛童跟牛群簡直快嚇暈了。奎師那卻從水面下勝利浮出，在致命大蛇的上百蛇首上手舞足蹈。迦利耶的老婆們也從河面下浮出，祈求奎師那別殺了丈夫。因此奎師那就放戰敗的迦利耶離去，永遠不得再回到布拉吉。33

不遠處，另一棵河岸上的卡鄧伯木則訴說完全不同的故事，但也跟奎師那知名的傳說段子有關。

② Rajput 一字，為「王子」之意，這個族群於西元六世紀興起印度西北，一說為來自中亞的游牧民族在此定居。傳統上包含了不同種姓、社會族群形成的戰士統治集團，從十一世紀中亞突厥人入侵北印開始，形成一股對抗穆斯林統治者的勢力，在印度的西北部產生許多由拉吉普人統治的小王國。蒙兀兒時代雖併入帝國版圖，但包含阿克巴大帝在內，也多對拉吉普王族採取聯盟聯姻政策。英屬印度時期，成為英國治下的大公國，由英印總督派駐專員共治。不少大公國存活到印度獨立之初，在尼赫魯政權軟硬兼施的情況下，納入共和國之中。

這一次是在沃林達文中心的齊爾河階（Chīr Ghāt）。他們說，冬季的嚴峻月份中，一群牧牛女每天都會來此沐浴，向女神祈求能嫁給奎師那。有一天，奎師那尾隨她們，在她們入浴時收起河岸上的衣服，爬上河邊的這棵樹，將她們的沙麗全都掛在樹梢上。嬉鬧的奎師那要求女孩們一個個上前來跟他拿衣服。害羞顫抖，光著身體的女孩從奎師那手裡拿回衣裳。他保證她們的願望將會成真，夜裡將有奎師那的陪伴。

今日在齊爾河階，朝聖者在卡鄧伯木的枝條上，綁上一眾彩布，許下心願，向奎師那神祈求。樹枝間端坐一尊奎師那神吹笛像。豪利繼續跟著拉賈斯坦朝聖者走，並寫道：

「就在此地，朝聖者以行動強化連結，加入世世代代信眾，讓這則故事生生不息。他們可以在此採取行動，不只是在神前供奉錢幣或紙鈔：他們就跟奎師那神一樣，也可以在樹梢掛上布條。一位婆羅門宣稱自己家族已經監管這處地點長達五百年，坐在樹蔭下，照看樹幹分岔上近期製作的奎師那神像。他還以一、兩盧比的價格，販售各色絲質布條。買家幾乎都是女性；她們進行一場紀念儀式，卻不只如此。她們的儀式行動重現牧牛女的誓言；她們祈願奎師那神進入自己的生命。」[34]

豪利也注意到祭司如何擴展卡鄧伯木布條奉獻的敘事。祭司將這則故事連結到另一則故事：史詩《摩訶婆羅多》中，剛在作弊賭局裡贏過般度王子群與黑公主的俱盧王子們，強行將德勞帕蒂架上宮廷。她拒絕了，但俱盧王子之一的難降（Duhshāsana）卻走上前，在大庭廣眾下，強拉她的沙麗。德勞帕蒂向奎師那神祈求，結果她的沙麗神奇地延長了。難降愈努力拉，沙麗似乎就裹得愈扎實。最後不得不放棄。根據豪利的紀錄，在齊爾河階這裡，「祭司與朝聖祭司都向朝聖者保證，倘若他們在此向奎師那神奉獻布條，一輩子將不愁穿。他們說，這事情很簡單，同理可證，其他願望也會實現。」[35]雖然朝聖祭司與朝聖者都很清楚，這是兩則截然不同的故事，但都跟奎師那神有關，也相互映襯，帶出奎師那神賦予德勞帕蒂無限沙麗的神通力。

亞穆納河畔遊樂之地中最出名的，莫過於奎師那在夜裡跟一群牧牛女密會的森林，並與圍成大圓圈的女孩們一一跳起愛之舞（rās dance）。女孩們跳累了，渴到無法走到亞穆納河畔時，奎師那便為他們造出一口井來。他們說，這裡還有奎師那與拉妲相會做愛的侍池（Sevā Kunj）。我們可以看到他們的足跡。今日的朝聖手冊與沃林達文指南都警告遊客，日落後別待在此地，因為這裡是奎師那、拉妲與牧牛女們的私密場域。

奎師那舉起山丘並征服迦利耶大蛇的英勇舉動，獲得眾人的敬畏、崇拜與愛慕。但這種愛，跟拉妲與其他牧牛女對他的愛是不一樣的。她們受他的笛聲催動，渴望他的現身。在侍池，我們不免想像，透過熱戀之愛親見感受神性，是何等經驗。透過牧牛女對奎師那及奎師那對她們的愛，來探索這種複雜情緒。牧牛女據說在奎師那的笛聲中入迷，難以自抑地受他吸引。《博伽梵往世書》熱愛描述這些牧牛女入迷的情境；她們會拋下手邊的任何事物，毫不遲疑，回應笛聲召喚而去。有一名女郎擠奶擠到一半，另一名則拋下爐上燒滾的牛奶；一位還哺育著小嬰兒，另一位則在洗浴，還有一位正在畫眼線。然而笛音聲聲催動下，他們都立刻離去，眼線半畫，衣裙反穿，踝鍊掛上手腕，披頭散髮，鬢辮散亂。令她們大感訝異的是，在森林深處會見奎師那時，他要女孩們返回自家及丈夫身邊。憤怒之下，她們拒絕離去，並譴責奎師那道：「心愛的人，將您唇上的蜜，倒入我們心中的火焰，因您的美妙的樂音、眼神及微笑而熊熊燃燒。」[36]因此奎師那與牧牛女在森林中歡喜起舞。奎師那，是愛、歡樂與擁抱之主。

奎師那傳說的高潮，是愛之舞。奎師那與牧牛女形成一個大圓圈，化成諸多分身，與每位女郎共舞。《博伽梵往世書》描述在秋夜的舞蹈場景，「愛之舞的祭典展開，中心是牧牛女圍成的圓圈。眾瑜伽士之主的奎師那，將自己插進兩位牧牛女之間，手臂環繞她們的頸項。每位女郎都以為他只跟自己跳舞。」[37]鼓聲響起，踝鍊鈴鐺作鳴，奎師那與牧牛女翩翩起舞。眾神在高處眺望，花瓣由天界灑落。奎師那的愛，如此珍貴，女郎們無不心臟狂跳。她們都認為自己是凡間最好、最幸運的那一位，能夠獲得他專一的注意力。

看到嬌氣女郎的奎師那，會突然間消失，閃進森林裡。因此他們說，奎師那消失時，沮喪的牧牛女滿林子找，問過一棵棵樹木植物，奎師那往哪去了。大地之美讓她們相信，奎師那肯定是往哪裡去了。到處都能看到他的足印，也嗅到他存在過的甜美味道。纏繞樹木的藤蔓，鹿兒柔軟濕潤的眼睛，彷彿洩露了上主閃過的身影。她們追隨他的足跡，詮釋他的每一步，想像他在做的事。樹葉茂密的尼坤賈班森林，令人想起這些超乎世俗的情節。

加入奎師那的遊樂

布拉吉的朝聖地景中，最突出的面向之一，就是朝聖者加入這齣戲的程度。確實，朝聖者與城裡人同樣在無數沃林達文神廟中崇敬奎師那神，大致上就跟印度各地神廟崇拜與瞻仰神像的方式大同小異。然而在布拉吉，「遊樂」卻有種生活感；奎師那的生命事件不只存在記憶中，更賦予他的出生與童年故事一種戲劇性的表現。例如，在奎師那神誕生日時，沃林達文的拉妲拉曼神廟一小段距離外，信徒會在大禮堂的地板坐上好幾天，觀賞名為「遊樂傳奇」的循環演出。年輕男孩組成的劇團，重現神聖故事的段落；他們通常因為扮演的神聖角色而獲得祝聖，每日扮演起奎師那神、拉妲、牧牛人與牧牛女。

數百名觀眾坐在大禮堂裡，唱歌打拍子，靜默又鼓譟，觀賞他們早就熟稔於心的故事。最受喜愛的故事，莫過於〈奶油小偷〉（makan chor）的段子。小嬰兒奎師那實在淘氣又頑皮，總是偷偷從奶油罐裡掏出美味的奶油。當他是個小男孩時，亞輸達發揮創意，將奶油罐吊在屋梁上。即便如此，奎師那仍舊想辦法踩在朋友肩膀上，取得奶油罐。奎師那跟小同夥試圖以拙劣演技掩蓋自己的犯行。另一齣戲中，奎師那很不開心，因為心愛的笛子被偷走了。整齣戲就圍繞著找笛子發展。還有一段，奎師那終於碰上了邪惡的剛沙王，光明正大地擊敗他，扯著他的頭髮繞著舞台到處走。無論上演哪個故事，每段遊樂傳奇的最後，總是以愛之舞（rāslīlā）大圈舞作結。戲劇段落結束時，舞台上就會有個祭司。祭司在扮演奎師那與拉妲的演員面前，繞轉奉獻油燈。台下觀眾，不分男女老少，都爬上舞台，向年輕神祇的擬人化身奉獻甜點、花朵與金錢，將甜點直接餵進他們的嘴裡。

在布拉吉待上一天或一週的朝聖者，端視季節而定，可能會造訪好幾個奎師那的「遊樂之地」。他們可能會在許多「遊樂」廳中看到整組的奎師那神「遊樂傳奇」演出。然而，有些朝聖者會在布拉吉區域內進行更長期的朝聖之旅，目的是希望更完全參與上主遊樂的領域。繞行朝聖的路徑之一，是帶著朝聖者穿越布拉吉的神聖森林、池塘及村莊，每一步都跟奎師那神有關。這趟年度「森林朝聖」（Ban Yātrā），引導幾十名朝聖者一起穿越土地，走上約三個禮拜的時間，總長度超過兩百英里。每一天，他們都會造訪跟奎師那神示顯有關的地點。這些時日，人數不一的朝聖團隊出發時，會伴隨著載滿裝備、帳篷、食物與個人行李的牛車。這不是前往聖地或單一目的地的朝聖之旅，而是在廣布神聖生活與傳說的地景上漫遊。

正式而言，朝聖之行是從秣菟羅出發，但對許多毗濕奴派信徒來說，沃林達文才是他們真正的出發點。朝聖會從亞穆納河浸浴及供奉沃林達女神（Vrindā）開始，她的真身是神聖羅勒植物。我們可以說，朝聖從自然開始，轉向提醒他們本質的上主。驚訝的是，旅程的開始卻是祭拜古老牧牛女之主神廟中的濕婆神。[38]根據傳統，濕婆神在此變成一名牧牛女，見證並享受了奎師那與牧牛女的愛之舞。他被奎師那的笛聲吸引到布拉吉，卻不得其門而入，甚至無法跨越亞穆納河，直到他變身成女性。濕婆神浸入河中，以牧牛女之身浮現。他們說，在布拉吉的神聖圈舞中，奎師那是唯一的男性。每個人，所有朝聖者，甚至濕婆神自己（喜馬拉雅山的大丈夫），全都是牧牛女。夜間，在牧牛女之主神廟中，祭司以鮮豔沙麗與妝點著唇眼的女性銀面具，打扮濕婆神。

當朝聖者展開布拉吉森林的多週行程時，他們全都像濕婆神那樣變成了牧牛女。大衛．哈柏曼（David Haberman）的《穿越十二森林之旅》（*Journey Through the Twelve Forests*），透過學者與參與者的眼睛，留下關於這段朝聖之旅的精采個人紀錄。哈柏曼寫到自己的朝聖始於沃林達文，驚訝發現自己竟然變成了牧牛女！「我們站在裹著沙麗的濕婆神大理石神像前，聆聽嚮導訴說牧牛女之主的故事。接著他解釋，這就是我先前敬拜亞穆納女神與沃林達女神，及當天早上在亞穆納河水中浸浴的原因。不知不覺中，我竟然把自己變成了牧牛女！」[39]

穿越十二森林的行程，發生在雨季，從奎師那誕生日後開始。這肯定是個吉祥的季節，充滿了無與倫比的戲劇性與美感。濃厚雲層聚攏又破散，緊接著陽光穿破雲層，帶來光燦的日落。這也是愛與渴望的季節。當然對朝聖者來說，這是個泥濘不堪，偶而還會遭遇傾盆大雨的季節。許多人可能會將這類森林健行視作某種苦行，但多數朝聖者並不認為這是苦行，反而是與奎師那神示顯相遇的機緣。

這是一趟環狀旅程，從奎師那神的出生地秣菟羅開始，最後也回到秣菟羅的休憩河階——除去惡王剛沙後，奎師那在亞穆納河畔休息之地。

十九世紀末，英屬印度的駐區軍官菲德烈克．葛羅斯（Federic Growse）曾在自己的著作《秣菟羅駐區回憶錄》（*Mathurā: A District Memoir*）中描述過此朝聖行程：「聖地、森林、林地、池塘、水井、山丘與神廟，全都依固定順序造訪，數量龐大；它們通常會組成五山、十一岩、四湖、八十一池及十二井；然而十二森林及二十四處林地，才是這趟朝聖的特色，也因此稱為『森林朝聖』。」[40]

想像中，一個世紀前葛羅斯記錄下來的朝聖行程特色，應該相當古老。然而布拉吉作為奎師那神生命傳說的奉獻朝聖中心，實際上不過是十六世紀才開始的事。《婆羅訶往世書》（*Varāha Purāṇa*）中的〈秣菟羅讚歌〉（Mathurā Māhātmya）應該也是成書於此時。〈秣菟羅讚歌〉詳細描述了神廟、亞穆納河的渡口聖地，以及秣菟羅和附近區域內的各處森林林地。事實上，它還提及了奎師那神誕生月分中，造訪此地森林與神廟，以及長達八十四俱盧舍（一百四十七英里）的「森林朝聖」。十六世紀同時也是「虔愛」新運動的毗濕奴派信徒到來之際，代表人物是瓦拉巴（Vallabha）與遮曇若（Chaitanya）。兩人的追隨者分別成為瓦拉巴運動（又稱為恩典之道〔Pushti Mārg〕）以及高帝亞毗濕奴派運動（Gaudiya Vaishnava Movement）。這些早期朝聖者穿越鄉村地區的旅程，回憶、經歷並描繪了奎師那神凡間生活的種種地點。即便今日，這些也是奎師那神聖地景朝聖的核心。

布拉吉的失落與再現

當人們追憶並重新確認跟奎師那凡間生命有關的古老聖地時，也產生了自己的神聖軌跡。在往世書傳說中，奎師那的命運是返回秣菟羅，除掉篡奪奎師那舅舅王位的惡王剛沙。以牧牛人養子身分長大的少年，重新成為剎帝利戰士。奎師那與哥哥大力羅摩向剛沙挑戰摔角，輕而易舉地獲勝。這齣戲的最後一幕，勝利的奎師那拖著被擊敗的剛沙，繞行摔角場。因此多年後，奎師那才能跪拜在真正的父母——提婆吉與婆藪提婆——腳邊，並讓舅舅——提婆吉的兄長猛軍（Ugrasena）——重登秣菟羅王位。

殺了剛沙之後，奎師那並未返回沃林達文的牧牛人與牧牛女之間。相反地，他派遣好友烏達瓦（Uddhava）去安慰他們，並將他們的精神生活導向學習吠陀經典及苦修。結果他們嘲笑可憐的烏達瓦，告訴他這類苦修並不適合普通村民和牧牛人。對他們來說，奎師那的消失更提升了他的存在感。現在他們感受到另一種甚至更強烈的愛意——渴慕分離的愛人——這種渴慕之愛稱為「viraha」。他們也透過回憶與地景來感受他的存在。森林、山丘、河流、牛群移動及笛聲，現在都成了回憶的工具，體現出奎師那的存在。[41]

故事中，牧牛女們引導烏達瓦到那些特殊之地、森林、池塘與涼亭，這些是她們回憶淘氣神祇之地。烏達瓦也深陷這些回憶勾起的情緒之中，最終放棄了他的哲學與冥想教育！他們說三代之後，奎師那的曾孫剛那布（Vajranābh）成為秣菟羅的統治者，並來到布拉吉尋找跟奎師那有關的地方。根據傳統，剛那布搜尋並找到奎師那的光榮之地。[42]此地有八間供奉奎師那神的主要神廟，今日仍舊是布拉吉地景的一部分：四間供奉奎師那神、四間供奉濕婆神。[43]然而幾個世紀過去，時光與叢林再度讓多數奎師那神生活之地從眼前消失。

十六世紀時，我們進入另一段比較晚近、重新「定位」並系統化奎師那神之地的時期，雖然這也已經是五百年前的事。一位名為瓦拉巴（一四七九至一五三一年）的導師是奎師那神的追隨者。這位來自南印度的哲學家周遊廣闊，據說在十五世紀末或十六世紀初造訪了布拉吉。[44]瓦拉巴在奎師那小嬰兒與難陀、亞輸達居住的戈庫爾村中，看見了兒童形象的奎師那神，並向瓦拉巴顯示我們所處的腐敗世代中，獲得救贖的奉獻之道——「恩典之道」。瓦拉巴與他的門徒在布拉吉鄉村各地與奎師那神進行神聖交流，特別是後來形成森林朝聖的十二處森林。在戈瓦爾丹山上，瓦拉巴認出由山中浮現的形象就是奎師那神。

村民們說，許久之前有頭母牛在地上產乳，這個地點出現了看似手與手臂的形象。一開始，他們將此形象視為蛇神那迦崇拜。畢竟手臂或說蛇形，是在敬拜蛇神的那迦五日祭當天出現。多年來，這個形象持續在那迦五日祭時獲得崇敬。然而，部分當地人士也開始視此形象為奎師那神舉起戈瓦爾丹山的那條手臂。他們說，奎師那神站在山丘的石窟中，在適當時機顯示自己。他們說，他的形象從一四一〇年就開始從山丘浮現。根據後世傳統，奎師那神的臉是在瓦拉巴出生那一年（一四七九年）浮現的。根據這個教派的歷史學者所述，奎師那神輕柔地對瓦拉巴說：「如你所知，在戈瓦爾丹山支撐者（Shrī Govardhannadhāra）的本我形象之下，我現身在神聖山之主（Shrī Girirāj）洞穴裡。除了住在當地的布拉吉人，沒人見過我。現在我讓自己顯現在眾人面前。因此，我一直在等待你。現在，你當迅速前往當地建立我的追隨者（sevā）。」[45]

瓦拉巴終於抵達戈瓦爾丹山，歡呼發現奎師那神像；他們說這並非人手造就的形象，而是上主經過將近百年時間的自我顯現。敬愛的上主完整地從山中浮現的形象，就是遠近知名的斯里納特吉（Shrīnāth-jī）；神祇並指示瓦拉巴要如何侍奉與崇敬。稍後我們將再回到他的歷史。

重新指認布拉吉聖地過程的另一個參與者，是遮曇若（一四八六至一五三三年）。這位毗濕奴教派信徒及導師，本身也是一位狂喜聖人，潛心崇奉奎師那神，並致力於超越枯荒無愛的吠檀多不二論

（Advaita Vedanta）哲學。事實上，對孟加拉毗濕奴教派運動人士來說，遮曇若被視為奎師那與拉妲合一的化身。遮曇若也在十六世紀，帶著兩位門徒魯帕・戈斯瓦米（Rūpa Gosvāmī）與薩納塔那・戈斯瓦米（Sanātana Gosvāmī），找出奎師那的生命之地。根據幾乎同時代的傳記作者奎師那達斯・卡維拉吉（Krishnadās Kavirāj），遮曇若抵達布拉吉時，造訪了讓他充滿愛意與崇敬的地方，並點出奎師那神在每個地方愛的嬉戲。今日的遮曇若派導師斯里瓦特薩・戈斯瓦米（Srivatsa Goswami）提醒我們，當遮曇若在一五一五年來到沃林達文時，是拉妲與奎師那兩者合一的神聖體現。「神聖遮曇若的發現之舉，是一種獨特的嬉戲；對神聖遮曇若來說，這趟旅程重返他同時身為拉妲與奎師那的過去時光。」[46]

遮曇若的旅程似乎穿越了布拉吉的十二座森林，正如哈柏曼所說：「他深刻沉醉在這些森林中，潛入池塘，擁抱樹木，驚見鹿隻與孔雀漫遊。」[47]進入冥想後，他認出這個地方是拉妲池，奎師那跟拉妲在這裡一起玩水。抵達戈瓦爾丹山，「他趴到地上，擁抱山上的一塊石頭，進入狂喜。」[48]根據傳統，整趟朝聖行程中，他將一塊戈瓦爾丹山石帶在身上，這塊石頭後來留下遮曇若的大拇指印。[49]找到奎師那神的「遊樂之地」後，遮曇若與門徒為這片土地創造出一組情感的連結；今日的高迪亞毗濕奴派（Gaudiya Vaishnavas）③信徒，也從布拉吉森林朝聖之旅中重新獲得力量。

這波「找尋」並系統化奎師那神生命傳說的主要貢獻者，是學者那羅延納・巴塔（Nārāyana Bhatta）。巴塔於一五三一年生於泰米爾納都的馬杜賴，傳說是仙界賢人那羅陀的轉世。他們說，還不到十二歲時，奎師那神出現在巴塔的面前，並給他一小尊神像，指引他帶著神像前往布拉吉。因此年少的巴塔帶著奎師那神像出發。根據傳說，神像三不五時會出現小男孩形象的奎師那神，往前跑，引導巴塔前往奎師那神曾住過及深愛的地方。透過奎師那神的協助，巴塔指認出上主在秣菟羅城中的出生地，以及戈庫爾村及沃林達文當地許多奎師那少年時期生活過的地點。還有拉妲所住的巴爾薩納村（Barsāna）。旅途之中的許多地點，奎師那神似乎直接在巴塔面前展現。例如，母牛直接產乳。當巴塔前往了解情況時，在地面上發現了奎師那神像。[50]

那羅延納·巴塔的傳記有種誘人的質感，揉合了傳說敘事及歷史日期、書籍與帝王的人為跡象。[51]他在一五四五年抵達布拉吉，強大的能量似乎吸引了蒙兀兒皇帝阿克巴與其印度教徒財務大臣托達爾·馬爾（Todal Mal）的注意。巴塔請求後者協助挖掘池塘及興築神廟。到了一五五二年，他住在拉妲池邊，據說在此寫了許多書，最知名的就是《布拉吉虔愛遊樂時光》（*Vraja Bhakti Vilāsa*）。即便今日，比起其他任何作品，這部梵文著作都更加詳細列出布拉吉的神聖地景。那羅延納·巴塔挖掘出或發現了許多奎師那神的「遊樂之地」之後，還描述這些地方及森林朝聖的基本路徑。今日多數人仍舊依循他的描述進行朝聖。他擁有一種獨特的神學觀，將整片地景連結到奎師那神的軀體上，「五十五座森林、林地與村落是奎師那上神（Bhagavān Krishna）軀體的不同部分。秣菟羅是心臟，吉祥的馬杜文（Madhuvan）是肚臍。庫穆文（Kumudvan）與塔爾文（Talvan）則是胸部，沃林達文是前額。」他繼續詳列奎師那神的軀體地景，直到腳趾。[52]

瓦拉巴、遮曇若與那羅延納·巴塔的十六世紀旅程指認出這一片神聖地景，並賦予生命。蒙兀兒帝國統治時期，秣菟羅城內的奎師那神廟逐漸受到壓力，然而此刻奎師那神崇拜的地點，卻移出都市

③ 即追隨遮曇若的信徒所建立，又稱為孟加拉毗濕奴教派或遮曇若毗濕奴教派。高迪亞意指孟加拉的高拉／高達（Gaura／Gauda）地區。雖為毗濕奴教派，實際上是以奎師那神為核心的信仰，更進一步來說，是拉妲與奎師那神合一的虔愛信仰。

環境，成為地景本身。這些十六世紀先鋒的旅程，很大程度上投射出今日朝聖者造訪的「遊樂之地」地景。許多「遊樂之地」上當然有小神龕、大神廟及奎師那神像。部分神像據傳是神奇地「出現」，或者傳說是奎師那神「自顯」的聖像，或奎師那神的「本體」。開拓者旅程的記述中最驚人的，卻是感受這片土地與土地的特徵後所產生的情感，今日的朝聖者經驗似乎也是如此。法國的布拉吉研究學者夏洛特・瓦德維爾在指標性文章〈布拉吉的失落與找尋〉（Braj Lost and Found）中指出，「神像與神龕，不論設在何處，都是次要：至少在崇拜的領域中，自然崇拜（prakrti-pūjā）先於形像崇拜（mūrti-pūjā），不只是發生時間上，在重要性上也是如此。」[53]也就是說，在自然中感受奎師那神——在布拉吉的森林、河流、池塘與山丘——是奎師那神崇拜的核心。據說，布拉吉連一顆沙（Braj ki raj）都是神聖的。

「布拉吉就是奎師那神的顯形。」學者哈柏曼在《穿越十二森林之旅》中如此寫下，描述自己在朝聖者的伴隨下進行著現代的布拉吉朝聖之旅。那是「一個物質具有意義的領域」。自然界中有兩個面向，特別被視為奎師那神的自顯：戈瓦爾丹山及亞穆納河。正如瓦德維爾所寫，它們是「布拉吉之地最偉大且古老的聖地，從未『失去』，也未『發現』」[54]。如前所見，亞穆納河是生於喜馬拉雅山上的女神，流經整片布拉吉大地，蜿蜒經過秣菟羅與沃林達文，提供了浸浴及神廟崇拜的聖水。她被視為奎師那神新娘或愛人的液態形式。而綿長低矮的戈瓦爾丹山，在因陀羅暴雨滂沱之下，被奎師那神輕鬆舉在空中，被當作雨傘阻擋暴雨。這座山早在連結到奎師那英勇行徑之前，顯然就已經是當地信仰崇奉的地點。許多世紀以來，此地一直是牧牛人的崇拜之地。

亞穆納河與戈瓦爾丹山都是更廣大地景的中心，然而感受整個布拉吉的自然領域，都是為了要喚起奎師那神。即便布拉吉的塵土，都因為奎師那神的示顯與足跡而神聖。正如親身經歷這趟朝聖之旅的哈柏曼所說：「山岳得到崇敬；石頭獲得撫觸；樹木被擁抱；土壤被吞下；收起塵砂；啜飲流水；在池塘裡浸浴。與其像那些禁慾修士一樣尋求穿透表層，進入某種底下的內涵，布拉吉的信徒崇拜各種形式，親密撫觸各種表面。」[55]

在布拉吉，朝聖者感受到的地景，充滿了奎師那神的示顯。這裡真正是奎師那的世界，奎師那神的崇敬也不限於諸多神廟與路旁神龕，而是走在神聖地理上的每一步。不過，奎師那神的廣大世界自然不只是布拉吉。印度各地都有奎師那神的主要神廟，並以各種不同方式，與秣菟羅、沃林達文及戈瓦爾丹山開啟的故事連結在一起。

恩典之道上的童神——斯里納特吉

阿赫邁巴德市的當地神廟中，一名穿著白色紗麗的老年婦女，靠在分隔信徒與奎師那小神壇的鐵欄杆上；奎師那神在此接受清晨祭禮。她拿著望遠鏡瞻仰斯里納特吉的聖像——僅有五英吋高的奎師那神兒童形象。事實上，穿著白紗麗的女士距離奎師那神的小神像僅有幾英尺遠，但對虔誠的信徒來說，要仔細瞻仰聖童像，需要藉助望遠鏡。工具在信徒手中傳遞，他們臉上帶著微笑，瞻仰放大的聖像。

此地實際上並不是神廟，而是一處大宅（havelī），附有蒙兀兒宮廷建築特色的庭園與露台。在「恩典之道」的傳統中，這裡是傳統儀式主持者的家庭與家族所在地；這些主持者被稱為「大公」（mahārāj）。廣義來說，這裡是以斯里納特吉形象現身的奎師那神的家，有時也被稱為難陀之家（Nanda's house），也就是他在布拉吉時，養父母難陀與亞輸達的家。雖然這些大宅和布拉吉的儉樸鄉村小屋，完全不可同日而語。

在這處家中，奎師那神從早到晚都有人奉祀崇敬。一天八次，奎師那神會被迎到精緻裝飾的小「寶座」上，接見信徒。一大清早的聖童瞻仰，將祂從睡夢中喚醒，稱為上主的「吉祥瞻仰」（mangala darshan）。清晨頭一件事，能夠瞻仰到奎師那神的聖顏，確實相當吉祥。一小時後，斯里納特吉著裝好，享用早餐；隨後奉上竹笛，準備進行「愛的瞻仰」（sringāra darshan）。祂也許會獲得小型的銀色上衣及玩具，供祂玩耍享樂。下一次瞻仰的時候，祂已經跟朋友帶著牛群，前往草地；中午時分，祂會享用午餐並獲得花環；午睡之後，祂在海螺聲中醒來；晚間祂享用一頓清爽的晚餐；一日終了之際，祂以返家之牛的形象出現，最終將進入休眠。一整天的每段瞻仰時間裡，斯里納特吉都有特殊服飾。事實上，在所有印度教神祇中，斯里納特吉的衣櫥可能是最豐富多樣的；顏色、樣式與重量，都跟一日不同時段或不同季節相襯。每次瞻仰中，音樂家會演奏符合當日時段的音樂，取悅上主。這處大宅確實是奎師那神的家。在此，奎師那神以聖童之姿獲得崇敬。

當雨季帶來豐潤富饒，人們歡慶「綠色新月」（Haryālī Amāvasyā）。[56]這一天是雨季月份——室羅伐拏月（Shrāvana，西曆七到八月）的新月；這一天的代表色是綠色，鮮嫩的綠，就像各地因為雨季降臨而迸發的新生命。傍晚時分，兒童奎師那神會被迎到庭院中盪鞦韆。奎師那神的主要照顧者「大公」披上綠色棉質披肩，鞦韆本身也會仔細以嫩綠葉片裝扮。「大公」溫柔地將奎師那神放到鞦韆上，輕柔地推動鞦韆，一邊用他強壯、受過古典訓練的聲音，唱出美麗的頌歌（bhajan）來崇敬奎師那神。他接著將奎師那神迎回小神殿中，供奉獻燈。隨後端坐在自己的「寶座」（baithak）上，「大公」則接受恩典之道信徒的敬拜；他們擁上前碰觸他的腳。

瓦拉巴繞行印度各地聖地的旅程中，建立了一系列「寶座」，並在此進行教導。今日，這些「寶座」散布在北印與中印各地，從東邊的普里，到西邊索拉什特拉半島的朱納賈爾（Junagarh），及北方的哈德瓦爾。它們構成了這個信仰傳統的神聖地理。這些地景隨著瓦拉巴的兒子與繼承人而擴大。根據傳說，十六世紀初，當瓦拉巴前往偉大的馬哈拉施特拉聖地潘達普爾時，上主毘塔爾神（Vithal，亦稱毘托巴神，是毗濕奴神特別受到崇敬的形式之一）令其結婚成家。因此他結婚，並開啟了導師與祭司結婚成家的傳統。瓦拉巴的第二子毘塔爾納特（Vittalnāth，一五一六至一五八六年），以毘塔爾神命名，是他的直接繼承人。毘塔爾納特在戈瓦爾丹山祭祀奎師那神像，並建立一座小神龕，日日進行崇拜。這個傳統稱為「服務」。恩典之道傳統獨具高度美感的論述，會根據一日不同時段、一年不同季節，擁有特殊形式的音樂、服裝、飲食及娛樂，主要是由毘塔爾納特所發展出來的。

毘塔爾納特有七個兒子，晚年時，他將戈庫爾村及戈瓦爾丹山區域內由他服務的奎師那神像託付給每個兒子。隨著時間進展，許多神像遷移到印度的其他區域。有些神像非常小，也許就是為了移動方便，以便在世態不平靜時，逃過穆斯林當局的注意。這類家庭崇拜的脈絡，沒有明顯可見的廟塔或特徵。這些「大宅」不但跟其他高門大戶看來神似，也相當適合奎師那神崇拜的家庭本質。例如，秣菟瑞許吉（Mathuresh-ji）的極小自顯像，落腳在拉賈斯坦的科塔（Kotah）大公王室裡，並衍生出獨特的繪畫傳統，例如奉祀秣菟瑞許吉的齊許爾．辛格（Kishore Singh）大公像。描繪科塔王宮的畫面裡，我們看見奎師那神像確實極小，需要望遠鏡才能瞻仰聖顏！[57]雖然生命最後的幾十年中，毘塔爾的注意力集中在戈庫爾村聖地及服侍斯里納特吉。斯里納特吉的許多聖像，包含阿赫邁巴德「大宅」中的納特瓦拉爾吉（Nātvarlāl-ji）小聖像，都是跟「恩典之道」有關的地方網絡之一。在阿赫邁巴德的納特瓦拉爾吉大宅裡，綠葉妝點的鞦韆上，搖晃著奎師那神的「大公」，是這個傳承體系的一部分，其他「大宅」中服侍奎師那神的人也是如此。

當然，故事是從戈瓦爾丹山開始。以斯里納特吉形象出現的奎師那神，從山丘本身浮現，多年來在此接受崇敬。一段時間後，秣菟羅為他建起一座神廟。十七世紀蒙兀兒皇帝奧朗則布的時代，打擊偶像崇拜及摧毀神廟神像成了無時不在的威脅，斯里納特吉的神像於是被裝上車，從布拉吉的家鄉，運到拉賈斯坦。[58]就在烏代浦爾（Udaipur）北方的阿拉瓦利山間，車卻卡住不動了。此事被視為停留的跡象。納特德瓦拉（Nāthdvāra）神廟城鎮遂在斯里納特吉神像周圍發展起來。今日此地仍舊是恩典之道奎師那神崇拜的主要中心，不過還有另外六個與此傳統有關的重要奎師那神崇拜之地。[59]納特德瓦拉則圍繞著斯里納特吉的大宅發展起來，這處大宅是擁有數百個房間的龐大建築。

今日的納特德瓦拉肯定是這個傳統儀式與藝術的重鎮，有些藝術家的工作坊享有好幾世紀的盛名。他們創造出優雅的「毗伽維畫」（pichhavai），作為大宅神龕上斯里納特吉神像背後懸掛的背景。毗伽維可能描繪有斯里納特吉跟夥伴，或者奎師那神與牧牛女跳起的愛之舞，也可能是單純的牛群畫。此外，納特德瓦拉恩典之道傳統的藝術家，也發展出一種描繪斯里納特吉的藝術風格，全印度家喻戶曉。這種風格中的斯里納特吉，呈現出矮胖、黝黑的特殊風格化造型，擁有曲線大眼；左手高舉，彷彿要抬起山丘，高舉的手穿出代表著山丘的橢圓邊界。他同時舉起戈瓦爾丹山，也從山中的洞穴浮現。這些繪畫中，五、六月夏季的懊熱裡，他穿著非常薄、幾乎透明的多迪裹布；秋天的食之山節慶換上金色；冬天則穿上優雅的紅色派斯利紋外套；雨季開始的綠色新月，則是一身嫩綠。描繪斯里納特吉的無數繪畫，成為恩典之道信徒家中的奎師那神像。

一整天裡，一年之中，奎師那神大宅中的人，都參與在奎師那神的神聖「遊樂嬉戲」之中，這個過程透過傳統的「家居」儀式藝術來表現。瞻仰之時，掛簾拉開，奎師那神現身。然而因為他被視為奎師那神的活生生表現，因此每次瞻仰所看見的景象，都跟今天一早或上週的瞻仰不同。熟悉的形象中每次都有新意，每個時辰或每季的衣著打扮都不同。正如艾利克・艾利克森（Erik Erikson）在每日儀式化的研究《玩具與理性》一書中寫道，最好的儀式是既有趣又正式，結合了重複與意外。「不只是慣性上單純重複或熟悉，任何真正的儀式化……實際上充滿了突發驚喜。」[60]這得仰賴驚喜與指認之間的互動。這種手法——熟悉指認之時卻被意外突襲——正是以斯里納特吉形象出現的奎師那神學藝術核心。

奎師那崇拜的恩典之道傳統還創造了另一種地景：相互連結的大宅網絡，每一座都奉祀一尊小而強大的奎師那神像，以及瓦拉巴曾經教導過的「寶座」網絡。雖然很少朝聖者會系統性地造訪這些地點，然而這些相互連結的地景，明顯構成了恩典之道傳統的心智地圖。任何一座大宅裡，朝聖經驗作為替代經驗，讓家族成員參與了奎師那的日常生活——祂醒來睡去、祂牧牛並於日落時返家、祂盪鞦韆跟玩水。造訪「大宅」時，信徒會遇見處於日常家居生活循環中的上主，並參與祂當下進行的活動。清晨時分來到大宅，信徒會給庭院裡的牛隻餵上一把青草。早餐後，信徒可能會參與每日八次瞻仰的其中之一，當捲簾拉開，參與者獻上銀色小玩具給奎師那神耍樂。夜間會有音樂。一切活動都投射在居家生活領域裡。因此，這個奎師那大家族就是沿著印度中西部擴張的親屬網絡。二十一世紀的現在，恩典之道大宅也在美國成立，最大型的布拉吉（Vraj）大宅，是位於賓州鄉下廣達三百英畝、要價數百萬的神廟群，還設有自己的亞穆納河與各種聖地造景。美國的布拉吉號召了大批虔誠信徒，每年吸引將近十萬名印度教徒來訪。[61]

德瓦拉卡之主

在印度的土地上追索奎師那神的傳說，會帶著我們從甜美的布拉吉及恩典之道傳統的嬉戲歡快儀式，來到印度的最西緣德瓦拉卡古王國。此地是擊敗剛沙、讓猛軍恢復秣菟羅王位後，傳說中奎師那成年後的統治之地。當時北印度王國間的鬥爭持續不斷，統治秣菟羅的雅度族遭到妖連王（Jarasandha）帶領的摩揭陀族（Magadha）諸王擊潰。因此猛軍、奎師那及雅度族人往西逃竄。在索拉什特拉的海岸邊、卡提亞瓦半島的最西端，建立了傳說中的奎師那首都——德瓦拉瓦提。這座城市據傳是眾神天城阿瑪拉瓦提的凡間版，由眾神的建築師毘首羯磨（Vishvakarman）本人建造。[62]建築規劃如此繁複，以致奎師那得要求海水退縮，才能施行。這座城完工時，從須彌山的金頂到大海的珍寶，德瓦拉瓦提將一切最美好的事物都帶到凡間來了。這裡是真正的人間天堂。卡提亞瓦半島就是奎師那人間生活最後的舞台。

我們認識到奎師那扮演了國王這個新角色，雖然對奎師那的信徒來說，這比不上布拉吉的愛之圈舞來得重要。奎師那是睿智強大的國王，娶了豔光（Rukminī）為后，據說還有一萬六千名嬪妃。隨著戰雲在俱盧之地聚攏，奎師那收到敵對堂兄弟——阿周那與難敵——分別請求協助的要求。雙方都有理有據、也都是親戚。奎師那提出兩個選擇：數千名士兵或他本人擔任某種支援角色。難敵選了士兵，因此阿周那獲得奎師那擔任他在戰鬥中的駕車員。《博伽梵歌》裡，大戰首日奎師那跟阿周那進行的知名對話中，他向阿周那揭露自己就是至高無上主，轉世進入人身，好在恐怖威脅的時代裡，護持正法不受不如法力量的威脅。他也如此在世世代代轉世為人。雖然這是一場堂兄弟之間的戰爭，但阿周那不應退卻。戰爭期間，奎師那給予阿周那與般度兄弟的建議至關重要。這場大戰展開的故事相當複雜，細膩地記錄在史詩《摩訶婆羅多》中。雖然般度族贏得這場大戰，完全剿滅了對手，可勝利卻是空洞的，世界孤立在毀滅之中。

至於這齣大戲與印度大地之間的關係，我們可以簡單地說，時至今日，俱盧之地仍舊是強大的朝聖地點。此處許多聖地宣稱自己的歷史遠遠早於這場大戰，另有許多地點則跟大戰本身有關。有一棵老樹（挺老的，但也沒那麼久遠）被認為「見證過《博伽梵歌》的不朽榕樹」。今日在樹下有一輛載著奎師那與阿周那雕像的小型大理石戰車，還有奎師那神的大理石足跡。當我們思考《摩訶婆羅多》形塑的地景時，最重要的也許是堅戰、阿周那及其他般度兄弟尋求從戰爭罪行解脫時所造訪的許多聖地。普拉耶格是最知名的案例，此外還有其他地方，包含喜馬拉雅山中的凱達拉之主濕婆神廟。

《摩訶婆羅多》及《博伽梵往世書》推動了大戰之後的奎師那故事。他返回德瓦拉卡，這一世對抗不如法迫害力量的任務，此刻已經完成。《摩訶婆羅多》中自相殘殺的戰爭讓這個階段劃上句點，然而戰爭也很快吞沒了他自己的氏族——此刻婆羅門的詛咒宣告了雅度族的毀滅。預見了光輝城市德瓦拉瓦提的終局，奎師那帶著自己的族人前往海岸線上更東方的波羅跋娑（此刻稱為索姆納特），在此地的海水中浸浴。他離開人世的時間已經不遠了。

奎師那降生的雅度族為何會毀滅呢？關於奎師那神的奇異結局，還需要上主本人親自說明。他說：「財富、勇猛與權力，讓雅度王朝毫無節制，將要吞噬這個世界。因此我必須阻止，就像海洋為岸地所限。倘我離去前，未能圈限驕傲雅度人的偉大王朝，這個世界將在他們的過度發展下摧毀。」[63]因此當他們來到波羅跋娑的海岸時，一場戰爭爆發了。彷彿上演一齣已定的劇碼，奎師那的雅度族同胞陷入茫然大醉，自相殘殺。甚至連盛怒時採下的草片，也變成鋼鐵，讓他們當作殺戮與破壞的武器。酩酊大醉下，將友誼親情拋諸腦後，所有人自相殘殺。[64]奎師那知道災難性毀滅的時刻已經到來。[65]

在附近森林中休息，展現出四臂形態的奎師那，被一位名為賈拉（Jarā）的獵人一箭射穿手腳及心臟。他們說奎師那躺在那邊，賈拉誤將紅色的腳當成鹿腳，因此引弓射箭。奎師那當場死亡。今日朝聖者可以造訪奎師那經歷致命一擊、嚥下最後一口氣的地點。這個地方稱為巴爾卡聖地（Bhalka Tirtha）或迪赫查爾加（Dehotsarga），意指奎師那「放棄身體」之地。此地由索姆那特信託基金重建為朝聖地；同一個單位在數英里外重建索姆納特神廟。今日，造訪這處森林的朝聖者，會發現一尊躺臥的奎師那神大理石像，腳部覆滿吉祥的神聖符號。獵人賈拉的大理石像跪在附近，虔誠地雙手合十。印地文告示牌寫下：奎師那上主在此放棄他的凡身。據說奎師那之死，開啟了爭鬥時代。此處也是一處聖地，特別因為此地是上主死亡、當今黑暗時代開始之處。

至於德瓦拉卡城，傳說紀錄告訴我們，當奎師那死期將近時，他派出戰車手前往德瓦拉卡，警告眾人離開城市。他說：「當我放棄這座城時，它將會被大海淹沒。」[66]這是《博伽梵往世書》告訴我們的故事。《毗濕奴往世書》確認了這則傳說，「奎師那離開凡間的同一天，降下強大黑暗的爭鬥時代。海水上升，吞沒了整個德瓦拉卡。」在《摩訶婆羅多》中，則是由阿周那本人描述事情的經過。他返回德瓦拉卡，為哀傷至死的奎師那父親婆藪提婆、殉葬的妻妾舉行最後儀式：

> 拍打岸邊的海浪，突然突破了自然的阻擋疆界。海水衝進城市。沿著美麗城市的街道流竄。海水淹沒了整個城市的一切。我看到雄偉建築一棟接一棟沉沒在水中。不消幾分鐘，整個消失了。此刻海面有如湖面般平靜。沒有留下一絲一毫城市的痕跡。德瓦拉卡只是個名字；只是回憶。[67]

難怪許多世紀以來，德瓦拉卡的神話引起如此興趣，也仍舊是爭議的核心。今日的德瓦拉卡是個熱門聖地；事實上，它是印度四方神居之一。然而那個被海水吞噬的黃金城德瓦拉瓦提，跟今日海岸上光輝耀目的德瓦拉卡之間有什麼關係呢？德瓦拉卡海岸周圍以及名為「德瓦拉卡島」（Bet Dvārakā）的外海小島上，曾進行了大型海洋考古行動。這座小島據說是傳說中德瓦拉瓦提「城邦」的一部分。一九八五至八九年間，此地進行了九次海洋考古探勘，他們在海面下發現了舊堡壘、建築與街道的遺跡。根據拉奧（S.S. Rao）分析海洋考古探勘資料的著作《失落的德瓦拉卡城》（*The Lost City of Dvārakā*），部分遺跡可追溯至西元前第二個千年的《摩訶婆羅多》時代。[68]甚至更早期的資料發現，暗示這裡有一座古老港口，在印度河文明高峰時期，進行蓬勃的貿易活動；後世的遺跡也暗示，這座城市不只淹沒一次，而是好幾次。[69]海洋考古發掘的詮釋引發了激辯，有些人視此為奎師那與其城市確實在歷史上存在，也有些人認為這些遺跡並不能指向任何結論。

最驚人的是，這座古代港口裡「究竟有些什麼」，與奎師那神的傳說城市其實並不怎麼相關，也跟今日同名的朝聖城市毫無關聯。信眾的地景不是由考古學形塑的，而是出自一股單純的信念，將古代的奎師那神與今日此地的奎師那神連結在一起。海中發現的故事，也許支持了某些重視「尋找歷史上的奎師那」的人，但對今日多數來到德瓦拉卡的信徒來說，並非如此。這趟朝聖旅程本就預設了奎師那存在的真實性，不論是過去，還是現在。

突出阿拉伯海的卡提亞瓦半島是一片透過灌溉肥沃起來的平坦農地，生產棉花、玉米、小麥、花生及辣椒。半島最末端，也就是今日印度的最西端，雄偉的德瓦拉卡神廟矗立在海崖之上，廟頂尖塔高聳，塔頂有大型的金色旗幟飛揚。阿拉伯海的潮流，從兩個方向沖刷著半島頂端，沖上岸前就已相互撞擊匯流。我們可以想像這片大洋發怒的情況。沿著海岸，朝聖者尋找稱為「德瓦拉卡石」

（Dvārakāshila）或「德瓦拉卡輪」（Dvārakāchakra）的石頭；這種白色石頭上有奎師那轉盤的精緻輪印痕。對毗濕奴教派信徒而言，這些石頭就像尼泊爾甘達基河產出的沙拉葛拉瑪石，或者戈瓦爾丹山的石頭一樣，無須召喚或聖化，它們是奎師那神自身的自然、原質形態。人們可以將石頭原封不動地帶回家，放在家中神壇上，每天禮敬奎師那神。

德瓦拉卡神廟中的奎師那神像，是黝黑四臂造像，就像秣菟羅神廟的造像。朝聖者由「天堂之門」（Svargadvāra）魚貫進入。晚間群眾聚集，神廟鐘聲響起，在黑暗的神廟內部回響。這一晚神廟裡有三十名來自中央邦的朝聖者，對他們來說，這是四方神居繞行的最後一站。先前已經造訪過普里跟拉梅許瓦拉；去年前往喜馬拉雅山的巴德里納特。今晚，他們終於抵達德瓦拉卡。奎師那神像身穿銀色錦邊的玫瑰紅絲袍。祭司群也身著相應的玫瑰紅側邊綁帶背心，戴上深色玫瑰紅圍巾。主祭司進行一系列夜間獻祭前，先向奎師那神展現他的鏡中身影。他將銀笛置於奎師那神手中，向上主獻水，接著將水灑向群眾。每個人都伸手向前，期望獲得一滴祝福之水。接著，瑜伽士般的筆挺站姿中，他以強壯的手臂，在奎師那神像的黝黑面容之前，虔誠、優雅、流暢地旋動沉重的銀油燈台。

奎師那已經離開這個世界。然而德瓦拉卡就跟印度各地一樣，關於奎師那神的信徒社群仍就活躍。我們要如何理解這種現象？一位作家維迪亞納坦（K.R. Vidyanāthan）直接問了這個問題，「當他完成轉世目的離開後，上主怎麼了？他向當時代的人民，以血肉之軀展現美好型態，以及所有吉祥符號，全都被保存在我們的神廟聖像中，世代流傳。」[70]某個方面來說，這是奎師那信徒廣泛認知的造像神學；奎師那神以「血肉之軀」與我們同在，現在仍舊以神廟聖像的形式存在我們之中。最珍貴的造像，據說來自德瓦拉卡。德瓦拉卡消失的傳說如此引人入勝，因此當許多地方將神聖性連結到此地時，並不令人感到意外。

烏都毗與古魯瓦尤：來自德瓦拉卡的奎師那神像

德瓦拉卡神像中最優美的，據說是由諸神的大工匠毘首羯磨，為了奎師那的母親提婆吉親自打造的。這尊神像據說是為了滿足提婆吉的心願，希望能持續擁抱奎師那小嬰兒。工匠造出的像，是拿著攪奶油棒的奎師那。不只深受提婆吉熱愛，還有奎師那的妻子豔光，也將這尊像珍藏在德瓦拉卡城中。德瓦拉卡城淹沒之後，據說阿周那找到這尊奎師那像，將它藏在城外的豔光森林中。這裡，我們再度看到失落與發現的主題；神像一度消失，掩蓋在一堆檀香泥（gopī chandaman）之下。最終，神像又再度被發現，不過卻是數百年後，一千英里外的印度西南海岸上。

根據傳說，許多世紀之後，沉重的神像已經看不出是奎師那神像，甚至被海船拿來壓艙。當船往南航行數百英里，靠近馬拉巴爾的海岸，結果海象惡劣，船隻承受不住將要沉沒。就在此時，船長看到一名聖人站在沙灘上，對著海上揮動衣服。大海神奇地平靜下來。這位聖人是十三世紀的賢者暨哲學家馬德瓦（Madhva），他的故鄉烏都毗就在他站立的瑪爾毗（Malpe）海灘不遠處。感恩的船長邀請馬德瓦任選船上的貨物作為回報。出乎船長意料，他選擇了覆滿泥的壓艙石，因為他知道那是一尊奎師那神像。[71]「這則傳說出處不明。」坎納達語（Kannada）學者班南杰・哥文達恰利亞（Bannanje Govindacharya）寫道，但他認為十八世紀烏都毗一位修道院長所寫的簡化版本更加可信，這個版本成為馬德瓦傳記評論的一部分：一艘裝載著德瓦拉卡神像的船在馬爾毗海岸外沉沒海底。馬德瓦在海岸上發現了覆滿泥土的神像，因此將該像立在烏都毗。[72]

也因此，七百多年前，德瓦拉卡的奎師那神像來到烏都毗。馬德瓦清理並祝聖了這尊握著攪奶棒的小奎師那神像，並興建神廟奉祀。今日奎師那神廟大門外的牆面上，刻畫著馬德瓦站在沙灘上、揮動他土黃色衣服來平靜風暴的景象。馬德瓦是偉大的非二元論（advaita）哲學家，於十三世紀初出生在此地附近的卡納塔卡海岸。[73]他以尋道者及學生的身分，遊歷了印度各處的聖地，最終定居在烏都毗。所有聖地中，他最喜愛的一處是喜馬拉雅高山上的巴德里納特，據說他造訪當地三次。最後一次他即將完成生命之作，以近八十的高齡，在該地迎向死亡。

然而馬德瓦的家鄉是烏都毗，這座神廟城市今日依舊以奎師那神廟、旁邊的濕婆神廟及八間由馬德瓦建立的修道院（matha）聞名。這八間修院的住持以一種稱為「普拉雅雅」（Prayaya）繁複制度，輪流擔任神廟的服侍工作。每個人的服務週期為兩年，每天負責奎師那神像的十四次禮拜。[74]這個普拉雅雅體系也產生了一套朝聖行程。由於住持每十六年會成為主祭，此時他會造訪全印度的聖地，「從卡尼亞庫瑪莉到巴德里納

烏都毗眾神的車駕。

特」，獲取對主祭期間的祝福，也募集對普拉雅雅節慶的捐款支持。再一次，我們看到相互連結的廣大婆羅多地景，成為在地婆羅門祭司的權威來源。

透過十六世紀的傳說，我們聽到奎師那神清楚宣布，自己將出現在烏都毗眾人面前——無論貴賤，無論種姓。一位名叫卡納卡達薩（Kanakadāsa）的信徒前來烏都毗朝聖，卻無法進入神廟，因為現實生活中他是一名牧羊人。因此他在神廟外唱起奉獻之歌，他們說奎師那神深受感動。上主在廟牆上開了一道裂縫，並轉了一百八十度向西，讓卡納卡達薩得以瞻仰聖顏。廟方並未補上裂縫，而是將其轉成一面窗戶，暱稱為卡納卡達薩之窗。每個人都可以從這面窗戶看見奎師那神。今日則演變成習慣，大家進入神廟瞻仰之前，會先從裝飾華美的銀邊卡納卡達薩之窗窺視神像。

瞻仰奎師那神不只在廟裡，也在街上，特別是環繞廟埕的車街（Car Street）。烏都毗的都市規劃就像許多南印度城市——神廟群位於市中心，有一條四方環狀的遊行路徑，供大眾瞻仰之用。此地，就像許多偉大神廟，為了出巡而特別祝聖的神像會被迎出內聖殿，恭放在車上，巡視眾生，也為眾生所瞻仰。此刻眾神也成為朝聖者。在煙花、節慶燈光與歡呼聲中，奎師那神幾乎每晚出巡。神駕（ratha），也被人稱為戰車，有時外表就像牛車一樣簡單。但在烏都毗，三座神駕都十分巨大繁複。三座神駕中最大型者，至少有三十英尺高（約九公尺），車輪約莫一位成年男性的高度。車駕的上層結構，回應神廟的塔頂建築，是草編的蜂巢體。祭司恭迎奎師那神的出巡神像，經由坡道進入神駕上的內聖殿。神駕由幾十名信徒拉動，人體靠在粗壯長繩上往前拉，穿梭遊行街道。參與晚間遊行能夠獲得福報。除了雨季暫停，每年至少有九個月的時間，街道上的神駕出巡幾乎成為每晚的盛事，通常仰賴信徒捐獻來維持。

烏都毗鎮的優雅風情，從今日的街道與咖啡館可見一斑。「這塊土地很有福氣，能夠孕育馬德瓦大師，並獲得來自德瓦拉卡的奎師那神像。」《烏都毗的過去與現在》（*Udupi, Past and Present*）一書作者如此評論。[75]

沿著海岸更往南行，進入今日的喀拉拉邦，有另一尊跟德瓦拉卡有關的重要神像：古魯瓦尤神廟中的奎師那神像。這尊神像是奎師那出生當晚，提婆吉與婆藪提婆所看見的四臂奎師那神像：手持海螺、法輪、寶錘與蓮花。今日德瓦拉卡的德瓦拉卡第一神廟（Dvārakādhīsha）中所見的神像，也是這一尊。同樣的，故事也是從奎師那即將離開凡間的時候開始。根據傳統，奎師那告訴他的朋友與追隨者烏達瓦，他將示顯一尊神像，此後德瓦拉卡沉入海中，烏達瓦將祀奉這尊像。他得確保這尊像矗立在另一處聖地，地點則須徵詢眾神的導師——祭主仙人（Brihaspati）的意見。[76]

當德瓦拉卡遭海水吞噬，祭主仙人跟著風神瓦尤來到當地。祂們要求水神伐樓羅暫時退去，好取回奎師那神像。瓦尤取回神像，將神像頂在頭上。接著祭主仙人與瓦尤開始尋找另一處可以安奉奎師那神的地點。他們帶著神像跑遍北印度各國，也到了南方各地，尋找一處合適地點。在西南海岸上，祂們遇到持斧羅摩。祂是毗濕奴神的轉世化身之一，從大海奪回整片西印度海岸，從哥卡那到卡尼亞庫瑪莉的印度之角。事實上，持斧羅摩告訴祂們，自己正要前往德瓦拉卡尋找這尊神像，為民眾解除某種風濕疾病。因此祭主仙人跟風神瓦尤接受邀請，將神像安放在附近的樓陀羅渡口（Rudratīrtha）。此地位於優美的湖泊邊上，靠近喀拉拉海岸，濕婆神與帕爾瓦蒂女神已經在此居住。然而濕婆神願意將此地讓給奎師那神。事實上，是濕婆神堅持要祭主仙人及瓦尤將神像安放在神廟中，這座神廟後來就以古魯瓦尤④為名。奎師那神在此名為「古魯瓦尤之主」（Gurubāyūrappan）。今日，古魯瓦尤有時也會被稱為「南方的德瓦拉卡」，此地的〈讚歌〉也宣稱奎師那神像的造像，與祂出生當晚顯示在提婆吉與婆藪提婆面前的形象相同。

此地缺乏馬德瓦這樣的歷史標記，給予我們清楚的時間概念，而這則故事明顯是發生在神話時代。據說仙人與風神讓諸神的建築師毘首羯磨蓋起神廟，這位建築師也是德瓦拉卡的設計者。然而我們知道，古魯瓦尤後來成為知名的療癒中心，並在十六世紀學者及詩歌作家梅爾帕度爾・那羅延那・巴塔提利（Melpathur Nārāyana Bhattathiri）所做的頌歌中，受到大肆讚揚。今日，這首〈那羅延那上主頌〉（Nārāyanīyam）仍舊深受古魯瓦尤信徒喜愛。作者本人也在古魯瓦尤治癒了特別痛苦的關節炎。根據傳說，巴塔提利對於深受疾病所苦的導師感到不捨，因此向上主請求將導師的痛苦轉移到自己身上。巴塔提利如願以償，以己身承受導師的風濕疾病。然而當他以《博伽梵往世書》為基礎，創作並唱頌〈那羅延那上主頌〉後，他的痛苦逐漸消失。詩歌的第一百節，他呼喚上主顯現在自己眼前。「我看到祂在我眼前」（Agre pashyāmi）是一段反覆吟誦的知名詩句。詩句結尾，他祈求「願〈那羅延那上主頌〉給予此世眾人長壽康健與幸福」[77]。巴塔提利最終完全恢復健康。時至今日，古魯瓦尤仍有許多關於療癒的故事。

前往此地的朝聖者會發現一座安靜的神廟，距離最近的城鎮德里久爾（Trichur）有十九英里。古魯瓦尤神廟位於高大的棕櫚樹間，廟埕散發一股寧靜的氣氛。音響放送著敬拜奉獻的歌曲，特別是〈那羅延那上主頌〉。此地以祝福朝聖者「長壽康健與幸福」聞名。圍繞神廟四邊的廟牆上，一排排突出的油燈，讓神廟之美更加驚人，也吸引朝聖者前來。晚間點燈時，數千燈火閃爍。一九七〇年，這座神廟遭到祝融之災，今日已然重建，包含圍繞的燈牆。

神廟文獻中羅列出「神廟的傳統慣習」：信眾必須在神廟旁的樓陀羅渡口浸浴後，才能進入神

---

④取導師（guru）及風神名諱瓦尤合為一字。

廟；並鼓勵信眾穿著濕衣服進入神廟。一如許多南印度神廟，男性必須裸胸入廟。廟中不得使用相機與手機。信眾應避免與廟方無關的詐騙嚮導接觸。

然而長久以來的慣習中，還規定「非印度教徒不得進入神廟」。就像許多南方神廟，古魯瓦尤也有長久的正統婆羅門傳統。因此古魯瓦尤神廟成為一九三〇年代甘地非暴力不合作運動（Satyagraha）的目標之一——要求神廟開放讓無種姓者得以進入。這場運動最終贏得勝利，導致一九三六年特拉凡科爾（Tranvancore，今日的喀拉拉）大公頒布「神廟開放詔書」（Temple Entry Proclamation）。《詔書》的部分前言宣布，「深信吾等宗教之真實可信，乃奠基於神聖引導及全面寬容，亦明瞭諸多世紀以來宗教儀軌已順應時代變遷需求，留意吾等印度教子民當不囿於出生或種姓社群，皆得享印度教信仰之撫慰……」在此基礎上，「出生即為印度教徒，或以印度教為宗教者」不應被排拒入廟。然而，仍舊只有印度教徒可以進入古魯瓦尤，入廟的爭議仍舊持續。二〇〇七年，喀拉拉政府提議，在「出生即為印度教徒，或以印度教為宗教者」中，加入「或信仰」，讓「信仰」印度教者可以入廟。多年來，主要的案例是基督徒歌手耶穌達斯（Yesudās），他錄下的古魯瓦尤奉獻歌曲感人至深，在喀拉拉各地深受歡迎。然而耶穌達斯卻從未能獲准入廟。他總是說自己在廟外就能完全感受到奎師那神的存在。然而關於非印度教徒可否進入神廟的爭議，在不合作運動的七十年後終於爆發，也隨著究竟誰是「印度教徒」的棘手問題，愈滾愈大。[78]

烏都毗跟古魯瓦尤的案例中，是神像給予這個地方重要性。如前所見，這也是建立神聖地理的強大方式——神像的失落與尋得。甚至有好幾座不同的神廟都宣稱自己尋得神像。我們還可以再納入另一間奎師那神廟，位於阿赫邁巴德西方的達科爾（Dakor）的林邱爾（Rinchor）神廟。這裡有另一系列的傳說，將奎師那連結到德瓦拉卡城。這個案例是一位年老信徒的故事，他習慣帶著自家種植的神聖羅勒葉片，從達科爾跋涉到德瓦拉卡，去敬拜奎師那神。最後他年老體乏了，因此改駕車前往德瓦拉卡，想將奎師那神像帶回達科爾的家。即便德瓦拉卡神廟的種種安全措施，奎師那神卻是甘願被綁架，隨著前往達科爾的車輛消失無蹤。今日，祂成為達科爾當地祀奉的林邱爾神。一如其他傳說，重要的是奎師那神像的強大示現，以及跟德瓦拉卡榮光之間的關係。然而擁有來自德瓦拉卡奎師那神像的宣告，並不一定能將當地連結到另一個地方。每個地方都會耕耘自己的信眾群。

普里：世界之主賈格納塔

以賈格納塔（Jagannātha）形象現身的奎師那神像，印度各地都能立刻認得出來：敦實的黝黑神像，比例上幾乎全都是頭部，大如圓盤的眼睛，以及短小的手臂。祂不是自己一個人，兩旁總是有哥哥大力羅摩與妹妹妙賢（Subhadra）相伴。祂們也都有類似的圓潤外表及大眼睛，雖然大力羅摩是白皮膚、妙賢則是黃皮膚。三位神祇安奉在全印度最知名神廟之一的內聖殿中——普里的賈格納塔神廟。這些神祇為何會以如此特殊的形式在此呈現，引發無數疑問，也因此讓奧利薩地區的奎師那賈格納塔教派成為許多學術研究的核心。

清晨的沙灘上，一位女性小心地以手指在沙地上作畫，描繪三位神祇的形象。這幅短暫的畫像，是為了專注在清晨海岸進行供奉而畫。當她結束祈禱後，她從自己的創作裡抓起一把沙，轉向潮浪，放進水中。不消片刻，她刻畫的神像已經流去，其他人則站在平滑沙面上，不知神像一度短暫存在他們腳下。

古魯瓦尤與烏都毗雖然都靠近沙灘，固定儀式生活中卻缺乏海洋浸浴這一環。整體來說，印度教徒很少為了儀式而在海中浸浴；河川流水或神廟池塘中的聖水，是為了儀式浸浴。事實上，海洋經常被當作廁所，有漲退潮持續沖刷。但在普里這裡卻不一樣。浸浴者清晨來到海濱，就像他們在瓦拉那西的恆河河階上，以奉獻與浸浴來迎接初升的太陽。多數朝聖者對於海洋潮流並不熟悉，因此對於潮浪既興奮又害怕。帶著高帽的救生員看著清晨浸浴者沉入水中，進行浸浴。

普里也是四大神居之一，位於東印度的孟加拉灣上，隔著整個印度，與德瓦拉卡相望。它坐落在名為黑山的小山丘上，距海灘有一小段距離。這座十二世紀神廟，是全印度最龐大的神廟聚落之一，幅員達四十萬平方英尺。通往內聖殿的一連串廊柱大廳（mandapa），愈來愈高大；內聖殿上方的廟塔超過兩百英尺高，上有一顆圓形的羅紋太陽石。每天，廟中廚房（據說是全印度最大的神廟廚房）使用超過五百公升的牛奶及三千兩百公斤的白米，為一萬五千多人製作大祭品（mahāprasād）。

至少有一個傳說將普里連結到德瓦拉卡：大火無法燒燬的奎師那身體，一路從索拉什特拉海岸，繞過科摩林角（Cape Comorin），向上漂流到印度的東海岸。在此地的海岸上，被奧利薩的部落民族發現。它最後變成一棵樹，由樹造出佛陀像。佛陀是接在奎師那之後的毗濕奴神轉世化身。此一傳統在十五世紀由奧利亞語（Oriya）的史詩作者沙拉拉．達薩（Sarala Dāsa）記錄下來。[79]特里帕提（C.G. Tripathi）、安夏洛特．艾奇曼（Anncharlotte Eschmann）及馮．史戴騰克隆（H. von Steitencron）等賈格納塔研究的開創性作者都同意，當時已經明確定義為奎師那崇拜的賈格納塔教派，其實擁有非常複雜的典故由來，歷史根源可以追溯到早期的宗教傳統及奧利薩地區的部落文化。

例如，馮．史戴騰克隆明確看到佛教、耆那教與濕婆教派對奧利薩地區的影響，它們都比毗濕奴教派來得早。他寫下毗濕奴教派是「目前為止進入奧利薩中部的主流印度宗教中最新的一支，今日這塊區域的宗教領域由賈格納塔主導」。[80]至於佛教，賈格納塔所在這塊土地的最古老名稱——普魯修塔馬（Purushottama）⑤——正是佛陀的稱號之一；賈格納塔及世界之主（Lokeshvara）——普里另一間濕婆神廟的廟號——也是佛陀的稱號。馮．史戴騰克隆則注意到莎克緹與濕婆傳統，今日神廟坐落在低矮的「黑山」上，這裡曾是維瑪拉女神的領域。她是此地的保護女神。我們經常看到莎克緹主宰城市或神廟之下的土地。雖然今日女神在黑山的存在，被掩蓋在龐大的奎師那神廟之下，她的神龕仍舊位於聖域之中，她也是最早獲得祭品者，之後這些受過祝福的食物才會成為「上主的偉大恩典」，分享給信眾。她的核心地位，也透過奎師那妹妹妙賢在賈格納塔三神集團中的核心位置露出端倪。我們發現，除了女神之外，賈格納塔神廟方圓一段距離外，還有無數「相當古老的」濕婆神廟。根據馮．史戴騰克隆的觀察，這一切都表示，早在此地成為奎師那崇拜之所前，可能是屬於濕婆派與莎克緹派。

安夏洛特．艾奇曼則發現此地崇拜信仰的底層，與部落或原住民傳統有關。這些傳統比較少見神祇的擬人表現，更常見的是柱子或石頭的泛靈象徵。她稱這個過程為「印度教化」（Hinduization），包含將許多神祇納入廣大的眾神行列之中。在奧利薩鄉間地區，柱神被視為當地的「柱之女神」（Khambheshvarī）。然而，柱神也通常代表著人獅那羅僧訶，祂據說是從廊柱中跳出來的。當時毗濕奴神的重要信徒缽羅訶羅陀受到邪惡金席挑釁，要他展現摯愛的「上神」究竟在哪。他敲打廊柱，大問：「在這廊柱裡嗎？」確實在此；說時遲那時快，上主就從廊柱中躍出。從造像的角度來說，整個奧利薩邦一直到安德拉邦北部，那羅僧訶的崇拜形式，都很類似敦實的柱體。還記得獅子山神廟中的神像——完全沒有實際形體，覆滿檀香泥，看起來更像濕婆神林伽石，而非那羅僧訶的形象。從性格

⑤意為至高無上的存在。

來說，毗濕奴神的那羅僧訶形象是撕開金席胸膛的，他肯定是毗濕奴教派中，最適合強悍、甚至暴戾的部落神祇之棲身所在。然而我們當然也要說，那羅僧訶跟濕婆神的關係——後者也是從林伽石中現身——不管在此地還是印度其他地區，都相當親近。

賈格納塔神廟裡，神廟本身也有相當醒目的那羅僧訶造像。外牆上有多處那羅僧訶雕刻，醒目地站在神廟群的入口。更甚者，神廟儀式的起始之際，或者年度除舊迎新之時，或據說賈格納塔神像不適之際，就會供奉那羅僧訶。透過繁複儀式，找尋吉祥樹木，雕刻新神像，進行神像替換，事實上在這個新生的月份裡，那羅僧訶的真言也是整個儀式唱誦的重要部分。[81]事實上，正如我們將看到的，女神跟那羅僧訶都在「新生」（Navakalevara）儀式中扮演重要角色。

當地傳統及《室健陀往世書》中的〈普魯修塔馬讚歌〉都記載了關於賈格納塔、大力羅摩與妙賢的另一個故事。簡單來說，名叫因陀羅迪納（Indradyumna）的國王，聽聞了黑山的強大神祇，因此前來朝聖。當他接近海邊時，因陀羅迪納發現神像消失了。抵達後，哀傷的國王供奉了那羅僧訶，並看到意象，有一棵雄偉的世界樹由海中升起。因陀羅迪納發現了異象中的那棵樹，一位仙界的木匠告訴他，十五天之間都別來打擾。鼓聲持續打擊，因此沒人能看見或聽見創造神像的聲音。這個版本的故事裡，國王迫不及待要看看進度，因此在過程完成前偷窺。也因此，神像製作迅即停止，神像就停留在當下的狀態裡——也就是矮實圓潤的型態。

在普里當地，神像本身至為強大重要。作為朝聖地，普里的重要性不只是「此地發生的事」——這是奎師那家鄉布拉吉的意義。就跟烏都毗與古魯瓦尤一樣，正是這些特別強大的神像安座在此，才吸引了朝聖者前來此地。然而該如何經年累月維護這些木造神像呢？這裡，因陀羅迪納與吉祥樹的故事就帶出了重點，我們將再度遭遇繁複且深具啟發性的「新生」儀式。這些儀式中，賈格納塔神祇的木製神像，將會獲得新身體。這個儀式每十二或十九年舉行一次，當閏月落在夏季的頞沙荼月（Ashādha，西曆六到七月）之時。（印度教的陰曆會納入閏月，以與陽曆一致）不意外地，許多人稱之為普魯修塔馬月，名稱來自賈格納塔的古名。也不意外地，這些神祇的重生儀式，主要是由當地部落民族達伊塔（Daita）來主導。

儀式開展後，負責尋找新樹的三名達伊塔酋長，獲得特殊的「授權花環」，亦即當天早上廟中神祇所戴的花環。搜尋團隊包含達伊塔人跟婆羅門，後者將負責新樹被找到後的儀式。這些人會在距離普里三十英里的一處森林中紮營，曼格拉女神的神龕就位於此。祭拜曼格拉女神是進入此地的首先要務。據說女神會提供搜尋指引，透過達伊塔領袖的夢境異象，或者祭祀時第一朵花由她頭上落下的方式，指出樹木可能的方向。關於製作神像的樹木，傳統列出了一長串必須符合的特質，包含樹幹上要有車輪或海螺的符號。當然這棵樹得筆直扎實，必須是苦楝樹，因為苦楝樹比較耐久。被找到的每棵樹，會獻上廟中對應神祇的「授權花環」，以及光榮獻祭。此時，婆羅門就有了角色，在樹旁量測並建立一處臨時「祭場」（yajnashālā）。他們會燃起火壇，向樹獻祭（vanayāga）。請求住在森林中的當地神祇給予祝福，允許砍樹。整個過程中，主神祇是那羅僧訶，吟誦的主要咒語也是那羅僧訶的咒語。接下來則由達伊塔人接掌。三把斧頭呈現在祭場中，當儀式結束時，斧頭交給達伊塔人，砍下找到的樹。他們會量測取下適當長度的木料，約八英尺長，然後小心裹在絲綢中，放上車，送往普里的神廟群。大力羅摩與賈格納塔像還有兩根粗樹枝作為雙手。樹木的其他部分則就地掩埋。

車子一部接一部回到普里，抵達時受到歡呼與歌舞迎接。實際上，有時普里王本人也會親自迎接樹木。它們被安置在廟埕中的一處特殊棚舍，在此接受「澆灌禮」的儀式沐浴，接著由穿戴絲綢頭巾的達伊塔工匠進行雕刻。頭巾是國王所賜，象徵他們獲得授權，可以製作神像。如同因陀羅迪納的傳說，過程中不可有人觀看，甚至連聲音都不能聽聞。音樂家就在工匠的棚屋外，日以繼夜大聲演奏音樂。他們需要約兩週時間來製作神像。同一段時間，神廟祭司則進行祝聖儀式，從每棵樹取下一片木塊進行祝聖。受到祝聖的木塊將在後續的午夜儀式中，扮演重要角色。

當木料雕刻完成後，這些基本造像會在午夜時分移進神廟的內聖殿中。尚未完成的木像骨架面對著相應的神像站立，很快地它們會覆上許多層布條及樹脂，完成彩繪前的最終形式。接著，達伊塔人一層層地脫下舊神像上覆蓋的布，所有光都熄滅，在黑暗之中，舉行最關鍵的儀式。一名達伊塔人戴著眼罩，打開舊神像的中空內腔，伸出一隻包裹到手肘的手（因此泯滅所有觸感），從舊神像中移出「永恆生命物質」（brahmapadārtha），放到新神像的內腔中。接著，從婆羅門祝聖過的木塊，雕刻出一片正確大小的插梢，放置在洞中，封住新神像內部的永恆生命物質。[82]許多人猜測永恆生命物質究竟是什麼，然而到目前為止，即便是最接近儀式的人，也對這是什麼一團迷惘。此刻舊神像被視為死亡，原住民信徒會進行哀悼儀式，將它們埋在神廟附近的墓地。

接著，達伊塔人以層層棉布與樹脂、檀香與樟樹泥，創造出某種神像的「血肉」。然後由畫家接手，給予神像醒目亮麗的色彩。直到此刻，當一切幾乎結束時，婆羅門祭司才進行總結任務：給神像的眼睛開光。神像經過儀式淨化，接著迎奉到神廟外，面對等待的龐大車駕及數萬民眾。[83]

賈格納塔神像的重生，是印度最重要的朝聖盛會之一。新生儀式在年度神駕出巡（Ratha Yātrā）時進行；這場印度最知名的朝聖之旅本已經吸引大批群眾，新生儀式更擴大了吸引力。每年夏季的頞沙荼月，賈格納塔、妙賢與大力羅摩會被迎出神廟，前往昌德拉博加（Chandrabhāga）花園的夏季行宮。這裡還有貢迪嘉女神廟（Gundichā Temple）。沿著寬闊的兩英里出巡大道，拉著龐然神駕的信徒一起緊拉粗繩，直到巨輪開始移動。賈格納塔的車駕是最巨大的，超過四十四英尺高，擁有十六顆巨輪。這座神廟一如古魯瓦尤神廟，是外國人與非印度教徒止步的，但此地神祇的公開出巡如此驚人，特別在新生儀式時，神祇的公開瞻仰更是珍貴。數萬朝聖者踮起腳尖，試圖一見聖顏，伸長了手，希望可以在神駕拉過街道時，摸一把拉車的繩索。

從普里這裡，我們在印度大地上與奎師那神同行的旅程繞了一圈，又再回到布拉吉。十六世紀的孟加拉人遮曇若首先來到普里，他的傳記傳說中有許多細節，都跟此地相連。據說從七英里外，他首度看到廟塔時，遮曇若就開始歡喜狂舞。當他進入神廟看到賈格納塔神時，全然失去意識。他的傳記上寫道：「我衝上前擁抱賈格納塔。後來發生的事情，完全不記得了。」我們記得，據說數年後他帶著門徒魯帕與薩納塔那．戈斯瓦米抵達布拉吉時，在奎師那遊樂之地心醉神迷，抱住岩石、擁抱樹木，情緒高昂。他也把那種高昂虔誠的感性帶到了賈格納塔，後續旅行中更經常重回此地。他對奎師那神的虔誠奉獻，據說是曾在神駕出巡時，清掃貢迪嘉女神廟，並全身趴伏在神駕之前。每次瞻仰上主，他都難抑情緒高昂的淚水。一五三三年，遮曇若於普里去世，據說是在賈格納塔神像前離世。據傳他融入了上主的神像之中，或走入海中消失。

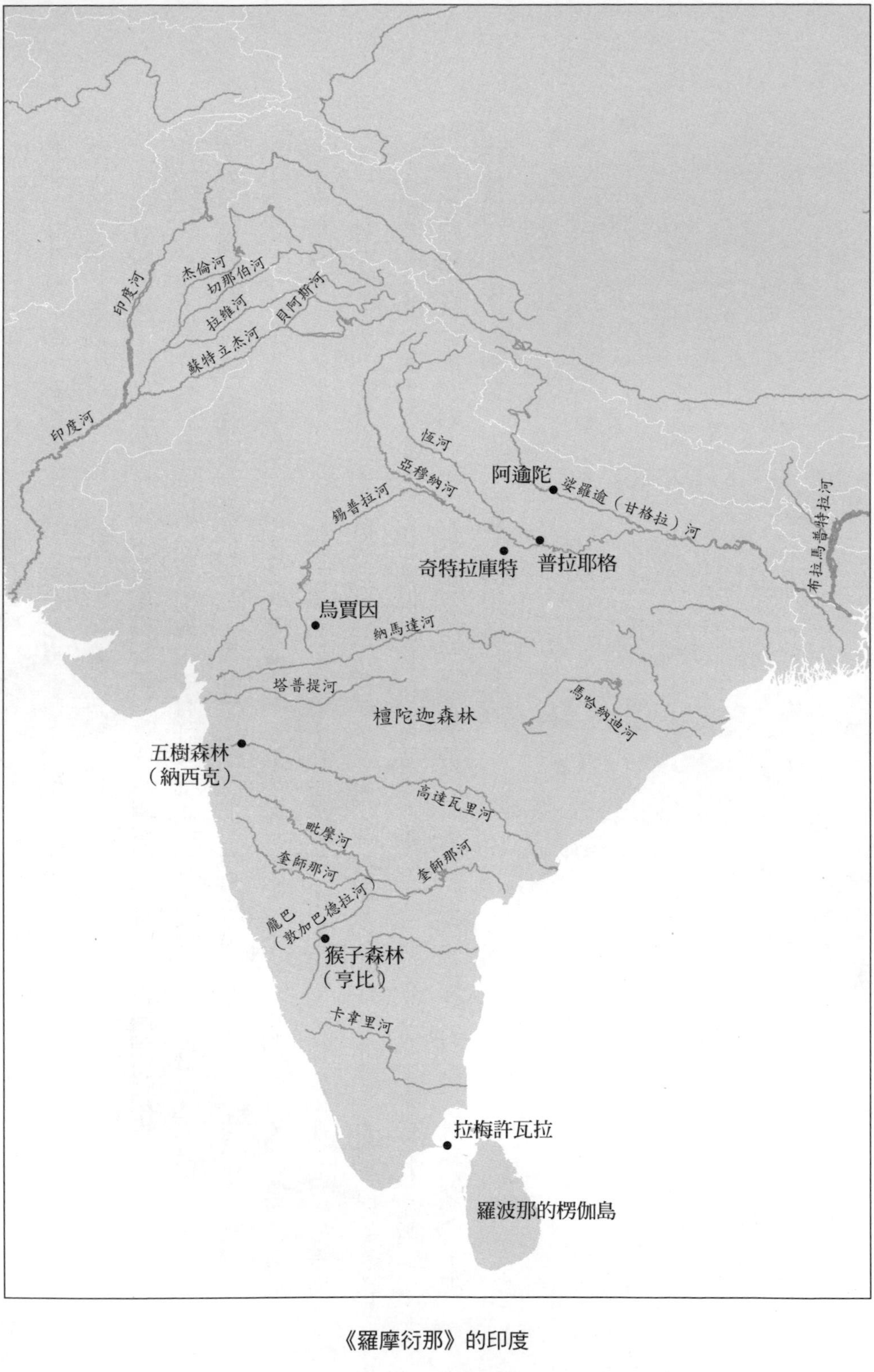
印度河
杰倫河
切那伯河
拉維河
貝阿斯河
蘇特立杰河
印度河
恆河
亞穆納河
阿逾陀
婆羅逾（甘格拉）河
錫普拉河
奇特拉庫特
普拉耶格
布拉馬普特拉河
烏賈因
納馬達河
塔普提河
檀陀迦森林
馬哈納迪河
五樹森林
（納西克）
高達瓦里河
毗摩河
耷師那河
耷師那河
龐巴
（敦加巴德拉河）
猴子森林
（亨比）
卡韋里河
拉梅許瓦拉
羅波那的楞伽島

《羅摩衍那》的印度

第九章 跟隨羅摩足跡：印度地景上的《羅摩衍那》

《羅摩衍那》是印度人最熱愛的史詩。羅摩的故事——「羅摩的旅程」——深入印度教徒的意識與文化之中，幾乎到了無人不知、無人不曉的地步。我們探索印度神聖地理的過程中，幾乎立刻注意到這一點，因為羅摩的傳說是以旅程為基礎，自然會產生地景與地圖。《羅摩衍那》男女主角的足跡，成了印度大地上我們可以跟隨的蹊徑。

梵文的《羅摩衍那》據說是由賢人蟻垤（Vālmīki）所作，訴說一個非常、非常長的故事。事實上，這部史詩展現出佛教興起前，也就是西元前六世紀以前，發生在北印度世界的故事。但更重要的，這也是一部活的史詩，以印度各區域的方言不斷傳述。這些區域方言版本當中最著名者，是過去一千年中，伴隨著以羅摩為至高神進行宗教崇拜而興起的。坎班（Kamban）在十二世紀寫下泰米爾語版的《羅摩衍那》；克里提瓦薩（Krittivāsa）則在十四世紀以孟加拉語寫下自己版本的《羅摩衍那》；圖西達斯（Tulsīdās）則在十六世紀創作了極具影響力的印地語版《羅摩功行錄》（*Rāmcharitmānas*）。這部活史詩的影響力也超越了印度與印度教脈絡。《羅摩衍那》在以佛教徒為主的泰國及柬埔寨，甚至以穆斯林為主的印尼都深受歡迎。事實上，泰國的大城（Ayutthaya），數百年來都是泰王的首都，不僅城名來自阿逾陀（Ayodhyā），國王也多以羅摩為名。許多世紀以來，在印度及東南亞各地，羅摩的傳說以文化藝術、儀式、雕刻、戲劇及舞蹈等諸多形式再現。寶拉・瑞奇曼（Paula Richman）的著作《諸多羅摩衍那》（*Many Rāmāyanas*）中所描述的區域、詩歌及口語現象，帶領我們進入一個《羅摩衍那》的文化宇宙，在千百年間，人們訴說、重新訴說並重塑這則傳奇。[1] 書中引述羅摩奴闍（A.K. Rāmanujan）的話，羅摩傳說幾已形成「整個文化區域的第二語言」。[2]

羅摩的傳說為何對這麼多人擁有強大吸引力？就某個方面來說，這不過是眾神與妖魔爭奪世界的諸多神話故事之一。這個世界，妖魔不斷奪得上風，威脅眾神的福祉與正法秩序。而在這個故事裡，是羅摩出面對抗並擊敗十首惡摩羅波那，並建立王國，讓正法得以再次統治人間。我們要記得，羅波那擁有特別神恩，讓他能夠面對眾神或妖魔時都無所畏懼。他經由苦修，積聚禁慾修行的強大力量，贏得梵天賜與的恩惠。那是什麼樣的恩惠呢？任何眾神、夜叉、巨蛇或其他超自然存在，都不能奪走他的生命。他認為自己安全無虞，卻從未料到一個非神的人類能擊敗他；又或者他最終的挑戰者，竟然是一群猴子簇擁的人類。羅摩是個人類國王，又或者如蟻垤所說，他是毗濕奴神的部分轉世化身，半人半神。[3] 他是個有弱點的人類國王，但又像神一般，是唯一能夠斬殺惡魔王的英雄。

《羅摩衍那》也是許多「正直王子遭流放到森林」的類型故事之一。就像《摩訶婆羅多》的般度王子，在不義的賭博騙局中失去王位。般度王子的森林流放持續了十二年，第十三年在森林中隱姓埋名那麼久之後，才能爭取復國。《羅摩衍那》中，羅摩則是被不義流放到森林中十四年。當然在森林中，他遇到野外居民，滅惡揚善。森林流放的路途中，他有忠誠的弟弟羅什曼及全心全意的妻子悉達相伴。

森林流放中發生的故事既簡單又刺激。他們住在森林時，悉達遭到喬裝的惡魔羅波那施展詭計綁架，從空中將她送到羅波那位於楞伽島上的王國。沿路上，悉達丟下自己的圍巾與飾品，希望能被發現。心碎又憤怒的羅摩，帶著羅什曼展開尋妻之旅。最終，他們招募了一群猴子跟熊組成的援軍，幫忙尋妻。當他們終於發現悉達在楞伽島上，首先得先造出一座橋連接楞伽島。最終，他們挑戰羅波那，並贏回悉達。十四年結束後，羅摩重返王位，羅摩的首都阿逾陀進入和平正義的治世。

關於揪心分離、尋找與勝利的簡單故事，卻形成複雜人情戲劇的架構，除了觸動人心、激起情緒，更刺探家族妒忌與血緣連結，以及倫理道德的困境與人生意義。隨著故事開展，這不只是阿逾陀王室家族的宮鬥戲碼。我們開始看到執守正法的國王，與邪惡失序強大力量之間進行宇宙級的對抗。森林流放，甚至是綁架段落，都是宇宙對抗的必要成分，而羅摩則在降伏羅波那一事上，扮演了獨特的角色。

流放與分離

從頭到尾，《羅摩衍那》的行動，是由流放與分離的主題所驅動。某個角度來說，這是個充滿愛人分離辛酸情緒的愛情故事。史詩的開頭，賢者蟻垤看到交配中的愛情鳥被獵人一箭射中，其中一隻因而死亡。配偶死去時，另一隻鳥發出的叫聲，聽在蟻垤的耳裡，是極端辛酸的鳴叫。受到此景觸動的賢者，遂寫下了有史以來的第一行詩句。是的，感同身受的哀傷（shoka）產生了詩句（shloka）。根據蟻垤的說法，這誕生了史詩大部分段落的韻文書寫，也就是詩句。

分離的愛情鳥與《羅摩衍那》主題之間的關聯，並非偶然。從一開始，這就預示了十車王（Dasharatha）與兒子羅摩之間的分離。羅摩作為十車王的繼承人，在即將登基繼位的歡樂前夕，王的后妃之一吉迦伊（Kaikeyi）提醒國王曾答應給她一項恩典，滿足她的願望。此刻，她決定好自己想要什麼了。而她選了什麼呢？她要讓自己的兒子婆羅多（Bhārata）登基為王，同時羅摩必須被流放到森林中十四年。這項消息帶來的震撼，讓阿逾陀城與宮中陷入大亂，因為羅摩深受人民愛戴。婆羅多不在城裡，對一切一無所知。羅摩堅持要兌現父親的承諾，因此放棄繼承王位，準備流放森林，好讓心碎的父親君無戲言。畢竟，承諾的話語一旦給出，不得輕易打破，否則將破壞正法的原則。跟著羅摩一起出走的，還有羅摩的妻子悉達，她是忠誠妻子的典範，以及弟弟羅什曼。勇猛的羅什曼，雖然有時浮躁，卻絕對忠誠。

史詩的背景中，還有另一則分離之苦的故事：許久以前，十車王錯殺了一名到溪邊為年老父母汲水的少年。十車王是個好射手，能在遠距離外憑著獵物的聲響，將之一箭斃命。他以為自己聽到的是大象在附近河流喝水的聲音，因此引弓射箭。直到接近獵物時，才驚恐地發現瀕死的少年，他來此為年長體弱的父母取水。拚著死前的最後一口氣，他告訴國王父母親的等待之處。十車王找到年長的父母，告訴他們自己的所作所為。悲痛的父母要求被送到兒子屍體所在之處。他們為年輕的軀體準備火葬，並帶著兒子一起走進火葬台，隨他死去。將死之際，少年之父告訴十車王，王也將與自己最心愛的兒子分離，並死於悲痛之中。許多年後，預言確實發生了。當國王再也看不見羅摩一行人離開阿逾陀所揚起的塵土時、再也聽不到他戰車的聲響後，他在悲痛中倒地。十車王在長子羅摩離去後的第六天死去。

兄弟們也承受分離之苦。婆羅多驚駭地發現自己不在之時發生的一切，前往森林尋找羅摩，決心要說服羅摩重返王位。他在奇特拉庫特（Chitrakūt）的茅屋發現羅摩，卻無法改變羅摩的決心。心碎的婆羅多只好返回阿逾陀，將羅摩的涼鞋放在王位上取而代之。在羅摩流放期間，婆羅多也沒有住在宮殿，而是住進小屋，過著隱修士的生活，等待羅摩返國。

然而最刺激的，卻是丈夫與妻子分離的橋段，因為悉達遭到惡魔王羅波那施加詭計，從五樹森林中被綁架。史詩的後半段由尋找悉達的故事所推動，羅摩與羅什曼追尋每個線索，直到抵達南印度的猴子森林（Kishkindhā）。在此，雨季開始，他們必須停下搜尋腳步，結果讓羅摩對心愛之人的渴求情緒更加強烈。然而在猴子森林裡，他們獲得一群意想不到的盟友——猴子哈努曼與猴熊軍隊。大雨之後，搜尋又再度熱切展開。哈努曼的搜尋隊終於發現悉達，被關在羅波那的楞伽島花園裡。贏回悉達代表著一場漫長的戰爭，但最終羅摩與盟友終究擊敗羅波那。悉達與羅摩重逢並返回阿逾陀。

即便如此，分離之苦並未結束。在蟻垤的《羅摩衍那》中，對於悉達長時間被關押在羅波那宮殿一事，人民議論紛紛，並懷疑在別人的屋簷下究竟發生了什麼事。這些不體面的議論，導致守法的羅摩將悉達送到森林茅屋裡，好平息人民對悉達貞節的疑慮。因此兩人再度分離。在森林裡，悉達產下雙生子俱舍（Kusha）與羅婆（Lava）。他們在蟻垤的茅屋中長大，學會吟唱整部羅摩傳奇，甚至以唱頌我們所熟知的《羅摩衍那》而聞名。接著有一天，他們來到羅摩的宮廷，唱頌這個故事。羅摩驚訝地發現這是關於他的故事；這兩位是他的兒子。隨著羅摩的繼承人到來，故事完成了整個循環。最終，悉達返回她出生的土中，羅摩則走進娑羅逾河，為河水所吞噬，進入天界。

《羅摩衍那》的故事以無數方式被訴說、再訴說，傳唱並重演。這部史詩在印度與東南亞的許多文化中，擁有漫長且多樣的生命形式。然而在我們的地理探索中，最重要的是這部偉大傳說被寫進印度地景的驚人事實。透過朝聖者的腳步，他們尋找羅摩、悉達與羅什曼曾歷經之處，這些故事也隨之鮮活了起來。

印度：《羅摩衍那》的偉大舞台

整片地景比起任何單一地點都來得更龐大且全面。地景以距離、視野來衡量，連結到不同的地方，喚起喜悅、情感及連結。因此某個程度來說，當《羅摩衍那》創造出自成「文本」的地景時，並不令人訝異。進入這片地景，給予我們許多細節，讓我們了解印度教徒透過朝聖之旅來理解、體現這部史詩的諸多方式。從北方的喜馬拉雅山，到南方拉梅許瓦拉的印度洋海濱，這齣大戲投射在全印度的舞台上。

有些與史詩連結的地方，聞名全印度，例如羅摩世系太陽王統治的首都阿逾陀，羅摩就是在此出生的，故事終結之際他也在此升天。從阿逾陀流放起，故事跟著羅摩、悉達與羅什曼前往許多廣為人知的地方。首先，他們前往亞穆納河與恆河交匯的普拉耶格——賢人持力（Bharadvāja）的修行所。接受持力的建議，他們往西南前進，到達名為奇特拉庫特的茅屋，並在此停留了一陣子，才繼續往南進入今日的聖城納西克附近的五樹森林。他們說，悉達在此被喬裝成隱修士的羅波那綁架。羅摩與羅什曼搜尋悉達的旅程，他們一路往南，抵達猴子森林區域，以及彭巴河畔的馬來亞瓦特（Malayavat）山區，也就是今日的卡納塔卡邦。他們在此遇見哈努曼、須羯哩婆（Sugrīva）及猴熊兵團，協助羅摩尋找悉達。最終，在印度的最南岸，他們來到伸向楞伽島的狹長土地；楞伽島據說就是今日的斯里蘭卡。他們在此崇拜濕婆神，這個地方因此被命名為拉梅許瓦拉（意為羅摩之主）。從這處海岸，在哈努曼與須羯哩婆領導的猴熊兵團熱情的協助下，他們造起了通往楞伽島的知名橋梁。

《羅摩衍那》是一部關於流亡的史詩，許多行動都發生在城鎮外，而森林則成為主要的場景。森林的總稱是「vana」，也就是隱修士與賢者築茅廬而居的「樹林」。羅摩流亡的十四年，經常被稱為

「林居期」（vanavasā）。從阿逾陀流亡出來的三位王族人士，住在森林賢者的小屋或附近。他們穿著樹葉、樹皮製成的森林織品，圍繞著營火。他們當然從森林賢者身上學習故事與真理。他們的生活，幾乎就像隱修士，卻又不是隱修士。羅摩與羅什曼是嫻熟武器的王子，肩負著保護子民的義務。因此，森林也是他們與羅剎戰鬥之處，這些妖魔威脅著在此隱修的賢人。愈深入叢林，荒野（aranya）中就愈充滿了妖魔野獸的威脅。羅摩之旅中最知名的叢林深處，是檀陀迦森林（Dandakāranya），跨越、延伸進中印度地區。[4]進入檀陀迦森林，羅摩受到了森林賢者的歡迎，他們祈求王者的保護。圖西達斯則在此加了一場花絮：羅摩看到一堆骨骸，問起發生了何事。他們說這些是被妖魔吞吃的賢者骨骸。因此羅摩誓要讓妖魔由凡間消失，這是他在檀陀迦森林與此後旅程的任務。最終就在此地，他心愛的悉達遭到其中一個妖魔抓走。

傳唱羅摩故事的詩人，無論實際上對印度整體實際了解多少，他們所唱的故事，就發生在這片偉大的大地舞台上。阿逾陀、普拉耶格、奇特拉庫特及拉梅許瓦拉，全都成為舞台上的知名地標。這趟穿越印度大片區域的森林旅程，也保留不少空間給無數當地人詮釋——那些在全印度地圖上並不那麼出名的居中之地。這些地方的傳說，也許只是地方人士的自我宣稱，但整體來說，羅摩旅程及搜救悉達之旅，都創造出繁複的神聖地理。正如圖西達斯所說的，他們所到之處，無論城市或森林，都因其存在而神聖。「他們一路上行經的城鎮與村莊，都是眾神之城的嫉妒對象。眾神的湖河，讚頌羅摩浸浴過的湖河。天界之樹榮耀羅摩曾休憩過的樹蔭；甚至當大地碰觸到羅摩蓮花般的足下灰塵時，她感到自己榮光滿盈。」[5]明顯地，這類行程，非常適合各個地方加盟進來。宣稱自己有幸蒙受羅摩一行人光臨的村落與城鎮，數量眾多。他們在此禮敬神明、他們在此停下腳步、他們在此紮營、羅摩在此為亡父十車王舉行死後紀念儀式；在此則是悉達的廚房，她為羅摩及羅什曼煮飯。事實上，從阿逾陀、奇特拉庫特、納西克等其他許多地方，光是悉達廚房的數量，就足以自成一個研究題材！總而言之，這部史詩故事的回憶地點，就跟上演史詩的全印度一樣廣大。

這裡我們須注意，在《摩訶婆羅多》與往世書中明顯發展出來的「渡口聖地」概念，在梵文的《羅摩衍那》中，尚未完整呈現。般度五子在《摩訶婆羅多》〈森林書〉（Vana Parva）中的行程，發生時間比較晚，也圍繞著已經被指認為「渡口聖地」的地點發展。然而，《羅摩衍那》並非如此，森林流亡時的地理，是從一處修行所或一間林中小屋，再到另一處類似之地，主要是以住在其中的仙人、隱修士或賢者來指認。因此我們可以看到普拉耶格的持力修行所，奇特拉庫特的阿低利仙人（Atri），五樹森林中的投山仙人，猴子森林裡的莎巴里（Shabarī）。考慮到在後世印度教民間文化中渡口聖地的重要性，《羅摩衍那》卻少有提及，確實令人感到驚訝。我們知道的是，到了《摩訶婆羅多》的時代，渡口聖地的特色之一，就是為聚集此地的隱修士及仙人提供的力量。也許這是羅摩傳說更為古老的指標，這段旅程的故事，缺少了《摩訶婆羅多》〈朝聖書〉（Tīrtha Yātrā Parva）中一連串繁複的聖地。〈朝聖書〉這個史詩段落據說可追溯至西元前二世紀。

我們可以想像，自稱《羅摩衍那》故事發生地的這些地點，並非是毫無爭議的。最知名的就是關於楞伽島地點的爭議。楞伽島是否真如今日朝聖者所認定的，就是斯里蘭卡？一九一四年，因多爾的薩達爾．基貝（Sardar M.V. Kibe）提出一個有趣的論點，認為楞伽實際上位於阿瑪拉坎達卡，也就是納馬達河源頭的中央邦西部山地。[6]其他人則認為楞伽位於安德拉邦東海岸的某處。密什拉（D.P. Mishra）的研究《尋找楞伽》（*The Search for Lankā*）中，則將羅波那的堡壘島嶼定位在高達瓦里河三角洲。[7]這些理論部分是基於納馬達河——高達瓦里河以北的中印度大河——並未出現在《羅摩衍那》的林居期敘述中。羅摩一行人要從奇特拉庫特前往高達瓦里河，卻未橫渡納馬達河的唯一可能，就是從奇特拉庫特往東南方前進，朝向奧利薩與安德拉邦的方向。然而，有爭議的不僅是楞伽島的確實位置，包含奇特拉庫特、猴子森林、五樹森林，甚至阿逾陀的位置都有爭議。

我們無法進一步討論這些地點「確實」何在，這些討論既複雜，又明顯地無從解起。然而這些地點「確實」是這部古老強大神話的一部分，神話可能會激起對地理或歷史的臆測，卻無從產生地理或歷史的定論。然而，在朝聖傳統中，這些學術爭議卻毫無影響力。倘若我們追隨朝聖者，就會發現神話傳說與民眾的儀式實踐如何測繪及定位這些位址。今日朝聖者前仆後繼地湧向阿逾陀與奇特拉庫特，在納西克的高達瓦里河中浸浴，並認定此地就是五樹森林；他們前往拉梅許瓦拉及通往楞伽島的知名橋梁。在朝聖者心中，這些地方無疑就是羅摩生命與傳奇中神聖化的地點。無數當地的〈讚歌〉訴說

奇特拉庫特的曼達基尼河階（Mandākinī）。

這些地點的重要性，頌揚這些地點的起源與力量。在今日所熟知的羅摩故事中，這些地方及沿途無數的地方神龕，就是重要之地。

然而，這些也是複雜的地點。當我們追隨今日的朝聖者，穿越《羅摩衍那》的地圖前進時，我們發現對於羅摩的崇敬，是混和與多層次的。整體而言，將羅摩視為至高無上主崇拜的教派，是在過去五、六百年中發展出來的。當然，羅摩是個轉世化身，也是王者典範。羅摩是英雄模範及正法的擁護者。無疑地，他被認定是「神聖的」，然而印度教對於「神聖」的理解是一段寬闊的光譜，而非西方的黑白分野。羅摩融合了人類與眾神的世界。畢竟，羅波那從梵天那裡獲得的恩典，除非來自人類之手，否則不受死亡威脅。當然對他來說，人類是食物，不是戰場上的對手。說到對羅摩不太一樣的「崇拜」，並無貶低之意，事實上羅摩長期以來受到崇敬，都刻畫在神廟雕刻中、寫進詩歌裡、甚至是在圖西達斯狂熱地將羅摩神化為上神之前。羅摩也是濕婆神的忠實信徒，當我們追隨他的腳步穿越印度時，經常會發現自己跟著朝聖者站在濕婆神廟前，甚至部分廟宇在傳說中也是由羅摩所建立的。當然，我們也會發現無數哈努曼神龕，他是風神之子、濕婆神之子，也是羅摩的追隨者。

阿逾陀

羅摩傳說中的偉大城市阿逾陀，在《往世書》中以印度的七大解脫城市之一聞名。今日的阿逾陀坐落在北印度娑羅逾河畔，靠近現代都市費札巴德（Faizabad）。今日有一道新鐵橋跨越的娑羅逾河，據說源自喜馬拉雅高山、吉羅娑聖山腳下的瑪納薩湖。這座有些頹圮的城鎮，電力供應不足，路況顛簸，公共衛生不佳——其實許多類似大小的印度城鎮都遭遇相同的問題。朝聖是此地最主要的產業，朝聖旺季時，數萬名朝聖者湧入阿逾陀。特別是在春天制咀羅月（Chaitra，西曆三到四月）的羅摩誕生日（Rāmnavamī）時，朝聖者會前來進行阿逾陀的五俱盧舍之道繞行。

阿逾陀的傳說將神話想像帶回到薩嘎爾王與孫子跋吉羅陀的時代；跋吉羅陀是將恆河由天界引下凡的出名人物。一如印度許多古老聖地，阿逾陀也有複雜的歷史，層層交疊著耆那教與佛教、濕婆派與毗濕奴派的傳統，也是許多歷史學者研究的主題。[8]無疑地，阿逾陀擁有古老的歷史。考古學者將城內羅摩科特區（Ramkot）出土的遺跡，定於西元前七世紀，當時此地是古代憍薩羅王國（Koshala）的首都。這座城市在北印度的古代佛教世界中，稱為娑枳多城（Saketa），是西元前六世紀時佛陀本人經常造訪的地方。娑枳多城對耆那教傳統來說也很重要，因為此地是第一代渡津者牛主（Rishabha）的出生地。對印度教徒來說，阿逾陀則跟這個傳統中最有名的兒子——羅摩——傳說事件有關；羅摩是太陽王世系的繼承人，也是神祇下凡來著。從蟻垤的《羅摩衍那》開始，「無敵城」阿逾陀的名聲，就跟羅摩身為英雄王者的傳奇相連。作為神王的典範，羅摩在印度各地的印度教王國架構中，擁有強大的地位。然而為了要了解阿逾陀作為羅摩宗教崇拜的中心，我們得進一步了解更晚近的歷史。學者的歷史與文獻研究謹慎地將阿逾陀羅摩崇拜崛起的實際起始點，定在西元十一或十二世紀。[9]

阿逾陀作為熱門的崇拜與朝聖地點，可能是更晚近的現象。羅摩的阿逾陀崛起，跟奎師那傳說相關的布拉吉「重新被發現」有許多相似處。以羅摩為焦點的虔愛精神，是從十四世紀末、十五世紀初開始的。十六世紀後半，虔愛運動聖人羅摩難陀（Rāmānanda）終身推動羅摩崇拜。他的影響力隨著許多自認為羅摩難陀門徒的虔愛運動者（bhakta）展開，例如卡比爾與圖西達斯。〈阿逾陀讚歌〉（Ayodhyā Māhātmya）的翻譯批註者漢斯．巴克（Hans Bakker）將崛起放在這個時代的脈絡裡。

〈讚歌〉中的神話與讚美，刻畫出羅摩主導的阿逾陀形象，但阿逾陀還有其他更古老、更久遠的傳統，特別是在濕婆教派裡。例如在〈阿逾陀讚歌〉中，與羅摩有關的場址中，最重要的就是「天界之門」（Svargadvāra），也就是娑羅逾河畔的一處浸浴聖地；傳統上認為這是羅摩生命的終點，他在此升天。當然，後來的大眾〈讚歌〉也推崇羅摩出生地，及附近跟羅摩傳說有關的地點，例如悉達的宮殿——金宮（Kanaka Bhavan）及被視為悉達廚房的地下殿。但這些都不在早期的〈讚歌〉傳統中。

值得注意的是，許多濕婆派地點不只被提及，甚至還在不同版本的〈阿逾陀讚歌〉裡獲得讚揚。[10]事實上，城裡最重要的神祇之一，是那伽之主（Nāgeshvaranātha）。即便今日，走下濕滑河岸在阿逾陀「天界之門」浸浴的朝聖者，都會發現這座濕婆神廟就在浸浴河階旁邊。這座神廟並不是隨便一座河階附近的神廟而已。相反地，祭司會告訴朝聖者，若未崇拜那伽之主濕婆神廟，任何人都無法獲得阿逾陀朝聖的福報。[11]這座林伽石據說是由羅摩之子俱舍所立。根據漢斯・巴克，那伽之主神廟「被視為阿逾陀的守護神」。[12]目前的神廟建築可追溯至十八世紀，但「地方守護神」的傳統卻明顯地古老許多。眾所皆知，就像佛陀，濕婆神也將北印度古代的那伽蛇神與夜叉民間信仰，納入自己的隨侍群中；這些是跟池塘與森林有關的守護神。因此在天界之門河階浸浴，再崇敬守護地方的濕婆神，被視為阿逾陀朝聖的根本。「即便阿逾陀是羅摩之地，但河階上的諸多神廟中，最重要的仍舊是敬拜濕婆神的神廟。」[13]

從河岸回到阿逾陀鎮的街道上，朝聖者很快會發現，今日整個阿逾陀最熱鬧的神廟，就是哈努曼堡壘神廟（Hanumān Garhī）。他們爬上通往山丘神廟的長梯，這座位於阿逾陀市中心的大理石神廟群，內神殿中的主神仍舊不是羅摩，而是他的主要追隨者——猴子哈努曼。堆成山一般的金盞花環與菖蒲之下，露出哈努曼的聖顏。他的神像蓋滿橘色的硃砂粉，但只看得見橘色的臉、銀色眼睛，以及前額上銀色的毗濕奴派垂直印記。圍繞著神廟廟埕的是其他比較小的神龕，朝聖者會在此發現羅摩、悉達與羅什曼。牆上貼滿印有羅摩與悉達名諱的壁磚。但此地的主神是哈努曼本身。朝聖者「以腳步投票」，從這個角度來看，哈努曼堡壘神廟才是阿逾陀宗教生活的中心。正如當代哈努曼堡壘神廟〈讚歌〉之一所言，「當上主羅摩及阿逾陀之主將要返回他的永恆居所時，他將護衛阿逾陀的任務交給哈努曼。從那時起，哈努曼就被視為阿逾陀之主與統治者。」[14]

哈努曼是羅摩與濕婆神之間的重要連結，因為這位猴神經常被視為濕婆之子，甚至是濕婆神的示顯。事實上，巴克注意到，哈努曼教派在羅摩虔愛運動中崛起之前，濕婆派的出家人之間就已經出現了明顯的哈努曼崇拜。[15]現代〈哈努曼堡壘神廟讚歌〉的作者將哈努曼在阿逾陀的重要性，連結到濕婆神身上，並表示「哈努曼被視為第十一位樓陀羅，濕婆神的轉世。因此在阿逾陀及附近區域，哈努曼堡壘神廟及那伽之主神廟，被視為最重要的地點。來到阿逾陀的朝聖者，首先在娑羅逾河中浸浴，然後取一桶水澆灌那伽之主。接著他們供奉哈努曼，然後返家。多數朝聖者並不清楚羅摩的出生地或金宮的重要性」[16]。

〈讚歌〉也許有些過度誇大。羅摩相關的地點在阿逾陀仍舊十分重要，其重要性也許已經持續了五百年。然而同時，阿逾陀的歷史、文學及儀式生活都提醒我們，這個城市作為渡口聖地的重要性，比羅摩傳奇更加廣闊，甚至比任何單一神廟或河階來得重要。作為渡口聖地，這裡是提供解脫的七聖地之一。此地的力量並不只跟羅摩有關，還包含此地的保護神濕婆，以及當代的守護者哈努曼。後續我們將回頭來討論圍繞著羅摩出生地的爭議。

跨越恆河，進入普拉耶格

離開阿逾陀進入森林流放時，羅摩一行人前往恆河，這是他們旅程上跨越的第一條河。他們描述這條聖河之美，豐樹美花，蒼鷺與捲浪浩浩。在恆河邊上，羅摩與羅什曼將他們的頭髮打成隱修士的散髮，象徵進入森林作隱修士的生活。跨越恆河時，悉達將花投入河中，作為奉獻。她在此立誓，當安然從十四年的森林流放生活返回時，她將向河流女神獻上母牛與一千零一件其他祭品。流放的首晚，他們在森林中蒐集草葉為床，在榕樹下安眠。

《羅摩衍那》中提到的第一個主要停留地，是普拉耶格。羅摩、悉達與羅什曼據傳待在賢者持力位於兩河間開放土地上的修行所內。持力修行所的位址，今日仍舊是普拉耶格朝聖行程的其中之一。造訪此地的朝聖者會發現一座祀奉羅摩、悉達與羅什曼的小神廟，還有幾句出自圖西達斯《羅摩功行錄》的印地文詩句。然而持力修行所中主要供奉的還是濕婆神。一九六八年重修後的主神殿中，朝聖者會將花環放在一尊濕婆林伽石上，位於黃銅盤寶座上的林伽石似乎是一尊十分古老的石頭。林伽石的一側有持力賢者像，大門則有橘色哈努曼守護。來回穿梭巷弄間，朝聖者會看到許多小神廟，祀奉各種不同修復狀態的林伽石。不意外地，這處古老傳奇之地也是新女神桑陀希母神（Santoshī Mātā）的家鄉，她是一九七〇年代的讚歌電影竄紅後常出現的神祇。①

根據《羅摩衍那》，持力邀請羅摩一行人在他家住上一段時間，但羅摩傾向繼續前進，找到一處更遠的地方，讓他不會被從阿逾陀追隨而來的人包圍。持力建議往西南方一天旅程的奇特拉庫特丘陵，因此他們繼續前往該地。十四年流放之旅終結後，返回阿逾陀的家鄉前，三位王室成員會再度前來持力的修行所。

奇特拉庫特

在持力的形容中，奇特拉庫特是一座森林圍繞的神聖山丘，許多聖者在此築有茅屋，專注冥想，並升至天界。抵達奇特拉庫特，三位新的林居者被迎到蟻垤本人的隱修所中，隨後他們就在不遠處建立自己的茅屋。當圖西達斯訴說這個故事時，林居者歡迎他們的來到，並歡呼「大地、森林、道路與丘陵如此歡欣，我主踏足其上！鳥群、鳴鹿與林中野獸如此歡欣，生命受到光芒籠罩；吾人與我族如此歡欣，眼前得見如此景象！您選擇了絕佳寶地；一年四季當如沐春風」[17]。羅摩、悉達與羅什曼確實愛上山丘、鹿群、孔雀與杜鵑、開花樹木及附近曼達基尼河岸邊盛開的蓮花。在奇特拉庫特山丘附近的區域中，他們首度在森林中定居，更喜愛此地的森林之美。驚人的是，今日的奇特拉庫特與附近區域仍舊保有林地的寧靜氛圍。因此今日朝聖者心中毫無疑問，他們確實是追隨著羅摩腳步來到此地。他們在周圍鄉間的石頭上，發現「他的足跡印痕」（charana chihna）時，會大喊「勝利歸於偉大的羅摩王！」（Bole Raja Rāma Chandra ki jai!）。

破曉時分，在今日的奇特拉庫特地區的中心村落悉達普爾（Sītāpur），空氣中充滿了朝聖中心甦醒的清晨聲響。曼達基尼河蜿蜒而過悉達普爾，岸邊的羅摩河階或羅格瓦普拉耶格河階，朝聖者捧水浸浴。他們以銅壺裝水，喃喃祈禱，或跟花環小販討價還價，接著爬上陡峭階梯，到河岸高處人聲

①《桑陀希母神萬歲》（Jai Santoshi Maa）是一九七五年發行的印地語宗教電影，桑陀希母神為滿意女神。當時這部片由知名詩人卡維．普拉迪普（Kavi Pradeep）作詞，兩位知名男女代唱演員演唱劇中的奉獻歌曲，致使這部小成本影片成為印度影史上的暢銷名片之一。

鼎沸的神廟中禮拜。一個接一個，敲響廟鐘，向濕婆神宣告入廟。繁忙的奇特拉庫特中心，清晨來到的朝聖者與日常信徒，在這座最受歡迎的神廟中聚集，禮拜濕婆神。此地將濕婆神稱為野象之主（Mattagajendranāth）。沿著許多朝聖者認定羅摩曾經走過的平靜河流，濕婆神無疑才是虔誠信徒清晨祈禱的主角。這裡就跟阿逾陀一樣，祂被稱為「地方守護神」。《濕婆往世書》提到此地的林伽石是由梵天本人親自設立的。[18]也許我們會期待在此發現一、兩間顯赫神廟，追憶當年羅摩林居期的生活，然而我們在奇特拉庫特發現的，卻是具有強大濕婆背景的儀式氛圍。在奇特拉庫特，濕婆神與羅摩之間的儀式關係，也許最適合用一句據說出自圖西達斯的俗語來總結「濕婆最好的追隨者是羅摩；羅摩最好的追隨者就是濕婆。」

羅摩在此跟其他林居期重要地點崇拜濕婆神，這個主題成為今日《羅摩衍那》幾處重要地點的地方性〈讚歌〉之內容。羅摩無疑是非常虔誠的追隨者，而且有趣的是，他的奉獻祈求對象並非毗濕奴神（雖然他以毗濕奴神轉世化身的方式連結），而是濕婆神。雖然此一主題在蟻垤的梵文版《羅摩衍那》中並未出現，後來卻在地方語言版本的《羅摩衍那》中發展出來，例如《至高靈性羅摩衍那》（*Adhyātma Rāmāyana*）、印地語版的《羅摩功行錄》及克里提瓦薩寫的孟加拉文版《羅摩衍那》。這些都在十五、十六世紀成書，也就是羅摩虔愛運動開花結果的時代。更重要地，這股羅摩崇敬濕婆神的主題，幾乎就是在今日《羅摩衍那》相關的聖地地景上發展出來的。這是一片擁有自己故事的地景。

在羅摩時代，奇特拉庫特據說一直是隱修士與賢者的森林居所。根據當地的〈讚歌〉，此處的精神修煉傳統綿延不斷。[19]除了蟻垤的修行所，賢者阿低里與妻子阿那蘇耶（Anasūyā）的修行所也在此。傳統上認為是阿那蘇耶服侍濕婆神與丈夫阿低利的力量，讓恆河也流到此地。[20]恆河由阿那蘇耶的修行所起源，此處距離悉達普爾村約幾公里。此河又被稱為曼達基尼河，也就是天界之河。這條河流經悉達普爾，這段的河階是奇特拉庫特朝聖生活的中心。幾英里外，則是高達瓦里河往南移位的知名地點。大膽的朝聖者會在此發現一條升起的河流，開始流進一處洞穴。跟著朝聖嚮導，他們涉水進入一系列封閉的穴室，在所謂的笈多高達瓦里河（意為「隱藏的高達瓦里河」）中浸浴。

翠綠的奇特拉庫特丘陵中，最重要的莫過於斯里卡瑪德之主（Shrī Kamadnāth）或卡瑪德吉利山（Kamadgiri）。這座山丘被持力稱為「聖山」，明顯是奇特拉庫特的古代崇拜之地，遠在羅摩及悉達來此之前就聲名遠播。因為當地傳說引導朝聖者在羅摩河階中浸浴，瞻仰野象之主，並沿路前往卡瑪德吉利山，幾乎每位來到奇特拉庫特的朝聖者都會繞行這座山丘。[21]

沒人能踩上這座樹木、岩石覆蓋的山丘。多數區域都是猴子的領域，牠們盤據在大石塊上。相對地，朝聖者繞行山丘的小徑卻是經常踩踏，甚至多數都鋪上路面。沿著小徑，朝聖者右側山坡鬆落的土石被點上紅色硃砂粉；現在許多石頭都被稱為羅摩足跡。它們受到儀式性的對待，恰可與布拉吉的戈瓦爾丹山石相比。卡瑪德吉利山石，就像戈瓦爾丹山石，具有天生的神聖性，不須祝聖或召喚，就能成為適當的崇敬對象。這類石頭有時會被稱為羅摩自身（Rāmasvarūpa），在戈瓦爾丹山則是奎師那自身（Krishnasvarūpa）。一如戈瓦爾丹山，繞行山丘的朝聖者會發現一處山丘的「蓮口」（murkhavind），代表整座聖山接受奉獻祭品。他們會在此看見一張石面，上有毗濕奴派的印記。事實上，他們慢慢會發現「蓮口」不只一處，而是四處，位於山丘的四面。當地人說，這些「嘴巴」會恣意出現。

整個山岳崇拜，以及繞行盡頭的卡瑪德之主神廟，都清楚說明了這種可能相當古老的民間儀式的根源，並非羅摩傳統，而是另有他處。今日的地方傳統中，我們並不清楚這座山丘究竟是被認定為羅摩，還是濕婆神，抑或女神，即便此地的石頭被稱為羅摩自顯。神廟中供奉的羅摩、悉達與羅什曼現代神像，看來頗像玩偶，然而卡瑪德之主的大型黑面肖像，卻暗示著另一層儀式與神話意涵，也許是跟古代的夜叉傳統有關。

因為聖地之名，羅摩本人來到奇特拉庫特山丘，因此這座聖山的繞行理應充滿了羅摩與《羅摩衍那》的各種提示。繞行山丘的途徑上，朝聖者停下腳步接受「足跡甘露」（charanāmrita）——洗過羅摩雙腳的水。他們會在路邊發現一處小廣場，稱為「斯里婆羅多會面之地」，據說在父親十車王死後，婆羅多追隨哥哥進入森林，在此地與羅摩見面。婆羅多的任務是要說服羅摩繼任阿逾陀王位，然而對十車王承諾將在森林流放十四年的羅摩當然拒絕了，遭到拒絕的婆羅多返回阿逾陀。圖西達斯寫下兄弟分離時，連石頭都因為哀傷而融化了。[22]

持續繞行山丘，朝聖者會在大樹下發現一座神龕，祀奉哈努曼的木鞋。嚴格來講，羅摩在奇特拉庫特的歲月裡，哈努曼還不是羅摩的盟友。然而這類歷史細節對朝聖者全心奉獻的記憶來說，一點也不重要。羅摩所在之處，就有哈努曼。事實上，整個區域裡最重要的神龕，位於奇特拉庫特地景另一頭好幾英里處——另一座山頭上的哈努曼瀑布神廟（Hanuman Dhārā）。

奇特拉庫特的廣大區域中，朝聖者會發現許多羅摩及悉達的故事，以足跡（charana chihna）的方式出現。朝聖者可以在遮那竭王女池（Janaki Kund）發現並碰觸他們的足跡；這座小溪畔的池塘以悉達為名，因為她是遮那竭（Janaka）王之女。在羅摩之床（Rāmāshayya），他們會看到悉達與羅摩過夜之處，羅摩將弓放在兩人之間。就在哈努曼瀑布的上方，他們也會發現悉達廚房（Sītā kī Rasoī），此處的手寫的標誌寫下「悉達在此為聖人準備食物」。這表示她住在這裡時，不只為羅摩及羅什曼做飯，也為阿低利、投山仙人及其他賢者準備食物。六角小樓的外側還有另一個標誌誇稱：「此為羅摩流放森林的古地點（Prāchīn stān banabāsī Rām）。」另一處指標則要朝聖者爬上山，「坐下並瞻仰悉達廚房。」悉達被夾在羅摩與羅什曼中間。在悉達廚房中，女性在此獻祭立誓，祭品包含手環、硃砂粉、鏡子及其他女性裝扮等。

奇特拉庫特當地與羅摩及悉達有關的地方不計其數且甚受歡迎，但它們通常小而樸素，神像也經常有種原始感。當我們拿小小的羅摩神龕，與羅摩河階高岸上蓬勃進行清晨儀式、雄偉的濕婆神廟相比較時，這對比更是驚人。根據報導人的說法，濕婆神的林伽石據說是無始（anādi）的，因此羅摩來此時，濕婆神已經在此。即便如此，今日前來奇特拉庫特的朝聖者，仍舊是衝著此地的名氣，畢竟這裡曾是羅摩生活過的地方。羅摩深入他們心中，在奇特拉庫特各地受到崇敬。即便此地跟阿逾陀一樣，濕婆神才是當地最強大的古老神祇。

五樹森林

從奇特拉庫特出發，據說羅摩、悉達跟羅什曼往南進入一片稱為檀陀迦森林的廣闊區域。[23]這段森林旅程的紀錄中，大量描繪了自然與季節的情境，以及沿路為了保護林居賢者，羅摩不斷斬殺各種妖魔鬼怪的故事。從奇特拉庫特到五樹森林的旅程中，據說包括許多停駐點，在十年之中，一個接一個，他們拜訪了各個仙人的隱居茅舍。[24]如前所述，沿路有許多地方今日都宣稱羅摩曾造訪過。例如，前往烏賈因城（以濕婆光柱聞名）的朝聖者，會在錫普拉河上發現羅摩河階，此處有一組羅摩足跡。根據當地傳說，羅摩在此為亡父十車王舉行死後的紀念儀式（tarpana）。附近他們會發現一間羅摩之主大神廟（Rāmeshvara Mahādeva），此地崇奉的不只是濕婆林伽石，還有羅摩、羅什曼與哈努曼。根據神廟祭司所說，羅摩舉行完紀念儀式、向亡父靈魂獻上飯糰與清水後，在此設立濕婆林伽石。在那時，他們說，濕婆神在空中大聲宣布，羅摩應在此設立林伽石。羅摩所設立的林伽石就以他為名：羅摩之主。

最終，羅摩、悉達與羅什曼抵達了投山仙人的隱居處。投山仙人將一行人引向高達瓦里河畔的五樹森林。倘若我們依循傳統共識，代表五樹森林的是今日馬哈拉施特拉邦現代城市納西克旁，一個也叫做五樹森林的小鎮。納西克是神聖不死甘露滴落地面的四個城市之一。不死甘露從牛奶海中被攪起，一開始為阿修羅所奪，然而毗濕奴神將自己化身成漂亮少女摩希尼（Mohinī），迷亂了阿修羅的心智，為眾神偷回不死甘露。當他從阿修羅手中奪過不死甘露時，四滴聖水低落凡間，落在納西克、烏賈因、哈德瓦爾及普拉耶格。今日這四座城市都是輪流主辦大壺節的城市。二〇〇三年，大壺節的主日上，約有六百萬人浸浴在高達瓦里河水中，包含納西克及附近三眼之主濕婆神廟的浴池裡。

在納西克，高達瓦里河水被導引進入一系列水池或浸浴池中，這些池子以史詩裡的一系列訪客命名，包含羅摩、悉達與羅什曼。高達瓦里河水從羅摩池一角流入浸浴池群中。傳說羅摩就在此地，跟烏賈因的傳說一樣，為亡父舉行紀念儀式。[25]完成羅摩池浸浴後，朝聖者會前往一間重要的羅摩神廟進行瞻仰，這座神廟的羅摩、悉達與羅什曼黑石神像則是相對近期的造像。神廟附近則是悉達洞穴；他們說悉達被綁架時，正在這座洞穴裡。洞穴還包含了印度神聖地景上無數悉達廚房中的一處。悉達洞穴中，朝聖者會發現隧道般的樓梯，向下通往三間地下廳室，一間祀奉羅摩、悉達與羅什曼，一間只有烹飪區，另一間則有一座濕婆林伽石。懷抱森林小屋想像的朝聖者，可能會疑惑五樹森林隱修處竟然是這樣的地下廳室！

納西克／五樹森林跟羅摩的關聯，透過地點跟各種不同地方傳說的連結表現出來。就在城外，高達瓦里河跟卡毗拉河交匯處，據說羅什曼在此砍下羅波那的妹妹魔女巨爪（Shūrpanakhā）的鼻子。巨爪對羅摩跟羅什曼都有興趣，遭到拒絕後，她就攻擊悉達。羅摩下令羅什曼將她的鼻子砍下，以為懲戒。當然為了報復，巨爪說服哥哥羅波那綁架悉達。納西克（Nāsik）的字源之一，就是因為巨爪的鼻子（nāsa）在此砍下。此外納西克郊外有個地方，名為悉達哈拉那（Sītāharana），他們說悉達在此被羅波那抓走。

除了跟羅摩傳說的關聯，納西克也以附近的濕婆光柱——三眼之主神廟——在朝聖者之間名聞遐邇。此廟離城市僅有十英里，是全印十二座濕婆光柱之一。如前所見，此地的神聖性並不僅止於神廟本身，還銘刻在廟後的山丘上，山丘本身被視為濕婆神的示顯。這些山丘是高達瓦里河的水源地，根據傳統，高達瓦里河源於婆羅門吉利山。水流首度匯集成浸浴池之處，朝聖者可以在另一個羅摩池及羅什曼池中浸浴。梵文版的《羅摩衍那》中並未提及三眼之主神廟，然而知名的濕婆光柱傳統，卻清楚地刻印在印度大地的傳說中。納西克的壯觀大壺節以結合毗濕奴與濕婆教派傳統聞名，大批出家修行者（sādhu）在兩處地點同時啟動大壺節——毗濕奴派在納西克城內，濕婆派則在三眼之主神廟。

猴子森林

禿鷹之王，老鳥賈塔尤（Jatāyū），是悉達綁架事件的唯一見證者。他試著從羅波那手中救出悉達，卻反受重傷。當羅摩與羅什曼發現賈塔尤時，牠已經奄奄一息。聖鳥死前留下的話，讓他們往南去，那是他最後看到羅波那脅持悉達離去的方向。事實上，確實有羅摩與羅什曼穿越德干廣大地區搜尋悉達的傳說。例如，在馬哈拉施特拉邦南部的圖爾賈普爾（Tuljāpūr），據說安巴女神化身成悉達的模樣，出現在羅摩面前。然而羅摩並未上當，立刻認出女神。他向女神鞠躬敬禮，請她祝福早日找到悉達。兩座分別被稱為羅摩之主與羅什曼之主的林伽石，以及一座祀奉羅摩瓦爾達耶尼提毗女神

（Rāmavardayanī Devī）的神廟，立在當地，紀念此事。[26]

追隨羅摩尋找悉達腳步的朝聖者，必然會走向卡納塔卡邦中部的霍斯佩特（Hospet），這裡一般認定為《羅摩衍那》裡提到的猴子森林。此處有龐巴河（今稱敦加巴德拉河）流經一片驚人的地景——充滿巨大的岩塊，散布著龐大的獨立巨岩。這個特殊地點今日稱為亨比（Hampī），此名據說來自坎納達語的龐巴（Pampā），也就是流經這片壯觀地景的河流。今日的亨比，是以十四到十六世紀的毗奢耶那伽羅（Vijayanagara）王國首都而聞名。這處廣大區域包含了五百多座神廟與各種建築。考古發掘吸引了無數藝術史學者與觀光客慕名而來。然而比起跟此地有關的羅摩傳說傳統，毗奢耶那伽羅王朝的宮殿神廟遺跡，仍舊是相當晚近的事。

在《羅摩衍那》中，龐巴河是一座湖，關於此地的描述既優美又刺激。羅摩與羅什曼抵達龐巴河畔時，是繁花盛開的春季月份制呾羅月。微風吹拂的芬芳與鮮花，幾乎讓羅摩的憂愁與思念難以自已。兩人在此遇見猴子哈努曼與須羯哩婆，並贏得他們信任加入同盟，一起奪回悉達。同時在此，羅摩協助須羯哩婆對抗婆黎（Valī），贏得猴子王國的王位。到了此時，雨季到來，他們必須停下尋找悉達的腳步。羅摩與羅什曼住進山洞，等待雨停。

圖西達斯以驚人的影像，描寫龐巴之地的雨季——大地一片泥濘，靈魂也深陷迷離幻象。閃電穿破夜空之速，猶如惡人的情誼。河水流向海洋胸懷，好比靈魂安眠於主之內。大地上綠茵滿溢，掩去小徑蹤跡，似異教爭論下曚曨黯淡的神聖書籍。[27]羅摩再一次經歷這狂暴、閃電又綠意滿盈的季節，對分離愛人來說，這季節如此痛苦。在龐巴這裡，羅摩以愛人的深沉心痛，思念悉達。雨季的數個月，羅摩與羅什曼就在此地等待。

今日在龐巴河岸上，朝聖者可以造訪科丹達羅摩神廟（Kodanda Rāma），這座廟的內聖殿中有稜有角的高大羅摩與羅什曼神像，是以河岸岩石雕刻而成。這座神廟展現出附近毗奢耶那伽羅王朝的龐大神廟群，還有大眾信仰的羅摩傳奇神廟之間，所存在的巨大美學與建築差距。駕船跨河到阿內罕迪（Anegundi），在山腳的巨岩間，朝聖者會看到由白塗泥屋及茅草屋頂構成的小鎮。朝聖者在這裡會發現許多痕跡，提醒我們關於羅摩及羅什曼的旅程。阿內罕迪本身就有一座古老的羅摩神廟，稱為斯里蘭干納塔之主（Shrī Ranganāthaswamy）。附近則是莎巴里的修行所，據說是女智者隱修士莎巴里曾經住過的洞穴修行所。當羅摩抵達此地時，莎巴里告訴他自己已經等了很久，現在終於可以安心前往天界了。[28]說完她就往生了。朝聖者也會發現羅摩足跡，被保留供奉在修行所中。修行所旁邊，會發現供奉龐巴提毗女神（Pampādevī）的神廟。她被視為此地的古老保護者，也是濕婆神在龐巴之地的配偶。莎巴里修行所的住持，出身羅摩阿南迪教派（Rāmānandī），摘要了今日朝聖者對於羅摩相關地點的簡要看法，「龐巴之地，也被稱為猴子森林，羅摩在此待了四個月的時間。其他地方也有關於羅摩的地點，例如阿逾陀及持力修行所所在的普拉耶格，還有悉達出生的遮那竭普爾（Janakapur），此外還有納西克與檀陀迦森林。」

不意外地，龐巴河還屬於另一位出身南方的所有者；這條河流經喀拉拉邦的沙巴利馬拉山腳下。身為喀拉拉的大河之一，龐巴河有時又稱為南方恆河，也是朝聖者前往阿耶帕父神（Lord Ayyapa）山頂神廟之前的浸浴地。沙巴利馬拉山的名字就來自偉大女聖人莎巴里的森林隱修處。莎巴里招待了羅摩與羅什曼，完成自己在凡間的任務，接著她點燃自己的火葬台，前往天界。這個區域中，我們還聽說有須羯哩婆的首都及羅摩的足跡，全都連結此地與南方的羅摩傳說。

即便如此，也許還有更多羅摩傳說與猴子森林岩山之間的連結，特別是羅摩與哈努曼的連結。距離莎巴里修行所一英里處，根據當地傳說，是哈努曼的出生地安闍那山（Anjanī）。朝聖者在山頂上可以發現哈努曼與母親安闍那的塑像。越過龐巴薩洛瓦池（Pampāsarovar），往東則是婆黎山，據說猴子森林的婆黎王曾盤據此地。從安闍那德利（Anjanādri）跨越龐巴河，則是婆黎的敵對兄弟——須羯哩婆居住的律沙牟伽山（Rishyamukha）。他們說，哈努曼將羅摩與羅什曼扛在肩頭上，帶著他們來到山頂，會見須羯哩婆，並讓後者成為他們的盟友。

眾所皆知，哈努曼是羅摩的主要侍神，然而他的身世卻未在梵文版的《羅摩衍那》中出現。即便傳說中他的出生地就在猴子森林。哈努曼的養父是風神瓦尤，他將濕婆神的精子帶到這個地方，給了住在龐巴之地小山丘上的安闍那。她在此生出小哈努曼。因此，哈努曼是風之子，如風般迅捷，眾所皆知，他也是濕婆神的兒子，或甚至他的化身。當然我們也知道他是知名的羅摩追隨者，在心中崇奉著羅摩與悉達。在描繪中，他經常拉開自己胸膛的皮膚，顯露出裡面的羅摩與悉達。即便如此，若在印度中部及西部鄉間小路旅行時，會發現濕婆神廟一側廟門上的門神，就是哈努曼；另一側則是象頭神犍尼薩。這些脈絡證據也獲得文獻傳統的支持。R．S．聖（R.S. Sen）指出，孟加拉語版的《羅摩衍那》將哈努曼描繪成濕婆的守門者，也是樓陀羅的化身。[29]坎班所寫的泰米爾語版《羅摩衍那》中，哈努曼也不只是羅摩的信徒，更是濕婆神的轉世化身，經常將他比為濕婆神。十六世紀的《羅摩功行錄》中，據說諸天眾神都轉世成為猴子；圖西達斯暗示變成哈努曼的，就是濕婆神。例如，在圖西達斯的詩歌《雙行詩集》（*Dohāvalī*）中，他寫下「放棄樓陀羅的形象，濕婆上神採取猴形成為哈努曼，只因他對羅摩的情感」[30]。明顯地，哈努曼的傳說相當複雜，多數都不是來自《羅摩衍那》或梵文版的〈讚歌〉之中。然而，這些故事在全印度各地的神廟與聖像中流傳。在猴子森林這裡，哈努曼的身世故事不在文獻裡，而是在山頂神龕中。

截至目前為止，朝聖者在猴子森林看到的朝聖神廟，多是充滿傳說的簡樸廟宇。它們不是美輪美奐的強大（pakka）神廟。這些通常是吸引大批觀光客與朝聖者的毗奢耶那伽羅偉大城市遺跡。其中最精美也是能見度最高的崇拜地點，既非羅摩神廟，也非哈努曼神龕（他很少獲得正式神廟祀奉），而是無形之眼濕婆神廟（Virupāksha）。這間神廟位於今日亨比市集的主街上。根據研究此地的考古學者米歇爾與菲利歐查特（Michell and Filliozat），無形之眼濕婆神廟是「亨比最早的中心」。[31]毗奢耶那伽羅王朝諸王所建造的其他偉大神廟，甚至包含奎師那神及除惡之主神廟，都在幾個世紀中荒蕪頹圮了。這座無形之眼濕婆神廟，時至今日仍舊活躍。這座神廟可追溯到十四或十五世紀，但廟址本身應該更加古老。根據當地傳統，神廟中的林伽石是自顯——自然出現在此地。他們說，濕婆神在此回應龐巴提毗女神的苦修。他出現在女神面前，與她結為連理。今日的神廟祭司並未將無形之眼納入偉大的十二濕婆光柱之列，但他堅稱這座濕婆神的示現，在史詩時代就受到羅摩與羅什曼崇奉，而且就在猴子森林裡。

無形之眼濕婆神廟的〈讚歌〉摘要就刻在神廟內庭的牆上，當然也會向進入神廟的朝聖者說明：

> 根據《室健陀往世書》，亨比被稱為龐巴之地。梵天之女龐巴提毗女神，在龐巴薩洛瓦池畔苦修，並成功贏得濕婆神青睞；濕婆神因為第三隻眼，因此也稱為無形之眼。祂是名為烏達瓦林甘（Udhavalingam）的神祇，公認為龐巴之主（Pampāpathi）。《羅摩衍那》中，亨比稱為猴子森林。羅摩在此崇奉無形之眼，獲得須羯哩婆與安闍那之子（Anjaneya）的協助，從楞伽救回悉達。亨比的莎巴里修行所、安闍那德利山、須羯哩婆的洞穴及婆黎財庫（Vālibhandara）等地，都是《羅摩衍那》〈猴子森林書〉的明確證據。
>
> ——無形之眼濕婆神廟當局

雖然廟埕與拱廊立柱都覆滿了跟羅摩、羅什曼、哈努曼及其他猴子有關的主題，他們在此仍舊圍繞著濕婆神與配偶龐巴提毗女神。附近跟羅摩之旅有關的洞穴、山丘，也呈現出濕婆派傾向。例如，附近的馬拉亞萬塔山（Malayavanta）上，有一座名為羅摩之主（Raghunātha）的濕婆神廟。根據傳統，羅摩在此等待哈努曼搜尋悉達歸來。羅摩之主神廟的廟頂尖塔蓋在山頂的岩石上——這塊巨岩被雕刻、層疊、形塑成廟頂尖塔。崎嶇山頂周圍有二十五具濕婆林伽石，都來自同一塊巨岩。雨季終結之時，猴熊出動，東南西北搜尋悉達的行蹤，而羅摩則在此等待消息。

在《羅摩衍那》的傳說中，猴子森林就是一處樞紐、轉折點，讓看似無望的搜尋開始嶄露曙光。此後哈努曼越海前往楞伽島，發現在無憂樹花園裡的悉達。他將羅摩的指環交給她，讓她知道羅摩即將到來。

拉梅許瓦拉

在拉梅許瓦拉，長涎狀的島嶼朝著楞伽島延伸。根據傳統，猴群在此處打造了跨越楞伽島的石橋。在往世書文獻中，拉梅許瓦拉經常被簡稱為「橋」（Setu），亦即以羅摩打造的橋為名。二〇〇二年美國太空總署（NASA）釋出的一張太空衛星影像中，重新點燃了對這座通往楞伽之橋的想像：拉梅許瓦拉與斯里蘭卡之間長達十八英里的一連串淺灘沙洲。

有些人以太空總署的照片為「證」，指稱羅摩建造了橋；其他人則認為這不過是此處曾經存在一座陸橋的跡證，然而時代遙遠，肯定遠早於據傳《羅摩衍那》事件發生的三分時代神話世界。然而二〇〇七年，印度政府發起「橋海航運運河」（Sethu Samudram Shipping Canal）計畫，挖掘加深穿越海峽的航道，打造出連結印度東西岸的航道。此舉在印度各地爆發爭議，甚至某個程度上，在整個印度教世界中掀起浪潮。「拯救羅摩橋」（Save Rām Setu）運動結合了數個印度教組織，反對這項開發計畫。設立在美國的印度教環保遊說團體理事長說：「對印度教徒來說，這座橋的神聖性，可比猶太人的哭牆、天主教徒的梵諦岡、佛教徒的菩提伽耶、穆斯林的麥加。未先徵詢印度教徒的想法，就要破壞這處神聖地標，傷害了超過十億印度教徒的宗教權利，實在不能接受。」[32]這類想法之外，還有南亞大海嘯之後興起的環境意識，這座天然橋梁是對抗潮浪全面衝擊時的保護屏障。羅摩橋因此上了新聞。今日橋已沉到水中，據了解，橋是在羅波那的善良兄弟維毗沙那（Vibhīshana）請求下，由羅摩親自破壞。羅波那死後，維毗沙那成為楞伽王。即便如此，橋遺址的重要性，為羅摩在過去世代的強大存在，創造

在拉梅許瓦拉沙灘上祝聖一座沙製林伽。

了象徵性的連結。

這塊區域中，朝聖者可以發現許多跟羅摩傳說明顯有關的地點。其中最重要的是弓角之地（Dhanushkoti），羅摩在此以弓尖打斷這座橋。他們可能也會造訪拉梅許瓦拉西北方的香醉山。一如許多南方的聖地，香醉山也有北方版。這個名稱將此地連結到喜馬拉雅山上巴德里納特神廟附近的山岳。這裡的香醉山不過是座小山丘。朝聖者會聽到，哈努曼在這處高地上眺望地平線，最先發現島嶼王國楞伽。在輪聖地（Chakra Tīrtha），羅摩首先在海洋之前停下腳步。在火聖地（Agni Tīrtha），他們說羅摩要求悉達進入火中，測試她的貞節。經歷過火之試煉後的悉達，在悉達薩洛瓦拉池（Sītāsarovara）浸浴。在角聖地（Koti Tīrta），羅摩將弓插入地面，釋放出恆河水。

然而，即便有這些深刻的羅摩傳說連結，拉梅許瓦拉又被稱為濕婆之地（Shivakshetra），這裡是獲得濕婆神示現而聖化的土地。蟻垤版本的《羅摩衍那》短暫提及羅摩在此供奉濕婆神。返家路程中，羅摩為悉達指出「橋」的地點，在建橋之前，濕婆神曾降下榮光。蟻垤版本提到的僅是如此。然而許多往世書及好幾份後世版本的《羅摩衍那》，例如《至高靈性羅摩衍那》中，則明確宣稱羅摩在此建立並供奉羅摩之主林伽石。[33]今日前往拉梅許瓦拉的朝聖者將聽到這些故事，並在此供奉濕婆神。例如《濕婆往世書》中，據傳羅摩抵達海岸時，感到非常口渴。當哈努曼帶來清水，身為濕婆神信徒的羅摩，首先建立了一座土製濕婆林伽，將清水供奉後，自己才喝下。感受到羅摩的誠心，濕婆神答應羅摩，他將永遠顯現在拉梅許瓦拉的羅摩之主林伽石上。[34]

我們也記得另一個深受歡迎的傳統中，這座林伽石是在羅摩成功擊敗羅波那之後才建立的。例如《室健陀往世書》中，羅摩、羅什曼與悉達在橋之地會合，羅摩派遣哈努曼前往北方，帶回一塊適合作為林伽石的石頭。有些人說哈努曼前往喜馬拉雅山，有些人則說前往迦屍。即便他迅疾如風，哈努曼仍無法在祝聖林伽石的吉時之前返回橋之地。因此悉達以雙手塑沙，製作了一尊林伽，並跟羅摩一起膜拜了這尊濕婆神像。濕婆神遂於此地現身，沙製林伽也變得跟石頭一樣堅硬。當哈努曼帶著北方的林伽石歸來之際，即便以他的尾巴之力，也無法抬得起沙製林伽，改換成他帶來的正式林伽。他使勁地拉，無法讓沙製林伽移動幾分。因此他們在此地豎立了兩座林伽石。[35]不只是神廟舊立柱浮雕中展現出這個故事場景，市集裡隨處可見的最新彩色書冊，都訴說著這些朝聖者肯定聽過的故事：悉達、羅摩、羅什曼與哈努曼全都在拉梅許瓦拉，崇敬膜拜濕婆林伽。

拉梅許瓦拉的羅摩之主神廟（泰米爾文為Rāmanāthaswami），約於十二世紀初，圍繞著現有的林伽石而興建起。此後幾乎每個世紀，廟塔與繞行廊道都持續擴建或維修。今日的神廟廟牆中包含二十二處聖地，此處的聖地一詞特指聖水井泉，朝聖者可以造訪每處井泉，並在此洗漱。朝聖者帶著水桶穿梭神廟各處，從各個聖水井泉中舀水。如同預期，神廟中確實擁有兩尊濕婆林伽石。內聖殿中據說供奉著悉達形塑、羅摩祝聖的林伽石。這尊林伽石以北，則是宇宙之主林伽石，也就是傳說中由哈努曼由迦屍帶來的林伽石。其他地方還有羅摩的弟弟婆羅多與羅波那的弟弟維毗沙那所立的林伽石。神廟之外的沙灘上，祭司協助朝聖者製作祭拜用的沙製林伽，就像當年羅摩與悉達的敬拜之舉。完成祭拜後，他們會步入潮浪中，將沙置入大海。

一如許多偉大聖地，羅摩之主神廟的〈讚歌〉也強調在此地苦修的效益。根據《室健陀往世書》，戰鬥之後的羅摩在此豎立林伽，以贖殺害羅波那的罪行。其他傳說則將羅摩之主神廟連結到奎師那神懺悔自己殺害舅舅剛沙的罪行，或者濕婆懺悔自己砍下梵天五頭之一的罪行，又或者堅戰懺悔自己在《摩訶婆羅多》大戰中，對德羅納（Drona）②撒謊的罪行。[36]懺悔是朝聖的一部分，此地有許多悔罪的典型。

在拉梅許瓦拉，我們再次想起將這個地點綁進印度教傳說廣大網絡的種種連結，並將印度深南的這處地點延伸到北方的聖地。朝聖者都知道將恆河水帶到拉梅許瓦拉，並將羅摩之主神廟中的聖地水帶到瓦拉那西宇宙之主神廟內澆灌林伽石。在瓦拉那西，「羅摩」之名有時候會銘刻在供奉濕婆神的聖物木橘葉上。

勝利與回返阿逾陀

拉梅許瓦拉似乎跨越了大戰的前後。現在讓我們回到楞伽島。當羅波那軍與羅摩軍的戰鬥結束時，羅摩最終以強大的梵天法寶（Brahmaāstra）箭殺死羅波那。心愛的悉達終於回到羅摩身邊，然而執守正法的羅摩卻要求她接受公開的貞潔測試。他說，當她住在另一個男人的房子裡，他如何接受她的回歸呢？心碎的悉達要求羅什曼當場為她建造火葬台，內心祈求著火神阿耆尼的保護，並進入烈火之中。見證了悉達無瑕人格的火神阿耆尼，將她送回歡喜的羅摩面前。這場火的試煉，今日成為拉梅許瓦拉的火聖地，即便據傳試煉是在楞伽島上發生的。這些重要的戲劇化事件還有許多細節，《羅摩衍那》的諸多版本也明顯對此事感到不安。例如，圖西達斯創造出被綁架的「悉達魅影」，而真正的悉達卻是受到阿耆尼的保護。等到羅摩試煉的時刻，真正的悉達由火焰中出現，從未受到羅波那綁架。這些史詩故事的不同版本雖然相當有趣，但這裡的重點主要在於探索史詩是如何鐫刻在大地上。就這個目標而言，阿逾陀返鄉之旅則提供了史詩行動地圖的最後一程。

王室三人組搭乘一架名為「花形」（Pushpaka）的驚人空中戰車，返回阿逾陀。這輛魔法坐駕是羅波那征服喜馬拉雅山區夜叉之王的財神俱毗羅時，獲得的戰利品。現在這輛戰車由羅波那的弟弟維毗沙那交給羅摩；維毗沙那多次試圖說服羅波那放棄無良虛榮的行徑，最終更成為羅摩的堅實盟友。隨著羅波那死亡，維毗沙那成為楞伽之主。王室一行人進入戰車，隨同維毗沙那、須羯哩婆、哈努曼及猴群，全都急切希望跟羅摩一起返回阿逾陀。「花形」是一輛巨大戰車，能夠容納所有人。所有人都從楞伽島升空，羅摩可以看到下方這趟流放史詩的整片地景。

俯瞰下方大地，羅摩歡喜地向悉達指出所有史詩行動的地點，再度點出整片土地的地圖。當他們升向天際，他指向坐落在三峰（Trikūta）山區的楞伽城，這座山峰就看似吉羅娑山。「我就在那裡殺了羅波那。」他說，「還有那裡！那就是橋，神聖的橋之地神廟就在那裡！還有猴子森林，美麗的須羯哩婆之地！這是律沙牟伽山與龐巴湖，因為思念過度，我在這裡留下淚水。這是賈塔尤對抗羅波那之處，他在此去世。看！森林中的小屋，就是我們在五樹森林所住的小屋，也是羅波那綁架妳的地方。閃閃發光的高達瓦里河，以及持山先人的小屋。看！還有阿低利的小屋，以及奇特拉庫特山丘，婆羅多在此勸我返回阿逾陀。那是亞穆納河及持力的小屋！看，那是閃爍的阿逾陀，我父王國的首

②在《摩訶婆羅多》中，德羅納是般度與俱盧兩族所有英雄的武術師父。作為宮廷武藝教師，德羅納親身經歷俱盧、般度兩族的王權之爭，完全瞭解俱盧對般度王子施加的迫害。儘管德羅納的感情在般度五子一邊，但作為武士，他必須為供養他的俱盧族效力。婆羅多大戰中，奎師那看到德羅納勇猛無敵，不得不施展計謀，讓堅戰謊稱德羅納之子馬嘶已經戰死。於是，怖軍用鐵杵砸死了一頭名叫「馬嘶」的大象，然後，衝向德羅納，高喊「馬嘶死了！」。德羅納聽馬嘶死了，懷疑這是假話。於是，他詢問以誠實聞名的堅戰。在奎師那的慫恿下，堅戰也以謊言回答德羅納說馬嘶死了。德羅納聽後，萬念俱灰，最後決定放下武器，獲得解脫，進入梵界。

都！」

英雄們首先落腳的地方是普拉耶格的持力修行所，這也是他們進入森林時，首先停留的地點之一。羅摩派遣哈努曼先行通知婆羅多，婆羅多在阿逾陀的郊外小屋中，過著禁慾修士的生活。婆羅多喜出望外，整個阿逾陀全都為了等待十四年的這一天動了起來。

在所有〈讚歌〉中，阿逾陀都是光輝燦爛、甚至擬人化的。年輕王子羅摩即位大典即將到來之時，整個城市充滿鮮花與歡慶。當羅摩離開城市進入森林時，這座城市留下哀嘆的淚水。羅摩的長年流放生涯中，這座城市苦苦等待；羅摩回返的訊息傳來時，城市因為期待而激動。經過長久等待，在羅摩治理下，這座城市進入一段繁榮、公正且和平的時期。正如蟻垤的故事所說：「在他的統治下，沒有女性成為寡婦。無須畏懼猛獸，疾病更是從未聽聞。整個王國不見盜搶。在他治下，無人遭致傷害，白髮人無須為黑髮人送終。那時，所有人都愉快且道德高尚。基於對羅摩的愛戴尊敬，無人以暴力傷害他人。」[37]

羅摩傳奇：地方舞台

整個北印度經常可以看到稱為「rāmlīlā」的羅摩傳奇戲劇演出。這類戲劇演出以地方為舞台，重新創造了從阿逾陀到拉梅許瓦拉的神話地景。大批地方信徒觀眾大排長龍，等上數小時，就為了一睹由人扮演的羅摩、悉達與羅什曼等神祇形象，再現《羅摩衍那》戲劇的高潮片段。每年秋天，迦屍大公（Maharaja of Kāshī）都會在瓦拉那西對岸的恆河城鎮羅摩那伽（Rāmnagar），贊助上演「羅摩傳奇」，這是最盛大知名的演出之一。從十八世紀中葉開始，本地大公就在羅摩那伽興築宮殿。整場演出長達一個月，每天都會吸引高達兩萬名觀眾到場。到了十勝節（Dasehra）③之際，整場演出來到羅摩戰勝羅波那、光榮返回阿逾陀的高潮。

羅摩那伽市中心、不同社區及郊區，都豎立起象徵性的印度地景。整個地方舞台包含的範疇將近兩平方英里。阿逾陀位於城市廣場上。高台與帳篷分別代表奇特拉庫特及五樹森林。地方神廟與廟池、池塘及水池也被納入羅摩旅程的地景之中。楞伽島位於城鎮的南緣。一整個月裡，羅摩那伽小鎮被轉變成各地印度教徒都熟稔於心的神話地景。

「羅摩傳奇」上演期間，具有表演才能的普通人通過祝聖，扮演起神話中的主角，少年扮演主角羅摩、悉達與羅什曼。一如布拉吉的奎師那遊樂傳奇，戲劇上演時，這些年輕演員被稱為「神的化身」。當「羅摩傳奇」上演期間，信徒會扛著演員前往下一個演出地點，因此演員的腳不會碰地。此外，扮演哈努曼或羅波那的當地傳奇演員，經年累月下來也因此成名。當地人成為演員，城鎮空間本身也成為史詩空間。當「神的化身」顯現，此處確實成為神聖空間。每屆「羅摩傳奇」都以祭拜「神的化身」與獻燈作結。

研究羅摩那伽「羅摩傳奇」演出的阿努拉達．卡普爾（Anuradha Kapur），逐日寫下觀眾不只旁觀，更參與演出的種種方式。他們也是朝聖者，跟隨著演出轉換地點，前往重現偉大史詩的場景。下大雨、道路泥濘時，他們仍舊涉過泥地，前往下一處場景的地點。卡普爾寫道：「跟隨眾神前往下一處的行動本身，在神聖地圖上再現歷史，也給了觀眾一個角色。此為羅摩休息之處；他在這裡跨越恆

③根據印度曆法，十勝節是從頞濕縛庾闍月的第一天開始，一連慶祝十天，通常落在西曆的九到十月。此節日源自《羅摩衍那》，由於羅摩與十首魔王羅波那大戰十天，最後大獲全勝，故稱「十勝節」。

河；他在此處對抗羅波那。透過造訪這些因神而聖化的地點，觀眾所做的，正是無數朝聖者所做的。朝聖者的崇敬景仰，和這些觀眾一樣，都在造訪這些聖地之中。因為她／他的旅程既是肉體旅程，也是象徵與精神性的旅程。」[38]

當人們急切仰望那些受到祝聖、扮演男女主角的演員時，多數人其實只能由遠方一窺那些壯麗的場景。[39]事實上，觀眾能否聽見演員的聲音或看見他們的臉，並不重要。然而今日的喇叭、電力與聚光燈都提升了演出的能見度。對群眾而言，這些「羅摩傳奇」演出就像一幅他們熟稔於心的活生生故事畫作。故事的熟悉度、演員化身的神像、想像的力量，以及自己社區的地景，共同重新創作了這齣《羅摩衍那》大戲。

然而一九八〇年代末期，一齣新的「羅摩傳奇」被強大的電視網絡，送進成千上百的村莊與家庭中。全印度各地的觀眾每週都能觀賞由羅摩南德・薩加爾（Rāmānand Sāgar）製作、極受歡迎的《羅摩衍那》劇集。自一九八七年一月二十五日開始，到一九八八年七月三十一日，每個週日上午，印度人跟著劇情，對「羅摩傳奇」劇碼中也少見的元素開始熟悉起來。透過近距離瞻仰，可以看見羅摩、悉達與羅什曼的臉部表情，產生一種大型戶外「羅摩傳奇」演出中無法得到的親密感、直接性與人情同感。很多故事報導中，電視機座被人們披上金盞花圈，迎接每週的羅摩上主瞻仰時間。劇中演員，特別是飾演羅摩的阿倫・戈畢爾（Arun Govil），甚至天天獲得人們的崇敬，彷彿半個神祇化身。[40]

羅摩南德・薩加爾在電視劇中，基本上創造了一個新版史詩，並具有全國影響力。雖然故事線整體而言仍以蟻垤版的《羅摩衍那》為基礎，每集的致意名單也都會提到許多區域性的版本。劇中三不五時會插入圖西達斯《羅摩功行錄》中的歌謠，強化故事節奏。這齣「羅摩傳奇」被新媒體改變，充滿神兵寶器的特效，還能看到十車王與吉迦伊、悉達與羅什曼，還有最重要的——神王羅摩的臉。最終，羅摩南德．薩加爾有如新世紀的蟻垤仙人，坐在蓮花中升上天際。

無疑地，對數百萬人來說，《羅摩衍那》電視影集將冒險故事提升到了一種直接意識的層次，被全國性雜誌形容為「羅摩衍那狂熱」。羅摩上主的追隨者，對羅摩家鄉阿逾陀的熱愛，無疑被崛起中的印度教國族主義運動有效利用。追求權力的道路上，世界印度教徒組織（Vishva Hindu Parishad）與其政黨印度人民黨（Bhāratīya Janatā Party，簡稱BJP），將收回阿逾陀的羅摩出生地視為運動的象徵核心。如前所見，《羅摩衍那》是個強大的故事，不只寫進人民心中，也刻在印度的地景上。因此一九八〇年代末至九〇年代，政治上開始利用這個故事與強大地景，攫取公眾的注意力。當我們審視《羅摩衍那》地景結尾時，也必須反思此一發人深省的事實。

寫到《羅摩衍那》的政治利用，雪爾登．波洛克感嘆道：「我們很難理解，這樣普遍被視為神聖存在與世界關懷的敘事，卻能如此輕易連結，或形塑成高度分化的政治論述。」[41]他追溯了「《羅摩衍那》與政治共生關係」的漫長歷史[42]，小心檢視文獻與銘文證據，審視羅摩作為神王模範逐漸被政治領域所用的種種方式。這在十二世紀初特別重要，《羅摩衍那》的想像世界受到惡魔威脅而呈現的兩極化情況，被用來詮釋印度教文化在歷史上首度接觸中亞突厥裔「他者」的強大力量。[43]歷史時間軸再往現代推幾步，我們就會看到政治領域中幾齣精采的當代「羅摩傳奇」。一九九〇年十月，當時的印度人民黨主席阿德瓦尼（L.K. Advani）扮演羅摩，坐在豐田卡車轉成的戰車裡穿越印度，弓箭在手，從索姆納特遶行前往阿逾陀，造訪路上一座又一座村莊。

阿逾陀與羅摩出生地

在印度，沒有任何其他地方比起阿逾陀小城，更能提醒我們聖地不限於神廟。阿逾陀據傳是羅摩上主的出生地與古代首都。這裡所謂的神廟——清真寺爭議，在印度教社群團體煽動下成為大火，磚塊與砂漿成了高度政治化的印度教國族主義的主題與象徵。超過四百多年來都是清真寺的建築，是穆斯林所稱的巴布利清真寺（Babri Majid）。這座建於十六世紀的清真寺，以一五二六年進入印度的蒙兀兒皇帝巴布爾（Babur）為名。一五二八年的銘文註記這座清真寺是在巴布爾國王令下，由巴齊將軍（Mir Baqi）興建的，作為「天使降臨之地」，並祈求此地將是「永久的恩惠」[44]。印度教徒則稱此地為羅摩出生地，宣稱此地原有一座紀念羅摩出生地的神廟，神廟立柱被改用在清真寺建築上。今日，清真寺與神廟皆已不存，只剩一片廢地。一九九二年十二月六日，支持羅摩出生地的印度教國族主義者拆掉了屹立四百五十年的清真寺。那一天，有組織的運動者與印度人民黨的支持者——包含世界印度教徒組織、國民志願服務團（RSS）及印度青年民兵（Bajrang Dal）——突破薄弱的安全防線，剝下舊清真寺的寺牆，用棍棒鐵鎬破壞圓頂表面。到了這一天結束時，清真寺已經成為一堆瓦礫，接下來數週，印度與巴基斯坦發生了許多社群暴力事件。

一九八一年，我首次造訪阿逾陀時，這是個步調緩慢的朝聖小鎮，朝聖者清晨在娑羅逾河岸邊浸浴。這條恆河支流據說源自喜馬拉雅高山上的瑪納薩湖，來自梵天的心智（manas）。河岸上的朝聖者正在獻祭一頭牛，抓著牛尾，將金盞花與好幾罐牛奶獻入河中，一切都在祭司的妥當引導之下。接著朝聖者出發造訪鎮上各處聖地，包含鄰近的古老濕婆神廟，據說是阿逾陀的主要保護神，以及許多跟羅摩有關但缺乏建築特色的地點。我已經注意到，他們會發現目前為止最有活力的神廟，是蓋在高地上的哈努曼堡壘神廟，長階梯上充滿化緣者。最美的可能是金宮，這座神廟——宮殿擁有大型聚會廳，神龕上供奉著羅摩夫妻及羅什曼、哈努曼的神像。羅摩誕生日時，據說有數千朝聖者聚集此地，觀看祭司在羅摩搖籃中獻上椰子，此時的金宮活力洋溢。

當時阿逾陀最沉寂的地點之一，就是所謂的「羅摩出生地」。由於十九世紀中的所有權爭議，英國人有效地將這個地點封起來。一九四七年印度獨立之時，以當年狀態為基準，設立了聖地保護措施。然而一九四九年十二月二十二日晚間，運用我們已經看過的那些經常用來描述神聖自顯的語言，印度教倡議者堅稱羅摩形象「出現」在清真寺中。根據警方紀錄，至少有部分陳述指出，當晚有一群印度教徒破壞門鎖，將羅摩神像放進清真寺。然而，當晚後的幾十年中，政府都未曾下令移走這些神像。封禁區域的大門鎖上了，這個地點的大部分區域都是印度教徒及穆斯林禁止進入的。

當我造訪時，羅摩一行人的白色大理石小雕像，及羅摩之母喬薩厘雅（Kaushalyā）的雕像，仍舊在巴布利清真寺的大廳中接受崇拜，即便開放的時間有限。戶外擺上的英文告示如下，「斯里羅摩的出生地。鐵桿圍繞著神廟內的羅摩上主，是由法院聘任的管理者進行。請將您的香油錢放進管理者安裝在關閉鐵門上的捐獻箱中。」多數時間關閉落鎖的廟埕大門外，有兩位老人坐在免受日曬的帳棚下，唱著「悉達羅摩，悉達羅摩，勝利歸於悉達羅摩」。他們身旁豎立的告示牌上標示，他們是解放羅摩出生地日夜唱誦行動的一員。附近的建築物裡，一扇門通往地下神龕的樓梯，被稱為悉達廚房。這處狹長四方形房間裡有一位嫻熟這段故事的婆羅門祭司。「悉達在此擁有自己的廚房。」他指向一處由鐵架包圍的小型火爐。「當悉達與羅摩結婚時，安納普那母神由迦屍過來，為他們煮飯。」安納普那女神當然是豐盛食物之神，也是濕婆神在瓦拉那西的配偶。

二十年後，我又再度造訪阿逾陀。那是二〇〇四年的冬天，小鎮仍舊安靜，許多事情都已改變。

到處都是警方設的路障與圍籬，朝聖者很少。最重要的朝聖季節仍是每年四到五月的羅摩誕辰，朝聖者繞行整個阿逾陀五俱盧舍之道聖域，以腿腳展現出阿逾陀聖地不只是這座神廟而已。即便在寒冷的一月份，河岸仍就是生氣蓬勃的浸浴之處。哈努曼堡壘神廟仍舊滿是訪客與化緣者。然而爭議中的清真寺卻消失了，羅摩出生地指定位置基本上就是一具藍色塑膠帳篷，整片地點的部分區域遮蓋在藍色塑膠防雨布之下。想要進入此地的人，必須穿過金屬探測器，進入狹長蜿蜒的封閉走道，來回通往防雨布遮蓋的廣大區域。進入場域之後，就會發現許多壕溝，據說是發現舊神廟地基的考古發掘現場。最後有個地方讓人瞻仰所謂的「嬰兒羅摩」（Rāma Lalā），這是一尊嬰兒時期的羅摩小神像。這尊源於近代的神像被安置在祂的特別帳篷中。當然，眼前是一片慘淡景象。我的嚮導自傲曾參與一九九二年十二月六日的事件，志得意滿地掃過清真寺曾佇立的地點。但他並不知道悉達廚房後來怎麼了。

然而在市集裡，不只有訴說阿逾陀偉大故事的五分錢老〈讚歌〉集，還有新的小冊子，例如直接稱為「一九九二年十二月六日阿逾陀聖工」（Ayodhyā Karsewa, 6 December, 1992）的冊子。「Karsewa」意指「服侍行動」，然而此處「seva/sewa」一字卻遭到極端扭曲，用來特指涉事者破壞清真寺結構的服侍行動。彩色照片小冊描繪群眾由窄巷湧入清真寺，戴著橘色頭巾的年輕人突破圍籬，爬到清真寺的三個圓頂上，勝利地揮舞著。當然，後續與警方的對峙中，參與行動的部分人士失去生命。冊中也有死者的照片，戴著花圈，眾人圍繞。死者明顯被稱為「烈士」（shahid），採用烏爾都語及阿拉伯語中稱呼穆斯林烈士的語詞。事實上，通往清真寺——神廟的窄巷，就叫「烈士巷」（Shahid Galli）。

市集上也大量充斥著為此地設計規劃的新羅摩神廟的彩色照片，肌肉賁張的羅摩上主手拉弓箭，大步跨越精緻的神廟。市面上還可以買到光碟片，歡欣鼓舞的朝聖者緩慢走動，唱著輕快的旋律，

「我們前來阿逾陀，來阿逾陀，興建羅摩神廟。」一張顯然是作為返家紀念品的〈讚歌〉光碟，讚揚一九九二年十二月六日的事件，包含摧毀清真寺的栩栩紀錄，以及「烈士」血跡斑斑的屍體，作為奉獻的證據。

數千頁證詞、幾十篇學術文章及書籍，以及數百篇報紙文章及社論，探討這個爭議、九二年十二月六日暴動及其後續的影響。世界印度教組織、印度人民黨等新印度教國族主義者，主張十六世紀的巴齊將軍在這個地點上摧毀了一間印度教神廟，並運用神廟本身的立柱興建了清真寺。這在當時並非不尋常，但確實在此地發生過嗎？當時的神廟是為了紀念羅摩誕生地嗎？在藍色遮雨布下挖掘的考古學家證實，此地確實曾有一間神廟。其他印度史學家與考古學者，無論穆斯林或印度教徒，都認為此地神廟的文獻與考古證據薄弱，甚至並不存在。一位來自阿拉赫巴德大學的考古學者，其摘要被發現時，明白寫道：「沒有任何證據能夠證明有任何神廟存在，無論是磚造、石造或兩者兼具。」[45]

無論在事實上或信仰上，更缺乏證據指證羅摩出生在此地或阿逾陀的其他地點。研究過《往世書》〈阿逾陀讚歌〉的人，都找不到十六世紀之前，有任何文獻證據指向跟羅摩出生有關的重要地點。[46]此外，不論在阿逾陀或其他聖地，多個不同地方複製單一地點，是印度教常見的模式。一如羅摩．沙朗．沙瑪教授（Ram Sharan Sharma）在一九八九年寫下「我去過此地。此地至少有十五到十六間寺廟（mandir）的祭司都宣稱自家神廟是真正的羅摩出生地」[47]。以我自己在一九八一年訪問阿逾陀的經驗，我也同意這樣的普遍觀察。許多地點宣稱為「出生地」是很常見的事，也沒有任何對抗的意思，這是印度教獨特的多重性傳統：任何地點的重要性，都展現在可被複製、移植的特點上。

當我們總結對於印度教印度地景的研究時，只要看著許多聖地網絡就會發現，這些聖地的連結如此強大又不穩定，能夠輕易轉移到另一個脈絡中，這個脈絡卻又跟已存在數世紀的朝聖實踐與模式相差甚遠。阿逾陀的政治化將考古學家與史學家、法官與宗教領袖、政黨及總理全都捲入其中。從一九八六年開始，當法官下令移除鐵門上的鎖，清真寺——神廟的爭議似乎每年都在蓄積更多能量，產生更多激情，令各方更加憤怒，導致許多人開始質疑，印度憲法的民主世俗共識是否蕩然無存。也讓更多人質疑《羅摩衍那》的宗教價值與倫理視野究竟何在。

到了一九九一年，政治——宗教行動如火如荼展開，全印各鄉各村祝聖的磚塊被運到阿逾陀，用來興建一座新的羅摩神廟。將磚塊運到阿逾陀的行動本身，成為某種朝聖，「繞行」（yātrā）這個字廣泛地被用來描述這類旅程。磚塊與砂漿，成了印度人民黨口中的「全國性議題」。雖然很清楚地，不論他們如何廣泛定義，所謂的「全國」指的就是印度教國家。一如印度人民黨在一九九一年大選宣言中明白指出，「羅摩出生地」是「平反我們文化遺產與民族自尊的象徵」。他們總結，「因此我黨致力於在羅摩出生地重建斯里羅摩神廟，並以應有的尊重移除強加騎上的清真寺。」[48]現在，磚塊成了政黨的基石。同一年，歷史學家戈帕爾（S. Gopal）寫下「真是哀傷諷刺，看到這些人宣稱與甘地追隨同一個宗教，現在卻拋棄信仰導師在《奧義書》中不斷宣揚的道理，以及虔愛奉行者的教導，反過來只想收集運送磚塊，就為了在他們想拆除的清真寺原址上蓋一座神廟」[49]。一九九二年，如我們所知，清真寺遭到拆毀。此舉不但未對印度人民黨領袖瓦巴伊（Atal Bihari Vajpayee）造成反對，他反而在一九九六年當選總理。一九九八年的選舉中，該黨仍舊維持政見，「印度人民黨致力推動在阿逾陀的羅摩出生地、現有的臨時神廟所在地上，建造偉大的斯里羅摩神廟。羅摩上主位於印度心靈的核心。印度人民黨將窮盡所有共識、法律與憲法手段，推動在阿逾陀興建斯里羅摩神廟。」[50]神廟規劃中展現出此刻眾人已經很熟悉的羅摩形象，肌肉賁張，手拉弓箭，跨在精美的神廟之上。

競選宣言中，印度人民黨也敘述了自己致力於「一個國家、一個民族、一種文化」。他們說這種文化，是在印度教國族主義（Hindutva）原則下統一，這種原則永遠涵括「古代國家婆羅多（Bhāratavarsha）的認同」。[51]「印度教國族主義」一詞，難以與薩瓦爾卡的同名著作切割。在著作中，他清楚指出「印度教徒是視婆羅多為聖地與祖國之人」。薩瓦爾卡本人對於神廟或宗教並沒有太大興趣，肯定也覺得以神廟為中心的運動令人倒胃口，但他所創造的「印度教國族主義」一詞卻像長了腳一般，影響深遠。

在有關羅摩出生地現代神廟——清真寺爭議的龐大資料彙編中，努拉尼（A. N. Noorani）在引言寫下「整個國家都是羅摩出生地」。他想說的是，羅摩作為理想戰士與深受愛戴的國王，他的出生地不只是位於阿逾陀的任何降生地點。加爾各答大學歷史學者達斯古塔（R.K. Dasgupta）說出了許多人看到事態惡化導致清真寺摧毀時的震驚，「羅摩是在哪出生的？」他寫下「我得承認，在一九九二年十二月六日巴布利清真寺被毀之前，我從未想過《羅摩衍那》的主角在哪出生這個問題……沒有考古紀錄證明羅摩出生地上有羅摩神廟，這很明顯是印度教同盟家族（Sangh Parivar）史學的發明。不論在印度或國外，古印度史的研究者都認定羅摩傳說是印度神話的一部分，蟻垤偉大史詩中的人物並沒有歷史根據」[52]。他也許會同意，倘若我們認定羅摩與其偉大旅程故事都不在我們一般認定的「歷史」領域中，這項爭議多年、耗費甚繁且相互競爭的考古證據與歷史研究，其實全都沒有意義。

然而以神話角度而非歷史角度來看待羅摩，不但未能減損他的重要性，反而更添助力。因為這個在印度教文化中擁有深刻重要性的故事，並不是因為它確實在此地發生，而是因為它存在於人民的生命中，也存在於印度教朝聖者的故事與旅行中。對那些人來說，這個故事深具意義。畢竟以印度教詞彙來說，羅摩據說生活在三分時代，以印度教宇宙觀來說，是超過一百萬年以前的時代，超越了一般視為歷史的階段。他的出生，一如所有印度教重要英雄，都是出於超自然力量的干預。在羅摩的情況裡，是他缺乏後嗣的父親十車王舉行獻祭，因此獲得了一種稱為「payasa」的超自然米布丁，接著由母親喬薩厘雅吃下。神話是所有故事中最偉大超越的一群，這些都不是我們首次聽聞的故事，因為它們是我們文化的架構，也是意識的表土。因此透過出生地之爭，試圖將羅摩歷史化的努力，讓許多印度教徒既震驚又困惑，包含達斯古塔。蟻垤的《羅摩衍那》與許多區域性《羅摩衍那》所說的羅摩傳說，以更加深刻、廣泛的方式根植在印度人的意識裡，而不是二十世紀末阿逾陀的磚塊砂漿爭議，就能肯定或撼動的。

這裡所掀起的議題極為重要，跟宗教與歷史意識的本質、神話的力量及所謂歷史事實之間的關聯，息息相關。當這個故事深植在印度人的想像中時，我們要如何尋找羅摩的「歷史」人物？這是一位王子在即位前夕失去王位、被流放森林之中，心愛的妻子悉達為羅剎惡魔所奪。事實上，他失去了一切，卻仍堅守正法與正道。這個神話流傳許多世紀與無數社群。影響力遍及全印度，甚至超越印度，進入廣大的東南亞區域。正如阿馬蒂亞．沈恩（Amartya Sen）在介紹《羅摩衍那》時寫道：「關於這部古典著作，最棒的地方不在於它宣稱試圖要達到的，宗教上或文學上的一致性。反而是它所允許並鼓勵的創意多樣性，這一點在世界廣大地區帶來了深刻的建設性效果。」[53]它的影響力從來不需要透過考古或歷史紀錄的ＤＮＡ來強化。神話的「實」與「真」在另一個層次：透過文化建立獨特價值模式，人們藉以建立生活模式，讓神話成為真實故事。《羅摩衍那》的人物、敘事與困境，對印度教意識來說太過重要，以至於無法被限縮成狹隘的口號，「我們會在這裡建起神廟！」（Hum mandir vahīn banāyenge）。

這裡有許多爭議堆積如山。羅摩出生地的爭議，某方面來說，成為神廟——清真寺爭議，因此也是印度教徒——穆斯林的爭議。此事激發了一九四七年印巴分治暴力以來，最嚴重的社群衝突。如同波洛克已經令人心驚的闡釋，羅摩跟羅剎之間的宇宙競逐，他拉滿的弓永遠對著邪惡勢力，此形象已經遭到挪用。挪用者將這張弓對著千年來的突厥、中亞及當今的穆斯林羅剎，因為他們的文化挑戰了印度教「印度」的文化。[54]然而對許多人來說，更大的爭議，存在於印度教國族主義支持者與印度世俗傳統捍衛者之間。即便在一九九二年十二月六日的命運事件之前，歷史學家穆希魯爾・哈珊（Mushirul Hasan）就已經寫下，「自印度獨立之後，沒有其他議題產生出如此暴戾的激情，導致如此全面的暴動，讓人們陷入恐慌、恐懼與憤怒之中，並威脅要摧毀印度憲法制定者所想像的民主、世俗共識。」[55]

對我們而言，此一爭議也將本書試圖捕捉的許多議題突顯出來。這個爭議，也存在於那些生活在傳統神話象徵與回響中的人，以及認為同一則偉大神話只是乏味文字的人之間。可以肯定的是，在朝聖者印度的聖地中，神話的力量深植於土地與地景之中。正如我們反覆看到，朝聖者前往無數因為神話事件的「發生」而顯得貴重的地點。對朝聖者來說，渡口聖地與神居確實是通往神聖的特殊之地。這也是朝聖者啟程的原因。但渡口聖地與神居並非建築，亦非神廟。經歷一個接一個的地點後，我們發現是地點本身被繞行，這些地點往往包含了數十、甚至數百座神廟神龕、河階與浸浴池。這樣的地點，就是阿逾陀。

第十章　今日的朝聖者印度

印度經歷許多現代革命。在交通、通訊與科技上，已經加快速度與新世界連結。從我開始寫作本書以來的這些年中——將近三十年間——當時不可行的全球連結，今日早已成為家常便飯。可靠的古老鐵路系統更加四通八達，雖然仍舊常有誤點。即便如此，現在已經有了線上預約及資訊網站，透過iPhone手機就能查到從德里開往瓦拉那西的迦屍宇宙之主快車誤點一小時。全國性與區域性的飛航班機蓬勃發展，兩千年後有六間新的航空公司加入營運。高速公路建設大肆吹捧著德里、加爾各答、清奈與孟買金四角六線道高速公路網，長達三千六百二十五英里。

除了交通之外，科技也讓印度衝進新時代。印度的手機使用成長率，遠超過世界其他地方，二〇〇七年每個月有六百萬簽約新用戶。[1]到了二〇一〇年，成長為每月有一千五百萬新用戶。銷售商派出配備手機訊號的貨車，進入印度鄉村展開銷售，幾千萬缺乏固定通訊線路服務的鄉村居民被視為現成的市場。二〇一〇年之際，印度估計有超過六億名手機用戶。[2]不意外地，網路使用者人數也呈現爆炸成長，從一九九八年的一百四十萬，到了二〇〇七年成長為四千兩百萬，二〇〇九年更來到七千一百萬。[3]部分人士視印度為科技革命之都，將班加羅爾（Bangalore）包進加州矽谷的衛星區域之內。

像我們這樣見證了過去幾十年革命進展的人，大有理由感到驚訝。一九六五年，我以學生身分，就讀瓦拉那西印度教大學時，想打長途電話，得到大學郵局裡預約。聖誕節期間打回蒙大拿州家裡的一通電話，只能聽到兩端斷斷續續的「愛你」、「聖誕快樂」和「你聽得到嗎？」。等到一九八〇年代中期，我在印度各地進行朝聖研究時，已經有了衛星連線，因此有了相對清晰的連線與通話，雖然仍舊昂貴而稀少。到了九〇年代末期，我可以坐在瓦拉那西的阿西河階上，用茶鋪婦女兼營的電話服務，撥打衛星電話。令人震驚且明顯不和諧的聲音，將恆河畔連結到蒙大拿州的母親家中。接著就是行動通訊革命的到來，全世界的人開始在路上走路時、坐在咖啡廳中或在公園長椅上，同時跟另一個人通訊。

交通與通訊的革命激發了更大的朝聖量，並不令我們訝異。朝聖不但沒有隨著現代科技的到來而消逝，反而獲得了新動能。網際網路讓人們可以連向提魯帕蒂或毗濕諾提毗女神的網站，在此預訂獻祭、特別瞻仰，並預約香客房（dharmashālā）。無法親自進行朝聖者，也可以聆聽提魯帕蒂神廟清晨祭禮（suprabhātam）的誦經，還可以連線進行瞻仰與捐獻。朝聖者可以在網路上比價，找到喜馬拉雅山四方神居繞行的最佳朝聖團，或者加入各式各樣地點的朝聖團，從高山上的巴德里納特神廟，到泰米爾納都邦深南的拉梅許瓦拉。

迦屍或烏賈因這類聖地，幾乎不可能追蹤朝聖者的足跡，因為這些城市本身已經交通繁忙，本地信眾與朝聖者同樣絡繹不絕。但在以朝聖者為主的地方，例如喀什米爾山頂的毗濕諾提毗女神廟，或提魯帕蒂的除惡之主神廟，所有指標都顯示朝聖者的數目明顯增加。如前所見，提魯馬拉．提魯帕蒂神廟信託基金估計，每天約有五萬人排隊瞻仰除惡之主。[4] 毗濕諾提毗女神廟仔細留下紀錄，並在網路上公布每日及累積人數。例如，二〇一〇年八月十八日這一天，有兩萬六千一百一十一位朝聖者到訪。歷年來，朝聖者數目的增長十分驚人，從一九八六年的一百三十九萬六千人，到二〇〇九年的八百二十三萬五千人。要如何理解朝聖者數量的多寡？這相當於紐約市五區總人口全都在這一年爬上山，以進入這位女神的狹窄洞穴通道！網站提出以下解釋，「朝聖者的增加，是因為神廟理事會以服務朝聖者為本，進行有效的管理。」[5]

喀什米爾的永恆之主神廟朝聖這類特殊的朝聖行程，由於朝聖者必須向神廟理事會登記朝聖，因此也可以追蹤人數。二〇一〇年，為期四十五日的朝聖季節首日，就有超過一萬五千名朝聖者出發前往永恆之主神廟。朝聖季包含了整個夏季的室羅伐拏月（西曆七到八月），這是祭拜濕婆神特別神聖的季節。朝聖者在山徑上形成縱隊，通往冰柱林伽所在的高山洞穴。從二〇〇七年開始，即便種種限制及喀什米爾的政治與社群緊張關係，導致朝聖行程也面臨暴力衝突，但長途跋涉前往永恆之主神廟的朝聖者，仍舊超過五十萬人。

當然全世界都面對持續成長的觀光旅遊。在歐洲國家，朝聖曾經是人們出門旅行的主要原因，觀光旅遊幾乎取代了神聖旅程。然而有些地方，例如法國的露德（Lourdes），或者穿越南法前往西班牙北部的聖地牙哥德孔波斯特拉（Santiago de Compostela），朝聖旅遊在這些地方都是不斷成長的當代現象。然而世界各地朝聖旅遊的廣度與強度，都比不上印度。印度教的朝聖之旅也許有時也會造訪某些宮殿、政府建築或古老神廟紀念物，觀光旅遊與朝聖之間卻存在著明確的差異。觀光旅遊會「看風景」，但朝聖卻是為了「瞻仰」聖像或聖地。阿赫邁巴德的自營女性協會（Self-Employed Women's Association）創辦人艾拉．巴特（Ela Bhatt）曾向我描述，自營女性協會的婦女進行人生第一趟朝聖之旅時的情況。當她們存到足夠的錢，能在困苦的人生中進行第一趟旅行時，不是到孟買或任何觀光勝地，而是一趟朝聖之旅。她們搭乘巴士穿越拉賈斯坦，前往奎師那神的沃林達文。團員包含了印度教徒與穆斯林女性。

聖地與自然經濟

除了通訊革命與茁壯的朝聖者數量外，印度還擁有數百個環境團體，關心氣候變遷、廢水回收、水力發電與工業廢棄物等議題。朝聖者足跡跟環境議題有何關係？在河中浸浴、爬上山頂神廟、爬進難以立身的洞穴、繞行聖山、爬上蜿蜒山路進入雪峰、在海岸上搜尋奎師那神的跡象、珍視奎師那神示顯象徵的戈瓦爾丹山石，這些全都讓崇敬的脈絡與自然世界息息相關。雖有如此深刻的自然聖顯意識，看到氣候變遷、汙染與工業發展對印度造成如此毀滅性影響，更是令人震驚。整體而言，崇敬神性時而對物質世界產生的種種影響，並未形成對環境破壞的全面性文化與宗教抵抗。

喀拉拉邦的沙巴利馬拉山朝聖，正是過去數十年朝聖旅行激增，導致環境被毀滅性衝擊的戲劇性證明。不過三十年前，一月及二月的兩個月朝聖季中，估計只有五萬朝聖者造訪。今日，在神廟開放的日子裡，每年有超過一千萬朝聖者蜂擁而入。幾乎難以想像的朝聖人流，對神廟附近森林區域及阿耶帕父神緊密相關的野生動物造成重大衝擊。龐巴河中充滿人類糞便、塑膠袋與水瓶。科塔亞姆聖雄甘地大學社會科學教授拉賈恩．古魯克爾（Rajan Gurukkal）指出「政府當局必須找出一些機制，管控朝聖人數激增的危險。沙巴利馬拉山不只是環境災難，也是社會災難。」[6]提出生態系與森林保護計畫的人，例如生態朝聖信託基金（Eco Pilgrimage Trust）的清潔沙巴利馬拉山計畫，總是面對想要擴增神廟設施以容納更多人的挑戰。

我們已經討論過印度河流的用途與濫用，例如喀拉拉邦的龐巴河，就遭遇到朝聖汙染。印度的大河與聖河都成了垃圾汙水、農工汙染的排放去處。水壩與灌溉計畫改變河道。即便新印度教國族主義力量似乎關注了所有跟印度教徒生活緊密相關的議題，河流似乎並未成為他們議程上的重要項目。在阿逾陀建造神廟的象徵重要性，跟保護偉大「母親河流」免於粗心設計與人為忽視所害，孰輕孰重？畢竟，印度河流立即影響千百萬人的日常生活。世界上沒有任何地方的河岸，擁有浸浴河階可以讓朝聖者入浴在流水之中。我們可能會以為，這表示在河流潔淨上，印度應該比其他國家擁有更高的公共與政治意識，畢竟其他河流並沒有背負著這類日常儀式的意義。然而政府意志、環境主義與宗教領袖結合的力量，都未能讓此事成為最高優先議題。政府作為與官僚組織經常遭環保與宗教領袖批評，然而最具政治影響力的印度教領袖卻很少遭到指責。已去世的瑞詩凱希聖潔生命會（Divine Life Society）聖者慈達難陀大師（Swami Chidānanda），曾強力批評其他印度教徒，「在（阿逾陀衝突）當時，一天內激起如此強烈的激情。從喜馬拉雅山到卡尼亞庫瑪莉，再從阿魯納恰爾邦（Arunachal）、梅格拉雅邦（Meghalaya）到旁遮普邦，全都激憤。為什麼為了未來世代拯救恆河與其他河流的運動上，卻沒有這樣的熱情呢？」[7]

氣候變遷也對某些朝聖地點造成衝擊。位於海拔一萬兩千八百英尺，凱達納特神廟上方陡峭冰斗內的丘拉巴里（Chorabari）冰河，每年都在退縮，現在已經成為許多研究的焦點，以了解冰河融解的速度。二〇〇四至〇七年的三年間，冰河前緣退縮了約九十英尺，此刻正由冰河學家進行仔細研究。[8]丘拉巴里冰河的退縮與瘦身，並不一定影響前往喜馬拉雅山高處神廟的朝聖人流，卻預示了短期洪水及供水的長期影響。由此冰河產生的河流，是恆河的數條支流之一。這條河與其他喜馬拉雅山區河流供水的區域，居住了世界六分之一的人口。山區河流情況惡化，可能對印度平原帶來潛在的嚴重問題。

喀什米爾的喜馬拉雅山區，數萬朝聖者跋涉前往的永恆之主神廟，也正面臨全球暖化。朝聖目的地是位於海拔一萬三千五百英尺的山洞，他們來此瞻仰濕婆神示顯的林伽冰柱。他們說，濕婆神在此對帕爾瓦蒂女神揭露了永恆不朽的教誨。十二英尺高的冰晶石筍，長期以來據說會隨著月亮週期增減，但根據永恆之主神廟理事會執行長所言，二〇〇四年開始，冰柱就會完全融化。比較溫暖的氣候，加上大量朝聖者的體溫，代表著濕婆神的冰雪示顯在七月初——神廟「正式」開門之際——就會完全消失。主要的朝聖人群在西曆七到八月的室羅伐拏月中來到。媒體報導部分朝聖者對於未能瞻仰到真正的林伽冰柱而感到失望。其他人則不太擔憂融冰情況，也許更反映出普遍認知中這些形象本身也是象徵性的，雖然指向神聖真實，卻未包含全部真實。無論如何，仍舊可以看到代表帕爾瓦蒂與象頭神犍尼薩的冰柱。誰知道冰柱縮減會給永恆之主神廟的朝聖帶來什麼樣的影響呢？

自然環境作為連結整體的意識，在印度教思想中是根深柢固的。如同卡比羅·瓦奇亞亞納（Kapila Vatsyayana）所說：「對於山岳與海洋、森林與河流、沙漠與濕地之間相互連結的意識，創造出大量文獻，認定大地是具有多重性且相互依存的龐大合一整體。」[9]所謂的相互依存當然包含人類，然而包含朝聖在內的文化實踐與環境破壞之間的關鍵連結仍舊不夠強烈。對學者及運動者來說，這都是個龐大且成長中的議題領域。

創造地景

這是一部關於朝聖者印度的研究，從在地探索開始，在特定地點稠密的多重性中，對朝聖地景進行深度描繪。這片地景構成自己的主文本，一種地形文本。有時候，讀者們肯定會感到挫折，甚至受不了又一間地方神廟，又一個地點、神祇或故事之間的關係。也許無須多言，直接進入有時過度細緻的細節，卻讓我們得以一窺這個充滿故事的地景樣貌。俗話說的「冰山一角」。地形文本告訴我們，哈努曼生於此處；他在那裡將羅摩與羅什曼扛上肩；他的尾巴在此橫霸路上，即便是般度五子中的強人怖軍也動彈不得。地形文本告訴我們拉賈斯坦或卡納塔卡邦的山丘，正是提毗女神斬殺牛魔王摩醯濕之處；也告訴我們穿越喜馬拉雅山區的山徑，連結起濕婆神作為凱達拉之主的五種示顯。泰米爾納都邦的昆巴科南，是充滿四吠陀與生命甘露的陶罐重新創造世界之地。地形文本指引我們前往濕婆神以箭擊破陶罐之處，甘露由罐中流向五方，創造出五俱羅舍的範疇；陶罐邊緣碎成片片之地，也是剩餘陶片留存之地。即便只是單一地點，這份地形文本所講的，幾乎都超越了我們的吸收能力。

進入《往世書》文本、梵文及地方語言的〈讚歌〉之後，細節量之大，可能就會讓我們更加暈頭轉向，一如我也曾經面對的情況。我經歷了迦屍主要〈讚歌〉文本的試煉，〈讚歌〉內容詳細描述群組中的數百個聖地，以及這個古代城市的地形肌理中，地點彼此之間的關係。進行這個厚重計畫時，我逐漸學到要同時觀樹見林的道裡；後來轉向《室健陀往世書》囉嗦的地理與神話細節時，這就成了急需具備的技能。例如，納馬達河上下游，紀錄中就有幾百座神廟。即便單一地點，如奧姆真言之主神廟，旗下的次聖地包山包海。關於提魯帕蒂這個地點的故事，可不只是發生在這個爭鬥時代，還有以前的其他時代。

因此我們面對來自脈絡與文本兩方面的意義：印度教地景與眾神英雄的故事功行密切相關，也跟祂們和凡夫俗婦的相遇有關。部分是遠近馳名的重大故事，擁有諸多不同版本，例如《羅摩衍那》的傳奇。有些則是區域性、甚至地方性的。有些具有重大影響力，其他則是單純稀奇古怪。然而整體而言，我們已經清楚了解到，印度地景就是一片深厚稠密的故事地景。

我們也看到這片地景的不同部分，就跟故事一樣，相互連結，既系統化也模式化。迦屍的聖地群看起來像是圍繞著城市一圈又一圈，形成一個地理上的巨大曼荼羅。普里的聖地群則是一具想像中的海螺，沿著海岸纏繞。聖地很少獨自存在，通常是兩個、三個、四個、五個、六個、七個、十個及十二個一組。每組形成一個組合，藉由組合中的想像連結，創造出一片自己的地景，就算朝聖者很少造訪組合裡的每一地點也無妨。如前所見，這些連結經常光明正大地將印度某個區域的聖地，連上另一個地點，例如在馬哈拉施特拉邦的地景上創造出迦屍的聖地，或者其他更明顯的案例，如柯拉普爾的聖地群。[10]

將地方與地方連結起來，創造出一片地景，一種地域或區域的意識，遠比單一地點複雜許多。地景之中有親疏差異，但同時構成地景的地點卻又相互關聯。地景讓心靈之眼在地點之間移動，也擁抱中間之地。二、三、四或五個地點，產生框架作用，建立邊界與彼此之間的距離，既形成架構，也突顯效果。透過十二濕婆神柱的連結，構成了一片想像地景。透過三位溫迪亞女神的連結，形塑出一片地方上的地景。透過馬杜賴的魚眼女神、迦屍的大眼女神及阿薩姆邦的愛之眼女神，這三位女神的連結，從南印度延伸到印度最東北角，想像出一片能量場。當地點與地點連結起來，模式化一同展現，地景就此浮現。

對許多歐洲與美國西部人士來說，「地景」一詞常直接連結到地景畫，這是十六世紀才開始的歐洲藝術傳統。表面上來看，地景畫是對於自然的掌握，透過觀察與框架，以繪畫展現，更晚近的年代擇交由攝影呈現。創作與框架出一片「地景」，在很大程度上是藝術家的視覺與心靈產物。焦點何在？框架中包含或移除那些事物？地平線在哪裡？明顯地，「地景」作為繪畫主題之一，並不只限於再現或描繪，而是創造與構成。透過創作地景畫，藝術家也加入了區域、政治及文化認同的形塑過程。在《地景與權力》（*Landscape and Power*）一書中，米契爾（W.J.T. Mitchell）將他對地景的研究，從繪畫主題之一，延伸到文化表達媒介，「文化符碼的廣大網絡」，土地、石頭、水、河流與天空的構成，全都指涉著文化意義與價值。[11]

回頭思考印度的各種印度教文化，我們注意到，至少在波斯與印度——穆斯林各畫派開始將注意力轉向印度教之前，印度教並沒有本土的印度教地景再現或繪畫。即便如此，帕哈里（Pahari）及拉賈斯坦畫派所繪的，並不是所謂的地景，而是神祇的活動，設定在一片畫面上：春花盛開的樹林中，奎師那與拉妲躺在樹葉鋪成的床上；奎師那將戈瓦爾丹山舉在半空中，猶如一柄雨傘；或濕婆與帕爾瓦蒂坐在火堆旁，動物皮毛帳篷高高架在喜馬拉雅山上。某些畫派中，葉片花朵、鳥羽睫毛的精妙細節，令人震驚。另一些畫派中，圍繞著所謂「地景」的脈絡，只在一連串抽象藍、橘或黃色的色塊中帶過，眼光專注在神祇身上。然而地景描繪從來不只是為了喚起對自然世界元素的關注。

話雖如此，米契爾將地景視為「動詞」的那種地景文化實踐，卻是深刻根植在印度教的朝聖傳統之中。在這裡，土地充滿了符碼意涵及文化記憶的長久傳統。喜馬拉雅山從來不只是山岳而已，卻是眾神居所，充滿了般度族王子的傳說故事。那塊山丘是因陀羅神所丟下，成為喜馬拉雅山的一部分。流出山間的河流，流淌的不只是水，更充滿天界下凡的神話，以及母牛的蜜奶。我們再度被提醒西蒙·夏瑪的洞見，「地景成為感官永眠之處前，卻是心智的作品。風景既是由岩層，也是由記憶層建造而成。」[12]他的觀察中，地景是文化的產物，即便我們想像中最不受文化影響的那些地景，不位在人居範圍內，例如荒野，但它們都是文化的產物。我們已經清清楚楚地看到，在印度就是如此，森林與荒野也標滿文化意涵，成為印度偉大史詩的核心之地。森林並不只是存在而已，而是為文化符碼標記，因為恐懼與幻想而活力盎然。

在地景上，一如在地圖上，只要擁有名稱跟故事的特定地點，就會連結在一起。我們已經看到它們是如何連結的，一方面透過所屬的組隊；另一方面，則是在精采的故事中交集。例如，在馬哈拉施特拉邦的高山上，兩位般度王子想要進行獻祭，手邊卻沒有水，因此打翻了一位冥想修士的水罈。水開始汩汩流下山間，成為卡爾哈河（Karha）的上游支流。於是被打斷冥想的修士追打起兩位般度王子。費爾德浩斯說起這則故事，「憤怒的修士緊追在後，兩兄弟順著水流的方向跑下山。每次修士追得太緊的時候，他們就往後丟一顆米。那顆米就變成一具濕婆林伽石，修士就得停下來祭拜。這也因此成為卡爾哈河上游沿線許多村莊的濕婆神廟。」[13]費爾德浩斯告訴我們，這則故事所談的是馬哈拉施特拉邦區域的「建立」，透過卡爾哈河的流水、逃命的般度王子跟他們沿路上建立起來的濕婆神廟而連結起來的區域。這是讓地方連結構成一片地景的無數故事之一。

地景的構成不只是透過敘事疊加，還經由朝聖者足跡踐履而成。當他們離開自家村落，展開旅程，足跡就連起了出發地與尋覓的終點。他們跟著本地聖者的神轎，離開馬哈拉施特拉邦的村落，徒步前往潘德哈普爾朝聖。他們離開安德拉邦的故鄉，帶著摯愛父親的骨灰，前往河流交匯的神聖三角洲——普拉耶格。他們從德里出發，拜訪奎師那神在布拉吉的各個聖地。他們從齋普爾（Jaipur）出發，前往泰米爾納都邦的偉大神廟與聖地。他們從清奈出發，向提魯帕蒂的巴拉吉上主祈求立誓，希望早日康復。他們從孟買出發，沿著卡納塔卡邦海岸線南下，前往哥卡那的濕婆神廟。每一天，幾十萬朝聖者穿越印度，走在前往某處的路上，無論遠近。他們足跡穿梭的地景，是知識積累的一部分，透過世代相承，被稱為文化。這是根植於社會日常生活中的文化知識。而文化自然是時時刻刻都在產生之中，隨著每段新旅程，在新脈絡中，不斷再度重構。

神聖經濟中的空間與地點

當我們思考朝聖地景的重要性時，就會浮現一個重要的神學面向。許多文化地理學者分別出「空間」與「地點」。一般而言，空間是同質性的，對地平線開放，沒有標記的中性存在。從熟悉處向遠方延伸，經常連結兩者。開放空間代表自由，缺乏限制。梵文中最常用來指涉空間的詞是「ākāsha」，一方面指「天空」，或者天與地之間的藍色開放空間。這是個無限空間，完整而飽滿。經常令人想起「超越」這個字。

另一方面，地點則是特殊且分化的：擁有名稱、邊界，並被居住使用的。段義孚在《空間與地方：經驗的視角》（*Space and Place in the Perspective of Experience*）一書中簡潔指出：

> 開放空間裡沒有踩踏過的路徑與指標、沒有既定人類意義的固定模式，它就像可以施加意義的空白紙張。關閉而人化的空間，就是地點。與空間相較，地點就是既定價值的沉穩中心。人類同時需要空間與地方。人類生命是庇護與冒險、固著與自由之間的辯證運動。在開放空間裡，人將深刻察覺地點的存在；而在庇護地點的孤獨中，未知空間的廣袤存在更加縈繞不去。[14]

強大宏亮的梵文字庫中，有許多探觸「地點」此一領域的詞語。「desha」指的是地理上的地點，或國家、家園或區域。倘若akāsha是無限的，desha就是有限、特定的，擁有獨特性格與文化。[15]這個字跟指涉方向的詞語有關。事實上，desha是四大方位之間可以移動的獨特轉軸。地點的獨特性非常重要，如前所見，當儀式開始進行時，所謂的意念聲明（sankalpa）都是從說明「時地（desh-kala）」

開始，亦即說明此人所在的特定地點，及此刻的特定時間。另一個詞「kshetra」指的是一片地或區域，同樣地，也是具有特質的地點。通常重要的聖地會被稱為kshetra，神聖特質會延伸一整片較大的區域。還有一個詞「dhām」則指涉居住地點、居所，在神聖脈絡中，這是神祇的住所之一，如我們在印度羅盤頂點所看到的四方神居。「dhām」是既屬於凡間，又是天界的地點。這個範疇也包含在「loka」這個詞裡，在多種意涵中指涉「世界」，從地界到天界，從地理世界到全人類。這所有詞語及其諸多細微差異，全都指涉地點的獨特性、親密性、擁有名稱及故事。相對地，空間是開闊、廣袤，最終難以捉摸。然而，沒有哪個詞語，能像「tīrtha」一樣，同時指涉著地點與空間的連結。

在朝聖者的印度，我們一再遇到的強大概念，神祇可以充滿、超越整個空間範疇，卻又同時完整示顯在這個當下地點。這樣的宗教觀中，神祇雖然是絕對超越性的，也是人智言語難以企及的，卻會在當下我們居住的這個世界中展現，在岩石山丘、在河流池塘、在祝聖過的聖像、也在當下自顯的形象裡。神是廣大無邊的，同時也在此地。濕婆光柱雖無法衡量，卻出現在這處岩架、這些山丘裡、這間神廟中、這具土製林伽上。毗濕奴神的躺臥軀體內含著整個宇宙的種子，卻可以在卡韋里河的島嶼上窺見，也體現在舍沙大蛇形成的丘陵地上。提毗女神整圈肌肉結實的手臂握有諸神的武器與象徵，然而當她展殺牛魔王摩醯濕時，就站在卡納塔卡、喀什米爾與溫迪亞山脈的此地。

這種對於神聖真實的神學理解，從古代《梨俱吠陀》的〈原人歌〉中就能窺見一二：廣袤卻體現的現實；難以衡量地充滿了整個空間，十指的延伸卻超越空間；既超越人類理解，同時又以可見世界的地點來詳細描述。神祇從自身存在，產生出我們稱之為「自然」的世界；因此幾乎無處不發現祂的存在，只端視人類的理解能力。神聖真實在此地下降，一如河水洩自天界。此地，至高上主以光耀聖顯的形式，由地中爆出。這裡有神祇形象深植在地，無可動搖。此處是神聖真實軀體的骨肉遍布在地，骨肉之間的通路則成為朝聖者流動的路徑。

神聖的獨特性，藉由諸多地點來展現神聖存在，同時又肯定神聖的無處不在，這正是印度地景展現出來的神學獨特之處。沒有人能比南印度詩人聖者講得更好：竭盡所能地讚美至高無上主就在河流交匯處、在蒼鷺涉水處、在山巒隆起處、在支流上棕櫚搖曳處、在芒果花馥郁芬芳之處。他們讚美的地點各異；在每個地點上，上主的況味亦迥然不同。然而每一處都是「鍾愛之地」，每一處都讓朝聖者的靈魂得以一窺神祇的廣袤真實。

當然，神聖顯現可以透過儀式創造，透過祈禱祝聖，獻上清水與真言咒語；當神祇形象（毗濕奴派稱之為「形象轉世」）在廟中安置，以接受信徒膜拜時，都會進行這些程序。然而從聖地地景上，我們獲得些許不同的體悟：例如在「粗野」中發現神聖。如同探索印度聖地的過程中我們所見，內聖殿中供奉的神像，經常只是神廟上方的山岳或廟門前河川的次要代表。神廟當然也可能是聖地，比起神廟結構，聖地卻是更深刻的存在。將磚塊砂漿蓋成的神廟誤認為聖地，是一種盲目的偶像崇拜，這種宗教觀讓眼光固著在狹窄之處，失去了更廣闊的視野。

如此世界觀的宗教視野，同時關注空間的廣闊性與地點的特殊性。濕婆光柱連神明都無法測量，卻能在一個晴朗午後，在納馬達河岸上創造出來。一方土、獻上一粒米，接著送入河中，隨流而逝。

心之聖地

十二世紀的拉克西米達拉編纂聖地概要時，似乎想要強調，起初，真正的聖地並非地點或聖水而已。真正的聖地是真實、慈善、耐心、自制、獨身與智慧。這些是個人必須浸浴其中的心之聖地。他引述《梵天往世書》（*Brahmā Purāṇa*）：倘若光是前往聖地就足以淨化，那麼恆河之魚及廟塔中棲息的鳥會立刻被淨化。也許對拉克西米達拉的供養人來說，比魚鳥更重要的是，加哈達瓦拉王國諸王若是穿上朝聖衣著，以罪人身分前往聖地，他們能得到淨化嗎？

地點本身的力量及「內在正確之心」之間，必然存在著一種緊張關係；這種關係則是印度朝聖論述永恆的一部分。[16]〈讚歌〉有時極力著重地點的力量。它們說，即便是最邪惡的罪人與惡人，若偶然潑到一滴濺起的恆河水，又或者盜賊帶著搶來的戰利品逃亡，結果踢到一具濕婆林伽石，就能獲得某種聖化。事實上，聖地施予的無緣由淨化，是高度頌讚聖地的〈讚歌〉最喜歡的主題之一。就算朝聖者在恆河上進行的儀式是出於貪婪、狡詐或自我中心，他仍可能前往天界。然而真正具有效力的朝聖，是結合了儀式旅程與真實信仰。「總是浸浴在人間聖地及心之聖地者，將獲致最終目標！」

拉克西米達拉著作的終章，以進入喜馬拉雅山區的「偉大道路」朝聖之旅（Mahāpatha）作為終結。這是般度王子們在生命結束前也走過的路。當死亡逼近，這是他們最終的朝聖，穩定爬上通往天界的偉大道路。一個接一個，他們在路上倒下，最後只剩堅戰站在天界門口。他在此展現了知名的心之聖地美德：如果不能帶著一路相伴的忠實狗伴侶同行，他拒絕進入天界。

倘若生命是一趟旅程，這趟旅程的最後一段，具有特殊重要性。許多人渴望在生命終點之前，前往神居或聖地朝聖。

印度的永恆朝聖者，是出家人（sannyāsī）。這些隱修士，理論上應該已經走過了人生的生產階段——完成工作，也享受了家庭生活，哺育了兒孫。接著他們「脫離」穩定的社會，事實上，從儀式上來說，他已經從那個生活中死去，過著放棄世俗的生活。出家人是一群脫離地點、脫離出身村莊或城鎮的人。他們在聖地之間移動。一如僧侶阿皆哈難陀．婆羅地（Agehananda Bharati）所說，出家人與修行者是「那些地點的恩主，而非恩客」。[17]他們群聚在渡口聖地，特別是大型節慶之時；但他們不像普通朝聖者，為了瞻仰或個人精神利益而來。在理想世界中，他們體現了跨越生死的精神目標，也超越了典型俗世生活對世界「執取不放」。

生命任何階段中離家的朝聖者，遂成為某種暫時的出家人，脫離安穩的家庭村落生活，只能帶著小包袱前進。特別在前現代時期，朝聖是一趟歸期不定的旅程。路上充滿不確定、不便與危險。朝聖者仍舊朝向一個目標、一處渡口，至少暫時讓他們脫離執取的日常世界。對年長者來說，找到渡口更是特別深具意義；他們必然尋求的是最終的渡口。

我們從迦屍展開這趟旅程。迦屍經常被視為人生終點尋求解放，跨越到永恆彼岸的地點之一。如同濕婆神將他鍾愛的城市展現在帕爾瓦蒂女神面前，他將此城比為一艘渡船：

看哪，親愛的！看看迦屍，向渡口延展之船……
此船不由木鐵，而是光耀
載運所有人度過生命之洋

然而，愈探索印度的神聖地理，我們就發現，我們可以在「心靈解脫」七聖地的任何一處，搭上這艘跨越彼岸的大船。然而更重要的是，在「聖地」的概念中，就內含了渡口之意。當聖地可以帶人跨越俗世生命的試煉與苦難，最終聖地也是助人從生死輪迴糾葛，渡往解脫自在的那艘渡船。我們可以在任何地方上船。前往遠方朝聖，也許是必要的修練，但這並不表示鄰近自己的地方就不是聖地。聖地如此豐盛多樣，包括了河流交匯處、山丘隆起處或神廟旗幟搖曳處。南印度詩人達西馬亞

（Dasimayya）寫下，對真正感受濕婆真實之人，「前庭就是瓦拉那西」。而聖地更是唾手可得。十四世紀喀什米爾虔愛詩人拉拉（Lalla）寫道：「我，拉拉，出發往遠處尋找無所不在的上主濕婆神；漫遊之後，我發現他就在我體內，安坐於他的神居之內。」[18]

致謝

本書是在數千英里的旅行及數千人的陪伴之下成形的。道路與人群不只讓我學到書中揭露的一切，也大幅影響了我對印度宗教生活的認識。長途火車旅程，半夜在火車月台上及旅客休息區的群眾；站在顛簸的巴士上，上下山岳的髮夾彎令人心驚膽跳；當然還有喜悅的徒步旅程。這是我在印度超過十年，進行這個研究計畫的生活。我造訪的地點通常是主要的朝聖地，我得在印度某些最偉大、卻不為人知的神廟裡，於缺乏空氣的內聖殿中，與群眾肩並肩排上數小時。我所發現的，總是遠遠超過這座主神廟；周圍的神聖地景才是這些地方被放上虔敬地圖的原因，這份地圖不僅跨越區域，甚至涵蓋了整片印度大地。

一九八〇年代的初期研究，是在數位革命之前，現在想來令人咋舌。我的研究是出於學者的單純好奇心，對梵文與印地文的印度教朝聖地點文獻有了些許掌握之後，對這些地點今日的樣貌開始感到好奇。若不親身前往這些地點，就不可能瞻仰。就這點來說，我很慶幸。奎師那河上方的山岳，濕婆神偉大的斯里雪拉神廟的所在地中，我們究竟會發現什麼，又會遇到什麼人呢？卡韋里河的源頭又有什麼呢？今日有大量網站，可以讓我們一窺這些景象，甚至聽到聖地的聲音。然而在我開始做研究的時候，聖地的經驗與驚豔，都是留給那些親身步行前來的人。

我想感謝一路上鼓勵我的好同事與朋友，這個計畫一直是個看似不可能實現的計畫。早年，每三、四週，我會返回德里進行書寫，並計畫下一趟旅程。維娜與拉南・達斯（Veena and Ranen Das）、T・N與烏瑪・瑪丹（T. N. and Uma Madan）及德瓦基與拉克什米・賈恩（Devaki and Lakshmi Jain）總是熱情接待，讓我恢復活力。在瓦拉那西，貝緹娜・包默及拉娜・辛格（Bettina Baumer and Rana P. B.Singh）協助我思考自己正在做的事；在沃林達文，斯里瓦察・高斯瓦米（Shrīvatsa Goswāmī）知道關於布拉吉的一切，他和桑迪亞（Sandhyā）總是不吝熱情款待。在巴黎，夏洛特・瓦德維爾的研究總是帶給我無數啟發。在劍橋，我的朋友傑克・豪利的研究，持續為印度教研究設下高標準。傑克與妻子蘿拉・沙皮洛（Laura Shapiro）總是給我文學感性、幽默與愛——這是生活必需品，特別是對學術生涯來說。

多年來的學生，現在也成為領域內的同事，也為這個研究的各個層面提供許多協助，包含羅伯特・海克斯戴特（Robert Hueckstedt）、安・摩尼爾斯（Anne Monius）、吉姆・連恩（Jim Laine）、瑞秋・麥克德模特（Rachel McDermott）與拉賈姆・拉古納坦（Rajam Raghunāthan）。此外還有許多熱誠協助哈佛大學核心課程「印度教神話、造像與朝聖」的教學助理。普拉芭提・瑞迪（Prabhavati Reddy）以斯里雪拉神廟為博士論文研究主題，塔瑪拉・拉納剛（Tamara Lanaghan）的論文則以馬哈拉施特拉邦柯拉普爾的神聖中心為主題。路克・惠特摩爾（Luke Whitmore）修了這門課後，在艾默利大學以凱達納特神廟為主題，寫出一本超級精采的博士論文；迪奧妮・穆迪（Deonnie Moodie）是最近期的教學助理之一，目前研究的是加爾各答的卡莉女神河階。向你們致上誠摯謝意。

進行這項計畫的期間，部分同事出版的研究，對我來說極有助益。許多都是協助我思考印度神聖地理廣大議題的區域性研究。這可以說是長期研究的好處。我從安・費爾德浩斯的研究上，學到關於馬哈拉施特拉邦河流與地景的許多知識；威廉・薩克斯讓我看到喜馬拉雅山的儀式地景；傑克・豪利、大衛・哈柏曼與艾倫・安特衛索關於布拉吉的研究，漢斯・巴克及彼得・凡・維爾對阿逾陀的研究，詹姆士・洛許特菲爾德（James Lochtefeld）關於哈德瓦爾的研究，都惠我良多。

本研究獲得傅爾布萊特資深研究獎助，後來也獲得傅爾布萊特學者獎助、古根漢學者獎助、美國印度研究所夏季獎助，及哈佛大學南亞研究計畫獎助。非常感謝所有獎助單位等待本書成形的耐心。

一項研究計畫耗費長時間才得以成形，是有許多原因的。其中之一，就是仍舊堆在我書房裡像山一樣高的書籍、小冊、地圖與筆記，總是提醒我還有許多未完成之事。它們仍舊在那裡，是這種規模的研究計畫得面對的現實之一。除此之外，還有生活、疾病與死亡橫亙。當我正要展開一學期學術休假進行研究時，父親在蒙大拿家中過世。在家待了一個多月後，很難重新打包行李、返回田野，再度展開研究。之所以能辦到，多虧了幾十年來的伴侶桃樂絲・奧斯汀（Dorothy Austin）相伴，跟我一起進入奧利薩與孟加拉。還有摯友凱瑟琳・沃克（Kathryn Walker），帶著睡袋和鮪魚罐頭，陪我一起進行恆河源頭的漫長旅程。接著是疾病干擾，因此當時我決定先轉向另一本以神學討論為主的著作：《與神相遇：從波茲曼到瓦拉那西的心靈之旅》（*Encountering God: A Spiritual Journey from Bozeman to Banaras*，一九九三年出版）。

隨著令我深感失望的印度教國族主義興起，當阿逾陀及整個印度都被一九九二年十二月的巴布利清真寺暴力毀壞事件震動，政治也成為干擾因素。後續年代中，神聖傳說與空間的許多議題，似乎都被新崛起的對抗性印度教極端主義所利用，燃燒了整個一九九〇年代。也因此，過去二十年也給了我們許多關於印度教國族主義及世俗主義的學術反省。為此，我至為慶幸。這段期間出版的數十部著作，讓我重新省視自己的研究，也讓我看到這個研究在理解今日印度上所占的位置。

同時間，歷史性的全球移動也是干擾因素。隨著數百萬南亞移民進入美國，在此建立印度教、錫克教、穆斯林與耆那教社群。一九九二年，我展開了多元主義計畫，追蹤詮釋在美國本土發生的新宗教現實情況。我們的光碟《在共同基礎之上：世界宗教在美國》（On Common Ground: World Religions in American，一九九七、二〇〇二年出版），及我的著作《新的美國宗教》（*A New Religious America*，二〇〇一年出版），為我國在這個時代下的發展，呈現出新的視野。在此，我也透過另一個展望印度教神聖地理的視野，發現美國的社群複製了印度的神廟與聖地。

這些年中，我盡可能回到印度，將這個研究計畫放在腦中、放在心上，回到納馬達河、普拉耶格的磨祛月節、阿逾陀及瓦拉那西。同時我也書寫了許多講稿、文章及專書章節，後來以另一種形式，出現在本書中。我第一篇關於恆河的論文，題為「恆河：印度神聖地理中的女神」（Gangā: The Goddess in Hindu Sacred Geography），收錄在《神聖配偶：拉妲與印度的女神》（*The Divine Consort: Radha and the Goddesses of India*，豪利與吳爾芙主編，一九八二年）。部分羅摩研究的早期版本，以〈追隨羅摩、崇敬濕婆〉（Following Rāma, Worshipping Siva），收錄在《神聖奉獻：印度各區域的虔愛傳統》（*Devotion Divine, Bhakti Traditions from the Regions of India*，艾克主編，一九九二年）；〈想像的地景：印度教神聖地景建構的模式〉（The Imagined Landscape: Patterns in the Construction of Hindu Sacred Geography），收錄在《傳統、多元主義與認同：T．N瑪丹紀念文集》（*Tradition, Pluralism, and Identity: In Honour of T. N. Madan*，達斯主編，一九九九年）。

這個計畫成形的過程中，我想感謝洛威爾之家（Lowell House）、多元主義計畫、宗教研究與梵文系給予我的支持與包容，特別是當我花費時間進行寫作之時。我想感謝版權經紀人吉爾．妮莉姆

（Jill Kneerim），以及王冠出版社（Crown Publishers）的傑出編輯崔斯．莫菲（Trace Murphy）與他的助理安妮．查格諾特（Annie Chagnot），感謝他們在處理複雜手稿的耐心與技藝。哈佛大學數位地圖專家史考特．沃克（C. Scott Walker），完成了地圖上所有精細作業。我特別想感謝我的助理柴克瑞．烏格林克（Zachary Ugolnik），他本身就是一位虔誠的朝聖者，同時也是細心的學者，他在準備初稿上提供協助，功不可沒。

耗費長時間完成的計畫，也深受愛與祝福。我的母親桃樂絲．艾克（Dorothy Eck）陪我走過整趟旅程，閱讀我每次回家隨身攜帶的草稿，無論是在蒙大拿州波茲曼或歐旺多的家，或我們家族在華盛頓州奧林匹克半島上的小屋。我此生摯愛桃樂絲．奧斯汀，也陪我走過這本書成形的月月年年。從提魯帕蒂的第一個夏天，到希望山灣土伊瑟區（Touisset）的最後一個夏天。桃樂絲意指「神的禮物」，我以全心感謝，將本書獻給兩位桃樂絲。

名詞解釋

Agastya：投山仙人，傳說中的賢者，據傳將吠陀正法由北向南傳。

Agni：阿耆尼，吠陀時代的火神；也指祭壇之火。

Ākāsha：天空，天與地之間的延伸開放空間。

Alvārs：阿爾瓦，西元六到十世紀間的泰米爾詩人聖人，其虔愛奉獻詩歌深受世人喜愛。

Amarakantaka：阿瑪拉坎達卡神廟，位於納馬達河源頭。

amrita：不死甘露。

ānanda：喜悅。與梵合一的至高喜悅。

Ananta：阿南陀；無限。宇宙時代之間，毗濕奴神躺臥其上的盤蜷大蛇之名。

anda：卵。一切存有由其中浮現的獨一整體。

Annapūrnā：安納普那女神。代表「豐衣足食」，濕婆神的配偶神；特指瓦拉那西地區的守護神。

āratī：獻燈儀式。在神明形象前環繞油燈；也指整套向神明獻祭的儀式過程。

artha：「財富、權力、目的」；人生四目標（purushārtha）之一。

Arunāchala：聖炬山。與濕婆光柱有關的朝聖地，近世也和賢者羅摩那・馬哈希有關。

āshram：森林中的修行所。賢者、瑜伽士與學生居住之地。

āshrama：四住期。意指人生階段，通常有四期：學生階段、家住階段、林棲階段與出家階段。

ashvamedha：吠陀馬祭。關於生殖與創造的儀式，也在國王登基時舉行。

asura：阿修羅。反對諸神（sura或deva）並與其競爭的一種存在。譯為惡魔，但並不總是邪惡。

ātman：靈魂。生命的本質，亦即梵，指人內在的本質。

Aurangzeb（1618–1707）：奧朗則布（一六一八至一七〇七），蒙兀兒帝國皇帝，在位期間以穆斯林保守正統的崛起而聞名。

avatāra：神祇「下凡」；轉世化身，特別是毗濕奴神的轉世化身。

Ayodhyā：阿逾陀。七大解脫城市之一；傳統上羅摩出生的城市，也是他的首都，也因此成為二十世紀末社群政治的焦點。

Ayyappa：阿耶帕父神。喀拉拉邦沙巴利馬拉山區的地方英雄神祇，來自毗濕奴神與濕婆神的結合。

Badrīnāth：巴德里納特神廟。喜馬拉雅山區朝聖地，毗濕奴神以巴德里．那羅延納神的形象受到供奉。全印四大神居之一，也是喜馬拉雅山四大神居之一。

Bālājī：巴拉吉。毗濕奴神作為除惡之主形象的俗名，供奉於提魯帕蒂山頂神廟。

Ban Yātrā：森林朝聖。也稱為「Vana Yātrā」，北印度布拉吉地區，穿越奎師那神家鄉森林林地的朝聖之旅。

Bhagavad Gītā：《博伽梵歌》。《摩訶婆羅多》第六部的一部分，奎師那對戰士阿周那的教導與啟示。

Bhāgavata Purāna：《博伽梵往世書》。十八部主要《往世書》之一，第十章是記載奎師那神生平與傳說的最詳盡文獻之一。

Bhagīratha：跋吉羅陀。古代憍薩羅國國王，其苦修將恆河由天帶到凡間。因此恆河又名跋吉羅帝河。

Bhairava：陪臚神。濕婆神強大而令人生畏的示顯，另外也被視為保護神。

bhakti：虔愛。意指對神的奉獻，信徒對個人信奉神祇的熱愛，無論是毗濕奴神、濕婆神、女神的形式，或無形象的神。

Bhārat, Bhārata：婆羅多。意指印度大地，來自古代王者婆羅多（Bharata），勿與羅摩之弟婆羅多（Bhārata）混淆。

Bhārat Mātā：印度母親，母親大地之意。

Bhīma：怖軍。《摩訶婆羅多》中知名的般度五子之一。身強體壯，食慾和脾氣也大。

Bhīmashankar：毗摩商卡拉神廟。馬哈拉施特拉邦的濕婆神廟與濕婆光柱所在地，位於向東流的毗摩河源流。

bhuvana kosha：「世界字典」或「宇宙地圖」。史詩或《往世書》中描述全宇宙的篇章，包含印度大地的地理。

bilva leaves：木橘葉。木橘的三瓣葉片，與濕婆神有關，並用在濕婆神祭儀中

Brahmā：梵天。創造神，擁有四頭，各自注視一個方向。梵天並未擁有獨立教派，但在拉賈斯坦邦的普許卡拉特別受到崇敬。

Brahman：梵。生命的本質；至高無上、超越者；真實，一切眾生與知識的源頭。

Brāhmana：《梵書》。附於吠陀經典之後的司祭儀式典籍。

brahmin：婆羅門。祭司階級或祭司階級成員，負責學習、教導及舉行儀軌獻祭。

Braj：布拉吉。北印度的秣菟羅與沃林達文附近區域，是奎師那神生平傳說的神聖之地。

chār dhām：「四方神居」。通常被視為印度的四頂點：巴德里納特（北）；拉梅許瓦拉（南）；德瓦拉卡（西）；普里（東）。其他以四為單位的朝聖地，亦可如此稱呼。

Chitrakūt/Chitrakūta：奇特拉庫特。森林區域，也是今日的朝聖地，據傳羅摩、悉達與羅什曼曾在此度過一段森林流亡歲月。阿低利仙人與其他賢者的隱修處。

Daksha：達剎。半神創造者，薩提女神之父，因為未邀請濕婆神出席獻祭，而侮辱了濕婆神。

dāna：儀式性獻禮。通常是奉獻。

dargah：蘇菲派聖人或烈士的紀念墳塚。

darshan：瞻仰。在儀式與朝聖中，「瞻仰」神顏。同時意指「觀點」或哲學派系。

Dasharatha：十車王。阿逾陀國王，羅摩之父。

desha：地方、國度、家或區域。

deva：提婆。神祇之意。

Devakī：提婆吉。奎師那之母，婆藪提婆之妻。

devī：女神。可指數千位地方女神，或大神的配偶神，或大女神（Devī或Mahādevī）。

Devī Bhāgavata Purāna：《提毗博伽梵往世書》。對於女神傳說與神學記述最詳盡的一部《往世書》，通常被視為奧義往世書，不屬於十八部主要往世書之一。

dhām：神居。據傳神祇居住的神聖地點。

dharma：正法。意指責任、法律、正道；也是宗教義務，特別是儀式上的義務；現代用法中，也泛指宗教。

dharmashālā：救贖之家。服務朝聖者需求的旅宿。

dhoti：多迪裹布。傳統男性穿著，以一塊未經裁剪的布匹圍在腰間。

digvijaya：征服四方。可指王軍繞行王國四處，或者精神領袖的印度之旅，如商羯羅征服四方之旅。

Draupadī：黑公主德勞帕蒂。為般遮羅國（Panchāla）木柱王（Drupada）之女，般度五子兄弟的共妻，陪伴他們進入森林流放。

Durgā：杜爾迦女神。「難以靠近」之意；提毗女神身為濕婆神配偶的名諱之一。多隻手臂持有強大武器。

Dvārakā：德瓦拉卡。聖城，也是奎師那在西印度阿拉伯海濱的最後首都。四方神居之一。

dvīpa：島嶼。可指一般島嶼，或是環繞世界的環狀島嶼。

gana：犍納。濕婆神的侍從。

Ganesha：象頭神犍尼薩。犍納之主，破除障礙之神，時空的守護者，通常會供奉在家門口或商戶門口。

Gangā：恆河。北印度的聖河；由恆河源頭升起，也被視為女神獲得供奉。

Gangā Sāgara：恆河入海口。恆河匯入孟加拉灣的朝聖地。

garbha：胚胎，蛋，在吠陀經典的想像中，一切眾生緣起的單一種子。

garbha griha：神廟的內聖殿或「子宮聖殿」。供奉神像之處。

Gaurī：高莉女神，白女神，帕爾瓦蒂女神的另一個名諱。

Gayā：伽耶。北印度的聖地，為死者進行死亡儀式而聞名之地。

ghāt：河階或河岸。

Girnār：吉爾納爾山。位於古賈拉特邦索拉什特拉半島上的耆那教與印度教聖山。

Godāvarī：高達瓦里河。位於中印度德干高原上的聖河，源起西高止山，向東流。

Gokarna：哥卡那。濕婆光柱聖地，位於印度西海岸。

Gomukh：牛口。河流源起之地。最知名的牛口，就是恆河從喜馬拉雅山冰河口流出之處。

gopī：牧牛女。特別是出現在奎師那神傳說，並參與布拉吉大圈舞的牧牛女郎。

gopura：寺塔或高層結構。位於南印度神廟，進入廟埕的入口上方。

Govardhan：戈瓦爾丹山。被奎師那舉起，保護村民與牛隻免受因陀羅傾盆大雨之災的山丘；當地古代牧牛神信仰的聖地。

Gupta：笈多帝國。西元四到六世紀北印度的帝國。

guru：教師，心靈導師。

Guruvāyūr：古魯瓦尤。位於喀拉拉邦，供奉奎師那神的神廟，以療癒之力聞名。

Hanumān：哈努曼。猴子英雄，羅摩的忠誠僕人，協助羅摩解救被關在楞伽島上的悉達。哈努曼神今日也受到熱誠信仰供奉。

Hardvār：哈德瓦爾。朝聖聖城，位於恆河進入印度平原之口。也是四個大壺節地點之一。

Himalaya：喜馬拉雅山。意指「雪藏之地」，綿亙整個北印度地區的山脈。化為人形後，成為梅納女神的丈夫，帕爾瓦蒂女神之父。

Hindustan：興都斯坦。波斯語中指稱南亞之詞，意指「印度（信都）河之地」。

Hindutva：意指「印度教國族主義」，由薩瓦爾卡在（一九二三年）同名小冊中提出，描述印度教徒，是將印度為「聖地」與「祖國」之人。

Hiranyagarbha：金卵。一切繁複眾生的單一源起。

Hsuan Tsang：玄奘。七世紀前往印度取得佛教聖典的中國僧侶。

Indra：因陀羅。吠陀中的戰士神祇，驅使雷電，啜飲令人迷醉的蘇摩酒；後世則轉變為方位神（東方）。

ishtadevatā：心愛之神。信徒崇敬過程中，心之所向的神祇形象與理解。

ishvara：上主。意指個人之主；與其他名詞組成複合字，指涉濕婆神的特殊示現，例如Vishveshvara，意指「一切之主」。

Jagannāth/Jagannātha：賈格納塔神。「宇宙之主」；奎師那神在奧利薩邦普里之名。此外，這也是十七世紀詩人、《恆河之波》作者之名。

Jambudvīpa：瞻部洲，亦即蒲桃島。在印度宇宙觀中，我們住在一處蓮花形狀的島嶼，上有四瓣大陸，圍繞著須彌山。這處島嶼位在不斷向外延伸的海洋與環狀島嶼的中央。

jnāna：智慧，轉變性的知識。

Jyotirlinga：濕婆光柱。濕婆神的示現，難以描述的光亮與無法衡量的光柱。

Kailāsa：吉羅娑山。位於今日西藏的喜馬拉雅山峰；佛教與印度教朝聖地；對印度教徒來說，此地是濕婆神的居所。

Kāla：時間、死亡與命運。

Kālī：卡莉女神，黑女神。既是生命之母，也持有恐怖武器。有時是濕婆神的莎克緹，有時是至高無上的摩訶提毗女神，不從屬於任何男性神祇。

Kālidāsa：迦梨陀娑。「卡莉女神的僕人」，梵文詩人，部分印度優秀文學作品的作者。據說西元四世紀時，住在烏賈因。

Kāma：愛神迦摩。印度的邱比特，以花箭勾起愛人之心。人生四目標之一，意指追求激情或享樂。

Kāmākshī：「愛之眼」女神。最知名的神廟是阿薩姆邦的卡瑪迦神廟。位於泰米爾納都邦坎契的神廟也十分顯赫。

Kamsa：剛沙王。不斷試圖殺害小奎師那的秣菟羅國王，奎師那是他的宿敵。

Kānchī：坎契。印度七聖城之一，位於南方的泰米爾納都邦，同時擁有毗濕奴派與濕婆派神廟。

Kanyākumārī：卡尼亞庫瑪莉。位於印度南方頂點的「處女神」，保護並祝福這片大地。英國統治時代稱為科摩林角。

karma：業。行動及其後果，將在時間中顯現。

karma bhūmi：業地。婆羅多就是行動可以產生結果，並導向自由之地。

Kārttikeya：卯宿之子。為卯宿六姊妹之子，神祇名，亦稱為室健陀、穆盧甘或鳩摩羅。濕婆神的英雄之子。

Kāshī：迦屍。瓦拉那西的古名與通俗名稱，意指「光之城」，來自kash，「閃耀」之意。

Kāverī：卡韋里河。南印度的聖河，起自卡納塔卡邦的山地，往東南流經泰米爾納都邦。

Kedāra, Kedārnāth：凱德拉，凱德納特。濕婆神的聖廟與聖地，位於今日北坎德邦的喜馬拉雅山間；北印度四方神居之一；濕婆光柱之一。

Khanda：一片土地（如凱德拉坎達），或文獻篇章（如《室健陀往世書》中最長的〈迦屍部〉）。與此相關的kānda，也有篇章之意。

Kolhāpūr：柯拉普爾。位於馬哈拉施特拉邦五恆河岸上的神廟城市，是摩訶拉克什米女神的聖城。

Krishna：奎師那神。古代牧牛神；《摩訶婆羅多》大戰中的英雄與導師；在靠近秣菟羅鄉下的家鄉裡，熱愛嬉戲的牧牛女愛人；毗濕奴神的轉世化身，但本身亦被視為至高無上神而受到崇敬。

Krittikās：昴宿星團，這六顆星被視為濕婆神之子——昴宿之子的母親。

krosha：俱盧舍。測量長度的單位，約當兩英里。

kshatriya：剎帝利。戰士或貴族階級成員；更廣義來說，統治土地及保護人民者。

kshetra：田地，大地；包含一整個區域的朝聖地。

kshetrapāla：地方守護神。

kumbha：圓壺，有時受到祝聖後，用來代表提毗女神。

Kumbhakonam：昆巴科南。泰米爾納都邦卡韋里河沿岸的神廟城市；擁有大浴池，也是摩訶馬罕祭浸浴的地點。

Kumbha Melā：大壺節。每十二年在普拉耶格，也就是今日的阿拉赫巴德，舉行的盛大朝聖聚集與浸浴節慶。
kumkum：紅色硃砂粉末，用於個人裝飾或儀式中。
kund：池塘，特別是儀式浸浴池，可以是土堤河岸，或有階梯入水。
Kūrma：俱利摩。毗濕奴神的龜形轉世化身；《往世書》其中一部的名稱。
Kurukshetra：俱盧之地。北印度的聖地，傳說中俱盧族國王的首都；《摩訶婆羅多》中描述的大戰戰場。
Lakshmana：羅什曼。羅摩之弟，伴隨英雄經歷森林流放。
Lakshmī：拉克什米女神。代表吉祥、財富與好運的女神；毗濕奴神的配偶。
Lakshmīdhara：拉克西米達拉。十二世紀印度加哈達瓦拉王朝國王戈文達丹旃陀羅（Govindachandra）的首相；正法學者及《朝聖地點文摘》編纂者。
Lankā：楞伽島。《羅摩衍那》中羅波那的島嶼首都；被認為是今日斯里蘭卡。
līlā：遊樂。同時指人與神的活動。
līlāsthalas：遊樂之地。在布拉吉地景上，「遊樂之地」是奎師那神與村人、牧牛女建立遊樂與親愛關係的地點。
linga：林伽石。濕婆神的「標誌」或「象徵」，也是濕婆崇拜的主要象徵。
loka：世界。具有地理上或空間上的意涵，同時包含「空間」與「光」的意涵，因此意指被照亮的世界，閃耀的世界。
Lokāloka：界非界。位於宇宙邊際的無限遠山脈，超越光可及之處。
Madurai：馬杜賴。位於南方泰米爾納都的神廟城市，以魚眼女神及「美之主」濕婆神聞名。
māhātmya：讚歌。對於神祇、地點或儀式的「榮耀」或「讚美」。包含這類讚美的讚頌文學。
Maheshvara：偉大之主，濕婆神。
Mahisha：牛魔王摩醯濕。牛頭惡魔，為杜爾迦女神所敗。事實上為一頭公水牛。
Mānasa：馬旁雍措湖。也稱為瑪納薩湖，位於吉羅娑山腳。
Mandākinī：曼達基尼河。恆河的高山支流之一，在凱達納特附近起源，在樓陀羅普拉耶格與阿拉坎納達河交匯。
mandala：曼荼羅。圓圈；圓形；神聖宇宙的示意象徵地圖。
Manikarnikā：耳環河階。瓦拉那西的主要聖地之一，火葬場。
mantra：咒，真言。特定的神聖話語，祈禱。

matha：修道院。

Mathurā：秣菟羅。解脫七聖城之一，位於北印度中部的亞穆納河畔；佛教的初期中心；以奎師那神出生地聞名。

Matsya：毗濕奴神的魚形轉世化身。往世書其中一部的名稱。

Maurya：孔雀王朝。西元前四到二世紀的印度帝國，最知名的皇帝就是阿育王，成為佛教的偉大護持者。

māyā：幻象。「名相」短暫世界的幻象特質；將世界誤認為永恆的錯覺。

melā：大型集會，特別是宗教節慶或浸浴節慶，通常會吸引遠地人群前來朝聖。

moksha：解脫。意指脫離生死循環。

Mount Meru：須彌山。位於蓮花狀世界及整個圍繞宇宙中心的象徵性山岳。

mudrā：手印。在視覺藝術與舞蹈表現中，用來溝通特定意義的手勢。

mukti：解脫，同**moksha**。

mukut：頭冠。銀質或銅質帽冠，在特殊的供奉時間，放置在濕婆林伽之上。

mūrti：相，相似處。經過祝聖的神像，作為瞻仰的目標。

nāga：那伽。大蛇；蛇神，與池塘溪水有關；所有大神崛起成為至高無上神的過程中，被收納的對象。

Nārada：那羅陀。仙界賢者；發動許多詭計劇情的賢者群。

Narasimha：那羅僧訶。毗濕奴神的人獅化身。斬殺了「無法被人或野獸」殺害的惡魔。

Nārāyana：那羅延納。「棲身水上之人」，毗濕奴神的名諱。

Narmadā：納馬達河。中印度的大河，由阿瑪拉坎達卡山區起源，往西流往阿拉伯海；擁有無數河畔神廟的河流，包含奧姆真言之主神廟，並有全河域朝聖繞行。

Nāsik：納西克。高達瓦里河上的辛哈獅塔大壺節所在地；以羅摩、悉達、羅什曼在森林流放時的隱居地聞名。

nishkala：無相。意指無縫、難以言述的超越性濕婆神；相對來說，有相（sakala）則是可見且可感知的。

nirguna：無屬性，意指梵，沒有特質、屬性或任何可歸於其的形容詞；相對的，有屬性者（saguna），就是可以描述的。

nirvāna：涅槃。一切世俗執著欲望的消滅，脫離轉世再生；印度教徒與佛教徒用來郗述最高的精神目標。

nivritti：收縮。回到獨一、停止、歇息。與擴張（pravritti）相對，後者會推動，演化。

Om：嗡，也寫作奧姆（Aum）。神聖字母，被視為至高無上的真言，一切智慧的種子與根源。

Omkāreshvara：奧姆真言之主神廟。位於納馬達河中島上的濕婆神廟；濕婆光柱之一。

Padma Purāna：《蓮花往世書》。十八部大往世書之一；對於朝聖地的宇宙觀、地理及傳說有詳盡記錄。

panchakroshī：五俱羅舍之道。以直徑五俱羅舍（十英里）為範疇的圓形朝聖路徑。圍繞迦屍的環狀朝聖路徑，同時也是以五為單位的朝聖地點的常見稱呼。

pandā：朝聖祭司。特別處理朝聖者需求的婆羅門祭司。

Pāndavas：般度五子。般度國王的五個兒子，包含堅戰、怖軍與阿周那。《摩訶婆羅多》訴說他們與堂兄弟俱盧族的史詩大戰。

Pandharpūr：潘達爾普爾。奎師那神形式之一的毘托巴神的重要朝聖城市，位於馬哈拉施特拉邦的毗摩河畔。

Parashurāma：持斧羅摩。毗濕奴神的轉世化身之一，其父為婆羅門，其母剎帝利，以史詩及往世書中的許多作為而聞名；迫使大海退出印度的貢根海岸，現在稱為持斧羅摩之地。

pārthiva linga：土製林伽。從最簡單的一抔泥土中，召喚出濕婆神示顯。

Pārvatī：帕爾瓦蒂女神。山神之女；濕婆神的配偶女神，以苦修贏得隱士之主的青睞。

pinda：飯糰。儀式上捏塑，在死亡儀式中代表微妙的精神，新身體的一部分。

pītha：寶座，板凳；女神信仰中心，如全印各地可以發現的一百零八處女神寶座。

Prabhāsa：波羅跋娑。位於古賈拉特邦索拉什特拉半島上的聖地與濕婆光柱。也稱索姆納特（Somnāth）。

pradakshina：繞行。以右側面對物體繞行，表達崇敬之意。

Prajāpati：生主。指吠陀經典中的原人，創造者，有時也用來指涉創造者梵天。

prakriti：自然。物質，總是充滿動能與生機，而非靜止不動；與原人精神性、男性的能量相對的女性能量。

pralaya：劫滅。一段或多段漫長時代後的宇宙消解，稱為一劫波（kalpa），或梵天的一日。

prāna：呼吸。同時意指人精神上的呼吸及神祇的氣息建立在神像之中。

prasād：神恩。供奉給神祇的食物，受到祝聖後，再回送信徒。

pravritti：擴張。主動示現，升起；相對於收縮（nivritti）的返回、停止。

Prayāg/Prayāga：普拉耶格。「獻祭之地」，位於恆河、亞穆納河及神話中的薩拉斯瓦蒂河交匯處的聖地；在神聖地理上有多處複製地；今日最重要的普拉耶格是阿拉赫巴德。

Prithivī：大地。生機蓬勃；知名的吠陀頌歌〈大地讚歌〉就是獻給大地。

pūjā：獻祭。通常包含向神祇獻上榮耀祭品（upachāra）。

pūjārī：祭司。負責神廟獻祭的婆羅門神職人員。

punya：福報，善行。

Purāna：《往世書》。「古代故事」彙集之一，保存了宇宙觀、神話、傳說與儀式時見的諸多傳統。

Purī：普里。孟加拉灣奧利薩邦以賈格納特神形象示現的奎師那神聖城。

pūrnimā：印度教陰曆中的滿月日。

purushārtha：人生目標。傳統上有四：愛情享樂（kāma）；財富權柄（artha）；正法（dharma）及解脫（moksha）。

Pushkara：普許卡拉。「蓮池」之意，位於今日的拉賈斯坦邦，為梵天聖地。

Pushti Mārg：恩典之道。供奉奎師那神的教派。

Rādhā：拉妲。奎師那的摯愛，她與奎師那的關係，被理解為人——神之愛的象徵。

rākshasa：羅剎。被稱為惡魔的致命存在，多數在夜間進行襲擊；與諸神為敵，祭祀的破壞者。

Rāma：羅摩。正直的君王，十車王的長子，《羅摩衍那》神話的主角；毗濕奴神的轉世化身之一，本身也受到崇奉敬愛。

Rāmānanda：羅摩難陀。十五世紀的虔愛信徒，掀起北印度新一波虔愛運動。

Rāmānuja：羅摩奴闍。十一世紀南印度思想家，為毗濕奴教派的虔愛運動——神聖毗濕奴教派，奠定了哲學基礎。

Rāmāyana：《羅摩衍那》。頌揚羅摩傳說功行的印度教史詩；包含蟻垤的梵文史詩，及許多地方語言版本。

Rāmcharitmānas：《羅摩功行錄》。印地語版的《羅摩衍那》，十六世紀由瓦拉那西的圖西達斯所寫。

Rāmeshvara：拉梅許瓦拉（意為「羅摩之主」）。泰米爾納都海岸聖地，據說羅摩在此崇敬濕婆神，建造通往楞伽島的橋，解救被羅波那囚禁的悉達；濕婆光柱之一。

Rāmjanmabhūmi：羅摩出生地。在阿逾陀被崇奉為羅摩出生地的地點。

rāmlīlā：羅摩傳奇。上演羅摩上主的《羅摩衍那》故事的戲劇表演。

rāslīlā：愛之戲。奎師那嬉戲循環的高潮，重現奎師那與牧牛女的大圈舞，奎師那化為無數分身，跟牧牛女徹夜狂舞。

Ratha Yātrā：神駕出巡。神像由神廟內聖殿移出，在街上出巡。普里的出巡特別知名，奎師那——賈格納特神搭乘巨大車架出巡。

Rāvana：羅波那。楞伽島的十首王，半羅剎、半婆羅門出身。為濕婆神信徒，綁架了悉達，為羅摩所殺。

Rig Veda：《梨俱吠陀》。最重要的吠陀詩頌文獻，構成所謂天啟經典（shruti）的核心。

rishi：仙人。受到啟發的先知，其智慧與洞見在《梨俱吠陀》展現。

Rudra：樓陀羅。與暴風雨力量有關的吠陀神祇；後來被視為濕婆神。

rudrāksha：「濕婆之眼」。用來製作念珠的咖啡色大顆凹凸莓果或果實。

sādhu：聖人。通常也是隱修士。

Sagara：薩嘎爾王。甘蔗王（Ikshvaku）建立的太陽王朝的古代國王，他的六萬兒子都被隱修士一怒之下燒死；他的後代將恆河由天上引下凡間，讓死去的兒子得以復活。

saguna：有屬性。意指可以描述的神聖實體，擁有特質與性質。相對詞是無屬性（nirguna）。

sakala：有相。意指對濕婆神的理解，是可以描述的，擁有面容與不同部分。相對詞是無相（nishkala）。

samsāra：通過，流動，變動的世界。生死與再生的無限循環。

sangam：河流交匯處。

sankalpa：意念聲明。任何儀式行動一開始進行的動作。

sannyāsī：出家人。「拋棄」世俗執念，追求思索與禁慾修行的生活。印度教徒四住期的最後階段。

Sarasvatī：薩拉斯瓦蒂。知識與藝術的女神；古印度的聖河，此刻已經消失了，但據說出現在許多兩河交匯處，形成看不見的第三河。

Satī：薩提女神。濕婆神的配偶，因為父親達剎羞辱了濕婆，因此憤而自殺。再生為帕爾瓦蒂女神。

Shaiva：濕婆派。與濕婆神祭儀有關；濕婆神信徒。

Shākta：莎克緹派。與女神莎克緹祭儀有關；提毗女神的信徒。

shakti：莎克緹，女性能量、力量。稱呼女神之詞，無論是單一獨立女神，或作為男性神祇的配偶。

Shankara：商羯羅。濕婆神的名諱之一；八到九世紀的大導師；吠檀多不二論哲學的主要傳人。

shāstra：論。神聖論述或知識群，例如《法論》（*sharmashāstra*），意指「關於正法的教導」。

shikhara：希卡拉，廟頂尖塔，即「峰頂」之意。

Shilappadhikaram：《腳鐲記》。伊蘭戈・阿迪加爾（Ilango Adigal）所寫的泰米爾史詩文學，成書於西元五到六世紀。

Shiva：濕婆神。「吉祥者」；擁有多種力量的神祇，同時是創造者與毀滅者，連同毗濕奴神與提毗女神，都是廣泛受到民眾崇敬的至高無上神。

Shivarātri：「濕婆之夜」。每個月黑分的第十四天；一年當中最重要的「摩訶濕婆之夜」則位於冬季的磨袪月（西曆一到二月）或頗勒窶拏月（二到三月）。

shrāddha：死亡儀式。火化之後，為死者舉行的儀式，滋養死者，過渡到先人的世界。

Shrī：室利女神。「吉祥」之意，連同昔彌女神，都是毗濕奴神的配偶。此字也是敬稱。

shringāra：聖像或林伽石的妝點儀式。

Shrīrangam Temple：斯里蘭甘姆神廟。提魯奇拉帕里城中，卡韋里河上的偉大島嶼神廟，供奉以蘭甘納塔形象示現的毗濕奴神。

Shrī Shaila：斯里雪拉神廟。濕婆神廟，也是濕婆光柱之一，位於安德拉邦北部的奎師那河畔。

shukla：陰曆月份中的白分（paksha）。

shūdra：首陀羅。種姓制度中的第四級，傳統上為僕役。

Simhāchalam：獅子山。安德拉邦海岸上的維沙卡帕特南市附近的那羅僧訶聖山。

Sindhu：信都河。印度河的梵文名稱。

sindūr：橘紅色硃砂粉，用來妝點神像與信徒前額。

Sītā：悉達。遮那竭王之女，羅摩的忠誠妻子，遭到羅波那綁架，後來羅摩在哈努曼協助下救回。

Skanda：室健陀。戰爭之神，濕婆神與帕爾瓦蒂女神之子，據說由六位養母（卯宿）養大。

Skanda Purāna：《室健陀往世書》。十八部主要往世書中篇幅最長的一部，七部篇章的記述圍繞著印度主要聖地。

soma：蘇摩酒。吠陀儀式中，由植物壓擠過濾而成，具有迷醉性質的神聖飲料。被認為是不死甘露。

Somanātha /Somnāth：索姆納特。濕婆神廟，濕婆光柱之一，位於位於古賈拉特邦索拉什特拉半島上；在梵文文獻中也稱為波羅跋娑。

srishti：創造，創造行為。原為「吐出」之意，一如蜘蛛由體內吐出織成網。

stūpa：佛塔。圓頂造型，供奉佛陀的凡間遺物。

svarūpa：神祇的「自身」。非由凡人之手創造的形象，而是神祇的天然自顯。

svayambhū：自顯。用以描述部分林伽石與神像據說非經創造，而是自然顯現。

Tantra：怛特羅派。笈多時代後興起的奧義宗教運動，強調相反的結合，特別由男女性作為代表象徵。

tapas：熱。特別指由艱苦修行產生的熱，據說具有創造能量，例如母雞抱窩的熱能。

tarpana：紀念儀式。常見的死者供奉儀式；原意指「滿足」，亦即令死者滿足的儀式。

tejas：閃耀，神祇的力量。

Tilak, B. G.：提拉克，一八五六至一九二〇年，印度國大黨的民族運動領袖，倡議自治；在馬哈拉施特拉邦家鄉，透過印度教議題與象徵，掀起對英國統治的反抗。

tīrtha：物理上與象徵上的淺灘、渡口；朝聖地、浸浴地。

tīrthayātrā：朝聖之旅。朝聖。

Tirupati：提魯帕蒂。斯里除惡之主山頂神廟與朝聖城，位於現今的安德拉邦；印度最受歡迎的朝聖地之一。

Trivandrum/Tiruvananthapuram：特里凡杜蘭／提魯凡納塔城。位於喀拉拉邦的現代繁榮城市，名稱意指「無限之主的居所」，取自此地最古老也是最知名的神廟——蓮花生之主神廟。毗濕奴神躺臥在無限大蛇身上。

trivenī：三辮之地。意指三條河交匯處，例如普拉耶格。

Tryambaka：三眼之主。三眼的濕婆神；納西克附近西高止山上的濕婆光柱之名。

tulsī：神聖羅勒。學名：Ocimum tenuifl orum。祭祀中奉獻的植物，擁有無數儀式用途。也是奎師那神的配偶女神。

Tulsīdās：圖西達斯。十六至十七世紀的羅摩信徒，也是印地文版（阿瓦德文Avadhi）版《羅摩衍那》的作者，在北印度深受喜愛，稱為《羅摩功行錄》。

Upanishad：《奧義書》。附於吠陀經典之後的思索教導之一；精神智慧、哲學的源頭。

Vaidyanāth：醫藥之主神廟。位於迪歐格爾的神廟城鎮與濕婆光柱，今位於賈坎邦（Jharkhand）；普遍又稱為Baidyanāth。

Vaishnava：毗濕奴派。與毗濕奴神祭儀有關；毗濕奴神信徒。

Vaishno Devī：毗濕諾提毗女神。位於查謨與喀什米爾邦的卡特拉（Katra）附近，深受歡迎的山頂女神廟。

vaishya：吠舍。四種姓中的第三階，傳統上為商人與農人。

Vālmīki：蟻垤仙人。最早的詩人與傳說中的賢者，據傳為《羅摩衍那》作者。

Vāmana：婆摩那。毗濕奴神的侏儒轉世化身。因為被授予三大步跨距內包含的土地，因此化為宇宙巨人，跨越了天與地。

vana：森林。隱修士與賢者築屋而居的森林。

vanavāsa：林居期。羅摩、悉達與羅什曼居住在森林中的歲月。

Varāha：婆羅訶。毗濕奴神的野豬轉世化身，潛入洶湧深海，救出大地女神，將她送到海平面上。

Vārānasī：瓦拉那西。恆河城市，位於瓦拉那（Varana）與阿西（Asī）河之間。

varna：印度教社會的四種姓體系。包含婆羅門、剎帝利、吠舍與首陀羅。

Vāyu：瓦尤。風神，也是西北方的守護神。

Veda：吠陀，智慧，知識。被視為「天啟」、「聽聞」而成的神聖經典。

Venkateshvara：除惡之主。被視為毗濕奴神的形式之一，供奉在提魯帕蒂知名的朝聖神廟中。

Vibhīshana：維毗沙那。羅波那的正直弟弟，試圖說服他避免與羅摩一戰。大戰中最終加入羅摩一方。

Vindhyāchal：溫迪亞恰拉。北方邦米爾扎普爾鎮附近，溫迪亞提毗女神的山頂神廟。

viraha：渴慕之愛。思念不在的愛人。

visarjana：浸入水中儀式。「送出」之意，死亡儀式後將骨灰送入水中，或祭祀之後，向暫時居於神像中的神道別。

Vishnu：毗濕奴神。「無所不在者」，以三大步領有整個宇宙；連同濕婆神與提毗女神，都是廣泛受到民眾崇敬的至高無上神。

vrata：誓言。為了還願而進行的宗教義務。

Vrindāvan：沃林達文。奎師那童年時期居住的布拉吉村落；今日位於秣菟羅以北的朝聖城鎮。

yajna：祭祀。特別指吠陀獻祭。

yaksha, yakshī：男女夜叉。古印度神祇，與樹木、池塘及茂盛植物有關。

Yamunā：亞穆納河。北印度聖河，由亞穆納河源頭湧出，繞過德里、沃林達文、秣菟羅、阿格拉，在普拉耶格匯入恆河。

yantra：冥想或祭祀中用以激化心智的一種「設置」。通常是由三角形與原形相互連結構成的幾何圖形。

yoni：瑜尼。女性創造力的象徵；女性的生衍器官；設立林伽石的寶座。

Yudhisthira：堅戰。般度五子中的老大，黑公主德勞帕蒂的丈夫，生父實為正法之神，因此是五兄弟中最正直的。

yuga：時代。世界有四個時代：圓滿、三分、二分與爭鬥時代。第一個時代是起始的完美時代，最後則是我們所處的衝突時代。

關於印度教曆法

印度教曆法是一種陰陽合曆，因為社會與宗教需求，而有許多不同區域版本。本書作者主要使用的是中北印度使用的曆法，強調月亮週期，新年從春季（西曆三到四月）開始。南印度泰米爾地區使用的曆法，則強調太陽週期。印度曆法自吠陀時代發展以來，經歷許多不同版本，今日仍舊為世界各地印度教徒、佛教徒與耆那教徒使用，特別是用來確認宗教節慶的日期。但也因為各地曆法計算差異，不同地方的節慶日期可能會有所出入。

以下為便利閱讀理解，簡要說明以月亮週期為主的北印度曆常見名詞：

amāvasyā：晦日，無月之日
pūrnimā：望日，滿月之日
krishna paksha：黑分，每個月由望日至晦日的兩週
shukla paksha：白分，每個月由晦日至望日的兩週

Makar Samkrānti：轉變之日，太陽在黃道十二宮上運行，進入下一宮的日子

印度教曆月份	中譯	西曆月份
Chaitra	制呾羅月	三到四月
Vaishakha	吠舍佉月	四到五月
Jyeshtha	逝瑟吒月	五到六月
Aashadh	頞沙荼月	六到七月
Shravana	室羅伐拏月	七到八月
Bhadrapad	婆羅鉢陀月	八到九月
Aśvayuja（Ashvin）	頞濕縛庾闍月	九到十月
Kārthik	迦剌底迦月	十到十一月
Mārgaśīrsa	末伽始羅月	十一到十二月
Pausha	報沙月	十二到一月
Magha	磨祛月	一到二月
Phalgun	頗勒窶拏月	二到三月

（編按：此篇「關於印度教曆法」為本書譯者所整理說明）

參考書目

全書引用的文獻譯本：

The Agni Purāna《阿耆尼往世書》Edited by J. L. Shastri. Translated by N. Gangadharan, 2 vols. Ancient Indian Tradition and Mythology, Vols. 27–28. Delhi: Motilal Banarsidass, 1985.

Bhāgavata Purāna Krishna: The Beautiful Legend of God《博伽梵往世書：奎師那神的美麗傳說》(Srimad Bhāgavata Purāna, Book X). Translated by Edwin Bryant. New York: Penguin Books, 2003.

Bhāgavata Purāna《博伽梵往世書》. The Srīmad-Bhāgavatam. Translated by J. M. Sanyal, 2 vols. New Delhi: Munshiram Manoharlal, 1973.

The Brahmā Purāna《梵天往世書》. Edited by G. P. Bhatt. Translated by N. A. Deshpande. 4 vols. Ancient Indian Tradition and Mythology, Vols. 33–36. Delhi: Motilal Banarsidass, 1984.

The Brahmānda Purāna《梵卵往世書》. Edited by J. L. Shastri. Translated by G. V. Tagare. 5 vols. Ancient Indian Tradition and Mythology, Vols. 22–26. Delhi: Motilal Banarsidass, 1984.

The Devī Bhāgavata Purāna《提毗博伽梵往世書》. TheSrīmad Devī Bhāgawatam. Translated by Swami Vijnanananda. New Delhi: Munshiram Manoharlal, 1977.

The Devī Māhātmya《提毗女神讚歌》. Encountering the Goddess: A Translation of the Devī-Māhātmya and a Study of its

Interpretation. Translation and study by Th omas Coburn. Albany: State University of New York Press, 1991.

The Garuda Purāna《大鵬往世書》. Edited by J. L. Shastri. Translated by a Board of Scholars. Ancient Indian Tradition and Mythology, Vol. 12. Delhi: Motilal Banarsidass, 1978.

Harivamsha《訶利世系》. Translated by Manmatha Nath Dutt. Calcutta: H. C. Dutt, Elysium Press, 1897.

The Hymns of the Rig Veda《梨俱吠陀頌歌》. Translated by Ralph T. H. Griffi th. Edited by J. L. Shastri. 1889. Delhi: Motilal Banarsidass, 1973.

The Kālikā Purāna《卡莉卡往世書》: Sanskrit Text, Introduction, and Translation in English, 3 vols. Translated by Biswanarayan Sahstril. Delhi: Nag Publishers, 1991.

The Kūrma Purāna《俱利摩往世書》, with English Translation. Edited by A. S. Gupta. Translated by A. Bhattacharya, et al. Varanasi: All India Kashiraj Trust, 1972.

The Linga Purāna《林伽往世書》. Edited by J. L. Shastri. Translated by a Board of Scholars. 2 vols. Ancient Indian Tradition and Mythology, Vols. 5–6. Delhi: Motilal Banarsidass, 1973.

The Mārkandeya Purāna《摩根德耶往世書》. Translated by F. Eden Pargiter. 1904. Delhi: Indological Book House, 1969.

The Matsya Purānam《化魚往世書》. Edited by Jamna Das Akhtar. Notes by B. C. Majumdar, et al. TheSacred Books of the Aryans Series, Vol. 1. Delhi: Oriental Publishers, 1972.

The Nārada Purāna《那羅陀往世書》. Edited by J. L. Shastri. Translated by G. V. Tagare. 5 vols. Ancient Indian Tradition and Mythology, Vols. 15–19. Delhi: Motilal Banarsidass, 1980–1982.

The Padma Purāna《蓮花往世書》. Edited by G. P. Bhatt. Translated by N. A. Deshpande. 10 vols. Ancient Indian Tradition and Mythology, Vols. 39–48. Delhi: Motilal Banarsidass, 1988–92.

A Prose English Translation of the Mahābhārata《摩訶婆羅多》的英散文譯本（譯自原始梵文本）. 18 vols. in 3. Translated by Manmatha Nath Dutt. Calcutta: M. N. Dutt, 1895–1903.

The Rāmāyana《羅摩衍那》. Srīmad Vālmīkī-Rāmāyana (with Sanskrit text and English translation). 3 vols. Gorakhpur: TheGita Press, 1969.

The Siva Purāna《濕婆往世書》. Edited by Arnold Kunst and J. L. Shastri. Translated by a Board of Scholars. 4 vols. Ancient

Indian Tradition and Mythology, Vols.1–4. Delhi: Motilal Banarsidass, 1970.

The Skanda Purāna《室健陀往世書》. Edited by G. P. Bhatt. Translated by G. V. Tagare. 19 vols. Ancient Indian Tradition and Mythology, Vols. 49–58. Delhi: Motilal Banarsidass, 1992.

The Thirteen Principal Upanishads《十三部主要奧義書》. Translated by Robert Ernest Hume. 1877. Second edition, revised. London: Oxford University Press, 1931.

The Vāmana Purāna《侏儒往世書》, with English Translation. Edited by A. S. Gupta. Translated by S. M. Mukhopadhyaya, et al. Varanasi: All India Kashiraj Trust, 1968.

The Varāha Purāna《婆羅訶往世書》. Edited by J. L. Shastri. Translated by S. V. Iyer. 2 vols. Ancient Indian Tradition and Mythology, Vols. 31–32. Delhi: Motilal Banarsidass, 1985.

The Vāyu Purana《風神往世書》. Edited by G. P. Bhatt. Translated by G. V. Tagare, 2 vols. Ancient Indian Tradition and Mythology, Vols. 37–38. Delhi: Motilal Banarsidass, 1987.

The Vishnu Purāna: A System of Hindu Mythology & Tradition《毗濕奴往世書：印度教神話傳統體系》. Translated from Sanskrit by H. H. Wilson. Introduction by R. C. Hazra. Calcutta: Punthi Pustak, 1972.

其他梵文文獻與英文譯本：（依書名字母順序羅列）

Bhāmini Vilāsa by Jagannātha. Edited by Lakshman Ramachandra Vaidya. Bombay: Bhārati Press, 1887.

Brajbhaktivilāsam by Shrī Nārāyana Bhatta Goswāmī. Sanskrit with Hindi translation. Bombay: Baba Krishnadas, n.d.

Gangā Laharī《恆河之波》by Jagannātha (Sanskrit edition with Marathi verse translation). Bombay: Bharati, 1887.

Hymns of the Atharva Veda《阿闥婆吠陀的頌歌》. Translated by Maurice Bloomfi eld. Oxford: Sacred Books of the East, vol. 42, 1897.

Hymns of the Atharva Veda《阿闥婆吠陀的頌歌》. Translated by Ralph T. H. Griffi th, 2 vols. Varanasi: Chowkhamba Sanskrit Series, 1968.

Krityakalpataru《朝聖地點文摘》by Lakshmīdhara. Edited by K. V. Rangaswami Aiyangar. Baroda: Oriental Research Institute,

1942.

Kumārasambhava《鳩摩羅出世》by Kālidāsa. Edited and translated by M. R. Kale. Delhi: Motilal Banarsidass, 1967.

Mahābhārata《摩訶婆羅多》. Edited by Vishnu S. Sukthankar (and others). 19 vols. Poona: Bhandarkar Oriental Research Institute, 1933–59.

Meghaduta《雲使》, The Cloud Messenger by Kālidāsa. Translated by Daniel H. H. Ingalls. In "Kālidāsa and the Attitudes of the Golden Age," Journal of the American

Oriental Society《東方學會學報》96, no. 1 (January–March) 1976.

Meghaduta《雲使》of Kālidāsa with the Commentary (Samjīvanī) of Mallinātha. Edited and translated by M. R. Kale. Delhi: Motilal Banarsidass, 1969.

Narayaneeyam by Meppathur Narayana Bhattatiri. Translated by Swami Tapasyananda. Madras: Sri Ramakrisha Math, 1976.

Nityakarma Vidhi tatha Devpuja Paddhati. Varanasi: Th akurdas Sureka Cairiti Phand, 1966.

The Raghuvamsa《羅怙世系》of Kālidāsa with the Commentary of Mallinātha. Edited by G. R. Nandargikar. 4Thed. Delhi: Motilal Banarsidass, 1971.

The Rāmāyana of Vālmikī《蟻垤版羅摩衍那》. Vol I. Translated by Robert Goldman. Princeton: Princeton University Press, 1984.

The Rāmāyana of Vālmīki《蟻垤版羅摩衍那》. Translated by Makhan Lal Sen. Delhi: Munshiram Manoharlal, 1978.

Saundaryalaharī of Sankarācārya《商羯羅的美之浪潮》. Translated by V. K. Subramanian. Delhi: Motilal Banarsidass, 1977.

Srī Narmadāstaka Satika. Japalpur: Ramji Pustak Bhandar, n.d.

Skanda Purāna《室健陀往世書》. Gurumandala Granthamalaya No. XX, 5 vols. Calcutta: 1960–1965.

The Srīmad-Bhāgvatam of Krishna-Dwaipāyana Vyāsa《博伽梵歌》. Translated from Sanskrit by J. M. Sanyal. 2 vols. Second Edition. New Delhi: Munshiram Manoharlal Publishers, 1973.

Srīmad Bhāgavata Mahāpurāna《博伽梵大往世書》(with Sanskrit text and English translation). Translated into English by L. Goswami. 2 vols. Gorakhpur: Gita Press, 1971.

Srī Venkatesa Purāna《除惡之主往世書》. Compiled by B. S. Ananda. Madras: Lotus Publishing, 1980.

Svayam Vyakta Kshetra. Madras: Sri Vadapalani Off set Printers, n.d.

Tīrthavivecana Kandam by Laksmidhara. Vol. III of the Krityakalpataru. Edited by K. V. Rangaswami Aiyangar. Gaekwad's Oriental Series, Volume XCVIII. Baroda: Oriental Institute, 1942.

Tristhalīsetu, The Bridge to the Three Holy Cities《通往三聖城之橋》. Edited and translated by Richard Salomon. Delhi: Motilal Banarsidass, 1985.

The Vedic Experience, Mantramanjari. Edited and translated by Raimundo Panikkar and others. Berkeley: University of California Press, 1977.

印地文文獻（依書名字母順序羅列）

Adya Jyotirlinga Tryambakeshvara by Tryambakashāstrī N. Pātankar. Nasik: Tryambakeshvara, n.d.

Amarakantak Māhātmya Evam Shrī Narmadā Māhātmya. Jabalpur: Ashok Pustak Bhandar, n.d.

Badrīnārāyan Māhātmya. Badrinath: Tin Murti Prakashan, n.d.

Bhagavān Shrī Rādhāmādhava ke Charanon me Samarpit. Hapur: Modi Bhavan, Shrī Radhamadhava Sankirtan Mandal, n.d.

Bhārat Darshan: Chāron Dhām Saptapurī Yātrā by Abhimanyu Chakradharī. Haridvar: Pustak Vikreta, n.d.

Brihat Srīcitrakūta Māhātmyam by Ramakalhan Saran. Lucknow: Tejakumar Press, 1971.

Chāron Dhām Māhātma. Hardwar: Harbhajan Singh and Sons, n.d. Gangāsāgar Melā by Tarundev Mahāchārya. Calcutta: Firm K.L.M. Limited, 1978.

Hanumān Chālīsā by B. I. Kapur. New Delhi: Trimurti Publications, 1974.

Hanumān Garhi kā Itihās aur Māhātmya by Ramgopal Pandey. Ayodhyā: Candramaul Pustak Bandar, n.d.

Hinduo ke Vrat, Parva, aur Tyauhar by Rampratap Tripathi. Allahabad: Lokbharati Prakashan, 1971.

Jyotirlinga Mahimā by Ram Kishan Jayasaval. Baravah: Rajahansa Prakashan, n.d.

Kalyān Shakti Ank. Vol. 9. No. 1. Gorakhpur: The Gita Press, 1934.

Kalyān Shivānk. Vol. 8, No. 1. Gorakhpur: The Gita Press, 1933.

Kalyān Tīrthānk. Vol. 31, no. 1. Gorakhpur: The Gitā Press, 1957.

Kedār Badrī Yātrā Darshan by Nautiyal Shivananda. Lucknow: Sulabh Prakashan, 1986.

Narmadā Kalpāvalī by Swami Omkara Giri. Rishikesh: Muktikund Vivek Ashram, n.d.

Nitya Karma Vidhi. Bareli: Samskriti Samsthan, 1977.

Omkāresvara Māhātmya by Ram Kishan Jayasaval. Badavah, M. P.: Rajhansa Prakashan, n.d.

Purāno me Gangā by Rampratap Tripathi. Prayag: Hindi Sahitya Sammelan, 1952.

The Rāmāyana of Tulasidāsa. Translated by F. S. Growse. Delhi: Motilal Banarsidass, 1978.

Shrī Amarakantaka Māhātmya evam Narmadā Māhātmyā. Jabalpur: Ashok Pustak Bhandar, n.d.

Shrī Manasā Devī Mahātma: Kathā Itihās. Hardwar: B. S. Pramindar Prakashan, n.d.

Shrī Nāthdvārā by Narayan Lal Sharma. Udaipur: Goyal Brothers, n.d.

Tapobhūmī Badarī Vana by Prem Ballabh Dimbarī. Joshimath: Messrs. Ballabh Brothers, 1962.

Tapobhūmi Uttarākhand by Mahidhara Sharma. Badrinath: Mahidhara Sharmaand Sons, 2000.

Tapobhūmi Uttarākhand by Swami Shivānanda Sarasvati. Haridvar: Harbhajan Singh and Sons, n.d.

Ujjayinī Darshan by Suryanarayan Vyas. Gwalior: Government Regional Press, 1957.

Uttarākhand kī Yātrā by Govinda Das, et. al. Gorakhpur: Gita Press, samvat 2019.

Vaidyanāth Darshan by Shri Shanti Prasad Sringari. Vaidyanath, Bihar: Navayug Sahitya Mandir, 1978.

Vaishnavī Siddha Pītha by Jagadish Chandra Shastri. Jammu: Shastri Prakashan, n.d.

Vrihat Shrī Chitrakūt Māhātmyam. Lucknow: Tejakumār Press, 1971.

其他參考資料（依書名字母順序羅列）

Agarwal, A. P., ed. Garhwal: "The Dev Bhoomi." New Delhi: Nest and Wings, 1988.

Agrawal, V. S. India: A Nation. Vārānasī: Prithivi Prakashan, 1983.

Aiyar, P. V. Jagadisa. South Indian Shrines. Photographs by Ajay Khullar. Calcutta: Rupa and Co., 2000.

Alley, Kelly D. On the Banks of the Gangā: When Wastewater Meets a Sacred River. Ann Arbor: University of Michigan Press, 2002.

Alter, Stephen. Sacred Waters: A Pilgrimage Up the Ganges River to the Source of Hindu Culture. New York: Harcourt, 2001.

Ambalal, Amit. Krishna as Shrinathji. Ahmedabad: Mapin Publishing, 1987. Anderson, Benedict. Imagined Communities. London: Verso, 1983.

Annamayya. God on the Hill: Temple Poems rom Tirupati. Translated from Telugu by Velcheru Narayana Rao and David Shulman. Oxford: Oxford University Press, 2005.

Ayyangar, S. Satyamurthi. Lord Ranganātha. Srirangam, Tiruchi: Arulmiku Ranganathaswami Devasthānam, 1981.

Babb, L. A., and S. Wadley, eds. Media and the Transformation of Religion in South Asia. Philadelphia: University of Pennsylvania Press, 1995.

Bakker, Hans. Ayodhyā. Groningen: Egbert Forsten, 1986.

Bakker, Hans, ed. The History of Sacred Places in India as Refl ected in Traditional Literature. Panels of the Seventh World Sanskrit Conference, Vol III. Leiden: E. J. Brill, 1990.

Barz, Richard. The Bhakti Sect of Vallabhacharya. Faridabad: Th omas Press, 1976.

Bayi, Gouri Lakshmi. Sree Padmanabha Swamy Temple. Bombay: Bharatiya Vidya Bhavan, 1995.

Bayly, C. A. Origins of Nationality in South Asia. New Delhi: Oxford University Press, 1998.

Bedi, Rahul K., and Subramaniam Swamy. Kailas and Manasarovar, After 22 Years. New Delhi: Allied Publishers Pvt. Limited, 1984.

Bhabha, Homi K. The Location of Culture. London: Routledge, 1984.

Bharadwaj, Monisha, and Nitish Bharadwaj. A Pilgrimage to Kailash-anasarovar. Mumbai: India Book House, 2002.

Bharati, Agehananda. "Pilgrimage in the Indian Tradition." History of Religions 3, no. 1 (1963): 135–167.

Bhardwaj, Surinder Mohan. Hindu Places of Pilgrimage in India. Berkeley: University of California Press, 1973.

Bhatt, Chetan. Hindu Nationalism: Origins, Ideologies, and Modern Myths. Oxford: Berg, 2001.

Bhattacharya, Tarunadeva. Gangāsāgara Melā. Calcutta: K.L.M. Limited, 1974.

Bhattacharyya, N. N. History of the Sākta Religion. New Delhi: Munshiram Manoharlal, 1974.

———. Indian Mother Goddess. Calcutta: Indian Studies Past and Present, 1971.

Biardeau, Madelaine. "Narasimha, Mythe et Culte" in Purushartha. Paris: Centre d'Etudes de l'Inde et de l'Asie du Sud, 1975.

Bonazzoli, Giorgio. “Devīlinga.” Purāna 20, no. 1 (1978): 121–130.

———. “Prayāga and Its Kumbha Mela.” Purāna 19, no. 1 (1977): 81–179.

Bose, Sugata, and Ayesha Jalal. Modern South Asia: History, Culture, Political Economy, second edition. New York: Routledge, 2004.

Brown, Mackenzie. The Triumph of the Goddess. Albany: SUNY Press, 1990.

Brown, Peter. The Cult of the Saints: Its Rise and Function in Late Christianity. Chicago: University of Chicago Press, 1981.

Brown, W. Norman. “The Creation Myth of the Rig Veda.” Journal of the Ameri can Oriental Society 62, no. 2 (1942): 85–98.

Bryant, Edwin F., ed. Krishna: A Sourcebook. New York: Oxford University Press, 2007.

Carman, John B. The Theology of Rāmānuja. New Haven: Yale University Press, 1974.

Carman, John B., and Vasudha Narayanan. The Tamil Veda. Chicago: University of Chicago Press, 1989.

Cassirer, Ernst. The Philosophy of Symbolic Forms, 2 vols. New Haven: Yale University Press, 1955.

Chapple, Christopher, and Mary Evelyn Tucker, eds. Hinduism and Ecology: The Intersection of Earth, Sky, and Water. Cambridge: Center for the Study of World Religions, 2000.

Chatterjee, Partha. Empire and Nation, Selected Essays. New York: Columbia University Press, 2010.

Chaudhuri, N. M. “The Cult of Vana-Durgā, A Tree-Deity.” Journal of the Royal Asiatic Society of Bengal, Letters 11, no. 22 (1915): 75–84.

Clothey, Fred W. The Many Faces of Murukan: The History and Meaning of a South Indian God. The Hague: Mouton Publishers, 1978.

———. “Pilgrimage Centers in the Tamil Cultus of Murukan.” Journal of the American Academy of Religion 40 (March 1972): 79–85.

Coburn, Th omas. Devī Māhātmya: The Crystallization of the Goddess Tradition. Delhi: Motilal Banarsidass, 1984.

Coomaraswamy, Ananda. Yakshas. New Delhi: Munshiram Manoharlal, 1971.

Cunningham, Alexander. The Ancient Geography of India. London: Trūbner, 1871. Reprint, Vārānasī: Bhartiya Publishing House, 1975.

Daniel, E. Valentine. Fluid Signs: Being a Person the Tamil Way. Berkeley: University of California Press, 1984.

Darian, Steven G. The Ganges in Myth and History. Honolulu: University Press of Hawaii, 1978.

Das, Veena. Structure and Cognition: Aspects of Hindu Caste and Ritual. Delhi: Oxford University Press, 1982.

Das, Veena, Dipankar Gupta, and Patricia Uberoi. Tradition, Pluralism, and Identity: In Honor of T. N. Madan. New Delhi: Sage Publications, 1999.

Dave, J. H. Immortal India, 4 vols. 1st ed., 1961. 2nd ed., Bombay: Bhāratiya Vidya Bhavan, 1970.

Davis, Richard. Ritual in an Oscillating Universe. Princeton: Princeton University Press, 1991.

De, S. K. Early History of the Vaisnava Faith and Movement in Bengal. Calcutta: Firma K. L. Mukhopadhyaya, 1961.

Dhammika, S. The Edicts of King Ashoka, An English Rendering. S. Kandy, Sri Lanka: Buddhist Publication Society, 1993. File accessible at www.buddhanet.net/pdf_fi le/ edicts-asoka6.pdf.

Dimock, Edward C. "The Goddess of Snakes in Medieval Bengali Literature." History of Religions 1 (winter 1962): 307–21.

Doniger, Wendy. Asceticism and Eroticism in the Mythology of Siva. London: Oxford University Press, 1973.

———. Hindu Myths. Baltimore: Penguin Books, 1975.

———. Other Peoples' Myths. Chicago: University of Chicago Press, 1995.

———. Women, Androgynes, and Other Mythical Beasts. Chicago: University of Chicago Press, 1980.

Dube, Bechan. Geographical Concepts in Ancient India. Foreword by R. L. Singh. Varanasi: National Geographical Society of India, 1967.

Dubey, D. P. Prayāga, Site of the Kumbha Mela. New Delhi: Aryan Books International, 2001.

Dubey, D. P., ed. Pilgrimage Studies: The Power of Sacred Places. Muirabad, Allahabad: Society of Pilgrimage Studies, 2000.

———. "Kumbha Mela: Origin and Historicity of India's Greatest Pilgrimage Fair." The National Geographic Journal of India 33, no. 4 (December 1987): 469–92.

———. "Māghamela at Prayāga." Purāna 30, no. 1 (January 1988): 60–68.

Dubois, Abbe. Hindu Manners, Customs, and Ceremonies. 3rd ed. Oxford: Oxford University Press, 1906.

Dutt, Sukumar. Problem of Indian Nationality. Calcutta: University of Calcutta Press, 1926.

Eaton, Richard M. "Temple Desecration and Indo-Muslim States." Journal of Islamic Studies 11, no. 3 (2000): 283–319.

Eck, Diana L. Banaras, City of Light. New York: Alfred A. Knopf, 1982.

———. Darsan: Seeing the Divine Image in India. 3rd ed., New York: Columbia University Press, 1998.

———. "The Dynamics of Indian Symbolism." In The Other Side of God, edited by Peter Berger. New York: Doubleday, 1981: 157–81.

———. "India's Tīrthas: Crossings in Sacred Geography." History of Religions 20, no. 4 (May 1981): 323–44.

Elder, J. W., ed. Chapters in Indian Civilization, Vol. I. Dubuque: Kendall/Hunt Publishing Company, 1970.

Eliade, Mircea. Yoga, Immortality and Freedom. 1958. Reprint, 3rd ed., Princeton: Princeton University Press, 1973.

Entwistle, Alan. Braj, Center of Krishna Pilgrimage. Groningen: Egbert Forsten, 1987.

Erikson, Erik. Toys and Reasons. New York: Norton, 1977.

Erndl, Kathleen M. Victory to the Mother: The Hindu Goddess of Northwest India in Myth, Ritual, and Symbol. New York: Oxford University Press, 1993.

Eschmann, A., H. Kulke, and G. C. Tripathi, eds. The Cult of Jagannath and the Regional Tradition of Orissa. New Delhi: Manohar, 1978.

Feldhaus, Anne. Connected Places: Region, Pilgrimage, and Geographical Imagination in India. New York: Palgrave Macmillan, 2003.

———. Water and Womanhood: Religious Meanings of Rivers in Maharashtra. New York: Oxford University Press, 1995.

Fleming, Benjamin J. "Mapping Sacred Geography in Medieval India: The Case of the Twelve Jyotirlingas." International Journal of Hindu Studies 13, no. 1 (2009): 51–58.

Fonia, K. S. Uttarākhand: Garhwal Himalayas. Revised by Iris Turner. Dehra Dun: Asian Journals, 1977.

———. Uttarākhand: The Land of Jungles, Temples, and Snows. New Delhi: Lancers Books, 1987.

Fox, Robin Lane. The Search for Alexander. Boston: Little, Brown and Co., 1980.

Fuller, C. J. "The Divine Couple's Relationship in a South Indian Temple: Mīnākshī and Sundareshvara at Madurai." History of Religions 19, no. 4 (1982): 321–48.

Gaenszle, Martin, and Jörg Gengnagel, eds. Visualizing Space in Banaras: Images, Maps, and the Practice of Representation.

Wiesbaden: Harrassowitz Verlag, 2006.
Gangadharan, N. "The Linga—Origin of Its Concept and Worship." Purāna 20, no. 1 (1978): 87–92.
Ganhar, J. N. Jammu Shrines and Pilgrimages. New Delhi: Ganhar Publications, 1973.
Gledhill, Ruth, and Jeremy Page. "Can the Monkey God Save Rāma's Underwater Bridge," in TimesOnLine, March 27, 2007. Accessed on August 1, 2010, at www.timesonline.co.uk.
Glucklich, Ariel. Climbing Chamundi Hill. San Francisco: HarperCollins, 2003.
———. The Strides of Vishnu: Hindu Culture in Historical Perspective. New York: Oxford University Press, 2008.
Gold, Ann Grodzins. Fruitful Journeys: The Ways of Rajasthani Pilgrims. Berkeley: University of California Press, 1988.
Gonda, Jan. Aspects of Early Visnuism. Delhi: Motilal Banarsidass, 1969.
———. The Meaning of the Sanskrit Term Dhāman. Amsterdam: N.V. Noord-Hollandsche Uitgevers Maatschappij, 1976.
Gopal, Lallanji, and D. P. Dubey, eds. Pilgrimage Studies: Text and Context: Śrī Phalāhārī Bābā Commemoration Volume. Allahabad: The Society of Pilgrim age Studies, 1990.
Gopal, S. ed. Anatomy of a Confrontation: The Babri Masjid-Ramjanmabhumi Issue. New Delhi: Penguin Books, 1991.
Gopal, S. (ed.). Selected Works of Jawaharlal Nehru, Vol. XVII. New Delhi: Orient Longman, 1972.
Goswami, Srivatsa. Celebrating Krishna. Vrindaban: Sri Caitanya Prema Samsthana, 2001.
Govindacharya, B., U. P. Upadhyaya, and M. Upadhyaya. Udupi: Past and Present. Udupi: Sri Pejavar Mutt, 1984.
Granoff , Phyllis, and Koichi Shinohara. Pilgrims, Patrons, and Place: Localizing Sanctity in Asian Religions. Vancouver: University of British Columbia Press, 2003.
Gutschow, Niels. Benares: The Sacred Landscape of Vārānasī. Stuttgart: Edition Axel Menges, 2006.
Haberman, David. Journey Th rough the Twelve Forests. New York: Oxford University Press, 1994.
———. River of Love in an Age of Pollution. Berkeley: University of California Press, 2006.
Hamilton, H. C., trans. The Geography of Strabo, 3 vols. London: George Bell & Sons, 1887.
Hardy, Friedhelm. Viraha Bhakti. Oxford: Oxford University Press, 1983.
———. "Ideology and Cultural Contexts of the Srivaisnava Temple." Indian Economic and Social History Review 14, no. 1 (1977):

119–151.
Harman, William P. The Sacred Marriage of a Hindu Goddess. Bloomington: Indiana University Press, 1989.
Hart, George L. The Poems of Ancient Tamil. Berkeley: University of California Press, 1975.
Hawley, John S., and Donna Wulff , eds. The Divine Consort: Rādhā and the Goddesses of India. Berkeley: Berkeley Religious Studies Series, 1982.
Hawley, John S., and Srivatsa Goswami. At Play with Krishna: Pilgrimage Dramas from Brindavan. Princeton: Princeton University Press, 1981.
Hay, Stephen, ed. Sources of Indian Tradition, Vol. II. 2nd ed. New York: Columbia University Press, 1988.
Hazra, R. C. Studies in the Purānic Records on Hindu Rites and Customs. Dacca: University of Dacca, 1936.
Hiltebeitel, Alf. The Cult of Draupadi. Chicago: University of Chicago Press, 1988.
Inden, Ronald. Imagining India. Oxford: Blackwell Publishers, 1990.
Ingalls, Daniel H. H. "Kālidāsa and the Attitudes of the Golden Age." Journal of the American Oriental Society 96, no. 1 (Jan.–Mar. 1976): 15–26.
International India Centre Quarterly 28, no. 1 (Winter 2000–Spring 2001), "The Human Landscape."
International India Centre Quarterly 29, nos. 3 & 4 (Winter 2002–Spring 2003), "A National Culture?"
International India Centre Quarterly 30, nos. 3 & 4 (Winter 2003–Spring 2004), "Journeys: Heroes, Pilgrims, Explorers."
Jaff relot, Christophe (ed.). Hindu Nationalism: A Reader. Princeton: Princeton University Press, 2007.
Jaiswal, Suvira. The Origin and Development of Vaisnavism. New Delhi: Munshiram Manoharlal, 1981.
Jalal, Ayesha. Self and Sovereignty: Individual and Community in South Asia since 1850. London: Routledge, 2000.
Jayapal, Pramila. Pilgrimage: One Woman's Return to a Changing India. New Delhi: Penguin Books, 2000.
Jha, Sadan. "The Life and Times of Bhārat Mātā." Manushi, issue 142 (August 2004). Accessed online at www.indiatogether.org/manushi/issue142/bharat.htm on August 10, 2010.
Justice, Christopher. Dying the Good Death. Albany: State University of New York Press, 1997.
Kane, P. V. History of Dharmashāstra, Vol. IV. Poona: Bhandarkar Oriental Research Institute, 1973.

Kapur, Anuradha. Actors, Pilgrims, Kings, and Gods: The Ramlila at Ramnagar. Calcutta: Seagull Books, 1990.

Kaviraj, Sudipta. The Imaginary Institution of India: Politics and Ideas. New York: Columbia University Press, 2010.

Keshavadās, Sadguru Sant. Lord Pānduranga and His Minstrels. Bombay: Bharatiya Vidya Bhavan, 1977.

Khilani, Sunil. The Idea of India. New York: Farrar, Straus and Giroux, 1997. Kinsley, David. Tantric Visions of the Divine Feminine: The Ten Mahāvidyās. Berkeley: University of California Press, 1997.

Kooij, K. R. van. Worship of the Goddess according to the Kālīkapurana. Leiden: E. J. Brill, 1972.

Kramrisch, Stella. The Hindu Temple, 2 vols. Calcutta: University of Calcutta, 1946.

Lanaghan, Tamara. Transforming the Seat of the Goddess into Vishnu's Place: The Complex Layering of Theologies in the Karavira Māhātmya. Ph.D. Thesis, Harvard University, 2006.

Law, B. C. Geographical Aspect of Kālidāsa's Works. Delhi: Bharatiya Publishing House, 1976.

———. Historical Geography of Ancient India. Paris: Societe Asiatique de Paris, 1954.

———. India as Described in Early Texts of Buddhism and Jainism. New Delhi: Bharatiya Publishing House, 1980.

———. Mountains and Rivers of India. Calcutta: National Committee for Geography, 1968.

Legge, James. A Record of Buddhistic Kingdoms, Being an Account by the Chinese Monk Fa-Hien of His Travels in India and Ceylon (A.D. 399–414) in Search of the Buddhist Books of Discipline. New York: Dover Publications, 1965.

Leshnik, L. S., and G. D. Sontheimer, eds. Pastoralists and Nomads in South Asia. Wiesbaden: O. Harrassowitz, 1975.

Lochtefeld, James G. God's Gateway: Identity and Meaning in a Hindu Pilgrimage Place. New York: Oxford University Press, 2010.

———. Haridwara, Haradwara, Gangādwara: The Construction of Identity and Meaning in a Hindu Pilgrimage Place. Ann Arbor: University Microfilms International, 1992.

Low, Alaine, and Soraya Tremayne, eds. Women as Sacred Custodians of the Earth? Women, Spirituality and the Environment. New York; Oxford: Berghahn Books, 2001.

Ludden, David. Contesting the Nation. Philadelphia: University of Pennsylvania Press, 1996.

Ludden, David, ed. Making India Hindu: Religion, Community, and the Politics of Democracy in India. Delhi: Oxford University Press, 1996.

Maclean, Kama. Pilgrimage and Power: The Kumbh Mela in Allahabad 1765–1954.

New York: Oxford University Press, 2008.

Macleod, Norman. Days in North India. Philadelphia: J. B. Lippincott & Co., 1870.

Madan, T. N., ed. Religion in India. Delhi: Oxford University Press, 1991.

Mandal, D. Ayodhyā: Archaeology After Demolition. New Delhi: Orient Longman, 1993.

Mate, M. S. Temples and Legends of Maharashtra. Bombay: Bharatiya Vidya Bhavan, 1970.

Maury, Curt. Folk Origins of Indian Art. New York: Columbia University Press, 1969.

Maw, Geoff rey Waring. Narmadā, The Life of a River. Edited by Marjorie Sykes. Hoshangabad: Friends Rural Centre, 1991.

McCrindle, J. W. Ancient India as Described by Megasthenes and Arrian. Calcutta: Checkervertty, Chatterjee, & Co., Ltd., 1926.

McDermott, R. A., and V. S. Naravane. The Spirit of Modern India. New York: Thomas Y. Crowell Company, 1974.

McDermott, R. F., and Jeff rey Kripal, eds. Encountering Kālī: In the Margins, At the Center, In the West. Berkeley: University of California Press, 2003.

Mehtrotra, Rahul, and Sharada Dwivedi. Banganga: Sacred Tank on Malabar Hill. Bombay: Eminence Designs Pvt. Ltd., 2006.

Michell, George, and Vasundhara Filliozat, eds. Splendours of the Vijayanagara Empire. Hampi, New Delhi: Marg Publications, 1981.

Mills, Margaret A., Peter Claus, and Sarah Diamond, eds. South Asian Folklore: An Encyclopedia. New York: Routledge, 2003.

Mishra, D. P. The Search for Lanka. Delhi: Agam Kāla Prakashan, 1985.

Mittal, Sushil, and Gene Th ursby, eds. The Hindu World. New York: Routledge, 2004.

Mookerji, Radhakumud. The Fundamental Unity of India. London; New York: Longmans, Green and Co., 1914.

———. Nationalism in Hindu Culture. London: Theosophical Publishing House, 1921.

Morinis, E. Alan. Pilgrimage in the Hindu Tradition: A Case Study of West Bengal. Delhi: Oxford University Press, 1984.

Munshi, K. M. Somanātha, The Shrine Eternal. Bombay: Bharatiya Vidya Bhavan, 1976.

Nagarajan, K. Cauveri rom Source to Sea. New Delhi: Arnold-Heinemann, 1975.

Nambiar, K. Damodaran. "The Nārada Purāna: A Critical Study." Purāna 15, no. 2, supplement (1973): 1–56.

Narasimhacharya, M. History of the Cult of Narasimha in Andhra Pradesh. Hyderabad: Sri Malola Grantha Mala, 1989.

Narayan, R. K. The Emerald Route. Sketches by R. K. Laxman. Mysore: Indian Thought Publications, 1977.

Nehru, Jawaharlal. The Discovery of India. New York: Anchor Books, 1959.

Nelson, Lance E., ed. Purifying the Earthly Body of God: Religion and Ecology in Hindu India. Albany: State University of New York Press, 1998.

Newby, Eric, and Raghubir Singh. Gangā: Sacred River of India. Hong Kong: The Perennial Press, 1972.

Noorani, A. G., ed. The Babri Masjid Question, 1528–2003: "A Matter of National Honour," 2 vols. New Delhi: Tulika Books, 2003.

Oppert, Gustav. On the Original Inhabitants of Bhāratavarsa or India. 1893.

Reprint. Delhi: Oriental Publishers, 1972.

Pal, B. C. The Soul of India. Calcutta: Choudhury and Choudhury, 1911. 4Thed. Calcutta: Yugayatri Prakashak Limited, 1958.

Pandey, Raj Bali. Vārānasī: The Heart of Hinduism. Vārānasī: Orient Publishers, 1969.

Pandey, Syama Narayana. Geographical Horizon of the Mahābhārata. Varanasi: Oriental Publishers, 1980.

Parashar, Utpal. "Gangā Pollution Reaches Alarming Levels." Hindustan Times, June 5, 2007.

Paul, Rana Satya, ed. Our Northern Borders. New Delhi: The Book Times Company, 1963.

Peterson, Indira V. Poems to Siva: The Hymns of the Tamil Saints. Princeton: Prince ton University Press, 1989.

———. "Singing of a Place: Pilgrimage as Metaphor and Motif in the Tevaram Songs of the Tamil Saivite Saints." Journal of the American Oriental Society 102, no. 1 (1982): 69–90.

Petievich, Carla, ed. The Expanding Landscape: South Asians and the Diaspora. New Delhi: Manohar, 1999.

Pilgrim's Guide to Rameswaram and Dhanushkodi. Rameshwaran: Sri Ramanathasvami Temple, 1977.

Pillai, N. Vanamamalai. Temples of the Setu and Rameswaram. 1st Indian ed. Delhi: Kunj Publishing House, 1982.

Pintchman, Tracy. The Rise of the Goddess in the Hindu Tradition. Albany: State University of New York Press, 1994.

———, ed. Seeking Mahādevī: Constructing the Identities of the Hindu Great Goddess. Albany: State University of New York Press, 2001.

Pollock, Sheldon. The Language of the Gods in the World of Men: Sanskrit, Culture, and Power in Premodern India. Berkeley: University of California Press, 2006.

Potts, Rowena. " 'When the Diff erence Between Us Was Erased, I Saw You Everywhere': Shared Identities at a Sufi Shrine in Banāras." A.B. Honors Thesis, Harvard University, 2006.

Ramaswamy, Sumathi. The Goddess and the Nation: Mapping Mother India. Durham: Duke University Press, 2010.

Ramesan, N. Temples and Legends of Andhra Pradesh. Bombay: Bharatiya Vidya Bhavan, 1988.

Rao, Chalapati, and Gudlavalleti Venkata. Sri Venkatāchala, Its Glory. Vijayawada: Metro Printers, 1983.

Rao, S. R. The Lost City of Dvārakā. New Delhi: Aditya Prakashan, 1999.

Rao, Vasudeva. Living Traditions in Contemporary Contexts: The Madhva Matha of Udupi. New Delhi: Orient Longman Private Limited, 2002.

Ray, Rajat Kanta. The Felt Community. New Delhi: Oxford University Press, 2003.

Reddy, Prabhavati. Reconstructing the Mandala Symbolism of Siva's Lotus Land: Srisailam's Place in Religious India. Ph.D. Thesis, Harvard University Department of Sanskrit and Indian Studies, 2000.

Redfi eld, Robert. "Societies and Cultures as Natural Systems." The Journal of the Royal Anthropological Institute of Great Britain and Ireland 85 (1955): 19–32.

Richman, Paula. Many Rāmāyanas: The Diversity of a Narrative Tradition in South Asia. Berkeley: University of California Press, 1991.

Sachau, Edward C., ed. Alberuni's India: An Account of the Religion, Philosophy, Literature, Geography, Chronology, Astronomy, Customs, Laws and Astrology of India About A.D. 1030. Delhi: S. Chand & Co., 1964.

Samanta, Suchitra. "The 'Self-nimal' and Divine Digestion: Goat Sacrifice to the Goddess Kali in Bengal." Journal of Asian Studies 53, no. 3 (1994): 779–803.

Sankalia, H. D. "The Ur (original) Rāmāyana of Archaeology and the Rāmāyana." In Indologen-Tagung 1971. Weisbaden: Steiner, 1973: 151–60.

Sankaran, R. My Kasi-Badari Yatra: A Travel Sketch. Coimbatore: Badarikasram, 1984.

Sastri, H. Krishna. South Indian Images of Gods and Goddesses. Madras: Government Press, 1916.

Satyamurti, T. The Nataraja Temple: History, Art, and Architecture. New Delhi: Classical Publications, 1978.

Savarkar, V. D. Hindutva, Who Is a Hindu? Bombay: Veer Savarkar Prakashan, FifThedition, 1969.

Sax, William. Mountain Goddess: Gender and Politics in a Himalayan Pilgrimage. New York: Oxford University Press, 1991.

Schama, Simon. Landscape and Memory. New York: Random House, 1995.

Sengupta, Somini. "Glaciers in Retreat." The New York Times, sec. D1 and D4. July 17, 2007.

Seth, Pepita. Heaven on Earth: The Universe of Kerala's Guruvayur Temple. New Delhi: Niyogi Books, 2009.

Sharma, Jyotirmaya. Hindutva: Exploring the Idea of Hindu Nationalism. New Delhi: Penguin Group, 2003.

Shaw, Miranda. Passionate Enlightenment: Women in Tantric Buddhism. Ph.D. Thesis, Harvard University, 1992. Published in revised form by Princeton University Press, 1995.

Shivaram, Choodie. "Court Decree Retires Tirupati Temple's Hereditary Priests." Hinduism Today, June 1996.

Shukla-Bhatt, Neelima. "Somnāth, The 'Shrine Eternal'? Perceptions and Appropriations of a Temple," unpublished manuscript, 2001.

Shulman, David. Tamil Temple Myths. Princeton: Princeton University Press, 1980.

Sircar, D. C. Sakta Pīthas. Banaras: Motilal Banarsidass, 1950.

Singh, N. The Call of Uttarkhand. Hardwar: Randhir Book Sales, n.d.

Singh, Rana P.B., ed. The Spirit and Power of Place: Human Environment and Sacrality, Essays Dedicated to Yi-Fu Tuan. Vārānasī: National Geographical Society of India, 1993.

Sitapati, P. Sri Venkateswara: The Lord of the Seven Hills. Bombay: Bharatiya Vidya Bhavan, 1972.

Skandanandan. Arunāchala, The Holy Hill. Madras: Weldun Press, 1980.

Soifer, Deborah A. The Myths of Narasimha and Vāmana: Two Avatars in Cosmo logical Perspective. Albany: State University of New York Press, 1991.

Sopher, David E. "The Message of Place in Hindu Pilgrimage." The National Geographical Journal of India 33 (December 1987): 353–69.

Srinivas, M. N. Religion and Society Amongst the Coorgs of South India. Oxford: The Clarendon Press, 1952.

Stietencron, Heinrich Von. Gangā and Yamunā. Weisbaden: Otto Harassowitz, 1972.

Stille, Alexander. "The Ganges' Next Life." The New Yorker, January 19, 1998.

Stoddard, Robert H., and Alan Morinis. Sacred Places, Sacred Spaces: The Geography of Pilgrimages. Baton Rouge, LA: Geoscience Publications, Department of Geography and Anthropology, Louisiana State University, 1997.

Strachey, Sir John. India. London: Kegan, Paul, Trench & Co., 1888.

Subhan, John A. Sufi sm: Its Saints and Shrines. Lucknow: The Lucknow Publishing House, 1960.

Subramanyam, K. N., trans. The Anklet Story, Silappadhikaaram of Ilango Adigal. Delhi: Agam Prakashan, 1977.

Sundaram, Dr. K. The Simhachalam Temple. 2nd ed. Simhachalam: Simhachalam Devasthanam, 1984.

Tagore, Rabindranāth. Nationalism. New Delhi: Rupa & Co., 2002.

Th apar, Romila. Somanātha: The Many Voices of a History. New Delhi: Penguin Books, 2004.

Tiwari, J. N. Goddess Cults in Ancient India. Introduction by A. L. Basham. Delhi: Sundeep Prakashan, 1985.

———. "Studies in Goddess Cults in Northern India, with Special Reference to the First Seven Centuries A.D." Ph.D. Thesis, Australian National University, 1971.

Troll, Christian, ed. Muslim Shrines in India. New York: Oxford University Press, 1989.

Tucci, G. "Travels of Tibetan Pilgrims in the Swat Valley." In Opera Minora, Vol. 2, Universita do Roma Studi Orientali Publlicati a Cura della suola Orientale, Vol. 6. Rome: Dott. Giovanni Bardi Editore, 1971.

Tuan, Yi-Fu. Space and Place: The Perspective of Experience. Minneapolis: University of Minnesota Press, 1977.

Turner, Victor. "The Center Out There: Pilgrim's Goal." History of Religions 12, no. 3 (1973).

Turner, Victor, and Edith Turner. Image and Pilgrimage in Christian Culture. New York: Columbia University Press, 1978.

Udupi: An Introduction. Udupi: Sri Krishnapur Mutt, 1995.

Van der Veer, Peter. Gods on Earth. London: The Athlone Press, 1988.

———. Religious Nationalism: Hindus and Muslims in India. Berkeley: University of California Press, 1994.

Vaidyanathan, K. R. Sri Krishna: The Lord of Guruvayur. 1977. Reprint. Bombay: Bharatiya Vidya Bhavan, 1992.

———. Pilgrimage to Sabari. Bombay: Bharatiya Vidya Bhavan, 1978.

———. Temples and Legends of Kerala. Bombay: Bharatiya Vidya Bhavan, 1982.

Vatsyayan, Kapila, ed. Kalātattvakosa: A Lexicon of Fundamental Concepts of the Indian Arts., Vols. 1 and 2. New Delhi: Indira

Gandhi National Centre for the Arts, 1992.

———. Prakrti: The Integral Vision, Vols. 1–5. New Delhi: Indira Gandhi National Centre for the Arts, 1995.

Vaudeville, Charlotte. "Braj Lost and Found." Indo-ranian Journal 18 (1976): 195–213.

———. "The Govardhan Myth in Northern India." Indo-ranian Journal 22 (1980): 1–45.

Vidyarthi, L. P. The Sacred Complex in Hindu Gaya. Bombay: Asia Publishing House, 1961.

Vidyarthi, L. P., and Makhan Jha. Symposium on the Sacred Complex in India. Ranchi: Bihar Council of Social and Cultural Research, 1974.

Vogel, J. P. Indian Serpent Lore. Varanasi: Prithivi Prakashan, 1972.

Wangu, Madhu Bazaz. The Cult of Khir Bhavānī: Study, Analysis, and Interpretation of a Kashmiri Goddess. Ph.D. Thesis, University of Pittsburgh, 1988.

Whitmore, Luke. In Pursuit of Maheshvara: Understanding Kedarnath as Place and as Tirtha. Ph.D. Thesis, Emory University Graduate Division of Religion, 2010.

Williams, Joanna, ed. Kaladarsana: American Studies in the Art of India. New Delhi: Oxford and IBH Publishing Co., 1981.

Wink, Andre. Al-Hind, The Making of the Indo-slamic World, Vol. 2. Leiden: Brill, 1997.

Yang, Faxian, and Yang Xuanshi. Travels of Fah-Hian and Sung-Yun, Buddhist Pilgrims from China to India (400 A.D. and 518 A.D.). Translated from the Chinese by Samuel Beal. London: Trubner and Co., 1869.

Young, Katherine K. Beloved Places: The Correlation of Topography and Theology in the Srivaisnava Tradition of South India. Ph.D. Thesis, McGill University, 1978.

Younger, Paul. The Home of Dancing Sivan: The Traditions of the Hindu Temple in Citamparam. New York: Oxford University Press, 1995.

———. "Singing the Tamil Hymnbook in the Tradition of Rāmānujā: The Adyayanutsava Festival in Srirankam." History of Religions 21, no. 3 (February 1982): 272–93.

Zimmer, Heinrich. The Art of Indian Asia. Princeton: Princeton University Press, 1968.

註釋

第一章　神聖地理學，想像的地景

1. 見：Norman Macleod, *Days in North India* (Philadelphia: J.B. Lippincott & Co., 1870), p. 20。
2. 貝拿勒斯（Banāras）的正式名稱為瓦拉那西（Vārānasī），北臨瓦拉那河，南緣阿西河，在兩河交匯前，沿著恆河發展出來的城市。
3. 這裡，根據傳說，《摩訶婆羅多》大戰中，當般度五子爬上凱達爾坎德（Kedār Khand）聖地，意欲洗清自己殺死家族成員的罪孽時，濕婆神隱蔽（gupta）了起來。濕婆神不想為他們贖罪，因此變成一頭牛，潛到地下。這個區域的五岩遂對應他的五體。見：第五章關於凱達納特的討論。
4. 這一類往世書的誇大言詞，被稱為「arthavāda」，也就是為了特定目的（artha）而訴說或編寫的語言。目的就是為了讓人前往當地，獲得福報。
5. 見：Rajat Kanta Ray, *The Felt Community: Commonality and Mentality Before the Emergence of Indian Nationalism* (New Delhi: Oxford University Press, 2003)。
6. 見：Sheldon Pollock, *The Language of the Gods in the World of Men: Sanskrit, Culture, and Power in Premodern India* (Berkeley: University of California Press, 2006)。波洛克認為梵語文化圈的興起與發展，貫穿了西元的第一個千禧年，不只在宗教儀式的目的上使用梵文，還包括也許不合乎當時代情況，但我們可以稱之為「世俗」與「政治」的目的。
7. Tirtha這個字屬於印歐語系一個相關字彙家族，即便在西方也是跟穿越與朝聖有關的重要詞彙：through、durch及trans

等前置詞。所有跟穿越有關的字彙都跟它們有關，光是英語中就有「thoroughfare」、「transition」、「transformation」、「transport」及「transcend」。

8. 關於這個主題的更進一步的討論，見：Diana L. Eck, "India's *Tīrthas:* Crossings in Sacred Geography," *History of Religions* 20, no. 4 (1981). Th is is a more detailed treatment of this subject。

9. 見：All Upanishads references are to Robert Ernest Hume, tr. *The Thirteen Principal Upanishads* (London: Oxford University Press, 1921)。

10. 見：*Mahābhārata*,, III.82.14–17. My translation。

11. 見：C. L. Goswami, trans., *Srīmad Bhāgavata Mahāpurāna*, with Sanskrit text and English translation (Gorakhpur: Gita Press, 1971), 1.13.10。

12. 關於「心之聖地」，見：《摩訶婆羅多》，XIII.108, 2–21。這段引自拉克西米達拉的《朝聖地點文摘》開頭篇章。見：K. V. Rangaswami Aiyangar, ed., *Tīrthavivecana Kānda* (Baroda: Oriental Institute, 1942), Gaekwad's Oriental Series vol. 98, pp. 6–8。《室健陀往世書》的〈迦屍部〉（6.31–45）與《蓮花往世書》的〈北方部〉（237.11–28）幾乎全文重複《摩訶婆羅多》的版本，《室健陀往世書》的〈阿逾陀讚歌〉也是如此。

13. 見：*Skanda Purāna,* Kāshī Khanda (Calcutta: Gurumandala Granthamalaya 20, vol. 4, 1961), 6.45. My trans. See also *Mahābhārata* XIII.108.19。

14. 見：Wendy Doniger, *Other People's Myths* (Chicago: University of Chicago Press, 1995), p. 31。

15. 見：Simon Schama, *Landscape and Memory* (New York: Random House, 1995), pp. 6–7。

16. 見：Iravati Karve, "On the Road: A Maharashtrian Pilgrimage," *Journal of Asian Studies* 22, no. 1 (November 1962): 22。

17. 見：Anne Feldhaus, *Connected Places: Region, Pilgrimage, and Geographic Imagination in India* (New York: Palgrave Macmillan, 2003), p. 215。

18. 同上，p. 220。

19. 見：E. Valentine Daniel, *Fluid Signs: Being a Person in the Tamil Way* (Berkeley: University of California Press, 1984), p. 266。丹尼爾對於這趟朝聖的記述與詮釋，成為第七章的重要骨幹。

20. 五千萬這個驚人數字，經常出現在關於沙巴利馬拉山的官方與媒體報導上。所以報導也經常指出這個數字每年都在成長。例如，知名記者K. A. Shaji的報導「Sabarimala: The Faith in Spate」，(www.boloji.com/society/115.htm)。我會在最後一章討論這個現象造成的環境影響。

21. 見：K. V. Rangaswami Aiyangar, ed., *Tīrthavivecana Kanda*, by Lakshmīdhara, vol. III of the *Krityakalpataru*, Gaekwad's Oriental Series, Volume XCVIII (Baroda: Oriental Institute, 1942), Introduction, p. ix。

22. 見：Matthew Edney, *Mapping an Empire: The Geographical Construction of British India, 1765–1843* (Chicago: University of Chicago Press, 1997), p. 1。

23. 同上，p. 25。

24. 見：第四章「恆河與印度眾河」。關於恆河下凡的不同故事版本，見*Rāmāyana* 1:38–44; *Mahābhārata* III.105–109, *Bhāgavata Purāna* 9.8–9; *Brahmavaivarta Purāna,* Prakrti Khanda 10; *Devī Bhāgavata Purāna* 9.11; and *Skanda Purāna*, Kāshī Khanda 30. K. Damodaran Nambiar lists many others in "The *Nārada Purāna:* A Critical Study," *Purāna* 15, no. 2, supplement (1973): 1–56。

25. 關於母牛乳與母乳的比喻，見：《梨俱吠陀》X.9及X.75。例如，因陀羅在劃出河道上的角色，見：《梨俱吠陀》X.47及X.49。

26. 這則神話在《濕婆往世書》的開頭說了兩次。見：關於濕婆光柱的長篇討論，請見第五章。

27. 後者見：Alf Hiltebeitel, *The Cult of Draupadi* (Chicago: University of Chicago Press, 1988), pp. 66–67。

28. 「asura」一詞並不完全指「惡魔」，雖然經常為了方便，而如此翻譯，我自己也是這麼做。「asura」是「反神」，對抗諸神的力量，形成推動宇宙活動的動能。

29. 這被稱為「ātmalinga」，位於偉大之主神廟廟埕中。

30. 見：Yi-Fu Tuan, *Space and Place: The Perspective of Experience* (Minneapolis: University of Minnesota Press, 1977), p. 89ff。

31. 見：*Mahābhārata* XIII.108–16。

32. 關於有機形上學更完整的說明，見：Diana L. Eck, "The Dynamics of Indian Symbolism," in Peter Berger, ed., *The Other Side of God* (New York: Doubleday, 1981), contains a fuller explication of this organic ontology。

33. 達剎獻祭的神話，請見：《濕婆往世書》，構成了〈樓陀羅本集〉（Rudra Samhitā）第二章整段。這個故事還有許多元素，出現在其他比較短的記述中，見：《林伽往世書》（I.99–100）；《博伽梵往世書》（IV.2–7）；《室健陀往世書》（I.1.1–5）；《風神往世書》（I.30）及《蓮花往世書》（I.5–11）。含有屍體各部分的完整版本，見：《提毗博伽梵往世書》（VII.30）及《卡莉卡往世書》（15-18）。

34. 見：D. C. Sircar, *Sakta Pīthas* (Banaras: Motilal Banarsidass, 1950, 1973)。

35. 見：Radhakumud Mookerji, *Nationalism in Hindu Culture* (London: Theosophical Publishing House, 1921), p. 39。

36. 一九〇五年，孟加拉省在寇松（Curzon）總督治下，進行行政區劃分。然而此一決定卻造成政治風暴，催生了孟加拉民族主義。因此該決定於一九一一年翻轉。

37. 見：Jan Gonda, *The Meaning of the Sanskrit Term Dhāman* (Amsterdam: N.V. Noord-Hollandsche Uitgevers Maatschappij, 1976), p. 19f。他談到「dhāman」是「引導力量（numen）、神聖力量、神祇之類的『地點』，不只是神聖力量的『持有者』或『容器』，或神聖棲身、定位自身、作用或顯現自身、或展現自身力量、或感受其『展現』的地方、存在或現象，而是一種展現或揭露自身、尋求或『投射』其本質與核心的獨特方式；神祇在信仰中發生作用的根本原理或折射。」他留意到，「man」這個字尾，意謂某種「力量的概念」，一如numen、karman、bhuman這些字——一種地方性的力量。他進一步探索「naman」跟「dhāman」——名字與地方——之間的親密關係。Gonda將此比擬為希伯來人認為神的「榮光」在神殿中顯現。神之名位於此地。「將我名置於此地。」（(Deut. 12:5, I Kings 9:3）

38. 例如，見：Gonda對《梨俱吠陀》10.45.2的討論，「我們知道此居所，喔！阿耆尼，散布在許多地方。」（Gonda, p. 24ff）

39. 關於拉梅許瓦拉起源神話的諸多版本中，林伽石是羅摩一行人跨「橋」到楞伽島前設立的。見：第九章關於拉梅許瓦拉的討論。

40. 當然還有其他被稱為「征服四方」的形式。例如據說商羯羅環遊印度時，建立了四個寶座。對應四個方向的修道院：西方的德瓦拉卡；北方靠近巴德里納特神廟的光明修院；東方的普里及南方的斯林杰利（Sringeri）及坎契普蘭。正如A. K. Shastri在著作《斯林杰利史》（A History of Sringeri）中寫道：「在印度四個不同角落建立這些修院的想法，是為了催生民族融合，也許當時商羯羅心中也有這樣的想法。」（Dharwad: Karnatak University, 1982, p. 4.）更多繞行大地的討論，請見：第二章。

41. 例如，見：N. Singh, in the introduction to *The Call of Uttarkhand* (Hardwar: Randhir Book Sales, n.d.)。

42. 見：*Chāron Dhām Mahātma* (Hardwar: Harbhajan Singh and Sons, n.d.), p 12。

43. 見：Ann Grodzins Gold, *Fruitful Journeys: The Ways of Rajasthani Pilgrims* (Berkeley: University of California Press, 1988), p. 36。

44. 見：Fred W. Clothey, "Pilgrimage Centers in the Tamil Cultus of Murukan," *Journal of the American Academy of Religion* 40:

87。

45. 見：*Mukti-sthalas* of Karnataka are Kollur, Udupi, Gokarna, Subramanya, Kumbasi, Kodeshvara, Shankaranārāyana。
46. 見：Feldhaus, *Connected Places*, p. 144。
47. 同上，p. 146。
48. 安巴（Ambā）是西印度「母」神的常見名諱。戈拉克納特是一位瑜伽士／隱修士，被視為濕婆神的示現。三相神是西印度深受歡迎的神祇。據說是阿低利仙人與妻子阿那蘇耶所生的兒子，但也被視為濕婆神、毗濕奴神與梵天合一。摩訶卡莉女神為強悍形象的女神。
49. 見：S. Dhammika, *The Edicts of King Ashoka* (Kandy, Sri Lanka: Buddhist Publication Society, 1993)。
50. 根據某些傳說，持斧羅摩既是大戰士，也是婆羅門，將整片大地送給國王。因此無處可住的他，必須由海中取得土地。

第二章 「何為印度？」

1. 見：Mushirul Hasan, "The Myth of Unity: Colonial and National Narratives," in David Ludden, ed., *Contesting the Nation: Religion, Community, and the Politics of Democracy in India* (Philadelphia: University of Pennsylvania Press, 1996), p. 204。
2. 見：Jawaharlal Nehru, *The Discovery of India* (New York: Anchor, 1959), p. 27。
3. 見：Sunil Khilani, *The Idea of India* (New York: Farrar, Straus and Giroux, 1997), p. 194。
4. 見：Sir John Strachey, *India* (London: Kegan, Paul, Trench & Co., 1888), p. 2。
5. 見：Ludden, *Contesting the Nation*, p. 6。
6. 《梨俱吠陀》中有無數「河流頌歌」。見：《梨俱吠陀》X.64 and X.75。關於斬殺弗栗多，釋放流水的神話，見：I.32, I. 34, I. 35, II.12, II. 28, VIII. 24, X. 43, VI. 61, VII. 95, VII. 96。另見：第四章「恆河與印度眾河」。
7. Radhakumud Mookerji, *Nationalism in Hindu Culture* (London: Theosophical Publishing House, 1921), p. 52。拉達庫姆・穆克吉一開始以印度運輸的海洋史聞名。關於印度教文化中的國族主義的演說，是一九二〇年在邁索爾大學中發表，概念發展自初期作品《印度的根本一體》（*The Fundamental Unity of India*）（一九一四）。
8. 同上，p. 53。
9. 關於英治印度時期英屬東印度公司的地圖繪製活動的詳盡研究，見：Matthew Edney, *Mapping an Empire: The*

Geographical Construction of British India 1765–1843 (Chicago: University of Chicago Press, 1997)。

10. 見：Sumathi Ramaswamy, *The Goddess and the Nation: Mapping Mother India* (Durham: Duke University Press, 2010)。

11. 見：Ernst Cassirer, *The Philosophy of Symbolic Forms,* vol. 2 (New Haven: Yale University Press, 1955), pp. 84–85。

12. 兩大史詩《摩訶婆羅多》及《羅摩衍那》，是在西元前五百年至西元兩百年之間形成的。由於《羅摩衍那》的故事涵括在《摩訶婆羅多》中，因此形成的時間可能較早。《往世書》則在接下來的千年中出現，並持續擴增並納入附錄，直到二十世紀。

13. 見：Sheldon Pollock, *The Language of the Gods in the World of Men: Sanskrit, Culture, and Power in Premodern India* (Berkeley: University of California Press, 2006), p. 191。

14. 同上，p. 197。

15. 見：B. C. Law, *Historical Geography of Ancient India* (Paris: Societe Asiatique de Paris, 1954), p. 2。

16. 「梵文化」一詞是由人類學者M.N. Srinivas提出，意指種姓團體透過採納較高種姓團體的作法行事，來提升自己的相對地位。此一用法首先出現在他的著作*Religion and Society Amongst the Coorgs of South India*, (Oxford: The Clarendon Press, 1952)。

17. 波洛克在著作*Language of the Gods*整本書中提出這個主張，認為梵語文化圈是在西元第一個千禧年中出現。

18. 見：Ayesha Jalal, *Self and Sovreignty: Individual and Community in South Asia since 1850* (London: Routledge, 2000)。整本書中，Jalal清楚點出南亞穆斯林認同的「地域面向」。

19. 見：Rowena Potts, " When the Diff erence Between Us Was Erased, I Saw You Everywhere: Shared Identities at a Sufi Shrine in Banāras," Harvard University A. B. honors thesis, 2006 (Cambridge, MA: Harvard University Archives)。

20. 見：Ashokan edict, in *The Edicts of King Ashoka, An English Rendering* by S. Dhammika (Kandy, Sri Lanka: Buddhist Publication Society, 1993), accessed electronically at *www.buddhanet.net/pdf_fi le/ edicts-asoka6.pdf* (June 28, 2010)。

21. 波洛克注意到，迦梨陀娑的記述似乎是以西元四世紀中阿拉赫巴德的海護王（Samudra Gupta）石柱銘文紀錄為基礎，描述他對領域的「地緣政治」想像。見：Pollock, *Language of the Gods*, pp. 239–41。

22. 見：Alexander Cunningham, *The Ancient Geography of India* (1871, reprinted Vārānasī: Bhartiya Publishing House, 1975), pp. 1–3。引述Strabo's *Geographia* ii.1.6。此一說法後來傳給厄拉托西尼，描述出印度的四面菱形形狀。

23. 見：Sir John Strachey, *India* (London: Kegan, Paul, Trench & Co., 1888), p. 2。

24. 同上，p. 3。
25. 同上，p. 5-6。
26. 同上，p. 8。
27. 見：*Agni Purāna* 118.1; *Brahmā Purāna* 19.1; *Vāyu Purāna* 45. 75– 77; *Vishnu Purāna* II.3.1. In Mahābhārata VI:9 Sanjaya describes this whole land to Dhritarāshtra。
28. 見：Pollock, *Language of the Gods,* p. 193。
29. 同上。
30. 見：E. J. Rapson, ed. The Cambridge History of India (1922). Accessed online: *www.third-millennium-library.com/readinghall/UniversalHistory/INDIA/Cambridge/I/Chapter_I.html*。
31. 見：Mookerji, *Nationalism in Hindu Culture,* p. 33。
32. 見：Jawaharlal Nehru, *The Discovery of India* (New York: Anchor Books, 1959), p. 27。
33. 見：Historical Division of the Ministry of External Aff airs, "Himalayan Frontiers," in Rana Satya Paul, ed., *Our Northern Borders* (New Delhi: The Book Times Company, 1963), pp. 19–25。
34. 見：Jawaharlal Nehru, "Last Will and Testament," quoted by Eric Newby in Newby and Raghubir Singh, *Gangā: Sacred River of India* (Hong Kong: The Perennial Press, 1972), p. 9。
35. 見：Robin Lane Fox, *The Search for Alexander* (Boston: Little, Brown and Co., 1980), pp. 327–28。
36. 見：Cunningham, pp. 1–3。
37. 同上，pp. 1-2。
38. 康寧漢引述的資料來源包含麥加斯蒂尼、厄拉托西尼、斯特拉波與普利尼。見：Cunningham, pp. 1–3。有趣的是，即便距離的估算數字有所出入，但歷史學家試圖測量的「印度」始終未變。
39. 麥加斯蒂尼引自J. W. McCrindle, *Ancient India as Described by Megasthenes and Arrian* (Calcutta: Checkervertty, Chatterjee, & Co., Ltd., 1926), p. 43。43到51頁列出以斯達特描述印度幅員的各個片段。
40. 見：Cunningham, *Ancient Geography,* pp. 2–3。
41. 見：See Diana L. Eck, "India's *Tīrthas*—Crossings in Sacred Geography," *History of Religions* 20, no. 4 (May 1981): 323–44。
42. 《摩訶婆羅多》的這一段，出現在第三部〈森林書〉（Vana Parva）中，據說是史詩中比較晚近出現的段落，研究了正法、宗教與實踐的各個面向。〈朝聖書〉（Tīrtha Yātrā Parva）從〈森林書〉的第八十章開始，持續到一百五十七章。

43. 見：*Mahābhārata* III.81–90。

44. 見：*Mahābhārata* III.82.20–40。

45. 補羅斯底耶對於聖地的描述，出現在《摩訶婆羅多》的III.82.20至III.85.111。見S. Bhardwaj, *Hindu Places of Pilgrimage in India* (Berkeley: University of California Press, 1973)，有一章描述《摩訶婆羅多》的朝聖路徑，以及「《摩訶婆羅多》中的印度大朝聖之旅」地圖。

46. 煙氏仙人的聖地描述，出現在《摩訶婆羅多》的III.87.1到III.90.34。我們得想像朝聖隊伍位於北印度中部俱盧之地的某處。東邊是奈米沙森林，恆河、亞穆納河及兩河交匯的普拉耶格、哥馬帝河、伽耶及孟加拉的考詩塔基河（Kaushītakī）。「南方」則是帕尤席尼河以南的所有地方，包含亞穆納河、毗摩拉帝河（Bhīmarathī）、維尼河、奎師那河及深南地方的坦拉帕尼河。然而此處並未提及卡尼亞聖地。令人難以理解的，「南方」也包括了印度西部的重要半島索拉什特拉，此地固然是在俱盧之地的南方，但若歸類到西方聖地之下，應該更為合理。然而西部區域有其一致性，從納馬達河往北、往西延伸，穿越烏賈因（時稱阿槃提），此地今日仍舊是印度的偉大朝聖城市之一。此區延伸遠至蓮池普許卡拉。「北方」則從薩拉斯瓦蒂河及德里沙德瓦提河（Drishadvatī）開始，往北延伸至甘格德瓦拉與堪納卡拉，約為今日的哈德瓦爾。由此沿著恆河前往源頭，就會進入喜馬拉雅山脈。恆河支流之一的阿拉坎納達河，流經《摩訶婆羅多》中的知名區域，今日仍舊以巴德里維沙拉或巴德里納特聞名。

47. 般度五子的旅程從《摩訶婆羅多》III.91.1展開。漫長的描述中，包含許多一路上可能會聽聞的種種故事：馴服驕傲的溫迪亞山脈，讓它不再擋住太陽的路徑；薩嘎爾王之子的誕生，薩嘎爾王的祭馬消失，及王子的轉世；賢者跋吉羅陀與恆河下凡；以及許多其他故事。旅程的描述時斷時續，中間穿插一路上各種神話敘事。在III.140中，他們終於抵達山脈，開始爬上吉羅娑山及巴德里維沙拉。

48. 例如，他們在一瞬間，從恆河口抵達奧利薩邦，「喔，鎮群王，般度五子從考詩姬（河）出發，一個接著一個，前往所有聖殿。喔，國王，前往恆河交匯海水之處，他進行了神聖儀典，跳進五百河的中心。喔，婆羅多的後代，大地的統治者，英雄在兄弟的伴隨下，接著沿海岸前往羯陵迦之地。」（*Mahābhārata* III.114.1–3）

49. 關於這項原則的區域性詳細解釋，請見Anne Feldhaus, "The Algebra of Place," Chapter 5 in *Connected Places: Regional, Pilgrimage, and Geographical Imagination in India* (New York: Palgrave Macmillan, 2003)。

50. 見：See P. V. Kane, *History of Dharmashāstra*, Vol. IV (Poona: Bhandarkar Oriental Research Institute, 1973)。

51. 見：See Stella Kramrisch, *The Hindu Temple,* 2 vols. (Calcutta: University of Calcutta, 1946). Th is north Indian *nagara* style is discussed in volume I, pp. 175, 251, 286–90。
52. 見：Anne Feldhaus, p. 187。她引述的文獻是*Sūtrapāth*，這是Cakradhar書寫的格言集。
53. 同上，p. 5。
54. 見：K. N. Subramanyam, tr., *The Anklet Story, Silappadhikaaram of Ilango Adigal* (Delhi: Agam Prakashan, 1977), p. 33. See also pp. 33–39。
55. 同上，p. 45。
56. 同上。
57. 同上，p. 87。
58. 同上，p. 158。
59. 例如，見：David Shulman, Tamil Temple Myths (Princeton: Princeton University Press, 1980)。以探索泰米爾文學中的《神廟往世書》為基礎。
60. 見：Indira V. Peterson, "Singing of a Place: Pilgrimage as Metaphor and Motif in the Tevaram Songs of the Tamil Saivite Saints," *Journal of the American Oriental Society* 102, no. 1 (1982): 72。
61. 同上，p. 83。濕婆神戴著頭顱，住在吉羅娑山，手持三叉戟，騎著公牛，同時以「半女之主」的形象，與女神分享身體。
62. 見：*Kumārasambhava* 1.1, in M. R. Kale, ed. and trans., *Kumārasambhava* (Delhi: Motilal Banarsidass, 1967)。
63. 見：Kālidāsa, *Raghuvamsha* IV. 51. See G. R. Nandargikar, ed., *The Raghuvamsa of Kālidāsa with the Commentary of Mallinātha* (Delhi: Motilal Banarsidass, 1971)。
64. 見：*Meghadūta, The Cloud Messenger,* pp. 30–31, as translated by Daniel H. H. Ingalls, in "Kālidāsa and the Attitudes of the Golden Age," *Journal of the American Oriental Society* 96, no. 1 (January–March 1976): 20。
65. 見：*Raghuvamsha* II.42, III.49; XVIII.24; VIII.33; VI.34。
66. 見：*Raghuvamsha* V.8, VIII.95; XVIII.31。
67. 見：*Raghuvamsha* XIII.58, VIII.95。
68. 巴利文佛典的初期佛教文獻也給予我們大量關於印度地理的資訊，關注的焦點大致相同。北印度地區的城鎮、公園及森林被稱為「中國」（Majjhimadesha或Madhyadesha）。婆羅門與佛教文獻中形容的「中國」，大致符合喜馬拉雅山以南的恆河平原，向東遠伸至瓦拉那西，或者對佛教徒來說，則是佛陀覺醒之地菩提伽耶，位於今日的比哈爾邦。巴利文經典列出佛教徒的四大朝聖地，包含佛陀出生的迦毘羅衛城（Kapilavastu）；獲得覺醒的菩提伽耶；瓦拉那西附近的鹿野苑，是他首度講道，也就是「轉法輪」之處；以及圓寂之處拘尸那羅（Kushinārā）。然而這些經典並沒有描述整片大地或其形貌的意圖，即便「瞻部洲」一詞也是已知世界之「島」的名稱，相當於印度。

69. 引自註腳，Fah-kai-lih-to，見Samuel Beal, ed., *Travels of Fah-Hian and Sung-Yun, Buddhists Pilgrims rom China to India* (London: Trubner and Co., 1869), p. 36。

70. 見：James Legge, *A Record of Buddhistic Kingdoms, Being an Account by the Chinese Monk Fa-Hien of His Travels in India and Ceylon (A.D. 399–414) in Search of the Buddhist Books of Discipline* (New York: Dover Publications, 1965)。

71. 同上，p. 29。

72. 同上，pp. 87-88。

73. 見：Cunningham, *Ancient Geography,* p. 10。

74. 敦加巴德拉河，北岸即是安納竿迪，聽起來像是《羅摩衍那》中的猴子森林，今日被認定為卡納塔卡邦亨比的神廟。

75. 見：Bhatta Lakshmīdhara, *Krityakalpataru,* K. V. Rangaswami Aiyangar, ed. (Baroda: Oriental Research Institute, 1942)。

76. 「文摘寫作」（nibandhakāras）包含了十五世紀瓦卡斯帕迪．米什拉（Vācaspati Mishra）所寫的《如意寶珠論》（*Smriti Chintāmani*）包含〈聖地寶珠〉（Tīrtha Chintāmani）；十六世紀那羅延納．巴塔所寫的《通往三聖城之橋》則收集了關於迦屍、普拉耶格與伽耶的資訊；十七世紀密特拉．米什拉（Mitra Mishra）的作品《輪迴》（*Vīramitrodaya*）中則有一冊以朝聖地為主──〈光明聖地〉（Tīrtha Prakāsha）。

77. 見：K. V. Rangaswami Aiyangar, ed., *Krityakalpataru* (Baroda: Oriental Research Institute, 1942), editor's introduction, pp. li–liii。

78. 同上，p. xcii。

79. 見：Andre Wink, *Al-Hind, The Making of the Indo-Islamic World*, Vol. II (Leiden: Brill, 1997), p. 330。

80. 同上，p. 331。

81. 同上。

82. 同上，p. 327。

83. 見：Richard Eaton, "Temple Desecration and Indo-Muslim States," *Journal of Islamic Studies* 11, no. 3 (2000), p. 289。
84. 同上，p. 294。
85. 見：Wink, *Al-Hind,* p. 294. Also see p. 323ff。
86. 見：Eaton, "Temple Desecration," p. 290。
87. 見：Iqtidar Husain Siddiqui, "The Early Chishti *Dargahs,*" in Christian Troll, ed., *Muslim Shrines in India* (New York: Oxford University Press, 1989), p. 18。
88. 見：*http://blog.taragana.com/n/ hindu-or-muslim-they-are-flocking-to-ajmer-suf ishrine-letter-from-ajmer-91447/,* accessed July 22, 2009。
89. 見：Tahir Mahmood, "The *Dargah* of Sayyid Salar Mas'ud Ghazi in Bahraich: Legend, Tradition, and Reality," in Troll, pp. 46–47。
90. 如Iqtidar Siddiqui所說：「對印度教徒來說，特別是對新近轉宗伊斯蘭者來說，他們的轉宗並不全面，聖人陵寢可說取代了偶像的存在。」（Troll, p. 7）。
91. 見：Iqtidar Siddiqui, "Early Chishti *Dargahs,*" p. 21。
92. 有些德里的卡瓦利（Qawwali）歌者在賈汗季爾皇帝面前獻歌時，剛好以一句令人思索的詩句，作為歌曲的副歌：

    每個民族都有其正確的信仰之道與崇奉之所。
    我已經以翹邊帽，在他的道路上建起我的崇奉之所。

    當賈汗季爾問起這句話的意思，一位年長朝臣解釋，詩人阿米爾．庫斯勞將自己與導師之間的對話寫成詩句。「有一天，尼贊姆丁．艾烏力亞將帽子戴在側邊，坐在亞穆納河畔的階梯屋頂上，等待著印度教徒的奉獻。聖人轉向剛剛抵達的門徒，問道：『你看到這群人嗎？』接著他念起這行詩，『每個民族都有其正確的信仰之道與崇奉之所（(Har quam rast rahay, dinay was qiblighay）。』詩人立刻回答，『我的神龕已經對準他帽邊翹簷的方向。』這就是三個世紀後，令阿克巴之子與繼承人印象深刻的民間詩句起源。」Rajat Kanta Ray, *The Felt Community: Commonality and Mentality Before the Emergence of Indian Nationalism* (New Delhi: Oxford University Press, 2003), pp. 131–32。
93. 見：From *Tarikh-i-Salatin-i-Afaghana,* cited in Rajat Kanta Ray, *Felt Community,* p. 162。
94. 見：Ayesha Jalal, *Self and Sovereignty,* p. 10。

95. 「當衛斯理爵士派遣英軍，在雷克爵士的指揮下，於一八〇三年衝入沙賈汗納巴德（Shahjahanbad）的紅堡時，興都斯坦的中心區域概念已經存在了六個世紀之久。對本地人與外國人來說，這就是整片土地，政治總部設於沙賈汗所建造的紅堡（Lal Qila）。」Rajat Kanta Ray, Felt Community, p. 165。
96. 見：Edney, *Mapping an Empire,* p. 9。
97. 見：Rajat Kanta Ray, *Felt Community,* p. 5。
98. 見：Swami Vivekananda, "The Future of India," in *The Complete Works of Swami Vivekananda,* vol. 3, *Lectures from Colombo to Almora, http://en.wikisource.org/wiki/The_Complete_Works_of_Swami_Vivekananda/Volume_3/Lectures_from_Colombo_to_Almora/The_Future_of_India,* accessed June 28, 2010。
99. 見：Stanley A. Wolpert, *Tilak and Gokhale, Revolution and Reform in the Making of Modern India* (Berkeley: University of California Press, 1961), p. 135。
100. 見：Sabyasachi Bhattacharya, *Vande Mātaram: The Biography of a Song* (New Delhi: Penguin Books, 2003), pp. 100–101. This version has been translated by Aurobindo Ghose, November 20, 1909。
101. 見：B. C. Pal, *Soul of India* (Calcutta: Yugayatri Prakashak Limited, 1958), pp. 102–03。
102. 同上，pp. 107-10、135。
103. 同上，p. 136。
104. 同上，pp. 133-34。
105. 見：V. D. Savarkar, *Hindutva, Who Is a Hindu?* Fifth edition (Bombay: Veer Savarkar Prakashan, 1969), p. 32。
106. 同上，p. 82。
107. 同上，p. 125。
108. 同上，p. 91。
109. 同上，pp. 5, 46, 82, 140–41。
110. 同上，p. 133。
111. 見：Lise McKean, "Bhārat Mata: Mother India and Her Militant Matriots," in John S. Hawley and Donna M. Wulff , eds., *Devi: Goddesses of India* (Delhi: Motilal Banarsidass, 1998), p. 263。
112. 見：Ramaswamy, *Goddess and the Nation,* p. 166。

113. 同上，p. 75。她的整本書都致力於解釋，二十世紀初開展的女神——地圖結合，並隨著印刷影像的普及，影響力愈來愈強。

114. 見：Sadan Jha, "The Life and Times of Bhārat Mātā," *Manushi,* issue 142, August 2004, *www.indiatogether.org/manushi/issue142/bharat.htm*。

115. 見：*Atharva Veda* XII.1. These translations are from Raimundo Panikkar, ed., *The Vedic Experience, Mantramanjari* (Berkeley: University of California Press, 1977)。

116. 見：V. S. Agrawal, *India—A Nation* (Varanasi: Prithivi Prakashan, 1983), p. 50。

117. 同上，p. 3。

118. 同上。

119. 見：Mookerji, *Nationalism in Hindu Culture,* p. 13。

120. 同上，p. 10。

121. 見：Rabindranāth Tagore, *Nationalism* (New Delhi: Rupa & Co., 2002), p. 55。

122. 同上，pp. 110-111。

第二章　南瞻部洲：世界蓮花中的印度

1. 見：*Mahābhārata,* M. N. Dutt, trans., Bhīshma Parva, ch. 1–3. Hereafter VI. 1–3。

2. 見：*Mahābhārata,* VI. 4–12。

3. 瞻部據說是學名為Eugenia jambolana或者Syzygium samarangense的植物，一般稱為蒲桃，有時又稱為馬拉巴李（Malabar plum）。原生於南亞、東南亞，是香桃木屬。

4. 見：*Rig Veda* X.121.1. My trans。

5. 見：*Atharva Veda* IV.2.8. Ralph T. H. Griffi th, trans. *The Hymns of the Atharva Veda*, 2 vols. (Varanasi: Chowkhamba Sanskrit Series, 1968), p. 133。

6. 見：*Shatapatha Brāhmana* XI.1.6. See Julius Eggeling, tr., *Satapatha Brāhmana, The Sacred Books of the East,* vols. XII, XXVI, XLI, XLIII, XLIV (Oxford: The Clarendon Press, 1882–1900)。

7. 見：Chandogya Upanishad 3.19.1–2. See Robert Ernest Hume, *The Thirteen Principal Upanishads* (London: Oxford

University Press, 1921)。

8. 見：*Aitareya Upanishad* 1.4. My translation。

9. 見：*Matsya Purāna* 167–68。

10. 見：*Matsya Purāna* 167–71。這則神話最易讀的英文版，請見Heinrich Zimmer, *Myths and Symbols in Indian Art and Civilization* (Princeton: Princeton University Press, 1946), pp. 35–53。關於此一主題的精采討論，請見Wendy Doniger O'Flaherty, "Inside and Outside the Mouth of God: The Boundary Between Myth and Reality," *Daedalus* 109, no. 2 (1980): 93–12。

11. 見：Betty Heimann, *Facets of Indian Th ought* (London: George Allen and Unwin, Ltd., 1964), p. 20。

12. 見：Mircea Eliade, "Methodological Remarks on the Study of Religious Symbolism,"in Mircea Eliade and Joseph M. Kitagawa, eds., *The History of Religions, Essays in Methodology* (Chicago: University of Chicago Press, 1959), p. 98。

13. 同上，p. 99。

14. 見：W. Kirfel, Die Kosmographie der Inder (Bonn: K. Schroeder, 1920), pp. 56–57。Kirfel羅列多種版本的環狀大陸敘述。最大的一群，包含多數往世書，主要以我在本書中描述的島嶼與海洋版本為主。第二大群包含《化魚往世書》、《婆羅訶往世書》及《未來往世書》（*Bhavishya Purāna*）的敘述之一。第三群則包含《摩訶婆羅多》及《蓮花往世書》的敘述，島嶼及海洋的順序、名稱略有不同，但基本概念是一樣的。S. M Ali, The Geography of the Purānas (New Delhi: Pople's Publishing House, 1966)也檢視了《往世書》體系的許多宇宙架構，主要依據其中最完整的一部──《風神往世書》。他的興趣也是將《往世書》中的描述性地理，連結到已知世界的地域與區域。

15. 見：*Matsya Purāna* 122.79。

16. 見：*Vāmana Purāna* 11.31。

17. 見：*Vishnu Purāna* II.3.28。

18. 見：*Bhagavāta Purāna* V.20。

19. 此處的敘述以Kirfel分類中的第一群為主，但我在此引用的《往世書》敘述，比Kirfel的引述更加精確：*Agni Purāna* 108.1–2 and 119 entire; *Bhāgavata Purāna* V.20; *Brahmā Purāna* I.18. *Brahmavaivarta Purāna* I.7; *Devī Bhāgavata Purāna* VIII.4, VIII.12–14; *Garuda Purāna* I.54.4–7, I.56; *Kūrma Purāna* I.43.1–6 and 26, I.47–48; *Linga Purāna* I.46, I.53.1–35; *Mārkandeya Purāna* 54.5–7; *Nārada Purāna* I.3.41–45; *Vāmana Purāna* 11.30–43; *Vāyu Purāna* 49; *Vishnu Purāna* II.2; II.4。

20. 見：Jan Gonda, *Loka—World and Heaven in the Veda* (Amsterdam: Noord-Hollandsche U.M., 1966)。

21. 見：*Kūrma Purāna* I.48.14。

22. 關於向外側島嶼推進的典型敘述，請見*Vishnu Purāna* II.4。我們會穿越七部洲、七河與波叉洲的山脈，接著是設拉末梨洲、俱薩洲、鶴洲、薩伽洲與青蓮華洲。每個洲都以當地的獨特樹木命名；每座島都有分隔區域的七聖河與七座山。各島都有種姓分殊，雖然各有不同名稱。

23. 見：*Vishnu Purāna* II.4。

24. 見：*Bhāgavata Purāna* V.20.35。

25. 關於瞻部洲的地理有許多不同來源，這件事情本身就具有重要意義，因為所有往世書都有瞻部洲的概念，幾乎不曾改變。然而多數敘述中，七個區域跟四分蓮花瓣被揉合在一起，有時雖含混不清，卻更經常呈現一種有序的世界觀。見*Agni Purāna* 108; *Bhāgavata Purāna* V.16–19; *Brahmā Purāna* I.16–17; *Devī Bhāgavata Purāna* VIII.5–7; *Garuda Purāna* I.54–55; *Linga Purāna* I.48–49; *Kūrma Purāna* I.43–44; *Mahābhārata* VI.7; *Mārkandeya Purāna* 54–55; *Matsya Purāna* 113; *Vāmana Purāna* 13; *Vāyu Purāna* I.34; Vishnu Purāna II.2.」不少資料來源也將世界九分：Bhāgavata Purāna V.16–19; *Devī Bhāgavata Purāna* VIII.5; *Linga Purāna* I.49; *Mārkandeya Purāna* 56。這個看法中，中央區域是須彌山，北方有三區，南方有三區，東西方各有一區。

26. 見：*Vāyu Purāna* I.34.46。

27. 關於四河，見：*Bhāgavata Purāna* V.17.5–9; *Kūrma Purāna* I.44.28–33; *Linga Purāna* I.52.4–12a; *Mārkandeya Purāna* 56; *Vāyu Purāna* I.42; *Vishnu Purāna* II.2. *Devī Bhāgavata Purāna* VIII.6中認為四河是東方的阿魯諾達河（Arunoda），南方的瞻部河（Jambu），西方的蜜河（Madhu Dhara）與北方的奶河（Kamadugh）。

28. 請見：Max Moerman關於日本佛教徒的朝聖地圖；用在徒步旅行，或以心靈之眼，前往印度的佛教聖地。

29. 見：S. M. Ali, *Geography of the Purānas*, pp. 50–52。

30. 西方的Vipula山；北方的Supārshvag山；東方的Mandara山與南方的Gandhamādana山。支持須彌山的四大支柱山出自：Agni Purāna 108.11–13; Bhāgavata Purāna V.16.7–12, where they are called avashtambha giri; Brahmā Purāna I.16.18–24; Linga Purāna I.49.25b–27; Kūrma Purāna I.43.14–15; Mārkandeya Purāna 54.19–20; Matsya Purāna 113.45; Vāyu Purāna I.35.10–17; Vishnu Purāna II.2.16–17。

31. 見：*Bhāgavata Purāna* V.16.19–24; *Brahmā Purāna* I.16.25–26, *Mārkandeya Purāna* 54。

32. 關於四倍數的詳細解釋，見：Agni Purāna 108.11–18; Brahmā Purāna I.16.18–62; Bhāgavata Purāna V.16.7–29; Devī Bhāgavata Purāna VIII.5–7; Kūrma Purāna I.43.14–23; Linga Purāna I.49. 25b–37; Mārkandeya Purāna 54; Matsya Purāna 113.13–16, 37–38; Vāyu Purāna I.35.17–47; Vishnu Purāna II.2。

33. 關於七倍數的敘述，基本上涵蓋在上述四分宇宙論的所有段落中。更進一步，可見：Agni Purāna 108.5–10; Bhāgavata Purāna V.16.1–7; Brahmā Purāna I.16–18; Kūrma Purāna I.43.9–14; Linga Purāna I.49.3–11; Mahābhārata VI.7.2–8,50; Mārkandeya Purāna 54.; Matsya Purāna 113.7–23; Vāyu Purāna I.34.13–14, 23–31; Vishnu Purāna II.2.10–15。四與七倍數的概念幾乎總是在所有瞻部洲標準敘事中交雜。事實上，兩者在想像層次上相輔相成。由於曼荼羅的中央區域伊拉維他（Ilāvrita）最為寬廣，橫跨了整個世界直徑，包含這個蓮花世界的東西兩瓣。北南兩瓣粗略可以各自分成三個平行區域。因此以須彌山四方為基礎的四倍架構，可以輕易疊架在七倍架構上。七倍架構則是從橫切緯面來看。好幾部往世書則從這個七倍世界更進一步，將瞻部洲視為九區。伊拉維他是中央區域；計都鬘洲與賢馬洲各是西與東方；南方與北方各有三區。（例如可見於Bhāgavata Purāna V.16.6; the Linga Purāna I.48.34–5, 49; the Mārkandeya Purāna 57; and the Vāyu Purāna 34.9）。最吸引人的版本，則是這個版本的更進一步，將所有區域視為由須彌山綻放而開的花瓣，有四個主方向與四個中介方向。這八區加上伊拉維他，就是所謂的「九州」。（(Vāmana Purāna 13.6; Garuda Purāna I.55.1–3）。

34. 不同山區的物質描述，見：Linga Purāna I.49. 18–20; Mahābhārata VI.6.3–5; Matsya Purāna 113.11–17; Vāyu Purāna I.34.14–21。

35. 關於恆河的七倍分殊，見：Mahābhārata VI.6.48–51; Matsya Purāna 121.38–42; Vāyu Purāna I.47.26–59。

36. 經典作法，見：Guiseppe Tucci, *Stupa: Art, Architectonics, and Symbolism* (New Delhi: Aditya Prakashan, 1988)。

37. 須彌山的尺寸，見下列出處：*Agni Purāna* 108.3–4; *Bhāgavata Purāna* V.16.7; *Brahmā Purāna* I.16.14–15; *Garuda Purāna* I.54.7–8; *Linga Purāna* I.48.1–7; *Kūrma Purāna* I.43.6–8; *Mahābhārata* VI.6.10–11; *Mārkandeya Purāna* 54.15–16; *Matsya Purāna* 113.40; *Vāyu Purāna* I.34.49–53。

38. 例如，見：*Bhāgavata Purāna* V.21–23; *Devī Bhāgavata Purāna* VIII.15; *Garuda Purāna* I.58; *Linga Purāna* I.54; *Matsya Purāna* 124; *Vishnu Purāna* II.8。

39. 見：*Bhāgavata Purāna* V.23。

40. 見：*Devī Bhāgavata Purāna* VIII.15。

41. 須彌山意指金山，出處見：*Agni Purāna* 108.9; *Bhāgavata Purāna* V.16.7; *Kūrma Purāna* I.43.6; *Linga Purāna* I.48.4, 8;

Mahābhārata VI.6.10; *Mārkandeya Purāna* 54.15; *Matsya Purāna* 113.4, 20, 37, 39; *Vāyu Purāna* I.34.15, 36。

42. 見：*Linga Purāna* I.48.4。

43. 須彌山的四色，見：*Linga Purāna* I.48.8; *Mārkandeya Purāna* 54.16–17; *Matsya Purāna* 113.12–16, 37–38; *Vāyu Purāna* I.34.16–19, 47–48。

44. 見：*Agni Purāna* 108.22–23; *Bhāgavata Purāna* V.16.7–8; *Brahmā Purāna* I.16.15, 45–46; *Garuda Purāna* I.54.9; *Kūrma Purāna* I.43.8; I.44.34–35; *Vāmana Purāna* 11.32; *Vāyu Purāna* I.34.37; *Vishnu Purāna* II.2.38。

45. 二十座花蕊山脈，見：*Bhāgavata Purāna* V.16.26; *Brahmā Purāna* I.16.32–39; *Devī Bhāgavata Purāna* VIII.6.31–32; *Kūrma Purāna* I. 43.26–34; *Vishnu Purāna* II.2.25–29。

46. 東方是因陀羅的知名城市涅槃之地（Amarāvatī）。東南方則是火神阿耆尼的城市；南方是閻摩的城市；西南方是尼利提（Nirriti）的城市；西方是天空之神伐樓拿（Varuna）的城市；西北方則是風神瓦尤的城市。北方是財神俱毗羅（Kubera）；東北方則是伊舍那（Ishāna）。梵天與諸神的城市，見*Agni Purāna* 108.18; *Bhāgavata Purāna* V.16.28–29; *Brahmā Purāna* I.16.36b–38a; *Devī Bhāgavata Purāna* VIII.7. 15; *Kūrma Purāna* I.44.1–26; *Linga Purāna* I.48.9–28; *Mahābhārata* VI.7.16ff ; and *Mārkandeya Purāna* 54.17b–18。

47. 見：*Linga Purāna* I.48。

48. 見：*Kūrma Purāna* I.44.5。

49. 見：Vishnu Purāna II.2.31–33。關於恆河下降須彌山的其他故事來源，見*Agni Purāna* 108.19–21; *Bhāgavata Purāna* V.17.4–9; *Brahmā Purāna* I.16.38–43; *Devī Bhāgavata Purāna* VIII.7; *Kūrma Purāna* I.44.28–33; *Mārkandeya Purāna* 56. 1–18; *Vāyu Purāna* I.42。

50. 見：*Mahābhārata* II.3; *Agni Purāna* 118.1; *Brahmā Purāna* I.17.1; *Vāyu Purāna* I.45.75–77; *Vishnu Purāna* II.3.1。

51. 見：*Mārkandeya Purāna* 58–59; also *Mahābhārata* VI.6.39; *Matsya Purāna* 113.32。

52. 見：*Matsya Purāna* 114.10; *Vāyu Purāna* I.45.81。

53. 正如德國印度學者Wilibald Kirfel的仔細闡釋，不同往世書世界地圖篇章關於婆羅多的描述都緊密相關。

54. 見：B.C. Law, *Historical Geography of Ancient India* (Paris: Societe Asiatique de Paris, 1954), p. 1。

55. 關於印度山脈清單，請見：*Agni Purāna* 118. 2b–3a; *Garuda Purāna* I.55.7b–8; *Kūrma Purāna* I.45.22; *Mārkandeya Purāna* 57.11–12; *Matsya Purāna* 114. 17–18; *Vāyu Purāna* I.45.88; *Vishnu Purāna* II.3.3; *Vāmana Purāna* 13.14–18。

56. 所有河流都是神聖的，正如文獻所示：Mārkandeya Purāna 57.31; the Matysa Purāna 114.33; 及Vāyu Purāna I.45.108。河流及其源頭清單，見：*Agni Purāna* 118.7–8; *Bhāgavata Purāna* V.19.16–18; *Devī Bhāgavata Purāna* VIII.11; *Garuda Purāna* I.55.8b–11; *Kūrma Purāna* I.45.27–38; *Mārkandeya Purāna* 57.16–30; *Matsya Purāna* 114.20–32; *Vāmana Purāna* 13.19–33; *Vāyu Purāna* I.45.94–108。

57. 東方的克拉底部落到西方希臘人區域之間寬度的精確丈量，見：*Agni Purāna* 118.6; *Garuda Purāna* I.55.6–7a; *Linga Purāna* I.52.29; *Mārkandeya Purāna* 57.8–9; *Matsya Purāna* 114.11–12; *Vāmana Purāna* 13.11–12; *Vishnu Purāna* II.3.8–9。

58. 這是關於賢馬洲的特定描述，出自Mārkandeya Purāna 56.19–26, 59–60。然而其他洲的理想化也很常見，見：*Devī Bhāgavata Purāna* VIII.7; *Matsya Purāna* 113.48–77; *Linga Purāna* I.52; *Vishnu Purāna* II.2, 4; *Kūrma Purāna* I.45; *Bhāgavata Purāna* V.18–19。

59. 在Bhāgavata Purāna V.19中，諸神說婆羅多大陸上的聖地，比其自身土地更加優越，見：*Brahmā Purāna* 19.4–5, 23–27; *Devī Bhāgavata Purāna* VIII.11; *Kūrma Purāna* I.45.20–21; *Linga Purāna* I.52.25–26; *Mārkandeya Purāna* 57.1–4; *Matsya Purāna* 114.6–7, 59–86; *Nārada Purāna* I.3.46–52; *Vāyu Purāna* I.45.73–77; *Vishnu Purāna* II.3. 22–27。

60. 見：*Mārkandeya Purāna* 55.21–23。

61. 對Vishnu Purāna II.3.22的改述。

第四章　恆河與印度眾河

1. 見：Jagannātha, *Gangā Laharī* (Bombay: Bharati, 1887). Sanskrit edition with Marathi verse translation. My English translation。

2. 見：*Rig Veda* X.75。

3. 這些儀式特別跟恆河下凡的恆河十勝節（Gangā Dasharā）有關，落在夏季逝瑟吒月（西曆五到六月）白分的第十天。

4. 賈格納塔，《恆河之波》，作者自譯。

5. 這是解釋恆河如何清除無數浸浴者留在河中的所有罪愆的諸多故事版本之一。根據某些版本，恆河會前往朝聖，或在普拉耶格浸浴。其他版本中，恆河則是定期前往納馬達河浸浴。

6. 印地文：「Sarasvatī nadī kā udgam sthān. Yah Sarasvatī nadī kā gomukha tirtha hai. Yahā par pūjan karne tathā godān karne se akshaya punyā ki prapti hoti hai.」

7. 見：Rampratap Tripathi, *Hinduo ke Vrat, Parva, aur Tyauhar* (Allahabad: Lokbhāratī Prakāsan, 1971), p. 86。

8. 見：另見：See W. Norman Brown, "The Creation Myth of the Rig Veda," *Journal of the American Oriental Society* 62, no. 2 (1942): 85–98. See also, for example, *Rig Veda* 1.32, 2.12。

9. 見：Rig Veda 7.49.3。伐樓拿是吠陀神話重要神祇之一，為全知者、公正者及眾人行止的照看者。

10. 同上，10.75.4。

11. 同上，10.9.2。

12. 見：*Bhāgavata Purāna* 5.17; *Devī Bhāgavata Purāna* 8.7。雕塑也描繪此一神話。C. Sivaramamurti的*Gangā* (New Delhi: Orient Longman, 1976)一書中，包含了兩幅十二世紀邁索爾的插圖（圖一及二），梵天將恆河水罈倒在侏儒形態的毗濕奴神上抬的腳上。

13. 見：*Kūrma Purāna* 1.44; *Brahmavaivarta Purāna, Krishnajanma Khanda* 34; *Bhāgavata Purāna* 5.17; *Visnu Purāna* 2.2.8。

14. 關於這則故事的不同版本，見Rāmāyana 1.38–44; Mahābhārata III.104–9; Bhāgavata Purāna 9.8–9; Brahmavaivarta Purāna, Prakrti Khanda 10; Devībhāgavata Purāna 9.11; and Skanda Purāna, Kāshi Khanda 30。在《摩訶婆羅多》與其他版本中，這則故事之前緊接著投山仙人將大海喝乾，這也就是恆河為何下凡，來補足海洋之水。Damodaran Nambiar還列出許多其他版本，見"The Nārada Purāna: A Critical Study," *Purāna* 15, no. 2, supplement (1973): 1–56。

15. 見："Srī Gangāshtaka," verse 1, in *Nityakarma Vidhi tathā Devpūjā Paddhati* (Vārānasī: Th akurdas Sureka Cairiti Phand, 1966)。

16. 關於阿耆尼—蘇摩（Agni-Soma）的兩極性與解決之道的其他闡述，見：Wendy Doniger O'Flaherty, *Asceticism and Eroticism in the Mythology of Siva* (London: Oxford University Press, 1973), pp. 286–92。

17. 這是常見的讚美。例如，見：Matsya Purāna 106.54。另見：Brihannāradīya Purāna 6.27，引自Rampratap Tripathi, *Purānon me Gangā* (Prayag: Hindi Sahitya Sammelan, 1952), p. 33。Tripathi引述了所有恆河〈讚歌〉，這裡提供了Brihannāradīya Purāna的斷落。難以抵達的恆河朝聖清單中，位於喜馬拉雅山高處的恆河源頭（亦即我們討論的地方），卻不在其列。也許當地確實難以抵達，只有最堅韌的修行者才能前往。

18. James G. Lochtefeld, *Haridwara, Haradwara, Gangādwara: The Construction of Identity and Meaning in a Hindu Pilgrimage Place* (Ann Arbor: University Micro films International, 1992)。這本哥倫比亞大學博士論文是關於此城與祭典的重要豐富研究。論文改寫出版成書：*God's Gateway: Identity and Meaning in a Hindu Pilgrimage Place* (New York: Oxford University Press, 2010)。

19. 見：www.nytimes.com/2010/04/15/world/asia/15india.html。
20. 見：*Rig Veda* X.75 (*khila,* supplementary verse)。
21. 見：Gopal Raghunath Nandargikar, ed., *The Raghuvamsa of Kālidāsa with the Commentary of Mallinātha* (Delhi: Motilal Banarsidass, 1971), XIII.54–7。
22.《摩訶婆羅多》中描述的聖地循環，包含普拉耶格（Tīrtha Yātrā Parva 85.69–85），描述此地為兩河之間的重要城市，諸神也在此獻祭。
23. 見D. P. Dubey, *Prayāga, Site of the Kumbha Mela* (New Delhi: Aryan Books International, 2001)。第二章「神聖地理學」有普拉耶格曼荼羅的地圖。見：*Matysa Purāna*, Prayāga Māhātmya, 103–112。
24. 見：*Matysa Purāna* 103–112, the Prayāga Māhātmya。
1. 同上，104.5。
26. 見：*Padma Purāna,* Uttara Khanda 23.14. See also G. Bonazzoli, "Prayāga and Its Kumbhamelā," *Purāna* XIX, no. 1 (1977): 11–12。
27. 見：K. Nagarajan, *Cauveri from Source to Sea* (New Delhi: Arnold-Heinemann, 1975), p. 36。
28. 見：*Ujjain Sacitra Māhātmya*, p. 13; *Skanda Purāna,* Avantikā Māhātmya 54。
29. 見：*Kalyān Tīrthānk* 31, no. 1 (Gorakpur: Gita Press, 1957), p. 418。
30. 見：Mircea Eliade, *Yoga, Immortality and Freedom* (Princeton: Princeton University Press, 1958, 1973), pp. 236–41。
31. 見：C. Sivaramamurti, *Gangā* (New Delhi: Orient Longman Limited, 1976), pp. 2, 4。
32. 見：J. H. Dave, *Immortal India,* vol. II, 2nd ed. (Bombay: Bhāratīya Vidya Bhavan, 1970), p. 11。
33. 見：*Skanda Purāna,* Revā Khanda 9.46–47。
34. 同上，9.52。
35. 同上，227.6-9。
36. 恆河出海口的其他聖日，包含春季吠舍佉月（四到五月）、夏季頞沙荼月（六到七月）、秋季迦剌底迦月（十到十一月）的滿月日（pūrnimā），以及逝瑟吒月的恆河十勝節，標誌著恆河下凡的節日。
37. 關於此事的典型討論，見：E. Washburn Hopkins, "The Sacred Rivers of India," in David Gordon and George Foot Moore, eds., *Studies in the History of Religions Presented to C. H. Toy* (New York: Macmillan, 1912), pp. 213–29。

38. 見：Tarunadeva Bhattacharya, *Gangāsāgara Melā* (Calcutta: Farma ke L. M. Limited, 1974), p. 47。
39. 見：D. P. Dubey, "Māghamela at Prayāga," *Purāna* 30, no. 1 (January 1988), p. 61。
40. 見：*Mahābhārata* XIII.26.36. Also cited in *Tristhalisetu* 32。
41. 見：Dubey, "Māghamela at Prayāga," p. 67。
42. 見：See *Padma Purāna* VI.i.127.147, as cited in *Tīrthachintāmani* 21, *Tristhalīsetu* 31, *Tīrthaprakāsha* 333。
43. 見：*Matsya Purāna* 107.7, S. C. Vasu et al., trans. (Delhi: Oriental Publishers, 1972)。
44. 引自Tristhalīsetu 9.6。關於《蓮花往世書》及其他羅摩衍那同類型引述的相關文獻問題，見：Giorgio Bonazzoli, "Prayāga and Its Kumbha Melā," *Purāna* XIX, No 1, January 1977。
45. 今日，在三辮之地度過磨祛月（一到二月）的生活紀律，仍舊稱為「住劫」。這段期間會在此地度過整個磨祛月，住在河岸上，每日一餐，浸浴三次。如此修行的福報甚大，他們說可以獲得「所想要的一切」。
46. 見：Kama Maclean, *Pilgrimage and Power: The Kumbh Mela in Allahabad 1765–1954* (New York: Oxford University Press, 2008), p. 16。
47. D. P. Dubey檢視了眾神攪動海洋奪取不死甘露的故事文獻，卻找不到關於四滴甘露灑到大地上的紀錄。見D. P. Dubey, "Kumbha Melā: Origin and Historicity of India's Greatest Pilgrimage Fair," in *National Geographic Journal of India* 33, no. 4 (December 1987): 472–73。
48. 見：*Mahābhārata* XIII.26.49。
49. 據說在納西克，「當木星進入獅子座時（辛哈獅塔大壺祭時），在高達瓦里河中浸浴，相當於在賈娜薇恆河中浸浴。」（Tristhalīsetu 130.35）。在烏賈因，錫普拉河被視為恆河，因為這是「北流」（uttaravāhinī）之河，朝向恆河與其源頭的方向，一如恆河也是向北流往迦屍。
50. 見：D. P. Dubey, "Kumbha Melā," 469–92。
51. 同上，pp. 476-80，提出各種星象算法，然而卻缺乏普世認同。普拉耶格最近一次的大壺節是一九八九年與二〇〇一年。哈德瓦爾則是一九八六、九八及二〇一〇年。烏賈因的大壺節則在一九九二及二〇〇四年。納西克的大壺節是一九九二年及二〇〇三年。
52. 據說羅摩上主從羅波那之手拯救悉達的路上，經過昆巴科南，並在此供奉迦屍宇宙之主型態的濕婆神。
53. 恆河的數千名諱，可見於Skanda Purāna IV.i.29的迦屍部。

54. 見：*Skanda Purāna* Kāshī Khanda IV.i. 27.30, 37, 107–9; and 133–34. *Skanda Purāna* IV.1。
55. 同上，IV.i.27.17–21; IV.i.28.28–29。
56. 例如，見：for example, the *Mārkandeya Purāna* 57.30; the *Bhāgavata Purāna* V.20; the *Vāmana Purāna* 13.33。
57. 關於我所稱的「空間換位」討論，見本人著作 *Banaras, City of Light* (New York: Alfred A. Knopf, 1982), pp. 39–42, 283–94。
58. 見：James Preston, *The Cult of the Goddess: Social and Religious Change in a Hindu Temple* (New Delhi: Vikas, 1980), p. 243。
59. 見：Raj Bali Pandey, *Vārānasī: The Heart of Hinduism* (Vārānasī: Orient Publishers, 1969), p. 30。
60. 見：Rampratap Tripathi, *Purāno me Gangā* (Prayag: Hindi Sahitya Sammelan, 1952), p. *jha*。
61. 不意外地，濕婆神與流洩恆河的造像，成為北印度流行的公共噴泉主題，例如今日的哈德瓦爾噴泉。
62. 見：*Skanda Purāna,* Kāshī Khanda IV.i.28.84。
63. 見：Tripathi, *Purāno me Gangā,* p. 95。
64. 見：Jagannātha, *Gangā Laharī,* as per endnote 1。
65. 《鳩摩羅出世》（Kumārasambhava），作者迦梨陀娑，敘述濕婆神與帕爾瓦蒂女神的婚姻所生的兒子將擊敗惡魔陀羅迦。陀羅迦獲得一項恩典，除了濕婆神之子，任何人都不能奪走他的生命。由於陀羅迦深信苦修士濕婆永遠都不會生下兒子，因此感到自己安全無虞。
66. Mahābhārata I.96–100 描述恆河與福身王的婚姻，以及所生孩子婆蘇群（Vasu）及毗濕摩。恆河和福身王生下七個孩子，每個孩子出生時，她都將其投入河中。她知道福身王不知道的事情：這些孩子是神祇婆蘇，祂們遭到詛咒投入凡身，必須以人身出世後，才能從詛咒中解放。福身王說服她留下第八個孩子，也就是毗濕摩。Mahābhārata XIII.168.18–27 說到毗濕摩死後，恆河哀嘆。
67. 見：*Mahābhārata* XIII.26.50。
68. 見：*Padma Purāna,* Srishthi Khanda 60.35。
69. 這個知名傳說，至少在迦屍的傳統知識分子之間相當知名，有多種不同版本。在 *The Bhāmini Vilāsa* 中，Lakshman Ramachandra Vaidya 提到關於賈格納特的詩歌。
70. 摘要了《恆河之波》第十三、二十八、二十九及四十五首的部分情感。
71. 見：《恆河之波》第二十四首，作者翻譯。

72. 見：*Skanda Purāna*, Kāshī Khanda IV.i.28.85 and 87, my translation。
73. 相關討論摘要，見：P. V. Kane *History of Dharmashāstra*, vol. IV, pp. 603–14；特別關於自殺禁止的討論，見頁608–9。
74. 見：Christopher Justice, *Dying the Good Death* (Albany: State University of New York Press, 1997)。他仔細研究迦屍慈善解脫之家（Kāshī Lābh Mukti Bhavan）與其他臨終機構，紀錄前往迦屍度過餘生者的故事，並分析何謂「善終」。
75. 見：Anne Feldhaus, *Connected Places: Region, Pilgrimage, and Geographical Imagination in India* (New York: Palgrave Macmillan, 2003), p. 18。本書的豐厚研究，指出在馬哈拉施特拉邦及印度其他地區，河流在認同形塑過程的影響力。
76. 在《梨俱吠陀》中，七河被視為一組，見Rig Veda I.32.12, I.34.8, I.35.8, II.12.12, IV.28.1, VIII.24, and X.75。其他詩頌也頌揚河流與其他水體，如X.47 and X.49。
77. 見：Pargiter, *Mārkandeya Purāna*, p. 369 n. and *Mahābhārata* 11.30.15, as cited by B. C. Law in *Mountains and Rivers of India* (Calcutta: National Committee for Geography, 1968), p. 4。
78. 「氏族山脈」跟特定國家或氏族有關：摩亨德拉山脈（Mahendra）跟羯陵迦人；溫迪亞山脈跟中印度的森林族群；南方的馬拉亞山脈連結到潘地亞人，諸如此類。河流的命名也與七大氏族山脈有關，根據河流源頭的山脈羅列。源起於中印度東部利克沙山脈的河流，有往西流的納馬達河，與往東流的馬哈納迪河。源起於西高止山薩希亞山脈的河流，例如高達瓦里河，南方位於馬哈拉施特拉邦的毗摩拉帝河，安德拉邦及卡納塔卡邦的奎師那河及維尼河，以及更往南的卡韋里河。後者起源於南薩希亞山脈的庫爾格丘陵區，往東流經卡納塔卡邦南方及泰米爾納都邦。
79. 七河清單，請見：*Kalyān Tirthānk* 31, no. 1 (Gorakhpur: The Gita Press, 1957)。有些當代組合保留薩拉斯瓦蒂河，而非儀式中所唱頌的奎師那河，見*Nitya Karma Vidhi* (Bareli: Samskriti Samsthan, 1977), p. 56：「Gange ca Yamune caiva Godāvarī Sarasvatī; Narmade Sindhu Kāverī jale'smin samnidhim kuru」。
80. 見：David Haberman, *River of Love in an Age of Pollution: The Yamuna River of Northern India* (Berkeley: University of California Press, 2006)。這是英文世界中關於亞穆納河最重要的著作。他在亞穆納河畔的沃林達文進行長時間研究，並從亞穆納源頭沿岸一路往下到普拉耶格，進行了好幾趟研究之旅。他的研究將這條河流的宗教影響力與恆河及亞穆納河的環境遭破壞問題連結在一起。對於宗教學者、印度學學生及世界各地關心河流健康的人士，這都是一本重要的著作。
81. 例如，見：for example, the *Matsya Purāna* 186.8–12。
82. 在賈巴爾普爾，我遇見一位藝術家，分階段完成繞行。他每年運用假期走上一段河域。藝術家使用與眾不同的媒材，從舊的《國家地理雜誌》上剪下來的色塊，進行鮮豔細緻的拼貼。然而，他對於納馬達河的意象，卻非《國家地理雜誌》上光鮮亮麗的照片，而是透過這些照片剪貼產生的藝術家想像！

83. 影響範疇可以從納馬達河谷發展局網站（Narmadā Valley Development Authority www.nvda.in/index.php）及納馬達河之友網站（www.narmada.org），窺得一斑。BBC對於兩千年爭議的摘要可以提供初期歷史資料：http://news.bbc.co.uk/2/hi/south_asia/1026355.stm。

84. 見：*Matysa Purāna* 194.43–44。

85. 見：Omkārānanda Giri, *Shri Narmadā Pradakshinā* (Delhi: Radha Press, 2002)。本書是斯瓦米・奧姆卡拉南達・吉利數十年前撰寫的小冊，在他身後重新發行。

86. 同上，p. 11。

87. 見：*Skanda Purāna,* Revā Khanda, V.iii 9, 56。

88. 同上，V.iii.4–5。

89. 同上，V.iii.5.31, ff。

90. 見：Shrī Narmadāshtaka Shatika (apalpur: Ramji Pustak Bhandar, n.d.)。這個故事基本上即是《室健陀往世書》中的Revā Khanda。

91. 見：*Amarakantaka Māhātmya evam Shrī Narmadā Māhātmya* (Jabalpur: Ashok Pustak Bhandar, n.d.)。

92. 見：Swami Omkārānanda Giri, *Narmadā Kalpāvalī* (Rishikesh: Muktikund Vivek Ashram, n.d)。

93. 見：*Mahābhārata* III.85.9。

94. 我將這個傳說故事留給納馬達河傑出探險家傑佛瑞・衛靈・毛來訴說。這位英國貴格派成員在納馬達河岸住了四十年之久。二次大戰期間無法返回英國，因此多年在奧姆真言之主神廟度假，此地是納馬達河沿岸最重要的朝聖地之一。他的論文由荷相格巴德（Hoshangabad）的貴格社群成員馬喬莉・賽克斯（Marjorie Sykes）集結編纂成書。Narmadā, The Life of a River (Hoshangabad: Friends Rural Centre, 1991)是英語出版世界中少數以此河為主題的書。

95. 見：*Brahmā Purāna* 78.77。

96. 關於喬達米河的稱呼及其下凡的故事，見：*Brahmā Purāna* 74–76, the *Nāradīya Purāna* II.72.11–12, and the *Varāha Purāna* I.71.32–38。

97. 除了往世書文獻外，費爾德浩斯的書中也對高達瓦里河的下凡有詳盡討論，見：*Water and Womanhood: Religious Meanings of Rivers in Maharashtra* (New York: Oxford University Press, 1995), pp. 24–26。

98. 見：*Shri Godā Māhātmya* (Nāsik: Bagul Agencies, n.d.)。
99. 見：Anne Feldhaus, *Water and Womanhood*, p. 29。
100. 同上，p. 34。
101. 一九八三年，我將當時尚未出版的恆河及「團結儀式」論文，發表在美國宗教學院（American Academy of Religion）。Lisa McKean在哈德瓦爾婆羅多女神廟建造過程的討論中，寫到世界印度教徒組織的啟蒙朝聖「儀式」。見：Lisa McKean, "Bhārat Mātā: Mother India and Her Militant Matriots," in J. S. Hawley and D. M. Wulff , eds., *Devi: Goddesses of India* (Berkeley: University of California Press, 1996), pp. 255–57。
102. 見："Road to Revival," *India Today,* November 30, 1983, pp. 34–36。
103. 見：Rampratap Tripathi, *Purānon me Gangā,* p. *jha*。
104. 見：Kelly Alley, "Separate Domains: Hinduism, Politics, Environmental Pollution," in Christopher Chapple and Mary Evelyn Tucker, eds., *Hinduism and Ecology* (Cambridge: Center for the Study of World Religions, 2000), p. 377。
105. 見：Utpal Parashar, "Gangā Pollution Reaches Alarming Levels," *Hindustan Times,* June 5, 2007。
106. 見：David Haberman, River of Love in an Age of Pollution (Berkeley: University of California Press, 2006), p. 76。關於「死亡之河」的一整章，是對亞穆納河汙染程度的哀痛長文。
107. 見：Nita Bhalla, "India's Rivers Dying Due to Sewage, Say Activists," *Hindustan Times,* June 14, 2007。
108. 見：Kelly D. Alley, "Idioms of Degeneracy: Assessing Gangā's Purity and Pollution," in Lance E. Nelson, ed., Purifying the Earthly Body of God: Religion and Ecology in Hindu India (Albany: State University of New York Press, 1998), p. 308。Alley關於這個主題的驚人專著，見：*On the Banks of the Gangā: When Wastewater Meets a Sacred River* (Ann Arbor: University of Michigan Press, 2002)。
109. 見：Kelly Alley, "Separate Domains," p. 377。
110. 見：Alexander Stille, "The Ganges' Next Life," *New Yorker*, January 19, 1998, p. 63。
111. 同上，pp. 65-67。
112. 見：Haberman, p. 187。
113. 同上，p. 190-91。
114. 同上，p. 184。

第五章　濕婆之光．印度之土

1. 偉大時間之主神廟一如印度所有活生生的神廟，仍舊持續建造中。二〇〇四年，經過十年再度返偉大時間之主神廟時，為了二〇〇四年辛哈獅塔大壺節而進行的大規模整修計畫，拆除了繪有這些神像與銘文的廟牆。當時有高達六百萬朝聖者湧入這座神廟城市，瞻仰偉大時間之主，並在錫普拉河中進行神聖浸浴。
2. 見：Benjamin J. Fleming, "Mapping Sacred Geography in Medieval India: The Case of the Twelve *Jyotirlingas*," *International Journal of Hindu Studies* 13, no. 1:53–54。
3. 見：Fleming, p. 52。
4. 見：Indira Viswanathan Peterson, Poems to Siva: The Hymns of the Tamil Saints (Princeton: Princeton University Press, 1989), p. 112。這首詩被認為是六到七世紀的詩人——聖者阿帕爾所做，出自泰米爾濕婆派的詩歌集《神華鬘》。
5. 最詳盡的版本請見Siva Purāna, Rudrasamhita II.26–43。關於濕婆起源的神話，請見：the Mahābhārata XII.283–85, the Kurma Purāna I.13, the Linga Purāna I.99–100, the Bhāgavata Purāna IV.2–7, and the Skanda Purāna I.1.1–5。然而這些版本中都沒有提到薩提分屍的故事。
6. 此段形成Rudra Samhita第二篇的整段篇幅。此處包含了許多元素，後續可以在其他較短篇章看見，包含Linga Purāna (I.99–100), the Bhāgavata Purāna (IV. 2–7), the Skanda Purāna (I.1.1–5), the Vayu Purāna 30, and the Padma Purāna I.5–11。
7. 見：*Siva Purāna*, Rudrasamhita II.11–14。
8. II, 17-25。
9. 薩提這個名字後來被等同忠誠的妻子，同時也被用來指稱在丈夫火葬台上自焚的妻子，並非偶然。
10. 最古老的傳統中，是眾神本身，而非達剎，將樓陀羅排拒在部分祭祀之外。樓陀羅以箭追殺羚羊外型的生主（Shatapatha Brāhmana I.210）。由於創造者生主，就是祭品本身，因此樓陀羅先前已有攻擊祭祀的經驗。在這個神話中，從祭品（即生主）身上取回的箭，帶著一小塊獻祭血肉。因此箭被獻給跋伽時，燙傷的他的眼睛；獻給普善（Pusan），則將他的牙齒打落。這個神話中，雄賢則挑戰包含毗濕奴在內的眾神，他說：「來，我將給你一些可以獻給火的祭品」，意思是說：「我會將你們斬成片片，你們可以自行拿去獻祭」。眾神對抗了一下，甚至連毗濕奴都被雄賢打昏了。最後眾神都逃走了。祭品本身變成一隻鹿，就跟古代的生主一樣，逃走了。在某些版本中，這隻鹿被濕婆殺了或斬首，但在我們的版本裡，是被雄賢所殺。普賢的牙被打落、跋伽眼睛被挖出等看似偶然的事件，卻將這則神話連結到古代樓陀羅剎穿亂倫生主的吠陀與婆羅門傳說。

11. 朝聖本身並未受到喀什米爾政治動亂的影響，持續進行，即便有時候朝聖者會成為暴力受害者。然而更嚴重的，卻是全球暖化對林伽冰柱的影響。見第十章：今日的朝聖者印度。

12. 一個俱盧舍約為兩英里。然而所謂的五俱盧舍，卻是個神祕概念；五俱盧舍的創造物是人類，擁有從最物質到最精妙的五層存有。

13. 見：H. V. Steitencron, "Th e Advent of Visnuism in Orissa," in A. Eschmann et al., *The Cult of Jagannah and the Regional Tradition of Orissa* (Delhi: Manoharlal, 1978), p. 29。

14. 見：Peterson, *Poems to Siva*, pp. 172–76。

15. 同上，pp. 139-140。

16. 同上，pp. 261。

17. 見：*Siva Purāna*, Vidyesvarasamhitā 6–12; Rudrasamhitā I.6–9. See also *Linga Purāna* 17.17–21; *Kūrma Purāna* I.25.62–111, II.31.1–31; *Skanda Purāna* I.3.1.1–2, I.3.1–6, I.3.2.9–15, VII.3.34, *Vāyu Purāna* I.55.1–68。

18. 這個版本的神話，請見：*Siva Purāna*, Rudrasamhitā I.6–9。

19. 見：*Kūrma Purāna* II.31.1–31。

20. 例如，見：the *Siva Purāna*, Vidyesvarasamhitā 7–8 and the *Skanda Purāna* I.1.6。

21. 見：*Kūrma Purāna* I.25.62–111。

22. 濕婆神摧毀三城的神話，可見：*Mahābhārata* VIII.33–5; the *Matsya Purāna* 129–30, 187–88; the *Bhāgavata Purāna* VII.10, and the *Siva Purāna*, Rudrasamhitā 5.1–10。

23. 例如，見Siva Purāna, Kotirudrasamhitā 12, the Skanda Purāna I.1.6, the Kūrma Purāna II.37.53–39, and the Vāmana Purāna 6.58–93; 22–23。雖然濕婆神赤裸行乞與後續「閹割」的神話相當常見，卻非必然與火之林伽有關。閹割林伽變成火的案例之一，是Siva Purāna, Kotirudrasamhitā 12，然而此處的火是不受控的毀滅之火，而林伽也未稱為濕婆光柱。其他版本中（例如Vāmana Purāna 6），當賢者閹割濕婆時，他就消失了。因此他們立刻了解到自己誤會了。多數的閹割神話將濕婆陽具誤為濕婆神林伽，明顯是個危險錯誤。賢者以為的赤裸濕婆陽具，卻成為跨越世界的大火，摧毀了一切生物。

24. 當宇宙陷入熊熊大火，眾神與賢者急切地向梵天求援。祂要他們製作一朵八瓣蓮花，請求帕爾瓦蒂女神前來，將她的瑜尼放置在此，濕婆就會穩定下來。她也這麼做了。濕婆神的強大林伽與帕爾瓦蒂的瑜尼在此結合。透過與帕爾瓦蒂結合，濕婆的白熾火焰獲得控制。喜馬拉雅山庫馬盎地區覺醒之主神廟小鎮中，有座小廟稱為丹德許瓦（Dandeshvar）。這裡有七位仙人據說跟妻子住在名為達魯瓦納（Daruvana）的高山松林中。這個故事在此地相當有名，收錄在廉價小冊裡，被視為本地傳說，「當仙人的妻子前往山頂割草，她們看到美麗的瑜伽士濕婆。她們感到狂喜，深夜也不回家。這些仙人發現此景時怒不可遏，詛咒濕婆陽具掉落。陽具確實掉了下來，卻成為大火，一發不可收拾。」他們說，就是在丹德許瓦這裡，林伽跟帕爾瓦蒂的瑜尼合而為一。也是在這裡，林伽首先被視為濕婆神象徵，而獲得崇拜。這是覺醒之主的當地傳說。

25. 見：*Vāmana Purāna,* Saromāhātmya 1。
26. 見：*Siva Purāna,* Vidyeshvarasamhitā 5.10b–12a。
27. 同上，見：Vidyeshvarasamhitā 9。
28. 同上，見：Vidyeshvarasamhitā 9.9–10。
29. 根據印度北方多數地區遵月循的曆法，滿月是在每個月月底。「摩訶濕婆之夜」是頗勒窶拏月（二到三月）黑分的第十四天。《濕婆往世書》本身則將摩訶濕婆之夜放在末伽始羅月（十一到十二月）的十五到十六日，這種作法今日並不常見。
30. 見：*Siva Purāna,* Vidyeshvarasamhitā 9.19。
31. 見：Abbe Dubois, *Hindu Manners, Customs, and Ceremonies,* 3rd ed. (Oxford: Oxford University Press, 1906), pp. 628, 631。
32. 見：*Linga Purāna* I.19.5。
33. 見：Kūrma Purāna II.10.1。「linga」一字廣義來說，意指「標誌性符號」或「形象」，相關討論見Giorgio Bonazzoli in an article surprisingly entitled “Devīlinga,” in Purāna XX, no. 1 (1978): 121–30。同一期，另見N. Gangadharan, “The Linga—Origin of Its Concept and Worship,” pp. 87–92。
34. 即便在神廟中，濕婆神也以「空林伽」（ākāsh linga）的方式存在，亦即以空間元素構成的林伽。
35. 見：*Siva Purāna,* Vidyeshvarasamhitā 16.107。
36. 關於五面與五行的討論，見Richard Davis, Ritual in an Oscillating Universe (Princeton: Princeton University Press, 1991)，特別是第二章「儀式宇宙的閃爍」。
37. 十二濕婆光柱起源的傳說，見Siva Purāna Kotirudrasamhitā 14–33。

38. 見：*Siva Purāna,* Kotirudrasamhitā 20–21。
39. 見：*Siva Purāna,* Kotirudrasamhitā I.1.9, 15–16。
40. 見：Ram Kishan Jayasaval, *Omkāresvara Māhātmya* (Badavah, M.P.: Rajhansa Prakashan, n.d.)。
41. Skanda Purāna I.1.7.28–34中包含了多數十二光柱。然而十二光柱的標準權威文獻，是《濕婆往世書》，清楚羅列（(Satarudrasamhitā 2–4 and Kotirudrasamhitā 1.21–24），包含各自的神話與〈讚歌〉（Kotirudrasamhitā 14–33）。除了無數印地文朝聖小冊外，我們還參考宗教百科：Shivānk (Gorakhpur: Kalyan Gita Press, 1933), pp. 545–61及Tirthānk (Gorakhpur: Kalyan Gita Press, 1957), pp. 163–479。
42. 見：*Siva Purāna,* Kotirudrasamhitā 1.21–24。
43. 東方包括了許多偉大知名的神廟、聖地與林伽，包含迦屍的不離地之主、普拉耶格的梵之主（Brahmeshvara）、阿逾陀的納格沙、比哈爾的醫藥之主、奧利薩的大地之主及恆河入海地的交會之主。南方則有不算深入南方的奇特拉庫特野象之主，以及納馬達河岸上的濕婆神廟，特別是愉悅之主（Nandikeshvara）。然而，整體而言，所謂的「南方」並未跨越納馬達河。西方的光柱，則包含了印度西海岸上，位於卡納塔卡邦海岸的哥卡那。濕婆神據說以「金剛」（Mahābala）之姿在此顯現。哥卡那神廟從《摩訶婆羅多》時代就聞名至今。最後，北方的光柱從今日尼泊爾境內（古稱Nayapāla）的「獸主之主」（Pashupatinātha）開始，還包含凱德拉之主與解脫之主（Muktinātha），都在喜馬拉雅山區。見Siva Purāna, Kotirudrasamhitā 2–11。
44. 見：Ramkishan Jayasval, *Jyotirlinga Mahimā* (Baravah: Rajahamsa Prakashan, n.d.), p. 2。
45. 見：Siva Purāna, Vidyesvarasamhitā 6–10。在Siva Purāna, Kotirudrasamhitā 22中，無相者創造了有相的濕婆，後者分裂為濕婆與莎克緹，男與女，原人與自然。
46. 古代的不離地之主跟宇宙之主之間的關係，相當複雜。相關討論見Diana L. Eck, Banāras, City of Light (New York: Alfred A. Knopf, 1983), pp. 129–36, and also in Fleming, "Mapping Sacred Geography," pp. 56–58。
47. 關於毀滅與包容的歷史，見：Eck, *Banāras,* pp. 83–89, 120–35。
48. 例如，見：the *Skanda Purāna* IV.26.67。
49. 關於「五俱盧舍之道繞行」的討論，見：Eck, *Banāras,* pp. 41–42, 320–21, 350–53。
50. 在這方面，Hans Bakker關於早期《室健陀往世書》的討論，是重要參考。他引用《室健陀往世書》的Vārānasimāhātmyam部，指出瓦拉那西的十二光柱朝聖之行，可能早在西元六世紀就已存在。這些林伽被稱為自顯，是瓦拉那西中的重中之重。這些名稱與後來為濕婆光柱命名的重要神廟並不一致。見Fleming, “Mapping Sacred Geography,” pp. 58–62。

51. 見：Niels Gutschow, *Benares: The Sacred Landscape of Vārānasī* (Stuttgart: Axel Menges, 2006), pp. 113–79。

52. 「我們要求印度的穆斯林社群承認印度教社群進入下列三神廟的權利：瓦拉那西的迦屍宇宙之主神廟，秣菟羅的奎師那神出生地，以及阿逾陀的羅摩出生地。」見世界印度教徒組織網站宣言：神聖羅摩出生地神廟重要證據（www.vhorg/englishsite/e.Special_Movements/dRanjanambhumi%20Muti/greatevidence.htm）。

53. 印度重要的海岸神廟，包含位於索拉什特拉半島極西端的德瓦拉卡神廟，距離索姆納特約一百英里；跨越到極東側，位於孟加拉灣上的普里賈格納特神廟；位於深南泰米爾納都邦的拉梅許瓦拉神廟；南印度端點的卡尼亞庫瑪莉；以及卡納塔卡海岸上的哥卡那神廟。

54. 見：*Siva Purāna,* Kotirudrasamhitā 14; *Mahābhārata,* IX.35.37–82; *Vāmana Purāna* 41.4; 57.51–53; *Agni Purāna* 109.10–11, 116.22–24。

55. 見：Romila Th apar, *Somanātha: The Many Voices of a History* (New Delhi: Penguin Books, 2004), Chapter 3, “The Turko-Persian Narratives”; K. M. Munshi, *Somnāth: the Shrine Eternal* (Bombay: Bharatiya Vidya Bhavan, 1976) pp. 37–43, 137–44。

56. 見：Al-Biruni's *India*, edited by Edward C. Sachau (Delhi: S. Chand & Co., 1964), p. 22。

57. 羅米拉．塔帕爾的著作《Somanātha: The Many Voices of a History》，謹慎研究了索姆納特的歷史如何被書寫與運用。然而關於印度教創傷與穆斯林劫掠的暗示敘事，似乎並未在後續數世紀的古賈拉特歷史與銘文中，占據重要地位。

58. 上方引述的K. M. Munshi's Somnāth: The Shrine Eternal，成為索姆納特破壞與復興的標準敘事。

59. 見：Munshi, *Somnāth*, pp. 83–84。

60. 見：Thapar, *Somanātha,* pp. 81–84; Munshi, *Somnāth,* pp. 145–51。

61. 見：Thapar, *Somanātha,* p. 96。

62. 見：Munshi, *Somnāth,* pp. 170–71。

63. 見：Thapar, *Somanātha,* pp. 198–99, citing S. Gopal, *Selected Works of Jawaharlal Nehru* XVI, no. 1: 559。

64. 見：William Sax, *Mountain Goddess: Gender and Politics in a Himalayan Pilgrimage* (New York: Oxford University Press, 1991), p. 7。

65. 見：Neelima Shukla-Bhatt, “Somnāth, The ‘Shrine Eternal’? Perceptions and Appropriations of a Temple,” unpublished manuscript, 2001。

66. 見：The story of Pārvatī's penance and the marriage of Shiva and Pārvatī is told extensively in the *Siva Purāna,* Rudrasamhita III.25.63 ff。
67. 見：*Siva Purāna,* Kotirudrasamhitā 19。
68. 見：Luke Whitmore, *In Pursuit of Maheshvara* (Atlanta: Emory University Ph.D. Thesis, 2010), p. 294。
69. 見：*Siva Puranā,* Kotirudrasamhitā 19.18, 22, 24–5. Verse 18 uses the phrase *bhāratibhih prajābhih* to refer to the "people of India."。
70. 當地朝聖小冊與神廟〈讚歌〉所使用的語言，經常是朝聖客群來源地的指標。
71. 見：*Skanda Purāna,* Brahmā Khanda (Setu Māhātmya) 50.113b–116。
72. www.rameswaramtemple.org/worshiped.php。見官網「獻祭」（pooja）頁面。
73. 見Siva Purāna, Kotirudrasamhitā 31。Padma Purāna, Shrishtikānda 38，也同意林伽是在愣伽島大戰之前建立。
74. 見：*Skanda Purāna,* Brahmākānda, Setumāhātmya III.1。
75 見Skanda Purāna, Brahmākānda, Setumāhātmya 44–46。這是當地最受歡迎的〈讚歌〉小冊中的版本，見：*Pilgrim's Guide to Rameswaram and Dhanushkodi,* Rameshwaram: Sri Ramanathasvami Temple, 1977。
76. 見：第九章：另見：Diana L. Eck, "Following Rāma, Worshipping Shiva," in D. L. Eck and Mallison, ed., *Devotion Divine: Bhakti Traditions from the Regions of India* (Groningen: Egbert Forsten, 1991)。
77. 見：Daniel H. H. Ingalls, "Kālidāsa and the Attitudes of the Golden Age," *Journal of the American Oriental Society* 96, no. 1 (January–March 1976), p. 20。
78. 見第四章「恆河與印度眾河」中，攪海神話與阿拉赫巴德大壺節的關聯。另一個稱比較小型的「辛哈獅塔大壺節」，在烏賈因舉行。話雖如此，二〇〇四年的辛哈獅塔大壺節仍舊吸引了約兩千萬朝聖者。
79. 如第四章「恆河與印度眾河」所見，受到不死甘露祝福的四地為哈德瓦爾、普拉耶格、烏賈因與納西克。這些地方每十二年會舉行一次大型的浸浴節慶。
80. 見：*Siva Purāna,* Kotirudrasamhitā 16。
81. 見：Siva Purāna, Kotirudrasamhitā 17。故事以猴王哈努曼出現終結，哈努曼向烏賈因群眾訴說濕婆神的光榮，並解釋在未來，毗濕奴神將以奎師那的身分，降生在牧牛人之中。
82. 見：*Siva Purāna,* Kotirudrasamhitā 16.49。

83. 舉一個爭議的例子，奧姆真言之主神廟大壩的影響評估報告如此寫道：「大壩對於下游的負面衝擊之一，就是河岸將受到大量侵蝕，特別是緊鄰大壩的下游地區，因為泥沙會被擋住、流水模式改變以及突然放水將造成淹水情況。河岸侵蝕與崩塌的可能性，將對奧姆真言之主城鎮造成嚴重問題，也會危及許多神廟的長期穩定，因為這些神廟就直接位於島上。雖然這項計畫的環境影響評估提到奧姆真言之主神廟保護措施的必要性，然而並不清楚計畫當局將如何介入並處理前述影響。」見：Heff a Schucking (Urgewald), Kyoko Ishida, and Yuki Tanabe (JACSES), "The Omkāreshwar Dam in India: Closing Doors on People's Futures," *www.jacses.org/sdap/omkare/ Omkareshwar-Briefi ng.pdf,* accessed June 22, 2010。

84. 我們可能會以為這裡的卡韋里河，是南印度的卡韋里河，也就是印度七聖河之一。然而許多往世書傳統中都提及，納馬達河與卡韋里河交匯，讓我們理解到卡韋里這個名字，不論在納馬達河畔或南方，都是古老的名諱。例如，見：*Matsya Purāna* 189。

85. 見：*Siva Purāna,* Kotiradrasamhitā 18。

86. 見：Ram Kishan Jayasaval, *Omkāreshvara Māhātmya* (M.P.: Rajhansa Prakashan, n.d.), p. 9。

87. 在拉梅許瓦拉，實際上有兩尊林伽石。第一尊是土製林伽，現在也稱為至高無上之主（Parameshvara）、純淨之主（Amaleshvara）及永恆之主（Amareshvara）。另一尊則是神聖的嗡真言林伽，嗡真言又稱為宇宙之聲（pranava）。這就是奧姆真言之主林伽。

88. 五座山峰中最知名也最重要的，就是婆羅門吉利山。其他山峰也以濕婆神的化身為名：Vāmadeva, Aghora, Īshana, Tatpurusha。見 Sri Tryambaka Kshetra Darshana 7–8。

89. 另一個也宣稱是醫藥之主的地方，是馬哈拉施特拉邦的帕拉利（Parali）。納格沙之主也有不同競爭地點，包含古賈拉特邦德瓦拉卡附近、馬哈拉施特拉邦及北坎德邦的阿爾摩拉（Almora）附近的覺醒之主神廟所在地。

90. 就像許多主要神廟，這裡不只是單一神祇的居所，而是整個眾神宇宙的所在地。特別是許多女神的居所，她們的地方名諱包含 Tripura Sudarī, Mā Durgā, Pārvatī, Jagat Jananī Mā, Mā Manasā, Mā Sarasvatī, Mā Bagalā, Mahālakshmī, Tārā, Mā Bhuvaneshvarī, Mā Kālī, Annapūrnā, Jāhnavī Gangā。此外，通常還會供奉黑陪臚（Kāla Bhairava）、俱毗羅、哈努曼、室健陀、犍尼薩、梵天與拉克什米——那羅延納。

91. 見 James Lochtefeld, God's Gateway: Identity and Meaning in a Hindu Pilgrimage Place (New York: Oxford University Press, 2010), pp. 189–95。Lochtefeld 在書中留下「扁擔」（kanvar）朝聖的精采紀錄，裝著恆河水的水罈被繫在竹扁擔的兩端。

92. Anne Feldhaus, Connected Places: Region, Pilgrimage, and Geographical Imagination in India (New York: Palgrave Macmillan,

2003), pp. 47, 67。有趣的是，她的研究確認了就像其他許多朝聖之旅，這趟朝聖也是愈來愈受歡迎。十九世紀的紀錄顯示，約有五萬人參與。一九九〇年代，則有五十萬人。

93. 這個故事的核心，請見：*Siva Purana*, Kotirudrasamhita 28。

94. 見：Skanda Purāna and other māhātmyas。克勞恩查山究竟何在，並不清楚。有許多地方都宣稱自己就是克勞恩查山。但在斯里雪拉的傳統脈絡中，斯里雪拉明確被認定為這座山，因此也稱為斯里山或斯里雪拉，位於今日的安德拉邦北部。見：Siva Purana, Kotirudrasamhita 15。

95. 某些版本中，室健陀離家往南出走的家，是濕婆與帕爾瓦蒂在迦屍的居所。見Kāshī Khanda 25.22 and 32.163ff。關於室健陀在這段時期發展的權威著作，見P. K. Agrawala, Skanda-Kārttikeya: A Study in the Origin and Development (Varanasi: Banaras Hindu University, 1967)。

96. 見：Abhinavagupta, *Tantraloka,* as cited in M. N. Chakravarty, "The Pentadic Universe in the Shaivagamas," in Bettina Baumer, ed., *Prakrti: The Integral Vision,* vol. 3 (New Delhi: Indira Gandhi National Center for the Arts, 1995), p. 28。

97. 同一個島嶼還矗立著供奉毗濕奴神的偉大神廟斯里蘭甘姆。

98. 《室健陀往世書》的〈聖炬山讚歌〉一整段，都在敘述此山就是濕婆光柱。見：*Skanda Purāna* I. iii. Part 1, ch. 1–2; ch. 6; I. iii. Part 2, ch. 9–15。

99. 見：*Siva Purāna,* Vidyeshvarasamhitā 9.21。

100. 見：*Skanda Purāna* I. iii. Part 1, ch. 5.24。

101. 見：*Skanda Purāna* I. iii. Part 1, ch. 2.32。

102. 見：*Skanda Purāna* I. iii. Part 1, ch. 7.3。

103. 見：Indira Viswanāthan Peterson, *Poems to Siva: The Hymns of the Tamil Saints* (Prince ton: Princeton University Press, 1989), p. 170。

104. 見：Skandanandan, *Arunāchala, The Holy Hill* (Madras: Weldun Press, 1980), p. 7。

105. 見："Sri Arunāchala Ashtakam," verse 2. See *Five Hymns to Arunāchala* (Tiruvannamalai: Sri Ramanasrama, 1971)。

第六章　莎克緹．女神軀體分布之地

1. 見：Cynthia Ann Humes的博士論文：The Text and Temple of the Great Goddess: The Devī-āhātmya and the Vindhyācal

Temple of Mirzapur (University of Iowa, 1990)。她的文章"Vindhyavāsinī: Local Goddess, Yet Great Goddess,"收錄於J. S. Hawley and D. M. Wulff , eds., Devī: Goddesses of India (Berkeley: University of California Press, 1996), pp. 49–76。

2. 見Mahābhārata, IV.6.16：Devī Māhātmya 2–3即Mārkandeya Purāna 82–3。斬殺摩醯濕的大女神談及她的許多展現形式，包含最後以溫迪亞女神的形式，降生在亞輸達的子宮中，再次斬殺惡魔森巴與尼森巴。（Devī Māhātmya 11, Mārkandeya Purāna 91.36–40）。

3. 見：*Mahābhārata,* IV.6。

4. 同上，IV.1–5：Devī Māhātmya 11.37–39。溫迪亞恰拉的神話也出現在Kalyān, Tīrthānk (Gorakhpur: Gītā Press, 1957), pp. 138–39。

5. 見：*Devībhāgavata Purāna* III.6.18b–19。

6. 見：Shankarācārya, *Saundaryalaharī,* V. K. Subramanian, trans. (Delhi: Motilal Banarsidass, 1977), verse 1。

7. 見：*Devī Bhāgavata Purāna* VII.29。

8. 見：Suchitra Samanta, "The 'Self-Animal' and Divine Digestion: Goat Sacrifi ce to the Goddess Kālī in Bengal," *Journal of Asian Studies* 53, no. 3 (August 1994): 789。

9. 見：Sanjukta Gupta, "The Domestication of a Goddess: Carana-tīrtha Kālighāt, the Mahāpītha of Kālī," in Rachel Fell McDermott and Jeff rey Kripal, eds., *Encountering Kālī: In the Margins, At the Center, In the West* (Berkeley: University of California Press, 2003), pp. 72–73。

10. 「獻祭中供奉的祭品，代表獻祭者的邪惡或動物性。乍看之下或許感覺矛盾，然而奉獻出去的，是印度教徒自身的面向，那些最容易受到物質與感官誘惑，因此最容易『固著』，正是他自身特別需要努力超越轉化的面向。」出自Samanta, "The 'Self-Animal,' " p. 799。

11. 見：Samanta, "The ' Self-Animal,' " p. 782。

12. 見：Edward C. Dimock, "The Goddess of Snakes in Medieval Bengali Literature,"*History of Religions,* winter 1962, pp. 307–21, and N. M. Chaudhuri, "The Cult of Vana-Durgā, a Tree-Deity," Letters, *Journal of the Royal Asiatic Society of Bengal* XI, no. 22 (1915): 75–84。

13. 見：*Vāyu Purāna* 9.82–98, cited in J. N. Tiwari, *Goddess Cults in Ancient India* (Delhi: Sundeep Prakashan, 1985), p. 15。

14. 例如，見：Skanda Purāna I.2.27–30。在《侏儒往世書》中，帕爾瓦蒂聽到濕婆因為她的深膚色，稱她為卡莉，深感冒

15. 犯，故而苦修將膚色轉白。（Vāmana Purāna 25–29）。
見：Wendy Doniger O'Flaherty, Hindu Myths (Baltimore: Penguin Books, 1975), pp. 251–62, and notes。當她變黑的時候，帕爾瓦蒂在坎契設立一尊林伽石，作為苦修的一部分。見Skanda Purāna I.3.3; David Shulman, Tamil Temple Myths (Princeton: Princeton University Press, 1980), pp. 171–74。在Devī Māhātmya V.87–88 (also Devī Bhāgavata Purāna V.23.1–5)中，光彩奪目的安比卡（又稱考詩姬），從帕爾瓦蒂的身體中出現，帕爾瓦蒂則變成黑色的卡莉卡。

16. Wendy Doniger O'Flaherty 談到「有乳房的女神」與「有牙齒的女神」，見Women, Androgynes, and Other Mythical Beasts (Chicago: University of Chicago Press, 1980), pp. 90–91, 117。Charlotte Vaudeville則區別「光亮」與「陰沉」的女神，見"Krishna-Gopāla, Rādha, and the Great Goddess," in J. S. Hawley and D. Wulff, eds., *The Divine Consort: Rādhā and the Goddesses of India* (Berkeley: University of California Press, 1982)。David Shulman則區別新娘與處女／女伴，見Tamil Temple Myths, Chapter IV。

17. 見：Shulman, *Tamil Temple Myths*, pp. 211–23。

18. 〈提毗女神讚歌〉的研究，見Thomas Coburn in Devī Māhātmya: The Crystallization of the Goddess Tradition (Delhi: Motilal Banarsidass, 1984)。關於《提毗女神博伽梵往世書》的研究，見Mackenzie Brown in The Triumph of the Goddess (Albany: SUNY Press, 1990)；關於女神信仰傳統崛起的研究，見Tracy Pintchman in The Rise of the Goddess in the Hindu Tradition (Albany: SUNY Press, 1994)。

19. Devī Bhāgavata Purāna I.8.31–51; I.16.1–15; III.6.14–85; III.9.38–9。其他許多段落都以此主題為基礎，在往世書中大量出現。另見Kālikā Purāna 66.55.7。

20. 見：Diana L. Eck, "India's Tīrthas: 'Crossings' in Sacred Geography," *History of Religions* 20, no. 1 (1981): 323–44。

21. 我的同事Michael Witzel是這些事情的專家，他確認了這一點。除了這個詞確實出現在Grihya Sūtras之外，在此情況下，意指學生的「凳子」、「椅子」。

22. 見：See H. Krishna Sastri, *South Indian Images of Gods and Goddesses* (Madras: Government Press, 1916), pp. 72–73。

23. 關於夜叉與夜叉女信仰的古典討論，見Ananda Coomaraswamy, *Yakshas* (New Delhi: Munshiram Manoharlal, 1971)。他們雖然強大，卻非神；相對地，他們是地方守護神，更是印度地區非亞利安文化圈的主要信仰核心。因此，他們同時具有令人畏懼與慈善的特質。夜叉經常是胖胖圓圓的，跟財富有關（跟俱毗羅一樣），後來則成為圓胖的立柱支點。身為強大的守護精靈，他們經常被請求協助。夜叉女也是守護者，其生命能量經常被描繪成雙臂圍繞著樹木。

24. 見：*Devī Māhātmya* XI.3; *Mārkandeya Purāna* 91.3。
25. 見：See N. N. Bhattacharyya, *Indian Mother Goddess* (Calcutta: Indian Studies Past and Present, 1971), pp. 15–17。
26. 見：Raimundo Panikkar, tr., *The Vedic Experience, Mantra-manjarī* (Berkeley: University of California Press, 1977) pp. 123–29。
27. 見：*Mahābhārata* III.230.16。
28. 見：N. M. Chaudhuri, "The Cult of Vana-Durgā."。
29. 見：N. N. Bhattacharya, *Indian Mother Goddess* (Calcutta: R.D. Press, 1971), p. 32。
30. 吉祥無邊初三日（Akshaya Tritīya）落在春季吠舍佉月（四到五月）上弦月的第三日。這一天的祭祀、苦修或祈禱行動，都將吉祥無邊（Akshaya）。換句話說，福報將綿綿不絕，無止無休。
31. 見：*Devī Māhātmya* 11.44–45; *Mārkandeya Purāna* 91.43–44。
32. 見：See Curt Maury, *Folk Origins of Indian Art* (New York: Columbia University Press, 1969), Chapter 8; Heinrich Zimmer, *The Art of Indian Asia* (Princeton: Princeton University Press, 1968), vol. I, Chapter VI。
33. 見Gustav Oppert, On the Original Inhabitants of Bhāratavarsa or India (Delhi: Oriental Publishers, 1972, reprint of 1893), p. 58。在這一點上，他引用稱為「Gramadevatāpratistha」的文獻。將近一世紀後，David Shulman重新檢視這些當地女神，見Tamil Temple Myths。
34. 見：Oppert, *On the Original Inhabitants,* pp. 457–64。
35. 見：Ann Gold, *Fruitful Journeys: The Ways of the Rajasthani Pilgrims* (Berkeley: University of California Press, 1988)。
36. 見：William Sax, in The Mountain Goddess (New York: Oxford University Press, 1991)，他記錄了穿越北坎德邦的女神朝聖之行。在馬哈拉施特拉邦，Anne Feldhaus也記錄了七位當地女神之間複雜的姊妹關係，以及相互連結的朝聖出巡，見Connected Places: Region, Pilgrimage, and Geographical Imagination in India (New York: Palgrave Macmillan, 2003)。
37. 見：See Diana L. Eck, *Banāras, City of Light* (New York: Alfred A. Knopf, 1982), pp. 157–74。
38. 她被稱為「建城女神」（adhishthātrī devī）。
39. 她被稱為「地方第一女神」（kshetrādīshvarī），見：H. V. Stietencron, "The Advent of Visnuism in Orissa," in A. Eschmann, H. Kulke, and G. C. Tripathi, eds., *The Cult of Jagannath and the Regional Tradition of Orissa* (Delhi: Manohar, 1978), pp. 26–27。
40. Shulman將坎契普蘭的歷史納入許多神廟神話都有的「大洪水」主題之中。見138–39。
41. 見：William P. Harman, *The Sacred Marriage of a Hindu Goddess* (Bloomington: Indiana University Press, 1989), p. 45。

42. 同上，pp. 46-50。
43. 見：See C. J. Fuller, "The Divine Couple's Relationship in a South Indian Temple: Mīnākshī and Sundareshvara at Madurai," *History of Religions* 19, no. 4 (1982): 321–48。
44. Shulman, *Tamil Temple Myths,* pp. 114–18。
45. 見Kathleen M. Erndl的精采研究：Victory to the Mother: The Hindu Goddess of Northwest India in Myth, Ritual, and Symbol (New York: Oxford University Press, 1993)。
46. 關於毗濕諾提毗女神的記述，見：Mark Edwin Rohe, "Ambiguous and Defi nitive: The Greatness of Goddess Vaisno Devi," in Tracy Pintchman, ed., *Seeking Mahādevī: Constructing the Identities of the Hindu Great Goddesses* (New York: SUNY Press, 2001), pp. 55–76。
47. 羅波那的父親是一位婆羅門賢者，名叫毗屍羅婆（Vishrava），然而他的母親是個底提耶（Daitya），也就是反神的惡魔世系。
48. 引自J. N. Tiwari, Goddess Cults in Ancient India, pp. 18–19。這首頌詩〈女神頌歌〉（Arya Stava）據說是《訶利世系》中杜撰的部分。
49. 見：*Devī Māhātmya* 1.56–57; *Mārkandeya Purāna* 81.56–57。
50. 見：*Devī Māhātmya*, 4.10–11; *Mārkandeya Purāna* 84.10–11。
51. 見：*Devī Māhātmya*, 11.2–3; *Mārkandeya Purāna* 91.2–3。
52. 見：*Devī Bhāgavata Purāna* IX.1。
53. 見：*Devī Bhāgavata Purāna* III.3–4。
54. 見：J. N. Tiwari, *Goddess Cults in Ancient India,* pp. 1–15。
55. 跟女神寶座有關的各種傳統，見：D. C. Sircar, *Sākta Pīthas* (Banaras: Motilal Banarsidass 1950, 1973)。
56. 這些往世書的成書年代雖無法確認，但可以肯定，它們確實比較「晚近」。根據V. Raghavan的研究，《卡莉卡往世書》成書年代不早於八世紀，不晚於十世紀。見. V. Raghavan, "The Kālikā (Upa) Purāna," Journal of Oriental Research, XII, part IV (1938): 331–60。
57. 見：*Devī Bhāgavata Purāna* VII.33。
58. 見：Diana L. Eck "The Dynamics of Indian Symbolism," in Peter Berger, ed., The Other Side of God (New York: Anchor,

1981）。分割作為一種普世化的形式，也在其他祭祀傳統中出現。

59. 見：Peter Brown, *The Cult of the Saints: Its Rise and Function in Late Christianity* (Chicago: University of Chicago Press, 1981), p. 96。

60. 見：*Matsya Purāna* Chapter XIII.10–59。

61. 見：Vāmana Purāna Chapter 4–6。濕婆神陷入哀痛，見6.28–44。

62. 見Devī Bhāgavata Purāna VII. 30.22–23。此處的故事也指出，實際上受到侮辱的是薩提女神，因為她的父親被他放置在女兒婚床上的花香所迷，因而失去自制，對她行為不軌。出於禮敬正法，以及父親對濕婆的侮辱，她因而離開自己的軀體。

63. 見：*Devī Bhāgavata Purāna* VII.30.39–102。

64. 這部往世書中充滿來自孟加拉與阿薩姆地區的莎克緹派傳說。由於拉克西米達拉在十二世紀的摘要中已經引述這些故事，因此它們肯定是比《提毗博伽梵往世書》成書時代更早的文獻。見V. Raghavan, "The Kālikā (Upa) Purāna," Journal of Oriental Research XII, part IV (1938): 331–60。

65. 引自：Sircar, *Sākta Pīthas,* p. 12。

66. 我要感謝Miranda Shaw的哈佛大學博士論文：Passionate Enlightenment (1992) mentions the importance of Uddiyāna as "land of the dākinīs"。關於烏仗那持續具有重要地位的證據，她引述了G. Tucci, "Travels of Tibetan Pilgrims in the Swat Valley," in Opera Minora 2; Universita do Roma Studi Orientali Publicati a Cura della suola Orientale, Vol. 6 (Roma: Dott. Giovanni Bardi Editore), 1971, pp. 369–70。

67. 這四地為：在西方，迦旃延尼女神（Katyāyanī）與賈格納特神同祀的歐德拉（Odra）；在北方，是準提女神（Candī）與大天神（Mahādeva）共祀的賈拉雪拉（Jalashaila）；在南方，是普爾納之主女神（Pūrneshvarī）與大天神（Mahānātha）共祀的普爾納雪拉（Pūrnashaila）；東方則是迦摩之主女神（Kāmeshvarī）與迦摩之主（Kāmeshvara）共祀的迦摩縷波。見Sircar, Sākta Pithas, pp. 12–13。

68. 然而在南方，比較精確的說法，是神話選擇了地方，而非地方決定了神話。至少對我來說，究竟有多少南部地方選擇了神話，這一點並不清楚。南方的大女神，如卡尼亞庫瑪莉跟愛之眼女神，包含在五十一女神寶座之中。然而，當我們從斯里雪拉往南，女神寶座神話歸屬感的感受卻逐漸減弱。這則神話源自北方，更可能是東北。雖然影響力往南擴，但列舉的多數寶座都在北方。在南方，跟卡尼亞庫瑪莉與愛之眼女神起源有關的主要故事，都不包含薩提女神軀體散布的成分。

69. 七者通常是：查謨的毗濕奴諾提毗女神；喜馬偕邦岡格拉與欽塔普里尼的南尼塔爾村的奈納提毗女神；岡格拉區的火山女神；岡格拉鎮的剛格瑞瓦利女神；岡格拉區及哈德瓦爾的曼薩提毗女神（Mansā Devī）；岡格拉區的懺悶達提毗女神。關於這方面的研究，見Kathleen Erndl, *Victory to the Mother* (New York: Oxford University Press, 1992), pp. 37–60。

70. 見：K. R. van Kooij, trans., *Worship of the Goddess According to the Kālikāpurāna* (Leiden: E. J. Brill, 1972), pp. 136–37, citing the *Kālikā Purāna* 60.41–42。

71. 同上，pp. 136–37及Kālikā Purāna 64.72。

72. 見：K. R. Vaidyanathan, *Temples and Legends of Kerala* (Bombay: Bharatiya Vida Bhavan, 1982)。

73. 見：Sarah Caldwell, "Bhagavatī Rituals of Kerala," in Margaret A. Mills, Peter Claus, and Sarah Diamond, eds., *South Asian Folklore: An Encyclopedia* (New York: Routledge, 2003), p. 58。

74. 見：As translated by Sri Aurobindo in R. A. McDermott and V. S. Naravane, eds., *The Spirit of Modern India* (New York: Thomas Y. Crowell Company, 1974), pp. 264–66。

75. 見：B. C. Pal, *The Soul of India* (Calcutta: Yugayatri Prakashak Limited, 1958), p. 103。

76. 同上，pp. 133–34。

77. 見：Lise McKean, "Bhārat Mātā: Mother India and Her Militant Matriots," in J. S. Hawley and D. M. Wulff , eds., Devi: Goddesses of India (Berkeley: University of California Press, 1996)。這一章中，McKean也追蹤了這座神廟跟薩迪亞米德拉南德．吉利上師與世界印度教組織及國民志願服務團（Rāshtrīya Swayamsevak Sangh）的關係。

第七章　毗濕奴．無限與凡身

1. 見：The Temple of Sree Padmanābhaswamy (Trivandrum: Bhavana Printers, 1984) and K. R. Vaidyanathan, Temples and Legends of Kerala (Bombay: Bharatiya Vidya Bhavan, 1982)。Bhāgavata Purāna 10.79提到大力羅摩在朝聖途中造訪了「Syanandūrapuram」，指的也是此地。

2. 所謂神聖實體的「四分之三」是超越人類理解的範圍的概念，出現在〈原人歌〉（Purusha Sūkta，Rig Veda 10.90）中。也出現在Rig Veda I.64.45–46，此處意指話語的四分之三都是超越性的，只有四分之一是人類語言。

3. 毗濕奴神的數千名諱之一，是「Ambhonidhi」及「Apamnidhi」，兩者都指「水域居所」。見Mahābhārata XIII.149，引

自Jan Gonda, Aspects of Early Visnuism (Delhi: Motilal Banarsidass, 1969), p. 15。他也被稱為「Toyātman」，意為「本質為水者」。《摩奴法典》（*Laws of Manu*）指出水被稱為「nāras」，因其為「那羅（nara）」的後代：「渴求由自己身體創造許多種生命者，首先創造水，並將自己的種子放置其中。那（種子）變成金卵，如日燦爛；在那（卵）中，他以梵天出現，整個世界的創造者。水被稱為narah，（因為）水是那羅（Nara）的後代；它們是他最初的居所（ayana），因此他被稱為那羅延納（Nārāyana）。」見Georg Bühler, ed., tr., The Laws of Manu [Sacred Books of the East, Vol. XXV] (New York: Dover Publications, 1969), 1.8.10。後來我們讀到「當神聖者甦醒，這個世界也醒來；當他寧靜沉睡，這個宇宙也陷入深眠」。（1.52.）

4. 見：Nammālvār, *Tiruvaimoli* 1.5.8, and 1.1.7, as quoted in John B. Carman and Vasudha Narayanan, *The Tamil Veda* (Chicago: University of Chicago Press, 1989), pp. 163 and 161。
5. 例如，見：*Vishnu Purāna* II.5。
6. 見：*Nārada Purāna* 2.81–3。
7. 關於毗濕奴神的發散，見：Narayanan and Carman, *The Tamil Veda*。
8. 他們被稱為「ukantarulinanilankal」——鍾愛之地；泰米爾文稱為「tiruppati」；梵文稱為「divyadesha」。見See Katherine K. Young, Beloved Places (ukantarulinanilankal): The Correlation of Topography and Theology in the Srivaisnava Tradition of South India (Montreal, Quebec: McGill University, 1978)。
9. 同上，第一章。
10. Young注意到間歇泉，黑暗之光及沙漠中休憩綠洲的意象，常用來指涉這些鍾愛之地的本質。同上，pp. 23-24。
11. 同上，pp. 78-79。
12. 見：Friedhelm Hardy, "Ideology and Cultural Contexts of the Srivaisnava Temple,"*Indian Economic, Social History Review* XIV, no. i (1977): 119–51。
13. 斯里蘭甘姆在文獻中也稱為阿蘭甘（Arankan）；提魯帕蒂稱為文卡坦；坎契就是喀奇（Kacci）；梅爾科特就是提魯納拉亞納普蘭（Tirunārāyanapuram）。
14. 庫倫庫提位於提魯奈爾維利（Tirunelvelli）的南方，接近南印度頂點；科提尤爾則在馬杜賴與普度科泰（Pudukkotai）之間。一百零八個鍾愛之地中的一百零六個，已經被標註在谷歌地圖上；另外兩個則在仙界，包含天宮毗恭吒。
15. 姬塔出版社印地文百科全書（The Gita Press Hindi encyclopedia）的聖地卷，將毗濕奴教派傳統中標準一零八鍾愛之地名單，比較《梵天往世書》中的一零八處聖地。發現後者源於北印度，還包含普里、斯里庫爾曼（Shrīkūrmam）及東方的獅子山等地。

16. 見：Young, *Beloved Places,* p. 266。

17. 見K. N. Subramanyam, tr., The Anklet Story, Silappadhikaaram of Ilango Adigal (Delhi: Agam Prakashan, 1977), p. 45。根據某些泰米爾學者，這部史詩可追溯至西元三世紀，根據其他人，則最晚可能在十世紀成書。George Hart將這部史詩定在約六世紀左右。見前書介紹篇章，與George Hart, The Poems of Ancient Tamil (Berkeley: University of California Press, 1975), for dating discussions。

18. 見：Friedhelm Hardy, *Viraha Bhakti* (Oxford: Oxford University Press, 1983), p. 260。

19. 當然還有其他神聖自顯的地方。這個傳統包含北印度奈米沙森林、布拉吉的諸多奎師那聖地、喜馬拉雅山區的巴德里納特聖地、拉賈斯坦邦的普許卡拉蓮池，以及南方的除惡之主與提魯凡納馬萊神廟。見Svayam Vyakta Kshetra (Madras: Sri Vadapalani Off set Printers, n.d)。

20. 見V. N. Hari Rao, The Srirangam Temple，引自Young, Beloved Places, p. 111。

21. 這則故事出自《羅摩衍那》（Yuddha Khanda 128.90; Uttara Khanda 39.14; 108.27–30），及《蓮花往世書》、《化魚往世書》、《大鵬往世書》與《梵卵往世書》。如同許多其他神廟，不只有建廟神話，還有重現神話。這裡的古老神廟據說一度曾被卡韋里河淹沒，多年後被奇利國王（Kili）發現，他聽到一隻鸚鵡念誦往世書，宣稱此為斯里蘭甘姆神廟。達摩．瓦爾曼與奇利國王都非歷史上真實存在的人物，因為並沒有帶著他們名號的紀錄或銘文。神廟內最早的銘文可追溯至西元十世紀的朱拉王朝統治時期。

22. Paul Younger在兩篇文章中描述斯里蘭甘姆的祭典：“Singing the Tamil Hymnbook in the Tradition of Rāmānuja: The ‘Adhyayanotsava’ Festival in Srirankam,” in History of Religions Vol. 21, No. 3 (Feb. 1982), pp. 272–29及“Srirankam: Days of Wandering and Romance with Lord Rankanatan: The Pankuni Festival in SrirankamTemple, South India,” in Modern Asian Studies, Vol. 16, No. 4 (1982), pp. 623–656。

23. 見：B. S. Anandha, compiler, *Sri Venkatesa Purāna* (Madras: Lotus Publishing, 1980), p. 9, and P. Sitapati, *Sri Venkateswara: The Lord of the Seven Hills* (Bombay: Bharatiya Vidya Bhavan, 1972), pp. 26–27。

24. 馬哈拉施特拉邦的柯拉普爾跟提魯帕蒂之間，持續維持著儀式關係：見the Ph.D. thesis of Tamara Lanaghan, *Transforming the Seat of the Goddess into Vishnu's Place: The Complex Layering of Theologies in the Karavira*。

25. 在整套往世書故事中，這則是神廟本身自己採用的。更詳細版本的，可見提魯馬拉．提魯帕蒂神廟（Tirumala Tirupati Devasthānams）信託基金網站，介紹毗濕奴神（斯里尼瓦沙[Shrīnivāsa]的形象）與帕德瑪瓦蒂的婚姻：www.tirumala.org/maintemple_legends.htm。

26. 一位評論者這麼說：「無論提魯馬拉的神祇是毗濕奴神、濕婆神、莎克緹還是室健陀，並無差別。因為根據印度教，不同形式都指向至高無上的梵，因此這項辯論實無意義。每位信徒都在偶像中看到自己的心愛之神，也將這位神祇視為爭鬥時代的救贖，祂會回應所有信徒的祈求。」見Chalapati Rao and Gudlavalleti Venkata, Sri Venkatāchala, Its Glory (Vijayawada, India: Metro Printers, 1983), p. 234。

27. 提魯帕蒂的理髮廳自然會產生大量頭髮，許多頭髮被轉售製作假髮。有好幾次，我接到正統猶太社群的詢問，擔心正統猶太婦女使用的假髮，曾經在神廟中獻給「偶像」。我的回應是，這些頭髮並非獻給神廟，甚至不是在神廟中發生，因為落髮會被視為汙染聖域的一種形式。頭髮並非獻給神，而是落髮者將自己獻給神廟中的神祇。

28. 見：Choodie Shivaram, "Court Decree Retires Tirupati Temple's Hereditary Priests,"*Hinduism Today,* June 1996。

29. 見：Ralph T. H. Griffi ths, trans., *The Hymns of the Rig Veda* (Delhi: Motilal Banarsidass, 1973), I.154.1。

30. 這個神話的某些版本中，第三步是踩在跋利的頭上，後者彎身降伏。「惡魔」，不論是梵文中的阿修羅、底提耶、或檀那婆（dānava），都不是「邪惡」的。他們主要被刻畫為反對諸神；提婆諸神與阿修羅之間的競爭，驅動了被造世界的大戲。

31. 見：*Taittirīya Samhitā* 2.4.12.3, as cited in Gonda, *Aspects of Early Visnuism,* p. 55。

32. 例如，見：the etymologies of the *Linga Purāna* 70.97 and the *Vāyu Purāna* 5.36。

33. 見：*Mahābhārata* 12.48.88. Also discussed in Gonda, *Aspects of Early Visnuism,* p. 64。

34. 見：*Rig Veda* I.155.5。

35. 同上，I.154.2–3。

36. 見：Ralph T. H. Griffi ths, tr. *Texts of the White Yajurveda,* Book V. 38, 41。

37. 見：Gonda, *Aspects of Early Visnuism,* p. 2。

38. 伽耶離古代佛教地點菩提伽耶很近，佛陀據說在此看穿真實本相，因而覺悟。即便今日，菩提伽耶與伽耶都是佛教與印度教傳統的重要朝聖地。

39. 見：Rig Veda I.22.17。Yāska記錄下Aurnavābha提到這三處為毗濕奴神的三步(Nirukta 12.19)。見Vāyu Purāna part II, p.

910, footnote and Appendix C of Suvira Jaiswal, The Origin and Development of Vaisnavism (Delhi: Munshiram Manoharlal, 1981)。

40. 見：Vāyu Purāna II.44.64–65。關於伽耶之顱的故事，見Vayu II.44；另見L. P. Vidyarthi, The Sacred Complex in Hindu Gaya (Bombay: Asia Publishing House, 1961), Appendix I。一個俱羅舍約為二點二英里，一處聖地延伸五俱羅舍的概念，是個廣泛複製的概念，從圍繞迦屍曼荼羅的知名五俱羅舍繞行朝聖開始，形成半徑五俱羅舍的圓圈。

41. 然而我們要注意到，雖然「avatāra」一詞指毗濕奴神的神聖下凡轉世，但這個詞可能首先是由佛教徒開始採用，用來描述悉達多等人的下凡，轉生成為完全覺醒的佛陀。

42. 引自John B. Carman, *The Theology of Rāmānuja* (New Haven: Yale University Press, 1974), p. 237。

43. 見：Bhagavad Gītā 4.7–8。

44. 見：*Cintāmani Dhāma* (Los Angeles: Bhaktivedanta Book Trust, n.d.), p. 1。

45. 見：Jaiswal, *The Origin and Development*, p. 136。

46. 見：*Vishnu Purāna* I.16–20。

47. 見：*Bhāgavata Purāna* VII.8。

48. 見：Dr. K. Sundaram, *The Simhachalam Temple*, 2nd ed. (Simhachalam: Simhachalam Devasthanam, June 1984)。在頁44ff.，他摘要了《神廟往世書》與其歷史脈絡。

49. 這被稱為「水供神像」（snāpana bera）。神廟中的神像包含：主神像（mula bera）、水供神像（接受供水及每日浸浴，因為主神像上覆蓋的檀香泥無法接受這種形式的供奉）、出巡神像（utsava bera）、祭典神像（kautuka bera）、沉睡神像（shayana bera）及降魔神像（bali bera）。

50. 見：Sundaram, *The Simhachalam Temple*。從這本傑出著作中簡單摘要部分歷史，這個區域在西元前五世紀，是所謂的羯陵迦地區的一部分。這在《摩訶婆羅多》中有提及。到了五世紀，恆河王朝諸王開始統治此區，一直延續到十四世紀。在十一世紀，恆河王朝與南部的朱拉王朝曾有過聯盟。十一世紀末（一〇八七年），此處產生第一幅銘文，紀錄一位名為貝奴龔德（Penugond）的商人，奉獻了獅子山神廟。接著在一〇九九年有了泰米爾文銘文。整個來說，十一世紀最後二十五年留下了三十七幅銘文（p. 67）。十二世紀恆河王朝在傑出王者阿南塔瓦曼・喬達甘加（Anantavarma Choda Gangā）統治下，他也建設了此地以北的普里城。在他治下，推崇毗濕奴教派。首先在獅子山留下銘文的恆河王朝統治者，是十三世紀的安納加比馬（Anagabhima）。後來這個世紀中，還有納拉辛哈一世（Narasimha I）也加入行列。他也被稱為納拉辛哈．德瓦（Narasimha Deva），興建了科納拉克（Konārak）海岸上的太陽神廟，並對獅子山神廟進行「全面整修」。後世國王認為自己是「獅子山之主蓮花腳下的崇拜者」。毗奢耶那伽羅王朝的奎師那拉亞王（Krishnaraya）於十六世紀前來此地。正是從十三到十六世紀，獅子山緩慢變成一處甚受歡迎的聖域（pp. 15–18, 67–69）。

51. 見：Sundaram, *The Simhachalam Temple*, p. 49。

52. 見：Madelaine Biardeau, "*Narasimha, Mythe et Culte*," in *Purushārtha* (Paris: Centred'Etudes de l'Inde et de l'Asie du Sud, 1975), p. 53。

53. 獅子山的《神廟往世書》談到四個重要的那羅僧訶神廟：阿荷比拉姆、克利塔所恰姆（Kritasaucham）、哈拉帕帕姆（Harapāpam）與獅子山。克利塔所恰姆與哈拉帕帕姆的地點不明。其他山頂的那羅僧訶神廟，包含高達瓦里河岸的達瑪普利（Dharmapurī）；邁索爾（又稱亞達吉利）的亞達瓦德利（Yadavādri）；在梅爾科特，有一尊冥想的那羅僧訶；在吠陀亞德利（Vedādri，靠近安德拉邦東高達瓦里區的科魯空達Korukonda），那羅僧訶與拉克什米共祀。

54. 見：Madelaine Biardeau, "*Narasimha*," and J. N. Banerjea, *The Development of Hindu Iconography* (New Delhi: Mushiram Manoharlal, 1974), pp. 416–17。

55. 見：A. Eschmann, "The Vaishnava Typology of Hinduization and the Origin of Jagannātha," in Eschmann, Kulke, and Tripathi, eds., *The Cult of Jagannath and the Regional Tradition of Orissa* (Delhi: Manohar, 1978), p. 101。

56. 見：*Shrī Chārodhām Yātrā*, p. 5。

57. 見：See *Mahābhārata*, XII.344–45。

58. 關於巴德里納特的五岩，見：The stories of the fi ve rocks of Badrīnāth are told in the *Skanda Purāna* II.iii.3–4。

59. 普拉巴薩是往世書中索姆那特的稱呼，也是古賈拉特海岸上的濕婆光柱之地；普許卡拉是拉賈斯坦的梵天聖地；伽耶位於今日的北方邦，以舉行死亡儀式而聞名；奈米沙森林以《摩訶婆羅多》的故事聞名，許多故事發生在此；俱盧之地是以《摩訶婆羅多》大戰戰場聞名的聖地，又稱正法之地。

60. 見：*Skanda Purāna*, II.iii.7.1–11。

61. 見：*Skanda Purāna*, II.iii.6.9–42。

62. 見：*Shrī Badrī-Kedār Mahātmya* (Hardwar: Harbhajan Singh and Sons, n.d.), p. 11。

63. 見：*Mahābhārata* III.40.1。

64. 幸運地，般度的另一個妻子貢蒂擁有一本無性生殖之書，透過對神祇之一進行冥想，生下了般度王的兒子。

65. 見：*Skanda Purāna* II.iii.1 is Shiva's review of the many *tīrthas*. Th is last passage is 1.60–63。

66. 見：*Skanda Purāna* II.iii.2.1–15。

67. 見：A. P. Agarwal, ed., *Garhwal: Dev Bhoomi* (New Delhi: Nest and Wings, 1988), p. 138。

第八章　奎師那的地域傳說

1. 奎師那誕生初八日，意指據傳為奎師那誕生日的婆羅鉢陀月（八到九月）黑分的第八天。

2. 奎師那傳說最知名的版本，是《博伽梵往世書》第十部。最新且容易取得的英文譯本，見Edwin Bryant, Krishna: The Beautiful Legend of God (London: Penguin Books, 2003)。出生故事在第十部的三到五章。所有後續引用的《博伽梵往世書》第十部、十一部都出自這個譯本。

3. 大力羅摩經常跟被視為支撐毗濕奴上神的宇宙大蛇舍沙，這是上神在廣大時間之海中的休息處。布拉吉有許多大力羅摩與蛇神那伽的關聯。大力羅摩在此也稱為「哥哥」（Dauji）。布拉吉有四間神廟，據傳是奎師那的孫子剛那布所建，他的神廟是其中之一。

4. 見：Bryant, *Krishna: The Beautiful Legend* 10.3.13, 14, 17。

5. 見：*Bhāgavata Purāna* 10.4.13。

6. 對殺戮無辜者故事與基督教聖經中希律王及耶穌降生故事的關聯性有興趣者，請見John S. Hawley in association with Srivatsa Goswāmī, At Play with Krishna (Princeton: Princeton University Press, 1981), pp. 56–58。

7. 詳見Alan Entwistle, Braj, Center of Krishna Pilgrimage (Groningen: Egbert Forsten, 1987)。他指出梵文字源，「vrajanti gavo yasmin iti vrajah」，意指「牛群廣布之地」，也就是布拉吉。這指的是「秣菟羅往東往南十公里，往西往北將近五十公里」之地。亞穆納河流經東境，戈瓦爾丹山在西側。「布拉吉與戈庫爾都是指稱牧牛人紮營或定居之處，難陀則是牧牛人的領袖。」（p. 28）。

8. 同上，p. 71。

9. 見：Shiva G. Bajpai, "Mathurā: Trade Routes, Commerce, and Communication Patterns, from the Post-Mauryan Period to the End of the Kushāna Period," in Doris M. Srinivasan, ed., *Mathurā, The Cultural Heritage* (New Delhi: American Institute of Indian Studies, 1989), p. 45。

10. 見：Frederic S. Growse, Mathura: A District Memoir (Northwest Provinces and Oudh Government Press, 1883), p. 34。

Growse此處引述賈汗季爾皇帝時代的阿布杜拉（Abdullah）所寫的《阿富汗統治者史》（*Tarikh-i-daudi*），其中一段提及後來在偶像打擊紀錄中十分知名的希坎達·洛迪蘇丹（Sikander Lodi），「他是一位如此狂熱的穆斯林，徹底摧毀許多不信者的崇拜之所，不留一絲一毫。他完全摧毀抹菟的諸多神廟，那個異教信仰的寶窟，將他們的主要神廟轉成宮殿與學院。他們的石造雕像則交給屠夫，當成鉆板。所有秣菟羅的印度教徒都嚴禁剃頭、剃鬚及儀式浸浴。他終結了此地所有不信者的偶像崇拜儀軌。」

11. 見：Francois Bernier, *Travels in the Mogul Empire,* vol. I, Irving Brock, tr. (London: William Pickering, 1826), p. 323。

12. 見：Richard M. Eaton, "Temple Desecration and Indo-Muslim States," Journal of Islamic Studies 11, no. 3 (2000): 283–319。這篇文章中，伊頓指出穆斯林統治者摧毀神廟的程度，遭到大幅誇飾。神廟確實遭到摧毀，此舉卻是選擇性為之，而且主要對象是國家神祇，「以根絕印度統治者的正統性」（p. 289）。耆薩瓦提婆神廟遭毀的案例中，他認為這是為了回應賈特（Jāt）種姓的叛變，賈特種姓的領袖曾受蒙兀兒人庇護（p. 307）。

13. 見：*Bhagavān Shrī Rādhāmādhava ke Charanon me Samarpit* (Hapur: Modi Bhavan: Shrī Rādhāmādhava Sankirtan Mandal, n.d.), p. 25。

14. 阿逾陀、秣菟羅、瑪雅（哈德瓦爾）、迦屍、坎契、阿槃提（烏賈因）、普里德瓦拉瓦提——這些是解脫之城。實際上是有八個，因為普里在東，而德瓦拉瓦提在西，形成了印度的東西軸線。普里德瓦拉瓦提也可以指「德瓦拉瓦提城」，普里意指「城市」。

15. 見：Doris Srinivasan, "Early Krishna Icons: The Case at Mathurā," in Joanna Williams, ed., *Kaladarsana: American Studies in the Art of India* (Leiden: Brill, 1981), p. 130。她在本文中指出，在奎師那傳說場景的早期描繪中，秣菟羅的角色其實並不突出。事實上此地產出的造像，也不比北印度其他地方或卡納塔卡來得出色。西元五世紀中，可以看到擊敗大蛇迦利耶與馬妖凱西（Keshi）的主題；奎師那舉起戈瓦爾丹山的主題，則略晚出現。

16. 見：Doris Srinivasan, *Mathurā, The Cultural Heritage,* p. 390, "Vaisnava Art and Iconography at Mathurā."。

17. 見：Charlotte Vaudeville, "The Cowherd God in Ancient India," in L. S. Leshnik and G. D. Sontheimer, eds., *Pastoralists and Nomads in South Asia* (Weisbaden: Otto Harrassowitz), 1975。

18. 見：Charlotte Vaudeville, "Braj Lost and Found," *Indo-Iranian Journal* 18 (1976), p. 204。

19. 見：David Haberman, *Journey Through the Twelve Forests* (New York: Oxford University Press, 1994), p. 91。禱文來自他的朝聖經驗回憶，他同時也吟誦Varaha Purāna, Mathurā Māhātmya, 158.63。

20. 見：Entwistle, *Braj*, p. 30。根據某些紀錄，沃林達文的蓮花夜間會合上，包起奎師那與拉妲密會之地。
21. 見：*Harivamsha*, Manmatha Nath Dutt, trans. (Calcutta: H. C. Dass, Elysium Press, 1897), LX.17–30。
22. 見：*Bhāgavata Purāna* 10.7.35–37a。
23. 見：*Bhāgavata Purāna* 10.8.32–44。
24. 這種情感稱為換帖情誼（sākhya bhāva），「sākhya」意指朋友。在女性脈絡中，「sakhi」則指閨密。
25. 見：Entwistle, *Braj*, p. 59。
26. 見：Entwistle, *Braj*, p. 60，引述Nārāyana Bhatta's Vraja Bhakti Vilāsa 5.1。
27. 見：Charlotte Vaudeville所譯的〈Sri Nāthjī Prakatya kī Varta〉，《Sri Harirāyjī》(1590–1715)，出自"The Govardhan Myth in Northern India," Indo-Iranian Journal 22 (1980), p. 19。此文獻詳細說明四方神居，以提魯奇拉帕里的蘭甘納塔，取代常見的拉梅許瓦拉，並總結「有德之人，若已前往四神朝聖，卻獨漏眾神之主（Devadaman），則所有朝聖將視為無功。若他只造訪戈瓦爾丹山的眾神之主（Sri Nātha Devadaman），他將獲得前往世界四神朝聖之功」。
28. 見：*Bhāgavata Purāna* 10.24–25。
29. 見：Vaudeville, "The Cowherd God."。
30. 見：Harivamsha LXXI.2, 9, 10, 12；另引於Vaudeville, "The Govardhan Myth," p. 4。
31. 見：*Vishnu Purāna* 10。H. H. Wilson的譯本，「因此，布拉吉的居民崇拜山岳，獻上乳酪、牛奶與肉。他們也提供食物給數百、數千婆羅門，以及許多其他（前來祭典）的賓客，甚至連奎師那本人也加入。他們奉獻時，會繞行母牛與公牛，牛群哞聲響徹雲霄。抵達戈瓦爾丹山頂時，奎師那現身，並說：『我就是山。』並享用牧牛人奉獻的許多食物。此時，他以奎師那自身形象，伴隨牧牛人，登上山岳，崇敬他自身。」
32. 見：Hawley and Goswami, *At Play with Krishna*, p. 34。
33. 見：*Bhāgavata Purāna* 10.16。
34. 見：Hawley and Goswami, *At Play with Krishna*, pp. 35–36。
35. 同上，見p. 36。
36. 見：*Bhāgavata Purāna* 10.29.35。
37. 見：*Bhāgavata Purāna* 10.33.3。
38. 這是傳說中在很久很久以前，由奎師那的曾孫剛那布建造的四座古老濕婆神廟之一。也稱為牧牛女之主神廟。

39. 見：Haberman, *Journey Th rough the Twelve,* p. 23。
40. 見：Growse, *Mathura,* p. 80。
41. 見：*Bhāgavata Purāna* 10.47–49–51。
42. 見：*Skanda Purāna,* Vaishnava Khanda 6。
43. 根據Haberman，奎師那神廟有沃林達文的牧牛人之主（Govindadev）、秣菟羅的耆薩瓦之主（Keshavadev）、戈瓦爾丹山的哈利之主（Haridev）與達烏吉（Dauji）的大力之主神廟（Baladev）。濕婆神廟則是沃林達文的牧牛女之主、秣菟羅的靈之主、坎邦的愛之主與戈瓦爾丹的輪之主神廟。（Haberman, *Journey Through the Twelve*, p. 53）
44. 瓦拉巴又稱為瓦拉巴大導師（Vallabhāchārya），「"āchārya」是導師的敬稱。見Richard Barz, The Bhakti Sect of *Vallabhāchārya* (Faridabad: Thomas Press, 1976)。
45. 見：From Vaudeville, tr., "Srī Nāthjī Prakatya," p. 24。
46. 見：Srivatsa Goswāmī, *Celebrating Krishna* (Vrindāvan: Srī Caitanya Prema Samsthāna, 2001), p. 32。
47. 見：Haberman, *Journey Th rough the Twelve,* p. 64。
48. 同上。
49. 見：Goswāmī, *Celebrating Krishna,* p. 54。
50. 見：Vaudeville, "Braj Lost and Found," pp. 195–213. 532 Notes。
51. 關於那羅延納・巴塔生平摘要，詳見Haberman, *Journey Through the Twelve*, pp. 56–63。
52. 見：Goswāmī, *Celebrating Krishna,* p. 87。
53. 見：Vaudeville, "Braj Lost and Found," p. 199。
54. 同上，p. 212。
55. 見Haberman, *Journey Th rough the Twelve,* pp. 25–26。
56. 關於「綠色新月」及其他年度節慶的進一步資訊，見Amit Ambalal, Krishna as Shrīnāthjī (Ahmedabad: Mapin Publishing, 1987), p. 26ff。
57. 參見插圖，Stuart Cary Welch, ed., Gods, Kings, and Tigers: The Art of Kotah (Cambridge: Prestel Publishers, 1997)。
58. Growse, Mathura, p. 130確認，「預期奧朗則布皇帝可能進行劫掠，梅瓦爾的拉納・拉吉・辛格（Rana Raj Singh of Mewar）移走古老的耆薩瓦提婆神像。神像隨著行旅移動，就在車輪深陷砂土、拒絕移動之地，重新設立。結果是在

59. 烏代浦爾東北方二十二英里……一處名為夏爾（Siarh）的不知名小村落。」
毘塔爾納特吉（Vitthalnāth-jī）前往納特德瓦拉，加入斯里納特吉。來自秣菟羅的德瓦拉卡迪許吉（Dvārakādhīsh-jī），前往拉賈斯坦的岡克洛里（Kankroli）。戈庫爾納特吉（Gokulnāth-jī）、戈庫爾強德羅摩吉（Gokulchandrama-jī）及馬達納摩罕吉（Madanamohan-jī）都留在布拉吉。巴拉奎師那吉（Bālakrishna-jī）則前往古賈拉特邦的蘇拉特（Surat）。還有一些不在前八者之列的自顯神像，卻仍舊具有相當的地方知名度，如阿赫邁巴德的納特瓦拉爾吉與瓦拉那西的穆坤達瑞吉（Mukundaray-jī）。

60. 見：Erik Erikson, *Toys and Reasons* (New York: W.W. Norton & Co., 1977), p. 113。

61. 賓州的布拉吉複製了印度布拉吉神聖地景的特點。一九八〇年代從一片農田及幾棟建築開始。到了九〇年代末期，較大的神廟已經完工祝聖。美國還有其他恩典之道社群，包含紐澤西州塞爾維爾（Sayreville）與芝加哥。

62. 德瓦拉瓦提的描述，詳見《訶利世系》。

63. 見：*Bhāgavata Purāna* 11.6.29–30。

64. 見：*Bhāgavata Purāna* 11.30。

65. 海邊戰役的故事，見Mahābhārata 16.3及Bhāgavata Purāna 11.30。

66. 見：*Bhāgavata Purāna* 11.30.47。

67. 這段話經常宣稱是引述自《摩訶婆羅多》的第十六部〈棒之書〉（Mausala Parva）。這是整部史詩十八部中較短的一部，描述德瓦拉卡城的覆滅。雖然這段話經常被引用，我在〈棒之書〉中卻找不到明確證據。這是〈棒之書〉5.8–10及7.41–42的改寫，這兩段描述鯊魚跟鱷魚在德瓦拉卡淹水街道中梭巡。文字雖然很接近，卻比不上引述段落來得美而令人回味。

68. 見：S. R. Rao, *The Lost City of Dvārakā* (New Delhi: Aditya Prakashan), 1999。

69. 海岸城市沉沒，即便多次發生，事實上今日也不難理解，畢竟我們都很清楚海嘯的威力。

70. 見：K. R. Vaidyanāthan, *Sri Krishna: The Lord of Guruvayur* (Bombay: Bharatiya Vidya Bhavan, 1974), p. 2。

71. 見：B. Govindacharya, U. P. Upadhyaya, and M. Upadhyaya, Udupi Past and Present (Udupi: Sri Pejavar Mutt, 1984)。據說是「透過口傳的部分」梵文詩句與譯文，見pp. 17-21。

72. 見：Bannaje Govindacharya, *Madhvacharya, Life and Teachings* (Udupi: Paryayotsava Samiti, 1984), pp. 43–44。

73. 馬德瓦（一二三八至一三一七）是一位擁抱無上真實與個人靈魂合一（即非二元論）的哲學家。不同之處在於，他認為靈魂與神聖的關係，是依存關係。

74. 關於烏都毗修院的研究，見Vasudeva Rao, Living Traditions in Contemporary Contexts: The Madhva Matha of Udupi (New Delhi: Orient Longman Private Limited, 2002)。

75. 見：Govindacharya et al., *Udipi Past and Present,* p. 25。

76. 關於這個廣泛流傳的故事，見K. R. Vaidyanāthan, Sri Krishna, the Lord of Guruvayur (Bombay: Bharatiya Vidya Bhavan, 1974), p. 11。另見關於古魯瓦尤的精采圖文集，Pepita Seth, *Heaven on Earth: The Universe of Kerala's Guruvayur Temple* (New Delhi: Niyogi Books: 2009)。

77. 譯文請見：M. P. Bhattatiri, *Narayaneeyam,* Swami Tapasyananda, tr. (Madras: Sri Ramakrishnamath, 1982)。

78. 事實上，二〇〇七年，喀拉拉邦民政局長的兒子瓦亞拉．拉維（Vayalar Ravi）前往古魯瓦尤神廟，為自己的兒子舉行初食禮。拉維的母親是基督徒。神廟當局的回應是，下令為神廟進行淨化儀式，導致雙方激辯。神廟當局堅持，若有任何宗教認同問題，申請者應前往附近科欽（Kozhikode）的亞利安社（Arya Samāj）。一九八八年，我向神廟當局指出，要求亞利安社宣布某人是否適合進入神廟瞻仰神祇，是一件特別諷刺的事。因為亞利安社從達雅南達．薩拉斯瓦蒂（Dayandanda Sarasvati）的時代，就明確拒絕神祇崇拜這個印度教傳統的面向。有趣的是，《*Heaven on Earth: The Universe of Kerala's Guruvayur Temple*》一書的作者Pepita Seth，在書中導言寫到自己是英國人，在蘇福克郡的農場長大。但初次前往喀拉拉後寫下「喀拉拉探入我心深處，改變了我看待生命的方式」。（p. 8）

79. G. C. Tripathi, "Jagannātha, the Ageless Deity of India," in A. Eschmann and H. Kulke, eds., *The Cult of Jagannath and the Regional Tradition of Orissa* (New Delhi: Manohar, 1978), p. 481。

80. 見：G. C. Tripathi, "Jagannātha, the Ageless Deity of India," in A. Eschmann and H. Kulke, eds., *The Cult of Jagannath and the Regional Tradition of Orissa* (New Delhi: Manohar, 1978), p. 481。

81. 見：Anncharlotte Eschmann, "The Vaisnava Typology of Hinduization," in Eschmann and Kulke, *The Cult of Jagannatha,* pp. 112–13。

82. 關於此一儀式的完整敘述，見：C. G. Tripathi, "Navakalevara," in Eschmann and Kulke, *The Cult of Jagannath,* Chapter XIII, pp. 223–64。

83. G. C. Tripathi在最後一段總結「新生」儀式，「『新生』典禮的不同儀式，是婆羅門印度教強加在一個純然部落起源的宗教信仰上的最佳範例。達伊塔人明確地源自部落族群，出現在典禮各處，他們在典禮中扮演的重要角色，正是這種影響無可置疑的證據。雖然『向樹獻祭』本身，屬於婆羅門傳統……卻是由他們（達伊塔人）砍樹，將樹帶到神廟裡，製作造像。婆羅門甚至不被允許進入造像棚屋（Nirmānamandapa）。他們也不被允許看到或碰觸未完成的木像，甚至也不能祝聖。他們祝聖了十五天的木質插銷（Nyāsadaru），成為蓋上神像胸膛空腔的蓋子，不過是對婆羅門儀式的微弱安慰，明顯展現出他們的次要地位。同樣地，他們無法得知神祇的『生命物質』；他們看起來得很努力，至少在最後一天整場典禮完成之前，努力碰到神像，只為了在賈格那塔與其他神像的眼睛畫上一筆。」（p. 264）

第九章　跟隨羅摩足跡：印度地景上的《羅摩衍那》

1. 關於《羅摩衍那》傳統的範疇與豐富性，見Paula Richman's edited volume, Many Rāmāyanas: The Diversity of a Narrative Tradition in South Asia (Berkeley: University of California Press, 1991)。
2. 見：A. K. Rāmanujan, "Th ree Hundred Rāmāyanas," in Richman, *Many Rāmāyanas,* p. 45。
3. 見薛爾登・波洛克導言，The Rāmāyana, Book 3, The Forest (New York: University of New York Press, Clay Sanskrit Library editions, 2008), pp. 26–28。波洛克討論了國王作為凡身之神的這個古老主題，《羅摩衍那》透過神王羅摩的敘事來討論這個主題。波洛克談到「神祕與人性的獨特融合」。
4. 「vana」跟「aranya」的區別，似乎在於前者是較近且經常美好的「樹林」，後者則是較遠且經常陌生的「荒野」。見Anne Feldhaus, "The Image of the Forest in the Māhātmyas of the Rivers of the Deccan," in Hans Bakker, ed., The History of Sacred Places in India as Reflected in Traditional Literature (Leiden: E. J. Brill, 1990), pp. 90–102。如她指出，兩者幾乎逐漸通用。《羅摩衍那》的主要篇章之一的〈森林書〉稱為「Aranya Kanda」，《摩訶婆羅多》同名篇章則稱為「Vana Parva」。然而並沒有任何明顯區別。
5. 見：W. D. P. Hill, tr., *The Holy Lake of the Acts of Rāma, a Translation of Tulasī Dās's Rāmacharitamānasa* (Bombay: Oxford University Press, 1952), p. 207。
6. 見：M. V. Kibe, *Indian Historical Quarterly* (1928), pp. 694–702; *Journal of the Bhandarkar Oriental Research Institute* XVII (1936), pp. 371–84. See also H. D. Sankalia, "The Ur (original) *Rāmāyana* of Archaeology and the *Rāmāyana,*" in *Indologen-Tagung* (Weisbaden, 1971)。
7. 見：D. P. Mishra, *The Search for Lankā* (Delhi: Agam Kāla Prakashan, 1985)。
8. 即便在一九八〇、九〇年代的清真寺——神廟爭端之前，兩位荷蘭學者就曾進行重大研究。Hans Bakker的Ayodhyā

(Groningen: Egbert Forsten, 1986) 主要處理阿逾陀的讚歌；Peter Van der Veer 的 Gods on Earth (London: The Athlone Press, 1988) 則仔細研究阿逾陀作為朝聖中心，宗教專業人士在阿逾陀生活中的角色。

9. 見：Bakker, *Ayodhyā,* pp. 65–66。
10. 同上，151。
11. 見：Van der Veer, *Gods on Earth,* p. 17。
12. 見：Bakker, *Ayodhyā,* pp. 95 and 150。
13. 見：Van der Veer, *Gods on Earth,* p. 18。
14. 見：Ramgopal Pandey, "Sharad," *Hanumān garhī kā itihās aur māhātmya* (Ayodhyā: Candramaul Pustak Bandar, n.d.), p. 2。
15. 見：Bakker, Ayodhyā, p. 145 n。即便在十八世紀，濕婆派與毗濕奴派的出家人，也對阿逾陀的聖地與廟宇所有權產生衝突。這類衝突也記錄在 Hanumān garhī kā itihās aur māhātmya。
16. 見：*Hanumān garhī kā itihās aur māhātmya,* pp. 2–3。
17. 見：F. S. Growse, tr., The Rāmāyana of Tulasīdāsā (Delhi: Motilal Banarsidass, 1978), pp. 304–5。蟻垤版的《羅摩衍那》中，抵達奇特拉庫特，發生在 II (Ayodhyakanda) 56。
18. 見：*Siva Purāna,* Kotirudrasamhitā 3.1。
19. 見：Kalyān Vol: 31, No. 1 (Gorakhpur: The Gita Press, 1957), *Tīrthānk*, p. 121。
20. 見：*Siva Purāna,* Kotirudrasamhitā 3–4。
21. 見：Rāmakalhan Saran, *Brihat Srīcitrakūta Māhātmyam* (Lucknow: Tejakumar Press, 1971)。
22. 見：Tulsīdās, *Gitāvalī,* pp. 179–88。
23. 檀陀迦森林據說佔據整個中印度，有時形容為納馬達河與高達瓦里河之間的區域，雖然《羅摩衍那》中，直到搜尋隊伍從猴子森林往四方散開，尋找悉達之前，並未提到納馬達河。
24. 見：*Rāmāyana* III.11.21ff . See Srīmad Vālmīki's *Rāmayana*, 3 vols. (Gorakhpur: The Gita Press, 1969)。
25. Tarpana 是死者的紀念儀式。原意指「滿足」，以水及其他祭品來滿足祖先（pitr）。
26. 見：Mate, Temples and Legends of Maharashtra (Bombay: Bharatiya Vidya Bhavan, 1970), pp. 62–63, 75–8。女神變身成悉達，出現在羅摩面前的故事，也出現在《羅摩功行錄》的一開始。
27. 見：Growse, *The Rāmāyana of Tulasīdāsa,* p. 476。

28. 莎巴里據說是一位偉大賢者的門徒。當他去世時，她要求一同離世，他卻堅持莎巴里必須留在世間，等到上主羅摩來到修行所。她也如此照辦了。

29. 見：R. S. D. Sen, *The Bengali Ramayanas* (Calcutta: Calcutta University Press, 1920), pp. 46–47。

30. 見：Tulsīdās, *Dohāvalī*, poem 12. Cited in B. I. Kapur, *Hanumān Chālīsā* (New Delhi: Trimurti Publications, 1974), p. 43。

31. George Michell and Vasundhara Filliozat, eds., Splendours of the Vijayanagara Empire: Hampi (New Delhi: Marg Publications, 1981), p. 133。他們認為幾乎所有前毗奢耶那伽羅時期的神廟都是濕婆派（p. 77）。

32. 在美成立的印度教環保組織Esha Vasyam的創辦人Kusum Vyas，見Ruth Gledhill nd Jeremy Page, "Can the Monkey God Save Rāma's Underwater Bridge?" in TimesOnLine, March 27, 2007。拯救羅摩橋行動網站：http://ramsethu.org/indexmore.html。二〇一〇年八月六日取得。

33. Adhyātma Rāmāyana, Yuddha Kanda 4。同一個來源也指出，崇拜拉梅許瓦拉要從迦屍開始，將恆河水帶到拉梅許瓦拉供奉林伽。

34. Siva Purāna, Kotirudrasamhitā 31。Padma Purāna, Shrishtikānda 38同意林伽的建立早於通往愣伽島之橋的建立。

35. Skanda Purāna, Brahmakhanda, Setumāhātmya 44–46。這是當地最受歡迎的〈讚歌〉小冊版本：Pilgrim's Guide to Rameswaram and Dhanushkodi (Rameswaram: Sri Rāmanāthasvami Temple, 1977)。

36. 拉梅許瓦拉有許多特定聖地跟這類懺悔有關。在梵天池，梵天得以免除謊騙濕婆神主權所犯下的罪。在濕婆聖地，濕婆得以免除砍下梵天一顆頭的罪。在羅摩聖地，堅戰得以脫離他在俱盧之地大戰中撒謊的罪。

37. Makhan Lal Sen, tr., *The Rāmāyana of Vālmīki*, Yuddhakanda LXXXVI pp. 565–66。這是Sen改寫《羅摩衍那》第六書的最後一章。

38. 見：Anuradha Kapur, *Actors, Pilgrims, Kings, and Gods: The Ramlila at Ramnagar* (Calcutta: Seagull Books, 1990), pp. 12–13, 23。

39. 這種情況中的快速一瞥，稱為「jhanki」。我們可以視為快速的瞻仰。「jhanki」這個字經常用來描述「濕婆一瞬」——瞥見畫在林伽柱身上的濕婆神面容或情緒。

40. 關於跟《羅摩衍那》電視劇有關的許多文化現象，見Phillip Lutgendorf, "All in the Raghu Family," in L. A. Babb and S. Wadley, eds., Media and the Transformation of Religion in South Asia (Philadelphia: University of Pennsylvania Press, 1995)。

41. 見：Sheldon Pollock, "Ramayana and Political Imagination in India," *Journal of Asian Studies* 52, no. 2 (May 1993), p. 262。

42. 同上。
43. 同上，pp. 273-83。
44. 引自*Epigraphica Indica* (1965), pp. 58–62, in R. S. Sharma, M. Athar Ali, D. N. Jha, and Suraj Bhan," Rāmjanmabhūmi-Babri Masjid: A Historians' Report to the Nation," in A. J. Noorani, ed., *The Babri Masjid Question, 1528–2003: "A Matter of National Honour"* (Delhi: Tulika Books, 2003), pp. 39–40。
45. 見：D. Mandal, *Ayodhyā: Archaeology After Demolition* (New Delhi: Orient Longman, 1993), p. 57。
46. 見：" Ramjanmabhumi-Babri Masjid: A Historian's Report," in *Noorani* I (2003): 45。
47. 見：Noorani, *The Babri Masjid Question,* vol. I, p. xviii。
48. 同上，vol. II, p. 161。
49. 見：S. Gopal, ed., *Anatomy of a Confrontation: The Babri Masjid–Ramjanmabhumi Issue* (New Delhi: Penguin Books, 1991), p. 15。
50. 見：Noorani, *The Babri Masjid Question,* vol. II, "The BJP's 1998 Election Manifesto," p. 161。
51. 同上，p. 160。
52. 同上，vol. I, "R. K. Dasgupta on Rāma as a Political Tool," p. 20。
53. 見：Amartya Sen, Foreword to Robert Goldman, tr., *Rāmāyana* Book I, Boyhood (New York: New York University Press, Clay Sanskrit Library, 2009), p. x。
54. 見：Pollock, "Ramayana and Political Imagination," p. 273。
55. 見：Mushirul Hasan, "Competing Symbols and Shared Codes: Inter-Community Relations in Modern India," in S. Gopal, *Anatomy of a Confrontation* (New Delhi: Penguin Books, 1991), p. 100。

第十章　今日的朝聖者印度

1. 見：Heather Timmons, "For the Rural Poor, Cell Phones Come Calling," *International Herald Tribune,* May 6, 2007, www.iht.com/articles/2007/05/06/business/wireless07. 1-44394.php。
2. 見Akansha Sinha, "TRAI Kicks Off QoS for Mobile Money," November 25, 2010, http://voicendata.ciol.com/content/news/110112501.asp。「印度是世界上成長最快速的行動市場，每個月都增加一千五百萬到兩千萬的新行動用戶。擁有

超過十二億人口的國家，已經擁有超過六億行動用戶。」

3. 二〇一〇年四月十日當週，商業知識資源線上在Bus.Gov上報導：http://business.gov.in/news_analysis.php?bid=380&Search=&popup_container=。這類統計在印度網路與行動協會的網站上經常更新：www.iamai.in/。

4. www.tirumala.org/darshan.htm，二〇一〇年八月十八日取得。

5. www.maavaishnodevi.org/help_desk_ystats.asp，二〇一〇年八月十八日取得。

6. 引自K. A. Shaji, "Sabarimala: The Faith in Spate," www.boloji.com/society/115.htm，二〇一〇年八月十八日取得。另見清潔沙巴利馬拉山計畫：http://cleansabarimala.com。

7. 見：Kelly D. Alley, "Separate Domains: Hinduism, Politics, and Environmental Pollution," in Christopher Chapple and Mary E. Tucker, eds., *Hinduism and Ecology*(Cambridge, MA: Harvard University Press, 2000), p. 375。

8. 見：Somini Sengupta, "Glaciers in Retreat," *New York Times,* July 17, 2007, pp. D1, D4。

9. 見：Kapila Vatsyayana, "Plural Cultures, Monolithic Structures," in India International Centre Quarterly, vol. 29, nos. 3, 4, Winter 2002 and Spring 2003, p. 97。Kapila Vatsyayana也是《Prakrti: The Integral Vision》五卷的主編，探索在印度文化深層架構中，藝術與自然的視角與想像。

10. 見：Tamara Lanaghan, *Transforming the Seat of the Goddess into Vishnu's Place: The Complex Layering of Theologies in the Karavīra Māhātmya*. Harvard University Ph. D. Thesis (Cambridge: Harvard University Archives, 2006)。

11. 見：W.J.T. Mitchell, ed., *Landscape and Power* (Chicago: University of Chicago Press, 2002), p. 13。

12. 見：Simon Schama, *Landscape and Memory* (New York: Random House, 1995), pp. 6–7。

13. 見：Feldhaus, *Connected Places*, p. 17。

14. 見：Yi-Fu Tuan, *Space and Place: The Perspective of Experience* (Minneapolis: University of Minnesota Press, 1977), p. 54。

15. 在《The Language of the Gods in the World of Men》中，波洛克認為在梵文的普世文化圈與區域性地方語言空間及文學的二元性中，「desh（地）」指向了地方語言。他更指出在梵文文學自身，也論述了對於「desh（地）」的理解。

16. 見：K. V. Rangaswami Aiyangar, "Introduction" to Lakshmīdhara, *Tīrthavivecana-Kānda*, pp. xxiii–xxxvii。

17. 見：Agehananda Bharati, "Pilgrimage Sites and Indian Civilization," in Joseph P. Elder, ed., *Chapters in Indian Civilization,* p. 90。

18. 見：V. Raghavan, *The Great Integrators: The Saint-Singers of India* (Delhi: Government of India, 1966), p. 124。

【Eureka】ME2105

朝聖者的印度：由虔信者足跡交織而成的神性大地

India: A Sacred Geography

作　　者❖黛安娜．艾克（Diana L. Eck）
封面設計❖兒日設計
內頁排版❖張彩梅
總 編 輯❖郭寶秀
責任編輯❖黃國軒
編輯協力❖力宏勳、林俶萍
行銷企劃❖羅紫薰

發 行 人❖凃玉雲
出　　版❖馬可孛羅文化
10483臺北市中山區民生東路2段141號5樓
電話：(886)2-25007696
發　　行❖英屬蓋曼群島商家庭傳媒股份有限公司城邦分公司
10483臺北市中山區民生東路二段141號2樓
客服服務專線：(886)2-25007718；25007719
24小時傳真專線：(886)2-25001990；25001991
服務時間：週一至週五9:00～12:00；13:00～17:00
劃撥帳號：19863813　戶名：書虫股份有限公司
讀者服務信箱：service@readingclub.com.tw
香港發行所❖城邦（香港）出版集團有限公司
香港灣仔駱克道193號東超商業中心1樓
電話：(852)25086231　傳真：(852)25789337
E-mail：hkcite@biznetvigator.com
馬新發行所❖城邦（馬新）出版集團【Cite (M) Sdn. Bhd.(458372U)】
41, Jalan Radin Anum, Bandar Baru Sri Petaling,
57000 Kuala Lumpur, Malaysia.
電話：(603)90563833　傳真：(603)90576622
E-mail：services@cite.my
輸出印刷❖中原造像股份有限公司
初版一刷❖2022年12月
定　　價❖820元（紙書）
定　　價❖574元（電子書）

ISBN 978-626-7156-51-3（平裝）
EISBN 9786267156520（EPUB）

城邦讀書花園
www.cite.com.tw

國家圖書館出版品預行編目（CIP）資料

朝聖者的印度：由虔信者足跡交織而成的神性大地／黛安娜．艾克（Diana L. Eck）著. -- 初版. -- 臺北市：馬可孛羅文化出版：英屬蓋曼群島商家庭傳媒股份有限公司城邦分公司發行, 2022.12
面；17×23公分
譯自：India: a sacred geography
ISBN 978-626-7156-51-3（平裝）
1. CST：聖地　2. CST：印度教
274　　111020047